EUROPA-FACHBUCHREIHE
für wirtschaftliche Bildung

Prüfungsvorbereitung aktuell

für Kaufmann/Kauffrau für Versicherungen und Finanzen

Zwischen- und Abschlussprüfung
Proximus 4

3. Auflage

VERLAG EUROPA-LEHRMITTEL
Nourney, Vollmer GmbH & Co. KG
Düsselberger Straße 23
42781 Haan-Gruiten

Europa-Nr.: 72900

Autoren:
Martina Hausmann, München
Ole Hollaender, Bonn
Sabine Konrad, München
Britta Kruhme, München
Ulrich Meier, München
Steffen Rogler, Nürnberg
Matthias Stecher, München
Uwe Thews, Berlin
Frank Wagner, München
Katja Wasmund, Berlin
Isabel Zimmer, Saarbrücken

Lektorat:
Ole Hollaender

Korrekturen und Aktualisierungen zu diesem Buch finden Sie auf
http://www.europa-lehrmittel.de/72900 unter dem gleichlautenden Auswahlpunkt.

3. Auflage 2020

Druck   5   4   3   2   1

ISBN 978-3-8085-7290-0

Alle Rechte vorbehalten. Das Werk ist urheberrechtlich geschützt. Jede Verwertung außerhalb der gesetzlich geregelten Fälle muss vom Verlag schriftlich genehmigt werden.

© 2020 by Verlag Europa-Lehrmittel, Nourney, Vollmer GmbH & Co. KG, 42781 Haan-Gruiten
http://www.europa-lehrmittel.de

Umschlag und Satz: Typework Layoutsatz & Grafik GmbH, 86167 Augsburg
Druck: Medienhaus Plump GmbH, 53619 Rheinbreitbach

Vorbemerkungen

Das vorliegende Buch „Prüfungsvorbereitung aktuell – Kaufmann/Kauffrau für Versicherungen und Finanzen" ist abgestimmt auf die Inhalte der schriftlichen Abschlussprüfung in den Prüfungsbereichen Versicherungswirtschaft sowie Schaden- und Leistungsbearbeitung (Fachrichtung Versicherung) bzw. Versicherungswirtschaft und Anlage in Finanzprodukte (Fachrichtung Finanzberatung) gemäß AkA-Prüfungskatalog.

In der schriftlichen Abschlussprüfung ist die berufliche Handlungskompetenz durch das Bearbeiten komplexer praxisbezogener Situationsaufgaben nachzuweisen, wobei das Proximus 4 Bedingungswerk den Rahmen für diese handlungsorientierten Aufgaben bildet.
Das vorliegende Prüfungsvorbereitungsbuch enthält deshalb eine Vielzahl solcher Situationsaufgaben.

Die Handlungskompetenz setzt voraus, dass auch die nötige Fachkompetenz besteht. Durch sog. Vorübungen zu den jeweiligen Situationsaufgaben kann diese Fachkompetenz überprüft und ggf. vertieft werden, um sie dann bei den Aufgaben situationsgerecht anwenden zu können.

Bei den thematisch geordneten Vorübungen findet sich jeweils ein Verweis auf die zugehörige Darstellung in der dreibändigen Lehrbuchreihe Versicherungen und Finanzen (Proximus 4), um sich auch dort ggf. noch einmal informieren zu können. Am Ende einer Vorübungsgruppe steht immer eine Empfehlung, welche Situationsaufgaben jetzt zweckmäßigerweise bearbeitet werden sollten. Umgekehrt findet sich bei den Situationsaufgaben auch wieder ein Rückverweis auf die zugehörigen Vorübungen. Der Lernende kann sich so vertiefend mit einem Themenbereich beschäftigen und strukturiert auf die Prüfung vorbereiten, was allein durch die Bearbeitung von Situationsaufgaben (z. B. ehemalige Prüfungen) so nicht erreicht wird.

Insbesondere durch die Vorübungen eignet sich das Prüfungsvorbereitungsbuch auch als begleitendes Lernmittel während der Ausbildungszeit und damit auch auf die Vorbereitung für die Zwischenprüfung, die bekanntlich Ausbildungsinhalte des ersten Ausbildungsjahres zum Prüfungsgegenstand hat.

Der Prüfungsteil Wirtschafts- und Sozialkunde (WiSo) konnte aus Platzgründen in diesem Vorbereitungsbuch nicht mehr abgedeckt werden. Es wird hierfür das im Verlag erschienene Werk „Prüfungsvorbereitungsbuch aktuell – Wirtschafts- und Sozialkunde" (Europa-Nr. 75529) empfohlen.

Trotz großer Sorgfalt können bei der Vielzahl von Aufgaben Fehler nicht ausgeschlossen werden. Verlag und Autoren können deshalb keinerlei Haftung übernehmen. Für Hinweise und Anregungen an die E-Mailadresse **lektorat@europa-lehrmittel.de** sind wir sehr dankbar.

Viel Erfolg bei Ihrer Prüfung wünscht Ihnen das Autorenteam und der Verlag.

Frühjahr 2020

Inhaltsverzeichnis

Teil 1: Gemeinsame Fertigkeiten, Kenntnisse und Fähigkeiten (GFK)

GFK 1 – Arbeitsgestaltung, kaufmännische Steuerung und Kontrolle
- Vorübungen 5
- Situationsaufgaben 19

GFK 2 – Bestandskundenmanagement
- Vorübungen 35
- Situationsaufgaben 47

GFK 3 – Versicherungs- und Finanzprodukte
- Vorübungen und Situationsaufgaben............................. 62
  - (1) Sachversicherung 62
    - a) Hausratversicherung 62
    - b) Wohngebäudeversicherung 112
  - (2) Lebensversicherung 134
  - (3) Unfallversicherung 151
  - (4) Krankenversicherung 164
  - (5) Haftpflichtversicherung 191
  - (6) Rechtsschutzversicherung 221
  - (7) Kraftfahrtversicherung 236
  - (8) Finanzprodukte 267

Teil 2: Fachrichtungsbezogene Prüfung (FP)

FP 1 – Fachrichtung Versicherung: Schaden- und Leistungsbearbeitung
- Situationsaufgaben 290
  - (1) Sachversicherung 290
  - (2) Lebensversicherung 302
  - (3) Unfallversicherung 318
  - (4) Krankenversicherung 327
  - (5) Haftpflichtversicherung 346
  - (6) Rechtsschutzversicherung 349
  - (7) Kraftfahrtversicherung 351

FP 2 – Fachrichtung Finanzberatung: Anlage in Finanzprodukte
- Situationsaufgaben 356

Teil 3: Lösungen

- GFK 1 – Arbeitsgestaltung, kaufmännische Steuerung und Kontrolle 363
- GFK 2 – Bestandskundenmanagement 377
- GFK 3 – Versicherungs- und Finanzprodukte.................... 389
- FP 1 – Schaden- und Leistungsbearbeitung 472
- FP 2 – Anlage in Finanzprodukte 506

Teil 1: Gemeinsame Fertigkeiten, Kenntnisse und Fähigkeiten (GFK)

GFK 1 – Arbeitsgestaltung, kaufmännische Steuerung und Kontrolle

Vorübungen (V)

A. Buchführung als Bestandteil des betrieblichen Rechnungswesens
(Inventar, Bilanz, Bestands- und Erfolgsbuchungen, Privatvorgänge – Info: Band 1, D 4.3 – D 4.7)

V 1 Kennzeichnen Sie die unten stehenden Konten mit …

1 – wenn sie in Inventar und Bilanz beim Anlagevermögen
2 – wenn sie in Inventar und Bilanz beim Umlaufvermögen
3 – wenn sie in Inventar und Bilanz bei den langfristigen Schulden
4 – wenn sie in Inventar und Bilanz bei den kurzfristigen Schulden
5 – wenn sie nicht in Inventar und Bilanz
ausgewiesen werden!

a) Hypothekenverbindlichkeiten
b) Privat
c) Bank
d) Forderungen gegen Direktion
e) Darlehensverbindlichkeiten
f) Grundstücke und Bauten
g) Kraftfahrzeugaufwand
h) Forderungen gegen Arbeitnehmer
i) Sonstige Verbindlichkeiten
j) Entschädigungen
k) Verbindlichkeiten beim Untervertreter

V 2 Kennzeichnen Sie die nachfolgenden Geschäftsfälle mit …

1 – wenn sie sich nur auf die Aktivseite der Bilanz auswirken (d. h. eine Aktiv-Bilanzposition nimmt zu, eine andere dafür ab),
2 – wenn sie sich nur auf die Passivseite der Bilanz auswirken (d. h. eine Passiv-Bilanzposition nimmt zu, eine andere dafür ab),
3 – wenn sich sowohl eine Aktiv-Bilanzposition als auch eine Passiv-Bilanzposition vermehrt,
4 – wenn sich sowohl eine Aktiv-Bilanzposition als auch eine Passiv-Bilanzposition vermindert.

Arbeitsgestaltung, kaufmännische Steuerung und Kontrolle GFK 1

a) Rückzahlung eines Bankdarlehens durch Überweisung
b) Kauf und Lieferung eines Schreibtisches, der erst in einem Monat zu bezahlen ist.
c) Barabhebung von der Bank
d) Dem Arbeitnehmer wird ein Vorschuss von 300,00 € überwiesen.
e) Die für den Monat Mai gebuchte Folgeprovision geht auf dem Bankkonto ein.
f) Dem Untervertreter wird bereits gutgeschriebene Abschlussprovision bar ausgezahlt.

V 3 Kennzeichnen Sie folgende Aussagen mit ...

1 – wenn es sich um einen betrieblichen Aufwand
2 – wenn es sich um einen betrieblichen Ertrag
3 – wenn es sich um einen neutralen Aufwand
4 – wenn es sich um einen neutralen Ertrag
5 – wenn es sich um einen Privatvorgang
6 – wenn es sich um keinen der vorstehenden Vorgänge
handelt!

a) Die Bank schreibt Zinsen gut.
b) Begleichung der Einkommensteuer durch Banküberweisung
c) Die Agentur reguliert einen Kleinschaden bar.
d) Die Folgeprovision für den Monat Mai wird von der Direktion gutgeschrieben.
e) Ein Drucker (Restwert lt. Buchführung 100,00 €), der bei der Druckerneuanschaffung nicht mehr in Zahlung genommen wurde, wird einem verdienten Agenturmitarbeiter geschenkt.
f) Der Agenturinhaber überlässt seinem studierenden Sohn einen Aktenschrank (Buchwert 250,00 €).
g) Dem Untervertreter werden Werbeauslagen in bar erstattet.
h) Aufgrund eines durchgeführten Schadenregresses gehen 500,00 € auf dem Bankkonto der Agentur ein.
i) Ein bereits abgeschriebener Computer wird für 100,00 € an einen Dritten verkauft.
j) Die einbehaltenen und gebuchten Sozialversicherungsbeiträge werden an den Sozialversicherungsträger durch Postbanküberweisung abgeführt.
k) Einem Mitarbeiter wird ein Gehaltsvorschuss von 1.000,00 € gewährt.
l) Mieter Müller zahlt die Garagenmiete über 60,00 € bar.
m) Die Gewerbesteuervorauszahlung wird durch Banküberweisung getätigt.
n) Die Wasserwerke ziehen eine Nachzahlung für verbrauchtes Wasser in der Agentur vom Bankkonto der Agentur ein.
o) Die Agentur erhält eine Bonifikation von der Direktion, da sie den Zielerwartungsplan erfüllt hat.

V 4 Kennzeichnen Sie die nachstehenden richtigen Aussagen mit R und die falschen Aussagen mit F!

a) Die Reparaturkosten für die private Waschmaschine des Agenturinhabers mindern den neutralen Erfolg der Agentur.
b) Der Kassenfehlbetrag in der Kasse bewirkt eine Vergrößerung des betrieblichen Aufwandes.
c) Durch die bei der Bank zinsbringend angelegten Provisionseinnahmen erhöht sich der betriebliche Ertrag.
d) Der Verkauf eines Anlagegutes unter Buchwert wirkt sich auf den neutralen Aufwand des Geschäftsjahres aus.
e) Die Rechnungsabgrenzung eines im Geschäftsjahr abgegrenzten Ertrages bewirkt, dass sich der Ertrag des Folgejahres erhöht.
f) Durch eine Privatentnahme mindert sich der Gewinn des Geschäftsjahres.

V 5 Die Bewertung der Inventuraufnahmen führte zu folgenden Ergebnissen:

Kraftfahrzeug 12.100,00 €;
Betriebs- und Geschäftsausstattung: Kopierer 2.160,00 €, Faxgeräte 1.740,00 €, Anrufbeantworter 530,00 €, Notebook 1.920,00 €, Personalcomputer 4.150,00 €, Büromöbel 12.330,00 €;
Forderungen gegen Direktion 12.600,00 €;
Kassenbestand 910,00 €;
Bankguthaben 33.990,00 €;
Darlehensverbindlichkeiten 23.400,00 €;
Verbindlichkeiten bei Untervertretern 9.800,00 €

a) Wie viel € beträgt das Anlagevermögen?
b) Wie hoch ist das Reinvermögen (= Eigenkapital)?
c) Wie hoch ist der prozentuale Anteil des Anlagevermögens am gesamten Vermögen?
d) Ermitteln Sie die Eigenkapitalquote der Agentur in Prozent.
e) Ermitteln Sie den Deckungsgrad I und II und prüfen Sie, ob die goldene Bilanzregel eingehalten wird.
f) Ermitteln Sie die Liquidität 1. Grades.

V 6 Am Jahresende weist das Konto Eigenkapital folgende Werte auf

Soll	Eigenkapital		Haben
Privat	28.600,00 €	AB	224.000,00 €
SB	218.050,00 €	GuV	22.650,00 €
	246.650,00 €		246.650,00 €

Es wurden während des Geschäftsjahres Privateinlagen in Höhe von 37.000,00 getätigt.
Wie hoch waren die Privatentnahmen während des Geschäftsjahres?

Arbeitsgestaltung, kaufmännische Steuerung und Kontrolle GFK 1

V 7 Folgender Kontoauszug der Direktion liegt Ihnen vor:

	Abschlussprovision	Betreuungsprovision	Storno	Gesamt
Alter Saldo				3.386,00 H
Haftpflichtversicherung	102,50 H	32,50 H		135,00 H
Wohngebäudeversicherung	420,00 H	68,50 H	57,60 S	430,90 H
Kraftfahrtversicherung	663,00 H	63,00 H		726,00 H
	1.185,50 H	164,00 H	57,60 S	1.291,90 H
Abschlagszahlung (Bank)				2.000 S
Ausgleich Schadenzahlungen				325,00 H
Ausgleich Regulierungsaufwand				55,00 H
Zuschuss für Verwaltungskosten				400,00 H
Betriebshaftpflichtversicherung für die Agentur				265,00 S
Lebensversicherung für den Agenturinhaber				300,00 S
Kfz-Versicherung Agentur PKW				519,00 S
Neuer Saldo				?

a) Ermitteln Sie den Schlussbestand des Kontos „Forderungen gegen Direktion".
b) Welche Auswirkungen hat der Kontoauszug auf die Erträge und Aufwendungen der Agentur (Angabe mit Begründung).
c) Bei welchem Vorgang wird das Privatkonto beeinflusst?

Bearbeiten Sie jetzt die Situationsaufgaben S 1 – S 4

B. Ausgewählte Erfolgsvorgänge und -buchungen
(Personalaufwendungen, Abschreibungen, Rechnungsabgrenzung, Rückstellungen – Info: Band 1, D 6 – D 7)

V 8 Kennzeichnen Sie die nachstehenden richtigen Aussagen mit R und die falschen Aussagen mit F. Berichtigen Sie die falschen Aussagen!

a) Ist im Rahmen des ELSTAM-Verfahrens für den Arbeitnehmer ein Lohnsteuerfreibetrag registriert, vermindert sich für ihn die Lohnsteuer um diesen Betrag.
b) Die vom Arbeitgeber gewährte vermögenswirksame Leistung ist grundsätzlich steuerfrei.
c) Solidaritätszuschlag und Kirchensteuer werden von der Lohnsteuer unter Berücksichtigung der Zahl der Kinderfreibeträge berechnet.
d) Der Arbeitgeber behält die dem Arbeitnehmer gewährte vermögenswirksame Leistung vom Gehalt sofort wieder ein und führt sie an das vom Arbeitnehmer benannte Anlageinstitut ab.
e) Hat der Arbeitnehmer einen Anspruch auf Arbeitnehmer-Sparzulage, kann er beantragen, dass der Arbeitgeber ihm diese auszahlt.
f) Bruttogehalt und Arbeitgeberanteil zur Sozialversicherung werden in der Buchführung des Arbeitgebers auf dem Konto Gehälter erfasst, um immer einen Überblick über den Personalaufwand zu haben.
g) Arbeitnehmer, deren regelmäßiges Jahresentgelt über der Jahresarbeitsentgeltgrenze liegt, sind von der Versicherungspflicht in der Kranken- und Pflegeversicherung befreit.

GFK 1 — Arbeitsgestaltung, kaufmännische Steuerung und Kontrolle

h) Die Beitragsbemessungsgrenze bildet die Obergrenze für die Berechnung der Sozialbeiträge.
i) Durch einen Gehaltsvorschuss erhöht sich der Personalaufwand des Arbeitgebers im Monat der Vorschussgewährung.
j) Bei allen kinderlosen Arbeitnehmer wird ein Zuschlag von 0,25 % dem Beitragssatz für die Pflegeversicherung hinzugerechnet.
k) Bei Arbeitnehmern, die einer Religionsgemeinschaft angehören, wird neben der Lohnsteuer und dem Solidaritätszuschlag auch noch die Kirchensteuer einbehalten.

V 9 Für die Arbeitnehmerin Daniela Franke, geb. am 12. April 1995, wohnhaft in Stuttgart, sind folgende Lohnsteuerabzugsmerkmale auf der elektronischen Lohnsteuerkarte vermerkt:

Gültig ab	01.01. d. J.
Steuerklasse	1
Faktor bei Steuerklasse 4	0,000
Kirchensteuerabzug des Steuerpflichtigen	rk
Zahl der Kinderfreibeträge	1
Jahresfreibetrag	0
Monatlicher Freibetrag	200,00 €
Wöchentlicher Freibetrag	0
Täglicher Freibetrag	0

Daniela Franke hat ein monatliches Bruttogehalt von 2.650,00 €. Der Arbeitgeber gewährt tarifvertraglich eine vermögenswirksame Leistung von 40,00 € monatlich.

a) Von welchem Betrag wird die Lohnsteuer berechnet?
b) Sind Besonderheiten hinsichtlich Kirchensteuer und Solidaritätszuschlag zu beachten? Ggf. welche?
c) Von welchem Betrag werden die Sozialabgaben berechnet?
d) Welcher Beitragssatz (normaler oder um den Zuschlag erhöhter) ist für die Pflegepflichtversicherung anzusetzen?
e) Erläutern Sie stichwortartig, wie sich der Auszahlungsbetrag an Daniele Franke errechnet!

V 10 Ermitteln Sie, mit welchem Betrag die nachstehenden Anschaffungen im laufenden Kalenderjahr am Jahresende maximal aufgrund der steuerrechtlichen Bestimmungen jeweils abgeschrieben werden dürfen, falls die Generalagentur im laufenden Geschäftsjahr einen möglichst niedrigen Gewinn ausweisen möchte!

a) Kauf eines neuen Geschäftswagens am 29. Januar (Listenpreis 24.000,00 € zzgl. 360,00 € Überführungskosten, Nutzungsdauer lt. AfA-Tabelle 6 Jahre)
b) Kauf einer Büromöbelausstattung für das neue Chefzimmer am 10. Juli (Listenpreis 4.200,00 € abzüglich 300,00 € Kundenrabatt, Nutzungsdauer lt. AfA-Tabelle 13 Jahre)
c) Kauf einer Besuchercouch in Lederausführung für 940,00 € am 20. Okt.
d) Kauf eines Fotokopiergerätes am 15. Dezember zum Preis von 390,00 €

Arbeitsgestaltung, kaufmännische Steuerung und Kontrolle — GFK 1

V 11 Kennzeichnen Sie die nachstehenden richtigen Aussagen mit R und die falschen Aussagen mit F. Berichtigen Sie die falschen Aussagen!

a) Geringwertige Wirtschaftsgüter, deren Anschaffungskosten über 250,00 € liegen und den Betrag von 800,00 € ohne Umsatzsteuer nicht übersteigen, können wahlweise im Jahr der Anschaffung voll abgeschrieben oder in einem Sammelpool über 5 Jahre verteilt abgeschrieben werden.

b) Anlagegegenstände, die im Laufe des Jahres gekauft werden, dürfen im Jahr der Anschaffung nur zeitanteilig abgeschrieben werden.

c) Durch steuerrechtlich zulässige höhere Abschreibungen gegenüber dem tatsächlichen Wertverlust vergrößert sich der in der GuV-Rechnung ausgewiesene Gewinn.

d) Durch Abschreibung wird das in ein Anlagegut investierte Kapital in Höhe des Abschreibungsbetrages freigesetzt, wenn entsprechende Erträge dem gegenüberstehen.

e) Der Verkauf eines Anlagegegenstandes unter Buchwert führt in der GuV-Rechnung zu einem außerordentlichen Ertrag.

f) Die steuerrechtlich zulässige höhere Abschreibung eines Anlagegutes gegenüber dem tatsächlichen Werteverlust bewirkt, dass das tatsächliche Anlagevermögen in der Bilanz zu niedrig ausgewiesen wird.

V 12 Stellen Sie fest, ob die unten stehenden Geschäftsfälle …

1 – die Abgrenzung eines Aufwandes im Rahmen der aktiven Rechnungsabgrenzung
2 – die Abgrenzung eines Ertrages im Rahmen der passiven Rechnungsabgrenzung
3 – die periodengerechte Erfassung eines Erfolges auf dem Konto Sonstige Forderungen
4 – die periodengerechte Erfassung eines Erfolges auf dem Konto Sonstige Verbindlichkeiten
5 – keine periodengerechte Erfassung

erfordern! Geben Sie den jeweils auf dem genannten Konto zu erfassenden Betrag an.

a) Am 1. Sept. des Geschäftsjahres ist die fällige Kfz-Steuer über 360,00 € für ein Jahr vom Bankkonto eingezogen worden.

b) Mieter Amelung hat am 15. Dezember des Geschäftsjahres die Monatsmiete von 490,00 € für Dezember und Januar gezahlt.

c) Die Rechnung für die Büroreinigung im Monat Dezember über 160,00 € steht am Jahresende noch aus.

d) Die Direktion hat bereits am 29. Dezember die Folgeprovision in Höhe von 3.250,00 € für den Monat Januar überwiesen.

e) Für ein gewährtes Bankdarlehen zur Büroeinrichtung sind die Jahreszinsen über 480,00 € vereinbarungsgemäß am 1. Juli nachträglich fällig.

f) Gutschrift von 1.300,00 € Abschlussprovisionen am Jahresende für Vermittlungen im November und Dezember

g) Die Agentur hat den Verbandsbeitrag von 120,00 € für die Zeit vom 1. Dez. d. J. bis 30. Nov. n. J. am Jahresende noch nicht überwiesen.

h) Am Endes des Geschäftsjahres sind noch 40 % des im Oktober für 1.400,00 € gekauften Heizöls vorhanden.

i) Die bereits gebuchten Sozialabgaben über 1.549,00 € im Rahmen der Gehaltsabrechnungen für Dezember werden erst im Januar an den Sozialversicherungsträger überwiesen.

j) Die Direktion hat die vertraglich vereinbarte Leistungsprämie über 2.000,00 € am Jahresende weder gutgeschrieben noch überwiesen.

GFK 1   Arbeitsgestaltung, kaufmännische Steuerung und Kontrolle

V 13 Die Agentur hat Mitte des letzten Jahres für den Kauf einer neuen Büroeinrichtung ein Bankdarlehen über 10.000,00 € aufgenommen. Das Darlehen ist jährlich mit 10 % der Darlehenssumme zu tilgen und mit 6 % der jeweils noch verbleibenden Restschuld nachträglich zu verzinsen.

Die Bank zieht erstmals Mitte des laufenden Jahres für die Zeit vom 01.07. des vergangenen Jahres bis 30.06. des laufenden Jahres 1.600,00 € an Zinsen und Tilgung ein.

a) Hat die Agentur bereits im vergangenen Jahr eine Aufwandsbuchung für die Inanspruchnahme des Darlehens buchen müssen? Wenn ja, in welcher Höhe und auf welchem Konto?
b) Über welche Höhe lautet der Aufwand, den die Agentur Mitte dieses Jahres buchen muss?
c) Welche Aufwandshöhe muss am Jahresende auf dem entsprechenden Aufwandskonto für die Inanspruchnahme des Darlehens ausgewiesen werden?

V 14 Die Agentur hat im September d. J. einen Kostenvoranschlag über 2.400,00 € für die dringend notwendige Instandhaltung der Büroräume eingeholt und daraufhin den Auftrag erteilt. Wegen Erkrankung von Mitarbeitern kann die beauftragte Firma die Arbeiten nicht mehr im laufenden Jahr sondern erst im Januar des kommenden Jahres ausführen.

Die Arbeiten werden sofort ab dem 2. Januar im Angriff genommen. Am 5. Januar geht die Rechnung ein, wobei wegen der Verzögerung ein Nachlass von 5 % auf die veranschlagten Kosten gewährt wird.

Die Agentur hat den Jahresabschluss für das vergangene Jahr noch nicht durchgeführt und muss den Vorgang jetzt buchen.

Kennzeichnen Sie die richtigen Aussagen mit R und die falschen Aussagen mit F!

a) Nur in der Buchführung des neuen Geschäftsjahres wird ein Aufwand von 2.400,00 € und ein außerordentlicher Ertrag von 120,00 € (= 5 % von 2.400,00 €) gebucht, da im alten Jahr keine Reparaturarbeiten durchgeführt wurden und deshalb kein Aufwand entstanden ist.
b) Im neuen Jahr wird nur ein außerordentlicher Ertrag von 120,00 € gebucht, da 2.400,00 € Aufwand bereits im alten Geschäftsjahr gebucht wurden.
c) Der im alten Geschäftsjahr gebuchte Aufwand von 2.400,00 € kann im Rahmen der vorbereitenden Abschlussbuchungen durch Rechnungsabgrenzung auf 2.280,00 € (2.400,00 € – 120,00 €) korrigiert werden.
d) Der im alten Geschäftsjahr gebuchte Aufwand von 2.400,00 € wird unverändert in die Jahreserfolgsrechnung (GuV) des alten Jahres übernommen.
e) In der Buchführung des neuen Jahres ist die Begleichung der Rechnung unter Auflösung der Rückstellung und Erfassung eines außerordentlichen Ertrages zu buchen.
f) Im alten Geschäftsjahr wird aufgrund der richtigen Buchungen ein zu hoher Aufwand für die beauftragte Instandhaltung ausgewiesen.
g) Im alten Geschäftsjahr wurde eine zu große Rückstellung gebildet, die bei ihrer Auflösung im neuen Geschäftsjahr zu einem Ertrag für das neue Geschäftsjahr führt.

Arbeitsgestaltung, kaufmännische Steuerung und Kontrolle GFK 1

V 15 Der Rechtsanwalt teilt Herrn Krause am Jahresende mit, dass er einen Kundenprozess verloren hat und mit Gerichtskosten in Höhe von ca. 650,00 € rechnen muss. Tatsächlich müssen aber 720,00 € gezahlt werden, wie aus dem im neuen Jahr zugehenden Gerichtskostenbescheid hervorgeht.

a) Ist die Mitteilung des Rechtsanwaltes für die Erfolgsermittlung des alten Jahres noch zu berücksichtigen und wie verändert sich für diesen Fall der Erfolg?
b) Hat der Bescheid im neuen Jahr eine Auswirkung auf den Erfolg des neuen Geschäftsjahres und ggf. in welcher Höhe?
c) Bilden Sie den erforderlichen Buchungssatz, wenn der Bescheid eingeht und durch Banküberweisung bezahlt wird?

Bearbeiten Sie jetzt die Situationsaufgaben S 5 – S 13

C. Betriebliche Kostenrechnung
(Ausgaben, Aufwendungen, Kosten – Info: Band 1, E 1)

V 16 In der Agentur Krause werden im Laufe eines Geschäftsjahres eine Vielzahl von Aufwendungen gebucht. Welche der nachstehend genannten Aufwendungen können unverändert als Grundkosten in die Kostenrechnung übernommen werden?

a) Kassenfehlbetrag
b) Renovierung einer vermieteten Immobilie
c) Stromrechnung für die Büroräume
d) Verkauf des Geschäftswagens unter Buchwert
e) Provisionsgutschrift für den Untervertreter
f) Gehälter für die Agenturmitarbeiter
g) Kauf von Büromaterial
h) Abschreibung der Büroeinrichtung

V 17 Kennzeichnen Sie die nachstehenden Geschäftsfälle des Geschäftsjahres mit ...

1 – wenn sowohl Ausgaben, Aufwendungen und Kosten entstehen,
2 – wenn nur Ausgaben und Aufwendungen entstehen,
3 – wenn nur Aufwendungen und Kosten entstehen,
4 – wenn nur Ausgaben entstehen!

a) Reparatur der Dachrinne am vermieteten Gebäude und Bezahlung
b) Abrechnung und Überweisung der dem Untervertreter zustehenden Provisionen
c) Die im Monat Dezember fällige Garagenmiete für den Geschäftswagen ist versehentlich nicht bezahlt worden, was Anfang Januar des neuen Geschäftsjahres nachgeholt wird.
d) Die vierteljährliche Vorauszahlung auf die Einkommensteuer des Agenturinhabers wird vom Bankkonto abgebucht.
e) Am Jahresende ermittelt der Agenturinhaber, dass mit einer Nachzahlung bei der Gewerbesteuer zu rechnen ist.

GFK 1 — Arbeitsgestaltung, kaufmännische Steuerung und Kontrolle

V 18 Folgende Geschäftsfälle haben sich in der abgelaufenen Woche in der Agentur Vorsorge ereignet:

1) Barverkauf eines Firmenwagens (Buchwert: 10.000 €) gegen Barzahlung für	12.000 €
2) Provisionsgutschrift an die Untervertreterin Ricke	260 €
3) Privatentnahme bar	75 €
4) Bankgutschriften:	
• Einkommenssteuer	450 €
• Entschädigungszahlungen	750 €
• Noch nicht gutgeschriebene Provisionen von der Direktion	800 €
5) Banküberweisung der Miete	760 €

a) Ermitteln Sie die Summe der Einnahmen.
b) Ermitteln Sie die Summe der neutralen Erträge.

V 19 Aus der Rechnungswesen-Abteilung der Generalagentur Vorsorge liegt folgender Auszug eines Kosten- und Leistungsblattes vor:

Auszug aus einem KL-Blatt der Generalagentur Müller	
Provisionsaufwand	95.100
Personalkosten	62.000
Verwaltungsaufwand	58.000
Steueraufwand	7.500
Werbeaufwand	22.340
Kraftfahrzeugaufwand	7.350
Schulungsaufwand	4.850
Energieaufwand	9.210
Mietaufwand	14.500
Kalk. Abschreibung	17.000
Kalk. Zinsen	9.400
Gesamtsumme	307.250

10.000 € des Werbeaufwandes betreffen eine Werbeaktion zur Privaten Unfallversicherung. 2.000 € des Schulungsaufwandes betreffen eine spezielle Fortbildung zur betrieblichen Altersversorgung.
Ermitteln Sie die Einzelkosten.

V 20 Jürgen Kohler ist Untervertreter der Generalagentur Vorsorge und hat im abgelaufenen Quartal für die Agentur Abschluss- und Bestandsprovisionen in Höhe von 22.000 € verdient.

55 % dieser Provisionen erhält Herr Kohler für seine Tätigkeit. Folgende variable Kosten sind im abgelaufenen Quartal für Herrn Kohler angefallen:

Werbe- und Reiseaufwand: 5.400 €
Verwaltungsaufwand: 2.800 €

Berechnen Sie den Deckungsbeitrag aus der Tätigkeit von Herrn Kohler für das abgelaufene Quartal.

Bearbeiten Sie jetzt die Situationsaufgaben S 14 – S 24

D. Controlling
(Kennzahlen und Quoten – Info: Band 1, E 2)

V 21 Die nachstehende Bilanz der Agentur Krause ist im Rahmen des Controlling auszuwerten.

Aktiva	Bilanz zum 31.12.20..		Passiva
Grundstücke und Bauten	140.000,00 €	Eigenkapital	137.060,00 €
Kraftfahrzeuge	18.000,00 €	Hypothekenverbindlichkeiten	30.000,00 €
BGA	22.000,00 €	Darlehensverbindlichkeiten	24.000,00 €
Forderungen gegen Direktion	8.600,00 €	Verb. beim Untervertreter	2.900,00 €
Bank	5.400,00 €	Verb. beim Finanzamt	1.240,00 €
Kasse	1.200,00 €		
	195.200,00 €		195.200,00 €

Ermitteln Sie in Prozent

a) den Anteil des Umlaufvermögens am Gesamtvermögen,
b) den Anteil des Eigenkapitals am Gesamtkapital,
c) den Anteil des Eigenkapitals und langfristigen Fremdkapitals am Anlagevermögen
d) die Liquidität 1. Grades,
e) die Eigenkapitalrentabilität, wenn die GuV-Rechnung einen Gewinn von 12.500,00 € ausweist!

V 22 Im Rahmen des Controlling hat die Agentur Krause zur Hausratversicherung folgende Zahlen ermittelt:

Kundenbesuche	Vermittelte Verträge	Stornierte Verträge im Neugeschäft	Prämienbestand am 01.01. d.J.	Prämienbestand am 31.12. d.J.	Vers.Leistungen im Geschäftsjahr
290	212	15	70.200,00 €	93.000,00 €	36.400,00 €

Berechnen Sie:

a) den Bestandszuwachs in %,
b) die Stornoquote im Neugeschäft,
c) die Schadenquote,
d) die Abschlussquote!

V 23 Dreizehn Agenturen der Proximus Versicherung AG im Saarland gaben ihre Provisionserträge wie folgt an (Einheit Tsd. €):

130	120	140	70	20	75	14,5	15	80	80	95	90	30

a) Berechnen Sie das arithmetische Mittel, den Median und den Modalwert.
b) Welche Maßzahl charakterisiert Ihrer Meinung nach die Stichprobe am besten?

Bearbeiten Sie jetzt die Situationsaufgaben S 25 – S 27

E. Datenschutz und Datensicherheit
(Rechtliche und betriebliche Regelungen, Sicherungsmaßnahmen – Info Bd. 1, B 8)

V 24 Für die Datensicherung und den Datenschutz hat die Provisionsagentur Krause Arbeitsrichtlinien entwickelt.

Kennzeichnen Sie die nachstehenden Arbeitsrichtlinien mit …
1 – wenn sie der Datensicherung,
2 – wenn sie dem Datenschutz
zuzurechnen sind!

a) Die Zugriffsrechte der Mitarbeiter zu den Daten sind durch das jeweilige Passwort geregelt.
b) Am Ende des Arbeitstages wird ein automatisches Backup erstellt.
c) Datum und Uhrzeit auf einen Datenzugriff werden vom System in einer separaten Datei gespeichert.
d) Müssen Kundendaten geändert werden, werden sowohl die neuen als auch die bisherigen Daten gespeichert.
e) Die vorhandenen Datensätze dürfen nur für die Empfehlung weiterer Versicherungsprodukte ausgewertet werden.
f) Vor Arbeitsbeginn ist zu prüfen, ob ein Update zum installierten Antivirenprogramm vorliegt.
g) Zum Schutz vor Hackerangriffen durch Ausspähen von Passwörtern muss jeder Mitarbeiter mindestens einmal täglich sein Zugangspasswort für das System ändern.

Bearbeiten Sie jetzt die Situationsaufgaben S 28 – S 29

F. Vertriebsorganisation
(Vertriebswege, Arten von Vermittlern – Info: Bd. 1, C 1.1)

V 25 Kennzeichnen Sie folgende Aussagen mit ...

1 – wenn der Versicherungsvertreter,
2 – wenn der Versicherungsmakler,
3 – wenn der Versicherungsberater,
4 – wenn der Strukturvertrieb
angesprochen ist!

a) Er ist von einem Versicherer oder Versicherungsvertreter damit betraut, gewerbsmäßig Versicherungsverträge zu vermitteln oder abzuschließen.
b) Gute Verkaufsergebnisse werden mit dem Aufstieg in eine höhere Hierarchiestufe belohnt.
c) Er ist gewerbsmäßig bei der Vereinbarung, Änderung oder Prüfung von Versicherungsverträgen tätig ohne zu vermitteln.
d) Es wird kein Wert auf Kundenbindung gelegt.
e) Er erhält für seine Tätigkeit von keinem Versicherer einen wirtschaftlichen Vorteil und ist auch nicht in anderer Weise von ihm abhängig.
f) Er übernimmt gewerbsmäßig für den Auftraggeber die Vermittlung oder den Abschluss von Versicherungsverträgen, ohne von einem Versicherer oder von einem Versicherungsvertreter damit betraut zu sein.
g) Je nach hierarchischer Stellung ist er an der Provision der betreuten Mitarbeiter beteiligt.

V 26 Welche Aussage zum Einfirmenvertreter / Ausschließlichkeitsvertreter ist richtig?

a) Der Einfirmenvertreter ist ausschließlich an ein Versicherungsunternehmen vertraglich gebunden und vertreibt nur dessen Produkte.
b) Der Einfirmenvertreter ist hauptsächlich für ein Versicherungsunternehmen tätig, er darf aber auch für andere Versicherungsunternehmen Versicherungen vermitteln.
c) Der Einfirmenvertreter ist nur an eine Firma vertraglich gebunden und vertritt diese gegenüber einem Versicherungsunternehmen.
d) Der Einfirmenvertreter haftet niemals persönlich gegenüber seinen Kunden.
e) Der Einfirmenvertreter kann immer im Auftrag des Versicherungsunternehmens Schäden beim Kunden regulieren.

V 27 Welche Aussagen zum Versicherungsmakler sind richtig?

a) Der Versicherungsmakler ist durch das Versicherungsunternehmen streng weisungsgebunden.
b) Der Versicherungsmakler unterliegt nicht den Informations-, Beratungs- und Dokumentationspflichten.
c) Der Versicherungsmakler ist ein selbstständiger Gewerbetreibender gem. §§ 84, 92 HGB.
d) Der Versicherungsmakler verpflichtet sich gegenüber dem Kunden einen passenden, bedarfsgerechten Versicherungsschutz anzubieten.
e) Der Versicherungsmakler verpflichtet sich gegenüber dem Kunden, für diesen immer den billigsten Versicherungsschutz anzubieten.

GFK 1 — Arbeitsgestaltung, kaufmännische Steuerung und Kontrolle

V 28 Welche Aussage zum unechten Mehrfirmenvertreter ist richtig?

a) Der unechte Mehrfirmenvertreter unterhält mindestens zwei Vertreterverträge mit unterschiedlichen Versicherungsunternehmen.
b) Der unechte Mehrfirmenvertreter ist ein Versicherungsmakler, der mindestens zwei Vertreterverträge mit unterschiedlichen Versicherungsunternehmen hat.
c) Der unechte Mehrfirmenvertreter unterhält mindestens zwei Vertreterverträge mit unterschiedlichen Versicherungsunternehmen, die aber alle zu einem Versicherungskonzern gehören.
d) Der unechte Mehrfirmenvertreter braucht für die Ausübung seiner Tätigkeit die Erlaubnis nach § 34d GewO, auch wenn das Versicherungsunternehmen die uneingeschränkte Haftung übernimmt.
e) Der unechte Mehrfirmenvertreter ist bei seiner jeweiligen Tätigkeit keinem Wettbewerbsverbot unterworfen.

V 29 Im Versicherungsaußendienst werden verschiedene Arten von Versicherungsvermittlern unterschieden. Zwischen diesen kann insbesondere nach ihrer Rechtsstellung, der rechtlichen und wirtschaftlichen Selbstständigkeit, der Art des Entgelts und den Rechten und Pflichten unterschieden werden.

Kennzeichnen Sie nachstehende Aussagen mit …

1 – wenn sie auf den Angestellten im Außendienst,
2 – wenn sie auf den Versicherungsvertreter,
3 – wenn sie auf den Versicherungsmakler
zutreffen!

a) Neben dem Provisionsanspruch besteht auch noch ein Ausgleichsanspruch.
b) Er ist Sachwalter des Kunden gegenüber dem Versicherungsunternehmen.
c) Er ist rechtlich selbstständig, wirtschaftlich jedoch abhängig.
d) Er ist weisungsgebunden und erhält für seine Tätigkeit ein Fixum sowie ggf. Provisionen.
e) Zwischen den Parteien wird ein Agenturvertrag geschlossen.
f) Seiner Beratung hat er verschiedene Versicherungsschutzangebote von Versicherern zugrunde zu legen.
g) Das Versicherungsunternehmen führt für ihn Sozialabgaben ab.

V 30 Kennzeichnen Sie folgende Aussagen mit …

1 – wenn sie auf den Angestellten im Außendienst,
2 – wenn sie auf den Versicherungsvertreter,
3 – wenn sie auf den Versicherungsmakler
zutreffen! (Mehrfachantworten möglich)

a) Der Versicherer haftet für einen Beratungsfehler des Vermittlers, wenn er als sein Handlungsgehilfe anzusehen ist oder wenn er für ihn die uneingeschränkte Haftung aus seiner Vermittlertätigkeit zuvor übernommen hat.
b) Das Bestehen einer persönlichen Vermögensschaden-Haftpflichtversicherung ist in jedem Falle Voraussetzung für die Vermittlererlaubnis gem. GewO.

Arbeitsgestaltung, kaufmännische Steuerung und Kontrolle GFK 1

c) Er haftet aufgrund des mit dem Kunden geschlossenen Vertrages diesem gegenüber persönlich.

d) Er ist „Auge und Ohr" des Versicherers.

e) Er benötigt für die Vermittlungstätigkeit keine Erlaubnis gem. § 34d GewO, wenn er nur für einen Versicherer tätig ist und dieser die uneingeschränkte Haftung für ihn übernimmt.

f) Bei Verletzung der Beratungs- und Dokumentationspflichten kann der Kunde ggf. Schadenersatz geltend machen.

g) Er ist Sachwalter des Kunden.

V 31 Kennzeichnen Sie folgende Aussagen mit ...

1 – wenn der Strukturvertrieb,
2 – wenn der Direktvertrieb
angesprochen ist!

a) Die Vertriebsform zeichnet sich durch mehrere hierarchische Stufen aus.

b) Als Produkte eignen sich nur einfache und zum Teil selbsterklärende Deckungskonzepte.

c) Die Abschlussprovision wird nach vorbestimmten Schlüsseln aufgeteilt.

d) Dieser Vertriebsweg bietet ein extrem hohes Abschlusspotenzial.

e) Jede Vertriebsebene partizipiert anteilig am Erfolg der unteren Ebenen mit.

f) Der Versicherer muss einen hohen Bekanntheitsgrad und ein Image als günstiger Anbieter haben.

Bearbeiten Sie jetzt die Situationsaufgaben S 30 – S 36

GFK 1   Arbeitsgestaltung, kaufmännische Steuerung und Kontrolle

Situationsaufgaben (S)

Zu S 1 – S 4: siehe Vorübungen V 1 – V 7

S 1 Sie sind Mitarbeiter/-in in der Agentur Krause der Proximus Versicherung AG. Bei der Bestandsaufnahme im Rahmen der Inventur wurden folgende Ergebnisse ermittelt. Herr Krause bittet Sie, das Zahlenmaterial sachlich geordnet und summiert aufzubereiten, um es mit dem Zahlenmaterial laut Buchführung abgleichen zu können.

Ergebnisse lt. Inventur	
1. Kassenbestand	590,00 €
2. Hypothekenverbindlichkeiten	125.600,00 €
3. Kraftfahrzeuge	14.600,00 €
4. Verbindlichkeiten bei Untervertretern	5.700,00 €
5. Grundstücke und Bauten	240.000,00 €
6. Forderungen gegen Direktion	12.560,00 €
7. Betriebs- und Geschäftsausstattung	17.880,00 €
8. Bankguthaben	6.400,00 €
9. Darlehensverbindlichkeiten	9.400,00 €
10. Sonstige Verbindlichkeiten	2.200,00 €

a) Berechnen Sie die Summe des Anlagevermögens!
b) Berechnen Sie die Summe des Umlaufvermögens!
c) Wie groß sind die langfristigen Schulden?
d) Welchen Betrag machen die kurzfristigen Schulden aus?
e) Welche Höhe hat das Eigenkapital der Agentur Krause?
f) Beurteilen Sie stichwortartig die Vermögens- und Kapitalsituation der Agentur Krause!

S 2 Sie sind Mitarbeiter/-in der Agentur Krause der Proximus Versicherung AG. Herr Krause bittet Sie, anhand der nachstehenden Geschäftsfälle des Monats April den betrieblichen und den neutralen Erfolg des betreffenden Monats zu ermitteln.

1. Provisonsgutschriften (Abschluss- und Folgeprovison) durch die Direktion	6.000,00 €
2. Entschädigung eines Hausratschadens in bar	450,00 €
3. Zahlung der Miete für April durch den Mieter (Banküberweisung)	930,00 €
4. Kauf von Büromaterial auf Rechnung, die noch nicht beglichen ist	234,00 €
5. Gutschrift für Zinsen auf dem Bankkonto	126,00 €
6. Lastschrift auf dem Bankkonto für Einkommensteuervorauszahlung	1.220,00 €
7. Gehaltszahlung an die Halbtagskraft in der Agentur	1.630,00 €
8. Begleichung der Telefonrechnung (Privatanteil 25 %)	120,00 €
9. Provisionsgutschrift für den Untervertreter durch die Agentur	870,00 €
10. Austausch eines Wasserhahns in der Wohnung des Mieters	100,00 €

a) Ermitteln Sie den Unternehmenserfolg für den Monat April!
b) Wie groß ist der betriebliche Erfolg im Monat April?
c) Wie groß ist der neutrale Erfolg im Monat April?

Arbeitsgestaltung, kaufmännische Steuerung und Kontrolle GFK 1

S 3 Sie sind Mitarbeiter/-in der Agentur Krause der Proximus Versicherung AG. Die Agentur schreibt wöchentlich anhand der Buchungen in der Woche eine Übersicht über die betrieblichen und neutralen Erfolge fort.

Herr Krause bittet Sie, die von einer Aushilfskraft vorgenommenen Buchungen und die Fortschreibung auf Richtigkeit zu überprüfen und ggf. zu korrigieren. Das bei der jeweiligen Buchung verwendete Erfolgskonto (abgekürzt; siehe hinteren Buchdeckel innen von Band 1) kann aus der Fortschreibung entnommen werden.

Gebuchte Geschäftsfälle der Woche	
1. Banklastschrift über die vierteljährliche Einkommensteuervorauszahlung	1.360,00 €
2. Bankgutschrift für Zinsen	243,00 €
3. Mieter Roth hat die Garagenmiete bar bezahlt	60,00 €
4. Für vermittelte Verträge erhält der Untervertreter eine Provisionsgutschrift	490,00 €
5. Ein Hausratschaden wurde bar reguliert	220,00 €
6. Kauf von Büromaterial auf Rechnung	165,00 €
7. Gutschrift von Abschlussprovisionen durch die Direktion	1.460,00 €
8. Überweisung der Büromiete	760,00 €
9. Die Computerwartung ist bar bezahlt worden	120,00 €
10. Kassenfehlbetrag	40,00 €

Betrieblicher Aufwand	
Vortrag	2.345,00 €
1. SteuA	1.360,00 €
2. ZA	243,00 €
6. VerwA	165,00 €
9. VerwA	120,00 €
Summe	4.233,00 €

Betrieblicher Ertrag	
Vortrag	7.360,00 €
4. PE	490,00 €
7. PE	1.460,00 €
Summe	9.310,00 €

Neutraler Aufwand	
Vortrag	745,00 €
5. aoA	220,00 €
8. HuGA	760,00 €
10. KDiffA	40,00 €
Summe	1.765,00 €

Neutraler Ertrag	
Vortrag	1.654,00 €
3. HuGE	60,00 €
Summe	1.714,00 €

Welche Summen haben Sie im Rahmen der Überprüfung ermittelt ...

a) für den betrieblichen Aufwand?

b) für den betrieblichen Ertrag?

c) für den neutralen Aufwand?

d) für den neutralen Ertrag?

Hinweis: In der Prüfung ist die Ergebnisfindung nachvollziehbar darzustellen.

S 4 In den Aufzeichnungen des nebenberuflichen Vermittlers Amelung werden am Jahresende folgende Beträge ausgewiesen:

Provisionsaufwand	3.300,00 €
Zinsertrag	200,00 €
Kasse	1.700,00 €
Verbindlichkeiten bei Untervertretern	2.400,00 €
Verwaltungsaufwand	900,00 €
Kassendifferenzertrag	50,00 €
Forderungen gegen Direktion	9.500,00 €
Abschreibungen auf Anlagen	1.000,00 €
Bank	4.300,00 €
Darlehensverbindlichkeiten	5.400,00 €
Werbe- und Reiseaufwand	300,00 €
Provisionsertrag	14.000,00 €
Betriebs- und Geschäftsausstattung	12.000,00 €
Zinsaufwand	400,00 €

a) Wie groß ist das Vermögen?
b) Wie groß ist der Erfolg aus der reinen Vermittlungstätigkeit?
c) Wie groß ist das Eigenkapital am Ende des Geschäftsjahres?
d) Um welchen Betrag ist das Eigenkapital im Geschäftsjahr durch die nebenberufliche Tätigkeit angewachsen unter der Voraussetzung, dass privat kein Kapital entnommen oder zugeführt wurde?

Arbeitsgestaltung, kaufmännische Steuerung und Kontrolle — GFK 1

> **Zu S 5 – S 13: siehe Vorübungen V 8 – V 15**

S 5 Sie sind Mitarbeiter/-in der Generalagentur Krause der Proximus Versicherung AG. Da die in der Agentur tätige Buchhalterin plötzlich erkrankt ist, bittet Sie Herr Krause, die von der Buchhalterin angefangene Gehaltsabrechnung für den Agenturmitarbeiter Bernd Sauer (29 Jahre) fertig zu stellen.

Gehaltsabrechnung	Monat April d. J.
Für:	
Bernd Sauer	Gehaltsgruppe III
Rosenweg 3	3. Berufsjahr
41464 Neuss	Steuerklasse I
	Anzahl Kinder: 0
	Konfession: ev.
	Steuerfreibetrag: 0 €
Tarifgehalt	2.046,00 €
+ VwL-Zulage	40,00 €
Gesamtbrutto	2.086,00 €
Abzüge:	
Lohnsteuer	314,80 €
Solidaritätszuschlag (5,5 %)	
Kirchensteuer (9 %)	
Rentenversicherung	
Arbeitslosenversicherung	
Krankenversicherung	
Pflegeversicherung	

Im Jahr 2020 gelten folgende Beitragssätze zur Sozialversicherung:

Rentenversicherung 18,6 %
Krankenversicherung 14,6 % (kassenindividueller Zusatzbeitragssatz 1,0 %)
Arbeitslosenversicherung 2,4 %
Pflegeversicherung 3,05 % (Kinderlosenzuschlag 0,25 %)

a) Ergänzen Sie die Gehaltsabrechnung um die noch fehlenden Abzüge! Recherchieren Sie die aktuellen Beitragssätze zur Sozialversicherung im Internet. Der kassenindividuelle Zusatzbeitragssatz in der Krankenversicherung beträgt 1,0 %.
b) Welcher Auszahlungsbetrag wird auf das Konto von Bernd Sauer überwiesen?
c) Um welchen Betrag erhöht sich der betriebliche Aufwand für die Agentur im Monat April durch die Gehaltszahlung an Bernd Sauer?

S 6 Aus der Lohnbuchhaltung liegen Ihnen folgende Daten des Angestellten Becker (44 Jahre, ledig, keine Kinder, evangelisch, Wohnort: Mainz) vor:

Tarifgehalt	6.905,00 €
vermögenswirksame Leistungen	/
Lohnsteuer	1.866,66 €
Beitragszuschuss PKV und PPV:	351,66 € 69,20 €
Reisekosten	50,00 €
Krankenkasse	privat versichert

a) Ermitteln Sie den Auszahlungsbetrag für den Monat Januar.
b) Welche Auswirkung hat die Gehaltsabrechnung auf den Erfolg der Generalagentur?
c) Auf welchem Konto wird der Beitragszuschuss erfasst?
d) Auf welchem Konto werden die Reisekosten erfasst?

S 7 Sie sind Mitarbeiter/-in der Generalagentur Krause der Proximus Versicherung AG und halten folgende Rechnungen zu einer Schreibtischkombination in Händen, die Herr Krause am 10. März d.J. auf einer Büromöbelmesse gekauft und durch eine Spedition hat anliefern lassen:

Rechnung über den Kauf	
Verkaufspreis, netto	6.017,74 €
– Messerabatt 10 %	601,77 €
	5.415,97 €
+ 19 % MwSt.	1.029,03 €
Rechnungsbetrag	6.445,00 €

Rechnung der Spedition	
Lieferkosten	46,22 €
+ 19 % MwSt	8,78 €
Rechnungsbetrag	55,00 €

a) Welcher Betrag kann nach den handelsrechtlichen Vorschriften als Anschaffungskosten aktiviert, d.h. auf dem aktiven Bestandskonto Betriebs- und Geschäftsausstattung als Anfangsbestand übernommen werden?
b) Gegenstände des Anlagevermögens sind nach den Bestimmungen des HGB planmäßig abzuschreiben. Begründen Sie die Notwendigkeit der Abschreibung!
c) Welcher Betrag kann im Jahr der Anschaffung bei linearer Abschreibung und geplanter Nutzungsdauer von 13 Jahren abgeschrieben werden? Geben Sie den Rechenweg an!
d) Abschreibungen führen zur Steuerentlastung und Liquiditätsverbesserung. Begründen Sie diese beiden Behauptungen!

S 8 Sie sind Mitarbeiter/-in der Generalagentur Krause der Proximus Versicherung AG und in die Vorbereitung des Jahresabschlusses eingebunden.

Herr Krause hatte im Oktober des laufenden Geschäftsjahres eine Büro-Stehlampe zum Preis von 460,00 € und einen Aktenwagen zum Preis von 210,00 € erworben und bittet Sie zu prüfen, welche höchstmöglichen Beträge nach Steuerrecht für die Abschreibung dieser Anlagegegenstände zulässig sind. Es ist unstrittig, dass diese Gegenstände mindestens 13 Jahre genutzt werden können.

Arbeitsgestaltung, kaufmännische Steuerung und Kontrolle GFK 1

a) Mit welchem Betrag kann die Büro-Stehlampe im Anschaffungsjahr höchstmöglich abgeschrieben werden? Begründen Sie stichwortartig Ihre Entscheidung!
b) Mit welchem Betrag kann der Aktenwagen im Anschaffungsjahr höchstmöglich abgeschrieben werden? Begründen Sie stichwortartig Ihre Entscheidung!
c) Welche wahlweisen Abschreibungsmöglichkeiten stehen für die Büro-Stehlampe noch zur Verfügung, wenn nicht sofort die höchstmögliche Abschreibung gewünscht ist?

S 9 Sie sind Mitarbeiter/-in der Generalagentur Krause der Proximus Versicherung AG und wirken bei der Erstellung des Jahresabschlusses mit. Das verwendete Finanzbuchhaltungsprogramm zeigt Ihnen u. a. die derzeitigen Salden der nachstehenden Konten an:

Kfz-Aufwand 12.000,00 €
Verwaltungsaufwand 16.000,00 €
Provisionsertrag 95.000,00 €

Bei Durchsicht der gebuchten Geschäftsfälle stellen Sie fest:
- Im Kfz-Aufwand sind 600,00 € jährliche Garagenmiete für den Geschäftswagen enthalten, die vereinbarungsgemäß am 1. Oktober eines Jahres in einer Summe gezahlt werden.
- Eine Rechnung über 160,00 € für geliefertes Büromaterial steht am Jahresende noch aus.
- Die Folgeprovision für den kommenden Monat Januar in Höhe von 4.000,00 € wurde bereits vor Weihnachten durch die Direktion überwiesen.

a) Warum und wie sind die genannten und bereits gebuchten Geschäftsfälle für den Jahresabschluss noch einmal zu bearbeiten?
b) Um welchen Betrag und wie ist der Saldo des Kontos Kfz-Aufwand zu verändern?
c) Welchen Saldo wird das Konto Verwaltungsaufwand für den Jahresabschluss ausweisen müssen?
d) Aus welchem Bestandskonto des Jahresabschlusses wird ersichtlich sein, dass die im Dezember vereinnahmte Folgeprovision nicht zu dem abgeschlossenen Geschäftsjahr zählt?

S 10 Sie sind Mitarbeiter/-in der Generalagentur Krause der Proximus Versicherung AG und bereiten den Jahresabschluss vor. Das Finanzbuchhaltungsprogramm weist 56.000,00 € Gewinn als vorläufiges Jahresergebnis aus.

U. a. werden folgende Salden ausgewiesen:
Provisionsaufwand 24.000,00 €
Provisionsertrag 130.000,00 €

Sie stellen fest, dass noch folgende Korrekturen durchgeführt werden müssen:
- Untervertreter Meier hat noch einen Provisionsanspruch von 3.000,00 €, der erst im neuen Geschäftsjahr überwiesen wird.
- Untervertreter Schmitz hat eine Provisionsrückforderung über 200,00 € wegen Vertragsstorno noch nicht beglichen.
- Die Folgeprovision für den Monat Dezember über 5.000,00 € ist Ende des Geschäftsjahres noch nicht durch die Direktion überwiesen.

a) Warum sind die genannten Fälle vor Erstellung des endgültigen Jahresabschlusses zu berücksichtigen?
b) Über welchen Betrag lautet der endgültige Saldo des Kontos Provisionsaufwand? (Rechenweg angeben)
c) Über welchen Betrag lautet der endgültige Saldo des Kontos Provisionsertrag? (Rechenweg angeben).
d) Untersuchen und begründen Sie, ob und wie sich der vorläufige Gewinnsaldo nach Berücksichtigung der vorstehenden Fälle verändert!

S 11 Agenturinhaber Krause hat Sie zu den Vorbereitungen für den Jahresabschluss hinzugezogen. Sie erhalten den Auftrag, für die nachstehenden Geschäftsfälle, die sowohl das alte als auch das neue Geschäftsjahr betreffen, die jeweilige Buchung für die periodengerechte Erfolgsermittlung vorzubereiten.

1. Die Zinsen von 150,00 € für Dezember bis Februar überweist der Untervertreter Meier für ein ihm gewährtes Darlehen vereinbarungsgemäß erst am 1. März auf unser Bankkonto.
2. Mit der Untervertreterin Sabine Hoßfeld wurde vereinbart, dass sie einen günstigeren Zinssatz für das ihr gewährte Darlehen bekommt, wenn sie die vierteljährlich fälligen Zinsen im Voraus bezahlt. Am 1. Dezember überweist sie auf unser Bankkonto 120,00 € für den Zeitraum von Dezember bis Februar.
3. Die am 1. April fällige Jahresprämie über 720,00 € für die Vermögensschaden-Haftpflichtversicherung wurde zum genannten Zeitpunkt vom Bankkonto der Agentur abgebucht.
4. Mieter Arnold Behrendt wird zugestanden, die Garagenmiete für Dezember in Höhe von 50,00 € erst mit der Januarmiete auf unser Bankkonto zu überweisen.
5. Der halbjährliche Verbandsbeitrag für die Zeit vom 1. Nov. bis 30. April über 120,00 € wurde am 2. Oktober durch Banküberweisung beglichen.
6. Mieterin Eva Baumgärtel hat versehentlich die Monatsmiete von 680,00 für Dezember zweimal auf unser Bankkonto überwiesen. Die Doppelzahlung soll für die Januarmiete verwendet werden.
7. Die Reinigungskosten für das Büro werden vereinbarungsgemäß nachträglich am Ende eines Vierteljahres durch Banküberweisung bezahlt. Für den Vierteljahreszeitraum vom 01. Nov. bis 31. Jan. sind 450,00 € Ende Januar fällig.

a) Ermitteln Sie, welcher Betrag am Jahresende auf dem Konto Aktive Rechnungsabgrenzung zu erfassen ist!
b) Ermitteln Sie, welcher Betrag am Jahresende auf dem Konto Passive Rechnungsabgrenzung zu erfassen ist!
c) Welcher Betrag wird am Jahresende auf dem Konto Sonstige Forderungen gebucht?
d) Welcher Betrag wird am Jahresende auf dem Konto Sonstige Verbindlichkeiten gebucht?
e) Erläutern Sie stichwortartig, wie sich die Aktive Rechnungsabgrenzung in der Bilanz und auf dem GuV-Konto auswirkt!
f) Erläutern Sie stichwortartig, wie sich die periodengerechte Erfolgsermittlung in der Bilanz und auf dem GuV-Konto auswirkt, wenn hierfür das Konto Sonstige Forderungen genutzt werden muss!

Arbeitsgestaltung, kaufmännische Steuerung und Kontrolle GFK 1

S 12 Sie sind Mitarbeiter/-in der Generalagentur Krause der Proximus Versicherung AG. Infolge einer versehentlichen Falschberatung hat ein Kunde einen Vermögensschaden gerichtlich erfolgreich geltend gemacht. Laut Agenturvertrag werden solche Vermögensschäden von der Proximus Versicherung AG übernommen.

Herr Krause muss allerdings für die Gerichtskosten einstehen. Da der gerichtliche Kostenbescheid am Jahresende noch nicht vorliegt, rechnet er damit, im neuen Geschäftsjahr 1.200,00 € an das Gericht zahlen zu müssen. Sie werden gebeten, diese zukünftige Zahlungsverpflichtung buchungstechnisch bei der Vorbereitung des Jahresabschlusses (Bilanz/GuV) zu berücksichtigen.

a) Beschreiben Sie stichwortartig, was nach den Bestimmungen des HGB für diesen Fall vorgesehen ist und warum so zu verfahren ist!
b) Wie wirkt sich die buchungstechnische Erfassung auf die Gewinn- und Verlustrechnung und die Bilanz des Geschäftsjahres aus?
c) Im neuen Geschäftsjahr verlangt das Gericht nur 1.000,00 € an Gerichtskosten. Prüfen Sie, ob und ggf. wie die Bilanz und die GuV-Rechnung des neuen Geschäftsjahres hiervon berührt werden!

S 13 Sie sind Mitarbeiter/-in der Generalagentur Krause der Proximus Versicherung AG. Im letzten Geschäftsjahr wurde eine Rückstellung von 5.000,00 € für die Renovierung der Büroräume gebildet, da die Arbeiten wegen des regen Publikumsverkehrs zum Jahresende nicht durchgeführt werden konnten. Nach Abschluss der Renovierungsarbeiten im Februar des neuen Geschäftsjahres stellt der Handwerker insgesamt 5.600,00 € in Rechnung.

a) Beschreiben Sie stichwortartig, wie sich die Rückstellungsbildung auf die Bilanz und die GuV-Rechnung des alten Geschäftsjahres ausgewirkt hat!
b) Prüfen und beschreiben Sie, wie sich die Begleichung der Handwerkerrechnung auf die Bilanz und die GuV-Rechnung des neuen Geschäftsjahres auswirkt!
c) Entscheiden und begründen Sie, ob sich die um 600,00 € höhere Handwerkerrechnung auf das Betriebsergebnis im Rahmen der Kostenrechnung für das neue Geschäftsjahr auswirkt oder nicht!

Zu S 14 – S 24: siehe Vorübungen V 16 – V 20

S 14 Sie sind Mitarbeiter/-in der Generalagentur Krause der Proximus Versicherung AG. Herr Krause bittet Sie, die nachstehende GuV des abgelaufenen Geschäftsjahres mit den weiteren Angaben für die gewünschte Kostenrechnung aufzubereiten.

Soll	GuV-Rechnung der Versicherungsagentur Krause		Haben
Provisionsaufwand	70.400,00 €	Provisionsertrag	210.000,00 €
Werbe- und Reiseaufwand	10.400,00 €	Zinsertrag	2.500,00 €
Verwaltungsaufwand	8.800,00 €	Außerordentlicher Ertrag	7.100,00 €
Kraftfahrzeugaufwand	3.600,00 €		
Abschreibung auf Anlagen	4.000,00 €		
Abschreibung auf Kfz	2.000,00 €		
Außerordentlicher Aufwand	4.200,00 €		
Gewinn	116.200,00 €		
	219.600,00 €		219.600,00 €

Kalkulatorisch sollen jeweils um 10 % höhere Beträge bei den Abschreibungen angesetzt werden.
Als kalkulatorische Miete sind 29.200,00 € anzusetzen.
Der kalkulatorische Unternehmerlohn soll 60.000,00 € betragen.

a) Ermitteln Sie die Grundkosten. Bitte die verwendeten Zahlen darstellen!
b) Ermitteln Sie die Anderskosten. Bitte die verwendeten Zahlen darstellen!
c) Mit welchem Betrag werden die Leistungen in der Kosten- und Leistungsrechnung angesetzt?
d) Berechnen Sie das Betriebsergebnis. Bitte den Rechenweg mit Zahlen darstellen!
e) Berechnen Sie das neutrale Ergebnis. Bitte den Rechenweg mit Zahlen darstellen!

S 15 Sie sind Mitarbeiter/-in der Generalagentur Krause der Proximus Versicherung AG und derzeit mit Controllingaufgaben betraut. Herr Krause hatte Anfang Juli des Geschäftsjahres einen neuen Geschäftswagen zum Preis von 18.000,00 € erworben.

Sie sollen den bilanziellen und kalkulatorischen Abschreibungsbetrag für dieses Geschäftsjahr bei linearer Abschreibung ermitteln. Die geplante Nutzungsdauer ist mit 6 Jahren angesetzt.

a) Wie hoch ist der bilanzielle Abschreibungsbetrag?
b) Wie hoch ist der kalkulatorische Abschreibungsbetrag bei einem erwarteten Wiederbeschaffungspreis in 6 Jahren von 110 % des jetzigen Preises?

S 16 Sie sind Mitarbeiter/-in der Generalagentur Krause der Proximus Versicherung AG. Im Monat Dezember wurden folgende Geschäftsfälle gebucht:

1. Verkauf eines veralteten Laserdruckers (Buchwert 1,00 €) für 30,00 €
2. Provisionsgutschrift durch die Direktion über 2.300,00 €
3. Provisionsrückbelastung durch die Direktion 190,00 €
4. Einkommensteuervorauszahlung durch Banklastschrift 2.600,00 €
5. Belastung durch die Direktion für Werbematerial im Wert von 180,00 €
6. Ein VN hat den Erstbeitrag über 330,00 € zu seiner Unfallversicherung an die Agentur statt an die Direktion überwiesen.
7. Dem Untervertreter wurden 120,00 € an noch nicht gebuchter Provision bar ausgezahlt.
8. Banklastschrift für Garagenmiete (Geschäftswagen) 80,00 €
9. Untervertreter Ahrend zahlt 50,00 € als Dezember-Zinsrate für ein Darlehen, dass ihm die Agentur gewährt hat.

a) Ermitteln Sie aus den Geschäftsfällen die Summe der Kosten im Monat Dezember für die in Arbeit befindliche Kosten- und Leistungsrechnung!
b) Wie hoch ist die Summe der Leistungen im Monat Dezember?
c) Ermitteln Sie den neutralen Erfolg im Monat Dezember?

S 17 Sie sind Mitarbeiter/-in der Generalagentur Krause der Proximus Versicherung AG und wirken beim Rechnungswesen der Agentur mit.

Im ersten Monat des Geschäftsjahres wurden folgende Anschaffungen getätigt:

- 1 Büroschrank 1.560,00 € (geplante Nutzungsdauer 13 Jahre)
- 1 Laptop 600,00 € (geplante Nutzungsdauer 3 Jahre)
- 1 Telefon 140,00 € (geplante Nutzungsdauer 5 Jahre)

Arbeitsgestaltung, kaufmännische Steuerung und Kontrolle GFK 1

a) Mit welchem Betrag sind die genannten Gegenstände jeweils am Jahresende unter Beachtung steuerrechtlicher Vorschriften abzuschreiben?
b) Mit welchen Beträgen sind die vorstehenden Abschreibungen als Grundkosten bzw. Anderskosten zu übernehmen, wenn zukünftige Preissteigerungen unbeachtet bleiben sollen?

S 18 Sie sind Mitarbeiter/-in der Generalagentur Krause der Proximus Versicherung AG und wirken bei der Kostenerfassung für die Kostenrechnung mit.

Ihre Aufgabe besteht darin, die kalkulatorischen Zinsen zu ermitteln. Hierfür stehen folgende Angaben zur Verfügung:

- Betriebs- und Geschäftsausstattung: kalkulatorische Wiederbeschaffungskosten 26.000,00 €; bisherige kalkulatorische Abschreibung 13.000,00 €
- Kraftfahrzeuge: 5.000,00 €; der kalkulatorische Restwert entspricht dem Buchwert
- Forderungen gegen Direktion durchschnittlich 4.500,00 €
- Verbindlichkeiten bei Untervertretern durchschnittlich 2.200,00 €
- Bankguthaben zwischen 3.000,00 € und 3.600,00 €
- Kassenbestand zwischen 1.400,00 € und 1.600,00 €
- Eigenkapital 20.000,00 €

a) Wie hoch ist das betriebsnotwendige Anlagevermögen?
b) Ermitteln Sie das insgesamt betriebsnotwendige Kapital?
c) Mit welchem Betrag sind die kalkulatorischen Zinsen bei einem Zinssatz von 6 % anzusetzen?
d) Warum ist der Ansatz von kalkulatorischen Zinsen in der Kostenrechnung gerechtfertigt? (stichwortartige Begründung)

S 19 Sie sind Mitarbeiter der Agentur Vorsorge. Die abgebildete Aufstellung der Agentur liegt Ihnen vor:

Provisionsaufwand	60.000,00
Provisionserträge	172.000,00
Haus- und Grundstücksaufwand	6.500,00
Zinserträge	6.000,00
Abschreibungen auf BGA	1.200,00
Kfz-Aufwand	6.300,00
Regulierungsaufwand	900,00
Außerordentlicher Aufwand	1.880,00
Außerordentlicher Ertrag	300,00
Energieaufwand	2.600,00
Entschädigungen	7.500,00
Privatentnahmen	46.000,00
Abschreibungen auf Kfz	3.200,00
Werbe- und Reiseaufwand	4.000,00
Haus- und Grundstücksertrag	14.400,00
Abschreibungen auf GWG	900,00
Gehälter	24.200,00
Sozialer Aufwand	6.000,00
Verwaltungsaufwand	17.930,00

GFK 1 — Arbeitsgestaltung, kaufmännische Steuerung und Kontrolle

Von Herrn Vorsorge erhalten Sie noch folgende Informationen:

Er betreibt seine Agentur in einem Ladenlokal. das sich in seinem privaten Wohn- und Geschäftshaus befindet, indem sich noch ein weiteres gleich großes Ladenlokal befindet, welches für 1.200,00 €/Monat vermietet wurde.

Die Privatentnahmen entsprechen seinen Vorstellungen von einem Unternehmerlohn.

Zusätzlich rechnet er mit einer Verzinsung seines in der Agentur investierten Eigenkapitals (60.000,00 €) in Höhe von 4 %.

Die bilanziellen Abschreibungen sind 10 % niedriger als die kalkulatorischen Abschreibungen.

a) Ermitteln Sie das Unternehmensergebnis.
b) Ermitteln Sie das Betriebsergebnis.
c) Ermitteln Sie das neutrale Ergebnis.

S 20 Sie sind Mitarbeiter/-in in der Generalagentur Krause der Proximus Versicherung AG. Im Rahmen von Kostenkontrollen sind u. a. die Kosten des angestellten Versicherungsvertreters Amelung zu analysieren, der für das gewerbliche und industrielle Sachversicherungsgeschäft zuständig ist.

Herr Amelung erhält monatlich ein Festgehalt von 1.500,00 € und 120,00 € Fahrtkostenzuschuss sowie 60 % Provision vom vermittelten Beitragsneuzugang. Die Direktion zahlt der Agentur 80 % Provision vom vermittelten Beitragzugang.

Herr Amelung vermittelt im Monat Oktober d. J. Verträge mit einem Beitragsneuzugang von insgesamt 7.600,00 €.

a) Wie hoch sind die Fixkosten der Agentur für Herrn Amelung?
b) Wie hoch sind die variablen Kosten der Agentur für Herrn Amelung im Monat Oktober?
c) Weisen Sie rechnerisch nach, ob Herr Amelung seine Fixkosten ins Verdienen gebracht hat oder nicht!
d) Welchen Beitragsneuzugang muss Herr Amelung monatlich mindestens vermitteln, damit seine Fixkosten durch den der Agentur zustehenden Provisionsanteil gedeckt sind?

S 21 Sie sind Mitarbeiter/-in in der Generalagentur Krause der Proximus Versicherung AG. Für die geplante Kosten- und Leistungsrechnung, an der Sie mitwirken, sind die voraussichtlichen Gewerbesteuerkosten zu ermitteln.

Der Gewinn des Geschäftsjahres von 100.000,00 € lt. Finanzbuchhaltung entspricht exakt dem Gewinn des Vorjahres. Allerdings hat sich der enthaltene neutrale Gewinn um 3.000,00 € auf 9.000,00 € gegenüber dem Vorjahr erhöht.

Im Vorjahr waren laut Gewerbesteuerbescheid 10.500,00 € an Gewerbesteuer zu zahlen. Für dieses Jahr hat die Gemeinde eine Anhebung des Hebesatzes von 300 % auf 320 % beschlossen.

a) Über welchen Betrag wird der Gewerbesteuerbescheid für das Geschäftsjahr lauten? (Bitte Rechenweg darstellen.)
b) Welcher Betrag ist als Gewerbesteuerkosten im Rahmen der Kostenrechnung anzusetzen? (Bitte Rechenweg darstellen.)

Arbeitsgestaltung, kaufmännische Steuerung und Kontrolle　　　　　　　　　　　　　　　　　　　GFK 1

S 22 Sie sind Mitarbeiter/-in in der Generalagentur Krause der Proximus Versicherung AG. Für die geplante Kosten- und Leistungsrechnung, an der Sie mitwirken, ist der kalkulatorische Unternehmerlohn zu berechnen.

Herr Krause verwendet hierfür das empfohlene Berechnungsschema des BVK. Danach sind zunächst 25.000,00 € anzusetzen. Bei Gesamteinnahmen von mehr als 60.000,00 € ist der überschießende Betrag mit zusätzlich 20 % anzusetzen.
Die Gesamteinnahmen beliefen sich im Geschäftsjahr auf 130.000,00 €.

a) Wie hoch ist der nach dem BVK-Schema berechnete kalkulatorische Unternehmerlohn?
b) Wann ist der Ansatz eines kalkulatorischen Unternehmerlohns gerechtfertigt und wie lässt er sich begründen?

S 23 Sie sind Mitarbeiter/-in in der Generalagentur Krause der Proximus Versicherung AG und bereiten die Kostenartenrechnung vor.

In der Finanzbuchhaltung wurden im letzten Monat folgende Aufwendungen gebucht:

– Gehaltszahlungen an fest angestellte Mitarbeiter	12.000,00 €
– Telefonrechnung (davon 30,00 € Grundgebühr)	120,00 €
– Provisionszahlungen an Untervertreter	2.400,00 €
– Geschäftsraummiete	1.100,00 €
– Zinszahlung für ein Hypothekendarlehen	700,00 €
– Außerordentlicher Aufwand (Verkauf der alten Büro-Einrichtung unter Buchwert)	500,00 €
– Garagenmiete für den Geschäftswagen	80,00 €
– Beitrag für die Betriebs-Haftpflichtversicherung	190,00 €
– Werbe- und Reiseaufwand	280,00 €

a) Ermitteln Sie die Summe der fixen Kosten! (Rechenweg angeben)
b) Ermitteln Sie die Summe der variablen Kosten! (Rechenweg angeben)
c) Welche der vorstehenden Aufwendungen gehören nicht in die Kostenrechnung? (mit stichwortartiger Begründung)

S 24 Sie sind Mitarbeiter/-in in der Generalagentur Krause der Proximus Versicherung AG und wirken bei der allmonatlichen Kostenanalyse mit.

Für die Kleinschadenregulierung ist Frau Schley als Halbtagskraft zuständig. Frau Schley bearbeitet im Monatsdurchschnitt 80 Fälle. Ihre monatlichen Gehaltskosten belaufen sich auf 2.100,00 €. Die Direktion vergütet für jeden bearbeiteten Kleinschaden einen Betrag von 30,00 €.
Durch eine Umorganisation hat die Direktion einen Teil der Kleinschadenfälle auf die zuständige Bezirksdirektion verlagert. Dadurch fallen jetzt im Monatsdurchschnitt nur noch 60 von der Agentur zu bearbeitende Schadenfälle an.

a) Ermitteln Sie den jetzigen Beschäftigungsgrad von Frau Schley? (Rechenweg angeben)
b) Bei welchem Beschäftigungsgrad würden wenigstens die Fixkosten der Agentur für Frau Schley durch die Schadenregulierungsvergütungen der Direktion gedeckt? (Rechenweg angeben)

Zu S 25 – S 27: siehe Vorübungen V 21 – V 23

S 25 Sie sind Mitarbeiter/-in in der Generalagentur Krause der Proximus Versicherung AG und in die Analyse des Jahresabschlusses einbezogen.
Das Geschäftsjahr schließt mit der nachstehenden Bilanz ab:

Soll	Bilanz zum 31. Dezember		Haben
Kraftfahrzeuge	20.000,00 €	Eigenkapital	41.700,00 €
BGA	42.000,00 €	Darlehensverb.	52.000,00 €
Forderungen gg. Direktion	29.000,00 €	Verb. bei Untervertreter	17.100,00 €
Kassenbestand	3.600,00 €		
Bankguthaben	16.200,00 €		
	110.800,00 €		110.800,00 €

a) Wie groß ist der Anteil des Anlagevermögens am Gesamtvermögen in Prozent?
b) Wie groß ist der Anteil des Fremdkapitals am Gesamtkapital in Prozent?
c) Berechnen Sie den Deckungsgrad des Anlagevermögens durch Eigenkapital!
d) Der Agenturinhaber möchte einen weiteren Geschäftswagen für 17.000,00 € ohne Einsatz von Fremdkapital kaufen. Prüfen Sie, ob der Agentur ein Liquiditätsengpass drohen kann, wenn für den Kauf nur eigene Mittel verwendet werden. An Zinsen und Tilgung (Kapitaldienst) für bestehende Darlehen sind monatlich 450,00 € aufzubringen!

S 26 Sie sind Mitarbeiter/-in in der Generalagentur Krause der Proximus Versicherung AG und mit Controllingaufgaben betraut. Die Agentur hatte sich für das abgelaufene Geschäftsjahr folgende Ziele zur Sachversicherung gesetzt:

– Zuwachs des Bestandes um mindestens 6 %	
– Neugeschäftsstornoquote maximal 5 %	
– Prämienbestand zu Beginn des abgelaufenen Geschäftsjahres	900.000,00 €
– Bestandsstorno	3 %
– Neugeschäft (Prämie)	120.000,00 €
– Neugeschäftstorno im Geschäftsjahr	6.500,00 €

a) Berechnen Sie den Prämienbestand zum Ende des abgelaufenen Geschäftsjahres!
b) Berechnen Sie die Stornoquote für das Neugeschäft und prüfen Sie, ob die Zielsetzung beim Neugeschäftsstorno erreicht wurde!
c) Berechnen Sie die Zuwachsrate der Prämien in der Sachversicherung und prüfen Sie auch hier, ob die entsprechende Zielsetzung erreicht wurde!

Arbeitsgestaltung, kaufmännische Steuerung und Kontrolle   GFK 1

S 27 Sie sind Mitarbeiter/-in in der Generalagentur Krause der Proximus Versicherung AG und mit Controllingaufgaben betraut. Um die Bestandsentwicklung besser beurteilen zu können soll eine Messzahlenreihe entwickelt werden. Die Agentur hat ihren Geschäftsbetrieb vor 4 Jahren aufgenommen. Folgendes Zahlenmaterial steht zur Verfügung:

Bestand zu Beginn der Agenturtätigkeit 180.000,00 €		
	Neugeschäft	Bestandsstorno
1. Jahr	22.000,00 €	4.000,00 €
2. Jahr	19.000,00 €	3.000,00 €
3. Jahr	25.000,00 €	7.000,00 €
4. Jahr	35.000,00 €	15.000,00 €

a) Berechnen Sie den Bestand zum Ende eines jeden Jahres!
b) Entwickeln Sie eine Messzahlenreihe zur Bestandsentwicklung (auf eine Nachkommastelle genau) und interpretieren Sie das Ergebnis (Bestand zu Beginn der Agenturtätigkeit = 100)!
c) Berechnen Sie die Neugeschäftsquoten und die Stornoquoten für das 3. und 4. Jahr, jeweils ausgehend vom Bestand am Ende des Vorjahres!
d) Welche Schlussfolgerungen können aus den für das 3. und 4. Jahr berechneten Quoten für die zukünftige Agenturtätigkeit gezogen werden?

Zu S 28 – S 29: siehe Vorübung V 24

S 28 Durch eine E-Mail an alle Agenturen erfährt die Provisionsagentur Krause, dass Hacker versucht haben, in das Computersystem der Proximus Versicherung AG einzudringen. Da die Agenturen mit dem Computersystem der Proximus Versicherung AG verbunden sind, ist nicht auszuschließen, dass die Hacker bei Erfolg bis in die Computeranlage einer Agentur vordringen können.

Es wird darum gebeten, geeignete Sicherungsvorkehrungen in der Agentur zu diskutieren. Welche Maßnahmen zum Schutz gegen Hackerangriffe schlagen Sie vor?

S 29 Franz Mertens (35 Jahre) hat von seinen Eltern ein beträchtliches Vermögen geerbt. Für seine Altersversorgung möchte er sofort 500.000,00 € als Einmalbeitrag in eine Lebensversicherung bei der Proximus Versicherung AG einzahlen.

Im Laufe des Beratungsgesprächs kommen ihm Bedenken, ob seine Daten bei der Proximus Versicherung AG auch wirklich geschützt sind. Schließlich gebe er ja umfangreiche Auskünfte zu seinem Gesundheitszustand an. Ferner könne man aus dem hohen Einmalbeitrag auf sein nicht unbeträchtliches Vermögen schließen.

Die Proximus Versicherung AG hat alle Mitarbeiter aufgefordert, konsequent die Vorschriften des Bundesdatenschutzgesetzes zu beachten.

Schildern Sie Herrn Mertens zu seiner Beruhigung wesentliche Vorschriften dieses Gesetzes!

GFK 1   Arbeitsgestaltung, kaufmännische Steuerung und Kontrolle

> Zu S 30 – S 36: siehe Vorübungen V 25 – V 31

S 30 Die Proximus Versicherung AG möchte durch eine ausgewogene Gestaltung der Vertriebswege ihre Kunden effizienter betreuen.

Dafür stehen folgende Vertriebswege zur Verfügung:

- Vertrieb durch Angestellte im Versicherungsaußendienst
- Vertrieb durch selbstständige Versicherungsvertreter
- Vertrieb durch Versicherungsmakler

Zur Vorbereitung einer Sitzung zu diesem Thema erhalten Sie als Mitarbeiter/-in von der Projektleitung den Auftrag, für jeden der drei Vertriebswege jeweils ein Argument aus Kundensicht und jeweils ein Argument aus Sicht der Proximus Versicherung AG aufzuzeigen, aus denen die Vorteile des jeweiligen Vertriebsweges erkennbar sind!

S 31 Die Proximus Versicherung AG veranstaltet einen Workshop für ihre neuen Angestellten im Außendienst, selbstständigen Versicherungsvertreter und Versicherungsmakler zum Thema „Rechtliche und wirtschaftliche Unterschiede im Vertrieb".

In der Vorbereitungsphase erhalten Sie als Mitarbeiter/-in die Aufgabe, eine Vorlage zu dieser Thematik zu erstellen, die die Unterschiede hinsichtlich der vertraglichen Bindung, der Vergütung und dem Wettbewerb übersichtlich darstellen.

S 32 Sie sind Mitarbeiter/-in der Abteilung Organisation der Proximus Versicherung AG. Ihr Auszubildender Heiko Claasen muss sich nach bestandener Abschlussprüfung entscheiden, ob er für die Proximus Versicherung AG im Außendienst tätig werden will.

Ein erfahrener Mitarbeiter, der für die Proximus Versicherung AG als Vertreter tätig ist, hatte ihm ohne nähere Erläuterungen gesagt: „Wenn Sie bei uns Versicherungsvertreter werden, sind Sie ständig damit betraut Geschäfte zu vermitteln und ggf. auch abzuschließen. Sie müssen das sog. Wettbewerbsverbot beachten, soweit nicht die Ventillösung etwas anderes gestattet. Bei Vorliegen entsprechender Voraussetzungen haben Sie nach Beendigung Ihrer Vertretertätigkeit für die Proximus Versicherung AG einen Ausgleichsanspruch."

Heiko Claasen bittet Sie, ihm die Aussagen „ständig betraut sein", „Wettbewerbsverbot", „Ventillösung", „Ausgleichsanspruch" näher zu erläutern!

S 33 Sie werden von Ihrem Ausbildungsbetrieb auf die Abschlussprüfung zum/zur Kaufmann/Kauffrau für Versicherungen und Finanzen vorbereitet.

In einem der Vorbereitungskurse werden Sie aufgefordert, einen kurzen Überblick über die unterschiedlichen gesetzlichen Vollmachten des Versicherungsvertreters gem. VVG zu erstellen!

Arbeitsgestaltung, kaufmännische Steuerung und Kontrolle — GFK 1

S 34 Sie stehen im Ausbildungsberuf Kaufmann/Kauffrau für Versicherungen und Finanzen vor der Abschlussprüfung und nehmen an einem entsprechenden Vorbereitungskurs teil.

Für diesen Vorbereitungskurs sollen Sie einen Überblick über die Vollmachten des Versicherungsvertreters nach dem VVG erstellen!

S 35 Sie sind Mitarbeiter/-in im Vertrieb der Proximus Versicherung AG.

Für eine Planungssitzung zu dem Projekt „Einstieg in den Direktvertrieb: Chancen und Risiken für die Proximus Versicherung AG" haben Sie die Aufgabe, die Voraussetzungen für einen erfolgreichen Absatz der Versicherungsprodukte sowie jeweils einen Vor- bzw. Nachteil dieses Vertriebswegs für die Kunden sowie die Proximus Versicherung AG zu skizzieren!

S 36 Sie sind Mitarbeiter/-in der Abteilung Vertrieb der Proximus Versicherung AG. Ihr Auszubildender hat in einem Online-Portal bei einem Vergleich von Haftpflichtversicherungsangeboten festgestellt, dass manche Versicherer ihr Angebot für den Direktvertrieb und für den Servicevertrieb aufführen.

Erläutern Sie Ihrem Auszubildenden die Grundzüge dieser beiden Vertriebswege. Geben Sie Argumente für die Wahl des jeweiligen Vertriebsweges.

GFK 2 – Bestandskundenmanagement
Vorübungen (V)

A. Zustandekommen des Versicherungsvertrages
(Beteiligte Personen, Antrag/Annahme, Informationspflichten, Widerruf/Rücktritt/Widerspruch, Billigungsklausel – Info: Band 1, B 3)

V 1 Entscheiden Sie in den folgenden Fällen, ob ein Versicherungsvertrag zustande gekommen ist (1) oder nicht (9)!

a) Nachdem der Versicherungsnehmer den Antrag zu einer Hausratversicherung unterschrieben hat, sendet ihm der Versicherer die Police zu.

b) Der Versicherungsnehmer unterschreibt einen Probeantrag zu einer privaten Krankenversicherung. Der Versicherer sendet ihm die Police zu.

c) wie b), aber: Der Versicherungsnehmer überweist nach Erhalt des Probeantrags die Prämie.

d) Der Versicherungsnehmer unterschreibt einen Antrag zu einer privaten Krankenversicherung. Der Versicherer sendet ihm ein Annahmeschreiben zu.
Die Police geht auf dem Postweg verloren.

e) Nachdem ein Versicherungsnehmer den Antrag einer Hausratversicherung unterschrieben hat, sendet ihm der Versicherer die Police per E-Mail zu.

f) Der Versicherungsnehmer setzt beim Kauf von Karten für ein Musikfestival im Internet das Häkchen bei „Ticketversicherung gewünscht".

V 2 Welche der folgenden Aussagen zu den Informationspflichten des Versicherers und des Versicherungsvermittlers sind falsch?

a) Informationen an den Versicherungsnehmer sind in Textform zu erteilen.

b) Verzichtet ein Versicherungsnehmer auf sein Informationsrecht, so muss er dies ausdrücklich mündlich erklären.

c) Verletzt ein Versicherungsvermittler die ihm auferlegten Informationspflichten schuldhaft und es ist ein Schaden, der in Zusammenhang mit der Verletzung der Informationspflichten steht entstanden, so haftet er.

d) Die Informationspflichten des Versicherers müssen rechtzeitig erfolgen, bevor der Versicherungsnehmer seine Vertragserklärung abgegeben hat.

e) Verletzt der Versicherer seine Informationspflichten gemäß § 8 (2) Ziffer 1 und 2 VVG, so hat der Versicherungsnehmer ein „ewiges" Widerrufsrecht.

f) Bei der Kranken- und der Lebensversicherung bestehen im Gegensatz zu anderen Versicherungszweigen weitere gesonderte Informationspflichten.

V 3 Welche der folgenden Aussagen zum Widerrufsrecht ist richtig (R), welche ist falsch (F)?

a) Ein Widerruf kann mündlich erklärt werden.

b) Die Frist für einen Widerruf beträgt in der Lebensversicherung 30 Tage.

c) Das Widerrufsrecht besteht nicht bei Versicherungsverträgen mit einer Laufzeit von unter 1 Monat.

d) Zur Fristwahrung muss ein Widerruf rechtzeitig beim Versicherer eingehen.
e) Auch bei einer vorläufigen Deckungszusage gibt es ein Widerrufsrecht.
f) Der Versicherer muss bei einem rechtsgültigen Widerruf innerhalb der laufenden Versicherungsperiode die gesamte Prämie erstatten.
g) Wenn ein Versicherungsnehmer nicht ordnungsgemäß über sein Widerrufsrecht belehrt wurde, hat er ein ewiges Widerrufsrecht.
h) Ein Widerruf kann ohne Angabe von Gründen erfolgen.
i) Wenn die Prämie bezahlt ist entfällt das Widerrufsrecht.
j) Durch das bestehende Widerrufsrecht ist ein Versicherungsvertrag grundsätzlich schwebend wirksam.
k) Macht ein Versicherungsnehmer nach Eintritt des Versicherungsfalls von seinem Widerrufsrecht Gebrauch, so hat er keinen Anspruch auf Regulierung.
l) Erst wenn der Versicherungsnehmer die Police erhalten hat, kann er seine Vertragserklärung widerrufen.

V 4 Sie sind Mitarbeiter/-in bei der Proximus Versicherung AG und bekommen am 15.11. d.J. eine E-Mail von Herrn Nolden. Er schildert folgendes: Nachdem er am 25.10. d.J. einen Antrag zu einer Wohngebäudeversicherung unterschrieben hatte, bekam er die Police am 28.10. d.J. zugesendet. In der Police ist im Gegensatz zum Antrag eine andere Tarifzone festgelegt worden und somit eine höherere Prämie ausgewiesen.

Herr Nolden möchte keine höhere Prämie bezahlen und den Vertrag stornieren lassen. Er hat alle notwendigen Verbraucherinformationen und eine Belehrung über das Widerrufsrecht rechtzeitig vor Abgabe seiner Vertragserklärung erhalten. Welche Aussage gegenüber Herrn Nolden machen Sie?

a) Das 14-tägige Widerrufsrecht von Herrn Nolden ist abgelaufen. Der Vertrag kann nicht mehr storniert werden.
b) Das Widerrufsrecht besteht 30 Tage. Der Widerruf kann bis zum 28.11. d.J. erfolgen. Der Vertrag wird durch rechtzeitige Ausübung dieses Rechts aufgehoben.
c) Aufgrund der Abweichung hat Herr Nolden ein einmonatiges Widerspruchsrecht bis 28.11. d.J., was bei rechtzeitiger Ausübung den Vertrag aufhebt.
d) Aufgrund der Abweichung hatte Herr Nolden ein 30-tägiges Widerspruchsrecht bis 28.11. d.J., was bei rechtzeitiger Ausübung den Vertrag aufhebt.
e) Der Vertrag kann nur zum Ende der Versicherungsperiode ordentlich gekündigt werden.

V 5 Welche nachstehend beschriebene Kausalkette zum Widerspruchsrecht bzw. zur sogenannten Billigungsklausel ist falsch?

a) Versicherungsschein weicht vom Antrag ab, ordnungsgemäße Belehrung des VN, rechtzeitiger Widerspruch des VN, kein Vertrag.
b) Versicherungsschein weicht vom Antrag ab, keine ordnungsgemäße Belehrung des VN, kein rechtzeitiger Widerspruch des VN, Vertrag besteht, Inhalt des Antrags gilt.
c) Versicherungsschein weicht vom Antrag ab, ordnungsgemäße Belehrung des VN, kein rechtzeitiger Widerspruch des VN, Vertrag besteht, Inhalt des Antrags gilt.
d) Versicherungsschein weicht vom Antrag ab, ordnungsgemäße Belehrung des VN, kein rechtzeitiger Widerspruch des VN, Vertrag besteht, Inhalt des Versicherungsscheins gilt.

GFK 2　　　　　　　　　　　　　　　　　　　　　　　　　　Bestandskundenmanagement

> **V 6** Ein VN hat am 28.04. d.J. den Antrag auf eine Hausratversicherung (Beginn 01.05. d.J.) in den Räumen der Proximus Agentur Krause unterschrieben. Am 14.05. d.J. erhält er den Versicherungsschein mit allen notwendigen Verbraucherinformationen und einer Belehrung über das Widerrufsrecht. Am nächsten Tag überweist der Versicherungsnehmer die Prämie in Höhe von 260,71 €. Der Versicherungsnehmer möchte den Vertrag bei der Proximus Versicherung AG widerrufen.

a) Bis Ablauf welchen Datums muss der Versicherungsnehmer rechtsgültig von seinem Widerrufsrecht Gebrauch machen?

　1 – 12.05. d.J.
　2 – 28.05. d.J.
　3 – 29.05. d.J.
　4 – 13.06. d.J.
　5 – 14.06. d.J.

b) Ist der Widerruf rechtsgültig, wenn er per E-Mail an die Direktion der Proximus Versicherung AG erfolgt?

　1 – Nein, ein Widerruf muss immer per Brief erfolgen.
　2 – Nein, ein Widerruf muss per Einschreiben erfolgen.
　3 – Nein, der Widerruf muss an die Proximus Agentur Krause gerichtet werden.
　4 – Nein, ein Widerruf kann nur telefonisch erfolgen.
　5 – Ja, ein Widerruf kann per E-Mail erfolgen.

c) Nehmen Sie an, der Widerruf wäre am letztmöglichen Tag rechtsgültig eingelegt worden. Wie viel Euro Prämie kann der Versicherer aufgrund des Widerrufs für sich beanspruchen?

　1 –　5,00 €
　2 – 10,00 €
　3 – 15,00 €
　4 – 20,00 €
　5 – 25,00 €

Bearbeiten Sie jetzt die Situationsaufgaben S 1 – S 4

Bestandskundenmanagement GFK 2

B. Beginn des Versicherungsschutzes
(Beginnarten, Einlösungsklauseln, Vorläufige Deckungszusage, Rückdatierung, Rückwärtsversicherung – Info: Band 1, B 4)

V 7 Bestimmen Sie in den folgenden Fällen die 3 Versicherungsbeginne: formeller Beginn (fB), materieller Beginn (mB), technischer Beginn (tB)!

Den Fällen a)–c) liegt das strenge Einlösungsprinzip des § 37 (2) VVG zugrunde. Die Fälle d)–f) beziehen sich auf die erweiterte Einlösungsklausel in der Privat-Haftpflichtversicherung gemäß Proximus 4 (B 1, Ziffer 1 und 2 AHB PR 2016).

a) Antragstellung: 03.03. d.J.
   vereinbarter Beginn: 17.03. d.J.
   Zugang der Police: 10.03. d.J.
   Prämienzahlung: 12.03. d.J.

b) Antragstellung: 01.03. d.J.
   vereinbarter Beginn: 17.03. d.J.
   Zugang der Police: 23.03. d.J.
   Prämienzahlung: 26.03. d.J.

c) Antragstellung: 01.03. d.J.
   vereinbarter Beginn: 15.03. d.J.
   Zugang der Police: 11.03. d.J.
   Prämienzahlung: 17.03. d.J.

d) Antragstellung: 06.06. d.J.
   vereinbarter Beginn: 20.06. d.J.
   Zugang der Police: 23.06. d.J.
   Prämienzahlung: 24.06. d.J.

e) Antragstellung: 06.06. d.J.
   vereinbarter Beginn: 20.06. d.J.
   Zugang der Police: 20.06. d.J.
   Prämienzahlung: 25.07. d.J.

f) Antragstellung: 06.06. d.J.
   vereinbarter Beginn: 20.06. d.J.
   Zugang der Police: 22.06. d.J.
   Prämienzahlung: 09.07. d.J.

V 8 Welche der folgenden Aussage zur vorläufigen Deckungszusage ist falsch?

a) Erteilt ein Versicherer schon vor Abschluss der Risikoprüfung und Einigung über den endgültigen Inhalt des Versicherungsvertrages Versicherungsschutz liegt eine vorläufige Deckungszusage vor.
b) Die vorläufige Deckungszusage ist ein unselbstständiger Vorvertrag, der erst durch Abschluss des späteren Hauptvertrags rechtsgültig wird.
c) Die Haftung aus der vorläufigen Deckungszusage beginnt mit dem vereinbarten Zeitpunkt.

d) Der Versicherer kann den materiellen Beginn des Versicherungsschutzes von der Prämienzahlung abhängig machen. Es gilt dann die strenge Einlösungsklausel.
e) Der Inhalt der vorläufigen Deckungszusage richtet sich nach dem sonst beantragten Deckungsumfang. Es gelten die AVB für die vorläufige Deckungszusage.
f) Die Prämie wird zumeist im Rahmen der vorläufigen Deckungszusage gestundet und nach Abschluss des Hauptvertrages rückwirkend für die gesamte Dauer des Versicherungsvertrages abgerechnet.

V 9 Wie kann eine vorläufige Deckungszusage nicht beendet werden?

a) Bei zeitlicher Befristung mit Ablauf.
b) Bei Beginn des Hauptvertrages (auch bei einem anderen Versicherer) oder einer erneuten vorläufigen Deckungszusage.
c) Mit Beginn eines Prämienzahlungsverzuges aus dem Hauptvertrag.
d) Der Versicherungsnehmer widerruft/widerspricht seine/r Vertragserklärung für den Hauptvertrag.
e) Mittels Kündigung durch Versicherer oder Versicherungsnehmer.
f) Durch das Scheitern der Verhandlungen über den Hauptvertrag.

V 10 Sie erklären einem Kunden was unter Rückdatierung zu verstehen ist. Was sagen Sie ihm?

a) Eine Rückdatierung ist in der Kraftfahrthaftpflichtversicherung nicht möglich.
b) Durch eine Rückdatierung kann sich für den Versicherungsnehmer ein Prämienvorteil ergeben.
c) Bei einer Rückdatierung möchte der Versicherungsnehmer den materiellen Beginn in die Vergangenheit legen.
d) Bei einer Rückdatierung in der Lebensversicherung wird ein höheres Eintrittsalter des Versicherungsnehmers zugrundegelegt.
e) Eine Rückdatierung ist nur möglich, wenn der Versicherungsnehmer vom Eintritt eines Versicherungsfalls nichts weiß.

V 11 Welche der folgenden Aussagen zur Rückwärtsversicherung gemäß § 2 VVG ist richtig?

a) Bei der Rückwärtsversicherung liegen der formelle und der materielle Beginn vor dem technischen Beginn.
b) Bei der Rückwärtsversicherung liegen der formelle und der technische Beginn vor dem materiellen Beginn.
c) Bei der Rückwärtsversicherung liegen der materielle und der technische Beginn vor dem formellen Beginn.
d) Bei der Rückwärtsversicherung liegt der technische Versicherungsbeginn vor dem materiellen und dem formellen Versicherungsbeginn.
e) Bei der Rückwärtsversicherung liegt der materielle Versicherungsbeginn vor dem technischen und dem formellen Versicherungsbeginn.
f) Bei der Rückwärtsversicherung liegt der formelle Versicherungsbeginn vor dem technischen und dem materiellen Versicherungsbeginn.

V 12 Welche der folgenden Aussagen zur Rückwärtsversicherung gemäß § 2 VVG ist falsch?

a) In der Wohngebäudeversicherung ist die Vereinbarung einer Rückwärtsversicherung üblich.
b) Die Vereinbarung einer Rückwärtsversicherung ist nur dann möglich, wenn Versicherer und Versicherungsnehmer über einen möglicherweise schon eingetretenen Versicherungsfall im Ungewissen sind.
c) Mit der Rückwärtsversicherung wird üblicherweise auch eine Vorwärtsversicherung vereinbart.
d) In der privaten Krankenversicherung ist eine Rückwärtsversicherung für den speziellen Fall des Übertritts von der gesetzlichen zur privaten Krankenversicherung vorgesehen.
e) Eine Rückwärtsversicherung muss ausdrücklich im Versicherungsvertrag vereinbart worden sein.

Bearbeiten Sie jetzt die Situationsaufgaben S 5 – S 11

C. Prämienzahlung
(Prämienfälligkeit, Rechtzeitigkeit der Prämienzahlung, Tilgung der Prämienschuld, Nichtzahlung der Prämie, Prämienzahlungsverzug, Rechtsfolgen – Info: Band 1, B 5)

V 13 Ein Versicherungsnehmer schließt eine Versicherung mit Beginn laut Antrag vom 16.09. d.J. zum 01.10. d.J. ab. Die Police wird ihm am 26.09. d.J. zugestellt.

Wann ist die Prämie gemäß § 33 VVG fällig?

a) 16.09. d.J.
b) 01.10. d.J.
c) 10.10. d.J.
d) 13.10. d.J.
e) 17.10. d.J.

V 14 Kennzeichnen Sie richtige Aussagen zum Leistungsort für die Zahlung der Prämie, zur Rechtzeitigkeit der Prämienzahlung und Tilgung der Prämienschuld mit (R), falsche mit (F)!

a) Prämienschulden sind Schickschulden, d.h. der Versicherungsnehmer hat die Prämie auf seine Kosten, nicht aber auf seine Gefahr zu übermitteln.
b) Sollte der Versicherungsnehmer ein SEPA-Lastschriftmandat erteilt haben, dann kann eine verspätete Abbuchung der Prämie nicht zu seine Lasten gehen, Kontodeckung vorausgesetzt.
c) Für die Rechtzeitigkeit der Prämienzahlung beim Online-Banking ist es ausreichend, die Zahlung am letzten Tag der Fälligkeit zu bewirken.
d) Bei Überweisung ist die Prämienschuld getilgt, wenn die Gutschrift auf dem Konto des Versicherers erfolgt.
e) Bei Vereinbarung des SEPA-Lastschriftmandats ist die Prämienschuld getilgt, wenn die Gutschrift auf dem Konto des Versicherers erfolgt.
f) Für die Rechtzeitigkeit der Prämienzahlung bei einer Überweisung ist es ausreichend, wenn der Überweisungsträger am letzten Tag der Fälligkeit bei der Bank abgegeben wird.

V 15 Ein Versicherungsnehmer, wohnhaft in Köln, hat bei der Proximus Versicherung AG in München eine Hausratversicherung für sein Ferienhaus auf Sylt, dass regelmäßig an Gäste vermietet wird, in der Agentur Müller in Bonn abgeschlossen. Welcher Ort ist der Leistungsort für die Prämienzahlung?

a) Bonn
b) Sylt
c) München
d) Köln

V 16 Ein Versicherungsnehmer wird am 27.10. d. J. wegen Nichtzahlung der Folgeprämie nach § 38 VVG gemahnt mit der Bestimmung, dass der Vertrag als gekündigt gilt, wenn die Mahnfrist fruchtlos verstreicht. Am 29.11. d. J. tritt beim Versicherungsnehmer ein Versicherungsfall ein.

Dies nimmt der Versicherungsnehmer zum Anlass, die angemahnte Prämie einschließlich der geforderten Kosten zu begleichen. Er erwartet, dass der Versicherer jetzt den Versicherungsfall reguliert. Wie ist die Rechtslage? Kennzeichnen Sie richtige (R) und falsche (F) Aussagen!

a) Der Vertrag gilt als gekündigt und kann nicht wieder wiederhergestellt werden.
b) Der Versicherer muss den Schaden ersetzen, da die Prämienzahlung innerhalb der Reaktivierungsfrist erfolgte.
c) Der Versicherer ist für den eingetretenen Versicherungsfall leistungsfrei, da sich der VN in Verzug befunden hat.
d) Durch die Bezahlung der Prämie und der geforderten Kosten werden die Rechtsfolgen des Verzuges vollständig beseitigt.
e) Der Vertrag gilt als wieder hergestellt, gleichwohl bleibt der Versicherer für den eingetretenen Versicherungsfall leistungsfrei.

V 17 Sie sind Auszubildender der Proximus Versicherung AG und erläutern einem Praktikanten die wesentlichen Unterschiede zwischen nicht rechtzeitiger Zahlung der Erst- und der Folgeprämien nach dem VVG. Kennzeichnen Sie folgende Aussagen mit (1), wenn sie sich auf die nicht rechtzeitige Zahlung der Erstprämie beziehen, mit (9), wenn sie sich auf die nicht rechtzeitige Zahlung der Folgeprämien beziehen!

a) Der Versicherer vom Vertrag zurücktreten.
b) Der Versicherer den Vertrag kündigen.
c) Der Versicherer kann sich nach qualifizierter Mahnung und fruchtlosem Fristablauf auf Leistungsfreiheit berufen.
d) Der Versicherer kann sich ohne qualifizierte Mahnung auf seine Leistungsfreiheit berufen, wenn er zuvor auf die Rechtsfolgen der nicht rechtzeitigen Zahlung hingewiesen hat.
e) Der Versicherungsvertrag wird von Beginn an aufgehoben, wenn der Versicherer sein Auflösungsrecht durch entsprechende Erklärung ausübt.
f) Der Versicherungsvertrag wird für die Zukunft aufgelöst, wenn der Versicherer sein Auflösungsrecht durch entsprechende Erklärung ausübt.
g) Bei Beendigung hat der Versicherer Anspruch auf eine Geschäftsgebühr.
h) Bei Beendigung hat der Versicherer Anspruch auf die Prämie für den Zeitraum, für den Versicherungsschutz gewährt wurde.

V 18 Ein Versicherungsnehmer hat einen Antrag auf eine private Haftpflichtversicherung mit Beginn zum 01.07. d.J. am 17.06. d.J. ausgefüllt (Alle notwendigen Verbraucherinformationen wurden gleichzeitig übergeben.). Am 29.06. d.J. erhält er die Police.

Wegen mangelnder Kontodeckung konnte der Versicherer die Prämie bisher nicht vom Konto des VN abbuchen. Im Versicherungsschein wurde der Versicherungsnehmer auf die Rechtslage bei Nichtzahlung der Erstprämie hingewiesen.

a) Ab welchem Zeitpunkt gilt die Prämie als nicht rechtzeitig gezahlt?

   1 – 29.06. d.J.
   2 – 01.07. d.J.
   3 – 13.07. d.J.
   4 – 14.07. d.J.
   5 – 17.07. d.J.

b) Ist der Versicherer zur Leistung verpflichtet, wenn am 20.08. d.J. ein Versicherungsfall eingetreten ist und der Versicherungsnehmer die Prämie am 22.08. d.J. überweist?

Bearbeiten Sie jetzt die Situationsaufgaben S 12 – S 14

D. Obliegenheiten

(Vorvertragliche Anzeigepflicht, Gefahrstandspflicht, Anzeigepflichten, Obliegenheiten im Versicherungsfall – Info: Band 1, B 6, Band 2 A 4, A 5.1)

V 19 Ordnen Sie bei den folgenden Aussagen zu, ob es sich um Rechtspflichten (1) oder Obliegenheiten (9) handelt!

a) Ausstellung der Police
b) Erstattung von Anzeigen
c) Prämienzahlung
d) Erteilung von Auskünften
e) Leistung im Versicherungsfall
f) Nichtvornahme einer Gefahrerhöhung
g) einklagbar
h) nicht einklagbar

V 20 Ein Versicherungsnehmer verletzt grob fahrlässig die vorvertragliche Anzeigepflicht. Welche der folgenden Aussagen in Bezug auf die Leistungspflicht des Versicherers bei Kausalität ist richtig?

a) Der Versicherer ist leistungsfrei.
b) Der Versicherer kann die Leistung entsprechend der Schwere der Verletzung kürzen.
c) Der Versicherer ist leistungspflichtig.

V 21 Kennzeichnen Sie richtige Aussagen zur Verletzung der vorvertraglichen Anzeigepflicht bei einer Berufsunfähigkeitsversicherung mit (1), falsche mit (9)!

a) Der Versicherer erhöht deshalb die Prämie um mehr als 10 %. Der Versicherungsnehmer hat daraufhin ein Kündigungsrecht.
b) Der Versicherer erhöht die Prämie um 5 %. Der Versicherungsnehmer hat daraufhin ein Kündigungsrecht.
c) Der VN war nicht zu Nachforschungen verpflichtet. Die Anzeigepflicht erstreckt sich nur auf ihm bekannte Umstände.
d) Bei sogenannten Individualtatsachen handelt der Vermittlungsagent im Zusammenhang mit der Anzeigepflicht als Auge und Ohr des Versicherers.
e) Bei Verletzung der Anzeigepflicht durch arglistige Täuschung ist der Versicherer auch ohne Kausalität leistungsfrei.
f) Der Versicherer muss die ihm zustehenden Rechte innerhalb von 3 Monaten wahrnehmen (Klarstellungsprinzip).
g) Das Verhalten eines Repräsentanten wird dem Versicherungsnehmer wie eigenes Verhalten angerechnet.
h) Bei schuldloser Verletzung kann der Versicherer die Prämie rückwirkend ab Vertragsabschluss erhöhen.
i) Bei leicht fahrlässiger Verletzung hat der Versicherer ein Kündigungsrecht mit Monatsfrist.
j) Bei grob fahrlässiger Verletzung hat der Versicherer ein fristloses Kündigungsrecht.
k) Bei arglistiger Täuschung hat der Versicherer die Möglichkeit den Vertrag 1 Jahr lang anzufechten.

V 22 Ein Versicherungsnehmer unterschreibt am 01.12. d. J. den Antrag (Eingang bei Versicherer am 03.12. d. J.) zu einer privaten Krankenversicherung mit Beginn 01.01. d. n. J. Am 20.12. d. J. erhält er die Police. Er bezahlt am 23.12. d. J. den Beitrag.

An welchem Tag endet grundsätzlich die vorvertragliche Anzeigepflicht?

V 23 Ein Versicherungsnehmer hat eine Gefahrerhöhung vorsätzlich am 18.09. d. J. vorgenommen. Nach der Gefahrerhöhung tritt ein Versicherungsfall ein. Der Versicherer erlangt am 17.10. d. J. Kenntnis und kündigt fristlos den bestehenden Vertrag am 29.10. d. J., Zugang beim Versicherungsnehmer am 30.10. d. J.

Entscheiden Sie in den folgenden Fällen, ob der Versicherer leistungspflichtig (1) oder leistungsfrei (9) ist!

a) Versicherungsfall mit Kausalität am 01.10. d. J.
b) Versicherungsfall ohne Kausalität am 06.10. d. J.
c) Versicherungsfall mit Kausalität am 20.10. d. J.
d) Versicherungsfall ohne Kausalität am 21.10. d. J.
e) Versicherungsfall mit Kausalität am 01.11. d. J.
f) Versicherungsfall ohne Kausalität am 05.11. d. J.

Bestandskundenmanagement GFK 2

V 24 Ein Versicherungsnehmer erfährt am 08.09. d.J. von einer objektiven Gefahrerhöhung, die in der Nachbarschaft vorgenommen wurde. Er verletzt vorsätzlich seine Anzeigepflicht. Der Versicherer erlangt am 02.10. d.J. Kenntnis von der Gefahrerhöhung und kündigt den Vertrag mit Monatsfrist (Zugang der Kündigung am darauffolgenden Tag).

Entscheiden Sie in den folgenden Fällen, ob der Versicherer leistungspflichtig (1) oder leistungsfrei (9) ist!

a) Versicherungsfall mit Kausalität am 20.09. d.J.
b) Versicherungsfall ohne Kausalität am 17.10. d.J.
c) Versicherungsfall mit Kausalität am 28.10. d.J.
d) Versicherungsfall ohne Kausalität am 30.10. d.J.
e) Versicherungsfall mit Kausalität am 05.11. d.J.
f) Versicherungsfall ohne Kausalität am 10.11. d.J.

V 25 Kennzeichnen Sie zutreffende (1) und nicht zutreffende (9) Aussagen zu Obliegenheiten!

a) Obliegenheiten verlangen ein Tun oder Unterlassen des Versicherungsnehmers.
b) Repräsentanten können z.B. Hausverwalter, Pächter oder Mieter eines Einfamilienhauses sein.
c) Die vorvertragliche Anzeigepflicht ist eine vertragliche Obliegenheit.
d) Bei einer grob fahrlässigen Obliegenheitsverletzung gilt das sogenannte Alles-oder-nichts-Prinzip.
e) Es müssen Verschulden oder Kausalität vorliegen, damit der Versicherungsnehmer den Versicherungsschutz verliert.
f) Bei leichter Fahrlässigkeit wird der Versicherer bei einer Obliegenheitsverletzung seine Leistung quoteln.

V 26 Kennzeichnen Sie zutreffende (1) und nicht zutreffende (9) Aussagen zur Gefahrerhöhung!

a) Der Versicherer kann anstelle einer Kündigung eine höhere Prämie verlangen oder die höhere Gefahr ausschließen.
b) Der Versicherungsnehmer hat ein fristloses Kündigungsrecht bei einer Prämienerhöhung von mehr als 20 %.
c) Bei einer objektiven Gefahrerhöhung kann der Versicherer immer nur mit Monatsfrist kündigen.
d) Gefahrerhöhungen müssen erheblich sein, dem Versicherungsnehmer subjektiv bekannt sein und objektiv von gewisser Dauer sein.
e) Eine gewollte Gefahrerhöhung des Versicherungsnehmer ist immer schuldhaft durch ihn verursacht worden.
f) Sollte eine subjektive Gefahrerhöhung vom Versicherungsnehmer grob fahrlässig verursacht worden sein, kann der Versicherer mit Monatsfrist kündigen.

Bestandskundenmanagement

V 27 Ordnen Sie die folgenden Obliegenheiten bei und nach Eintritt des Versicherungsfalls den Fällen zu!

1 – Anzeigepflicht
2 – Auskunfts- und Belegpflicht
3 – Schadenabwendungs- und Schadenminderungspflicht

a) Nach einem Einbruchdiebstahl muss der Versicherungsnehmer abhanden gekommene Sparbücher unverzüglich sperren lassen.
b) Bei Schäden durch Raub muss unverzüglich die Polizei in Kenntnis gesetzt werden.
c) Bei der privaten Krankenversicherung müssen grundsätzlich Originalrechnungen eingereicht werden.
d) Nach einem Einbruchdiebstahl verlangt der Versicherer einen Kontoauszug, um das Abhandenkommen von Bargeld zu beweisen.
e) Bei einem Brand ist der Versicherungsnehmer verpflichtet – soweit möglich und zumutbar – selbst zu löschen oder Mobiliar in Sicherheit zu bringen.
f) Nach einem Einbruchdiebstahl muss der Polizei eine Stehlgutliste eingereicht werden.

Bearbeiten Sie jetzt die Situationsaufgaben S 15 – S 19

E. Versicherungsfall
(Deckungsprüfung, Entschädigungsleistungen, Ausschlussgründe – Info: Band 2, A 5.2)

V 28 Entscheiden Sie im folgenden, ob es sich um eine formelle (1) oder materielle (9) Deckungsprüfung handelt!

a) Wird die Entschädigungsgrenze im Rahmen der Außenversicherung berührt?
b) Besteht ein Versicherungsvertrag?
c) Liegt das Schadenereignis innerhalb des Vertragszeitraums?
d) Wird die Entschädigungsgrenze für Wertsachen überschritten?
e) Wurde die Prämie rechtzeitig gezahlt?
f) Ist der Versicherungsfall durch das Verhalten eines Repräsentanten herbeigeführt worden?
g) Liegt eine Beschädigung oder Zerstörung vor?
h) Ist das schadenverursachende Risiko versichert?
i) Liegt Unterversicherung vor?
j) Hat der Versicherungsnehmer Obliegenheiten verletzt?
k) Sind die entstandenen Kosten versicherte Kosten?
l) Wird die Umsatzsteuer ersetzt?
m) Fällt das Schadenereignis unter einen Ausschlusstatbestand?
n) Hat der Versicherungsnehmer grob fahrlässig den Versicherungsfall herbeigeführt?

Bearbeiten Sie jetzt die Situationsaufgaben S 20 – S 23

F. Vertragsänderung und -beendigung

(Änderungsanlässe, Beendigungsanlässe/-gründe/-arten – Info: Band 1, B 7, Band 2 A 3.4)

V 29 Kennzeichnen Sie folgende Sachverhalte zur Kündigung eines Versicherungsvertrages mit

1 – wenn das Kündigungsrecht Versicherer und Versicherungsnehmer zusteht,
2 – wenn das Kündigungsrecht nur dem Versicherungsnehmer zusteht,
3 – wenn das Kündigungsrecht nur dem Versicherer zusteht!

a) Nichtzahlung der Folgeprämie
b) Prämienanpassung
c) Schadenfall
d) Obliegenheitsverletzung
e) Veräußerung der versicherten Sache
f) ordentliche Kündigung

V 30 Ordnen Sie die folgenden Beendigungsanlässe den Sachverhalten zu!

1 – Zeitablauf
2 – ordentliche Kündigung
3 – außerordentliche Kündigung
4 – Rücktritt
5 – Anfechtung
6 – Tod
7 – Wagniswegfall

a) Der Versicherungsnehmer bezahlt die Erstprämie nicht.
b) Die Veranstaltung, für die eine Haftpflichtversicherung besteht, endet.
c) Der Versicherungsnehmer hat die vorvertragliche Anzeigepflicht zu einer Berufsunfähigkeitsversicherung durch arglistige Täuschung verletzt.
d) Der Versicherungsnehmer ist nach einem Schadenfall mit der Regulierung unzufrieden.
e) Der Pkw des Versicherungsnehmers wird gestohlen. Einen neuen Wagen möchte sich der Versicherungsnehmer nicht kaufen.
f) Der Versicherungsnehmer (einzige versicherte Person) einer privaten Krankenversicherung stirbt.
g) Der Versicherungsnehmer einer Wohngebäudeversicherung verkauft sein Haus. Der Käufer möchte den Vertrag nicht behalten.
h) Der Versicherungsnehmer bezahlt eine Folgeprämie nicht.
i) Bei einer privaten Krankenversicherung werden die Beiträge aufgrund einer Steigerung der Gesundheitskosten erhöht.
j) Nach dreijähriger Vertragsdauer möchte der Versicherungsnehmer seine Hausratversicherung nicht mehr.

GFK 2 Bestandskundenmanagement

V 31 Ordnen Sie die zutreffende Kündigungsfrist gemäß VVG dem entsprechenden Sachverhalt zu!

1 – fristlos
2 – 14 Tage
3 – 1 Monat
4 – 3 Monate
5 – 6 Monate
6 – 1 Jahr

a) Kürzeste Kündigungsfrist im Rahmen des ordentlichen Kündigungsrechts.
b) Kündigungsfrist bei vorsätzlich subjektiver Gefahrerhöhung.
c) Kündigungsfrist bei objektiver Gefahrerhöhung.
d) Anfechtungsfrist bei Verletzung der vorvertraglichen Anzeigepflicht durch arglistige Täuschung.
e) Kündigungsfrist bei leicht fahrlässiger Verletzung der vorvertraglichen Anzeigepflicht.
f) Kündigungsfrist bei nicht schuldhafter subjektiver Gefahrerhöhung.

Bearbeiten Sie jetzt die Situationsaufgaben S 24 – S 31

Situationsaufgaben

Zu S 1 – S 4: siehe Vorübungen V 1 – V 6

S 1 Als Mitarbeiter/-in in der Antragsabteilung Kraftfahrtversicherung der Proximus Versicherung AG erhalten Sie am 27.01. d. J. folgenden Brief von Herrn Frings: „Vielen Dank für die Übersendung der Police, welche ich am 15.01. d. J. erhalten habe. Ich habe jetzt über das Internet ein weitaus günstigeres Angebot erhalten. Wie Sie sicher verstehen können, möchte ich daher vom Vertrag zurücktreten!"

Vertragsdaten

	Name	Vorname	Geburtsdatum	Beruf	A = angestellt S = selbstständig B = öffentlicher Dienst
Versicherungsnehmer	Frings	Clemens	12.04.1976	kfm. Angestellter	A
Halter	dto.				
Anschrift	Holtzendorffstr. 19, 25421 Pinneberg				
Versicherungsnachweis					
Vers.schein-Nummer	77 328 IK 17 Antrag: 10.01. d. J. (Alle notwendigen Verbraucherinformationen wurden übergeben. Auf das Widerrufsrecht wurde hingewiesen.)				
Bedingungen	AKB 2015				
Beginn	01.02. d. J.				
Ablauf	31.12. d. J.				
Prämie (inkl. VersSt)	729,41 €				

Beraten Sie Herrn Frings!

Bestandskundenmanagement — GFK 2

S 2 Sie sind Mitarbeiter/-in im Innendienst der Proximus Lebensversicherung AG und bearbeiten den folgenden Fall von Frau Jennifer Müller:

Frau Jennifer Müller hat an ihrem 16. Geburtstag eine Lebensversicherung (Laufzeit 20 Jahre, Versicherungssumme 50.000,00 €) abgeschlossen. Sie wird Versicherungsnehmerin, ihr Vater, Herr Müller, wird die Beitragzahlung übernehmen. Beide Eltern hatten den Antrag als gesetzliche Vertreter mit unterschrieben. Als Herr Müller 4 Jahre später arbeitslos wird, kann er die Beiträge nicht mehr aufbringen. Auch Jennifer Müller hat kein Interesse mehr an dem Lebensversicherungsvertrag. Frau Jennifer Müller bittet Sie per E-Mail, die eingezahlten Beiträge zuzüglich Zinsen zu erstatten.

Beantworten Sie die E-Mail!

S 3 Sie sind Mitarbeiter/-in im Außendienst der Proximus Versicherung AG. An Heilig Abend, 24.12. d. J., schildert Ihr Schwager Herr Neumann folgendes. Er hat bei der Proximus Versicherung AG eine private Unfallversicherung abgeschlossen. Bei Antragstellung am 10.11. d. J. wurden ein Beratungsprotokoll gemäß § 6 VVG, alle notwendigen Verbraucherinformationen gemäß § 7 VVG und eine Belehrung über das Widerrufsrecht einschließlich Rechtsfolgen übergeben.

Als er die Police am 08.12. d. J. zugesendet bekam, wurde ihm mitgeteilt, dass er nun einen Gefahrgruppenzuschlag in Höhe von 50 % bezahlen müsse. Gleichzeitig erfolgte eine ordnungsgemäße Belehrung, mit auffälligem Hinweis in der Police, über die Rechtsfolgen einer Abweichung des Antrags von der Police. Im Laufe des Abends teilt Ihnen Ihr Schwager mit, dass er jetzt doch keine Unfallversicherung mehr haben möchte. Sie werden gefragt, ob er noch aus dem Vertrag herauskommen könne? Es gäbe doch ein Widerrufsrecht?

Antworten Sie auf die Frage Ihres Schwagers und beraten Sie ihn umfassend! Kann der Vertrag storniert werden, was geschieht mit der bereits gezahlten Prämie?

S 4 Sie sind Mitarbeiter/-in im Außendienst der Proximus Versicherung AG. Herr Frank Altmann betritt ihre Geschäftsstelle und möchte einige Verträge abschließen. Er ist gerade 16 Jahre alt geworden und verfügt über 80,00 € Taschengeld.

Frank Altmann möchte eine

– Reisegepäckversicherung für seine Fahrt nach Mallorca: 18,00 € einmalig
– Haftpflichtversicherung für sein Mofa: 35,00 € im Jahr
– Kapital-Lebensversicherung Endalter 67 Jahre (Bezugsberechtigte soll seine Freundin werden); 30,00 € Beitrag pro Monat

abschließen.

Welche der oben genannten Verträge kann Herr Altmann rechtswirksam abschließen?

> Zu S 5 – S 11: siehe Vorübungen V 7 – V 12

S 5 Sie sind Mitarbeiter/-in in der Abteilung Privatkundengeschäft der Proximus Krankenversicherung AG. Ihre Kundin Jenny Lehnert ist zur Zeit in der GKV versichert. Zur Zahnzusatzversicherung von Frau Lehnert liegen Ihnen folgende Angaben vor:

27.10. d.J.	Antragstellung bei der Agentur Niedermeier
01.11. d.J.	gewünschter Beginn
02.11. d.J.	Eingang des Antrags bei der Proximus Krankenversicherung AG
04.11. d.J.	Erstellung der Police
06.11. d.J.	Zugang der Police bei Frau Lehnert
29.11. d.J.	Überweisung des Erstbeitrags durch Frau Lehnert
01.12. d.J.	Zahlungseingang bei der Proximus Krankenversicherung AG

Erläutern Sie die Versicherungsbeginne mit den dazugehörigen Daten!

S 6 Sie sind Mitarbeiter/-in in der Vertragsabteilung der Proximus Krankenversicherung AG. Sie erhalten eine E-Mail von Ihrer Kundin Jenny Below. Sie teilt Ihnen mit, dass in ca. einem Monat der Entbindungstermin für Ihre Zwillinge ist.

Da die alleinstehende Frau Below bereits seit 7 Jahren bei Ihnen eine Krankheitskostenvoll-, Krankenhaustagegeld- und Krankentagegeldversicherung hat, möchte Sie von Ihnen wissen, wie Ihre zukünftigen Kinder versichert werden können.

Beraten Sie Frau Below!

S 7 Sie sind Mitarbeiter/-in in der Abteilung Privatkundengeschäft der Proximus Versicherung AG. Zur Unfallversicherung des Kunden Günter Helm liegen Ihnen folgende Angaben vor:

17.05. d.J.	Antragstellung bei der Agentur Niedermeier
21.05. d.J.	gewünschter Beginn
27.05. d.J.	Eingang des Antrags bei der Proximus Versicherung AG
29.05. d.J.	Erstellung der Police
31.05. d.J.	Zugang der Police bei Herrn Helm
27.06. d.J.	Überweisung der Erstprämie durch Herrn Helm
29.06. d.J.	Zahlungseingang bei der Proximus Versicherung AG

Erläutern Sie die Versicherungsbeginne mit den dazugehörigen Daten!

S 8 Sie sind Sachbearbeiter/-in der Leistungsabteilung Kraftfahrt der Proximus Versicherung AG und bearbeiten den folgenden Fall von Alexander Walz:

Herr Walz erhielt am 11.08. d.J. von einer Agentur der Proximus Versicherung AG eine eVB-Nummer, um sein Motorrad zuzulassen. Nach erfolgter Zulassung am selben Tag beschädigte er auf dem Parkplatz der Zulassungsstelle einen Pkw. Der Hauptvertrag wird nach Antragsprüfung am 29.08. d.J. abgelehnt, da Herr Walz bereits einige Vorschäden hatte und sein Vorvertrag deswegen von der Proximus Versicherung AG gekündigt wurde.

Beurteilen Sie die Rechtslage gemäß VVG in Bezug auf Leistung, Vertrag, Prämie!

Bestandskundenmanagement GFK 2

> **S 9** Sie sind Mitarbeiter/-in im Außendienst der Proximus Lebensversicherung AG. Der Kunde Stefan Hörschel möchte heute, am 20.01. d. J., eine Risikolebensversicherung abschließen.

Er ist am 01.01. d. J. 40 Jahre alt geworden und bittet Sie um ein Angebot. Beginn soll der 01.02. d. J. sein. Der Beitrag für 40-jährige beträgt 61,79 €, für 39-jährige 53,00 € im Monat.

Erstellen Sie ein preislich vorteilhaftes Angebot für Herrn Hörschel!

> **S 10** Sie sind Mitarbeiter/-in im Innendienst der Proximus Versicherung AG in München und für die Bearbeitung von Vorgängen in der Hausratversicherung zuständig. Sie bearbeiten den folgenden Fall Frau Reucher:

Frau Reucher (wohnhaft in Köln) unterschreibt am 12.09. d. J. einen Antrag auf eine Hausratversicherung mit gewünschtem Versicherungsbeginn 01.10. d. J. Sie erhält bei Antragstellung ein Beratungsprotokoll gemäß § 6 VVG, alle notwendigen Verbraucherinformationen gemäß § 7 VVG und eine Belehrung über ihr Widerrufsrecht einschließlich Rechtsfolgen. Der Antrag geht einen Tag später bei der Proximus Versicherung AG ein. Nach der Risikoprüfung wird der Versicherungsschein am 27.09. d. J. ausgefertigt und geht Frau Reucher am 28.09. d. J. zu. Die Erstprämie in Höhe von 360,00 € wird am 12.10. d. J. per Banküberweisung bezahlt. Sie wird der Proximus Versicherung AG 2 Tage später gutgeschrieben.

1) Ermitteln Sie die verschiedenen Versicherungsbeginne! Wurde die Prämie rechtzeitig gezahlt? An welchem Tag wurde die Prämienschuld getilgt? Was gilt als Leistungsort für die Zahlung der Prämie? Bis zu welchem Zeitpunkt kann Frau Reucher den Vertrag widerrufen? Wird das Widerrufsrecht durch Zahlung der Prämie aufgehoben?

2) Gut drei Jahre später möchte Frau Reucher den Vertrag widerrufen. Ihr Widerruf geht per E-Mail am 01.11. d. J. bei der Proximus Versicherung AG ein. Darin verlangt sie die Erstattung aller Prämien und rechtfertigt dies damit, dass während der Vertragslaufzeit kein Versicherungsfall eingetreten sei. Sie sei damals nicht über ihr Widerrufsrecht aufgeklärt worden und wollte eigentlich schon von Beginn an von ihrem Vertrag Abstand nehmen.

Informieren Sie Frau Reucher! Gehen Sie davon aus, dass ein Beweis über die damalige Belehrung von Frau Reucher über das Widerrufsrecht nicht erbracht werden kann.

> **S 11** Sie sind Mitarbeiter/-in der Antragsabteilung der Proximus Lebensversicherung AG. Sie erhalten einen Antrag ihres Kunden Axel Braun (Alter 36 Jahre).

Herr Braun unterschreibt am 26.04. d. J. einen Antrag auf eine kapitalbildende Lebensversicherung mit Vereinbarung eines vorläufigen Versicherungsschutzes. Auf dem Antrag ist der 01.06. d. J. als Versicherungsbeginn vermerkt. Der Versicherungsvertreter Bernhard Kluge nimmt den Antrag entgegen und schickt ihn mit der Post am 28.04. d. J. an die Proximus Lebensversicherung AG. Der Antrag geht am 30.04. d. J. ein. Die Ausfertigung der Police wird ohne Abweichung vom Antrag am 14.05. d. J. vorgenommen. Die Police wird Herrn Braun am 16.05. d. J. zugestellt. Die Proximus Lebensversicherung AG zieht am 25.05. d. J. den Erstbeitrag per Lastschrift ein.

Ordnen sie die Versicherungsbeginne zu!

| Zu S 12 – S 14: siehe Vorübungen V 13 – V 18 |

S 12 Sie sind Mitarbeiter/-in im Innendienst der Proximus Versicherung AG und zuständig für die Bearbeitung von Vorgängen in der Hausratversicherung. Sie bearbeiten den folgenden Fall von Frau Simon:

Frau Simon hat am 13.07. d.J. den Antrag auf eine Hausratversicherung unterschrieben (Beginn laut Versicherungsschein: 01.08. d.J.). Sie erhält bei Antragstellung ein Beratungsprotokoll gemäß § 6 VVG, alle notwendigen Verbraucherinformationen gemäß § 7 VVG und eine Belehrung über ihr Widerrufsrecht einschließlich Rechtsfolgen. Durch auffällige Hinweise im Versicherungsschein wurde auf die Rechtsfolgen der Nichtzahlung der Erstprämie aufmerksam gemacht. Sie möchte die Prämien per Überweisung begleichen. Der Versicherungsschein wird am 28.07. d.J. per Post zugestellt. Am 10.09. d.J. meldet sie einen, den VHB 2016 nach ersatzpflichtigen Schaden, der sich am 08.09. d.J. ereignete. Am 09.09. d.J. habe sie die Prämie überwiesen. Zuvor sei das nicht möglich gewesen, da keine Kontodeckung wegen eines bevorstehenden Urlaubs bestand. Frau Simon bittet dies zu entschuldigen und um Regulierung des Schadens.
Erstellen Sie eine Telefonnotiz zur Vorbereitung auf den Anruf von Frau Simon!

S 13 Sie sind Mitarbeiter/-in im Innendienst der Proximus Versicherung AG und für die Bearbeitung von Vorgängen in der Wohngebäudeversicherung zuständig. Sie bearbeiten den folgenden Anruf von Frau Butenhof:

Frau Butenhof meldet einen, gemäß den VGB 2016 ersatzpflichtigen, Leitungswasserschaden vom 17.12. d.J. und bittet um Regulierung. Sie habe am 18.12. d.J. per Internetbanking die fällige Prämie überwiesen. Leider konnte sie die Prämie vorher unverschuldet nicht bezahlen, da sie arbeitslos geworden sei. Dem Vertragsspiegel entnehmen Sie, dass Frau Butenhof, die fällige Folgeprämienrechnung über 320,00 €, die ihr per Post zugestellt wurde, nicht bezahlt hat. Daraufhin sendete die Proximus Versicherung AG ein qualifiziertes Mahnschreiben gemäß § 38 VVG, das am 01.12. d.J. zugestellt wurde. Mit dem Mahnschreiben war zum Ende einer 14-tägigen Zahlungsfrist die gleichzeitige Kündigung des Vertrags ausgesprochen worden. Frau Butenhof ließ die Mahnung unbeachtet und zahlte nicht. Es trat Zahlungsverzug ein.
Erläutern Sie umfassend die Rechtslage gemäß § 38 VVG!

S 14 Sie sind Mitarbeiter/-in im Innendienst der Proximus Versicherung AG und für die Bearbeitung von Vorgängen in der Hausratversicherung zuständig. Sie bearbeiten den folgenden Fall von Frau Wolfram:

Frau Wolfram möchte eine Hausratversicherung abschließen und unterschreibt am 12.04. d.J. den Antrag. Sie möchte am 01.05. d.J. in ihre neue Wohnung ziehen und ab dann versichert sein. Das Beratungsprotokoll gemäß § 6 VVG sowie alle notwendigen Verbraucherinformationen gemäß § 7 VVG und eine Belehrung über ihr Widerrufsrecht einschließlich Rechtsfolgen werden ihr ausgehändigt. Der Antrag geht zwei Tage später bei der Proximus Versicherung AG ein. Die Police erreicht Frau Wolfram am 14.05. d.J. per Post. Frau Wolfram überweist die Prämie am 28.05. d.J. und meldet einen, den VHB 2016 nach ersatzpflichtigen Schaden, vom 27.05. d.J. Die Prämie wird der Proximus Versicherung AG, aufgrund eines buchungstechnischen Fehlers bei der Bank, erst am 02.06. d.J. gutgeschrieben.
Erläutern Sie die Rechtslage! Ist die Proximus Versicherung AG leistungspflichtig?

Bestandskundenmanagement GFK 2

> Zu S 15 – S 19: siehe Vorübungen V 19 – V 27

S 15 Sie sind Mitarbeiter/-in im Innendienst der Proximus Lebensversicherung AG und bearbeiten den folgenden Fall von Herrn Weiler:

Herr Weiler hat vor 4 Jahren eine Bandscheibenerkrankung im Antrag auf Abschluss einer Berufsunfähigkeitsversicherung grob fahrlässig als leichte Rückenbeschwerden angegeben. Die Proximus Lebensversicherung AG erfährt nachträglich, bei der Stellung eines weiteren Antrags zur Lebensversicherung, davon. Herr Weiler hat bisher keine Leistungsansprüche gestellt.

1) Stellen Sie die Rechtslage dar!

2) Nehmen Sie an, Herr Weiler würde bereits eine BU-Rente, aufgrund der Bandscheibenerkrankung, erhalten. Die Proximus Lebensversicherung AG hätte den Vertrag bei Kenntnis der Bandscheibenerkrankung nicht geschlossen. Muss sie leisten? Was geschieht mit den von Herrn Weiler bisher gezahlten Beiträgen?

3) Nehmen Sie an, Herr Weiler würde bereits eine BU-Rente wegen eines Herzinfarkts erhalten. Die Proximus Lebensversicherung AG hätte den Vertrag bei Kenntnis der Bandscheibenerkrankung nicht geschlossen. Muss sie leisten?

S 16 Sie sind Mitarbeiter/-in im Innendienst der Proximus Lebensversicherung AG und bearbeiten den folgenden Fall von Herrn Bengart:

Herr Bengart ist an einem bösartigen Tumor im Kopf erkrankt, der bisher von den Ärzten nicht diagnostiziert wurde. Da er schon immer ab und zu unter Kopfschmerzen litt, hat er, den seit einiger Zeit auftretenden leicht stärkeren Kopfschmerzen, keine Bedeutung zugewiesen. Im Antrag auf Abschluss einer Berufsunfähigkeitsversicherung vor 2 Jahren verneinte er daher fälschlicherweise die Frage nach Vorerkrankungen. Herr Bengart meldet sich heute per E-Mail. Er ist aufgrund des Tumors berufsunfähig geworden und beantragt die vereinbarte Berufsunfähigkeitsrente.

Bereiten Sie die Antwort an Herrn Bengart vor. Schildern Sie ihm die Rechtslage! Wird die Proximus Lebensversicherung AG die beantragte Rente gewähren? Gehen von Schuldlosigkeit des Herrn Bengart bei der falschen Beantwortung der Antragsfragen aus.

S 17 Sie sind Mitarbeiter/-in im Innendienst der Proximus Versicherung AG und für die Bearbeitung von Vorgängen in der Wohngebäudeversicherung zuständig. Sie bearbeiten den folgenden Fall von Herrn Decker:

Ein Außendienstmitarbeiter hat gestern bei einem Kundentermin vor Ort erfahren, dass Herr Decker seit 2 Jahren in seinem Wohnhaus eine Fabrik für chemisch technische Erzeugnisse, u. a. für hoch entzündlichen Klebstoffentferner betreibt. Die Explosionsgefahr ist seitdem stark angestiegen. Die Proximus Versicherung AG wurde von Herrn Decker nicht darüber informiert.

Ihr Gruppenleiter fordert sie auf, ihm die veränderte Rechtslage gemäß VVG darzulegen!

GFK 2 — Bestandskundenmanagement

S 18 Sie sind Mitarbeiter/-in im Innendienst der Proximus Versicherung AG und für die Bearbeitung von Vorgängen in der Wohngebäudeversicherung zuständig. Sie bearbeiten den folgenden Fall von Herrn Wosch:

Herrn Woschs Versicherungsvertrag wurde wegen einer gewollten aber schuldlosen Gefahrerhöhung von der Proximus Versicherung AG gemäß VVG gekündigt. Folgende Daten liegen vor:

Versicherungsperiode:	01.01. d.J. 00:00 Uhr – 31.12. d.J. 24:00 Uhr
Gefahrerhöhung durch fehlerhafte Montage eines Elektrobetriebs:	13.02. d.J.
Kenntniserlangung von der Gefahrerhöhung durch Herrn Wosch:	27.03. d.J.
Anzeige durch Herrn Wosch bei der Proximus Versicherung AG:	12.04. d.J.
Die unverzügliche Anzeige durch den VN wäre bis Ende März d.J. problemlos möglich gewesen.	
Absendung der Kündigung durch die Proximus Versicherung AG:	25.04. d.J.
Zugang der Kündigung bei Herrn Wosch:	27.04. d.J.

Herr Wosch ruft an und meldet einen Schaden, der sich am 08.04. d.J. ereignet hat. Er bittet um Regulierung des Schadens.

1) Ihr Vorgesetzter bittet Sie, den Anruf zu beantworten. Erläutern Sie Herrn Wosch umfassend die Rechtslage gemäß VVG!

2) Wie wäre die Rechtslage in Bezug auf die Leistungspflicht der Proximus Versicherung AG, wenn der Versicherungsfall

   a) am 25.05. d.J. eingetreten wäre?
   b) am 29.05. d.J. eingetreten wäre?

S 19 Sie sind Mitarbeiter/-in im Innendienst der Proximus Versicherung AG und für die Bearbeitung von Vorgängen in der Hausratversicherung zuständig. Sie bearbeiten den folgenden Fall von Herrn Lenne:

Herr Lenne mit Hausratversicherung bei der Proximus Versicherung AG bewohnt eine Single-Wohnung (50 m²) in einem Mehrfamilienhaus in Köln. In dessen Erdgeschoss befand sich bis vor kurzem ein Laden für Secondhandkleidung. Am 22.06. d.J. ist dort ein türkischer Imbiss eingezogen. Als Spezialität werden Lammspieße am offenen Feuer gegrillt, die Herr Lenne am selben Tag probiert. Er informiert die Proximus Versicherung AG nicht über den neuen Imbissbetrieb, obgleich dies problemlos bis 25.06. d.J. möglich gewesen wäre.

Am 17.07. d.J. wird ein Teil seines Hausrats aufgrund eines Brandes im türkischen Imbiss vernichtet. Herr Lenne meldet der Proximus Versicherung AG den Versicherungsfall am selben Tag und bittet um Regulierung des Schadens.

Erläutern Sie umfassend die Rechtslage in Bezug auf die Leistung gemäß VVG! Muss die Proximus Versicherung AG den Schaden regulieren? Wie sieht es bei weiteren Schäden mit der Leistungspflicht der Proximus Versicherung AG aus?

Bestandskundenmanagement GFK 2

> Zu S 20 – S 23: siehe Vorübung V 28

S 20 Sie sind Mitarbeiter/-in in der Ausbildungsabteilung der Proximus Lebensversicherung AG. In einer Schulung fragt Sie der Auszubildende Kurt Fischer:

„Warum ist die Selbsttötung nach Ablauf von 3 Jahren als vorsätzliche Handlung in der Lebensversicherung mitversichert?"

Antworten Sie Kurt Fischer, wie seine Fragestellung im Einklang mit dem Versicherungsbegriff von Manes steht!

S 21 Sie sind Mitarbeiter/-in in der Abteilung Privatkundengeschäft der Proximus Versicherung AG. Sie erhalten am 17.10. d.J. ein Schreiben ihres Kunden Klaus Fischer:

Klaus Fischer
Bahnhofsstr. 3
10247 Berlin

Berlin, 15.10. d.J.

Proximus Versicherung AG
Proximus-Platz 1
80333 München

Wohngebäudeversicherung
Vers.Nr.: 834566.3.12

Sehr geehrte Damen und Herren,

ich habe vorgestern eine Sendung im Fernsehen gesehen, wo darauf hingewiesen wurde, dass man sein Wohngebäude zum gleitenden Neuwert versichern sollte. Ich bin bisher davon ausgegangen, dass mein Wohngebäude zum Neuwert versichert ist. Bitte erläutern Sie mir den Unterschied dieser Begrifflichkeiten und teilen Sie mir mit, wie ich bei Ihnen versichert bin.

Mit freundlichen Grüßen

Klaus Fischer

Vertragsdaten

Wohngebäudeversicherung	
Versicherungsnehmer:	Klaus Fischer
Versicherungsscheinnummer:	834566.3.12
Bedingungen:	VGB 2016
Versicherungssumme 1914:	23.500,00 M
Beginn:	01.07. d.J. – 00:00 Uhr
Ablauf:	30.06. d.n.J. – 24:00 Uhr
Prämie:	374,01 €
Prämienzahlung:	jährlich
Prämienkonto:	ausgeglichen

Antworten Sie Herrn Fischer!

S 22 Sie sind Mitarbeiter/-in im Innendienst der Proximus Versicherung AG und für die Bearbeitung von Vorgängen in der Wohngebäudeversicherung zuständig. Sie bearbeiten den folgenden Fall von Frau Klein:

Frau Klein ist Vermieterin von einem Einfamilienhaus für das eine Wohngebäudeversicherung bei der Proximus Versicherung AG besteht. Sie meldet telefonisch, dass bei einem Brand das gesamte Haus zerstört wurde. Der Mieter, Herr Ehl, hat vergessen die Kerzen auf einem trockenen Adventskranz zu löschen und ist in den Skiurlaub gefahren. Frau Klein geht davon aus, dass der Schaden komplett übernommen wird.

Beurteilen Sie die Rechtslage nach VVG! Gehen Sie dabei von einem grob fahrlässigen Verhalten des Mieters aus.

S 23 Sie sind Mitarbeiter/-in in einer Agentur der Proximus Versicherung AG. Ihr Auszubildender Markus Neubert ist bisher in der Abteilung der Unfall- und Krankenversicherung gewesen. Er fragt Sie: „Warum wird bei einem fremdverschuldeten Unfall der Schädiger in der Krankenversicherung in Regress genommen und in der Unfallversicherung nicht?"

Antworten Sie Ihrem Auszubildenden!

Zu S 24 – S 31: siehe Vorübungen V 29 – V 31

S 24 Sie sind Mitarbeiter/-in in der Abteilung Vertragsservice bei der Proximus Versicherung AG. Sie erhalten am 04.09. d.J. ein Schreiben ihres Kunden Thomas Marschner. Darin heißt es unter anderem:

„Ich habe am 27.07. d.J. meine Prämienrechnung für das nächste Versicherungsjahr erhalten. Sie haben zum 01.10. d.J. die Prämie angehoben, aus diesem Grund mache ich von meinem Sonderkündigungsrecht gebrauch und kündige meine Wohngebäudeversicherung zum 01.10. d.J. Bitte bestätigen Sie mir die Kündigung."

Vertragsdaten

Hausratversicherung	
Versicherungsnehmer:	Thomas Marschner
Versicherungsscheinnummer:	895612.4.68
Bedingungen:	VGB 2016
Versicherungssumme 1914:	22.500,00 M
Beginn:	01.10. d.v.J. – 00:00 Uhr
Ablauf:	30.09. d.J. – 24:00 Uhr
Prämie:	322,29 €
Prämienzahlung:	jährlich
Prämienkonto:	ausgeglichen
Erhöhung der Prämie:	Änderung des Anpassungsfaktors

Antworten Sie Herrn Marschner und begründen Sie diese!

Bestandskundenmanagement GFK 2

S 25 Sie sind Mitarbeiter/-in in der Abteilung Privatkundengeschäft der Proximus Versicherung AG. Sie erhalten am 17.05. d. J. ein Schreiben ihrer Kundin Karina Witt:

Karina Witt Berlin, 15.05. d. J.
Orankeweg 3
13055 Berlin

Proximus Versicherung AG
Proximus-Platz 1
80333 München

Wohngebäude- und Hausratversicherung
Vers.Nr.: 710349.3.77, 834566.3.11

Sehr geehrte Damen und Herren,

ich habe das Haus und den gesamten Hausrat meines verstorbenen Vaters geerbt, der am 29.04. d. J. verstorben ist. Ich werde zwar im nächsten Monat in das Haus einziehen, möchte die beiden Verträge aus finanziellen Gründen aber nicht fortführen. Bitte lösen Sie beide Verträge zum Todestag meines Vaters auf und erstatten Sie die restliche Prämie.

Mit freundlichen Grüßen

Karina Witt

Vertragsdaten

Hausratversicherung		Wohngebäudeversicherung	
Versicherungsnehmer:	Lothar Witt	Versicherungsnehmer:	Lothar Witt
Versicherungsscheinnummer:	710349.3.77	Versicherungsscheinnummer:	834566.3.11
Bedingungen:	VHB 2016	Bedingungen:	VGB 2016
Versicherungssumme:	78.000,00 €	Versicherungssumme 1914:	23.500,00 M
Beginn:	01.01. d. J. – 00:00 Uhr	Beginn:	01.01. d. J. – 00:00 Uhr
Ablauf:	31.12. d. J. – 24:00 Uhr	Ablauf:	31.12. d. J. – 24:00 Uhr
Prämie:	208,37 €	Prämie:	374,01 €
Prämienzahlung:	jährlich	Prämienzahlung:	jährlich
Prämienkonto:	ausgeglichen	Prämienkonto:	ausgeglichen

Antworten Sie Frau Witt!

S 26 Sie sind Mitarbeiter/-in in der Abteilung Privatkundengeschäft der Proximus Versicherung AG. Sie erhalten am 04.05. d. J. ein Schreiben ihres Kunden Lars Konau:

Lars Konau
Alt-Lankwitz 21
12209 Berlin

Berlin, 01.05. d. J.

Proximus Versicherung AG
Proximus-Platz 1
80333 München

Haftpflichtversicherung mit der Vers.Nr.: 99887215.65

Sehr geehrte Damen und Herren,

am 12.04. d. J. ist meine Freundin Uschi Wendler zu mir gezogen. Sie war bis zur Beendigung der Ausbildung zur Zahnarzthelferin über ihre Eltern haftpflichtversichert. Bitte teilen Sie mir mit, ob meine Freundin über mich mitversichert ist bzw. mitversichert werden kann.

Mit freundlichen Grüßen

Lars Konau

Vertragsdaten

	Name	Vorname
Vers.-Nehmer	Konau	Lars
Anschrift	Alt-Lankwitz 21, 12209 Berlin	
Versicherungsnachweis		
Vers.-Nummer		99887215.65
Bedingungen		AHB PR 2016
Beginn		01.10. d. v. J. – 00:00 Uhr.
Ablauf		30.09. d. J. – 24:00 Uhr
Zahlungsweise		jährlich
Prämie/Rate		71,22 €
Prämienkonto		ausgeglichen
Deckungssumme für Personen-, Sach- und Vermögensschäden		15 Mio. €
Produkte	Privathaftpflicht	Einzelpersonen ohne SB

Antworten Sie Herrn Konau!

S 27 Sie sind Mitarbeiter/-in in der Abteilung Privatkundengeschäft der Proximus Versicherung AG. Sie erhalten am 04.04. d.J. ein Schreiben ihres Kunden Christian Schlechtweg:

Christian Schlechtweg
Ruschestr. 33
10365 Berlin

Berlin, 02.04. d.J.

Proximus Versicherung AG
Proximus-Platz 1
80333 München

Hausratversicherung
Vers.Nr.: 710349.3.77

Sehr geehrte Damen und Herren,

hiermit kündige ich meine Hausratversicherung zum 01.07. d.J. Bitte bestätigen Sie mir die Durchführung der Kündigung.

Mit freundlichen Grüßen

Christian Schlechtweg

Vertragsdaten

Hausratversicherung	
Versicherungsnehmer:	Christian Schlechtweg
Versicherungsscheinnummer:	710349.3.77
Bedingungen:	VHB 2016
Versicherungssumme:	42.000,00 €
Beginn:	01.07. d.v.J. – 00:00 Uhr
Ablauf:	30.06. d.J. – 24:00 Uhr (mit Verlängerungsklausel)
Prämie:	125,45 €
Prämienzahlung:	jährlich
Prämienkonto:	ausgeglichen

Antworten Sie Herrn Schlechtweg!

GFK 2 — **Bestandskundenmanagement**

> **S 28** Sie sind Mitarbeiter/-in in der Abteilung Privatkundengeschäft der Proximus Versicherung AG. Sie erhalten ein Schreiben ihres Kunden Rainer Liebig:

Rainer Liebig
Wiesenweg 3
16356 Ahrensfelde

Ahrensfelde, 17.04. d. J.

Proximus Versicherung AG
Proximus-Platz 1
80333 München

Wohngebäudeversicherung
Vers.Nr.: 761934.23.1

Sehr geehrte Damen und Herren,

nach Durchsicht meiner Versicherungsunterlagen habe ich festgestellt, dass ich bei Ihnen noch eine Wohngebäudeversicherung habe. Mein Haus habe ich mit notariell beurkundetem Kaufvertrag vom 20.01. d. J. verkauft. Die Grundbucheintragung wurde am 07.02. d. J. vorgenommen. Da ich diese Versicherung nicht mehr benötige, bitte ich um Auflösung des Vertrages.

Die zu viel gezahlte Prämie überweisen Sie bitte auf das Konto von dem Sie die Prämie bisher eingezogen haben.

Mit freundlichen Grüßen

Rainer Liebig

Vertragsdaten

Wohngebäudeversicherung

Versicherungsnehmer:	Rainer Liebig
Versicherungssumme 1914:	23.800,00 M
Versicherungsbedingungen:	VGB 2016
Beginn:	01.06. d. v. J. – 00:00 Uhr
Ablauf:	31.05. d. J. – 24:00 Uhr
Prämie:	275,45 €
Prämienzahlung:	jährlich
Prämienkonto:	ausgeglichen

Antworten Sie Herrn Liebig!

Bestandskundenmanagement GFK 2

S 29 Sie sind Mitarbeiter/-in in einer Agentur der Proximus Versicherung AG. Sie sollen zukünftig einen neuen Mitarbeiter einarbeiten.

Aus der Vergangenheit wissen Sie, dass neue Mitarbeiter immer Schwierigkeiten haben, die Dynamik in der Lebensversicherung beim Kunden umfassend zu beraten. Daher wollen Sie ein Informationsblatt entwerfen, in dem die wesentlichen Fakten für den Kunden und Vermittler genannt werden.

Erläutern Sie die Dynamikvereinbarung!

S 30 Sie sind Mitarbeiter/-in in der Abteilung Privatkundengeschäft der Proximus Versicherung AG. Sie erhalten ein Schreiben ihres Kunden Mario Götze am 18.04. d. J.:

Mario Götze
Maiglöckchenweg 3
13055 Berlin

Berlin, 17.04. d. J.

Proximus Versicherung AG
Proximus-Platz 1
80333 München

Hausratversicherung
Vers.Nr.: 161934.23.1

Sehr geehrte Damen und Herren,

hiermit kündige ich meine Hausratversicherung zum 01.05. d. J., weil Sie zu diesem Zeitpunkt die Prämie erhöht haben. Dies konnte ich Ihrem Schreiben, das ich am 28.03. d. J. erhalten habe, entnehmen.

Schicken Sie mir umgehend die Bestätigung der Kündigung.

Mit freundlichen Grüßen

Mario Götze

Vertragsdaten

Hausratversicherung

Versicherungsnehmer:	Mario Götze
Versicherungssumme:	66.300,00 €
Versicherungsbedingungen:	VHB 2016
Beginn:	01.05. d. v. J. – 00:00 Uhr
Ablauf:	30.04. d. J. – 24:00 Uhr
Prämie:	275,45 €
Prämienzahlung:	jährlich
Prämienkonto:	ausgeglichen
Anpassung der VS laut VHB	2 % zum 01.05. d. J.

Antworten Sie Herrn Götze!

GFK 2 — Bestandskundenmanagement

S 31 Sie sind Mitarbeiter/-in in der Abteilung Privatkundengeschäft der Proximus Versicherung AG. Sie erhalten ein Schreiben ihrer Kundin Lena Blume am 11.04. d.J.:

Lena Blume
Bachstr. 31
10555 Berlin

Berlin, 10.04. d.J.

Proximus Versicherung AG
Proximus-Platz 1
80333 München

Unfallversicherung
Vers.Nr.: 161934.23.1

Sehr geehrte Damen und Herren,

bitte heben Sie die Unfallversicherung von meinen Mann Holger Blume auf. Er ist vor zwei Wochen durch einen Schlaganfall zu Tode gekommen.

Die zu viel abgebuchte Prämie überweisen Sie bitte auf unser Gemeinschaftskonto (Kontoinhaber Holger und Lena Blume) zurück.

Mit freundlichen Grüßen

Lena Blume

Vertragsdaten

	Name	Vorname	Alter
Vers.-Nehmer	Blume	Holger	45 Jahre
Kind	Blume	Marvin	10 Jahre
Anschrift	Bachstr. 31, 10555 Berlin		

Versicherungsnachweis	
Vers.-Nummer	161934.23.1
Bedingungen	AUB 2017
Beginn	01.10. d.v.J. – 00:00 Uhr
Ablauf	30.09. d.J. – 24:00 Uhr
Zahlungsweise	jährlich
Prämie/Rate	350,78 €
Prämienkonto	ausgeglichen
versicherte Person 1:	Holger Blume nach Tarif 30
versicherte Person 2:	Marvin Blume nach Tarif 10
Invaliditätssumme bei U 350	250.000,00 €
Todesfallleistung	25.000,00 €
Anmerkung	Holger und Marvin haben die gleichen Versicherungssummen

Antworten Sie Frau Blume!

GFK 3 – Versicherungs- und Finanzprodukte

(1) Sachversicherung
a) Hausratversicherung

Vorübungen (V)

A. Versicherte Sachen
(Sachinbegriff, Definitionen – Info: Band 2, A 2.1)

V 1 Kennzeichnen Sie die unten stehenden Sachen mit ...

1 – wenn es sich um eine versicherte Sache nach Ziffer 8.1 VHB 2016,
2 – wenn es sich um eine Wertsache nach Ziffer 8.2 VHB 2016,
3 – wenn es sich um eine versicherte Sache nach Ziffer 8.3 VHB 2016,
4 – wenn es sich um eine nicht versicherte Sache nach Ziffer 8.3 oder nach Ziffer 9 VHB 2016

handelt.

a) Schreibtisch
b) Hochwertiger Wein
c) Handgeknüpfter Teppich
d) Märklin Eisenbahn
e) Siamesische Katze
f) Einbauküche, die der Mieter auf seine Kosten und Gefahr eingefügt hat
g) Autoschlüssel
h) Wohnungseigentümer ersetzt die vorhandenen Holztüren durch Glastüren
i) Antiker Kleiderschrank aus dem Jahre 1850
j) Klavier
k) Sparbuch
l) Ruderboot
m) Waschbecken und Toilette, die ein Wohnungseigentümer auf seine Kosten und Gefahr in einen vorher als Abstellkammer genutzten Raum eingefügt hat
n) Vom Gebäudeeigentümer in seine Mietwohnungen eingefügte Anbauküchen
o) Geliehener Fotoapparat
p) VN verkauft Tupperware und hat einen kleinen Lagerbestand zu Hause
q) Notfalltasche eines Arztes
r) Argentinisches Rindfleisch in der Tiefkühltruhe
s) Hausrat des Untermieters, der nicht vom VN überlassen wurde

GFK 3 (1) a) — Versicherungs- und Finanzprodukte: Sachversicherung – Hausratversicherung

V 2 Willi Krause hat ein Haus angemietet. Im Erdgeschoss befindet sich sein Zeitschriftenladen. Die Wohnung darüber bewohnt er mit seiner Familie. Über dem Schaufenster und über dem Balkon seiner Wohnung hat Herr Krause Markisen anbringen lassen. Herr Krause fragt, ob beide Markisen über seine Hausratversicherung (VHB 2016) versichert sind.

a) Ja, beide Markisen sind versichert, da er alleiniger Mieter des Hauses ist.
b) Nein, beide Markisen sind nicht versichert, da sie fest am Gebäude angebracht sind.
c) Ja, da er die Markisen auf eigene Kosten beschafft hat und die Gefahr dafür trägt.
d) Nein, aber für beide Markisen kann separater Versicherungsschutz vereinbart werden.
e) Nur die über dem Balkon angebrachte Markise ist mitversichert.

V 3 Den Winter über lagert Herr Mohr sein Surfbrett aus Platzgründen im Keller seines Freundes Bernd Koch. Herr Koch erkundigt sich bei Ihnen, ob dieses Surfbrett in seiner Hausratversicherung mitversichert ist. Das Surfbrett …

a) ist in der Hausratversicherung nicht mitversichert, da es sich um ein Wasserfahrzeug handelt.
b) ist in der Hausratversicherung mitversichert, da das Surfbrett dem Gebrauch von Herrn Koch dient.
c) ist als fremdes Eigentum mitversichert.
d) ist nicht versichert.

V 4 Herr Herbst ist ein gewissenhafter Kraftfahrer. Ende Oktober wechselt er an seinem Pkw die Sommer- gegen die Winterreifen. Die abmontierten Reifen lagert er in seinem Keller. Er fragt Sie nun, ob diese Reifen über seine Hausratversicherung nach VHB 2016 versichert sind.

a) Nein, da abmontierte Reifen als Kfz-Zubehör nicht versichert sind.
b) Nein, da Versicherungsschutz für im Keller gelagerte Sachen ausgeschlossen ist.
c) Ja, da abmontierte Reifen als Kfz-Zubehör versichert sind.
d) Ja, da abmontierte Reifen als Gebrauchsgegenstand der privaten Nutzung dienen.

V 5 Iris Jonas hat bei der Proximus Versicherung AG eine Hausratversicherung nach VHB 2016. Auf Empfehlung ihres Fernsehtechnikers hat sie die Satellitenanlage in ihrem Garten aufgestellt, um einen optimalen Empfang zu haben.

Letzte Woche hat ein Sturm mit Windstärke 8 diese Anlage beschädigt. Frau Jonas möchte wissen, ob die Reparaturkosten von ihrer Hausratversicherung übernommen werden. Sie teilen ihr mit, dass die Reparaturkosten …

a) nicht übernommen werden, da nur am Haus angebrachte Anlagen versichert sind.
b) im Rahmen der Außenversicherung übernommen werden.
c) bedingungsgemäß übernommen werden.
d) nicht übernommen werden, da Satellitenanlagen Gebäudebestandteil sind und damit über die Wohngebäudeversicherung versichert sind.

Bearbeiten Sie jetzt die Situationsaufgabe S 1

Versicherungs- und Finanzprodukte: Sachversicherung – Hausratversicherung GFK 3 (1) a)

B. Versicherte Gefahren, Schäden, Kosten und Wertsachen

(F, ED, Lw, St/H, versicherte und nicht versicherte Schäden, Kostenschäden nach Ziffer 13 VHB 2016, Entschädigungsgrenzen für Wertsachen – Info: Band 2, A 2.2 – A 2.3, A 2.5, A 5.2.3.2)

V 6 Prüfen Sie die Merkmale der versicherten Gefahren nach Ziffer 3 VHB 2016 und kennzeichnen Sie die unten stehenden Sachverhalte mit …

1 – wenn es sich um einen versicherten Brand handelt,
2 – wenn es sich um einen versicherten Blitzschlag oder eine versicherte Überspannung durch Blitz handelt,
3 – wenn es sich um eine versicherte Explosion oder Verpuffung handelt,
4 – wenn es sich um den versicherten Absturz oder Anprall eines Luftfahrzeuges handelt,
5 – wenn es sich um keine versicherte Gefahr handelt bzw. keine Leistungspflicht besteht.

a) Eine Holundersaftflasche gärt und zerreist plötzlich mit Wucht.
b) Durch Blitzeinschlag in eine Überlandleitung außerhalb des Grundstücks kommt es zu einem Überspannungsschaden am PC des VN.
c) Der Motor des Trockners läuft heiß und beginnt zu brennen.
d) Ein Kabel verschmort durch Kurzschluss.
e) Ein unbekannter Brandstifter legt Feuer in der Wohnung.
f) Eine brennende Kerze fällt um und setzt den Adventskranz in Brand.
g) Durch ein Erdbeben fällt eine brennende Kerze um und setzt die Tischdecke in Brand.
h) Der VN wirft versehentlich einen 50,00 € Schein zusammen mit dem Altpapier in den Ofen.
i) Das heiße Bügeleisen verursacht einen Sengfleck an der Bluse.
j) Hochwasser dringt in den Keller ein und verursacht einen Kurzschluss im Verteilerkasten, der ein Feuer auslöst.
k) Durch einen Brand wird die Gardine versengt.
l) Ein Blitzeinschlag zerstört die Antenne auf dem Dach und führt zu einem Überspannungsschaden an elektrischen Geräten.
m) Ein Lampenbrand löst einen Kurzschluss aus, der den Fernseher zerstört.
n) Eine Wasserflasche platzt in der Tiefkühltruhe.
o) Ein kleines Flugzeug verliert beim Landeanflug ein Rad, welches das Dach durchschlägt und Einrichtungsgegenstände zerstört.
p) Das Holz im Kamin schwelt nur langsam vor sich hin. Als der VN die Kaminofentür öffnet, kommt ihm eine Stichflamme entgegen, die einen Brandfleck in seiner Jacke verursacht.

V 7 Durch eine Gasexplosion in einer nahestehenden Fabrik entsteht bei Ihrem Kunden Hans Brömmer ein Hausratschaden in Höhe von 45.000,00 €. Er bittet Sie um Regulierung des Schadens.

Ein Blick in seine Vertragsakte zeigt Ihnen, dass Unterversicherungsverzicht vereinbart wurde und die Versicherungssumme dem Versicherungswert entspricht. Sie rufen ihn an und teilen ihm mit, dass der Schaden …

a) nicht ersetzt wird, da Explosionen durch Gas gemäß VHB 2016 vom Versicherungsschutz ausgeschlossen sind.
b) ersetzt wird, da Unterversicherungsverzicht vereinbart wurde.

c) nicht ersetzt wird, da die Definition einer Explosion bei Gas gemäß den VHB 2016 nicht erfüllt ist.
d) ersetzt wird, da es sich um eine versicherte Gefahr handelt.
e) nicht ersetzt wird, da die Explosion im eigenen Haus stattgefunden haben muss.

V 8 Sie nehmen bei Ottfried Jansen nach einem Brand in dessen Wohnung den Schaden auf. Dabei schildert er Ihnen, dass die Nachbarn das intakte Fernsehgerät aus der brennenden Wohnung auf die Straße gestellt haben. Ein Passant machte sich die Gelegenheit zunutze und entwendete das Fernsehgerät. Es besteht...

a) kein Versicherungsschutz, da sich die entwendete Sache nicht mehr am Versicherungsort befunden hat.
b) kein Versicherungsschutz, da es sich um einen einfachen Diebstahl handelt.
c) Versicherungsschutz über die Außenversicherung.
d) Versicherungsschutz, da das Fernsehgerät infolge einer versicherten Gefahr abhandengekommen ist.

V 9 Prüfen Sie, ob die versicherte Gefahr Leitungswasser nach Ziffer 5 VHB 2016 gegeben ist und kennzeichnen Sie die unten stehenden Sachverhalte mit

1 – wenn frostbedingte und sonstige Bruchschäden an Rohren versichert sind.
2 – wenn nur frostbedingte Bruchschäden versichert sind.
3 – wenn es sich um einen versicherten Leitungswasserschaden handelt.
4 – wenn es sich um einen nicht versicherten Schaden handelt.

a) Der Mieter hat an Stelle einer Abstellkammer ein Gäste-WC neu eingebaut. Ein Gast öffnet am Abend das Fenster und schließt es nicht wieder. Durch den Nachtfrost ist der Siphon gebrochen.
b) In der Mietwohnung bricht ein in der Küchenwand verlaufendes Abflussrohr.
c) Ein Heizungskörper ist undicht. Das auslaufende Wasser beschädigt den Parkettboden und ein kleines Schränkchen in der Mietwohnung.
d) Aus einer Klimaanlage tritt Kältemittel aus und beschädigt den Schreibtisch.
e) VN hat ein Haus gemietet und ein Gartenhäuschen auf das Grundstück gebaut. Damit er auch dort einen Wasseranschluss hat, verlegte der VN auf eigene Kosten und Gefahr ein Wasserrohr zum Gartenhaus, welches durch Frosteinwirkung bricht.
f) Der Mieter hat eine Dusche mit Zu- und Ableitungsrohren auf eigene Kosten und Gefahr neu eingebaut. Die Wasserleitung zur Dusche bricht.
g) Der Wohnungseigentümer baut einen kleinen Wintergarten an. In der Bauphase bricht dort ein Heizungsrohr. Das auslaufende Wasser beschädigt einige dort gestapelte Bücher.
h) Aus einem undichten Durchlauferhitzer strömt heißer Wasserdampf, wodurch der Spiegel des Badschrankes platzt.
i) Wasserdampf aus dem Nudelkochtopf zerstört das Furnier der Anbauküche.
j) Das Wasserbett unseres VN (im eigenen Einfamilienhaus) wird undicht und läuft aus. Dabei werden Nachttischschrank und Laminatboden beschädigt.
k) Die Hauptwasserleitung bricht außerhalb des Grundstücks. Das Wasser läuft über die Kellerfenster in das Gebäude unseres VN und beschädigt dort befindlichen Hausrat.

Versicherungs- und Finanzprodukte: Sachversicherung – Hausratversicherung GFK 3 (1) a)

> **V 10** Nach einem Einkaufsbummel möchte Ihre Kundin, Frau Ilse Schuster, ein Bad nehmen. Zu diesem Zweck lässt sie Badewasser mit vollem Strahl in die Badewanne einlaufen, als plötzlich das Telefon klingelt. Bei dem anschließenden 15-minütigen Telefonat vergisst Frau Schuster vollkommen die Badewanne.

Das Badewasser läuft ins Bad, da der volle Strahl mehr Wasser zuführt als über den Überlauf abgeführt wird. Dabei werden das Parkett und sämtliche Badmöbel beschädigt. Frau Schuster möchte von Ihnen gerne wissen, ob sie für den entstandenen Schaden Versicherungsschutz hat.

a) Nein, da Badewasser kein Leitungswasser gemäß den VHB 2016 ist.
b) Ja, da es sich in diesem Fall um bestimmungswidrig ausgetretenes Leitungswasser handelt. Eine Leistungskürzung wegen grober Fahrlässigkeit kann in Betracht gezogen werden.
c) Nein, da Frau Schelch vorsätzlich gehandelt hat.
d) Ja, der Schaden wird ersetzt, wobei Frau Schelch in diesem Fall bedingungsgemäß mit einem Selbstbehalt von 15 % beteiligt ist.

> **V 11** Prüfen Sie, ob die versicherte Gefahr Sturm/Hagel gegeben ist, und kennzeichnen Sie die unten stehenden Sachverhalte mit ...

1 – wenn es sich um einen versicherten Schaden durch unmittelbare Einwirkung,
2 – wenn es sich um einen versicherten Schaden durch mittelbare Einwirkung,
3 – wenn es sich um einen versicherten Folgeschaden,
4 – wenn es sich um keinen versicherten Schaden handelt.

a) Ein Sturm reißt die Antenne vom Dach des Einfamilienhauses unseres VN.
b) Ein Sturm zerschellt die Gartenmöbel auf unserer Terrasse.
c) Ein Ast fliegt bei einem Orkan durch das Fenster in die Wohnung unseres VN und beschädigt Möbel.
d) Bei Windstärke 6 und Hagel wird die Markise am Balkon zur Wohnung unseres Versicherungsnehmers zerstört.
e) Ein Baum stürzt durch den Orkan Niclas um und zerstört das Dach des Einfamilienhauses. Eindringender Regen beschädigt den auf dem Dachboden abgestellten Hausrat.
f) Durch das gekippte Fenster dringt bei einem Sturm Regen hindurch und beschädigt ein Wandbild.
g) Durch Sturm fällt ein Strommast in einer Waldschneise um und verursacht einen Stromausfall. Essensvorräte in der Tiefkühltruhe verderben.
h) Hagelkörner zerschlagen das Glasdach des Wintergartens. Eindringender Hagel und Regen beschädigen den Holzesstisch samt Stühlen.
i) Sturm Niclas beschädigte das Dach des Nachbarhauses, welches baulich mit dem Haus unseres VN verbunden ist. Eindringendes Regenwasser trat an einer Wand im Schlafzimmer unseres VN aus und beschädigte ein Wandbild.

> **V 12** Aufgrund eines schweren Verkehrsunfalls landet auf der Straße vor dem Haus Ihres Kunden Julian Boos ein Rettungshubschrauber. Sowohl bei der Landung als auch beim Start des Helikopters baute sich durch die rotierenden Flügel nachweislich eine Windgeschwindigkeit von mind. 100 km/h auf. Gegenstände wurden gegen sein Haus geschleudert.

GFK 3 (1) a)   Versicherungs- und Finanzprodukte: Sachversicherung – Hausratversicherung

Einige dieser Gegenstände durchschlugen die Fensterscheiben und beschädigten Mobiliar. Einige Bilder wurden getroffen und fielen von der Wand. Herr Boos möchte gerne von Ihnen wissen, ob der Schaden von seiner Hausratversicherung ersetzt wird.

Es besteht ...

a) kein Versicherungsschutz, da keine unmittelbare Einwirkung des Sturmes gegeben war.
b) Versicherungsschutz, da der Sturm direkt auf versicherte Sachen einwirkte.
c) Versicherungsschutz, da versicherte Hausratgegenstände durch eine versicherte Gefahr beschädigt oder zerstört wurden.
d) kein Versicherungsschutz, da keine versicherte Gefahr gemäß VHB 2016 vorlag.

V 13 Prüfen Sie die Merkmale der versicherten Gefahren nach Ziffer 4 VHB 2016 und kennzeichnen Sie die unten stehenden Sachverhalte mit ...

1 – wenn es sich um einen versicherten Einbruchdiebstahl handelt,
2 – wenn es sich um einen versicherten Vandalismus nach einem Einbruch handelt,
3 – wenn es sich um einen versicherten Raub handelt,
4 – wenn es sich um keine versicherte Gefahr handelt bzw. keine Leistungspflicht besteht.

a) Ein Dieb klettert über den Lattenverschlag des Kellerabteils und entwendet mehrere Flaschen hochwertigen Wein.
b) Einbrecher hebeln die Terrassentür mit einer Eisenstange auf und stehlen 500,00 € Bargeld.
c) Im Schwimmbad wird dem VN aus seiner Badetasche der Wohnungsschlüssel gestohlen, in die Wohnung eingedrungen und Wertsachen entwendet.
d) Ein Dieb bricht den Kofferraum des Pkws in einer Garage auf und entwendet eine Daunenjacke.
e) Der VN öffnet die Terrassentür zum Lüften. Unbemerkt schleicht sich ein Dieb ein. Als der VN die Terrassentür schließt und einkaufen geht, entwendet der Dieb Wertsachen und verschwindet durch ein Fenster.
f) Ein Räuber bedroht den VN nachts mit einem Messer und zwingt ihn, seinen Geldbeutel heraus zu geben.
g) Ein Räuber droht dem VN die Wohnung in Brand zu setzen, wenn er ihm kein Geld gäbe.
h) Der VN wird in seiner Wohnung überfallen und gezwungen, vom Bankautomaten Geld zu holen.
i) Ein Fremder klingelt an der Eingangstür. Als der VN die Tür öffnet, wird er niedergeschlagen. Der Fremde zerschlägt einen Teil des Mobiliars und flüchtet unerkannt.
j) Ein Dieb öffnet mit einem Dietrich den Schreibtisch am Arbeitsplatz und entwendet eine Armbanduhr.
k) Auf dem Heimweg wird dem VN der Wohnungsschlüssel aus der Hosentasche gestohlen. Der Dieb dringt in die Wohnung ein und entwendet Hausrat.
l) Ein Dieb hebelt das Schlafzimmerfenster auf. Da er nichts Wertvolles findet, besprüht er die Wände und Kleidung mit Farbe.
m) Ein Wildschwein verwüstet das Wohnzimmer.

Versicherungs- und Finanzprodukte: Sachversicherung – Hausratversicherung GFK 3 (1) a)

V 14 Petra Rauh meldet Ihnen einen Einbruchdiebstahl. Der Einbrecher hebelte mit einem Brecheisen die Wohnungstür auf und zerstörte einen Teil der Wohnungseinrichtung. Entwendet wurde aber nichts. Frau Rauh möchte wissen, ob sie Versicherungsschutz für diesen Schaden hat.

a) Da nichts entwendet wurde, besteht kein Versicherungsschutz.
b) Die Beschädigungen an der Wohnungstür und der Wohnungseinrichtung sind versichert.
c) Es besteht Versicherungsschutz für den Schaden an der Wohnungstür.
d) Es besteht Versicherungsschutz für den Schaden an der Wohnungseinrichtung.

V 15 Während einer Reise mit dem Zug der Deutschen Bahn AG wird das verschlossene Zugabteil aufgebrochen und dem darin schlafenden Kunden, Herrn Mohl, die Brieftasche mit 800,00 € sowie sein Lederkoffer samt Inhalt entwendet. Gegen Herrn Mohl wurde keine Gewalt ausgeübt.

Es besteht ...

a) kein Versicherungsschutz, da weder Raub noch Einbruchdiebstahl vorliegt.
b) Versicherungsschutz, da es sich um einen Einbruchdiebstahl handelt.
c) Versicherungsschutz, da es sich um Raub handelt.
d) Versicherungsschutz im Rahmen der Außenversicherung, da eine versicherte Gefahr vorliegt.

V 16 Nach einem Einbruch in das Einfamilienhaus von Oscar Pachner besuchen Sie ihn, um die Schadenanzeige aufzunehmen. Es sind zwei Fahrräder aus dem Keller gestohlen und ein drittes nach Brandstiftung durch die Einbrecher im Keller zerstört worden.

Herr Pachner fragt Sie, inwieweit Versicherungsschutz besteht.
Sie erklären die Regulierung:

a) Vorsätzliche Brandstiftung der Einbrecher ist ausgeschlossen; daher werden nur die zwei gestohlenen Fahrräder ersetzt.
b) Da vertraglich der Einschluss der Fahrräder nicht gesondert vereinbart wurde, ist der Versicherungsschutz ausgeschlossen.
c) Da es sich um versicherte Gefahrenereignisse handelt, erfolgt Ersatz für alle drei Fahrräder zum Wiederbeschaffungswert.
d) Das durch Brand zerstörte Fahrrad wird ersetzt, für die gestohlenen Fahrräder besteht Versicherungsschutz nur bei besonderer Vereinbarung.

V 17 Kennzeichnen Sie die unten stehenden Sachverhalte mit ...

1 – wenn es sich um Reparaturkosten einer versicherten Sachen nach Ziffer 8 VHB 2016,
2 – wenn es sich um versicherte Kosten nach Ziffer 13 VHB 2016,
3 – wenn es sich um Aufwendungsersatz nach § 83 VVG,
4 – wenn es sich um nicht versicherte Kosten handelt.

a) Nach einem Einbruch in das Einfamilienhaus muss die Terrassentür repariert werden
b) Nach einem Leitungswasserschaden zieht der VN vorübergehend in ein Hotel, da es unzumutbar wäre, dort wohnen zu bleiben.
c) Nach einem Brandschaden müssen die Decken gestrichen werden.

GFK 3 (1) a) — Versicherungs- und Finanzprodukte: Sachversicherung – Hausratversicherung

d) Entsorgung des Hausrates nach einem Brandschaden.
e) Nach einem Leitungswasserschaden in einer Mietwohnung, muss der vom Eigentümer eingebrachte Parkettboden abgeschliffen werden.
f) Zur Wiederherstellung des vom Mieter neu eingefügten Parkettbodens nach einem Leitungswasserschaden, muss eine Einbauschrankwand abgebaut werden.
g) Ein Flügel wird nach einem Leitungswasserschaden vorübergehend in eine naheliegende Halle transportiert und dort untergebracht.
h) Nach einem Brandschaden müssen Gardinen und Teppiche gereinigt werden.
i) Die Eingangstür zur Wohnung wird außen mit Farbe besprüht und muss gereinigt werden.
j) Die Sockelleiste der Anbauküche muss nach einem Leitungswasserschaden repariert werden.
k) Nach einem Einbruch in die Nachbarwohnung sind die dort aufbewahrten Zweitwohnungsschlüssel unseres VN abhandengekommen. Das Türschloss unseres VN muss nun ausgetauscht werden.
l) Nach einem Sturmschaden müssen Dachziegel im Garten aufgesammelt und zur Mülldeponie gebracht werden.
m) Abtransport des zerstörten Hausrats zur Mülldeponie.
n) Mit einem Autofeuerlöscher versucht der VN den brennenden Weihnachtsbaum zu löschen und möchte das neue Füllen des Feuerlöschers ersetzt bekommen.
o) Nach einem Einbruch muss das Fenster zunächst mit einer Notverglasung abgedeckt werden, um den Hausrat vor Regen zu bewahren.

V 18 Bei einer Schulung werden die versicherten Kosten in der Hausratversicherung besprochen. Als Sie einen Kollegen treffen, der bei der Schulung nicht anwesend war, bittet er Sie, ihm die versicherten Kosten nach VHB 2016 zu nennen. Welche zwei Antworten dürfen Sie ihm nicht geben?

a) Reparatur von Gebäudebeschädigungen nach einem Einbruch.
b) Schlossänderungen, wenn der Schlüssel für die Wohnungstür verloren geht.
c) Wegräumen und Abtransport versicherter Sachen nach einem Feuer.
d) Abbau und Wiederaufbau eines Wohnzimmerschrankes zur Beseitigung eines Nässeschadens am Parkettboden, für den der VN als Mieter die Gefahr trägt.
e) Übernahme von Hotelkosten infolge eines versicherten Schadens.
f) Mietausfall aufgrund eines versicherten Schadens.

V 19 Günter Portenlänger bewohnt ein Einfamilienhaus. Herr Portenlänger fragt Sie, welche Leistungen er aus einer Hausratversicherung erhält, wenn bei einem Einbruch seine Haustür aufgebrochen und beschädigt wird.

Der Hausratversicherer …

a) zahlt die Reparaturkosten nicht, da keine versicherte Sache beschädigt wurde.
b) ersetzt Reparaturkosten für Gebäudebeschädigung nur, wenn auch Hausratgegenstände beschädigt oder gestohlen wurden.
c) zahlt Reparaturkosten für Gebäudebeschädigungen, wenn sie durch einen Einbruch entstanden sind.
d) ersetzt lediglich die Kosten für eine Schlossänderung, wenn durch einen Einbruchdiebstahl Haustürschlüssel abhandengekommen sind.

Versicherungs- und Finanzprodukte: Sachversicherung – Hausratversicherung GFK 3 (1) a)

V 20 Der 25-jährige Kevin Zöllner hat bei der Proximus Versicherung AG eine Hausratversicherung über 25.000,00 € Versicherungssumme.

Der gesamte Hausrat im Wert von 27.000,00 € wird bei einem Feuerschaden zerstört. Zusätzlich fallen Aufräumkosten in Höhe von 2.000,00 € an. Welche Gesamtentschädigung erhält Herr Zöllner?

a) 27.000,00 €
b) 27.500,00 €
c) 29.000,00 €
d) 30.000,00 €

V 21 Selina Heine hat einige Sachen von ihrer Tante geerbt. Zur Ermittlung des Wertsachenanteils in der Versicherungssumme der Hausratversicherung wollen Sie wissen, ob unter den Erbsachen Wertsachen sind.

Welche der folgenden Gegenstände, die Frau Heine nennt, sind hierfür zu berücksichtigen?

a) handgeknüpfter Teppich
b) antike Möbelstücke
c) Briefmarkensammlung
d) Pelzmantel
e) 80 Jahre alte Puppensammlung

V 22 Conny Schuster hat einige Sachen von ihrer Tante geerbt. Sie machen zunächst einmal eine Bestandsaufnahme, um festzustellen, ob auch Wertsachen dabei sind.

Sie erläutern Ihrer Kundin, welcher Gegenstand unter den Begriff „Wertsache" im Sinne der VHB 2016 fällt. Welcher nachstehende Gegenstand ist eine solche Wertsache?

a) 140 Jahre altes Porzellan
b) eine 90 Jahre alte Standuhr
c) eine 120 Jahre alte Kommode
d) 80 Jahre alte Puppen

V 23 Jakob Schulte hat bei der Proximus Versicherung AG eine verbundene Hausratversicherung (VHB 2016) mit einer Versicherungssumme von 90.000,00 €. In dieser ausreichend bemessenen Summe ist der Wert eines 110 Jahre alten Schrankes in Höhe von 30.000,00 € enthalten. Nach einem Schadenfall in der Nachbarschaft fragt Sie Herr Schulte, ob er den Wert des Schrankes in voller Höhe ersetzt bekäme.

a) Da es sich um eine Antiquität handelt, muss der Schrank separat versichert werden.
b) Der Schrank ist nur mitversichert, wenn er in Antrag und Police separat aufgeführt ist.
c) Obwohl es sich um eine Antiquität handelt, ist der Schrank als Hausrat in der Versicherungssumme mitversichert und nicht gesondert zu behandeln.
d) Der Schrank ist mitversichert, die Entschädigung ist jedoch auf 20 % der Versicherungssumme begrenzt. Die Entschädigungsgrenze kann durch einen Zuschlag erhöht werden.

GFK 3 (1) a)   Versicherungs- und Finanzprodukte: Sachversicherung – Hausratversicherung

V 24 Georg Burg hat bei der Proximus Versicherung AG eine Hausratversicherung mit 40.000,00 € Versicherungssumme. Er teilt Ihnen mit, dass er häufig bis zu 5.000,00 € Bargeld in seiner Wohnung aufbewahrt. Unter welchen Voraussetzungen ist Versicherungsschutz für das Bargeld gegeben?

a) Bis maximal 2.500,00 €, wenn das Bargeld verschlossen aufbewahrt wird.
b) 5.000,00 € Bargeld sind nicht versicherbar, da die Entschädigung grundsätzlich auf 1.000,00 € begrenzt ist.
c) Die Höchstleistung beträgt 10 % der Versicherungssumme, wenn das Bargeld in einem mehrwandigen Stahlschrank mit 200 kg Gewicht aufbewahrt wird.
d) 5.000,00 € Bargeld ist versichert, wenn es in einem VdS anerkannten Tresor mit 200 kg Gewicht aufbewahrt wird.

V 25 Walter Steinbeißer besitzt eine Sammlung von wertvollen Gemälden (Wert: 29.000,00 €), die er im Wohnzimmer an seiner Wand hängen hat. Er möchte bei der Proximus Versicherung AG eine Hausratversicherung nach VHB 2016 mit einer Versicherungssumme von 100.000,00 € abschließen. Unterversicherungsverzicht soll vereinbart werden.

Was teilen Sie Herrn Steinbeißer korrekterweise mit?

a) Die allgemeine Entschädigungsgrenze für Wertsachen beträgt 20 % der Versicherungssumme, daher sind Ihre Bilder ausreichend versichert.
b) Die besondere Entschädigungsgrenze für Gemälde liegt bei 20.000,00 €. Die restlichen 9.000,00 € werden im Schadensfall nicht erstattet.
c) Um ausreichend versichert zu sein, muss die Entschädigungsgrenze für Wertsachen von 20 % auf 30 % gegen eine Mehrprämie angehoben werden.
d) 29.000,00 € werden erstattet.

V 26 Werner Meyer hat bei der Proximus Versicherung AG eine verbundene Hausratversicherung (VHB 2016) mit einer Versicherungssumme von 100.000,00 €. Der Wertsachenanteil beträgt 30.000,00 € und besteht aus Teppichen.

Herr Meyer will wissen, ob bei einem Totalschaden die Teppiche vollständig ersetzt werden.

a) Die Teppiche werden vollständig ersetzt, wenn keine Unterversicherung vorliegt.
b) Die Teppiche sind bis max. 33.000,00 € versichert.
c) Die Teppiche sind ohne besondere Vereinbarung bis max 22.000,00 € versichert.

Bearbeiten Sie jetzt die Situationsaufgaben S 2 – S 8

Versicherungs- und Finanzprodukte: Sachversicherung – Hausratversicherung GFK 3 (1) a)

C. Räumlicher Geltungsbereich
(Versicherungsort, Außenversicherung, Wohnungswechsel – Info: Band 2, A 2.4)

V 27 Peter Kluger ruft Sie an und schildert Ihnen folgenden Schaden: Ein Dieb drang in die nicht abgeschlossene Garage auf dem Versicherungsgrundstück ein. Er brach das in der Garage stehende Auto auf und stahl daraus einen Mantel und 100,00 € Bargeld.

Herr Kluger möchte von Ihnen wissen, ob der Mantel und das Bargeld ersetzt werden.

a) Der gesamte Schaden ist nicht ersatzpflichtig, da Hausratgegenstände im Auto nicht versichert sind.
b) Bargeld und Mantel werden ersetzt.
c) Nur der Mantel wird ersetzt, da Wertgegenstände im Auto nicht versichert sind.
d) Der gesamte Schaden ist nicht ersatzpflichtig, da die Garage nicht abgeschlossen war.
e) Es handelt sich um einen einfachen Diebstahl, der nicht versichert ist.

V 28 Angeregt durch die Tour de France der Radprofis hat sich Ihr Kunde Thomas Stettner ein teures Rennrad gekauft. Als er wenige Tage später bei einem Freund übernachtet, wird sein nicht abgeschlossenes Rennrad aus der verschlossenen Garage des Freundes durch Einbruchdiebstahl entwendet.

Herr Stettner möchte wissen, ob er den Schaden aus seiner bestehenden Hausratversicherung ersetzt bekommt.

a) Nein, da das Fahrrad nicht am Versicherungsort eingeschlossen war.
b) Ja, da die Garage des Freundes zum Versicherungsort gehört.
c) Versicherungsschutz besteht nur dann, wenn im Vertrag die Fahrraddiebstahlklausel vereinbart ist.
d) Versicherungsschutz besteht im Rahmen der Außenversicherung.
e) Nein, die Hausratversicherung des Freundes muss für das vorübergehend eingebrachte Fahrrad leisten.

V 29 In der Agentur Krause werden im Laufe eines Geschäftsjahres eine Vielzahl von Schadenfällen eingereicht. Welche der nachstehend genannten Schadenfälle sind über die Außenversicherung versichert?

a) VN Klaus Schütte hat sich am Urlaubsort eine Taucherausrüstung ausgeliehen, die ihm aus seinem Hotelzimmer gestohlen wird.
b) Der Sohn von VN Wagner geht für das Studium in eine andere Stadt, wo er in einem Studentenwohnheim ein kleines möbliertes Zimmer bewohnt. Ein Zimmerbrand zerstört Kleidung und Fachbücher des Sohnes.
c) Bei einem abendlichen Strandsparziergang am Meer wird der Frau von VN Berger von zwei Tätern wertvoller Schmuck mit Gewalt entrissen.
d) Das Rentnerpaar Schmidt verbringt jeden Winter vier Monate auf Gran Canaria. Bei einem Brand in ihrem Bungalow wird ihr mitgebrachter Hausrat zerstört.

GFK 3 (1) a)   Versicherungs- und Finanzprodukte: Sachversicherung – Hausratversicherung

e) VN Bettina Bauer hat sich auf einer Geschäftsreise in der Türkei einen schönen Wandteppich für ihr Wohnzimmer gekauft. Dieser wird kurz vor der Rückreise aus ihrem Hotelzimmer durch Einbruchdiebstahl entwendet.
f) VN Sander hat seine Goldkette bei einem Pfandhaus als Pfandstück hinterlegt. Bei einem Raubüberfall auf das Pfandhaus wird auch die Goldkette unseres VN entwendet.

V 30   Für Peter Weinberger besteht bei der Proximus Versicherung AG eine Hausratversicherung mit einer VS in Höhe von 60.000,00 € (ohne Vorsorge). Er teilt Ihnen mit, dass seine Tochter Sandra ein Studium in einer anderen Stadt beginnt und dort im Studentenwohnheim ein möbliertes Zimmer bezogen hat. Der Wert ihres Hausrats beträgt insgesamt 7.000,00 €, darunter geerbte Schmuckstücke im Wert von 2.800,00 €.

Herr Weinberger möchte wissen, bis zu welcher Summe der Hausrat seiner Tochter versichert ist.

V 31   In der Agentur Krause werden im Laufe eines Geschäftsjahres eine Vielzahl von Schadenfällen eingereicht. Prüfen Sie, ob sich die nachstehenden Versicherungsfälle am Versicherungsort ereignen und die entstandenen Schäden versichert sind.

a) Das Gartenhaus von VN Schulze befindet sich in einer Kleingartenanlage in der Nähe seiner Wohnung. Es wird durch Brandstiftung zerstört; sein dortiger Hausrat verbrennt.
b) VN Gisela Sand betreibt in einem Anbau zu ihrem Haus eine Töpferwerkstatt mit eigenem Eingang. Der Anbau kann auch direkt aus dem Haus über eine Verbindungstür betreten werden. Bei einem Einbruch über ein Werkstattfenster wird Handelsware und Bargeld aus dem Anbau entwendet.
c) Der gemeinschaftlich genutzte Waschkeller wird aufgebrochen und der darin von VN Meier gelagerte Fernseher wird von den Tätern entwendet.
d) VN Claudia Seidl bewohnt ein gemietetes Einfamilienhaus. Durch Blitzschlag wird die auf ihrem Grundstück von ihr angebrachte Satellitenschüssel vollkommen zerstört.
e) Bei einem Brand in der auf dem Nachbargrundstück angemieteten und im Antrag genannten Garage werden die Skier, das große Urlaubszelt sowie das Kanu von VN Porzelt zerstört.
f) Während VN Andrea Förster in der Küche das Mittagessen zubereitet, entwendet ein Dieb ihr Mountainbike aus dem verschlossenen Geräteschuppen auf dem Grundstück.

V 32   Andreas Niederberger hat bei der Agentur Krause vor Jahren eine Hausratversicherung mit einer VS in Höhe von 65.000,00 € abgeschlossen. Er hat kürzlich ein Einfamilienhaus geerbt und renoviert dieses nun in Eigenleistung. Am 01.02. d.J. zieht er erstmals mit Teilen seines Hausrates in das jetzt bezugsfertige Haus ein. Weil er jedoch bis zum 30.06. d.J. an seinen Mietvertrag in der bisherigen Wohnung gebunden ist, lagert er dort noch restlichen Hausrat im Wert von 15.000,00 € in Kartons verpackt. Am 10.05. d.J. werden diese Kartons durch ein Feuer vollständig vernichtet. Sie erklären ihm, dass ...

a) eingeschränkter Versicherungsschutz über die Außenversicherung besteht.
b) kein Versicherungsschutz besteht.
c) die Hausratversicherung den Schaden übernimmt und Regress beim Verursacher fordert.
d) voller Versicherungsschutz über die vorhandene Hausratversicherung besteht.
e) ab Umzugsbeginn nur noch in der neuen Wohnung Versicherungsschutz besteht.

Versicherungs- und Finanzprodukte: Sachversicherung – Hausratversicherung GFK 3 (1) a)

V 33 Die Ehefrau von Herrn Mühlbauer ist vor fünf Monaten aus der gemeinsamen Wohnung ausgezogen. Zu der bestehenden Hausratversicherung ist Frau Mühlbauer die alleinige Versicherungsnehmerin. Am 22.05 d. J. wird die Ehe rechtskräftig geschieden. Am 01.06. d. J. erhält Herr Mühlbauer die Jahresrechnung an die alte Adresse und leitet das Schreiben an die neue Adresse seiner geschiedenen Frau weiter. Herr Mühlbauer erkundigt sich nun bei Ihnen, ob für seine Wohnung aktuell noch Versicherungsschutz besteht.

a) Nein, da der Versicherungsschutz zwei Monate nach dem Umzug seiner Frau in der alten Wohnung erloschen ist.
b) Ja, solange Frau Mühlbauer den Wohnungswechsel nicht angezeigt hat.
c) Nein, da der Versicherungsschutz mit der rechtskräftigen Ehescheidung endet.
d) Ja, da längstens bis 31.08 d. J. für beide Wohnungen Versicherungsschutz besteht.
e) Ja, da noch bis zum Jahresende für beide Wohnungen Versicherungsschutz besteht.

V 34 Ansgar Schwertel ruft Sie an und teilt Ihnen mit, dass er von seinem Vater ein Haus geerbt hat. Der Vater lebte in diesem Haus bis zu seinem Tod. Herr Schwertel informiert Sie, dass er beabsichtigt, in das Haus einzuziehen. Den vorhandenen Hausrat, der bei der Proximus Versicherung AG versichert ist, will er ebenfalls übernehmen. Herr Schwertel möchte gerne wissen, was mit dem Hausratvertrag seines Vaters nun geschieht.

a) Im Erbfall gehen alle versicherten Sachen auf Herrn Schwertel über. Der Vertrag des Vaters kann jederzeit außerordentlich gekündigt werden.
b) Da Herr Schwertel als Erbe das Haus samt Hausrat in derselben Weise nutzt wie sein Vater, geht das Versicherungsverhältnis auf Herrn Schwertel über.
c) Der Hausratvertrag endet innerhalb von zwei Monaten nach Kenntnisnahme des Versicherers vom Tod des VN.
d) Der Hausratvertrag endet bedingungsgemäß mit Kenntnis über den Tod des Versicherungsnehmers, innerhalb eines Monats.
e) Durch den Tod des Versicherungsnehmers ist bedingungsgemäß auch von einem Wegfall des versicherten Interesses die Rede. Der Vertrag endet automatisch mit Kenntnisnahme des Versicherers über den Tod des Versicherungsnehmers.

V 35 Ihr Kunde Gerhard Schreiner ist an Alzheimer-Demenz erkrankt und wird in Kürze aus seiner Wohnung in ein möbliertes Zimmer einer Pflegestation verlegt. Der noch verwendbare Hausrat wird einer karitativen Stiftung gespendet. Aus diesem Grund ruft seine Tochter Eva bei Ihnen an und möchte wissen, was mit seinem bei Ihrer Gesellschaft bestehenden Hausratvertrag geschieht.

a) Da das versicherte Interesse in Kürze wegfällt, endet der Hausratvertrag mit sofortiger Wirkung.
b) Aufgrund des Wohnungswechsels ist das versicherte Interesse nicht weggefallen. Der Vertrag läuft unverändert unter Angabe der neuen Anschrift weiter.
c) Die Aufnahme in eine stationäre Pflegeeinrichtung gilt als Wegfall des versicherten Interesses. Der Vertrag endet zu diesem Zeitpunkt.
d) Der Hausratvertrag geht in diesem Fall auf die karitative Stiftung über, soweit sie den Hausrat übernimmt.

Bearbeiten Sie jetzt die Situationsaufgaben S 9 – S 12

D. Klauselvereinbarungen, gesondert versicherbare Gefahren
(Klauseln zur Hausratversicherung, Versicherung weiterer Elementargefahren – Info: Band 2, A 2.2.8, A 2.6)

V 36 In der Hausratversicherung kann der individuelle Versicherungsschutz durch den Einschluss von Klauseln erweitert werden. Ordnen Sie den folgenden Aussagen die jeweils relevante Klausel zu: PK 7610, PK 7110, PK 7710, PK 7112, PK 7215, PK 7712, PK 7862.

a) Es wird kein Abzug wegen Unterversicherung vorgenommen, wenn pro Quadratmeter Wohnfläche mindestens 650,00 € Versicherungssumme vereinbart sind.
b) Der bedingungsgemäß als entschädigungspflichtig errechnete Betrag wird je Versicherungsfall um den vereinbarten Selbstbehalt gekürzt.
c) Der Versicherer leistet keine Entschädigung für die Kosten eines neuerlichen Lizenzerwerbs.
d) Alle Schließvorrichtungen, vereinbarten Sicherungen und vereinbarten Einbruchmeldeanlagen sind in gebrauchsfähigem Zustand zu erhalten.
e) Der Versicherungsnehmer hat den Diebstahl unverzüglich der Polizei anzuzeigen und dem Versicherer einen Nachweis dafür zu erbringen, dass das Fahrrad nicht innerhalb von drei Wochen seit Anzeige des Diebstahls wieder herbeigeschafft wurde.
f) Der den Versicherungsvertrag betreuende Makler ist bevollmächtigt, Anzeigen und Willenserklärungen des Versicherungsnehmers entgegenzunehmen.
g) Abweichend von Ziffer 6.5.7 VHB 2016 wird für versicherte Sachen außerhalb von Gebäuden, aber innerhalb des Versicherungsortes gemäß Ziffer 10 VHB 2016 Entschädigung geleistet.

V 37 Annemarie Hauser hat eine Hausratversicherung mit einer Versicherungssumme von 80.000,00 €. Sie wohnt in München in einer 95 m² großen Wohnung (Unterversicherungsverzicht gilt als vereinbart). Als Frau Hauser eines Morgens mit dem Fahrrad zur Arbeit fahren möchte, stellt sie mit Erschrecken fest, dass die Tür ihres ansonsten abgeschlossenen Kellerraums aufgebrochen und ihr Fahrrad (Wert: 1.000,00 €) gestohlen ist.

Ein separater Einschluss für Fahrraddiebstahl besteht nicht. Frau Hauser möchte gerne von Ihnen wissen, ob Sie dennoch mit einer Entschädigung rechnen kann.

Der Versicherer wird den Schaden...

a) ersetzen, da Frau Hauser den Unterversicherungsverzicht vereinbart hat.
b) nicht ersetzen, da diese Schäden ausnahmslos nur über eine separat zu vereinbarende Fahrraddiebstahlklausel versichert ist.
c) ersetzen, da es sich in diesem Fall um einen Einbruchdiebstahl gemäß den VHB 2016 handelt und das Fahrrad als Hausratgegenstand behandelt wird.
d) nicht ersetzen, da der Kellerraum nicht zum Versicherungsort gehört und Schäden nur durch Einschluss der dazugehörigen Klausel versichert sind.

Versicherungs- und Finanzprodukte: Sachversicherung – Hausratversicherung GFK 3 (1) a)

> **V 38** In der Agentur Krause werden im Laufe eines Geschäftsjahres eine Vielzahl von Schadenfällen eingereicht.

Kennzeichnen Sie die nachstehenden Versicherungsfälle mit …

1 – wenn die entstandenen Schäden von der Klausel PK 7110 VHB 2016 erfasst,
2 – wenn die entstandenen Schäden von der Klausel PK 7110 VHB 2016 nicht erfasst werden.

a) VN Simone Brittig hat ihr Fahrrad vor dem Einkaufscenter abgestellt und es mit einem starken Kettenschloss gesichert. Als sie nach dem Einkaufen nach Hause fahren möchte, stellt sie fest, dass die Luftpumpe und der Fahrradkorb entwendet wurden.

b) VN Schlosser wohnt in einem Mehrfamilienhaus. Da ein gemeinschaftlicher Fahrradkeller nicht vorhanden ist, stellen alle Mieter ihre Fahrräder in vor dem Haus aufgestellten, verschließbaren Fahrradboxen ab. Diebe brechen eine davon auf und entwenden auch das mit einem Kettenschloss abgesperrte Fahrrad von VN Schlosser.

c) VN Müller unternimmt alleine eine Mountainbiketour. Bei der Abfahrt stürzt er schwer und ist für kurze Zeit ohne Bewusstsein. In diesem Zeitraum entwenden vorbeikommende Passanten sein teures Rad.

d) Auf einer mehrtägigen Radtour stellt VN Böhm sein Fahrrad nachts auf dem Zeltplatz, mit einem starken Bügelschloss gesichert, in der Nähe seines Zeltes ab. Am nächsten Morgen muss er feststellen, dass sein Sattel und die gesamte Beleuchtung gestohlen wurden.

e) VN Höfner stellt sein Fahrrad nach der Arbeit unverschlossen in dem gemeinschaftlichen Fahrradabstellraum im Keller ab. Am nächsten Morgen stellt er fest, dass der Abstellraum aufgebrochen und sein Fahrrad gestohlen wurde.

f) Lediglich mit einem Rahmenschloss gesichert, stellt VN Maurer sein Fahrrad vor der Sporthalle seines Vereins ab. Als er nach dem Training nach Hause fahren möchte, stellt er fest, dass an seinem Fahrrad die teure Hinterradbremsanlage ausgebaut wurde.

g) Bei einem Wochenendbesuch seines Freundes wird das nicht abgeschlossene Fahrrad von VN Reinhardt aus der verschlossenen Garage des Freundes entwendet. Die Täter haben nachts die Garage aufgebrochen.

> **V 39** Prüfen Sie, ob in den nachfolgenden Fällen Versicherungsschutz durch Einschluss weiterer Naturgefahren besteht.

Kennzeichnen Sie die unten stehenden Sachverhalte mit …

1 – wenn Versicherungsschutz durch den Einschluss von Naturgefahren besteht,
2 – wenn **kein** Versicherungsschutz durch den Einschluss von Naturgefahren besteht.

a) Durch einen Starkregen dringt Wasser über den Kamin in die Wohnung des VN ein und beschädigt einen antiken Zeitungsständer aus Holz.

b) Der VN verbringt zwei Wochen Urlaub in den USA. Durch ein starkes Erdbeben in San Francisco fällt die teure Spiegelreflexkamera unseres VN vom Tisch und wird beschädigt.

c) Durch ein Erdbeben fällt der Kerzenständer um und steckt die Seidentischdecke unseres VN in Brand.

d) Beim Skilaufen in den französischen Alpen wird unser VN von einer Lawine überrascht. Glücklicherweise konnte er lebend geborgen werden. Sein Handy, Skistöcke und Skier sind nicht mehr auffindbar.

e) Durch einen Erdrutsch wird das am Hang liegende Gebäude erheblich beschädigt. Schlamm dringt ein und beschädigt das Mobiliar.
f) Das Dach des Gebäudes bricht nach tagelangen Schneefällen an mehreren Stellen aufgrund des starken Schneedrucks. Schmelzwasser dringt ein und beschädigt Hausrat.
g) Nach heftigen Regenfällen tritt ein Bach über die Ufer und flutet die Kellerfensterschächte, die dem Druck nicht standhalten können. Regenwasser dringt durch die Kellerfenster ein und überschwemmt den Keller samt Inhalt.
h) Durch lang anhaltende Regenfälle steigt der Grundwasserspiegel. Grundwasser drückt sich allmählich durch die Kellermauern und beschädigt dort abgestellten Hausrat.

Bearbeiten Sie jetzt die Situationsaufgaben S 13 – S 14

Versicherungs- und Finanzprodukte: Sachversicherung – Hausratversicherung   GFK 3 (1) a)

E. Ausschlüsse
(Nicht versicherte Sachen, Gefahren, Schäden und Kosten – Info: Band 2, A 2.1 – 2.5)

V 40 In der Agentur Krause werden im Laufe eines Geschäftsjahres eine Vielzahl von Schadenfällen eingereicht. Kennzeichnen Sie die nachstehenden Versicherungsfälle mit

1 – wenn die entstandenen Schäden von der Hausratversicherung erfasst,
2 – wenn die entstandenen Schäden von der Hausratversicherung nicht erfasst werden.

a) VN Renate Schmitz bügelt gerade die Wäsche. Als es plötzlich an der Haustür klingelt, vergisst sie das Bügeleisen ordnungsgemäß abzustellen. Das heiße Bügeleisen verursacht einen Sengfleck an ihrer weißen Bluse.

b) Durch ein nächtliches Erdbeben kommt es im Haus von VN Neumann zu mehreren Kurzschlüssen. Das dadurch ausgelöste Feuer zerstört große Teile des Hausrats.

c) Ein Blitz schlägt in das Haus von VN Rommert ein. Die dadurch verursachte Überspannung zerstört auch alle auf seinem PC gespeicherten Daten.

d) Die gezielte Sprengung einer Bombe aus dem zweiten Weltkrieg führt zu beträchtlichen Hausratschäden bei den Anwohnern. Ihr VN Göbl möchte Ersatz.

e) Während der Zimmerreinigung entwendet die Hotelangestellte Bargeld aus dem Hotelzimmer von VN Bauer. Als dieser abends zurückkehrt, ist das Hotelzimmer wieder ordnungsgemäß verschlossen. VN Bauer kann den Diebstahl nicht beweisen.

f) Ein betrunkener Passant besprüht nachts die Gebäudeaußenwand von VN Berger großflächig mit roter Farbe.

g) VN Hofmann stürzt mit seinem Mountainbike bei einer Bergabfahrt. Er verliert durch den schweren Sturz für kurze Zeit das Bewusstsein. Ein Bergwanderer entwendet ihm in diesem Zustand seine Wertsachen.

h) VN Kaiser wird nachts mit seiner Frau im Park von mehreren Tätern überfallen. Während seine Frau im Park als Geisel gehalten wird, muss VN Kaiser mit einem anderen Täter Bargeld von der nahe gelegenen Bank abheben.

i) Zwei Trickdiebe erkundigen sich am Bahnhof bei dem körperbehinderten Rentner VN Dorfner nach dem Weg. Unbemerkt entwenden sie ihm sein Bargeld und seine Uhr.

j) Vor dem Grundstück von VN Baumann bricht das Zuleitungsrohr zu seinem Haus. Das Leitungswasser läuft auch in seinen Keller und zerstört dort gelagerten Hausrat.

k) Die Kinder von VN Göpfert veranstalten im Badezimmer eine Wasserschlacht. Es kommt zu Nässeschäden am Hausrat.

l) VN Buchner lagert bereits erste Hausratgegenstände im noch nicht fertig gestellten Anbau seines Hauses ein. Durch einen Rohrbruch im Anbau tritt Wasser aus; Hausrat wird beschädigt.

m) Das Rohr der Solarheizungsanlage auf dem Dach bricht aufgrund von Materialermüdung. Wasser tritt aus und beschädigt Hausrat auf dem Dachboden von VN Zeitler.

n) VN Föstl macht gerade seinen Mittagsschlaf; das Wohnzimmerfenster ist zum Lüften in Kippstellung gebracht. Eine überraschend auftretende Sturmböe wirft die wertvolle Vase vom Fensterbrett auf den Boden. Durch das Zerspringen der Vase wird VN Föstl wach.

o) Durch einen Sturm werden die vom VN an seinem Haus angebrachte Antennenschüssel und Markise zerstört.

Bearbeiten Sie jetzt die Situationsaufgaben S 15 – S 16

GFK 3 (1) a) — Versicherungs- und Finanzprodukte: Sachversicherung – Hausratversicherung

F. Versicherungssumme, Versicherungswert, Entschädigung

(Versicherungswerte, Versicherungssumme und Vorsorgebetrag, Unterversicherung, Unterversicherungsverzicht, Entschädigung bei Unterversicherung – Info: Band 2, A 3.1, A 5.2.5)

V 41 Herr Naumann beantragt für sein gemietetes Einfamilienhaus eine Hausratversicherung. Die Wohnfläche beträgt im Erdgeschoss 95 m² und im Obergeschoss 70 m². Im Keller befinden sich ein Gästezimmer mit 20 m², ein Partyraum mit 15 m², ein Vorratsraum mit 12 m², ein Heizungskeller mit 8 m² sowie ein Lagerraum für Holzpellets mit 18 m². Herr Naumann wünscht Verzicht auf Unterversicherung. Welche Versicherungssumme (auf volle 100,00 € gerundet) ist richtig?

a) 120.300,00 €
b) 117.000,00 €
c) 130.000,00 €
d) 137.800,00 €
e) 143.000,00 €
f) 154.700,00 €

V 42 Welche Aussage zum Versicherungswert in der Hausratversicherung ist richtig?

Die Hausratversicherung …

a) ist eine Zeitwertversicherung. Sie entschädigt den Wert des Hausrats zum Zeitpunkt des Schadens.
b) leistet grundsätzlich in Höhe des erzielbaren Verkaufspreises zum Zeitpunkt des Schadens (gemeiner Wert).
c) ist eine Neuwertversicherung. Versicherungswert ist der Wiederbeschaffungspreis von Sachen gleicher Art und Güte in neuwertigem Zustand (Neuwert).
d) ist eine Quotenversicherung. Die Leistung berechnet sich aus einer Mischquote von Neu- und Zeitwert.
e) ist eine Neuwertversicherung. Ersetzt wird der Wiederbeschaffungspreis von Sachen gleicher Art und Güte in neuwertigem Zustand, jedoch immer ohne Mehrwertsteuer.

V 43 Kennzeichnen Sie richtige Aussagen zum Versicherungswert mit (1), falsche mit (9).

a) Für Sachen, die im Haushalt des VN für ihren Zweck nicht mehr zu verwenden sind, ist Versicherungswert der gemeine Wert.
b) Der gemeine Wert beträgt 50 % des Zeitwerts.
c) Unter dem gemeinen Wert versteht man den für den Versicherungsnehmer erzielbaren Verkaufspreis dieser Sachen.
d) Die Hausratversicherung ist eine Vollwertversicherung, d. h. die Versicherungssumme soll dem Versicherungswert entsprechen. Der Vorsorgebetrag darf dabei nicht berücksichtigt werden.
e) Bei der Hausratversicherung soll die Versicherungssumme einschließlich 10 % Vorsorge dem Versicherungswert entsprechen.
f) Für Kunstgegenstände und Antiquitäten ist der Versicherungswert der Wiederbeschaffungspreis von Sachen gleicher Art und Güte.
g) Ist die Entschädigung für Wertsachen auf bestimmte Beträge begrenzt, bleiben bei der Ermittlung des Versicherungswertes die Entschädigungsgrenzen unberücksichtigt.

Versicherungs- und Finanzprodukte: Sachversicherung – Hausratversicherung GFK 3 (1) a)

V 44 Herr Hallwig hat in seiner Wohnung ein kleines Gästezimmer, welches meistens unbenutzt ist. Dieses Zimmer hat er mit einem 10 Jahre alten Schlafsofa und einem 15 Jahre alten Kleiderschrank ausgestattet. Ein Feuer zerstört die Einrichtung des Gästezimmers.

Welche Aussage ist korrekt?

a) Herr Hallwig erhält keine Entschädigung, da die Gegenstände schon zu alt sind.
b) Die Einrichtung wäre sowieso auf dem Sperrmüll gelandet, daher erhält Herr Hallwig keine Leistung von seiner Hausratversicherung.
c) Herr Hallwig erhält den Zeitwert, d.h. den Neuwert einer Sache abzüglich eines Geldbetrages für Alter, Gebrauch und Abnutzung.
d) Herr Hallwig erhält den gemeinen Wert, d.h. den Verkaufspreis, den er zum Schadenzeitpunkt noch erzielen hätte können.
e) Herr Hallwig erhält den Neuwert, d.h. er könnte sich Sofa und Schrank in gleicher Art und Güte neu kaufen.

V 45 Sie sind Mitarbeiter im Außendienst einer Agentur der Proximus Versicherung AG. Sie besuchen Ihre Versicherungsnehmerin Frau Huber, die an einer Hausratversicherung interessiert ist. Frau Huber hat eine Wohnung (60 m²) im 3. Stock eines Mehrfamilienhauses gemietet. Die Ausstattung der Wohnung ist als durchschnittlich anzusehen.

Was dürfen Sie Frau Huber nicht sagen?

a) Wenn Sie nachteilige Folgen einer Unterversicherung vermeiden wollen, muss die Versicherungssumme dem Versicherungswert entsprechen.
b) Es gilt der Unterversicherungsverzicht, wenn Sie mindestens eine Versicherungssumme in Höhe von 39.000,00 € abschließen. Dennoch kann eine Unterversicherung bestehen, wenn diese Versicherungssumme niedriger ist, als Ihr Versicherungswert.
c) Wenn sie mindestens 39.000,00 € Versicherungssumme abschließen, sind Sie nicht unterversichert.
d) Sie können sämtliche versicherte Sachen der Hausratversicherung mit den jeweligen Neuwerten auflisten. Deren Addition ergibt die Versicherungssumme. Das Risiko für die korrekte Ermittlung der Versicherungssumme tragen Sie.

V 46 Familie Möllner besitzt ein Reihenhaus mit einer Gesamtfläche von 120 m². Hiervon werden als Kellerraum 30 m² genutzt. Bei einem Beratungsgespräch ermitteln Sie gemeinsam mit dem Kunden einen Versicherungswert von 100.000,00 €.

Welche Versicherungssumme ist erforderlich, damit Familie Möllner in jedem Schadenfall die volle Entschädigung erhält?

a) 58.500,00 €
b) 78.000,00 €
c) 87.500,00 €
d) 100.000,00 €
e) 110.000,00 €

GFK 3 (1) a)   Versicherungs- und Finanzprodukte: Sachversicherung – Hausratversicherung

V 47 Eduard Koop ist in seine neue 90 m² große Wohnung umgezogen. Seine bisherige Versicherungssumme betrug 30.000,00 €. Durch Neuanschaffungen beziffert er den aktuellen Wert seines Hausrates mit 50.000,00 €.

Welche optimale Versicherungssumme empfehlen Sie ihm?

a) 50.000,00 €
b) 55.000,00 €
c) 8.500,00 €
d) 64.350,00 €

V 48 Welche Aussage zur Vorsorgeversicherung ist falsch?

a) Bei der Entschädigungsberechnung erhöht sich die Versicherungssumme um einen Vorsorgebetrag in Höhe von 10 %.
b) Der Vorsorgebetrag wird prämienfrei gewährt.
c) Die Vorsorge stellt einen Puffer dar, der Schwankungen des Versicherungswertes, z. B. durch Neuanschaffungen, Erweiterung oder Austausch von Hausrat während der Vertragslaufzeit, im Schadenfall auffangen soll.
d) Bei Antragsstellung kann eine Versicherungssumme vereinbart werden, die bis 10 % unter dem Versicherungswert liegt, um Prämien einzusparen.

V 49 Lisa Müller bewohnt eine 80 m² große Wohnung und möchte nun eine Hausratversicherung bei Ihnen abschließen. Eine Aufstellung der Einzelwerte des Inhalts verschiedener Räume ergibt einen Versicherungswert in Höhe von 56.000,00 €.

Welche optimale Versicherungssumme empfehlen Sie ihr?

a) 52.000,00 €, da sich im Schadenfall die Versicherungssumme um einen Vorsorgebetrag von 10 % erhöht.
b) 56.000,00 €, da dies dem Versicherungswert entspricht.
c) 57.200 €, damit Frau Müller von Beginn an einen Puffer für Zukäufe hat.
d) 61.600 €, damit die Versicherungssumme 10% über dem Versicherungswert liegt.

V 50 Ihr Kunde Peter Kramer hat bei Ihrer Gesellschaft eine Hausratversicherung mit 35.000,00 € Versicherungssumme abgeschlossen. Der gesamte Hausrat hat allerdings einen Wert von 40.000,00 €. Bei einem Feuerschaden wird dieser vollständig zerstört.

Welche Entschädigung erhält Herr Zöllner für seinen Hausrat?

a) 35.000,00 €
b) 36.750,00 €
c) 38.500,00 €
d) 40.000,00 €

Versicherungs- und Finanzprodukte: Sachversicherung – Hausratversicherung GFK 3 (1) a)

V 51 Erwin Reinhold besitzt eine Sammlung von wertvollen Gemälden (Wert: 25.000,00 €), die in seiner gesamten Wohnung verteilt an den Wänden hängen. Er hat bei der Proximus Versicherung AG eine Hausratversicherung nach VHB 2016 mit einer Versicherungssumme von 100.000,00 €. Wertsachen sind in Höhe von 20 % der Versicherungssumme bedingungsgemäß versichert. Unterversicherungsverzicht ist vereinbart.

Herr Reinhold möchte wissen, welchen Betrag er im Fall eines Einbruchdiebstahls und dem damit verbundenen Verlust aller Gemälde ersetzt bekommen würde.

a) 20.000,00 €
b) 22.000,00 €
c) 24.200,00 €
d) 25.000,00 €

V 52 Auf einer Fahrradtour wird das abgeschlossene Fahrrad von Peter Bornhövd während einer Biergartenrast gestohlen. Der Wert des vor kurzem gekauften Fahrrads beträgt 1.900,00 €. Herr Bornhövd hat eine Hausratversicherung mit einer Versicherungssumme von 80.000,00 €. PK 7712 Unterversicherungsverzicht ist vereinbart. Fahrraddiebstahlklausel PK 7110 ist mit einer Entschädigungsgrenze von 2 % der Versicherungssumme eingeschlossen.

Wie hoch ist die Entschädigung?

a) 800,00 €
b) 880,00 €
c) 1.600,00 €
d) 1.760,00 €
e) 2.400,00 €

V 53 Durch eine Gasexplosion entsteht bei Ihrem Kunden Jürgen Spar ein Hausratschaden in Höhe von 30.000,00 €. Für seine 80 m² große Wohnung besteht bei der Proximus Versicherung AG eine Hausratversicherung nach VHB 2016 mit einer Versicherungssumme von 40.000,00 €. Am Schadentag wird festgestellt, dass sein Hausrat inzwischen einen Gesamtwert von 60.000,00 € hat.

Wie hoch ist die Entschädigungsleistung für Herrn Spar?

a) 15.000,00 €
b) 20.000,00 €
c) 22.000,00 €
d) 30.000,00 €
e) 33.000,00 €

Bearbeiten Sie jetzt die Situationsaufgaben S 17 – S 18

G. Prämienfestsetzung, Vertragsbeendigung, Mehrfache Versicherung
(Tarifierung, Neuordnung und Beendigung des Versicherungsvertrages, Neben- und Doppelversicherung – Info: Band 2, A 3.3, A 3.4, Band 3, D 4)

V 54 In der Agentur Krause werden eine Vielzahl von Beratungsgesprächen zum Abschluss von Hausratversicherungen geführt. Kennzeichnen Sie die nachstehenden Aussagen von potentiellen Kunden mit …

1 – wenn sie für die Risikoprüfung in der Hausratversicherung relevant,
2 – wenn sie für die Risikoprüfung in der Hausratversicherung nicht relevant sind.

a) Die neu bezogene Wohnung wird von Herrn König als Mieter ständig bewohnt.
b) Frau Götz verbringt jeden Winter drei Monate ununterbrochen auf Mallorca.
c) Herr Föstl gibt die Postleitzahl seines Wohnortes mit 85646 an.
d) Die Mietwohnung von Frau Herrmann befindet sich im 1. Stock.
e) Herr Schmidt bewohnt sein Einfamilienhaus mit seiner Frau und zwei Kindern.
f) Die Ferienwohnung von Frau Bauer befindet sich außerhalb eines geschlossenen Wohngebietes.
g) Herr Vogl hat seine Eigentumswohnung in einem Gebäude der Bauartklasse I.
h) Das Einfamilienhaus von Herrn Müller ist durch eine Einbruchmeldeanlage geschützt.
i) In der Etage unter der Wohnung von Frau Elters befindet sich ein Schreibwarenladen.
j) Das Einfamilienhaus von Familie Günster ist durch eine Blitzschutzanlage geschützt.

V 55 Wie hoch ist die Grundprämie (in ‰) für folgende Situationen. Ordnen Sie die Prämiensätze zu: 6,00 ‰; 15,00 ‰; 2,00 ‰; 7,00 ‰; 3,90 ‰.

a) Hauptwohnung im Postleitzahlengebiet 74998.
b) Ferienwohnung als nicht ständig bewohnte Wohnung in einem ständig bewohnten Gebäude im Postleitzahlengebiet 19062.
c) Wochenendhaus als nicht ständig bewohnte Wohnung in einem nicht ständig bewohnten Gebäude innerhalb eines geschlossenen Wohngebietes.
d) Hauptwohnung im Postleitzahlengebiet 63099.
e) Ferienwohnung als nicht ständig bewohnte Wohnungen in einem ständig bewohnten Gebäude im Postleitzahlengebiet 25523.

V 56 In der Agentur Krause werden eine Vielzahl von Anträgen zur Hausratversicherung geprüft. Stellen Sie fest, welche Risiken Sie nur mit einem Zuschlag annehmen können.

a) Hausrat in ständig bewohnter Wohnung im Obergeschoss des Gebäudes.
b) Hausrat in ständig bewohnter Wohnung mit Abwesenheit länger als 60 Tage.
c) Hausrat in ständig bewohnter Wohnung mit Wertsachenentschädigung 20 %.
d) Hausrat in ständig bewohnter Wohnung mit einfachem Fahrraddiebstahlschutz.
e) Hausrat in ständig bewohnter Wohnung mit feuergefährlichem Betrieb im Gebäude.

f) Hausrat in ständig bewohnter Wohnung mit Überspannungsschutz bei Blitzeinschlag auf dem Versicherungsgrundstück.
g) Hausrat in ständig bewohnter Wohnung mit Wertsachenentschädigung 40 %.
h) Hausrat in ständig bewohnter Wohnung mit einem Vorschaden in den letzten 5 Jahren.

V 57 Bei der Risikoprüfung und Annahmeentscheidung sind in der Hausratversicherung subjektive und objektive Gefahrenmerkmale zu beachten.

Kennzeichnen Sie subjektive Merkmale mit 1, objektive Merkmale mit 2.

a) Herr Schmitz wohnt in der Tarifzone 5.
b) Frau Maurer gibt an, nachlässig bei der Wartung von Sicherheitseinrichtungen zu sein.
c) Herr Oschatz weist darauf hin, dass in einer Halle auf dem Nachbargrundstück seines Hauses feuergefährliche Stoffe gelagert werden.
d) Herr Thiele lebt in gesicherten wirtschaftlichen Verhältnissen.
e) Herr Göpfert hatte bereits mehrere Schäden durch leichtsinnigen Umgang mit offenem Feuer verursacht.
f) Frau Wittmann verreist gerne für Zeiträume von mehreren Monaten.
g) In der Mietwohnung von Frau Brunner sind in den letzten 5 Jahren drei Rohrbrüche aufgetreten.
h) Frau Klein bewahrt in ihrer Mietwohnung dauerhaft höhere Bargeldbeträge unverschlossen auf.

V 58 Bei der Tarifierung des zu versichernden Risikos sind in der Hausratversicherung Zuschläge und Nachlässe zu beachten.

Kennzeichnen Sie die folgenden Aussagen mit ...

1 – wenn die Aussage dem Proximus 4 Tarif entspricht,
2 – wenn die Aussage dem Proximus 4 Tarif nicht entspricht.

a) Die Versicherungsteuer beträgt 16,15 %.
b) Die Entschädigungsgrenze für Wertsachen ist in Tarifzone 4 auf 40 % erhöht. Es ist eine Einbruchmeldeanlage mit örtlicher Alarmgabe mit zusätzlichem Wähl- und Ansagegerät installiert. Der Prämienzuschlag beträgt dadurch insgesamt 0,90 ‰.
c) Ist die Wohnung ununterbrochen 90 Tagen unbewohnt, beträgt der zu zahlende Zuschlag 3,00 ‰.
d) Der Zuschlag für den Einschluss weiterer Elementarschäden beträgt bei zwei Vorschäden in den letzten 10 Jahren 0,50 ‰.
e) Wird die Jahresprämie in Raten entrichtet, verringert sich die Prämie bei vierteljährlicher Zahlung um 2 %.
f) Bei einer vereinbarten Vertragsdauer von 3 Jahren beträgt der Nachlass 5 %.
g) Die Erhöhung der Entschädigungsgrenze auf 4 % bei Klausel 7110 kostet in Tarifzone 4 einen Zuschlag in Höhe von 2,40 ‰.

GFK 3 (1) a) — Versicherungs- und Finanzprodukte: Sachversicherung – Hausratversicherung

V 59 Eine Nach- bzw. Rückprämie kann sich aus verschiedenen Gründen ergeben. Welche Aussage ist dabei falsch?

Eine Nach-, bzw. Rückprämie kann sich ergeben, wenn …

a) der VN umzieht und sich die Tarifzone ändert.
b) zum Ablauf gekündigt wird.
c) Zusatzdeckungen, wie z. B. Fahrraddiebstahl, eingeschlossen werden.
d) die Versicherungssumme verändert werden soll.

V 60 Die Nach- bzw. Rückprämie wird ab dem Änderungszeitpunkt bis zur nächsten Prämienfälligkeit erhoben bzw. erstattet. Ermitteln Sie die Tage für diesen Zeitraum mit der vereinfachten p. r. t. Tageberechnung (jeder Monat wird mit 30 Tagen angesetzt).

a) Vertragsänderung 16.02. d. J. / Versicherungsperiode 01.01.–31.12. / Zahlungsweise jährlich
b) Vertragsänderung 13.11. d. J. / Versicherungsperiode 01.03.–28.02. / Zahlungsweise jährlich
c) Vertragsänderung 27.04. d. J. / Versicherungsperiode 15.09.–14.09. / Zahlungsweise jährlich
d) Vertragsänderung 04.08. d. J. / Versicherungsperiode 01.07.–30.06. / Zahlungsweise halbjährlich
e) Vertragsänderung 03.03. d. J. / Versicherungsperiode 01.01.–31.12. / Zahlungsweise vierteljährlich
f) Vertragsänderung 29.08. d. J. / Versicherungsperiode 10.02.–09.02. / Zahlungsweise halbjährlich
g) Vertragsänderung 12.07. d. J. / Versicherungsperiode 15.06.–14.06. / Zahlungsweise vierteljährlich

V 61 Durch einen Wohnungswechsel unseres VN am 10.11. d. J. erhöht sich die Tarifzone und damit auch die Prämie. (Versicherungsperiode 01.01.–31.12., jährliche Zahlungsweise)

Wie wird die anteilige Mehrprämie korrekt ermittelt?

a) Neue Jahresprämie x 51 Tage : 360 Tage
b) Alte Jahresprämie x 51 Tage : 360 Tage
c) (Neue Jahresprämie – alte Jahresprämie) x 51 Tage : 360 Tage
d) Neue Jahresprämie – (alte Jahresprämie x 51 Tage : 360 Tage)

V 62 Berechnen Sie die Nach- bzw. Rückprämie einschließlich Versicherungsteuer für folgende Hausratversicherungsverträge mit einjähriger Vertragsdauer.

a) Versicherungssumme 60.000,00 €, Prämiensatz 2,0 ‰, Versicherungsperiode 01.10.–30.09., jährliche Zahlungsweise, Vertragsänderung am 06.07., neue Versicherungssumme 80.000,00 €, Prämiensatz 2,3 ‰
b) Versicherungssumme 87.000,00 €, Prämiensatz 3,6 ‰, Versicherungsperiode 01.02.–31.01., halbjährliche Zahlungsweise, Vertragsänderung 19.04., neue Versicherungssumme 90.000,00 €, Prämiensatz 1,7 ‰

Versicherungs- und Finanzprodukte: Sachversicherung – Hausratversicherung GFK 3 (1) a)

V 63 Welche Aussage zur ordentlichen Kündigung ist falsch?

a) Die ordentliche Kündigung kann von beiden Vertragsparteien ohne Begründung erfolgen.
b) Die Kündigungsfrist beträgt i.d.R. drei Monate zum Ablauf des Versicherungsjahres.
c) Wird der Vertrag nicht fristgemäß vor Ablauf gekündigt, verlängert er sich jeweils um ein weiteres Jahr.
d) Nach einem Schadenfall können sowohl der Versicherungsnehmer als auch der Versicherer ordentlich kündigen.

V 64 Welche Aussage zur außerordentlichen Kündigung ist falsch?

a) Sollte sich die Prämie aufgrund eines Wohnungswechsels in der Hausratversicherung erhöhen, hat der Versicherungsnehmer immer ein außerordentliches Kündigungsrecht.
b) Nimmt der Versicherungsnehmer ohne Einwilligung des Versicherers eine Gefahrerhöhung vor, hat der Versicherer ein außerordentliches Kündigungsrecht.
c) Bei einer (leicht) fahrlässigen Verletzung der Anzeigepflicht nach § 19 VVG hat der Versicherer ein außerordentliches Kündigungsrecht, sofern er keine Vertragsanpassung vornehmen kann.
d) Erhöht sich der Prämiensatz aufgrund eines Wohnungswechsels in der Hausratversicherung, kann der Versicherungsnehmer den Vertrag außerordentlich kündigen.

V 65 Welche Aussage zur Kündigung nach dem Versicherungsfall ist richtig?

a) Nach Eintritt des Versicherungsfalles kann nur der Versicherungsnehmer den Vertrag kündigen.
b) Die Kündigung ist von beiden Vertragsparteien nur bis zum Ablauf eines Monats seit dem Abschluss der Verhandlungen über die Entschädigung zulässig.
c) Die Kündigung nach Eintritt des Versicherungsfalles ist in Textform zu erklären.
d) Kündigt der Versicherungsnehmer, wird die Kündigung einen Monat nach ihrem Zugang beim Versicherer wirksam.

V 66 Petra Neumann ruft bei Ihnen an, um Ihnen mitzuteilen, dass ihre Mutter vor einer Woche verstorben ist. Frau Neumann möchte den Hausrat ihrer Mutter veräußern. Nun möchte sie wissen, was mit der Hausratversicherung der Mutter geschieht. Sie schauen sich den Bildschirmausdruck an.

Bildschirmausdruck:

Hausratversicherung	
Vers.Nr.:	23234956-6 HR
Name:	Eleonore Neumann
Geburtsdatum:	13.12.1931
Bedingungen:	VHB 2016
Versicherungssumme:	50.000,00 €
Klauseln:	7712
Beginn:	01.04. d.v.J. – 24:00 Uhr
Ablauf:	31.03. d.n.J. – 24:00 Uhr
Bruttoprämie 1/1 ZW:	99,31 €
Prämienkonto:	ausgeglichen

GFK 3 (1) a) — Versicherungs- und Finanzprodukte: Sachversicherung – Hausratversicherung

Sie informieren Frau Neumann über die weitere Vorgehensweise: Der bestehende Hausratvertrag …

a) kann frühestens mit einer dreimonatigen Kündigungsfrist zum Ablauf beendet werden.
b) wird bedingungsgemäß innerhalb einer Frist von einem Monat beendet.
c) endet zum Zeitpunkt der Kenntniserlangung des Versicherers über die vollständige und dauerhafte Haushaltsauflösung, spätestens jedoch 2 Monate nach dem Tod.
d) endet innerhalb von einem Monat ab Kenntnisnahme durch den Versicherer, wenn der Hausrat dauerhaft aufgelöst wird.

V 67 Ihr Kollege kann sich unter dem Begriff der Nebenversicherung wenig vorstellen und bittet Sie um eine verständliche Definition. Sie erklären ihm, dass bei einer Nebenversicherung das zu versichernde Interesse …

a) gegen dieselbe Gefahr bei mehreren Versicherern versichert ist. Die Versicherungssummen zusammen übersteigen dabei nicht den Versicherungswert.
b) gegen dieselbe Gefahr bei mehreren Versicherern versichert ist. Die Versicherungssummen zusammen übersteigen dabei den Versicherungswert.
c) gegen verschiedene Gefahren bei einem Versicherer versichert ist und die Versicherungssumme dem Versicherungswert entspricht.
d) bei einem Hauptversicherer versichert ist und zusätzlich bei einem Nebenversicherer rückversichert wurde.

V 68 Sie diskutieren im Kollegenkreis über das Thema Nebenversicherung. Dabei entstehen konträre Meinungen bezüglich der Anzeigepflicht einer Nebenversicherung. Sie erklären den Kollegen, dass eine Nebenversicherung …

a) nur im Schadenfall angezeigt werden muss.
b) nur angezeigt werden muss, wenn die Versicherungssummen zusammen den Versicherungswert übersteigen.
c) immer vom zuletzt hinzugekommenen Versicherer angezeigt werden muss.
d) vom Versicherungsnehmer jedem beteiligten Versicherer unter Angabe der jeweiligen Versicherungssumme unverzüglich mitgeteilt werden muss.
e) vom Versicherer mit dem größten Summenanteil angezeigt werden muss.

V 69 Ausgangssituation: In einer Mietwohnung wird durch ein undichtes Aquarium der bei Einzug bereits vorhandene Parkettfußboden stark beschädigt. Die Wohngebäudeversicherung des Vermieters sowie die Hausratversicherung des Mieters (im Rahmen der Reparaturkosten für Leitungswasserschäden in Wohnungen Ziffer 13.8. VHB 2016), sind leistungspflichtig.

a) Hier liegt eine …

   1 – Nebenversicherung vor.
   2 – Mehrfachversicherung vor.
   3 – Mitversicherung vor.
   4 – Unterversicherung vor.

Versicherungs- und Finanzprodukte: Sachversicherung – Hausratversicherung GFK 3 (1) a)

b) Nach einer Empfehlung des Gesamtverbandes der Deutschen Versicherungswirtschaft (GDV) wird folgende Teilung empfohlen (2 Antworten):

1 – Der in Anspruch genommene Versicherer leistet bis 500,00 €. Der darüberhinausgehende Schadenbetrag wird je zur Hälfte vom Hausrat- und Wohngebäudeversicherer getragen.

2 – Bei einem Gebäudeschaden bis 1.000,00 € reguliert und entschädigt nur der Gebäudeversicherer den Schaden.

3 – Hausrat- und Wohngebäudeversicherer teilen sich den Schaden je zur Hälfte.

4 – Bei einem Schaden über 1.000,00 € hat jeder Versicherer denjenigen Anteil zu übernehmen, der dem Verhältnis der vertragsgemäß von jedem Versicherer zu erbringenden Leistungen entspricht.

Bearbeiten Sie jetzt die Situationsaufgaben S 19 – S 30

H. Haushaltsglasversicherung
(Versicherte Gefahren, Schäden, Sachen, Kosten, Versicherungsort, Versicherungsumfang, Prämie – Info: Band 2, A 2.7)

V 70 Kennzeichnen Sie richtige Aussagen mit (1), falsche mit (9).

Die Glasversicherung …

a) ist kein rechtlich selbständiger Vertrag.
b) kann als Bündelvertrag mit einer Hausratversicherung abgeschlossen werden.
c) kann als Bündelvertrag mit einer Wohngebäudeversicherung abgeschlossen werden.
d) kann auch eigenständig, also ohne eine Hausrat- oder Wohngebäudeversicherung bei der Proximus Versicherung AG abgeschlossen werden.
e) beinhaltet grundsätzlich Bruchschäden an der Gebäude- und Mobiliarverglasung.

V 71 Frau Hauner möchte wissen, welche Gefahren und Schäden die Glasversicherung abdeckt. Kennzeichnen Sie richtige Aussagen mit (1), falsche mit (9).

Die Glasversicherung leistet …

a) nur für Schäden durch Brand, Einbruchdiebstahl, Leitungswasser und Sturm/Hagel.
b) auch dann, wenn durch fahrlässiges Verhalten des VN, versicherte Sachen zerbrechen.
c) für einen Muschelausbruch am Glastisch.
d) für Schäden u. a. durch Brand, sofern dieser Schaden nicht anderweitig, z. B. durch eine Hausratversicherung, abgedeckt ist.
e) für Schäden durch Krieg, innere Unruhen oder Kernenergie.

GFK 3 (1) a) Versicherungs- und Finanzprodukte: Sachversicherung – Hausratversicherung

V 72 Kinder spielen im Hof einer Wohnsiedlung. Aus Übermut wirft ein Kind einen Stein gegen das Fenster unseres VN und verschwindet unerkannt. Die Glasscheibe erleidet einen großen Sprung. Es besteht eine Hausrat- und Glasversicherung. Muss der Versicherer leisten?

Der Schaden wird vom Versicherer ...

a) nicht ersetzt, da die Glasscheibe vorsätzlich beschädigt wurde.
b) im Rahmen der Glasversicherung ersetzt, wobei der Versicherer in diesem Fall bedingungsgemäß einen Selbstbehalt in Höhe von 150,00 € einbehalten kann.
c) nicht ersetzt, da gemäß AGlB 2016 kein versicherter Schaden entstanden ist.
d) ersetzt, da die versicherte Gefahr Glasbruch im Rahmen der Glasversicherung bedingungsgemäß erfüllt ist.

V 73 Kennzeichnen Sie die unten stehenden Sachen mit ...

1 – wenn es sich um eine versicherte Sache nach Ziffer 4.1 AGlB 2016,
2 – wenn es sich um eine zusätzlich versicherbare Sache nach Ziffer 4.2 AGlB 2016,
3 – wenn es sich um eine nicht versicherte Sache nach Ziffer 4.3 AGlB 2016 handelt.

a) Smartphone-Display
b) Frontglasscheibe des Flachbildfernsehers
c) Glasscheibe eines Bilderrahmens
d) Glaskeramikscheibe des Kaminofens
e) Spiegeltür des Badhängeschrankes
f) Handbemalte Glasscheibe eines antiken Vitrinenschrankes
g) Terrassentür
h) Glaskeramikkochfeld
i) Lichtkuppel
j) Glasscheibe des Backofens
k) Scheiben der Solaranlage auf dem Dach
l) Fernglas
m) Glastisch für Besprechungen in einem gewerblich genutzten Raum
n) Terrarium
o) Bierglas
p) Handspiegel
q) Garderobenwandspiegel im Flur
r) Karaffe
s) Fensterscheibe des Büros
t) Scheibe aus Kunststoff der Duschkabine
u) Leuchtreklame des Ladenschaufensters
v) Photovoltaikanlagen

Versicherungs- und Finanzprodukte: Sachversicherung – Hausratversicherung GFK 3 (1) a)

V 74 Beim Frühjahrsputz stößt Frau Eckert versehentlich gegen die Jugendstil-Lampe über dem Esszimmertisch. Die Lampe fällt herunter und zerbricht. Dabei werden einige Weingläser, die Lesebrille und der Esszimmerglastisch zerstört. Frau Eckert hat bei Ihrer Gesellschaft eine Hausrat- und Glasversicherung.

Sie meldet Ihnen den Schaden mit folgenden zerstörten bzw. beschädigten Gegenständen:
- Lampe   900,00 €
- Weingläser   400,00 €
- Glastisch   1.100,00 €
- Lesebrille   300,00 €

Welche Entschädigung wird Frau Eckert voraussichtlich erhalten?

a) 2.700,00 €
b) 2.000,00 €
c) 1.500,00 €
d) 1.400,00 €
e) 1.100,00 €

V 75 Mit einer Spielzeugarmbrust schießt der 10-jährige Sohn des VN versehentlich auf den Flachbildfernseher. Unglücklicherweise bricht die Frontglasscheibe. Unser VN möchte Leistung aus seiner Glasversicherung beziehen. Zu Recht?

Die Frontglasscheibe wird …

a) nicht ersetzt, da es sich bedingungsgemäß um einen Ausschluss handelt.
b) ersetzt, da die Glasversicherung eine Allgefahrendeckung beinhaltet, die auch für diese Schäden aufkommt.
c) nicht ersetzt, da grobe Fahrlässigkeit und Vorsatz im Rahmen der Glasversicherung ausgeschlossen sind.
d) ersetzt, wobei der Versicherer beim Haftpflichtversicherer der Familie in voller Höhe regressieren kann.

V 76 Hermann Metzger ruft Sie an und teilt Ihnen mit, dass in seinem Einfamilienhaus die große Balkonscheibe im ersten Obergeschoss gebrochen ist. Nach Informationen des Glasers muss das neue Glaselement von außen mithilfe eines Hubwagens auf den Balkon gehoben werden, um dann montiert zu werden.

Herr Metzger möchte gerne wissen, ob auch diese zusätzlich entstehenden Kosten in Höhe von 673,50 € vom Versicherer ersetzt werden. Im Vertragsauszug erkennen Sie, dass die Glasversicherung ohne weitere besondere Vereinbarungen abgeschlossen ist.

a) Ja, die Kosten werden vollständig vom Versicherer übernommen.
b) Nein, die Kosten werden nicht übernommen, da keine besondere Vereinbarung vorliegt.
c) Ja, die Kosten werden, auch ohne besondere Vereinbarung, bis maximal 500,00 € übernommen.
d) Nein, diese Kosten können nur gegen einen Prämienzuschlag eingeschlossen werden.

GFK 3 (1) a)   Versicherungs- und Finanzprodukte: Sachversicherung – Hausratversicherung

V 77 Gregor Pfanzl hat für seinen Bungalow bei Ihrer Gesellschaft eine Hausrat- und Glasversicherung mit aktuellen Versicherungsbedingungen. Die Wohngebäudeversicherung wurde seinerzeit bei der Oststern AG abgeschlossen. Heute informiert er Sie, dass durch einen Brand in seiner Küche die dortigen Fensterscheiben geplatzt sind. Um die Fensterscheiben austauschen zu können, müssen die schmiedeeisernen Gitter vor den Fenstern ab- und anschließend wieder eingebaut werden.

Herr Pfanzl möchte von Ihnen wissen, ob die Glasversicherung die neuen Glasscheiben sowie die Kosten für den Ab- und Anbau der Eisengitter übernimmt.

a) Nein, da Feuer im Rahmen der Glasversicherung bedingungsgemäß ausgeschlossen ist.
b) Ja, der Schaden wird bis auf die Kosten für den Ab- und Anbau des Eisengitters übernommen.
c) Ja, der Schaden wird vollständig übernommen.
d) Nur der Ab- und Anbau des Eisengitters wird von der Glasversicherung übernommen. Die Glasscheiben bezahlt die Oststern AG.
e) Nein, der gesamte Schaden muss von der Oststern AG reguliert werden.

V 78 Unser Versicherungsnehmer zieht von Kassel nach München. Während des Transports bricht die Glasscheibe eines Bilderrahmens. Leistet die Glasversicherung? Welche Aussage ist korrekt?

a) Außerhalb des Versicherungsortes besteht Versicherungsschutz im Rahmen der Außenversicherung bis max. 10.000,00 €.
b) In der Glasversicherung gibt es keine Außenversicherung mit Entschädigungsgrenzen. Der Versicherer leistet in voller Höhe.
c) Glasscheiben von Bilderrahmen zählen nicht zu den versicherte Sachen. Es besteht dafür grundsätzlich kein Versicherungsschutz.
d) Es besteht kein Versicherungsschutz, da sich die Glasscheibe des Bilderrahmens außerhalb des Versicherungsortes befindet.

V 79 Carola Schepp wohnt in einem Mehrfamilienhaus und hat bei Ihrer Gesellschaft eine Hausrat- und Glasversicherung mit aktuellen Bedingungen. Alle sechs Wochen muss sie das Treppenhaus putzen. Gestern zerschlug sie beim Reinigen des Treppenhauses die Fensterscheibe mit dem Wischmopstiel. Der Vermieter ließ die Scheibe erneuern und bittet nun Frau Schepp um Schadenersatz in Höhe von 322,00 €.

Frau Schepp möchte von Ihnen wissen, ob ihre Glasversicherung für den Schaden aufkommt.

Die Proximus Versicherung AG …

a) lehnt den Schaden ab, da das Treppenhaus nicht zum Versicherungsort gehört.
b) lehnt den Schaden ab, da grobe Fahrlässigkeit des Versicherungsnehmers vorliegt.
c) zahlt den Schaden und nimmt beim Vermieter Regress.
d) zahlt den Schaden.
e) zahlt den Schaden unter Berücksichtigung eines bedingungsgemäßen Selbstbehalts aufgrund des Schadenortes.

Versicherungs- und Finanzprodukte: Sachversicherung – Hausratversicherung GFK 3 (1) a)

V 80 Ann-Kathrin Köhler meldet Ihnen folgenden Schaden: „Gestern hat Jonas (10 Jahre), das Kind meiner Nachbarn mit einigen Freunden Völkerball gespielt. Beim Versuch, ein Kind aus der gegnerischen Mannschaft abzuwerfen, traf er aus Versehen die Scheibe meines Küchenfensters. Diese zerbrach. Bitte regulieren Sie den Schaden in Höhe von 245,60 €."

Ihren Vertragsunterlagen entnehmen Sie, dass Frau Köhler eine Wohngebäude-, Hausrat- und Glasversicherung mit aktuellen Versicherungsbedingungen besitzt. Wie wird dieser Schaden reguliert?

Der Schaden wird …

a) entsprechend der Rechnung von Frau Köhler reguliert.
b) abgelehnt, da Jonas den Schaden verursacht hat.
c) reguliert, wobei der Versicherer bei Jonas bzw. bei dessen Eltern regressiert, wenn die Haftungsvoraussetzungen gemäß BGB gegeben sind.
d) abgelehnt, da gemäß AGlB 2016 vorsätzlich gehandelt wurde.

V 81 Berechnungsgrundlage bzw. Tarifierungsmerkmal für die Prämie der Glasversicherung bei der Proximus Versicherung AG ist die … (2 Antworten)

a) Anzahl der zu versichernden Glasscheiben
b) Höhe der Versicherungssumme der Hausratversicherung bzw. die Höhe des Versicherungswerts der Gebäudeversicherung
c) die Unterscheidung zwischen Einfamilienhaus und Wohnung im Mehrfamilienhaus
d) Fläche der Glasscheiben in m^2
e) Größe der Wohnfläche in m^2

V 82 Wie hoch ist die Grundprämie ohne Versicherungsteuer für ein 167 m^2 großes Einfamilienhaus bei einjähriger Vertragsdauer?

Bearbeiten Sie jetzt die Situationsaufgaben S 31 – S 33

GFK 3 (1) a   Versicherungs- und Finanzprodukte: Sachversicherung – Hausratversicherung

Situationsaufgaben (S)

Zu S 1: siehe Vorübungen V 1 – V 5

S 1 Sie sind Mitarbeiter/-in der Agentur Krause der Proximus Versicherung AG. Ihre Kundin Frau Bilek teilt Ihnen mit, dass sie in ihrer gemieteten Maisonettewohnung einige Veränderungen auf eigene Kosten vornehmen möchte.

1. Anstelle eines Laminatfußbodens möchte sie Eichenparkett verlegen lassen.
2. Im Flur sollen die alten Fliesen durch neue höherwertigere Fliesen ersetzt werden.
3. Im Wohn-/Essbereich ist der Einbau einer Fußbodenheizung geplant.
4. In die bisher offene Küche soll zur Abtrennung eine Glasschiebetür eingefügt werden.
5. Die alten Schlafzimmermöbel will sie entsorgen und neue hochwertigere Möbel aufstellen.

Sie wünscht eine Beratung, inwieweit diese Sachen über die Hausratversicherung versichert sind.

Zu S 2 – S 8: siehe Vorübungen V 6 – V 26

S 2 Sie sind Mitarbeiter/-in der Agentur Krause der Proximus Versicherung AG. Ihre Kundin Frau Saller hat bei Ihnen eine Hausratversicherung für Ihre Mietwohnung. Sie ruft an und schildert Ihnen aufgeregt folgenden Sachverhalt:

Heute ist bei meiner Nachbarin eingebrochen worden. Zunächst haben die Täter das Haustürschloss unseres Mehrfamilienhauses aufgebrochen und anschließend die Eingangstür zur Wohnung meiner Nachbarin aufgehebelt. Sie entwendeten Bargeld in Höhe von 1.800,00 € aus einer Schreibtischschublade. Da sie nichts Wertvolles fanden, haben sie die Wohnung verwüstet und randaliert. Ich habe mich über die sonderbaren Geräusche von nebenan schon gewundert. Ich habe Angst, dass mir auch so etwas passieren könnte.

Würde meine Hausratversicherung in solch einem Fall leisten?

S 3 Sie sind Mitarbeiter/-in der Agentur Krause der Proximus Versicherung AG. Ihr Kunde Herr Stangl hat bei Ihnen eine Hausratversicherung. Er ruft Sie an und teilt Ihnen folgendes mit:

Wie Sie wissen, bin ich in eine neue Mietwohnung umgezogen. Ich bin begeisterter Hobbykoch und lasse mir eine vom Schreiner nach Maß angefertigte Einbauküche auf meine Kosten und Gefahr neu einbauen. Die Küche kostet 40.000,00 €. Wäre meine Küche versichert, wenn es z. B. durch heißes Fett in der Pfanne zu einem Brand käme?

Sicherlich müssten dann auch Wände neu gestrichen werden.

Informieren Sie den Kunden! (Vertragsspiegel siehe nächste Seite)

Versicherungs- und Finanzprodukte: Sachversicherung – Hausratversicherung   GFK 3 (1) a)

Vertragsspiegel Hausratversicherung

	Name	Vorname	Geburtsdatum	Beruf	A = angestellt S = selbstständig B = öffentlicher Dienst
Angestellter / Versicherungsnehmer	Stangl	Michael	15.05.1973	Lehrer	B
Ehepartner					
Kinder					
Anschrift	Bajuwarenstr. 21, 81825 München					
Versicherungsort	Bajuwarenstr. 21, 81825 München, Mietwohnung im Erdgeschoss				
Versicherungsnachweis					
Vers.-Nummer	HR-30032014				
Bedingungen	VHB 2016				
Beginn	01.01. d. v. J. – 00:00 Uhr				
Ablauf	31.12. d. n. J. – 24:00 Uhr				
Fälligkeit	01.04.				
Versicherte Gefahren	F, ED, LW, St, H				
Wohnfläche (m²)	80				
Versicherungssumme	52.000,00 €				
Klauseln	PK 7712				
Zahlungsweise	jährlich				
Prämie (netto)	104,48 €				
Prämienkonto	ausgeglichen				
Selbstbeteiligung	–/–				
besondere Gefahrenverhältnisse	–/–				
Zusätzliche Einschlüsse					

GFK 3 (1) a) — Versicherungs- und Finanzprodukte: Sachversicherung – Hausratversicherung

S 4 Sie sind Mitarbeiter/-in im Kundenservice der Proximus Versicherung AG. Herr Wagner ruft Sie an und hätte gerne Auskunft, ob nachfolgende Sachen in der Garage, die 200 m von der Wohnung entfernt steht, mitversichert sind.

Ein Motorrad, ein Motorradhelm und Motorradkleidung, ein Eimer mit 10 l Wandfarbe, Malerwerkzeug, ein Fahrrad und ein Surfbrett mit Segel, lagern in der Garage.

Informieren Sie den Kunden!

Vertragsspiegel Hausratversicherung

	Name	Vorname	Geburtsdatum	Beruf	A = angestellt S = selbstständig B = öffentlicher Dienst
Angestellter / Versicherungsnehmer	Wagner	Martin	30.12.1965	Industrie-kaufmann	A
Ehepartner	Wagner	Renate	13.03.1964	Sekretärin	A
Kinder					
Anschrift	Huchenstr. 4, 81825 München				
Versicherungsort	Huchenstr. 4, 81825 München, Garage Huchenstr. 52, 81825 München				
Versicherungsnachweis					
Vers.-Nummer	HR-30034576				
Bedingungen	VHB 2016				
Beginn	01.01. d. v. J. – 00:00 Uhr				
Ablauf	31.12. d. n. J. – 24:00 Uhr				
Fälligkeit	01.04.				
Versicherte Gefahren	F, ED, LW, St, H				
Wohnfläche (m²)	115				
Versicherungssumme	78.000,00 €				
Klauseln	PK 7712, PK 7110 bis 1 % der Versicherungssumme				
Zahlungsweise	jährlich				
Prämie (netto)	106,06 €				
Prämienkonto	ausgeglichen				
Selbstbeteiligung	–/–				
besondere Gefahrenverhältnisse	–/–				

Versicherungs- und Finanzprodukte: Sachversicherung – Hausratversicherung GFK 3 (1) a)

S 5 Sie sind Mitarbeiter/-in der Proximus Versicherung AG. Ihnen liegt folgendes Schreiben Ihres Versicherungsnehmers, Herrn Hirsch, vor:

Bernd Hirsch
Waldstr. 4
81825 München

München, 20.4. d.J.

Proximus Versicherung AG
Proximus-Platz 1
80333 München

Hausratversicherung Nr. HR-30032014

Sehr geehrte Damen und Herren,

am 4. Mai d.J. bekomme ich ein Wasserbett in meine Wohnung geliefert. Ich möchte Sie daher fragen, ob das Wasserbett in meiner Hausratversicherung mitversichert ist oder ob ich es zusätzlich einschließen muss. Wären Schäden am Wasserbett und durch das Auslaufen des Wasserbettes, am Parkettboden und an den Möbeln, versichert? Sind Schäden in der darunterliegenden Wohnung dann auch versichert?

Für eine kurze Information wäre ich sehr dankbar.

Mit freundlichem Gruß

Bernd Hirsch

Informieren Sie den Kunden!

Vertragsspiegel Hausratversicherung

	Name	Vorname	Geburtsdatum	Beruf	A = angestellt S = selbstständig B = öffentlicher Dienst
Angestellter/ Versicherungsnehmer	Hirsch	Bernd	25.6.1965	Industrie- kaufmann	A
Ehepartner					
Kinder					
Anschrift	Waldstr. 4, 81825 München					
Versicherungsort	Waldstr. 4, 81825 München, Mietwohnung, 2. Stock				
Versicherungsnachweis					
Vers.-Nummer	HR-30032014				
Bedingungen	VHB 2016				
Beginn	01.01. d.v.J. – 00:00 Uhr				
Ablauf	31.12. d.n.J. – 24:00 Uhr				
Fälligkeit	01.04.				
Versicherte Gefahren	F, ED, LW, St, H				
Wohnfläche (m²)	92				
Versicherungssumme	62.000,00 €				
Klauseln	PK 7712				
Zahlungsweise	jährlich				
Prämie (netto)	106,02 €				
Prämienkonto	ausgeglichen				
Selbstbeteiligung	–/–				
besondere Gefahrenverhältnisse	–/–				
Zusätzliche Einschlüsse					

GFK 3 (1) a) — Versicherungs- und Finanzprodukte: Sachversicherung – Hausratversicherung

S 6 Sie sind Mitarbeiter/-in der Agentur Krause der Proximus Versicherung AG. Ihre Kundin Frau Schneider möchte eine Hausratversicherung abschließen. Sie teilt Ihnen mit, dass sie im Besitz einiger höherwertiger Sachen ist und möchte diese auch ausreichend versichern.

Neben ihrem gewöhnlichen Hausrat besitzt Frau Schneider noch folgende Sachen: Schmuck im Wert von 12.000,00 €, eine goldene Uhr ihres Ehemannes 2.500,00 €, einen kleinen Wandteppich (handgeknüpft) im Wert von 4.500,00 €, einen Schrank aus der Biedermeierzeit von 1825 im Wert von 7.000,00 €, einen original Thorens Schallplattenspieler aus dem Jahr 1975 im Wert von 5.000,00 €, eine Schallplattensammlung im Wert von 12.000,00 €. Die Versicherungssumme beträgt 80.000,00 €.

Prüfen Sie, ob Frau Schneiders Wertsachen ausreichend versichert sind und passen Sie ggf. den Versicherungsschutz durch Erhöhung der Entschädigungsgrenze für Wertsachen an!

S 7 Sie sind Mitarbeiter/-in in der Agentur Krause der Proximus Versicherung AG. Ihr Kunde Bernhard Sick ruft Sie an und teilt Ihnen mit, dass er vorübergehend bei einem Freund mit einem Teil seines Hausrates einziehen wird, da er nach einem heftigen Streit mit seiner Frau eine mehrwöchige Beziehungspause benötigt. Der Wert des mitgenommenen Hausrates beträgt ca. 20.000,00 €. Darunter befinden sich auch Bargeld (3.000,00 €) und das Sparbuch (9.000,00 €).

Aus Ihren Unterlagen entnehmen Sie, dass Herr Sick bei Ihnen vor Jahren eine Hausratversicherung mit einer Versicherungssumme in Höhe von 75.000,00 € mit Klausel 7712 abgeschlossen hat.

Herr Sick fragt, ob er während dieser Zeit ausreichend versichert ist?
Informieren Sie Herrn Sick!

S 8 Sie sind Mitarbeiter/-in in der Agentur Krause der Proximus Versicherung AG. Ihre Kundin Claudia Behrens teilt Ihnen telefonisch mit, dass sie von ihrer verstorbenen Mutter antike Möbel im Wert von 12.000,00 € sowie Familienschmuck mit einem Gesamtwert von 18.000,00 € geerbt hat.

Frau Behrens möchte diese Erbstücke in vollem Umfang über ihren Hausratvertrag abgesichert wissen. Sie hat eine gut ausgestattete Wohnung mit einer Wohnfläche von 125 m². Der Wert ihrer bisherigen Wertsachen beläuft sich auf 15.000,00 €. Ferner verfügt sie über einen VdS-Wertschutzschrank und hat die Klausel PK 7712 vereinbart. Frau Behrens stellt Ihnen folgende Fragen:

a) Wie hoch ist meine bisherige Versicherungssumme?
b) Wie kann ich meinen gesamten Hausrat einschließlich der Wertsachen ausreichend absichern?

Versicherungs- und Finanzprodukte: Sachversicherung – Hausratversicherung GFK 3 (1) a)

> Zu S 9 – S 12: siehe Vorübungen V 27 – V 35

S 9 Sie sind Mitarbeiter/-in in der Agentur Krause der Proximus Versicherung AG. Sie befinden sich bei Ihrem neuen Kunden Josef Wagner, der bei Ihnen eine Hausratversicherung mit einer Versicherungssumme in Höhe von 80.000,00 € abschließen möchte.

Herr Wagner ist begeisterter Golfspieler; seine Golfausrüstung hat einen Wert von 4.500,00 €. Er bewahrt sie abwechselnd sowohl im Keller seines Hauses als auch in seinem Spind im Gebäude des Golfclubs auf. Sein Sohn Matthias leistet gerade den freiwilligen Wehrdienst ab, bevor er im nächsten Jahr mit dem Studium beginnt. Tochter Petra hat sich zu Semesterbeginn für das Studium eine 70 m² große Wohnung angemietet, die sie mit eigenen Möbeln ausgestattet hat. Die Miete der Wohnung bezahlt sie selbst. Mit seiner Frau Irmgard macht er demnächst eine sechswöchige Urlaubsreise mit dem neuen Wohnmobil durch Südeuropa.

Herr Wagner stellt Ihnen folgende Fragen:

a) Leisten Sie Ersatz und falls ja, in welcher Höhe, wenn ein Einbrecher meinen verschlossenen Spind im Golfclub aufbricht und meine gesamte Golfausrüstung daraus entwendet?
b) Ist der Hausrat meines Sohnes Matthias sowie die Kleidung, die er von der Bundeswehr zur Verfügung gestellt bekommt, in der Kaserne mitversichert?
c) Ist der Hausrat meiner Tochter Petra für die Dauer des Studiums ebenfalls mitversichert?
d) Besteht für den gesamten Hausrat im Wohnmobil, inkl. dem angebrachten Fernseher, im Ausland gegen alle Gefahren in vollem Umfang Versicherungsschutz?

S 10 Sie sind Mitarbeiter/-in in der Agentur Krause der Proximus Versicherung AG. Sie befinden sich in einem Beratungsgespräch bei Ihrem Kunden Georg Staller in 81927 München. Herr Staller hat bei Ihnen seit Jahren eine Hausratversicherung mit einer Versicherungssumme in Höhe von 39.000,00 €.

Herr Staller teilt Ihnen mit, dass er am 24.04. d. J. mit dem Umzug in seine neue Wohnung nach 60316 Frankfurt/Main beginnen wird. Für die neue Wohnung hat er sich zwei wertvolle handgeknüpfte Teppiche im Wert von 15.000,00 € gekauft. Der Wert seiner bisherigen Wertsachen beläuft sich auf 3.500,00 €. Die neue Wohnfläche beträgt 95 m2; er möchte die Unterversicherungsverzichtklausel PK 7712 beibehalten.

Herr Staller stellt Ihnen folgende Fragen:

a) Wie hoch sollte meine neue Versicherungssumme mindestens sein und sind meine Wertsachen ausreichend abgesichert?
b) Ist mein Hausrat während des Umzugs voll versichert?
c) Wie lange besteht Versicherungsschutz in meiner alten Wohnung?
d) Wird sich meine Prämie ändern und habe ich ein außerordentliches Kündigungsrecht?
e) Wie wäre die Situation, wenn ich meine bisherige Wohnung als Zweitwohnung behalten würde?

S 11 Sie sind Mitarbeiter/-in in der Agentur Krause der Proximus Versicherung AG und erhalten folgende Nachricht Ihres Hausratkunden Hans-Joachim Kuhm.

Ich habe gerade eine 50 m² große Zweitwohnung in einem ständig bewohnten Mehrfamilienhaus in 79117 Freiburg im Breisgau gekauft. Für die Ausstattung veranschlage ich etwa 25.000,00 €. Eine Einbauküche und mehrere Einbauschränken habe ich bereits eingebracht.

Herr Kuhm bittet darum, die Zweitwohnung in den bestehenden Versicherungsvertrag der Erstwohnung einzubinden und deren Versicherungssumme um 25.000,00 € zu erhöhen.

Informieren Sie Herrn Kuhm über die Möglichkeiten der Vertragsgestaltung, die Höhe der zu vereinbarenden Versicherungssumme und zeigen Sie ihm Einschränkungen hinsichtlich des Versicherungsschutzes bei einer Zweitwohnung auf.

S 12 Sie sind Mitarbeiter/-in der Abteilung Privatkunden der Proximus Versicherung AG und erhalten von Ihrem Versicherungsnehmer Susanne Schöne das abgebildete Schreiben.

Susanne Schöne
Leopoldstr. 304
80404 München

München, den 24.4. d. J.

Proximus Versicherung AG
Proximus-Platz 1
80333 München

Hausratversicherung HR 2005-234.76543 meiner Mutter Helga Stumpf

Sehr geehrte Damen und Herren,

vor vier Wochen ist meine Mutter gestorben. Ich werde ihre Mietwohnung voraussichtlich in den nächsten Wochen räumen und den Haushalt auflösen.

Alternativ spiele ich mit dem Gedanken, diese Wohnung möbliert meiner Tochter zu überlassen, da sie vielleicht in Mannheim studiert. Dies ist aber noch nicht sicher, da sie noch keine Zusage für einen Studienplatz erhalten hat. Wir möchten nun von Ihnen wissen, welche Auswirkungen dies auf die bestehende Hausratversicherung meiner Mutter hätte.

Mit freundlichen Grüßen

Susanne Schöne

Beraten Sie Frau Schöne und erläutern Sie die weitere Vorgehensweise. (Vertragsspiegel siehe nächste Seite)

Versicherungs- und Finanzprodukte: Sachversicherung – Hausratversicherung   GFK 3 (1) a)

Vertragsspiegel Hausratversicherung

	Name	Vorname	Geburtsdatum	Beruf	A = angestellt S = selbstständig B = öffentlicher Dienst
Angestellter / Versicherungsnehmer	Stumpf	Helga	23.01.1943	Rentnerin	A
Anschrift	Am Friedensplatz 3, 68165 Mannheim					
Versicherungsort	Am Friedensplatz 3, 68165 Mannheim, Mietwohnung 5. Stock				

Versicherungsnachweis	
Vers.-Nummer	HR 2005-234.76543
Bedingungen	VHB 2016
Beginn	01.01. d. v. J. – 00:00 Uhr
Ablauf	31.12. d. n. J. – 24:00 Uhr
Fälligkeit	01.01.
Versicherte Gefahren	F, ED, LW, St, H
Wohnfläche (m²)	65
Versicherungssumme	43.000,00 €
Klauseln	PK 7712
Zahlungsweise	halbjährlich
Prämie (netto)	47,97 €
Prämienkonto	ausgeglichen
Selbstbeteiligung	–/–
besondere Gefahrenverhältnisse	–/–
Zusätzliche Einschlüsse	keine

Zu S 13 – S 14: siehe Vorübungen V 36 – V 39

S 13 Sie sind Mitarbeiter/-in in der Agentur Krause der Proximus Versicherung AG und erhalten einen Anruf von Ihrer Kundin Frau Frings. Sie hat bisher eine Hausratversicherung mit einer VS in Höhe von 30.000,00 € (Wohnfläche: 60 m²) ohne jegliche Zusatzeinschlüsse.

Frau Frings ist nun kürzlich in eine größere Wohnung mit 90 m² Wohnfläche umgezogen. Sie hat sich zudem ein hochwertiges Citybike für Damen im Wert von 1.100,00 € gekauft. Bei ihrer besten Freundin sind infolge eines starken Gewitters Überspannungsschäden in Höhe von 6.100,00 € entstanden. Ferner sind auf dem PC der Freundin wertvolle Daten verloren gegangen. Frau Frings fragt nach, ob ihre bestehende Hausratversicherung alle genannten Risiken abdeckt und was sie im Umgang mit dem neuen Fahrrad, auch im Schadenfall, zu beachten hat?

Beraten Sie Frau Frings so, dass sie eine bestmögliche Absicherung nach Proximus VHB 2016 erhält!

S 14 Sie sind Mitarbeiter/-in in der Agentur Krause der Proximus Versicherung AG und befinden sich bei Ihrem neuen Kunden Hartmut Müller, der bei Ihnen eine Hausratversicherung abschließen will. Er ist neu in die Gegend gezogen und wohnt in einem gemieteten Einfamilienhaus mit einer Wohnfläche von 140 m². Zur Feststellung der Versicherungssumme hat er seinen gesamten Hausrat aufgelistet:

- Möbel, Teppiche, etc. 25.600,00 €
- Wäsche und Bekleidung 12.000,00 €
- Küchengeräte, Geschirr, Gläser, etc. 4.800,00 €
- wertvolles Porzellan aus Meissen 18.000,00 €
- hochwertige Elektroausstattung 10.900,00 €
- Bücher, CD, etc. 3.500,00 €
- Biedermeierschrank aus dem Jahr 1810 16.500,00 €
- zwei wertvolle Plastiken 14.000,00 €
- Schmuck 21.500,00 €
- Briefmarkensammlung 5.800,00 €
- zwei Fahrräder, zusammen 1.800,00 €
- Wert des restlichen Hausrats 10.600,00 €

Beraten Sie Herrn Müller über die Höhe der Versicherungssumme, den Einschluss von Klauseln und die Anpassung von Entschädigungsgrenzen!

Zu S 15 – S 16: siehe Vorübung V 40

S 15 Ihr Kunde Jochen Baumgart hat bei Ihnen vor Jahren eine Hausratversicherung mit Klausel 7712 abgeschlossen. Weitere Klauselvereinbarungen bestehen nicht. Er meldet Ihnen folgenden Schadenfall.

Beim Durchzug der gestrigen Gewitterfront sind folgende Schäden an seiner gemieteten Dachterrassenwohnung entstanden. Der Hagelsturm zerstörte die auf der Dachterrasse stehenden Gartenmöbel sowie die zum Trocknen aufgehängte Wäsche. Ebenso wurde die von ihm erst kürzlich angebrachte Markise abgerissen. Durch das geöffnete Dachfenster drang Regen und Hagel ein und zerstörte seinen Laptop sowie den von ihm eingebrachten Parkettboden. Durch den Sturm löste sich ein Dachziegel, der das auf der Dachterrasse abgestellte Mountainbike beschädigte. Ein Blitzeinschlag im gegenüberliegenden Nachbarhaus verursachte bei ihm Überspannungsschäden am Fernseher und am DVD-Player. Die Überspannung löste zudem einen Kurzschluss am Aquarium aus, wodurch die wertvollen Zierfische verendeten. Zum Schadenzeitpunkt befand sich Herr Baumgart beim Einkaufen.

Informieren Sie Herrn Baumgart über seinen Versicherungsschutz!

Versicherungs- und Finanzprodukte: Sachversicherung – Hausratversicherung GFK 3 (1) a)

S 16 Ihr Versicherungsnehmer Peter Strauß ist heute vom Urlaub zurückgekehrt und meldet Ihnen telefonisch folgenden Schadenfall. Herr Strauß hat bei Ihnen für seine Mietwohnung eine Hausratversicherung mit Klausel PK 7712 abgeschlossen. Weitere Klauselvereinbarungen bestehen nicht.

Bei unserem Kurzurlaub in Italien wurden wir gestern auf der Rückreise überfallen. Als wir an einer roten Ampel warten mussten, öffnete plötzlich ein Unbekannter die linke Hintertür und entwendete meine Reisetasche samt Brieftasche. Bevor ich eingreifen konnte, war der Täter schon wieder entwischt. Als wir nach Hause kamen, standen unsere Kellerräume unter Wasser. Aufgrund der starken Regenfälle in den letzten Tagen wurde das Wasser in das Haus zurück gedrückt und beschädigte den im Keller gelagerten Hausrat. Ebenso wurde das Regenwasserabflussrohr durch Laub verstopft, so dass das aufgestaute Wasser über unseren Balkon in die Wohnung eindringen konnte. Es entstanden Schäden an unserem lose verlegten Teppich sowie am Furnier des Wohnzimmerschrankes. Informieren Sie Herrn Strauß über seinen Versicherungsschutz!

Zu S 17 – S 18: siehe Vorübungen V 41 – V 53

S 17 Ihre Versicherungsnehmerin Petra Maria Wagner meldet Ihnen telefonisch einen Einbruchdiebstahlschaden. Frau Wagner hat bei Abschluss ihrer Hausratversicherung die Klausel 7712 bei einer Wohnfläche von 80 m² vereinbart.

Die Täter entwendeten Bargeld aus dem Schreibtisch (2.000,00 €), ein Smartphone (600,00 €), ein Notebook (850,00 €), einen Flachbildfernseher (3.000,00 €) sowie eine defekte Videokamera (Neuwert: 1.500,00 €), die nach Auskunft des Sachverständigen noch einen Verkaufserlös von 130,00 € erzielt hätte. Ermitteln Sie die Versicherungssumme und den Entschädigungsbetrag. Frau Wagner möchte zudem wissen, ob sie eventuell unterversichert ist und wie hoch ihre maximale Entschädigung bei einem Totalschaden wäre?

S 18 Gestern wurde in die Wohnung Ihres Versicherungsnehmers Ludwig Rogl eingebrochen. Die Versicherungssumme beträgt 100.000,00 € ohne Vorsorge, der Versicherungswert 125.000,00 €. Darin sind Wertsachen von 30.000,00 € enthalten. Die Entschädigungsgrenze für Wertsachen wurde auf 25 % erhöht. Klausel PK 7712 wurde nicht vereinbart.

Es wurden folgende Gegenstände entwendet: Bargeld (unverschlossen) 1.800,00 €, Schmuck (unverschlossen) 16.800,00 €, Pelz 8.200,00 €, Hausratgegenstände 2.000,00 €.

Berechnen Sie die Entschädigung für Herrn Rogl!

Zu S 19 – S 30: siehe Vorübungen V 54 – V 69

S 19 Herr Helmut Hermann beantragt eine Hausratversicherung in 31787 Hameln mit einer Versicherungssumme in Höhe von 78.000,00 €. Er möchte die Klausel PK 7110 zu 2 % einschließen und die Wertsachenentschädigungsgrenze auf 35 % erhöhen.

Berechnen Sie die Vierteljahresrate einschließlich 16,15 % Versicherungsteuer bei dreijähriger Vertragsdauer!

GFK 3 (1) a) Versicherungs- und Finanzprodukte: Sachversicherung – Hausratversicherung

S 20 Es liegen Ihnen folgende Daten für die Prämienberechnung der Hausratversicherung von Herrn Klaus Zickenheiner vor.

Tarifzone H II; Wohnfläche der großen Dachgeschosswohnung 170 m²; Vereinbarung der Unterversicherungsverzichtsklausel PK 7712; Wertsachen sind in Höhe von 32.500,00 € vorhanden; Einschluss Klausel PK 7110 (1 %); halbjährliche Zahlungsweise; dreijährige Vertragslaufzeit.

Berechnen Sie die Prämie einschließlich Versicherungsteuer (16,15 %)!

S 21 Frau Siglinde Boringer beantragt eine Hausratversicherung für ihr gemietetes Einfamilienhaus mit 163 m² Wohnfläche auf der Insel Sylt (Postleitzahl 25980).

Neben dem Einschluss von Elementarschäden möchte sie die Entschädigungsgrenze für Wertsachen auf 30 % erhöhen, wobei die Einbruchmeldeanlage des Hauses direkt an die örtliche Polizeidienststelle angeschlossen ist. Ferner möchte sie die Klauseln PK 7110 (bis 3 %), PK 7112 und PK 7710 (Selbstbehalt von 500,00 € je Versicherungsfall) einschließen.

Berechnen Sie die Halbjahresprämie einschließlich Versicherungsteuer (16,15 %) bei dreijähriger Vertragslaufzeit.

S 22 Sie sind Mitarbeiter/-in in der Agentur Krause der Proximus Versicherung AG und befinden sich bei Herrn Thomas Thiele, der Ihnen mitteilt, dass er zukünftig beruflich öfters im Raum Köln eingesetzt ist und sich deswegen eine Wohnung in einem ständig bewohnten Mehrfamilienhaus als Zweitwohnsitz angemietet hat.

Er möchte für diese Wohnung mit 75 m² Wohnfläche in 50997 Köln bei Ihnen eine Hausratversicherung abschließen. Herr Thiele möchte eine Unterversicherung ausschließen und ein hochwertiges Fahrrad im Wert von 2.100 € einschließen. Zudem teilt er Ihnen mit, dass die Wohnung einmal jährlich bis zu 80 Tage unbewohnt sein wird und im Gebäude auch ein feuergefährlicher Betrieb ansässig ist. Er wünscht eine einjährige Vertragsdauer. Herr Thiele vereinbart monatliche Zahlungsweise durch Einzug mit Lastschriftverfahren. Berechnen Sie die monatliche Prämie einschließlich 16,15 % Versicherungsteuer für Herrn Thiele!

S 23 Sie sind Mitarbeiter/-in in der Agentur Krause der Proximus Versicherung AG. Es liegt Ihnen der Hausratantrag für das Einfamilienhaus von Herrn Jan Schlüter vor. Der Antrag weist u. a. folgende Daten aus:

- Versicherungsort: 18119 Rostock; Hauptwohnung; ständig bewohnt.
- Erhöhung der Entschädigungsgrenze für Wertsachen auf 35 %. Es ist eine Einbruchmeldeanlage mit örtlicher Alarmgabe mit zusätzlichem Wähl- und Ansagegerät installiert.
- Einschluss Klausel PK 7110 mit Entschädigungsgrenze 3 % der Versicherungssumme.
- Einschluss weiterer Elementarschäden mit einem Vorschaden vor 2 Jahren.
- Das Haus ist einmal jährlich für 100 Tage ununterbrochen unbewohnt.

Weisen Sie alle Prämiensätze einzeln aus und berechnen Sie den Gesamtprämiensatz in ‰!

Versicherungs- und Finanzprodukte: Sachversicherung – Hausratversicherung GFK 3 (1) a)

S 24 Sie sind Mitarbeiter/-in in der Agentur Krause der Proximus Versicherung AG. Es liegt Ihnen der Hausratantrag für die Wohnung von Herrn Tobias Wilfert vor. Herr Wilfert beantragt folgenden Versicherungsschutz:

- Versicherungsort: 81927 München; Hauptwohnung; ständig bewohnt.
- Es befindet sich ein feuergefährlicher Betrieb im Gebäude.
- Erhöhung der Entschädigungsgrenze für Wertsachen auf 30 %. Eine Einbruchmeldeanlage mit örtlicher Alarmgabe ohne automatisches Wähl- und Ansagegerät ist installiert.
- Einschluss Klausel PK 7110 mit Entschädigungsgrenze 2 % der VS.
- Einschluss weiterer Elementarschäden mit 2 Vorschäden in den letzten 5 Jahren.

Weisen Sie alle Prämiensätze einzeln aus und berechnen Sie den Gesamtprämiensatz in ‰!

S 25 Sie sind Mitarbeiter/-in in der Agentur Krause der Proximus Versicherung AG. Ihr Neukunde Klaus Bötticher fragt bei Ihnen telefonisch an, wieso er an seinem Wohnort in 81927 München eine höhere Grundprämie (in ‰) als sein Bruder zahlen muss, der im nahe gelegenen Rosenheim (Postleitzahl 83024) wohnt und auch bei der Agentur Krause versichert ist.

Zudem erwähnt er, dass er sich kürzlich eine nicht ständig bewohnte Ferienwohnung in einem ständig bewohnten Gebäude in 82467 Garmisch-Partenkirchen gekauft hat.

a) Finden Sie Argumente, um Herrn Bötticher den Prämienunterschied zwischen München und Rosenheim zu erklären!
b) Herr Bötticher möchte wissen, wie hoch die Grundprämie (in ‰) für die Ferienwohnung ist?

S 26 Sie sind Mitarbeiter in der Antragsabteilung der Proximus Versicherung AG. Sie erhalten am 26.06. d. J. von Ihrem Kunden Werner Häss folgende kurze E-Mail:

Sehr geehrte Damen und Herren,

bitte schließen Sie mit sofortiger Wirkung unsere vier neu gekauften Fahrräder (Wert insgesamt 3.200,00 €) in unseren Hausratvertrag mit ein, so dass Sie im Schadenfall vollständig abgesichert sind. Des Weiteren möchte ich Ihrem damaligen Vorschlag, die Entschädigungsgrenze für Wertsachen auf 25 % zu erhöhen, gerne nachkommen. Bitte lassen Sie uns einen Versicherungsschein mit den neuen Inhalten zukommen.

Mit freundlichen Grüßen

Häss

a) Ermitteln Sie den Promillesatz der neu hinzugekommenen Einschlüsse!
b) Ermitteln Sie die Halbjahresprämie in € für alle neuen Einschlüsse ohne Versicherungsteuer!
c) Ermitteln Sie die neue Halbjahresprämie in € für die Hausratversicherung ohne Versicherungsteuer (Halbjahresnettoprämie)!

d) Stellen Sie fest, für wie viele Tage Herr Häss die Mehrpämie bei Einschluss ab dem 26.06. bis zur nächsten Prämienfälligkeit nachzahlen muss!

e) Berechnen Sie die zu zahlende Nachprämie gemäß Zahlungsweise, inklusive 16,15% Versicherungsteuer, die Herr Häss bis zur nächsten Prämienfälligkeit zu zahlen hat!

Vertragsspiegel Hausratversicherung

	Name	Vorname	Geburtsdatum	Beruf	A = angestellt S = selbstständig B = öffentlicher Dienst
Angestellter/ Versicherungsnehmer	Häss	Werner	11.05.1968	Ingenieur	A
Ehepartner	Häss	Liane	23.06.1970	Verkäuferin	A
Kinder	Häss Häss	Jürgen Catja	12.12.2000 14.07.2003	Student Schülerin	
Anschrift	Goetheallee 20, 01309 Dresden				
Versicherungsort	Goetheallee 20, 01309 Dresden				
Versicherungsnachweis					
Vers.-Nummer	230.456.897-03				
Bedingungen	VHB 2016				
Beginn	01.03. d.J. – 00:00 Uhr				
Ablauf	28.02. d.n.J. – 24:00 Uhr				
Fälligkeit	01.03.				
Versicherte Gefahren	F / ED / Lw / St/H				
Wohnfläche (m²)	175				
Versicherungssumme	113.800,00 €				
Klauseln	PK 7712				
Zahlungsweise	halbjährlich				
Prämie (netto)	93,83 €				
Prämienkonto	ausgeglichen				
Selbstbeteiligung					
besondere Gefahrenverhältnisse					
Zusätzliche Einschlüsse					

Versicherungs- und Finanzprodukte: Sachversicherung – Hausratversicherung GFK 3 (1) a)

S 27 Nach einem erneuten Leitungswasserschaden am 2. Juni d. J. kündigt die Proximus Versicherung AG die Hausratversicherung von Herrn Deitel am 17. Juni d. J. Die Kündigung geht Herrn Deitel am 19. Juni d. J. zu.

Wickeln Sie das Vertragsverhältnis ab!

Vertragsspiegel Hausratversicherung

	Name	Vorname	Geburtsdatum	Beruf	A = angestellt S = selbstständig B = öffentlicher Dienst
Angestellter / Versicherungsnehmer	Deitel	Bernd	25.6.1965	Industrie- kaufmann	A
Anschrift	Waldstr. 4, 81825 München				
Versicherungsort	Waldstr. 4, 81825 München, Mietwohnung, 2. Stock				
Versicherungsnachweis					
Vers.-Nummer	HR-30032014				
Bedingungen	VHB 2016				
Beginn	01.05.2018 – 00:00 Uhr				
Ablauf	30.04.2021 – 24:00 Uhr				
Fälligkeit	01.05.				
Versicherte Gefahren	F, ED, LW, St, H				
Wohnfläche (m²)	92				
Versicherungssumme	62.000,00 €				
Klauseln	PK 7712				
Zahlungsweise	halbjährlich				
Prämie (netto)	54,13 €				
Prämienkonto	ausgeglichen				
Selbstbeteiligung	–/–				
besondere Gefahrenverhältnisse	–/–				
Zusätzliche Einschlüsse					
Bemerkungen	Leitungswasserschäden 03.12.2018 u. 14.04.2019				

S 28 Sie sind Mitarbeiter/-in der Agentur Hauck der Proximus Versicherung AG. Frau Alexandra Seibold ist in Ihr Bestandsgebiet gezogen und bereits Kundin der Proximus Versicherung AG. Aufgrund der großen Entfernung hat Ihr Kollege die Betreuung an Sie übertragen. Frau Seibold hatte mitgeteilt, dass Sie am 13.01. d. J. umgezogen ist. Ihre neue Anschrift lautet: Süllbergsweg 10 in 22587 Hamburg.

In einem kurzen Telefonat erfahren Sie von Frau Seibold, dass sie in eine 92 m² große Wohnung gezogen ist. Da sie aufgrund ihrer Tätigkeit von zu Hause aus arbeiten kann, möchte sie ihre elektronischen Geräte gegen Überspannung versichern. Auch die Wiederherstellungskosten

GFK 3 (1) a) Versicherungs- und Finanzprodukte: Sachversicherung – Hausratversicherung

für elektronisch gespeicherte Daten und Programme, die auch privat genutzt werden, sollen mitversichert werden. Ihre bisherige Versicherungssumme wollte sie gerne um 20.000,00 € erhöhen, da sie eine neue Küche gekauft und einige weitere Anschaffungen getätigt hat.

Am Computer werden Ihnen die unten stehenden Vertragsdaten angezeigt.

a) Ermitteln Sie die neue Tarifzone, die sich aufgrund der Änderung ergibt!
b) Ermitteln Sie den neuen Grundprämiensatz in Promille!
c) Ermitteln Sie den Promillesatz für zusätzliche Einschlüsse!
d) Ermitteln Sie die Jahresprämie inklusive Nachlässe und ohne Versicherungsteuer (Jahresnettoprämie)!
e) Berechnen Sie die jährliche Mehrprämie in € ohne Versicherungsteuer, die durch den Umzug entsteht!
f) Ermitteln Sie die Nachprämie in € einschließlich Versicherungsteuer, die Frau Seibold aufgrund des Wohnungswechsels zahlen muss!

Vertragsspiegel Hausratversicherung (Auszug)

	Name	Vorname	Geburtsdatum	Beruf	A = angestellt S = selbstständig B = öffentlicher Dienst
Angestellter / Versicherungsnehmer	Seibold	Alexandra	15.03.1974	Journalistin	A
Anschrift	Karolinenstraße 48, 67433 Neustadt/Weinstraße					
Versicherungsort	Karolinenstraße 48, 67433 Neustadt/Weinstraße					
Versicherungsnachweis					
Vers.-Nummer	100.234.007-01				
Bedingungen	VHB 2016				
Beginn	01.09.2018 – 00:00 Uhr				
Ablauf	31.08.2021 – 24:00 Uhr				
Fälligkeit	01.09.				
Versicherte Gefahren	F, ED, LW, St, H				
Wohnfläche (m²)	73				
Versicherungssumme	48.000,00 €				
Klauseln	PK 7712				
Zahlungsweise	jährlich				
Prämie (netto)	69,77 €				
Prämienkonto	ausgeglichen				
Selbstbeteiligung					
besondere Gefahrenverhältnisse					
Zusätzliche Einschlüsse					

Versicherungs- und Finanzprodukte: Sachversicherung – Hausratversicherung GFK 3 (1) a)

S 29 Frau Yvonne Pelgen ruft bei Ihnen an, um Ihnen ihre neue Anschrift mitzuteilen. Sie wohnt seit 23.04. d. J. in 23683 Scharbeutz, Hansastr. 6 in einem Mehrfamilienhaus. Ihre neue Wohnfläche beträgt 65 m². Da sie ihren Hausrat mitgenommen und nicht erweitert hat, ändert sich der Versicherungswert nicht. Frau Pelgen möchte die bisherige Versicherungssumme beibehalten. Dementsprechend soll der Hausratvertrag lediglich den neuen Gegebenheiten (Anschrift) angepasst werden. Frau Pelgen bittet um Zusendung einer neuen Police.

a) Ermitteln Sie den Grundprämiensatz des neuen Versicherungsortes!
b) Ermitteln Sie die neue jährliche Prämie für die Hausratversicherung ohne Versicherungsteuer (Jahresnettoprämie)!
c) Ermitteln Sie die neue Gesamtprämie in € gemäß Zahlungsweise, inklusive 16,15 % Versicherungsteuer!
d) Berechnen Sie die zu zahlenden Nachprämie gemäß Zahlungsweise, inklusive 16,15 % Versicherungsteuer!
e) Besteht für Frau Pelgen die Möglichkeit, den Vertrag aufgrund des Umzuges zu kündigen? Bitte nehmen Sie dazu Stellung!

Vertragsspiegel Hausratversicherung

	Name	Vorname	Geburtsdatum	Beruf	A = angestellt S = selbstständig B = öffentlicher Dienst
Angestellter / Versicherungsnehmer	Pelgen	Yvonne	19.10.1980	Designerin	A
Anschrift	Nelkenstr. 26, 67691 Hochspeyer					
Versicherungsort	Nelkenstr. 26, 67691 Hochspeyer					
Versicherungsnachweis							
Vers.-Nummer	456.223.520-00				
Bedingungen	VHB 2016				
Beginn	01.12.2018 – 00:00 Uhr				
Ablauf	30.11.2021 – 24:00 Uhr				
Fälligkeit	01.12.				
Versicherte Gefahren	F / ED / Lw / St/H				
Wohnfläche (m²)	56				
Versicherungssumme	45.000,00 €				
Klauseln	PK 7712				
Zahlungsweise	jährlich				
Prämie (netto)	65,41 €				
Prämienkonto	ausgeglichen				
Selbstbeteiligung					
besondere Gefahrenverhältnisse					
Zusätzliche Einschlüsse					

GFK 3 (1) a) — Versicherungs- und Finanzprodukte: Sachversicherung – Hausratversicherung

S 30 Sie sind Mitarbeiter der Vertragsabteilung bei der Proximus Versicherungs AG. Heute, am 02.03.2020, erhalten Sie nachfolgende E-Mail von Ihrem Kunden, Hans-Peter Frohlein.

Von: hape.frohlein@justus.de
An: info@proximus.de

Mein Hausratvertrag Nr. 23434565 HR

Sehr geehrte Damen und Herren,

ich teilte Ihnen mit Umzugsbeginn (01.02.2020) meine neue Anschrift und die m^2-Zahl meiner neuen Wohnung mit. Ich bat Sie darum, den Vertragsinhalt gleichbleibend zu übernehmen und lediglich die neue m^2-Zahl zugrunde zu legen. Heute erhielt ich die neue Police und musste feststellen, dass mein Beitrag erneut gestiegen ist. Aus diesem Grund möchte ich von meinem außerordentlichen Kündigungsrecht aufgrund des Umzuges Gebrauch machen und hiermit das bestehende Versicherungsverhältnis mit sofortiger Wirkung kündigen. Bitte erstatten Sie mir die zu viel gezahlte Prämie auf das Ihnen bekannte Konto zurück.

Mit freundlichen Grüßen

Hans-Peter Frohlein

Bildschirmausdruck

	Vertragsstand: ab 01.04.2018	Änderung ab 01.02.2020
Vers.Nr.:	23434565 HR	–/–
Name:	Frohlein, Hans-Peter	–/–
Geburtsdatum:	29.08.1976	–/–
Bedingungen:	VHB 2016	–/–
Versicherungsort:	67454 Haßloch, Langgasse 124	69126 Heidelberg, Im Eichwald 12
m^2-Zahl:	82	104
Versicherungssumme:	53.300,00 €	67.600,00 €
Klauseln:	7712	–/–
Beginn:	01.04.2018	–/–
Ablauf:	31.03.2021	–/–
Bruttoprämie 1/1 ZW:	105,86 €	134,27 €
Beitragskonto:	ausgeglichen	–/–

Informieren Sie den Kunden zur Situation!

Versicherungs- und Finanzprodukte: Sachversicherung – Hausratversicherung GFK 3 (1) a)

> **Zu S 31 – S 33:** siehe Vorübungen V 70 – V 82

S 31 Horst Wimmer beantragt bei Ihrer Gesellschaft eine Hausratversicherung (Wohnfläche beträgt 103 m²). Während des Beratungsgesprächs informieren Sie Herrn Wimmer über die Glasversicherung.

Herr Wimmer möchte diese ebenfalls abschließen. Er wohnt in einem Mehrfamilienhaus. Neben der Gebäude- und Mobiliarverglasung bittet er auch, sein Aquarium (230 Liter Fassungsvermögen) sowie die Glaskeramik-Kochfläche mitzuversichern. Wie hoch ist die Jahresprämie inklusive Versicherungsteuer für die Glasversicherung bei dreijähriger Vertragsdauer?

S 32 Sie sind Mitarbeiter der Agentur Werner Prentzen der Proximus Versicherung AG. Sie erhalten eine E-Mail Ihres Kunden Peter Mohl.

---

von: peter.mohl@web.de
an: Werner.prentzen@proximus-ag.de

Sehr geehrter Herr Prentzen,

nachfolgend muss ich Ihnen einen Schaden melden. In unserer Abwesenheit spielten die Kinder im Wohnzimmer „fangen". Dabei rutschte unser Ältester auf dem Parkett aus und fiel gegen die wertvolle künstlerisch bemalte Fensterwand. Sie erinnern sich noch – die große Fensterscheibe, die als „gläserne Trennwand" zwischen Wohn- und Essbereich fungierte. Diese ging sofort zu Bruch. Der schwere Rahmen dieser Scheibe fiel gegen eines unserer Wohnzimmerfenster. Auch dieses ging augenblicklich zu Bruch. Wie durch ein Wunder blieben die Kinder bis auf ein paar kleine Schnittwunden unverletzt. Allerdings zeichnen sich durch herabfallende Splitter auf meiner Ledercouch große Kratzspuren ab. Auch der Parkettboden ist verschrammt.

Ich habe mir erlaubt, eine Aufstellung sämtlicher entstandener Kosten aufzuführen:

- Kaufpreis Glaswand 4.000,00 €
- Notverglasung des Wohnzimmerfensters (neue Glasscheibe erst in drei Wochen lieferbar) 90,00 €
- Kaufpreis der Glasscheibe (inklusive Montage) 230,00 €
- Entsorgungskosten der zerbrochenen Glasscheiben 70,00 €
- Behebung des Parkettschadens (lt. ansässiger Schreinerei) 459,00 €
- Reparatur (Leder Neubezug) der beschädigten Couch 372,00 €

   Gesamt: 5.221,00 €

Ich bitte Sie, den entstandenen Schaden entsprechend meinem bestehenden Versicherungsvertrag zu regulieren und mir das Geld auf das Ihnen bekannte Konto zu überweisen. Bei Fragen stehe ich Ihnen gerne zur Verfügung.

Mit freundlichen Grüßen

Mohl

GFK 3 (1) a)   Versicherungs- und Finanzprodukte: Sachversicherung – Hausratversicherung

Im Rahmen der Schadenermittlung wird durch einen Schadensachverständigen festgestellt, dass das Haus eine Wohnfläche von 140 m² hat.

Berechnen Sie die Höhe der Entschädigung im Rahmen der Glasversicherung!

Auszug aus Vertragsspiegel Glasversicherung

	Wohnfläche (m²)	100
	Gebäudetyp	Einfamilienhaus
Gebäude- und Mobiliarverglasung	besondere Gegenstände	Künstlerisch bemalte Glaswand (Wert 4.000,00 €) ist mitversichert (Prämie 175,00 €)
		Terrarium 300 l ist mitversichert (Prämie 10,00 €)

S 33 Sie sind Mitarbeiter der Agentur Brahmkamp der Proximus Versicherung AG und nehmen bei Ihrem Kunden Gerhard Dehner einen Antrag zum Abschluss einer Hausratversicherung auf. Herr Dehner bewohnt mit seiner Familie ein gemietetes Einfamilienhaus (Wohnfläche 143 m²). Im Beratungsgespräch informieren Sie ihn auch über die Glasversicherung.

Herr Dehner hat dabei einige Fragen an Sie:

a) Wie hoch ist die Jahresprämie einschließlich Versicherungsteuer für die Glasversicherung bei einer Vertragslaufzeit von einem Jahr?
b) Leistet die Glasversicherung auch für die Entsorgungskosten einer zerbrochenen Scheibe?
c) Welche Versicherung zahlt, wenn ein Einbrecher die große Terrassenscheibe zerstört?

Versicherungs- und Finanzprodukte: Sachversicherung – Wohngebäudeversicherung GFK 3 (1) b)

(1) Sachversicherung
b) Wohngebäudeversicherung

Vorübungen (V)

A. Versicherte Sachen
(Gebäude, Gebäudebestandteile, Gebäudezubehör, weitere Grundstücksbestandteile – Info: Band 2 B 2.1)

V 1 Ordnen Sie die nachstehenden Sachen wie folgt zu:

1 – Versicherter Gebäudebestandteil lt. VGB 2016.
2 – Versichertes Gebäudezubehör lt. VGB 2016.
3 – Versicherter Grundstücksbestandteil lt. VGB 2016.
4 – Gebäudezubehör bzw. Grundstücksbestandteile, die nur aufgrund besonderer Vereinbarung versichert sind.
5 – Keine Versicherung nach VGB 2016 möglich.

a) Dachrinnen
b) Schwimmbecken im Garten
c) Decken- und Wandvertäfelung
d) Dachziegel
e) Verklebte Wandtapeten
f) Einbruchmeldeanlage
g) Carport
h) Einbauküche, vom Gebäudeeigentümer eingebracht
i) Müllboxen
j) Dachleiter für den Zugang zum Schornstein
k) Terrasse
l) Photovoltaikanlage auf dem Dach
m) Einbauschrank
n) Briefkastenanlage
o) Gartenhaus
p) Markise, vom Mieter eingebracht
q) Elektrische Wasserpumpe auf dem Versicherungsgrundstück
r) Rasenmäher im Gartenhaus
s) Ersatzfliesen im Keller
t) Gartenbeleuchtung
u) Anbauküche, vom Mieter eingebracht

V 2 Klaus Lange möchte sich im Dachgeschoss seines demnächst bezugsfertigen Einfamilienhauses eine Vermietungsagentur mit 50 m² Fläche und seine Frau Irma ein Kosmetikstudio mit 40 m² Fläche einrichten. Die restliche privat genutzte Wohnfläche des Hauses beträgt 90 m².

Er möchte wissen, ob er sein Haus über eine Wohngebäudeversicherung nach VGB 2016 versichern kann, oder ob er eine gewerbliche Versicherung dafür benötigt. Was antworten Sie?

GFK 3 (1) b) Versicherungs- und Finanzprodukte: Sachversicherung – Wohngebäudeversicherung

a) Das Gebäude kann nicht nach VGB 2016 versichert werden, da der gewerbliche Nutzungsanteil 50 % beträgt.
b) Das Gebäude kann nach VGB 2016 versichert werden, da der private Nutzungsanteil niedriger als der gewerbliche Nutzungsanteil sein kann.
c) Das Gebäude kann nach VGB 2016 versichert werden, da der private Nutzungsanteil mindestens 50 % beträgt.
d) Das Gebäude kann nicht nach VGB 2016 versichert werden, da der private Nutzungsanteil größer als der gewerbliche Nutzungsanteil sein muss.
e) Das Gebäude kann nicht nach VGB 2016 versichert werden, da das Gebäude nicht ausschließlich privat genutzt wird.

> **V 3** Klaus Lange (siehe V 2) hat zwischenzeitlich sein Vermietungsbüro im Einfamilienhaus eingerichtet. Über dem Schaufenster der Agenturräume hat er eine große Leuchtreklame mit dem Namen seiner Agentur und über dem Balkon seiner Wohnung in der ersten Etage eine Markise anbringen lassen.

Herr Lange möchte wissen, ob die beiden außen am Gebäude angebrachten Sachen über seine Wohngebäudeversicherung nach VGB 2016 versichert sind?

a) Nein, beide Sachen sind nicht nach VGB 2016 versichert.
b) Ja, beide Sachen sind nach VGB 2016 versichert.
c) Es ist nur die Leuchtreklame, nicht jedoch die Markise nach VGB 2016 versichert.
d) Nein, aber für beide Sachen kann separater Versicherungsschutz vereinbart werden.
e) Es ist nur die Markise nach VGB 2016 versichert, nicht jedoch die Leuchtreklame.

> **V 4** Herr Enders ist Eigentümer eines älteren Zweifamilienhauses. Das Erdgeschoss bewohnt er mit seiner Familie, die 1. Etage hat er an Herrn Wohlert vermietet. Beide Parteien möchten demnächst auf eigene Kosten verschiedene Umbaumaßnahmen vornehmen.

Welche der nachfolgend genannten Maßnahmen sind in der Wohngebäudeversicherung (VGB 2016) ohne weitere Einschlüsse von Herrn Enders versichert?

a) Mieter Wohlert baut eine neue von einem Tischler individuell gefertigte Einbauküche in seine Mietwohnung ein.
b) Herr Enders ersetzt den Teppichboden im Wohnzimmer durch einen Parkettboden.
c) Mieter Wohlert ersetzt im Bad das alte Waschbecken durch einen neuen hochwertigen Doppelwaschtisch.
d) Herr Enders bringt im Keller eine Wasserumwälzpumpe für das Schwimmbecken im Keller ein.
e) Mieter Wohlert baut in das Badezimmer zusätzlich eine neue Duschkabine ein, da bislang nur eine Badewanne vorhanden war.
f) Herr Enders installiert eine Photovoltaikanlage auf dem Dach des Hauses.
g) Mieter Wohlert ersetzt die alten Glastüren der Wohnung durch neue Edelholztüren.
h) Herr Enders erneuert den Gartenzaun seines Grundstücks.

Bearbeiten Sie jetzt die Situationsaufgabe S 1

B. Versicherte Gefahren und Schäden

(F, Lw, St/H, Elementargefahren, versicherte und nicht versicherte Schäden – Info: Band 2, B 2.2, B 2.3)

V 5 Prüfen Sie die Merkmale der versicherten Gefahren nach Ziffer 3 VGB 2016 und kennzeichnen Sie die unten stehenden Sachverhalte mit ...

1 – wenn es sich um einen versicherten Brand handelt.
2 – wenn es sich um einen versicherten Blitzschlag / Überspannung durch Blitz handelt.
3 – wenn es sich um eine versicherte Explosion / Verpuffung / Implosion handelt.
4 – wenn es sich um den versicherten Absturz oder Anprall eines Luftfahrtzeuges handelt.
5 – wenn es sich um keine versicherte Gefahr handelt bzw. keine Leistungspflicht besteht.

a) Durch Rußablagerung beginnt der Schornstein zu brennen und wird stark beschädigt.
b) Ein starkes Gewitter verusacht eine atmosphärisch bedingte Überspannung in der Freileitung. Dies führt zu einem Kurzschluss in der Heizungssteuerung.
c) Durch die Druckwelle der Explosion in einer nahe gelegenen Fabrik werden die Türen und Fenster des Wohngebäudes beschädigt.
d) Durch ein Erdbeben kommt es zu einer Explosion der Gasleitung. Diese führt zu erheblichen Schäden am Wohngebäude.
e) Ein Düsenjäger stürzt auf eine nahe gelegene Staumauer. Die austretenden Wassermassen verursachen enorme Gebäudeschäden im ganzen Ortsteil.
f) Zigarettenglut fällt auf den Parkettboden und hinterlässt einen Brandfleck.
g) Durch den Silvesterknaller eines Unbekannten explodiert der Briefkasten.
h) Durch den starken Funkenflug eines nahe gelegenen Brandherdes entzündet sich die außen am Gebäude angebrachte Holzvertäfelung.
i) Ein unbekannter Brandstifter legt Feuer in der Garage.
j) Durch den Brand des Nachbarhauses wird die Gebäudewand durch Rauch und Ruß stark verschmutzt.
k) Eine Feuerwerksrakete zerstört das Dachgeschossfenster.
l) Ein Blitzeinschlag am Schornstein setzt auch den Dachboden in Brand.

V 6 Prüfen Sie, ob die versicherte Gefahr Leitungswasser nach Ziffer 4 VGB 2016 gegeben ist und kennzeichnen Sie die unten stehenden Sachverhalte mit ...

1 – wenn frostbedingte und sonstige Bruchschäden an Rohren versichert sind.
2 – wenn frostbedingte Bruchschäden an Installationen versichert sind.
3 – wenn es sich um einen versicherten Bruchschaden außerhalb von Gebäuden handelt.
4 – wenn es sich um einen versicherten Leitungswasserschaden handelt.
5 – wenn es sich um einen nicht versicherten Schaden handelt.

a) Der mit Schmutzwasser gefüllte Putzeimer fällt um und beschädigt den Parkettboden.
b) Einbrecher verstopfen im Badezimmer die Abflüsse und drehen alle Wasserhähne auf. Es entstehen erhebliche Schäden am Gebäude.
c) Regenwasser dringt von außen durch kaum sichtbare Risse in die Gebäudewand ein und verursacht große Wasserflecken an der Innenwand des Gebäudes.

GFK 3 (1) b) Versicherungs- und Finanzprodukte: Sachversicherung – Wohngebäudeversicherung

d) Das auf dem Grundstück verlegte Zuleitungsrohr zum versicherten Nebengebäude bricht.
e) Das Wasserrohr des im Bad installierten Durchlauferhitzers bricht.
f) Das auf dem Grundstück verlaufende Rohr der Fernheizung bricht. Durch den heißen Wasserdampf platzen Scheiben des Gebäudes.
g) Durch starken Frost fällt nachts die Heizung aus und zwei Heizkörper platzen.
h) Bei Umbauarbeiten öffnet sich plötzlich die Sprinkleranlage. Wasser tritt aus und beschädigt den Parkettboden.
i) Das Ableitungsrohr des Gebäudes bricht außerhalb des Grundstücks.
j) Das Zuleitungsrohr zur Dusche im Badezimmer bricht, Wasser tritt aus.
k) Das Aquarium wird versehentlich umgestoßen. Das austretende Wasser beschädigt den fest verklebten Teppichboden.
l) Starkregen überflutet den Keller des Wohngebäudes.
m) Durch einen Defekt in der Klimaanlage tritt Kältemittel aus. Dieses beschädigt die Gebäudewand.
n) Wegen unzureichender Lüftung bildet sich Schwamm im Badezimmer.

V 7 Prüfen Sie, ob die versicherte Gefahr Sturm/Hagel nach Ziffer 5 VGB 2016 gegeben ist, und kennzeichnen Sie die unten stehenden Sachverhalte mit …

1 – wenn es sich um einen versicherten Schaden durch unmittelbare Einwirkung.
2 – wenn es sich um einen versicherten Schaden durch mittelbare Einwirkung.
3 – wenn es sich um einen versicherten Folgeschaden.
4 – wenn es sich um keinen versicherten Schaden handelt.

a) Eine orkanartige Böe reißt die Antenne vom Dach des Einfamilienhauses.
b) Starker Hagel verstopft den Abfluss am Balkon. Das Regenwasser kann nicht ablaufen, dringt in die Wohnung ein und beschädigt den Parkettboden.
c) Schnee dringt durch ein offen stehendes Dachfenster ein und weicht die Tapeten auf.
d) Hagel zerschlägt das Dachfenster und beschädigt auch den Parkettboden.
e) Ein Sturm schleudert Äste gegen das Terrassenfenster. Die Scheibe zerbricht.
f) Bei Windstärke 7 lösen sich einige Dachziegel. Sie beschädigen die Antennenanlage des Einfamilienhauses.
g) Eine starke Sturmflut an der Nordsee verursacht erhebliche Gebäudeschäden.
h) Starker Hagel beschädigt das am Gebäude fest montierte Regenabflussrohr.
i) Durch die Druckwelle einer starken Explosion werden mehrere Fenster des Einfamilienhauses zerstört.
j) Durch heftigen Sturm entstehen enorme Gebäudeschäden an den im Umbau befindlichen Gebäudeteilen des Einfamilienhauses.
k) Nachdem Hagelkörner das Glasdach des Wintergartens zerstört haben, verursacht eindringender Regen Schäden am Parkettboden.
l) Die Schaufensterscheibe des im Erdgeschoss befindlichen Schreibwarenladens wird bei Windstärke 8 durch umherfliegende Äste zerstört.
m) Durch den Luftwirbel eines tieffliegenden Verkehrsflugzeuges werden Dachziegel herausgerissen und zerstört.

V 8 Prüfen Sie, ob in den nachfolgenden Fällen Versicherungsschutz durch den Einschluss weiterer Elementargefahren besteht. Kennzeichnen Sie die unten stehenden Sachverhalte mit ...

1 – wenn Versicherungsschutz durch den Einschluss von Elementargefahren besteht,
2 – wenn kein Versicherungsschutz durch den Einschluss von Elementargefahren besteht.

a) Nach tagelangen Regenfällen überfluten die städtischen Abflussrohre. Das Wasser drückt aus der Kanalisation in den Keller des Gebäudes zurück.
b) Ein starkes Erdbeben verursacht einen großen Riss in der Gebäudewand.
c) Ein ehemaliger Bergwerkstollen bricht ein. Durch die Absenkung des Bodens wird das Gebäude stark beschädigt.
d) Durch eine geplatzte Hauptwasserleitung vor dem Haus läuft der Keller voll und verursacht Gebäudeschäden.
e) Durch einen Erdrutsch wird das am Hang liegende Gebäude erheblich beschädigt.
f) Das an der Nordsee liegende Wohngebäude wird durch eine Sturmflut beschädigt.
g) Für den Bau einer neuen U-Bahn Strecke wird der Grundwasserspiegel abgesenkt. Dadurch kommt es zur Austrocknung und Absenkung des Bodens. Es entsteht ein Senkungsriss am Gebäude.
h) Das Dach des Gebäudes bricht nach tagelangen Schneefällen an mehreren Stellen aufgrund des starken Schneedrucks ein.
i) Nach heftigen Regenfällen tritt ein Bach über die Ufer und überschwemmt den Keller des Gebäudes. Das Wasser verursacht erhebliche Gebäudeschäden.

Bearbeiten Sie jetzt die Situationsaufgaben S 2 – S 8

C. Versicherte Kosten, versicherter Mietausfall, Aufwendungsersatz, Klauseln, Ausschlüsse

(Kostenschäden nach § 11, 12, 13, 14 VGB 2016 und § 83 VVG; Einschluss von Klauseln – Info: Band 2, B 2.4, B 2.5)

V 9 Kennzeichnen Sie die unten stehenden Sachverhalte mit ...

1 – wenn es sich um versicherte Kosten nach Ziffer 12 VGB 2016,
2 – wenn es sich um Mehrkosten nach Ziffer 14.1.1.2 VGB 2016,
3 – wenn es sich um Mietausfall-/Mietwertkosten nach Ziffer 13 VGB 2016,
4 – wenn es sich um Aufwendungsersatz nach § 83 VVG,
5 – wenn es sich um nicht versicherte Kosten nach VGB 2016 handelt.

a) Nach einem Leitungswasserschaden muss der Hausrat aus dem Wohnzimmer entfernt und zwischengelagert werden, um den beschädigten Parkettboden ersetzen zu können.
b) Nach einem Sturmschaden wird das beschädigte Dach provisorisch mit einer Plane abgedeckt, um weitere Schäden durch Niederschläge zu verhindern.
c) Nach einer Gasexplosion verzögert sich der Wiederaufbau des Gebäudes aufgrund behördlicher Ermittlungen um sechs Monate. In diesem Zeitraum erhöhen sich die Preise für den Wiederaufbau.
d) Ein Orkan entwurzelt den großen Tannenbaum auf dem Grundstück des VN. Für die Entsorgung des Baumes entstehen beträchtliche Kosten.

e) Nach einem Gebäudebrand wird der Bauschutt kostenpflichtig entsorgt.
f) Nach einem Leitungswasserschaden sind im Haus des VN zwei Räume der Mietwohnung für sechs Wochen nicht bewohnbar. Der Mieter kürzt die Miete entsprechend.
g) Nach einem Brandschaden muss das Gebäude aufgrund einer Veränderung der behördlichen Vorschriften mit einer Wärmedämmung ausgestattet werden. Dadurch entstehen Mehrkosten.
h) Die Haustür des VN wird außen mit Farbe besprüht und muss gereinigt werden.
i) Der VN hat seine Arztpraxis im Erdgeschoss seines Einfamilienhauses. Nach einem Brandschaden können die Räume längere Zeit nicht benutzt werden. Er möchte den Mietwert für diese gewerblich genutzten Räume ersetzt haben.
j) Nach einem Kurzschluss im Verteilerkasten breitet sich im Keller des VN starker Qualm aus. Einen möglichen Brand versucht der VN durch Einsatz seines Feuerlöschers zu verhindern. Er möchte die Füllung seines Feuerlöschers ersetzt haben.
k) Aufgrund Kapitalmangels des VN verzögert sich der Wiederaufbau seines abgebrannten Gebäudes um vier Jahre. Dadurch entstehen beim Wiederaufbau deutliche Mehrkosten aufgrund der inzwischen eingetretenen Preissteigerungen. Der VN möchte diese Mehrkosten ersetzt haben.
l) Durch einen Brand im Hause des VN sind das Gästezimmer und ein Abstellraum für längere Zeit nicht nutzbar. Er möchte dafür den ortsüblichen Mietwert ersetzt haben.

V 10 In der Agentur Krause werden im Laufe eines Geschäftsjahres eine Vielzahl von Kostenforderungen zur Wohngebäudeversicherung eingereicht. Welche der nachfolgend genannten Kosten sind nach VGB 2016 nicht versichert?

a) Kosten der Feuerwehr für das Auspumpen des Kellers nach einem Leitungswasserschaden.
b) Kosten für das Wegräumen, den Abtransport und die Endlagerung versicherter Sachen nach einem Feuer.
c) Forderung einer Mietwertentschädigung für gewerblich genutzte Räume.
d) Kosten für den Abbau und die Zwischenlagerung der Einbauküche zur Behebung eines Rohrbruchs in der Wand.
e) Mietausfall aufgrund eines versicherten Schadens.
f) Kosten für die Feuerwehr nach einem Gebäudebrand.
g) Kosten für die Entsorgung von Erdreich nachdem Heizöl ausgelaufen und ins Erdreich eingedrungen ist.
h) Mehrkosten für Preissteigerungen aufgrund behördlicher Wiederherstellungsbeschränkungen.

V 11 In der Wohngebäudeversicherung (VGB 2016) kann der individuelle Versicherungsschutz durch den Einschluss von Klauseln erweitert werden. Ordnen Sie den folgenden Aussagen die jeweils relevante Klausel zu: PK 7862, PK 7363, PK 7263, PK 7165, PK 7361, PK 7168, PK 7261, PK 7364.

a) Frost- und sonstige Bruchschäden an Wasserableitungsrohren die außerhalb des Versicherungsgrundstücks verlegt sind und der Entsorgung versicherter Gebäude dienen, sind versichert.
b) Versichert sind die infolge eines Versicherungsfalles am Versicherungsort tatsächlich entstandenen Kosten für die technische Wiederherstellung von elektronisch gespeicherten, ausschließlich für die private Nutzung bestimmten Daten und Programme.
c) Der Versicherer leistet Entschädigung für versicherte Sachen, die durch Fahrzeuganprall zerstört oder beschädigt werden.

Versicherungs- und Finanzprodukte: Sachversicherung – Wohngebäudeversicherung GFK 3 (1) b)

d) Bei Zwei- oder Mehrfamilienhäusern ersetzt der Versicherer die notwendigen Kosten, die dem Versicherungsnehmer für die Beseitigung von Schäden an Türen, Schlössern, Fenstern, Rollläden und Schutzgittern dadurch entstanden sind, dass ein unbefugter Dritter in das Gebäude eingedrungen ist.

e) Der Versicherer ersetzt den Mehrverbrauch von Frischwasser, der infolge eines Versicherungsfalles entsteht und den das Wasserversorgungsunternehmen in Rechnung stellt.

f) Der Versicherer leistet Entschädigung für außerhalb von Gebäuden eintretende frostbedingte und sonstige Bruchschäden an den Zuleitungsrohren der Wasserversorgung, die außerhalb des Versicherungsgrundstücks liegen und der Versorgung versicherter Gebäude dienen.

g) Der den Versicherungsvertrag betreuende Makler ist bevollmächtigt, Anzeigen und Willenserklärungen des Versicherungsnehmers entgegenzunehmen. Er ist durch den Maklervertrag verpflichtet, diese unverzüglich an den Versicherer weiterzuleiten.

h) Der Versicherer ersetzt die notwendigen Kosten für das Entfernen, den Abtransport und die Entsorgung durch Blitzschlag oder Sturm umgestürzter Bäume des Versicherungsgrundstücks, soweit eine natürliche Regeneration nicht zu erwarten ist.

> **V 12** Prüfen Sie, ob in den nachfolgenden Fällen Versicherungsschutz nach VGB 2016 (ohne weitere Einschlüsse) besteht. Kennzeichnen Sie die unten stehenden Sachverhalte mit ...

1 – wenn Versicherungsschutz gemäß VGB 2016 besteht.
2 – wenn kein Versicherungsschutz gemäß VGB 2016 besteht.

a) Durch Rückstau während eines Starkregens wird der Keller im Haus überflutet.
b) Ein Mieter hat auf eigene Kosten und Gefahrtragung den vorhandenen Teppichboden durch einen Parkettboden ersetzt.
c) Ein Kurzschluss zerstört die Elektronik der Einbruchmeldeanlage.
d) Starker Regen dringt durch ein offen stehendes Dachfenster ein und beschädigt den Parkettboden im Gästezimmer.
e) Der Carport wird durch Blitzschlag beschädigt.
f) Durch den starken Rauch eines nahegelegenen Brandes wird die Fassade des Hauses erheblich verunreinigt. Sie muss aufwändig renoviert werden.
g) Durch eine Orkanböe wird die außen angebrachte Leuchtreklame der im Erdgeschoss des Mehrfamilienhauses befindlichen Versicherungsagentur zerstört.
h) Die freistehende Klingel- und Briefkastenanlage des Hauses wird durch angetrunkene Jugendliche vorsätzlich zerstört.
i) Der Mieter bringt eine Einbauküche auf eigene Kosten in seine Mietwohnung ein.
j) Ein Orkan löst eine Schneelawine aus, die das Einfamilienhaus im Tal zerstört.
k) Ein Blitz schlägt in den Schornstein des Nachbargebäudes ein. Herunterfallende Schornsteinziegel zerstören unseren am Haus angebauten Wintergarten.
l) Bei Reparaturarbeiten im Haus öffnet sich die Sprinkleranlage. Das austretende Wasser beschädigt den Parkettboden des Einfamilienhauses.

Bearbeiten Sie jetzt die Situationsaufgabe S 9 – S 16

GFK 3 (1) b)   Versicherungs- und Finanzprodukte: Sachversicherung – Wohngebäudeversicherung

D. Versicherungswerte und Prämienfestsetzung
(Gleitender Neuwert, Neuwert, Zeitwert, Gemeiner Wert, Tarifierung des Risikos, Zuschläge und Nachlässe, Neuordnung und Beendigung des Versicherungsvertrages; Veräußerung und Vererbung eines Gebäudes – Info: Band 2, B 2.7)

V 13 In der Agentur Krause werden eine Vielzahl von Beratungsgesprächen zum Abschluss von Wohngebäudeversicherungen geführt. Kennzeichnen Sie die nachstehenden Aussagen von potentiellen Kunden mit ...

1 – wenn sie für die Risikoprüfung in der Wohngebäudeversicherung relevant.
2 – wenn sie für die Risikoprüfung in der Wohngebäudeversicherung nicht relevant sind.

a) Das neu bezogene Haus ist ein Fertighaus der Gruppe 2.
b) Frau Höfner lässt in ihrem neuen Haus ein Kellerschwimmbecken einbauen.
c) Das neue Einfamilienhaus ist durch eine Blitzschutzanlage geschützt.
d) Das Zweifamilienhaus wird zu 30 % gewerblich teilgenutzt.
e) Im Gebäude ist eine Wasserumwälzpumpe für die Heizungsanlage verbaut.
f) Das Haus von Familie Brunner befindet sich im Postleitzahlengebiet 94166.
g) Herr Baumann möchte eine Wohngebäudeversicherung für sein Wochenendhaus.
h) Das Haus von Familie Putz ist durch eine Einbruchmeldeanlage geschützt.
i) Ein Reetdach schmückt das neue Haus von Familie Heckl.
j) Der Wohngebäudevertrag Ihres neuen Kunden Uhl schließt eine Feuerrohbauversicherung mit ein.

V 14 Wie hoch ist die Grundprämie (in ‰) für folgende Situationen. Ordnen Sie die Prämiensätze zu: 0,60 ‰; 0,65 ‰; 2,00 ‰; 1,05 ‰; 0,85 ‰.

a) Haus der Bauartklasse II (F/Lw/St/Hg) im Postleitzahlengebiet 24632.
b) Fertighaus der Gruppe 1(F/Lw) im Postleitzahlengebiet 97070.
c) Wochenendhaus (F/Lw/St/Hg) im Postleitzahlengebiet 75391.
d) Stahlfachwerkhaus mit Steinfüllung (Lw/St/Hg) im Postleitzahlengebiet 24247.
e) Haus der Bauartklasse I (F/Lw/St/Hg) mit einem Schwimmbecken im Gebäude im Postleitzahlengebiet 50389.

V 15 In der Agentur Krause werden eine Vielzahl von Anträgen zur Wohngebäudeversicherung geprüft. Stellen Sie fest, welche Risiken Sie gemäß VGB 2016 nur mit einem Zuschlag annehmen können.

a) Wohngebäudeantrag einschließlich Feuerrohbauversicherung.
b) Wohngebäudeantrag mit Einschluss einer an das Gebäude angebauten Garage.
c) Wohngebäudeantrag für ein Gebäude aus Holz mit weicher Dachung.
d) Wohngebäudeantrag einschließlich Swimmingpool im Garten.
e) Wohngebäudeantrag mit Einschluss weiterer Elementarschäden.
f) Wohngebäudeantrag einschließlich gewerblicher Teilnutzung von 25 %.
g) Wohngebäudeantrag für ein Ferienhaus.
h) Wohngebäudeantrag mit Einschluss einer an das Gebäude angrenzenden Terrasse.

Versicherungs- und Finanzprodukte: Sachversicherung – Wohngebäudeversicherung GFK 3 (1) b)

V 16 In der Wohngebäudeversicherung (VGB 2016) können unterschiedliche Versicherungswerte vereinbart werden. Kennzeichnen Sie die nachstehenden Aussagen mit …

1 – wenn sie gemäß VGB 2016 zutreffend sind
2 – wenn sie gemäß VGB 2016 nicht zutreffend sind.

a) Als Versicherungswert können der Gleitende Neuwert, der Neuwert und der Gleitende Zeitwert vereinbart werden.
b) Der Gleitende Zeitwert ergibt sich aus dem Neuwert des Gebäudes abzüglich der Wertminderung durch Alter und Abnutzung.
c) Der Gemeine Wert muss vereinbart werden, wenn ein Gebäude älter als 50 Jahre ist.
d) Bei einer Gleitende Neuwertversicherung nimmt der Versicherer stets keinen Abzug wegen Unterversicherung vor.
e) Bei der Gleitende Neuwertversicherung passt der Versicherer den Versicherungsschutz an die Baukostenentwicklung an.
f) Ist ein Gebäude zum Abbruch bestimmt oder dauernd entwertet, ist der Versicherungswert lediglich der gemeine Wert.
g) Als Versicherungswert können der Gleitende Neuwert, der Gleitende Zeitwert oder der Gemeine Wert vereinbart werden.
h) Wenn sich der Wert des Gebäudes durch bauliche Maßnahmen erhöht, besteht für das laufende Versicherungsjahr noch vollständiger Versicherungsschutz.

V 17 Sie sind Mitarbeiter/-in in der Agentur Krause der Proximus Versicherung AG und erhalten eine telefonische Anfrage von Herrn Anton Gabler. Er hat sich ein sanierungsbedürftiges Einfamilienhaus (Baujahr 1962) gekauft und beabsichtigt dieses umfangreich zu sanieren. Ein Gutachter hat den Zeitwert auf etwa 45 % des Neubauwertes geschätzt.

Herr Gabler möchte wissen, zu welchem Versicherungswert er das Gebäude versichern kann. Welche Antwort geben Sie Herrn Gabler.

a) Er muss das Gebäude zum Gleitenden Zeitwert versichern, da es bereits über 50 Jahre alt ist.
b) Er muss das Gebäude zum Gemeinen Wert versichern, da es dauerhaft entwertet ist.
c) Er kann das Gebäude zum Gleitenden Neuwert versichern, da die VGB 2016 keine Wertuntergrenze für ein Gebäude vorsehen.
d) Er kann das Gebäude lediglich zum Neuwert versichern, da es nur noch einen geringen Wert hat.

V 18 Bei der Tarifierung des zu versichernden Risikos sind in der Wohngebäudeversicherung (VGB 2016) Zuschläge und Nachlässe zu beachten. Kennzeichnen Sie die folgenden Aussagen mit …

1 – wenn die Aussage dem Tarif VGB 2016 entspricht.
2 – wenn die Aussage dem Tarif VGB 2016 nicht entspricht.

a) Die Versicherungsteuer beträgt ohne Einschluss von Feuer 16,34 %.
b) Für ein Mehrfamilienhaus mit einer Versicherungssumme ab 50.000,00 M kann ein Nachlass von 20 % gewährt werden.
c) Der Zuschlag für den Einschluss weiterer Elementarschäden beträgt im Postleitzahlengebiet 78589 0,50 ‰.

GFK 3 (1) b)   Versicherungs- und Finanzprodukte: Sachversicherung – Wohngebäudeversicherung

d) Wird die Prämie in Raten entrichtet, verringert sie sich bei halbjährlicher Zahlung um 3 %.
e) Für Wochenendhäuser beträgt der Zuschlag für die Gefahr Feuer 0,55 ‰.
f) Bei gewerblicher Teilnutzung über 50 % wird ein Zuschlag von 1,30 ‰ erhoben.
g) Der Einschluss der Klauseln 7264, 7167 und 7366 kostet insgesamt 0,50 ‰ Zuschlag.
h) Bei einer vereinbarten Vertragsdauer von 3 Jahren beträgt der Nachlass 10 %.
i) Schwimmbecken im Gebäude sind zuschlagsfrei mitversichert.
j) Die Versicherungsteuer beträgt mit Einschluss von Feuer 16,34 %.
k) Für Gebäude aus Stein mit weicher Dachung beträgt der Zuschlag 2,85 ‰.
l) Die Klauseln 7166 und 7265 können nur auf Anfrage vereinbart werden.
m) Für Neubauten bis zum Alter von 15 Jahren wird ein Nachlass von 20 % gewährt.

V 19 Berechnen Sie die Jahresprämie (Gleitende Neuwertversicherung nach VGB 2016) einschließlich 16,34 % Versicherungsteuer (Anpassungsfaktor 2020: 19,36).

VS „Wert 1914"	Prämiensatz (‰)
a) 20.000,00 M	0,90 ‰
b) 26.100,00 M	0,80 ‰
c) 28.900,00 M	1,30 ‰

V 20 Berechnen Sie die Nachprämie einschließlich 16,34 % Versicherungsteuer für folgende Wohngebäudeverträge (Gleitende Neuwertversicherung nach VGB 2016) mit jährlicher Zahlungsweise, Vertragsdauer ist ein Jahr (Anpassungsfaktor 2020: 19,36).

a) VS „Wert 1914" 22.000,00 M, Prämiensatz 0,75 ‰, Versicherungsperiode 01.01. d. J. (0 Uhr) – 31.12. d. J. (24 Uhr). Änderung am 20.05. d. J. (0 Uhr), neue VS „Wert 1914" 25.000,00 M.
b) VS „Wert 1914" 26.500,00 M, Prämiensatz 0,80 ‰, Versicherungsperiode 20.02. d. J. (0 Uhr) – 19.02. d. n. J. (24 Uhr). Änderung am 12.12. d. J. (0 Uhr), neuer Prämiensatz: 1,30 ‰.

V 21 Frau Schmid kauft von Herrn Rieger ein Einfamilienhaus. Am 5. Mai d. J. findet die notarielle Beurkundung über den Kauf der Wohnung bei einem Notar statt.
Am 12. Mai d. J. wird die Auflassungsvormerkung ins Grundbuch eingetragen.
Am 25. Juni d. J. erfolgt die Eintragung von Frau Schmid ins Grundbuch.

Zu welchem Zeitpunkt wird Frau Schmid Eigentümerin des Hauses?

a) 5. Mai d. J.   b) 12. Mai d. J.   c) 25. Mai d. J.   d) 25. Juni d. J.

Versicherungs- und Finanzprodukte: Sachversicherung – Wohngebäudeversicherung GFK 3 (1) b)

V 22 Harald Bareth hat ein gebrauchtes Einfamilienhaus gekauft. Das Haus ist gegen Feuer, Leitungswasser und Sturm/Hagel bei der Proximus Versicherung AG versichert. Die Eintragung ins Grundbuch erfolgte letzte Woche. Herr Bareth möchte das Haus bei einem Mitbewerber versichern und fragt Sie nach der Kündigungsmöglichkeit des vorhandenen Vertrages.

a) Herr Bareth ist berechtigt, den Vertrag innerhalb eines Monats ab Erwerb mit sofortiger Wirkung oder zum Ende der laufenden Versicherungsperiode in Textform zu kündigen.
b) Herrn Bareth steht in diesem Fall kein Sonderkündigungsrecht zu.
c) Herr Bareth kann nur zum Schluss der laufenden Versicherungsperiode mit einer Frist von drei Monaten kündigen.
d) Nur der Versicherer hat in diesem Fall die Möglichkeit innerhalb eines Monats ab Kenntnis von der Veräußerung den Vertrag zu kündigen.

V 23 Julia Hartmann teilte Ihnen am 14.08. d. J. mit, dass sie von ihrer Großmutter ein Haus im Bayerischen Wald geerbt hat. Das Haus ist seit vielen Jahren gegen Feuer, Leitungswasser, Sturm/Hagel bei der Proximus Versicherung AG versichert. Die Grundbucheintragung fand am 16.09. d. J. statt. Hauptfälligkeit des bestehenden Wohngebäudevertrages ist der 01.11. d. J. Am 05.10. d. J. ruft Frau Hartmann an, um Ihnen mitzuteilen, dass sie das Haus bei ihrem Versicherer zu besseren Konditionen versichern möchte und daher den bestehenden Vertrag kündigen will.

Sie teilen Frau Hartmann mit, dass...

a) sie den Vertrag mit sofortiger Wirkung oder zum Ende der laufenden Versicherungsperiode kündigen kann. Die Kündigung muss jedoch innerhalb eines Monats nach dem Erwerb in Textform ausgeübt werden.
b) sie mit sofortiger Wirkung kündigen kann und der Vertrag zum 01.11. d. J. aufgehoben wird.
c) gemäß VGB 2016 ein Vertragswechsel innerhalb eines Monats ab Grundbucheintragung, also bis zum 16.10. d. J., möglich ist.
d) es keiner Kündigung bedarf, da der Vertrag automatisch zum Ende des Versicherungsjahres, dem 31.10. d. J., endet.
e) sie unter Einhaltung einer Kündigungsfrist von drei Monaten zum 01.11. d. n. J. kündigen kann.

V 24 Kay Hornuff teilt Ihrer Gesellschaft mit, dass er sein Reihenhaus verkauft hat. Er fragt Sie, was mit dem bestehenden Wohngebäudevertrag geschieht.

Sie erklären ihm, dass der Wohngebäudevertrag ...

a) sich stillschweigend um weitere drei Jahre verlängert.
b) innerhalb eines Monats ab Grundbuchumschreibung automatisch endet.
c) auf den neuen Eigentümer übergeht, dieser aber ein außerordentliches Kündigungsrecht hat.
d) vom Verkäufer innerhalb eines Monats mit Monatsfrist gekündigt werden kann.
e) vom Versicherer mit sofortiger Wirkung gekündigt werden kann.

> Bearbeiten Sie jetzt die Situationsaufgabe S 17 – S 30

Situationsaufgaben (S)

Zu S 1: siehe Vorübungen V 1 – V 4

S 1 Sie sind Mitarbeiter/-in in der Agentur Krause der Proximus Versicherung AG. Sie befinden sich in einem Beratungsgespräch bei Herrn Wagner. Dieser beabsichtigt eine Wohngebäudeversicherung abzuschließen.

Er möchte von Ihnen wissen, ob die folgenden Sachen in der Wohngebäudeversicherung grundsätzlich versichert sind und als welche Art von Gebäudeteil sie klassifiziert werden:

Gewächshaus im Garten; Fensterscheibe der Terrassentür; Schwimmbecken im Garten; Garage am Haus angebaut; Hundehütte; freistehende Briefkastenanlage auf dem Versicherungsgrundstück; Terrasse am Haus; Solaranlage auf dem Dach; Gartenmauer; Kupferdach.

Informieren Sie Herrn Wagner unter Angabe der jeweiligen Fundstelle in den VGB 2016!

Zu S 2 – S 8: siehe Vorübungen V 5 – V 8

S 2 Sie sind Mitarbeiter/-in in der Agentur Krause der Proximus Versicherung AG und erhalten einen aufgeregten Anruf Ihres Kunden Anton Brenner.

Er teilt Ihnen mit, dass sein kleiner Sohn am Nachmittag beim Grillen auf der Terrasse aus Versehen den Grill umgestoßen hat. Das Feuer ergriff sofort die geöffnete Markise über der Terrasse. Teile der heißen Glut fielen auch in das Wohnzimmer, da die Terrassentür offen stand. Die Gardine im Wohnzimmer fing sofort Feuer. Durch die starke Hitzeentwicklung platzte die Fensterscheibe. Am Parkettboden im Wohnzimmer sind enorme Schäden entstanden, ferner Rußschäden an den Wänden. Die herbeigerufene Feuerwehr konnte glücklicherweise weitere Schäden verhindern.

Prüfen Sie die Leistungspflicht der Wohngebäudeversicherung nach VGB 2016!

S 3 Sie sind Mitarbeiter/-in in der Agentur Krause der Proximus Versicherung AG.

Ihr Kunde Erich Jilg teilt Ihnen mit, dass er kürzlich in seinem Bad eine Leckage an einer unter Putz verbauten Armatur der Dusche festgestellt hat. Der Installateur entfernte einige Fliesen und tauschte die Armatur aus. Abschließend verfliese er die Wand wieder. Nach Aussage des Installateurs war die Armatur durchgerostet.

Herr Jilg möchte wissen, ob er durch seine Wohngebäudeversicherung (VGB 2016) ohne weitere Einschlüsse Versicherungsschutz hat?

Versicherungs- und Finanzprodukte: Sachversicherung – Wohngebäudeversicherung GFK 3 (1) b)

S 4 Sie sind Mitarbeiter/-in in der Agentur Krause der Proximus Versicherung AG und befinden sich bei Ihrem Kunden Thomas Bach.

Er teilt Ihnen mit, dass gestern eine plötzlich auftretende Windhose mit Windstärke 10 den Liegestuhl von der Terrasse durch die Glasscheibe der Terrassentür schleuderte. Ebenso wurden vom benachbarten Gebäude mehrere Dachziegel gegen die Holzfassade und Markise seines Gebäudes geschleudert, welche dadurch erheblich beschädigt wurde. Die gerade geleerte Mülltonne wurde durch die Scheibe des auf dem Grundstück stehenden Gewächshauses geschleudert. Nachfolgender Hagel hat die Lichtkuppel des Einfamilienhauses zerschlagen und Schäden am eingeklebten Teppichboden sowie den Tapeten verursacht.

Informieren Sie Herrn Bach über seinen Versicherungsschutz aus der Wohngebäudeversicherung (VGB 2016) ohne weitere Einschlüsse!

S 5 Sie sind Mitarbeiter/-in in der Agentur Krause der Proximus Versicherung AG. Ihr Kunde Anton Bauer besitzt im Keller seines Hauses einen Swimmingpool, der durch eine auf dem Versicherungsgrundstück gelegene Wasserquelle versorgt wird.

Nach Aussage von Herrn Bauer ist gestern das Zuleitungsrohr im Gebäude kurz vor dem Swimmingpool gebrochen. Das austretende Wasser hat erhebliche Gebäudeschäden im Keller seines Hauses verursacht. Er möchte Ersatz aus seiner Wohngebäudeversicherung (VGB 2016) ohne weitere Einschlüsse.

S 6 Sie sind Mitarbeiter/-in in der Agentur Krause der Proximus Versicherung AG. Ihr Kunde Hermann Pöschner teilt Ihnen telefonisch mit, dass die Klingelanlage sowie Heizungssteuerung durch einen Überspannungsschaden zerstört wurden.

Bei einem stürmischen Gewitter hat ein Blitz gestern in eine freistehende Stromleitung auf dem Nachbargrundstück eingeschlagen und in der ganzen Straße Überspannungsschäden verursacht.

Informieren Sie ihn über seinen Versicherungsschutz aus seiner Wohngebäudeversicherung (VGB 2016) ohne weitere Einschlüsse!

S 7 Sie sind Mitarbeiter/-in in der Agentur Krause der Proximus Versicherung AG. Ihr Kunde Thomas Lüders schildert Ihnen am Telefon, dass gestern Abend ein Blitz in den Schornstein des Nachbargebäudes eingeschlagen hat.

Herabfallende Ziegel zerstörten dabei auch die Scheiben seines Wintergartens sowie mehrere Bodenfliesen. Zudem kam es zu einem Überspannungsschaden, der einen Kurzschluss in seiner Einbruchmeldeanlage verursachte. Da er den Wintergarten längere Zeit nicht nutzen kann, hätte er gerne eine Mietwertentschädigung.

Prüfen Sie die Leistungspflicht der Wohngebäudeversicherung (VGB 2016) ohne weitere Einschlüsse und informieren Sie Herrn Lüders!

S 8 Sie sind Mitarbeiter/-in in der Agentur Krause der Proximus Versicherung AG.

Ihr Kunde Friedrich Neumann teilt Ihnen per E-Mail mit, dass durch eine große Stichflamme an seinem Gasherd in der Küche die in seinem Haus installierte Sprinkleranlage ausgelöst

GFK 3 (1) b)   Versicherungs- und Finanzprodukte: Sachversicherung – Wohngebäudeversicherung

wurde. Das austretende Wasser hat enorme Schäden an den fest verlegten Bodenbelägen verursacht. Die Stichflamme hat seine Einbauküche stark beschädigt.

Er möchte Ersatz aus seiner Wohngebäudeversicherung (VGB 2016) ohne weitere Einschlüsse.

Zu S 9 – S 16: siehe Vorübungen V 9 – V 12

S 9 Sie sind Mitarbeiter/-in in der Agentur Krause der Proximus Versicherung AG. Ihre Kundin Frau Peters teilt Ihnen per Mail mit, dass sich gestern Abend der Ölbrenner der Ölheizung im Keller ihres Einfamilienhauses aus unerklärlichen Gründen selbst entzündet hat.

Das Feuer zerstörte den Ölbrenner und beschädigte den Heizungskessel. Durch den Brand und die Hitzeentwicklung platzen eine Wasserleitung sowie einige Fensterscheiben im Keller, ebenso wurde die feuerfeste Kellertür erheblich beschädigt. Die zwischenzeitlich eintreffende Feuerwehr konnte den Brand löschen und so größere Schäden verhindern. Das Auspumpen sowie die Renovierung des Kellers werden sicherlich einige Kosten verursachen.

Informieren Sie Frau Peters über den Versicherungsschutz nach VGB 2016!

S 10 Sie sind Mitarbeiter/-in in der Agentur Krause der Proximus Versicherung AG. In einem Schreiben teilt Ihnen der Versicherungsnehmer Tobias Knauer mit, dass sich vor zwei Tagen das Ableitungsrohr der Toilette im Erdgeschoss zugesetzt hat.

Das austretende Schmutzwasser lief auch in den Flur und das Arbeitszimmer und beschädigte die dort fest verklebten Bodenbeläge. Um die Böden ersetzen zu können, muss ein Einbauschrank zwischenzeitlich abgebaut und zwischengelagert werden. Ferner kam es zu einer starken Durchfeuchtung der Wände.

Informieren Sie Herrn Knauer über seinen Versicherungsschutz aus der Wohngebäudeversicherung (VGB 2016) ohne weitere Einschlüsse!

S 11 Sie sind Mitarbeiter/-in in der Agentur Krause der Proximus Versicherung AG und erhalten einen Anruf von Ihrer Kundin Frau Greif.

Frau Greif benötigt einige Auskünfte zu Ihrer Wohngebäudeversicherung (VGB 2016) ohne weitere Einschlüsse. Beantworten Sie ihr die folgenden Fragen:

a) Ich werde demnächst in meinem Garten einen Swimmingpool bauen lassen. Sind der Pool und die dazugehörigen Rohrsysteme mitversichert?
b) An meiner Küchenwand habe ich gestern einen größeren Wasserfleck entdeckt. Der Handwerker hat die Wand aufgeschlagen, jedoch keinen Rohrbruch festgestellt. Ursache ist Regenwasser das durch Risse in der Wand eingedrungen ist. Erstatten Sie die Handwerkerkosten?
c) Das Rohr meiner Solaranlage auf dem Dach ist kürzlich durch den starken Nachfrost gebrochen. Ersetzen Sie die Kosten?
d) Nach den starken Regenfällen in der letzten Woche hat sich der Boden an der Rückseite des Gebäudes etwas abgesenkt. Durch einen Senkungsriss in der Wand ist Regenwasser eingedrungen und hat den Keller unter Wasser gesetzt. Übernehmen Sie die entstehenden Kosten?

Versicherungs- und Finanzprodukte: Sachversicherung – Wohngebäudeversicherung GFK 3 (1) b)

S 12 Sie sind Mitarbeiter/-in in der Agentur Krause der Proximus Versicherung AG. Ihr Kunde Sebastian Ludwig meldet per Fax einen Schadenfall.

Danach entwurzelte eine Orkanböe den großen Nussbaum auf seinem Grundstück. Der Baum fiel auf das Gebäudedach und den angebauten Wintergarten. Durch die zerbrochenen Scheiben drang sofort Regen ein. Die Wand- und Deckentapeten lösten sich, der Parkettboden quoll auf und der Sockelbereich des Einbauschranks wurde beschädigt. Einige der unter dem Hausdach befestigten Scheinwerfer mit Bewegungsmelder wurden ebenfalls zerstört. Um weitere Schäden zu vermeiden, habe ich eine Schutzplane am Dach angebracht.

Informieren Sie Herrn Ludwig über seinen Versicherungsschutz aus der Wohngebäudeversicherung (VGB 2016) ohne weitere Einschlüsse!

S 13 Sie sind Mitarbeiter/-in in der Agentur Krause der Proximus Versicherung AG. Ihr Kunde Ulf Schwarzmann teilt Ihnen telefonisch mit, dass der starke Sturm am Wochenende die große Eiche auf seinem Grundstück entwurzelt hat.

Beim Sturz riss der Baum einen freistehenden Strommast mit um und zerstörte den Schornstein auf dem Dach. Schließlich schlug er auf dem Garagendach auf, das er ebenfalls stark beschädigte. Das Umfallen des Strommastes verursachte einen Kurzschluss, der sowohl die Elektronik der Jalousiensteuerung als auch der Alarmanlage zerstörte. Zudem blockiert der Baum die Garagenausfahrt, so dass ein Leihwagen gemietet werden musste.

Herr Schwarzmann möchte wissen, ob für alle Schäden Versicherungsschutz aus der Wohngebäudeversicherung (VGB 2016) ohne weitere Einschlüsse besteht?

S 14 Sie sind Mitarbeiter/-in in der Agentur Krause der Proximus Versicherung AG und erhalten einen Anruf von Ihrer Kundin Frau Jonas, die gerne einige Informationen zu ihrer Wohngebäudeversicherung (VGB 2016) hätte.

Geben Sie Frau Jonas zu folgenden Fragen Auskunft:

a) Ich werde demnächst mein Dachgeschoss vermieten. In welchen Fällen, wie lange und in welchem Umfang habe ich Versicherungsschutz, wenn der Mieter seine Miete nicht bezahlt oder kürzt?

b) Der Schornsteinfegermeister hat mich informiert, dass ich die Zentralheizung in den nächsten 2 Monaten austauschen muss, da sie die neuen Immissionsvorschriften nicht mehr erfüllt. Von einem Bekannten habe ich gehört, dass Mehrkosten durch behördliche Auflagen versichert sind. Werden Sie die Mehrkosten in Höhe von 12.000,00 € übernehmen?

c) Ich habe unter meinem Dach kürzlich ein Wespennest festgestellt und dieses von der Feuerwehr ausräuchern lassen. Übernehmen Sie die Kosten in Höhe von 250,00 €?

d) Am Haus meiner Schwester brannte kürzlich die komplette Garage ab. Dabei breiteten sich Rauch und Ruß in allen Räumen ihres Einfamilienhauses aus. Um Gesundheitsschäden zur vermeiden, verbringt sie den Zeitraum der Renovierung, etwa 4 Wochen, in einem Hotel. Würden Sie bei einem gleichen Fall diese Hotelkosten oder ähnliche Kosten erstatten?

GFK 3 (1) b)   Versicherungs- und Finanzprodukte: Sachversicherung – Wohngebäudeversicherung

S 15 Sie sind Mitarbeiter/-in in der Agentur Krause der Proximus Versicherung AG. Ihre Kundin Frau Müller teilt Ihnen mit, dass heute Morgen, während sie beim Einkaufen war, Einbrecher in ihr Einfamilienhaus eingedrungen sind.

Mit einer Brechstange haben die Täter die Terrassentür so stark beschädigt, dass eine Reparatur nicht mehr möglich ist. Eine neue Tür wird etwa 2.800,00 € kosten. Beim Verlassen des Hauses haben die Täter in der Küche den Abfluss verstopft und den Wasserhahn geöffnet. Der PVC-Boden muss erneuert und die Küchenwände müssen getrocknet werden.
Frau Müller hat bei ihrer Gesellschaft eine Wohngebäudeversicherung (VGB 2016) ohne weitere Einschlüsse.

Informieren Sie Frau Müller über ihren Versicherungsschutz!

S 16 Sie sind Mitarbeiter/-in in der Agentur Krause der Proximus Versicherung AG. Ihr Kundin Petra Gerstner teilt Ihnen telefonisch mit, dass beim gestrigen Wintersturm viel Schnee über eine offen stehende Dachluke in das unter dem Dach liegende Gästezimmer ihres Einfamilienhauses geweht wurde.

Der schmelzende Schnee verursachte enorme Schäden am Parkett. Zudem kann sie den Raum bis zum Abschluss der Reparaturarbeiten nicht nutzen und möchte dafür den Mietwert ersetzt haben. Frau Gerstner hat bei ihrer Gesellschaft eine Wohngebäudeversicherung (VGB 2016) ohne weitere Einschlüsse.

Zu S 17 – S 30: siehe Vorübungen V 13 – V 24

S 17 Sie sind Mitarbeiter/-in in der Agentur Krause der Proximus Versicherung AG. Ihr Kunde Günther Heumann teilt Ihnen mit, dass bei dem starken Sturm letzte Nacht ein großer Baum auf seinem Grundstück entwurzelt wurde und auf einen nicht mehr genutzten Anbau seines Gebäudes fiel, wodurch dieser vollständig zerstört wurde.

Da er den Garten umgestalten möchte, wird er den Anbau nicht wieder aufbauen. Herr Heumann möchte trotzdem die aktuellen Wiederaufbaukosten des Anbaus in voller Höhe aus seiner Gleitenden Neuwertversicherung nach VGB 2016 (ohne weitere Einschlüsse) erstattet haben.

Informieren Sie Herrn Heumann über den ihm zustehenden Versicherungsschutz gemäß VGB 2016!

S 18 Sie sind Mitarbeiter/-in in der Agentur Krause der Proximus Versicherung AG. Bei einem Kundentermin haben Sie eine Wohngebäudeversicherung zum Gleitenden Neuwert (VGB 2016) abgeschlossen.

Ihre Neukundin Frau Hahn fragt, ob es trotz Abschluss einer Gleitenden Neuwertversicherung möglich ist, dass ihr bei einem Schadenfall eine Unterversicherung angerechnet wird?

Beraten Sie Frau Hahn!

Versicherungs- und Finanzprodukte: Sachversicherung – Wohngebäudeversicherung   GFK 3 (1) b)

S 19 Sie sind Mitarbeiter/-in in der Agentur Krause der Proximus Versicherung AG und nehmen für Ihren Kunden Michael Meier den Antrag für sein neugebautes Einfamilienhaus auf. Nach den Bauunterlagen weist das Haus die nachfolgenden Merkmale auf.

Ermitteln Sie die Versicherungssumme 1914 mit dem im Bedingungswerk Proximus 4 (Seiten TA 072–073) abgebildeten Summenermittlungsbogen (Versicherungssumme 1914 auf volle 100,00 M aufrunden).

Gebäudetyp:	zweigeschossig, unterkellert, Flachdach; eine Garage im Keller
Wohnfläche:	Keller: 30 m² Erdgeschoss: 70 m² Obergeschoss: 70 m²
Bauausführung:	massiv
Innenausbau:	– Türen aus Edelholz – hochwertige Teppich- bzw. Natursteinböden
Installation/Heizung:	– hochwertige sanitäre Einrichtungen – Fußbodenheizung

S 20 Sie sind Mitarbeiter/-in in der Agentur Krause der Proximus Versicherung AG und nehmen bei Familie Bendel den Wohngebäudeantrag (VGB 2016) für das neu gebaute Einfamilienhaus auf.

Ermitteln Sie die Versicherungssumme 1914 mit dem Summenermittlungsbogen (auf volle 100,00 M aufrunden) und erläutern Sie Herrn Bendel, welche Nachlässe Sie ihm gewähren können!

Ermittlung der Versicherungssumme 1914:

Gebäudemerkmale:

Baujahr: 2020

Erd- und Obergeschoss, Dachgeschoss nicht ausgebaut, Spitzdach, unterkellert

Wohnfläche: 180 m² zuzüglich 40 m² im Keller

Bauausführung und Innenausbau:

Handstrichklinker

Stuckarbeiten an den Decken

Natursteinböden

Solaranlage

Vereinbarte Klauseln: PK 7264, PK 7761

GFK 3 (1) b) Versicherungs- und Finanzprodukte: Sachversicherung – Wohngebäudeversicherung

S 21 Sie sind Mitarbeiter/-in in der Agentur Krause der Proximus Versicherung AG und nehmen bei Ihrem neuen Kunden Roland Bittermann den Antrag für die Gebäudeversicherung für sein freistehendes Einfamilienhaus (Baujahr 2004) auf. Das Gebäude ist massiv gebaut, zweigeschossig mit Spitzdach (nicht ausgebaut), unterkellert und hat eine Garage im Keller sowie eine auf dem Grundstück. Herr Bittermann verfolgt aufmerksam, wie Sie die Versicherungssumme 1914 mit dem Summenermittlungsbogen berechnen. Dabei stellt er Ihnen folgende Fragen:

a) Warum ist bei seinem Haus ohne ausgebautes Dachgeschoss der Wert pro m² Wohnfläche höher (165,00 M) als bei einem gleichen Haus mit ausgebautem Dachgeschoss (150,00 M)?

b) Weshalb wird die freistehende Garage auf dem Grundstück mit 700,00 M Versicherungssumme 1914 angesetzt, während die Garage im Keller bei der Ermittlung der Versicherungssumme nicht berücksichtigt wird?

c) Berechnen Sie die Halbjahresprämie einschließlich 16,34 % Versicherungsteuer! Herr Bittermann hat eine dreijährige Vertragsdauer vereinbart. VS „Wert 1914": 28.200,00 M; Prämiensatz insgesamt: 0,80 ‰. Anpassungsfaktor 2020: 19,36.

S 22 Sie sind Mitarbeiter/-in in der Agentur Krause der Proximus Versicherung AG und nehmen bei Ihrer neuen Kundin Frau Brandner den Antrag für die Wohngebäudeversicherung (VGB 2016) auf.

Frau Brandner hat kürzlich ein im Jahr 2006 gebautes Einfamilienhaus (PLZ: 74862) gekauft. Sie haben die Versicherungssumme 1914 in Höhe von 26.400,00 M ermittelt. Frau Brandner möchte die Gefahren Feuer, Leitungswasser und Sturm/Hagel versichern, ebenso die Klauseln PK 7168, PK 7264 und PK 7363. Vertragsdauer ist 3 Jahre.

Ermitteln Sie die Vierteljahresprämie für Frau Brandner (Anpassungsfaktor 2020: 19,36)!

S 23 Sie sind Mitarbeiter/-in in der Agentur Krause der Proximus Versicherung AG und nehmen bei Ihrem neuen Kunden Klaus Witte den Antrag für die Wohngebäudeversicherung (VGB 2016) auf.

Herr Witte hat sein neu gebautes Mehrfamilienhaus in 51427 Bergisch Gladbach kürzlich bezogen. Im Erdgeschoss des Hauses wird er seine Arztpraxis (80 m²) einrichten. Die 1. Etage (100 m²) bewohnt er selbst, die 2. Etage (80 m²) vermietet er an seine Schwester. Die Versicherungssumme 1914 haben Sie in Höhe von 52.100,00 M ermittelt. Herr Witte möchte die Gefahren Feuer, Leitungswasser, Sturm, Hagel und weitere Elementarschäden versichern, ebenso die Klauseln PK 7168, PK 7261, PK 7264 und PK 7366. Vertragsdauer ist 3 Jahre. Sie gewähren Herrn Witte alle nach VGB 2016 möglichen Nachlässe.

Ermitteln Sie die Halbjahresprämie für Herrn Witte (Anpassungsfaktor 2020: 19,36)!

Versicherungs- und Finanzprodukte: Sachversicherung – Wohngebäudeversicherung GFK 3 (1) b)

S 24 Sie sind Mitarbeiter/-in in der Agentur Krause der Proximus Versicherung AG und erhalten einen Anruf Ihres Kunden Ole Hansen. Er teilt Ihnen mit, dass er im Keller seines Hauses auf Wunsch seiner Kinder ein Schwimmbecken einbauen ließ. Aus diesem Grunde möchte er ab sofort die Klausel PK 7261 mitversichern. Unterbreiten Sie Herrn Hansen ein Angebot zur Vertragsanpassung (nach VGB 2016) ab dem 15.10. d. J., wobei die Versicherungsperiode unverändert bleiben soll.

Berechnen Sie die Nachprämie!
Es liegen Ihnen folgende Vertragsdaten vor.

Versicherungssumme „Wert 1914":	27.300,00 M
Baujahr:	1998
Klauseln:	keine
Versicherungsbeginn:	01.08. d. J. – 00:00 Uhr
Versicherungsablauf:	31.07. d. n. J. – 24:00 Uhr
Prämiensatz:	0,85 ‰
Jahresprämie (netto):	394,02 € (Anpassungsfaktor 2020: 19,36)

S 25 Sie sind Mitarbeiter/-in in der Agentur Krause der Proximus Versicherung AG und werden von Ihrem Kunden Herrn Holik über mehrere An-/Umbauten mit Stichtag 22.07. d. J. an seinem Einfamilienhaus (VGB 2016) informiert. Er teilt Ihnen mit, dass er das Dachgeschoss (50 m²) und einen Kellerraum (30 m²) zum Wohnraum ausbauen, eine neue Terrasse an das Haus anbauen und auf dem Dach eine Solaranlage installieren ließ. Ferner hat er im Wohnzimmer einen offenen Kamin von einer ortsansässigen Fachfirma einbauen lassen. Schließlich hat er sein Dach aus optischen Gründen mit Ried (Schilf) anstelle der bisherigen Dachziegel eingedeckt.

Herr Holik möchte wissen, ob diese Maßnahmen Auswirkung auf seine bisherige Versicherungssumme „Wert 1914" haben und inwiefern sich dadurch auch seine Jahresprämie ändert.

Informieren Sie Herrn Holik. Versicherungssumme „Wert 1914" auf volle 100,00 M aufrunden!
Es liegen Ihnen folgende Vertragsdaten vor:

Gebäudetyp:	EG + OG, Dachgeschoss nicht ausgebaut, unterkellert, Bauweise aus Stein
Wohnfläche (m²):	140 m²
VS „Wert 1914":	23.100,00 M
Baujahr:	2004
Klauseln:	keine
Versicherungsbeginn:	15.04. d. J. – 00:00 Uhr
Versicherungsablauf:	14.04. d. n. J. – 24:00 Uhr
Versicherte Gefahren:	Feuer; Leitungswasser; Sturm, Hagel
Prämiensatz:	0,80 ‰
Jahresprämie (netto):	313,73 € (Anpassungsfaktor 2020: 19,36)

GFK 3 (1) b)   Versicherungs- und Finanzprodukte: Sachversicherung – Wohngebäudeversicherung

S 26 Der Wohngebäudevertrag von Versicherungsnehmer Klaus Brunner (VGB 2016) wird aufgrund einiger Umbauten ab 24.07. d. J. (0 Uhr) neu geordnet. Der bisherige Prämiensatz erhöht sich von 0,80 ‰ auf 1,25 ‰ und die VS „Wert 1914" von 24.300,00 M auf 26.800,00 M. Die bisherige Versicherungsperiode vom 01.01. d. J. (0 Uhr) bis 31.12. d. J. (24 Uhr) wird neu festgelegt auf 24.07. d. J. (0 Uhr) bis 23.07. d. n. J. (24 Uhr).

Berechnen Sie die neue Jahresprämie von Herrn Brunner ab 24.07. d. J. (0 Uhr)! Es ist kein Dauernachlass zu berücksichtigen (Anpassungsfaktor 2020: 19,36).

S 27 Sie sind Mitarbeiter/-in in der Agentur Krause der Proximus Versicherung AG und haben zu Jahresbeginn bei Ihrem Kunden Herrn Feulner einen Wohngebäudevertrag (VGB 2016) mit folgenden Daten geschlossen.

Versicherungsort: 76332 Bad Herrenalb
Gebäudetyp: EG + OG + ausgebautes DG, unterkellert, Neubau, eine Doppelgarage neben dem Wohngebäude, Bauartklasse 1
Wohnfläche: 250 m², zusätzlich ein Wohnraum im Keller mit 30 m²
Ausstattung: hochwertiger Parkettboden, Holzsprossenfenster, Fußbodenheizung
Versicherungsperiode: 01.01. d. J. – 00:00 Uhr
Versicherungsdauer: 3 Jahre
Versicherte Gefahren: Feuer, Leitungswasser, Sturm, Hagel
Zusätzliche Einschlüsse: Klausel PK 7167, PK 7362 und PK 7363
Gefahrerhöhung durch die gewerbliche Teilnutzung
Anpassungsfaktor 2020: 19,36

a) Ermitteln Sie die Versicherungssumme „Wert 1914" mithilfe des Summenermittlungsbogens (auf volle 100 M aufrunden) und berechnen Sie die Halbjahresprämie von Herrn Feulner!

b) Am 27.02 d. J. informiert Sie Herr Feulner, dass er über seiner Terrasse einen Wintergarten errichten ließ. Dadurch erhöht sich die Wohnfläche um 30 m². Im Rahmen der Baumaßnahmen wurde auch das Bad mit einer hochwertigen sanitären Einrichtung versehen und außerdem eine Solaranlage installiert.
Berechnen Sie die Neuordnungsprämie, wenn die Versicherungsperiode ab dem 28.02. d. J. – 00:00 Uhr neu festgelegt wird und Herr Feulner gleichzeitig jährliche Zahlungsweise wünscht!

Versicherungs- und Finanzprodukte: Sachversicherung – Wohngebäudeversicherung GFK 3 (1) b)

S 28 Sie sind Mitarbeiter/-in der Abteilung Privatkundengeschäft der Proximus Versicherung AG. Sie erhalten ein Schreiben Ihrer Kundin Petra Kloss:

Petra Kloss
Matterhornstr. 34 b
81825 München

München, 10.5. d. J.

Proximus Versicherung AG
Proximus-Platz 1
80333 München

Wohngebäudeversicherung WG-1234567

Sehr geehrte Damen und Herren,

hiermit kündige ich meine Wohngebäudeversicherung zum 1. Juni d. J. Ich habe unser Haus im April dieses Jahres verkauft. Da wir zum 31. Mai nach Passau in das Haus meiner Eltern umziehen werden, benötige ich die Versicherung nicht mehr. Bitte überweisen Sie die zu viel gezahlten Beiträge auf mein Konto 34588801 bei der Stadtsparkasse München.

Freundliche Grüße

Petra Kloss

Prüfen Sie die Rechtslage und notieren Sie Ihre Antwort an Frau Kloss! Sie entnehmen dem Bildschirm folgende Vertragsdaten.

Vertragsspiegel Wohngebäudeversicherung

	Name	Vorname	Geburtsdatum	Beruf	A = angestellt S = selbstständig B = öffentlicher Dienst
Angestellter/ Versicherungsnehmer	Kloss	Petra	25.06.1975	Ernährungs-beraterin	A
Ehepartner	Kloss	Markus	17.04.1974	Rechtsanwalt	S
Kinder	Kloss Kloss	Janina Tom	23.04.2015 10.01.2012		
Anschrift	Matterhornstr. 34 b, 81825 München				
Versicherungsort	Matterhornstr. 34 b, 81825 München				
Versicherungsnachweis					
Vers.-Nummer	WG-1234567				
Bedingungen	VGB 2016				
Beginn	01.02. d. v. J. – 00:00 Uhr				
Ablauf	31.01. d. n. J. – 24:00 Uhr				
Fälligkeit	01.02.				
Versicherte Gefahren	F, LW, St, H				
Wohnfläche (m²)	115				
Versicherungssumme	16.500 M				
Klauseln	211,30 €				
Zahlungsweise	jährlich				
Prämie (netto)					
Prämienkonto	ausgeglichen				
Selbstbeteiligung	–/–				
besondere Gefahrenverhältnisse	–/–				
Zusätzliche Einschlüsse					

| GFK 3 (1) b) | Versicherungs- und Finanzprodukte: Sachversicherung – Wohngebäudeversicherung |

S 29 Eine Orkanböe zerstört die Terrassentür im Erdgeschoß. Der Versicherungsnehmer besitzt eine Wohngebäudeversicherung mit den versicherten Gefahren Feuer und Leitungswasser. Außerdem hat er noch eine Glasversicherung abgeschlossen.

Erhält der Versicherungsnehmer eine Entschädigung?

S 30 Im ersten Stock eines Einfamilienhauses entfacht ein Feuer. Durch die Hitzeentwicklung platzt die große Panoramafensterscheibe im Wohnzimmer. Da die Scheibe nicht über die Treppe im Haus transportiert werden kann, muss sie von außen mit einem Hubwagen eingesetzt werden.

Der Versicherungsnehmer besitzt eine umfassende Wohngebäude-, Hausrat- und Glasversicherung.

Erläutern Sie die Regulierung des Schadens in diesem Fall!

(2) Lebensversicherung

Vorübungen (V)

A. Versorgungslücke und Vorsorgekonzepte

(Grundversorgung durch die gesetzliche Rentenversicherung, Alters- und Hinterbliebenenversorgung, Versorgungslücke, private Altersvorsorge in der 1. und 2. Schicht – Info: Band 2, C 1, C 2.1, C 2.2, C 2.3.1)

V 1 Welche der folgenden Aussagen zum Dreischichtenmodell ist richtig (R), welche ist falsch (F)?

a) Die 1. Schicht wird Basisvorsorge genannt.
b) Die Basisvorsorge umfasst nur die gesetzliche Rentenversicherung.
c) Die 2. Schicht umfasst die umlagegedeckte Zusatzvorsorge.
d) Zur 2. Schicht gehören die „Riester"-Rente und die betriebliche Altersvorsorge.
e) Die erste und zweite Schicht werden steuerlich gleichbehandelt.
f) Zur 3. Schicht gehören u. a. die private Rentenversicherung und die kapitalbildende Lebensversicherung.
g) Die gesetzliche Rentenversicherung ist als Produkt der 1. Schicht nicht steuerbegünstigt.

V 2 Welche der folgenden Aussagen zur gesetzlichen Rentenversicherung ist richtig (R), welche ist falsch (F)?

a) Die Regelaltersgrenze von 67 Jahren gilt für die Jahrgänge 1964 und später.
b) Die Berufsunfähigkeitsrenten werden nicht mehr ausgezahlt, es gibt nur noch Renten wegen verminderter Erwerbsfähigkeit.
c) Witwen- und Waisenrenten dienen der Hinterbliebenenversorgung.
d) Um die volle Erwerbsminderungsrente erhalten zu können, muss der Versicherte außerstande sein mindestens 3 Stunden täglich erwerbstätig zu sein.
e) Um eine Rente wegen teilweiser Erwerbsminderung erhalten zu können, muss der Versicherte außerstande sein mindestens 6 Stunden täglich erwerbstätig zu sein.

V 3 Welche der folgenden Aussagen zur gesetzlichen Rentenversicherung ist richtig (R), welche ist falsch (F)?

a) Nur Arbeitnehmer sind versicherungspflichtig.
b) Bei einem Arbeitnehmer, der sein gesamtes Berufsleben Beiträge in Höhe der Beitragsbemessungsgrenze West abgeführt haben und in der Rentenphase in Dresden lebt, wird der aktuelle Rentenwert „Ost" zugrunde gelegt.
c) Einen Entgeltpunkt erhält man, wenn der persönliche Bruttoverdienst in einem Jahr gleich dem Bruttodurchschnittsverdienst aller Versicherten in dem Jahr ist.
d) Wenn ein Arbeitnehmer 14 Monate vorzeitig in Rente geht, dann verringert sich die Rente um 3,6 %.
e) Wenn ein Arbeitnehmer 14 Monate später als der eigentliche Rentenzugang in Rente geht, dann erhält er 7 % mehr Rente.

GFK 3 (2) Versicherungs- und Finanzprodukte: Lebensversicherung

V 4 Welche der folgenden Aussagen zur Basisrentenversicherung sind richtig (R), welche sind falsch (F)?

a) Die Beiträge zur Basisrentenversicherung und zur gesetzlichen Rentenversicherung sind im Jahr 2020 bis zu einem Höchstbetrag von 20.000,00 € (alleinstehende) als Altersvorsorgebeiträge abzugsfähig.
b) Das angesammelte Kapital wird während der Ansparphase nicht auf das Arbeitslosengeld II angerechnet.
c) Ab dem Jahr 2040 wird die komplette Basisrente zur Besteuerung herangezogen.
d) Ab dem Jahr 2020 werden die Beiträge zur Basisrentenversicherung zu 100 % als Sonderausgabenabzug (bis zum jeweiligen Höchstbetrag) berücksichtigt.
e) Die Rentenzahlungen dürfen ab Beginn des 62. Lebensjahrs anfangen.

V 5 Ein 35-jähriger Arbeitnehmer (im Großhandel) interessiert sich für eine Basisrentenversicherung. Sein Arbeitseinkommen beträgt 105.000,00 €. Der Beitragssatz zur gesetzlichen Rentenversicherung beträgt 18,6 % und die Beitragsbemessungsgrenze liegt bei 82.800,00 €. Der Beitragssatz zur knappschaftlichen Rentenversicherung beträgt 24,7 % und die Beitragsbemessungsgrenze liegt bei 101.400,00 €. 90 % Sonderausgabenabzug für Altersvorsorgebeiträge im Jahr 2020.

a) Wie groß ist der maximal steuerlich zulässige Betrag für Altersvorsorgeaufwendungen eines Ledigen?
   1 – 20.000,00 €
   2 – 13.912,80 €   4 – 25.046,00 €
   3 – 19.635,00 €   5 – 22.766,40 €

b) Wie hoch müsste der Beitrag zur Basisrentenversicherung sein, wenn er den Höchstbetrag der Altersvorsorgebeiträge als Lediger ausschöpfen möchte?
   1 – 9.645,20 €
   2 – 6.087,20 €   4 – 4.427,10 €
   3 – 8.853,60 €   5 – 4.426,80 €

c) Welcher Betrag wäre im Jahr 2020 steuermindernd wirksam?
   1 – 11.712,05 €
   2 – 14.841,00 €   4 – 8.853,60 €
   3 – 8.854,20 €   5 – 6.087,20 €

V 6 Welche der folgenden Aussagen zur Riester-Rente sind richtig (R), welche sind falsch (F)?

a) Die Grundzulage beträgt 175,00 € und die Kinderzulage 300,00 € für alle Kinder die ab dem 01.01.2008 geboren wurden.
b) Die vollen Zulagen erhält man nur, wenn man den Mindesteigenbeitrag bezahlt.
c) Für die Bemessung des Mindesteigenbeitrags werden 4 % vom rentenversicherungspflichtigen Einkommen des Vorjahres berechnet (aber nicht mehr als 2.100,00 €) und um die Zulagen gekürzt.
d) Riester Sparer, die das 25. Lebensjahr noch nicht vollendet haben, erhalten jährlich eine um 200,00 € erhöhte Grundzulage.
e) Mittelbar Zulagenberechtigte müssen mindestens den Sockelbetrag von 80,00 € zahlen.

Versicherungs- und Finanzprodukte: Lebensversicherung

V 7 Ein verheirateter Arbeitnehmer (30 Jahre alt) ist mit seiner Ehefrau zusammenveranlagt und hat im vergangenen Jahr ein rentenversicherungspflichtiges Einkommen von 54.000,00 € erhalten. Seine Ehefrau ist mit den Drillingen (2014 geboren) zu Hause und hat kein rentenversicherungspflichtiges Einkommen im vergangenen Jahr erzielt.

Da sie aufgrund der Kindererziehung nicht beruflich tätig ist, soll sie auch die Kinderzulage erhalten. Die Familie möchte sich über das Thema Riester-Rente informieren.

a) Wie hoch ist der Mindesteigenbeitrag für den Arbeitnehmer?
   1 –   850,00 €
   2 – 1.046,00 €   4 – 2.046,00 €
   3 – 1.946,00 €   5 – 2.100,00 €

b) Wie hoch ist der Mindesteigenbeitrag für die Ehefrau?
   1 –   154,00 €
   2 – 1.054,00 €   4 –   200,00 €
   3 –   60,00 €   5 –   900,00 €

c) Wie viel Geld fließt jährlich in den Vertrag des Mannes?
   1 – 2.100,00 €
   2 – 2.160,00 €   4 – 1.200,00 €
   3 – 1.946,00 €   5 – 1.025,00 €

d) Wie viel Geld fließt jährlich in den Vertrag der Frau?
   1 – 1.054,00 €
   2 – 1.135,00 €   4 –   900,00 €
   3 –   60,00 €   5 –   214,00 €

V 8 Welche der folgenden Aussagen zur betrieblichen Altersvorsorge sind richtig (R), welche sind falsch (F)?

a) Die Durchführungswege der betrieblichen Altersvorsorge sind Direktversicherung, Direktzusage, Direktkasse, Pensionskasse und Pensionsfonds.
b) Bei einer Entgeltumwandlung fallen bis zu einem Höchstbetrag keine Steuern und keine Beiträge zur Sozialversicherung an.
c) Bei einer Entgeltumwandlung erhält der Arbeitnehmer von Anfang an ein unwiderrufliches Bezugsrecht auf den Erlebensfall und die Hinterbliebenen auf den Todesfall.
d) Finanziert der Arbeitgeber Teile der Betriebsrente oder die ganze Betriebsrente, dann hat der Arbeitnehmer einen Unverfallbarkeitsanspruch, wenn er mindestens 25 Jahre alt ist und die Zusage seit mindestens 5 Jahren besteht.
e) Auf die Betriebsrente muss der volle Beitragssatz zur gesetzlichen Kranken- und Pflegeversicherung gezahlt werden.

Bearbeiten Sie jetzt die Situationsaufgaben S 1 – S 5

B. Lebensversicherung (3. Schicht) als Vorsorge- und Kapitalanlageprodukt

(Kapitallebensversicherung, fondsgebundene Lebensversicherung, Risikoversicherung, Rentenversicherung, Unfall-Zusatzversicherung und Berufsunfähigkeits-Zusatzversicherung Berufsunfähigkeitsversicherung, Dynamik, steuerliche Auswirkungen – Info: Band 2, C 3, C 9)

V 9 Welche der folgenden Aussagen zur kapitalbildenden Lebensversicherung sind richtig (R), welche sind falsch (F)?

a) Bei der kapitalbildenden Lebensversicherung setzt sich der Beitrag aus einem Kostenanteil, Risikoanteil und Sparanteil zusammen.
b) Eine lebenslängliche Todesfallversicherung ist eine reine Risikoversicherung.
c) Die Kapitalversicherung auf verbundene Leben eignet sich als Teilhaberversicherung.
d) Man kann eine Dread-Disease-Deckung vereinbaren, dann lösen auch schwere Krankheitsfälle den Versicherungsfall aus.
e) Bei Auszahlung einer kapitalbildenden Lebensversicherung (Vertragsabschluss ab 2005) im Erlebensfall werden die Kapitalerträge nach dem Halbeinkünfteverfahren besteuert, sofern der Vertrag mindestens 12 Jahren gelaufen ist und die Auszahlung erst nach Vollendung des 62. Lebensjahr erfolgt ist.

V 10 Welche der folgenden Aussagen zur fondsgebundenen Lebensversicherung sind richtig (R), welche sind falsch (F)?

a) Die Mindestverzinsung beträgt 1,25 %.
b) Der Sparanteil wird dazu verwendet Fondsanteile zu erwerben.
c) Die Anlage des Kapitals erfolgt nach den Vorschriften des VAG.
d) Die Beiträge können nicht als Vorsorgeaufwendungen geltend gemacht werden.
e) Der Wechsel zwischen einzelnen Fonds ist möglich.

V 11 Welche der folgenden Aussagen zur Risikoversicherung sind richtig (R), welche sind falsch (F)?

a) Die Risikoversicherung gehört zu den Kapitallebensversicherungen.
b) Die Sterbegeldversicherung gehört zur Gruppe der Risikoversicherungen.
c) Innerhalb der ersten 10 Versicherungsjahre kann der Versicherungsnehmer die Risikoversicherung in eine kapitalbildende Lebensversicherung umwandeln.
d) Die Auszahlung aus einer Risikoversicherung unterliegt der Erbschaftsteuer.
e) Risikogewinne müssen an den Versicherungsnehmer zu 90 % ausgeschüttet werden.

V 12 Welche der folgenden Aussagen zur Leibrentenversicherung mit sofort beginnender Rentenzahlung sind richtig (R), welche sind falsch (F)?

a) Mit einer sofort beginnenden Leibrentenversicherung kann man die einmalige Steuerlast bei der Auszahlung einer kapitalbildenden Lebensversicherung senken.
b) Bei Tod der versicherten Person kann die Rente während der Rentengarantiezeit weiter gezahlt werden oder als Barwert der künftigen Renten ausgezahlt werden.
c) Die gezahlten Renten werden mit dem Ertragsanteil zur Versteuerung herangezogen.

d) Eine Hinterbliebenenrentenzusatzversicherung setzt erst nach Ablauf der Rentengarantiezeit ein.

e) Eine Hinterbliebenenrentenzusatzversicherung endet spätestens mit Ablauf der Rentengarantiezeit.

V 13 Welche der folgenden Aussagen zur Leibrentenversicherung mit aufgeschobener Rentenzahlung sind richtig (R), welche sind falsch (F)?

a) Die Beiträge zur aufgeschobenen Rentenversicherung sind im Vergleich zur kapitalbildenden Lebensversicherung geringer.

b) Die aufgeschobene Rentenversicherung dient in erster Linie der Hinterbliebenenvorsorge.

c) Stirbt die versicherte Person während der Aufschubzeit, dann werden nur die eingezahlten Beiträge an die Hinterbliebenen ausgezahlt.

d) Endet die Aufschubzeit nach dem 62. Lebensjahr und der Vertrag hat mehr als 12 Jahre bestanden, dann wird bei Ausübung des Kapitalwahlrechts Abgeltungsteuer auf die Erträge fällig (Vertrag nach dem 31.12.2004 geschlossen).

e) Erhält der nicht verheiratete (eingetragene) Lebenspartner die Rente des Versicherungsnehmers, werden die Rentenzahlungen mit Erbschaft- bzw. Schenkungsteuer belegt, sofern innerhalb von 10 Jahren die Summe der Renten 20.000,00 € übersteigt.

V 14 Welche der folgenden Aussagen zur Unfalltod-Zusatzversicherung sind richtig (R), welche sind falsch (F)?

a) Bei einer Kapitalversicherung auf verbundene Leben mit Einschluss einer Unfalltod-Zusatzversicherung wird zum einen einmal die Versicherungssumme und zum anderen einmal die Unfalltod-Zusatzversicherung-Summe fällig, wenn beide versicherte Personen zugleich sterben.

b) Tritt der Unfall während der Vertragslaufzeit ein und verstirbt die versicherte Person innerhalb eines Jahres, aber nach Beendigung der Vertragslaufzeit, dann wird keine Leistung erbracht.

c) Hat ein Versicherungsnehmer eine Unfalltod-Zusatzversicherung in seine kapitalbildende Lebensversicherung eingeschlossen, dann wird bei Tod durch eine Gasvergiftung nicht die Unfalltod-Zusatzversicherung-Summe ausgezahlt.

d) Der Versicherer hat das Recht eine Obduktion durch einen von ihm beauftragten Arzt vorzunehmen.

e) Wenn laufende Beiträge vereinbart wurden, kann die Unfalltod-Zusatzversicherung in Schriftform gekündigt werden.

V 15 Welche der folgenden Aussagen zur Berufsunfähigkeits-Zusatzversicherung sind richtig (R), welche sind falsch (F)?

a) Die Beitragsbefreiung der Berufsunfähigkeits-Zusatzversicherung dient dazu, dass die vollen Leistungen der Hauptversicherung auch bei Eintritt einer Berufsunfähigkeit erbracht werden können.

b) Die Berufsunfähigkeits-Zusatzversicherung kann jederzeit bei laufender Beitragszahlung getrennt von der Hauptversicherung gekündigt werden.

c) Bei der Berufsunfähigkeits-Zusatzversicherung gilt die abstrakte Verweisung.
d) Erleidet die versicherte Person einen Schlaganfall, an dessen Folgen Sie in die Pflegestufe I eingruppiert wird, dann werden 40 % der Berufsunfähigkeitsrente gezahlt, wenn die versicherte Person mindestens zu 50 % außerstande ist die bisherige Tätigkeit auszuüben und auch keine andere Tätigkeit ausübt, die ihrer bisherigen Lebensstellung entspricht.
e) Die Renten werden monatlich im Voraus gezahlt.

V 16 Welche der folgenden Aussagen zur Berufsunfähigkeitsversicherung sind richtig (R), welche sind falsch (F)?

a) Am Ende der Laufzeit werden die Überschussanteile ausgezahlt, wenn die Überschussanteile nicht mit den laufenden Beiträgen verrechnet wurden.
b) In der Berufsunfähigkeitsversicherung wird die konkrete Verweisung angewandt.
c) Die Überschussverwendung erfolgt nach dem Bonussystem.
d) Die Zahlung der Berufsunfähigkeitsrente nach einem Versicherungsfall wird auf die Grundsicherung bzw. auf das Arbeitslosengeld II angerechnet.
e) Die Zahlung der Berufsunfähigkeitsrente nach einem Versicherungsfall wird mit dem Ertragsanteil zur Besteuerung herangezogen.

V 17 Welche der folgenden Aussagen zur Dynamik sind richtig (R), welche sind falsch (F)?

a) Widerspricht der Versicherungsnehmer innerhalb 1 Monats ab Änderung, entfällt die Erhöhung rückwirkend.
b) Ist die Dynamik größer als der Zuwachs bei der gesetzlichen Rentenversicherung erfolgt eine Risikoprüfung.
c) Die Leistungen erhöhen sich entsprechend der Dynamik.
d) Die Beiträge erhöhen sich entsprechend der Dynamik.
e) Ist die Erhöhung dreimal hintereinander entfallen, erfolgt keine weitere Erhöhung.

Bearbeiten Sie jetzt die Situationsaufgaben S 6 – S 9

C. Versicherungstechnik in der Lebensversicherung
(Risikoprüfung, Auswahl des zutreffenden Tarifs, Beitragsberechnung, Tarif- und Beitragsänderung, beteiligte Personen, vorläufiger Versicherungsschutz, Überschüsse – Info: Band 2, C 4, C 5)

V 18 Welche der folgenden Aussagen zur Risikoprüfung sind richtig (R), welche sind falsch (F)?

a) Die Risikoprüfung hängt nur von objektiven Risikomerkmalen ab.
b) Das Ausmaß der Risikoprüfung hängt von der Höhe der Versicherungssumme ab.
c) Die Bonitätsprüfung soll Auskunft über ein subjektives Risikomerkmal geben.
d) Ist die Antragsannahme nur mit Erschwernissen möglich, unterbreitet der Versicherer ein neues Angebot, das dann vom Versicherungsnehmer angenommen werden muss.
e) Das Vereinbaren eines Risikozuschlags und einer Staffelung sind die einzigen Möglichkeiten für ein Erschwernisangebot.

Versicherungs- und Finanzprodukte: Lebensversicherung

> **V 19** Welche der folgenden Aussagen zur Beitragsberechnung in der Lebensversicherung sind richtig (R), welche sind falsch (F)?

a) Im Proximus 4 Bedingungswerk beträgt der jährliche Mindestbeitrag generell 240,00 €.

b) Der Bruttobeitrag setzt sich aus dem Nettobeitrag und dem Kostenanteil zusammen.

c) Der Nettobeitrag setzt sich aus dem Risikobeitrag und dem Sparbeitrag (bei Kapitalbildung) zusammen.

d) Die Zulagenrente und die fondsgebundene Lebens-/Rentenversicherung ist von der Nachkalkulation bei unterjähriger Zahlungsweise ausgenommen.

> **V 20** Welche der folgenden Aussagen zum Versicherungsnehmer sind richtig (R), welche sind falsch (F)?

a) Zahlt eine dritte Person die Beiträge einer Lebensversicherung nicht mehr, ist der Versicherungsnehmer verpflichtet diese zu zahlen.

b) Der Versicherungsnehmer hat alle Gestaltungsrechte am Vertrag.

c) Soll eine geschäftsunfähige Person Versicherungsnehmer werden, muss bei Vertragsschluss immer das Familiengericht zustimmen, damit der Vertrag rechtswirksam zustande kommt.

d) Lebensversicherungsverträge die mit einem beschränkt Geschäftsfähigen geschlossen werden und mehr als ein Jahr über das 18. Lebensjahr fortdauern, benötigen immer die Zustimmung des Familiengerichtes, damit der Vertrag rechtswirksam wird.

e) Solange der Lebensversicherungsvertrag schwebend unwirksam ist, kann der Versicherungsnehmer die eingezahlten Beiträge einschließlich der Zinsen zurück verlangen.

> **V 21** Welche der folgenden Aussagen zur versicherten Person sind richtig (R), welche sind falsch (F)?

a) Möchte der Versicherungsnehmer eine Lebensversicherung auf das Leben einer anderen voll geschäftsfähigen Person abschließen, benötigt er immer die Zustimmung der versicherten Person.

b) Schließen zwei nicht verheiratete Lebenspartner je eine Risikolebensversicherung auf das Leben des Anderen ab, dann wird im Versicherungsfall keine Erbschaftssteuer fällig, sofern kein Bezugsrecht erteilt wurde.

c) Möchten die Eltern eine Lebensversicherung über 50.000,00 € auf das Leben ihres geschäftsunfähigen Kindes abschließen, bedarf es der Zustimmung des Familiengerichtes.

d) Möchten die Eltern eine Lebensversicherung über 50.000,00 € auf das Leben ihres beschränkt geschäftsfähigen Kindes abschließen, können sie selber dem Antrag zustimmen, damit ein rechtskräftiger Vertrag zustande kommt.

e) Möchte der Onkel eine Lebensversicherung über 50.000,00 € auf das Leben seines beschränkt geschäftsfähigen Neffen abschließen, benötigt er die Zustimmung des Neffen, damit ein rechtskräftiger Vertrag zustande kommt.

V 22 Welche der folgenden Aussagen zum vorläufigen Versicherungsschutz in der Lebensversicherung sind richtig (R), welche sind falsch (F)?

a) Der vorläufige Versicherungsschutz kann nur für die Risikoversicherung und die kapitalbildende Lebensversicherung angeboten werden.

b) Der vorläufige Versicherungsschutz erschreckt sich immer auf die vereinbarte Kapitalleistung der Hauptversicherung.

c) Der vorläufige Versicherungsschutz beginnt mit dem Tag, an dem der Antrag beim Versicherer eingeht.

d) Der vorläufige Versicherungsschutz endet spätestens 2 Monate nach Unterzeichnung des Antrags.

e) Verstirbt die versicherte Person während des vorläufigen Versicherungsschutzes und hat die versicherte Person im Hauptantrag eine Krankheit angegeben, die zu einer Ablehnung geführt hätte, dann muss der Versicherer in keinem Fall leisten.

V 23 Welche der folgenden Aussagen zur Beitragsverwendung in der Lebensversicherung sind richtig (R), welche sind falsch (F)?

a) Das Deckungskapital dient bei einer kapitalbildenden Lebensversicherung zur Finanzierung der Erlebensfallleistung.

b) Das Deckungskapital wird aus den mit dem Rechnungszins verzinsten Sparbeiträgen gebildet.

c) Das riskierte Kapital einer gemischten Lebensversicherung ist die Differenz aus der Versicherungssumme und dem Deckungskapital.

d) Das riskierte Kapital bleibt während der Vertragslaufzeit gleich.

e) Das Deckungskapital wird nicht mehr gezillmert, weil der Versicherer einen Mindestrückkaufswert erbringen muss.

V 24 Welche der folgenden Aussagen zu den Überschüssen in der Lebensversicherung sind richtig (R), welche sind falsch (F)?

a) Der Risikoüberschuss entsteht nur durch die Risikoauslese des Versicherers.

b) Der Versicherungsnehmer muss auch an den Bewertungsreserven beteiligt werden.

c) An den Zins- und Kostenüberschüssen muss der Versicherer den Versicherungsnehmer mit mindestens 90 % beteiligen.

d) Die Erlebensfallleistung ist bei der verzinslichen Ansammlung höher als beim Bonussystem.

e) Werden die Überschussanteile nicht für die Erhöhung der Versicherungssumme verwendet, verkürzt sich immer die Versicherungsdauer.

Bearbeiten Sie jetzt die Situationsaufgaben S 10 – S 12

D. Vertragsbeendigung und Rechte Dritter

(Kündigungsmöglichkeiten, Rückkaufswert, Zahlungsverzug, Maßnahmen bei Zahlungsschwierigkeiten, Tod des Versicherungsnehmers, Bezugsrecht, Abtretung, Verpfändung – Info: Band 2, C 6, C 7, C 8)

V 25 Welche der folgenden Aussagen zu den Maßnahmen bei Zahlungsschwierigkeiten in der Lebensversicherung sind richtig (R), welche sind falsch (F)?

a) Die Vereinbarung eines Risikozwischenbeitrags dient dazu, dauernde Zahlungsschwierigkeiten zu vermeiden.
b) Ein Beitragsrückstand kann mit dem Überschussguthaben verrechnet werden und wird bei vorübergehenden Zahlungsschwierigkeiten angewendet.
c) Wird ein Beitragsrückstand mit dem Überschussguthaben verrechnet, sinkt die Versicherungssumme, wenn die verzinsliche Ansammlung angewendet wird.
d) Bei der Stundung muss der Versicherungsnehmer für eine vereinbarte Zeit keine Beiträge entrichten, behält aber den vollen Versicherungsschutz.
e) Nach Ablauf der Stundungsfrist muss der Versicherungsnehmer die ausstehenden Beiträge in einer Summe nachzahlen.

V 26 Welche der folgenden Aussagen zur Kündigung des Versicherungsnehmers in der Lebensversicherung sind richtig (R), welche sind falsch (F)?

a) Der Versicherungsnehmer kann bei monatlicher Zahlung jederzeit den Vertrag zum Ende eines Monats kündigen.
b) Die Kündigung kann in Textform erfolgen.
c) Kündigt der Versicherungsnehmer eine gemischte Lebensversicherung, muss ihm der Rückkaufswert ausgezahlt werden.
d) Der Rückkaufswert ist schon vor Abgabe der Vertragserklärung des Versicherungsnehmers für jedes Vertragsjahr anzugeben.
e) Bei einer Kündigung in den ersten Versicherungsjahren kann es sein, dass noch kein Rückkaufswert vorhanden ist.

V 27 Welche der folgenden Aussagen zur Kündigung des Versicherers in der Lebensversicherung sind richtig (R), welche sind falsch (F)?

a) Der Versicherer hat nur die Möglichkeit den Lebensversicherungsvertrag außerordentlich zu kündigen.
b) Kündigt der Versicherer nach einem Zahlungsverzug, dann wird der Vertrag nicht aufgelöst, sondern in eine beitragsfreie Versicherung umgewandelt.
c) Der Zinssatz für Verzugszinsen liegt höchstens 4 % über dem Basiszinssatz nach § 247 BGB.
d) Der Versicherer stellt dem Versicherungsnehmer 7,50 € als Mahngebühr in Rechnung.
e) Die ausstehenden Beiträge, Verzugszinsen und Mahngebühren werden vom Rückkaufswert abgezogen.

V 28 Welche der folgenden Aussagen zum Tod des Versicherungsnehmers in der Lebensversicherung sind richtig (R), welche sind falsch (F)?

a) Ist der Versicherungsnehmer auch versicherte Person wird die Versicherungsleistung an den Bezugsberechtigten ausgezahlt. Dieser muss aber den Erben eventuell den Pflichtteil auszahlen.

b) Ist der Versicherungsnehmer nicht die versicherte Person, dann kann bei Tod des Versicherungsnehmers die versicherte Person oder ein anderer Versicherungsnehmer werden.

c) Ein Wechsel der Versicherungsnehmereigenschaft aufgrund von Tod kann eine Erbschaftssteuerzahlung nach sich ziehen.

d) Beim Wechsel des Versicherungsnehmers stellt die Proximus Versicherung AG eine Gebühr von 15,00 € in Rechnung.

e) Wird der Versicherungsnehmer (= versicherte Person) vom Bezugsberechtigten vorsätzlich durch eine widerrechtliche Handlung getötet, wird die Versicherungsleistung an den Ehepartner des Bezugsberechtigten ausgezahlt.

V 29 Welche der folgenden Aussagen zum Bezugsrecht sind richtig (R), welche sind falsch (F)?

a) Ist im Testament eine andere Person als Begünstigter für die Lebensversicherung eingetragen, als im widerruflichen Bezugsrecht des Versicherungsvertrages, dann zahlt der Versicherer an den im Vertrag angegebenen Bezugsberechtigten.

b) Stirbt der widerrufliche Bezugsberechtigte fällt das Bezugsrecht in seine Erbmasse.

c) Tötet der Bezugsberechtigte die versicherte Person (≠ Versicherungsnehmer) durch vorsätzlich widerrechtliche Handlung, dann erhält der Versicherungsnehmer die Versicherungsleistung.

d) Tötet der Versicherungsnehmer vorsätzlich durch widerrechtliche Handlung die versicherte Person und ist der Bezugsberechtigte eine weitere Person (nicht Versicherungsnehmer oder versicherte Person), dann erhält der Bezugsberechtigte dennoch die Versicherungsleistung.

e) Ein unwiderrufliches Bezugsrecht kann nur mit Zustimmung des Begünstigten geändert werden.

V 30 Welche der folgenden Aussagen zur Abtretung sind richtig (R), welche sind falsch (F)?

a) Tritt ein Versicherungsnehmer seine Rechte und Ansprüche aus einem Lebensversicherungsvertrag ab, dann muss eine Forderung des Gläubigers vorliegen.

b) Die Abtretung wird Zession genannt.

c) Der Versicherungsnehmer ist der Zessionar und die Person die die Rechte und Ansprüche übertragen bekommt, nennt man Zedent.

d) Die Sicherungsabtretung dient nicht der Erfüllung einer Kreditverbindlichkeit, sondern nur deren Sicherung.

e) Eine Kreditvergabe eines Versicherers an seinen Versicherungsnehmer und einer Besicherung durch die beim Versicherer bestehende Lebensversicherung erfolgt immer in Form einer Abtretung.

V 31 Welche der folgenden Aussagen zur Verpfändung sind richtig (R), welche sind falsch (F)?

a) Der Versicherungsnehmer kann die Ansprüche aus einer Lebensversicherung als Kreditsicherung an einen Gläubiger verpfänden.

b) Die Verpfändung ist nur wirksam, wenn sie dem Versicherer durch den Versicherungsnehmer angezeigt wird.

c) Der Gläubiger kann erst bei Pfandreife auf die Versicherung zugreifen.

d) Der Pfandgläubiger hat keine Gestaltungsrechte.

e) Liegt die Pfandreife vor, aber die Versicherungsleistung ist noch nicht fällig, dann kann der Pfandgläubiger eine (Teil-)Abtretung des Rückkaufswertes an Zahlungsstatt verlangen.

Bearbeiten Sie jetzt die Situationsaufgaben S 13 – S 16

Situationsaufgaben (S)

Zu S 1 – S 5: siehe Vorübungen V 1 – V 8

S 1 Sie sind Mitarbeiter/-in in der Abteilung Privatkundengeschäft der Proximus Lebensversicherung AG. Sie erhalten ein Schreiben ihres Kunden Lennart Schmidt, indem er folgendes schreibt:

„In einem Werbeprospekt weisen Sie auf die staatliche Förderung in der „Riester"-Rentenversicherung hin. Bitte informieren Sie mich über die staatliche Förderung und teilen Sie mir mit, wie hoch mein Beitrag wäre, damit ich die volle staatliche Förderung erhalte."

Folgende Angaben liegen Ihnen vor:

Name:	Lennart Schmidt
Geburtsdatum:	14.03.1971
Familienstand:	ledig
Kinder:	keine
sozialversicherungspflichtiges Vorjahreseinkommen:	82.000,00 €
Grenzsteuersatz:	42,00 %

Beraten Sie Herrn Schmidt!

S 2 Sie sind Mitarbeiter/-in in der Abteilung Privatkundengeschäft der Proximus Lebensversicherung AG. Sie erhalten am 17.10. d. J. ein Schreiben ihres Kunden Alexander Kirschner:

Alexander Kirschner
Nöldnerstr. 22
10317 Berlin

Berlin, 15.10. d. J.

Proximus Lebensversicherung AG
Proximus-Platz 1
80333 München

Sehr geehrte Damen und Herren,

meine Frau und ich interessieren uns für eine „Riester"-Rentenversicherung. Uns ist noch nicht klar, wie hoch der Beitrag ist, damit wir die volle staatliche Förderung erhalten. Bitte informieren Sie uns, über den zuzahlenden Beitrag.

Mit freundlichen Grüßen

Alexander Kirschner

Folgende Daten liegen Ihnen vor:

Name:	Alexander Kirschner
Geburtsdatum:	21.10.1981
sozialversicherungspflichtiges Vorjahreseinkommen:	32.000,00 € (Zusammenveranlagung)
Name der Ehefrau:	Lydia Kirschner

Geburtsdatum:	03.06.1983
Beruf:	Hausfrau (kein Einkommen)
Kinder:	Lisa Kirschner (geboren am 17.03.2008)
	Clara Kirschner (geboren am 17.03.2008)

a) Berechnen Sie den Mindesteigenbeitrag so, dass die gesamte staatliche Förderung berücksichtigt wird!

b) Welche Beträge fließen in welchen Vertrag? (Die Kinder werden der Frau zugeordnet.)

S 3 Sie sind Mitarbeiter/-in im Kundenservice der Proximus Lebensversicherung AG. Sie erhalten einen Anruf ihrer Kundin Jennifer Kurz. Frau Kurz möchte ein Angebot zur Riester-Rente (garantierte Rente, Rentenbeginnalter 67 Jahre). Sie möchte den Mindesteigenbeitrag zahlen, um die vollen Zulagen zu erhalten. Frau Kurz geht davon aus, dass sich ihr Einkommen nicht verändern wird.

Folgende Daten wurden aufgenommen:

Versicherungsnehmer:	Jennifer Kurz
Alter:	31 Jahre
Familienstand:	ledig
Zahlungsweise:	monatlich
Einkommen des Vorjahres:	46.000,00 €
Name des Kindes:	Lotti Kurz
Geburtsdatum des Kindes:	17.03.2008

Berechnen Sie, die garantierte Rente mit 67 nach Tarif 20!

S 4 Sie sind Mitarbeiter/-in in der Abteilung Privatkundengeschäft der Proximus Lebensversicherung AG. Sie erhalten ein Schreiben ihres Kunden Kai Maurer, indem er folgendes schreibt:

„Seit letztem Monat zahle ich nicht mehr in die gesetzliche Rentenversicherung ein. Ich möchte aber weiterhin eine Altersvorsorge aufbauen, die in etwa meinem heutigem Nettogehalt entspricht."

Folgende Angaben liegen Ihnen vor:

Name:	Kai Maurer
Alter:	35 Jahre
Familienstand:	ledig
Kinder:	keine
berufliche Tätigkeit:	selbstständiger Dachdeckermeister
Brutto-Einkommen:	150.000,00 €
Netto-Einkommen:	87.000,00 €
sozialversicherungspflichtige Beiträge:	seit 18 Jahren
Beitragssatz zur knappschaftlichen Rentenversicherung 2020:	24,7 %
Beitragsbemessungsgrenze der knappschaftlichen Rentenversicherung 2020:	101.400,00 €
aktueller Stand der Altersrente laut Rentenmitteilung:	585,00 € monatlich
aufgeschob. Rentenversicherung mit Endalter 67:	1.000,00 € monatlich garantiert
Riester-Rente mit Endalter 67:	200,00 € monatlich garantiert

Beraten Sie Herrn Maurer!

Versicherungs- und Finanzprodukte: Lebensversicherung   GFK 3 (2)

S 5 Sie sind Mitarbeiter/-in im Kundenservice der Proximus Lebensversicherung AG. Ihr Kunde Onur Ates hat in einer Verbraucherzeitschrift gelesen, dass eine Basisrentenversicherung auch für gut verdienende Angestellte geeignet ist. Er möchte von Ihnen erläutert haben, inwiefern diese Aussage auf ihn zutreffend ist.

Folgende Angaben liegen Ihnen vor:

Name:	Onur Ates
Alter:	38 Jahre
Familienstand:	ledig
Kinder:	keine
Wohnort:	Hamburg
berufliche Tätigkeit:	Abteilungsleiter im Großhandel
Brutto-Einkommen:	120.000,00 €
Beitragssatz zur knappschaftlichen Rentenversicherung 2020:	24,7 %
Beitragsbemessungsgrenze der knappschaftlichen Rentenversicherung 2020:	101.400,00 €
Beitragssatz zur Rentenversicherung 2020:	18,6 %
Beitragsbemessungsgrenze der Rentenversicherung West 2020:	82.800,00 €
Grenzsteuersatz:	42 %

a) Wie hoch müsste der Beitrag für eine Basisrentenversicherung sein, wenn er den Altersvorsorgebetrag voll ausschöpfen möchte?

b) Welcher Betrag wäre im Jahr 2020 im Rahmen der Sonderausgaben steuermindernd wirksam?

c) Wie groß wäre die zusätzliche Steuerersparnis im Jahr 2020, wenn er den Altersvorsorgebetrag voll ausschöpft?

Zu S 6 – S 9: siehe Vorübungen V 9 – V 17

S 6 Sie sind Mitarbeiter/-in im Kundenservice der Proximus Lebensversicherung AG. Sie erhalten ein Schreiben ihres Kunden Axel Schröder:

Axel Schröder   Ahrensfelde, 17.10. d. J.
Wiesenweg 3
16356 Ahrensfelde

Proximus Lebensversicherung AG
Proximus-Platz 1
80333 München

Sehr geehrte Damen und Herren,

meine Lebenspartnerin Claudia Mangold und ich wollen uns gegenseitig, mit einer Risikolebensversicherung (Versicherungssumme 150.000,00 €), absichern. Da wir nicht verheiratet sind, möchten wir im Leistungsfall möglichst wenig Erbschaftssteuer zahlen.

Bitte erstellen Sie uns ein bedarfsgerechtes Angebot.

Mit freundlichen Grüßen

Axel Schröder

Erstellen Sie ein bedarfsgerechtes Angebot (ohne Beitragsberechnung), hinsichtlich der beteiligten Personen am Versicherungsvertrag und begründen Sie kurz!

S 7 Sie sind Mitarbeiter/-in im Kundenservice der Proximus Lebensversicherung AG. Sie erhalten einen Anruf ihrer Kundin Alexandra Lundin (Alter 28 Jahre, alleinstehend), indem sie Ihnen folgendes mitteilt:

„Ich möchte für meinen Sohn Frode Lundin (Alter 2 Jahre) eine Vorsorge aufbauen, bei der mit dem 18. Lebensjahr 20.000,00 € zur Verfügung stehen sollen. Eine vorzeitige Zahlung der Summe soll ausgeschlossen sein."

Beraten Sie Frau Lundin!

S 8 Sie sind Mitarbeiter/-in im Kundenservice der Proximus Lebensversicherung AG. Sie erhalten ein Schreiben ihres Kunden Marcus Blume (Alter 31 Jahre), indem er folgendes schreibt:

„Mein Patenonkel Erwin Fischer möchte mich in den nächsten 11 Jahren beim Aufbau einer Altersvorsorge unterstützen. Er will mir jährlich 5.000,00 € für den Aufbau einer Altersvorsorge zahlen. Bitte informieren Sie mich, ob ich bei Ihnen eine Rentenversicherung unter den o. g. Voraussetzungen abschließen kann. Eine weitere Zahlung von Beiträgen ist mir nicht möglich."

Beraten Sie Herrn Blume!

S 9 Sie sind Mitarbeiter/-in im Kundenservice der Proximus Lebensversicherung AG. Sie erhalten ein Schreiben ihres Kunden Andreas Plischke, indem er folgendes schreibt:

„In der Zeitung wurde darüber berichtet, dass die Lebensversicherer Probleme haben, ihre hohen Garantien der Vergangenheiten überhaupt noch zu erwirtschaften. Sie setzen heutzutage viel mehr auf fondsgebundene Lebensversicherungen. Ich habe bei Ihnen eine kapitalbildende Lebensversicherung die ich 1998 mit einem Garantiezins von 4 % abgeschlossen habe.

Werde ich trotzdem diese Verzinsung für die gesamte Laufzeit erhalten?
Welche Vor- bzw. Nachteile hat eine fondsgebundene Lebensversicherung?"

Antworten Sie Herrn Plischke!

Versicherungs- und Finanzprodukte: Lebensversicherung GFK 3 (2)

> Zu S 10 – S 12: siehe Vorübungen V 18 – V 24

S 10 Sie sind Mitarbeiter/-in im Kundenservice der Proximus Lebensversicherung AG. Sie erhalten ein Schreiben ihrer Kundin Annika Reuther, indem Sie folgendes schreibt:

„Bei der Durchsicht meiner Versicherungsunterlagen habe ich festgestellt, dass in meiner Lebensversicherungspolice ein Fehler vorhanden ist. Bei Antragstellung vor 14 Jahren wurde mein Geburtsdatum mit einem Zahlendreher angegeben, der von Ihnen dann so policiert wurde. Ich habe nicht am 13.05.1976 Geburtstag, sondern am 13.05.1967.
Hat das falsche Geburtsdatum Auswirkungen auf meinen Versicherungsschutz?"

Folgende Vertragsdaten sind in Ihrem System gespeichert:

Lebensversicherung	
Versicherungsnehmer / versicherte Person	Annika Reuther
Geburtsdatum:	13.05.1976
Versicherungssumme:	100.000,00 €
Beginn:	01.12.2006
Ablauf:	01.12.2026
Tarif:	Risiko-Lebensversicherung
Beitrag:	15,50 €
Beitragszahlung:	monatlich
Beitragskonto:	ausgeglichen
Bezugsrecht im Todesfall:	Hans Reuther (Ehemann)

Antworten Sie Frau Reuther, wenn Sie bei Angabe des richtigen Geburtsdatums einen Beitrag in Höhe von 20,50 € zahlen müsste!

S 11 Sie sind Mitarbeiter/-in im Kundenservice der Proximus Lebensversicherung AG. Sie erhalten ein Schreiben ihrer Kundin Anna Paschinski, indem Sie folgendes schreibt:

„Ich habe letzte Woche ihr Schreiben zur Dynamisierung meiner Lebensversicherung erhalten. Darin heißt es, dass die Beiträge um 5 % angepasst werden. Aber warum wurden die Leistungen nicht auch um 5 % erhöht? Ursprünglich hatte ich die Versicherung zur Deckung meiner Versorgungslücke abgeschlossen. In den letzten fünf Jahren wurde meine Versicherung jährlich um 5 % angepasst. Bin ich jetzt überversichert? Sollte dem so sein, möchte ich die Dynamik aussetzen."

Frau Paschinski hat eine kapitalbildende Lebensversicherung mit einem Endalter von 67 Jahren und einer jährlichen Dynamik von 5 %.

Beraten Sie Frau Paschinski!

S 12 Sie sind Mitarbeiter/-in im Kundenservice der Proximus Lebensversicherung AG. Ihr Neukunde Steffen Hensler (35 Jahre alt) möchte am 14.10. d. J. eine Risikolebensversicherung mit einer Versicherungssumme von 200.000,00 € abschließen, die am 01.12. d. J. beginnen soll (SEPA Lastschrift soll vereinbart werden). Als er sich die Verbraucherinformationen durchliest, stellt er fest, dass ab Antragstellung ein vorläufiger Versicherungsschutz gelten soll.

Herr Hensler möchte darüber genauer informiert werden.

a) Welche Voraussetzungen müssen dafür erfüllt sei?
b) Wann beginnt und wann endet der vorläufige Versicherungsschutz?
c) Was kostet der vorläufige Versicherungsschutz?

Zu S 13 – S 16: siehe Vorübungen V 25 – V 31

S 13 Sie sind Mitarbeiter/-in in der Vertragsabteilung der Proximus Lebensversicherung AG. Nach erfolgloser Mahnung (nach § 38 VVG) wurde der Lebensversicherungsvertrag von Norbert Bludau gekündigt.

Vertragsdaten

Lebensversicherung	
Versicherungsnehmer / versicherte Person	Norbert Bludau
Geburtsdatum:	09.11.1965
Versicherungssumme:	80.000,00 €
Beginn:	01.11.1998
Ablauf:	01.10.2027
Beitrag:	180,00 €
Beitragszahlung:	monatlich
Beitragskonto:	2 Raten sind noch offen
Deckungskapital:	476 ‰ von der Versicherungssumme

Berechnen Sie die beitragsfreie Versicherungssumme, wenn ein Stornoabzug von 1 % auf das riskierte Kapital vorgenommen wird, die Verzugszinsen 5 % p. a. betragen, die Mahnkosten sich auf 7,50 € belaufen und man für 1.000,00 € Versicherungssumme 623,30 € für die Restlaufzeit bezahlen muss.

S 14 Sie sind Mitarbeiter/-in im Kundenservice der Proximus Lebensversicherung AG. Sie erhalten ein Schreiben ihrer Kundin Ilona Weiß:

Ilona Weiß   Berlin, 17.10. d. J.
Maiglöckchenweg 14
13055 Berlin

Proximus Lebensversicherung AG
Proximus-Platz 1
80333 München

Sehr geehrte Damen und Herren,

ich bin zum 30.11. d. J. von meinem Arbeitgeber gekündigt wurden. Aus diesem Grund kann ich mir vorübergehend den Beitrag zu meiner Lebensversicherung nicht leisten. Ich bin ausgebildete Krankenpflegerin und werde wahrscheinlich in nächsten Monaten wieder Arbeit finden, da es sehr viele Stellenausschreibungen auf dem Arbeitsmarkt gibt.

Bitte informieren Sie mich über Möglichkeiten, den Vertrag zu erhalten. Zum Ablauf oder bei Tod soll mein Neffe Max Liebig 25.000,00 € erhalten.

Mit freundlichen Grüßen

Ilona Weiß

Versicherungs- und Finanzprodukte: Lebensversicherung GFK 3 (2)

Folgende Vertragsdaten sind in Ihrem System gespeichert:

Lebensversicherung	
Versicherungsnehmer / versicherte Person	Ilona Weiß
Geburtsdatum:	17.01.1965
Versicherungssumme:	60.000,00 €
Beginn:	01.12.1997
Ablauf:	01.12.2025
Beitrag:	840,00 €
Beitragszahlung:	halbjährlich
Beitragskonto:	ausgeglichen
Rückkaufswert:	39.678,00 €
Bezugsrecht im Erlebensfall:	Ilona Weiß
Bezugsrecht im Todesfall:	Hartmut Schilling (Lebenspartner)

Beraten Sie Frau Weiß und erläutern Sie Möglichkeiten der Bestandserhaltung!

S 15 Sie sind Mitarbeiter/-in im Kundenservice der Proximus Lebensversicherung AG. Ihre Neukundin Corinna Nickel (30 Jahre alt) möchte eine private Rentenversicherung nach Tarif S 30, mit einem Rentenbeginnalter von 67 Jahren und einer garantierten Rente von 1.000,00 € abschließen.

Sie möchte monatlich zahlen und wünscht keine weiteren Einschlüsse. Als Sie mit Ihr den Antrag ausfüllen, soll ein Leistungsempfänger im Erlebens- und Todesfall angegeben werden. Frau Nickel ist sich sicher, dass sie selbst im Erlebensfall Leistungsempfängerin sein soll, aber für den Todesfall möchte Sie sich noch nicht festlegen. Darüber hinaus hat Sie in einer Verbraucherzeitschrift gelesen, dass es ein widerrufliches und ein unwiderrufliches Bezugsrecht gibt.

a) Informieren Sie Frau Nickel darüber, ob ein Bezugsrecht im Todesfall für den Abschluss des Versicherungsvertrages notwendig ist!
b) Unterscheiden Sie das widerrufliche vom unwiderruflichen Bezugsrecht in 2 Punkten!

S 16 Sie sind Mitarbeiter/-in im Kundenservice der Proximus Lebensversicherung AG. Ihr Kunde Stefan Baum möchte zum Kauf eines Reihenhauses einen Kredit bei der Südsternbank in Höhe von 180.000,00 € aufnehmen. Die Laufzeit soll 20 Jahre betragen. Die Bank verlangt zur Kreditsicherung eine Sicherungsabtretung für eine Risikolebensversicherung. Herr Baum möchte seine vor zwei Jahren abgeschlossene Risikolebensversicherung für die Sicherungsabtretung verwenden.

Folgende Vertragsdaten sind in Ihrem System gespeichert:

Lebensversicherung	
Versicherungsnehmer / versicherte Person	Stefan Baum
Alter:	30 Jahre
Tarif:	S 33
Endalter:	60
Versicherungssumme:	200.000,00 €
Beitrag:	35,78 €
Beitragszahlung:	monatlich
Beitragskonto:	ausgeglichen
Bezugsrecht im Todesfall:	Luise Schmidt (Lebenspartnerin)

Beraten Sie Herrn Baum!

(3) Unfallversicherung

Vorübungen (V)

A. Nutzen und Produkte der Unfallversicherung
(gesetzliche Unfallversicherung, Unfallbegriff, Ausschlüsse, Einzel-, Kinder- und Seniorenunfallversicherung – Info: Band 2, D 2.1, D 2.2, D 2.3, D 3.1, D 6)

V 1 Für welchen Fall ist die gesetzliche Unfallversicherung leistungspflichtig?

a) Freizeitunfall
b) Sportunfall
c) Arbeitswegunfall
d) Haushaltsunfall
e) Jagdunfall

V 2 Welche der folgenden Personengruppen sind nicht versicherungspflichtig in der gesetzlichen Unfallversicherung?

a) Schüler und Studenten
b) Freiberufler
c) Arbeitnehmer
d) hauptamtliche Richter
e) Auszubildende
f) Gewerbetreibende
g) Haushaltshilfen

V 3 Welche Aussagen zur gesetzlichen Unfallversicherung sind falsch?

a) Die gesetzliche Unfallversicherung ist gegenüber der privaten Unfallversicherung vorleistungspflichtig.
b) Die Beiträge zur gesetzlichen Unfallversicherung zahlt bei Arbeitnehmern grundsätzlich der Arbeitgeber alleine.
c) Kinder in Kindergärten, Schüler und Studierende sind Pflichtversicherte in der gesetzlichen Unfallversicherung.
d) Leistungspflicht der gesetzlichen Unfallversicherung besteht nur für Arbeits- und Wegeunfälle (zur Arbeit) sowie für Berufskrankheiten.
e) Leistungen aus der gesetzlichen Unfallversicherung werden mit Leistungen aus einer bestehenden privaten Unfallversicherung verrechnet.
f) Leistungen aus der gesetzlichen Unfallversicherung sind nach Einkommensteuergesetz grundsätzlich steuerfrei.

V 4 Für welche Sachverhalte leistet die gesetzliche Unfallversicherung nicht?

a) Herr Meier wird auf dem direkten Weg zu seinem Arbeitsplatz als kaufmännischer Angestellter in einen Autounfall verwickelt.
b) Beim Weg zum Metzger während der Mittagspause rutscht Frau Becker aus und bricht sich ein Bein.
c) Herr Müller unterzieht sich aufgrund eines Arbeitsunfalls einer ambulanten Operation.
d) Frau Schneider absolviert nach einem Arbeitsunfall eine stationäre Rehabilitationsmaßnahme.
e) Frau Schulze benötigt nach einem Arbeitsunfall eine Haushaltshilfe.
f) Ein Unternehmen, das gefährliche Chemikalien herstellt, lässt sich über mögliche Maßnahmen zur Unfallprävention beraten.

V 5 Welche der folgenden Leistungsarten werden in der gesetzlichen Unfallversicherung nicht erbracht?

a) Todesfallleistung (Sterbegeld)
b) Kosmetische Operationen
c) Invaliditätsleistung
d) Verletztengeld wegen Arbeitsunfähigkeit
e) Hinterbliebenenrente
f) Unfallrente
g) Krankenhaustagegeld
h) Soforthilfe

V 6 Welche Merkmale müssen für die Erfüllung des Unfallbegriffs in der privaten Unfallversicherung nicht gegeben sein?

a) Plötzlichkeit
b) Vorinvalidität
c) Gesundheitsschädigung
d) von außen auf den Körper wirkendes Ereignis
e) Unfreiwilligkeit
f) krankheitsbedingte Mitwirkung

V 7 Was gilt nicht als Unfall im Sinn der AUB 2017?

a) Der Versicherte erleidet nach der Beobachtung eines schweren Autounfalls einen Schock.
b) Der Versicherte erleidet aufgrund einer erhöhten Kraftanstrengung einen Meniskusschaden.
c) Der Versicherte erleidet nach einem Zeckenbiss eine Lyme-Borreliose.
d) Der Versicherte infiziert sich mit Wundstarrkrampf.
e) Der Versicherte erleidet nach einem Unfallereignis innere Blutungen.
f) Der Versicherte erleidet beim Anheben eines Klaviers einen Kapselriss.

GFK 3 (3) — Versicherungs- und Finanzprodukte: Unfallversicherung

V 8 In welchen Fällen liegt ein Unfall im Sinne der AUB 2017 vor?

a) Der Versicherte erleidet nach einer Strahlentherapie einen Herzinfarkt.

b) Aufgrund eines Unfallereignisses erleidet der Versicherte eine Gehirnblutung.

c) Ein versichertes Kleinkind erleidet eine Vergiftung nach dem Trinken einer Verdünnungslösung für einen Lack.

d) Der Versicherte erleidet einen Schock, nachdem er einen schweren Unfall mit ansehen musste, bei dem seine Mutter ums Leben kam.

e) Der Versicherte, der beruflich als Röntgenassistent tätig ist, erkrankt aufgrund der ständigen von außen auf seinen Körper einwirkenden Strahlung an Krebs.

f) Infolge einer psychischen Reaktion nach einem Unfall leidet der Versicherte dauerhaft an krankhaften Wahnvorstellungen.

V 9 Für welche Gesundheitsschädigungen erhält der Versicherte nach den AUB 2017 keine Leistung?

a) Für eine Gesundheitsschädigung, die der Patient in Folge einer Ultraschallzertrümmerung seiner Gallensteine erleidet.

b) Für durch eine erhöhte Kraftanstrengung herbeigeführte Verrenkungen seines rechten Handgelenks.

c) Für einen Unfall als Passagier eines Großraumflugzeugs.

d) Für einen durch eine erhöhte Kraftanstrengung bedingten Bandscheibenschaden.

e) Für einen durch einen Unfall eingetretenen Bandscheibenvorfall.

f) Für die Infektion einer durch eine Unfallverletzung entstanden großen Wunde.

V 10 Welche Unfälle sind nach den AUB 2017 von der Leistungspflicht ausgenommen?

a) Bei der Teilnahme an einer Demonstration erhält der Versicherte von einem Gegendemonstranten einen Stein an den Kopf geworfen.

b) Beim unberechtigten Einparken auf einem gesondert ausgewiesenen Behindertenparkplatz fährt der Versicherte gegen das benachbarte Auto und zieht sich dabei eine stark blutende Platzwunde zu.

c) Ein stark betrunkener Versicherter fährt mit der Straßenbahn nach Hause. Der Straßenbahnfahrer missachtet die Vorfahrt, wodurch es zu einem Unfall kommt, bei dem der Versicherte schwer verletzt wird.

d) Ein Versicherter verunglückt auf der Flucht mit einem gestohlenen Auto nach dem Überfall auf eine Tankstelle.

e) Der Versicherte wird von einem Geisteskranken von einer Brücke gestoßen.

f) Ein versicherter Zeitsoldat wird bei einem Auslandseinsatz der Bundeswehr durch Splitter einer detonierenden Granate schwer verletzt.

g) Bei einer Übungsfahrt zu einem Autorennen wird der Versicherte nach einem Unfall lebensgefährlich verletzt.

Versicherungs- und Finanzprodukte: Unfallversicherung GFK 3 (3)

V 11 Welche Aussagen zur Seniorenunfallversicherung (nach Tarif 50) sind richtig?

a) Vollendet der Versicherungsnehmer das 50. Lebensjahr, wird seine Einzelunfallversicherung automatisch in den Seniorentarif umgestellt.
b) Bei der Prämienberechnung wird im Seniorentarif nach Gefahrengruppen unterschieden.
c) Die Prämie zu einer vergleichbaren Seniorenunfallversicherung ist grundsätzlich höher als die Prämie zur Einzelunfallversicherung.
d) Die Seniorenunfallversicherung endet automatisch mit Erreichen des 67. Lebensjahres.
e) War bei einer Einzelunfallversicherung bei der Invaliditätsleistung die Mehrleistung ab 70 % Invaliditätsgrad vereinbart, wird diese bei Wechsel in den Seniorentarif automatisch auf Mehrleistung ab 90 % Invaliditätsgrad umgestellt.
f) Beim Wechsel von einer Einzelunfallversicherung (Tarif 30) in den Seniorentarif (Tarif 50) entfällt bedingungsgemäß das vereinbarte Tagegeld.
g) Im Seniorentarif sind alle Leistungsarten, die auch in der Einzelunfallversicherung angeboten werden, versicherbar.
h) Assistanceleistungen sind nur im Seniorentarif versicherbar.

V 12 Welche Aussagen zur Kinder-Vorsorge-Unfallversicherung sind falsch?

a) Die Kinder-Vorsorge-Unfallversicherung gewährt prämienfreien Versicherungsschutz während ihrer Laufzeit.
b) Die Leistungen aus der Kinder-Vorsorge-Unfallversicherung entsprechen in der Höhe immer denen des versicherten Elternteils.
c) Voraussetzung für die Kinder-Vorsorge-Unfallversicherung ist, dass mindestens ein leibliches Elternteil versicherte Person in einem Unfallversicherungsvertrag ist.
d) Die Kinder-Vorsorge-Unfallversicherung gilt für leibliche und adoptierte Kinder.
e) Für die Kinder-Vorsorge-Unfallversicherung gelten feste Versicherungssummen unabhängig von den im Vertrag des Elternteils vereinbarten Leistungen.
f) Nach Ablauf der Kinder-Vorsorge-Unfallversicherung kann das Kind gegen Prämie im Kindertarif weiterversichert werden.
g) Die maximale Versicherungsdauer in der Kinder-Vorsorge-Unfallversicherung beträgt 6 Monate.

V 13 Welche Aussagen über die Gruppenversicherung sind falsch?

a) Bei der Vertragsgestaltung kann der Kunde wählen zwischen Versicherung mit Namensnennung und Versicherung ohne Namensnennung.
b) Ein Verein kann zugunsten seiner Mitglieder gegen die aus der Vereinszugehörigkeit erwachsenden Unfallgefahren eine Gruppenunfallversicherung abschließen.
c) Der Deckungsumfang bei Verträgen, die ein Arbeitgeber zu Gunsten seiner Arbeitnehmer abschließt, darf keine Unfälle außerhalb des Berufes umfassen.
d) Eine Gruppenversicherung umfasst mindestens drei versicherte Personen.
e) Die Prämien zur Gruppenversicherung sind im Vergleich zur Einzel-Unfallversicherung günstiger, da Verwaltungskosten gespart werden können.

Bearbeiten Sie jetzt die Situationsaufgaben S 1 – S 2

B. Versicherungsschutz und Prämie

(Tarifierungsmerkmale, Leistungsarten, Dynamik – Info: Band 2, D 2.4, D 3.5, D 5.1, Infos zur Dynamik siehe Besondere Bedingungen für die Unfallversicherung mit Zuwachs von Leistung und Prämie, S. 191)

V 14 Wovon hängt die Prämienhöhe in der privaten Unfallversicherung nicht ab?

a) Alter des Versicherten
b) Beruf des Versicherten
c) Leistungsart
d) Leistungshöhe
e) Geschlecht des Versicherten
f) Vorerkrankungen des Versicherten
g) Zahlungsweise (jährlich, halbjährlich, vierteljährlich, monatlich)

V 15 Welche Aussagen zur Tarifierung in der Unfallversicherung sind richtig?

a) Der Tarif 10 kann für Kinder ab Geburt bis zur Vollendung des 18. Lebensjahres abgeschlossen werden.
b) Tätigkeiten im öffentlichen Dienst gehören stets zur Gefahrengruppe A.
c) Der Tarif 50 gilt automatisch für alle Personen ab dem vollendeten 50. Lebensjahr.
d) Nicht versichert werden Stuntmen.
e) Eine Versicherungsteuer fällt bei der Unfallversicherung nicht an.
f) Ab zwei Personen wird unabhängig vom geschlossenen Tarif ein Nachlass von 15 % gewährt.
g) Hausfrauen/Hausmänner werden der Berufsgruppe A zugeordnet.

V 16 Eine Interessentin auf Abschluss eines Einzelunfallversicherungsvertrags gibt bei Antragstellung als berufliche Tätigkeit „Flugbegleiterin (Stewardess)" an. Welche Auswirkungen hat dies auf den Abschluss des Versicherungsvertrags?

a) Die Versicherbarkeit ist bei der zuständigen Landesdirektion der Proximus Versicherung AG zu erfragen.
b) Flugbegleiter sind als beruflich fliegendes Personal grundsätzlich nicht versicherbar.
c) Sie wird in Gefahrengruppe B eingestuft.
d) Da bei weiblichen Versicherten die berufliche Tätigkeit unerheblich ist, wird der Vertrag mit standardmäßigen Prämien abgeschlossen.
e) Nach AUB 2017 gehören Flugbegleiter zum nicht versicherbaren Personenkreis.

V 17 Welche Leistungsart gilt als Kernleistung der privaten Unfallversicherung?

a) Unfallrente 50/90
b) Invaliditätsleistung
c) Todesfallleistung
d) Übergangsleistung
e) Krankenhaustagegeld

V 18 Was sind keine Voraussetzungen für eine Invaliditätsleistung nach den AUB 2017?

a) Unfallbedingte Beeinträchtigung der körperlichen oder geistigen Leistungsfähigkeit
b) Schriftliche Feststellung der Invalidität und des Invaliditätsgrads durch einen vom Versicherer beauftragten Arzt
c) Eintritt der Invalidität bis spätestens 15 Monate nach dem Unfall
d) Ein Mindestalter der versicherten Person von 18 Jahren
e) Bestehen der Invalidität für einen Zeitraum von voraussichtlich länger als drei Jahren
f) Nachkommen der Aufforderung des Versicherers zur Untersuchung durch einen Arzt zur Prüfung der Leistungspflicht

V 19 Ein 42-jähriger Versicherter hat einen schweren Unfall erlitten. Sein Invaliditätsgrad beträgt laut ärztlichem Gutachten 71 %. Nach welchem Modell erhält der Versicherungsnehmer die höchste Geldleistung, wenn eine Invaliditätsgrundsumme von 80.000,00 € vereinbart ist?

a) Nach progressiver Invaliditätsstaffel Modell 225
b) Nach progressiver Invaliditätsstaffel Modell 350
c) Nach progressiver Invaliditätsstaffel Modell 500
d) Nach vereinbarter Mehrleistung ab 70 % Invaliditätsgrad
e) Nach vereinbarter Mehrleistung ab 90 % Invaliditätsgrad

V 20 Welche Aussagen zu den Leistungsarten nach AUB 2017 sind richtig?

a) Eine versicherte Soforthilfe wird immer als Sofortleistung gezahlt, wenn der Versicherte ab dem 5. Tag nach dem Unfall an den Unfallfolgen verstirbt.
b) Eine versicherte Todesfallleistung kann als Vorauszahlung auf die Invaliditätsleistung ausgezahlt werden, wenn die Prüfung der Leistungspflicht der Invaliditätsleistung noch nicht abgeschlossen ist.
c) Für Tagegeld und Krankenhaus-Tagegeld gelten in allen Tarifen gemeinsame Höchstversicherungssummen.
d) Bei der Erstattung von Kosten für kosmetische Operationen infolge eines Unfalls werden auch Kosten für Zahnbehandlungen im Frontzahnbereich berücksichtigt.
e) Such-, Bergungs- und Rettungskosten werden nur bei einem tatsächlich eingetretenen und nachgewiesenen Unfall ersetzt.
f) Die maximale Höhe einer Todesfallleistung beträgt nach AUB 2017 grundsätzlich 25.000 €.
g) Bei versicherter Unfallrente 50/90 verdoppelt sich die Höhe der vereinbarten Rentenzahlung, wenn der Versicherte einen unfallbedingten Invaliditätsgrad von mindestens 90 % aufweist.

V 21 Welche Aussagen über die Leistungsarten in der privaten Unfallversicherung nach AUB 2017 sind falsch?

a) Besteht nach dem Unfall eine unfallbedingte Beeinträchtigung der körperlichen oder geistigen Leistungsfähigkeit von mindestens 50 %, so wird die vertraglich vereinbarte Soforthilfe in voller Höhe fällig.

b) Das Tagegeld wird nach dem Grad der Beeinträchtigung der Arbeitsfähigkeit des Versicherten abgestuft.
c) Die versicherte Todesfallleistung wird fällig, wenn der Versicherte innerhalb eines Jahres vom Unfalltag an gerechnet an den Unfallfolgen verstirbt.
d) Ein Mitwirkungsanteil von Krankheiten oder Gebrechen an Unfallfolgen führt immer zu einer anteilsmäßigen Kürzung bei den Leistungsarten Invalidität und Unfallrente.
e) Krankenhaustagegeld wird nur für die Dauer einer unfallbedingten vollstationären Behandlung gewährt.

V 22 Welche der folgenden Aussagen über die Leistungspflicht des Versicherers in der Unfallversicherung sind richtig?

a) Der Invaliditätsgrad mindert sich um die Vorinvalidität.
b) Nur der Versicherer ist berechtigt, den Invaliditätsgrad jährlich bis zu drei Jahren nach Eintritt des Unfalles erneut ärztlich bemessen zu lassen.
c) Unfallbedingte Ansprüche aus dem Versicherungsvertrag verjähren nach 10 Jahren gerechnet ab dem Unfalltag.
d) Der Versicherer muss bei allen Leistungsarten bis spätestens drei Monate nach Eingang aller erforderlichen Unterlagen in Textform erklären, ob und in welchem Umfang er seine Leistungspflicht anerkennt.
e) Im Falle einer grob fahrlässigen Herbeiführung des Versicherungsfalls hat der Versicherte keinen Anspruch auf eine Leistung.
f) Der Invaliditätsgrad mindert sich um den Mitwirkungsanteil, wenn dieser mindestens 25 % beträgt.

V 23 Welche Aussagen über Obliegenheiten nach dem Versicherungsfall in der privaten Unfallversicherung sind falsch?

a) Nach Eintritt eines Unfalls, der voraussichtlich zu einer Leistung des Versicherers führt, muss der Versicherungsnehmer unverzüglich einen Arzt hinzuziehen.
b) Ein zum Tod einer versicherten Person führender Unfall ist dem Versicherer innerhalb von 24 Stunden zu melden.
c) Bei grob fahrlässiger Verletzung einer Obliegenheit ist der Versicherer berechtigt, seine Leistung im Verhältnis zur Schwere des Verschuldens zu kürzen.
d) Die verunfallte versicherte Person muss sich von einem vom Versicherer beauftragten Arzt auf eigene Kosten untersuchen lassen, soweit dies zur Feststellung der Leistungspflicht erforderlich ist.
e) Der Anspruch auf Soforthilfe aus dem Unfallversicherungsvertrag ist bis spätestens 14 Tage nach dem Unfall beim Versicherer geltend zu machen.

V 24 Welche Aussagen bezüglich der Besteuerung der Unfallversicherung sind richtig?

a) Krankenhaustagegeldzahlungen an den Versicherten sind einkommensteuerfrei.
b) Die Invaliditätsleistung an den Versicherten unterliegt der Einkommensteuer.
c) Die Unfallrente aus der privaten Unfallversicherung wird in Höhe ihres Ertragsanteils besteuert.
d) Die Todesfallleistung an Hinterbliebene ist erbschaftsteuerpflichtig.

Versicherungs- und Finanzprodukte: Unfallversicherung

e) Prämienzahlungen zur Unfallversicherung können nach Einkommensteuergesetz als Sonderausgaben geltend gemacht werden.

f) Prämienzahlungen zur Unfallversicherung können nach Einkommensteuergesetz als außergewöhnliche Belastungen geltend gemacht werden.

V 25 Welche Aussagen im Zusammenhang mit der Vereinbarung einer Unfallversicherung mit Zuwachs von Leistung und Prämie sind richtig?

a) Sich durch die Anpassung ergebende neue Versicherungssummen werden immer mindestens auf den nächsten vollen Euro aufgerundet.

b) Der Zuwachs von Leistung und Prämie wird bei Unfallversicherungen nach AUB 2017 standardmäßig vereinbart.

c) Die Versicherungssummen erhöhen sich regelmäßig jährlich um mindestens 5 %, sofern kein Widerspruch seitens des Versicherungsnehmers erfolgt.

d) Die Höchstversicherungssummen sind im Zusammenhang mit einer Erhöhung der Versicherungssummen aufgrund der Vereinbarung des Zuwachses von Leistung und Prämie nicht erheblich und daher nicht zu beachten.

e) Der Zuwachs von Leistung und Prämie kann bei Kinder- und Seniorenunfallversicherungen nicht vereinbart werden.

f) Wünscht der Versicherungsnehmer die Erhöhung zum Erhöhungstermin nicht, kann er bis zu einem Monat nach Mitteilung über die Erhöhung widersprechen.

Bearbeiten Sie jetzt die Situationsaufgaben S 3 – S 7

C. Vertragsänderung und -beendigung
(Berufswechsel, Wechsel des Kindertarifs – Info: Band 2, D 4)

V 26 Welche Aussagen zur Kinderunfallversicherung sind richtig?

a) Stirbt der Versicherungsnehmer, so wird die Versicherung in jedem Fall bis zum vollendeten 18. Lebensjahr des versicherten Kindes prämienfrei fortgeführt.

b) Bei einer Umstellung des Kindertarifs auf den Erwachsenentarif behält der Versicherungsnehmer immer automatisch die bisherigen Beiträge bei entsprechend geringeren Versicherungssummen.

c) Für Vergiftungen durch Nahrungsmittel besteht grundsätzlich kein Versicherungsschutz.

d) Die Kinderunfallversicherung endet automatisch mit Erreichen des 18. Geburtstags des versicherten Kindes.

e) In der Kinderunfallversicherung ist das versicherte Kind in der Regel sowohl Versicherungsnehmer als auch versicherte Person.

f) Die Prämie zu einer Kinderunfallversicherung ist stets niedriger als die einer vergleichbaren Unfallversicherung nach Gefahrengruppe A im entsprechenden Erwachsenentarif.

V 27 Ihre Versicherungsnehmerin war bisher beruflich als Schauspielerin tätig. Da sie kein Engagement mehr bekommen hat, nimmt sie eine Tätigkeit als Taxifahrerin auf. Welche Aussage nach AUB 2017 ist richtig, wenn sie den Berufswechsel nicht anzeigt?

a) Als Taxifahrerin ist sie in der Unfallversicherung nicht versicherbar.

b) Es ergeben sich keine Änderungen für ihren Unfallversicherungsvertrag, weil bei weiblichen Versicherten die Art der beruflichen Tätigkeit keine Rolle spielt.

c) Sie hätte den Berufswechsel unverzüglich anzeigen müssen. Da sie dies vorsätzlich nicht getan hat, erhält sie im Versicherungsfall keine Leistung.
d) Erleidet sie später als einen Monat nach dem Berufswechsel einen Unfall, ergeben sich geänderte Prämien, die Versicherungssummen bleiben jedoch gleich.
e) Erleidet sie später als einen Monat nach dem Berufswechsel einen Unfall, ergeben sich geänderte Versicherungssummen, die Prämien bleiben jedoch gleich.

V 28 Welche Aussagen im Zusammenhang mit der Kinderunfallversicherung sind falsch?

a) Mit Erreichen des 18. Lebensjahres des Kindes wird der Vertrag immer automatisch auf den Erwachsenentarif umgestellt.
b) Das Kind kann auf Wunsch auch bereits mit 16 Jahren nach dem Erwachsenentarif versichert werden.
c) Im Kindertarif wird nicht nach Gefahrengruppen unterschieden, auch dann nicht, wenn das Kind bereits eine berufliche Tätigkeit ausübt.
d) Ein 17-jähriger kann noch neu nach dem Kindertarif versichert werden.
e) Werden in einem Vertrag mindestens drei Personen versichert und wird eine davon im Kindertarif aufgenommen, wird der Personennachlass bei der Prämienberechnung nicht gewährt.

Bearbeiten Sie jetzt die Situationsaufgaben S 8 – S 10

Situationsaufgaben (S)

Zu S 1 – S 2: siehe Vorübungen V 1 – V 13

S 1 Sie sind Mitarbeiter/-in der Agentur Walther der Proximus Versicherung AG. Ihr Kunde, Herr Peter Schunk, kommt zu Ihnen ins Büro. Er erzählt Ihnen, dass sein Arbeitskollege Raul Schuster vor zwei Wochen einen schweren Arbeitsunfall erlitten hat und er aufgrund dessen Interesse am Abschluss einer Unfallversicherung für sich und seine Familie hat.

Trotzdem ist ihm die Notwendigkeit einer privaten Unfallversicherung nicht ganz klar, weil Herr Schuster Leistungen von der Berufsgenossenschaft bekommen habe. Außerdem sei Herr Schunk doch über seine Sozialversicherung ausreichend abgesichert.

Begründen Sie Herrn Schunk die Notwendigkeit einer Absicherung durch eine private Unfallversicherung!

S 2 Sie sind Mitarbeiter/-in der Vertragsabteilung der Proximus Versicherung AG. Ihre nach Tarif 30 versicherte Kundin Amelie Dennerlein, 34 Jahre, ruft Sie an und teilt Ihnen mit, dass ihr Sohn Max in Kürze zur Welt käme und ab Geburt privaten Unfallversicherungsschutz genießen solle.

Sie möchte sich daher über die Besonderheiten einer Kinder-Unfallversicherung informieren.

Beraten Sie Frau Dennerlein umfassend und nennen Sie ihr fünf besondere Merkmale der privaten Kinderunfallversicherung!

Versicherungs- und Finanzprodukte: Unfallversicherung GFK 3 (3)

> Zu S 3 – S 7: siehe Vorübungen V 14 – V 25

S 3 Sie sind Mitarbeiter/-in der Agentur Schröder der Proximus Versicherung AG. Ihr Kunde Dr. Reinhard Messmer, Notarzt, ruft Sie an und wünscht ein Angebot für eine private Unfallversicherung für sich selbst, seine Frau Angelika (selbstständige Schreinermeisterin) sowie seinen 14-jährigen Sohn Tizian (Schüler).

Er wünscht eine Invaliditätssumme von 300.000,00 € mit 500 % Progression, 50,00 € Tagegeld ab dem 15. Tag der AU und eine Unfallrente 50/90 mit 2.000,00 € monatlicher Unfallrente für sich sowie jeweils 200.000,00 € Invaliditätsleistung mit Mehrleistung ab 70 % Invaliditätsgrad sowie 30,00 € Krankenhaus-Tagegeld für seine Frau und seinen Sohn.

Zudem soll für alle Familienmitglieder 10.000,00 € für Kosten für kosmetische Operationen abgesichert werden.

Erstellen Sie ein Angebot mit den obigen Angaben und berechnen Sie die Vierteljahresprämie für die gesamte Familie!

S 4 Sie sind Mitarbeiter/-in der Vertragsabteilung der Proximus Versicherung AG. Ihre Kundin Sabina Leutheusser ruft Sie an und beschwert sich darüber, dass Sie, heute am 20.06.2020, einen Nachtrag zum Versicherungsschein von Ihnen erhalten habe mit der Mitteilung, dass die Prämie zu Ihrer Unfallversicherung steigen werde. Sie möchte daher ihre Unfallversicherung sofort kündigen.

Vertragsspiegel Unfallversicherung

	Name	Vorname	Geburtsdatum	Beruf	A = angestellt S = selbstständig B = öffentlicher Dienst
Vers.nehmer	Leutheusser	Sabina	17.11.1976	Architektin	A
Anschrift	Regensburger Str. 117, 90478 Nürnberg					
Versicherungsnachweis					
Versicherungsschein-Nummer	UV 16 323 661				
Tarif	30				
Dynamik	ja				
Bedingungen	AUB 2017				
Beginn	01.09.2019				
Ablauf	01.09.2022				
Zahlungsweise	1/1				
Prämie (inkl. 19 % VerSt)	730,90 €				
Prämienkonto	ausgeglichen				
Invalidität	200.000,00,00 €				
Krankenhaus-Tagegeld	50,00 €				
Todesfallleistung	20.000,00 €				
Progression	Staffel Modell 350				

Beraten Sie Frau Leutheusser ausführlich unter dem Gesichtspunkt der Bestandserhaltung!

S 5 Sie sind Mitarbeiter/-in der Vertragsabteilung der Proximus Versicherung AG. Sie erhalten von der Leistungsabteilung die Mitteilung, dass der Vertrag von Udo Zwirner (Kfz-Meister) nach dem vierten Leistungsfall seit Versicherungsbeginn gekündigt werden soll.

Vertragsspiegel Unfallversicherung

	Name	Vorname	Geburtsdatum	Beruf	A = angestellt S = selbstständig B = öffentlicher Dienst
Vers.nehmer	Zwirner	Udo	27.07.1965	Kfz-Meister	A
Anschrift	Ahlhorner Str. 72, 49661 Cloppenburg				
Versicherungsnachweis					
Versicherungsschein-Nummer	UV 22 454 748				
Tarif	30				
Dynamik	–				
Bedingungen	AUB 2017				
Beginn	01.11.2019				
Ablauf	01.11.2022				
Zahlungsweise	1/2				
Prämie (inkl. 19 % VerSt)	467,67 €				
Prämienkonto	ausgeglichen				
Invalidität	150.000,00 €				
Übergangsleistung	20.000,00 €				
Todesfallleistung	10.000,00 €				
Progression	Staffel Modell 500				

Ermitteln Sie die Rückprämie, wenn das Kündigungsschreiben dem Versicherungsnehmer am 17.02. d. J. zugegangen ist!

S 6 Sie sind Mitarbeiter/-in der Agentur Wischnewski der Proximus Versicherung AG. Herr Martin Sax, geboren am 06.04.1989 und von Beruf Maschinenschlosser, besucht Sie in Ihrer Agentur und wünscht ein Angebot über eine Unfallversicherung. Er wünscht eine Invaliditätsleistung von 80.000,00 € mit 500 % Progression, eine Todesfallleistung von 10.000,00 € und eine Soforthilfe von 5.000,00 €.

Berechnen Sie die Prämie bei monatlicher Zahlungsweise!

S 7 Sie besuchen als Mitarbeiter/-in der Agentur Trabert der Proximus Versicherung AG Ihre Kundin Frau Katrin Iberl. Für Frau Iberl, angestellte PR-Beraterin, besteht bei der Proximus Versicherung AG seit einigen Jahren u. a. eine Berufsunfähigkeitsversicherung nach Tarif S 35 mit einer monatlichen BU-Rente von 1.500,00 € sowie eine Krankheitskostenvollversicherung. Im Laufe des Gesprächs kommen Sie auch auf die Möglichkeit des Abschlusses einer privaten Unfallversicherung zu sprechen.

Frau Iberl ist der Sinn einer Unfallversicherung vor dem Hintergrund der bestehenden BU-Versicherung nicht klar. Sie fragt Sie daher nach den Unterschieden. Insbesondere interessiert sie auch, ob es zu Mehrfachansprüchen kommen kann und ob Leistungsansprüche aus verschiedenen Versicherungssparten gegeneinander aufgerechnet werden können.

Antworten Sie Frau Iberl sachgerecht!

Versicherungs- und Finanzprodukte: Unfallversicherung

> Zu S 8 – S 10: siehe Vorübungen V 26 – V 28

> **S 8** Sie sind Mitarbeiter/-in der Vertragsabteilung der Proximus Versicherung AG. Sie erhalten am 27.11. d. J. einen Brief Ihres Versicherungsnehmers Michael Sieber.

Herr Sieber (Alter 20 Jahre) teilt Ihnen mit, dass er aufgrund einer Mehlstauballergie bereits seit 01.09. d. J. seinen Beruf als Bäcker nicht mehr ausüben kann.

Stattdessen besucht er nun ein Wirtschaftsgymnasium und möchte dort sein Abitur nachmachen.

Er möchte daher wissen, ob sich diese Änderungen auf seinen bestehenden Unfallversicherungsvertrag auswirken.

Vertragsspiegel Unfallversicherung

	Name	Vorname	Geburtsdatum	Beruf	A = angestellt S = selbstständig B = öffentlicher Dienst
Vers.nehmer	Sieber	Michael		Bäcker	A
Anschrift	Kölnstr. 235, 53117 Bonn				
Versicherungsnachweis					
Versicherungsschein-Nummer	UV 65 889 231				
Tarif	30				
Dynamik	–				
Bedingungen	AUB 2017				
Beginn	01.03.2020				
Ablauf	01.03.2023				
Zahlungsweise	1/1-jährlich				
Prämie (inkl. 19 % VerSt)	893,93 €				
Prämienkonto	ausgeglichen				
Invalidität	120.000,00 €				
Tagegeld ab 43. Tag	30,00 €				
Krankenhaus-Tagegeld	30,00 €				
Todesfallleistung	10.000,00 €				
Progression	Staffel Modell 225				

Notieren Sie in Stichpunkten, was Sie Herrn Sieber mitteilen werden (ohne Berechnungen)!

S 9 Sie sind Mitarbeiter/-in in der Vertragsabteilung der Proximus Versicherung AG. Ihr langjähriger Versicherter, Herr Peter Loos, kaufmännischer Angestellter, ruft Sie an und teilt Ihnen mit, dass er nun nach Vollendung des 67. Lebensjahres zum 01. des Folgemonats in den lang ersehnten Ruhestand gehen wird.

Dem Bildschirm entnehmen Sie, dass Herr Loos bei Ihnen nach Tarif 30 mit Invaliditätsleistung mit Mehrleistung ab 90 % Invaliditätsgrad, Tagegeld, Krankenhaus-Tagegeld sowie Todesfallleistung versichert ist. Herr Loos möchte von Ihnen wissen, welche Auswirkungen der Eintritt in den Ruhestand auf seine bestehende Unfallversicherung hat.

Beraten Sie Herrn Loos ausführlich über die durchzuführenden Änderungen!

S 10 Sie sind Mitarbeiter/-in der Vertragsabteilung der Proximus Versicherung AG. Sie erhalten einen Anruf von Frau Dorothee Beinert, die Ihnen mitteilt, dass ihr Ehemann Daniel Beinert, geboren am 11.05.1978, vorgestern einem Krebsleiden erlegen ist. Herr Beinert war Versicherungsnehmer einer bei Ihrem Unternehmen bestehenden privaten Unfallversicherung für den gemeinsamen Sohn Tom als versicherte Person.

Frau Beinert möchte wissen, ob durch den Tod ihres Mannes der Vertrag für ihren Sohn Tom endet.

Dem Bildschirm entnehmen Sie, dass Herr Beinert als Versicherungsnehmer für den am 05.04.2006 geborenen Sohn Tom am 01.02.2019 eine Unfallversicherung nach AUB 2017 mit Invaliditätsleistung mit Progression Staffel Modell 500, Todesfallleistung und einem Krankenhaus-Tagegeld nach Tarif 10 abgeschlossen hat.

Informieren Sie Frau Beinert umfassend!

(4) Krankenversicherung

Vorbemerkung:

Bei den Aufgaben wurden folgende **Werte 2020** zur GKV zugrunde gelegt:

- allgemeine Jahresarbeitsentgeltgrenze (Versicherungspflichtgrenze):
  62.550,00 € jährlich
- Beitragsbemessungsgrenze: 4.687,50 € monatlich, 56.250,00 € jährlich
- allgemeiner Beitragssatz GKV: 14,6 %, Arbeitgeber 7,3 %, Arbeitnehmer: 7,3 %
  (Es wird angenommen, dass der individuelle Zusatzbeitragssatz 1,0 % beträgt.)
- allgemeiner Höchstbeitrag zur gesetzlichen Krankenversicherung: 735,94 € (unter Zugrundelegung des durchschnittlichen Zusatzbeitragssatzes in Höhe von 1,1 %.)
- Beitragssatz Soziale Pflegeversicherung: 3,05 %, Arbeitgeber 1,525 %, Arbeitnehmer 1,525 %, Kinderlosenzuschlag ab 23 Jahren 0,25 %.

Vorübungen (V)

A. Kundenspezifische Krankenversicherungsprodukte

(Rechtsgrundlagen, Leistungen/versicherte Personen der gesetzlichen KV/PV, Versicherungspflichtgrenze, Beitragsbemessungsgrenze, Wechsel GKV zur PKV, Versicherungsarten der PKV, Leistungen der PKV/PPV – Info: Band 2, E 1, E 2, E 3, E 8)

V 1 Entscheiden Sie bei den folgenden Aussagen, ob es sich um eine Krankheitskostenvollversicherung (9), eine selbstständige Krankheitskostenteilversicherung (2) oder eine unselbstständige Krankheitskostenteilversicherung handelt (1)!

a) Ambulante Zusatzversicherung AEV
b) Beihilfeergänzungstarif
c) Sie substituiert die GKV vollständig
d) Sie ergänzt die Leistungen der GKV
e) Krankenhaus-Zusatzversicherung SEV
f) Kurtagegeldversicherung
g) Abgeschlossen wurden A0, S1 und Z3
h) Sie kann nur zusätzlich zu einer privaten Krankenversicherung oder zu einem selbstständigen Tarif bei demselben PKV-Versicherer abgeschlossen werden.

V 2 Welche der folgenden Kinder sind im allgemeinen bei der GKV über ihre Eltern familienversichert (1), welche nicht (9)?

a) 16-jähriger Schüler
b) 25-jähriger Student
c) 45-jähriger Mensch mit Behinderung, nicht erwerbsfähig
d) 17-jährige Auszubildende zur Medizinischen Fachangestellten
e) 19-jährige FSJ-lerin (ohne Vergütung im FSJ)
f) 20-jähriger Selbstständiger
g) 18-jährige Schülerin, 450-Euro-Jobberin

GFK 3 (4) Versicherungs- und Finanzprodukte: Krankenversicherung

V 3 Die private Krankenversicherung bietet eine große Auswahl an Zusatzversicherungen an. Entscheiden Sie, welche der genannten Zusatzversicherungen bei den folgenden GKV-Versicherten empfehlenswert ist!

1 – Ambulante Zusatzversicherung
2 – Krankenhaus-Zusatzversicherung
3 – Krankenhaus-Tagegeldversicherung
4 – Pflegetagegeldversicherung
5 – Pflegekostenversicherung
6 – Auslandsreisekrankenversicherung
7 – GEPV (staatlich geförderte ergänzende Pflegeversicherung)

a) Familie Reitz möchte eine Rundreise durch die USA machen.
b) Frau Stein möchte ihren GKV-Schutz insbesondere im Bereich Sehhilfen und Hörgeräte ergänzen.
c) Frau Klee möchte Ihren Eigenanteil von 10,00 € und weitere Annehmlichkeiten, wie einen TV im Krankenhaus, absichern.
d) Frau Morche möchte ein Tagegeld für jeden Tag der festgestellten Pflegebedürftigkeit ohne tatsächlichen Kostennachweis erhalten.
e) Herr Kutsch möchte die Leistungen seiner Pflegeversicherung nach Ausschöpfung der Höchstsätze privat aufstocken.
f) Frau Hörschelmann möchte im Krankenhaus vom Chefarzt behandelt werden und in einem Einzelzimmer liegen.
g) Frau Hekel möchte sich mit 10,00 € Eigenanteil und 5,00 € staatlicher Förderung zusätzlich vor drohenden Finanzierungslücken bei Pflegebedürftigkeit schützen.

V 4 Ordnen Sie die monatlichen Arbeitnehmer-Beiträge zur gesetzlichen Krankenversicherung (7,8 %) und zur sozialen Pflegeversicherung (1,525 % + eventuell 0,25 % Kinderlosenzuschlag) den folgenden Arbeitnehmern zu!

1 –   33,55 €
2 –   83,20 €
3 – 365,63 €
4 –   67,45 €
5 – 171,60 €
6 –   71,48 €
7 – 296,40 €

a) Herr Meier, 22 Jahre, kinderlos, Bruttogehalt 2.200,00 € pro Monat
b) Frau Müller, 23 Jahre, kinderlos, Bruttogehalt 3.800,00 € pro Monat
c) Herr Schmidt, 24 Jahre, kinderlos, Bruttogehalt 5.000,00 € pro Monat
d) Frau Schulze, 24 Jahre, 2 Kinder, Bruttogehalt 5.000,00 € pro Monat

V 5 Welche der folgenden Aussagen über die allgemeine Jahresarbeitsentgeltgrenze ist richtig (R), welche ist falsch (F)?

a) Die allgemeine Jahresarbeitsentgeltgrenze wird auch als Versicherungspflichtgrenze bezeichnet.
b) Arbeitnehmer, deren Einkommen die allgemeine Jahresarbeitsentgeltgrenze übersteigt, können weiterhin freiwillig in der GKV versichert sein.
c) Die allgemeine Jahresarbeitsentgeltgrenze und die Beitragsbemessungsgrenze sind gleich hoch.
d) Langjährige Arbeitnehmer, deren Einkommen die allgemeine Jahresarbeitsentgeltgrenze durch eine Gehaltserhöhung überschreitet und auch im nächsten Jahr überschreiten wird, können mit Ablauf des Jahres in die private Krankenversicherung wechseln.

Versicherungs- und Finanzprodukte: Krankenversicherung

e) Selbstständige können nur bei einem Einkommen, das größer als die allgemeine Jahresarbeitsentgeltgrenze ist, in eine private Krankenversicherung wechseln.

f) Personen, die erstmals eine Beschäftigung aufnehmen und ein Einkommen über der allgemeinen Jahresarbeitsentgeltgrenze erzielen, können sofort mit Aufnahme der Beschäftigung in die private Krankenversicherung wechseln.

V 6 Die substitutive (substituieren = ersetzen) Krankenversicherung ersetzt ganz oder teilweise den Versicherungsschutz der GKV. Sie darf im Inland nur nach Art der Lebensversicherung betrieben werden. Was ist dabei gemäß § 146 VAG zu beachten?

Kennzeichnen Sie richtige (R) und falsche (F) Aussagen!

a) Beiträge müssen auf versicherungsmathematischer Grundlage (Wahrscheinlichkeitstafeln) kalkuliert werden.

b) Alterungsrückstellungen gemäß HGB müssen nicht gebildet werden.

c) Das ordentliche Kündigungsrecht des Versicherers darf im Versicherungsvertrag vereinbart werden.

d) Der Versicherungsnehmer hat das Recht bei Vertragsänderungen, z. B. Beitragserhöhungen, die Tarife innerhalb des Versicherungsunternehmens zu wechseln. Alterungsrückstellungen müssen dabei angerechnet werden.

e) Für Verträge ab dem 01.01.2009 müssen, bei einem Wechsel zu einem anderen Versicherungsunternehmen, die Alterungsrückstellungen in Höhe des Basistarifs mitgegeben werden.

f) Vor Abschluss eines Vertrages ist ein amtliches Informationsblatt der BaFin auszuhändigen.

V 7 Entscheiden Sie, ob die folgenden Aussagen zur Krankentagegeldversicherung richtig (R) oder falsch (F) sind!

a) Die Krankentagegeldversicherung bietet Versicherungsschutz gegen Verdienstausfall durch Arbeitsunfähigkeit nur in Folge von Krankheiten.

b) Arbeitnehmer können keine Krankentagegeldversicherung abschließen, da sie eine 6-wöchige Gehaltszahlung im Krankheitsfall vom Arbeitgeber bekommen.

c) Bei der Krankentagegeldversicherung gilt das Bereicherungsverbot.

d) Um Leistungen zu bekommen muss eine AU-Bescheinigung vom Arzt vorgelegt werden.

e) In der GKV versicherungspflichtige Arbeitnehmer können eine Krankentagegeldversicherung ab dem 30. Tag abschließen.

f) Bei Selbstständigen können, je nach Tarif, eine unterschiedliche Anzahl von Karenztagen vereinbart werden.

V 8 Prüfen Sie gemäß MB/KK 2009, i. V. m. den Tarifbedingungen der Proximus Krankenversicherung AG, ob die Proximus Krankenversicherung AG leistungspflichtig ist (1) oder nicht (9)!

a) Mineralwasser
b) Heizkissen
c) Infusionspumpe
d) Thermalbad
e) Hörgerät
f) Heilpraktikerbehandlung
g) Krankengymnastik
h) Badezusatz
i) Krankenfahrstuhl
j) vorsätzlich herbeigeführter Unfall

V 9 Unter substitutiver Krankenversicherung wird verstanden?

a) ergänzend
b) zusätzlich
c) verpflichtend
d) freiwillig
e) ersetzend

V 10 Welche der folgenden Aussagen zur Auslandsreisekrankenversicherung der Proximus Krankenversicherung AG ist richtig (R), welche ist falsch (F)?

a) Die Proximus Krankenversicherung AG leistet für einen medizinisch notwendigen Krankenrücktransport an den Heimatort.
b) Für privat Krankenversicherte kann eine Auslandsreisekrankenversicherung sinnvoll sein, um trotz Erkrankung im Ausland die Beitragsrückerstattung der Krankheitskostenvollversicherung zu beanspruchen.
c) Die Proximus Krankenversicherung AG übernimmt den Einsatz von Zahnimplantaten im Ausland, wenn diese dort kostengünstiger als im Inland sind.
d) Kosten für regelmäßige Untersuchungen bei Schwangerschaft werden von der Proximus Krankenversicherung AG generell übernommen.
e) Grundsätzlich dient die Auslandsreisekrankenversicherung der Absicherung beruflicher und privater Auslandsaufenthalte.
f) Stirbt ein Versicherter im Ausland übernimmt die Proximus Krankenversicherung AG Bestattungskosten im Ausland oder Überführungskosten.

V 11 Eine Anwartschaftsversicherung dient der Wahrung von Rechten in Zeiten, in denen der Versicherte einen Anspruch auf tarifliche Leistungen nicht benötigt. Welche der folgenden Aussagen trifft auf die große Anwartschaftsversicherung zu?

a) Bei Umwandlung in den gewünschten Tarif wird das Eintrittsalter zum Zeitpunkt der Umwandlung zugrundegelegt.
b) Bei Umwandlung in den gewünschten Tarif wird das Eintrittsalter, das zu Beginn der Anwartschaftszeit gültig war, zugrundegelegt.
c) Es wird keine Alterungsrückstellung gebildet.
d) Bei Umwandlung in den gewünschten Tarif findet eine erneute Gesundheitsprüfung statt.

V 12 Welche der folgenden Aussagen zur privaten Pflegepflichtversicherung ist richtig (R), welche ist falsch (F)?

a) Der Ehegattenhöchstbeitrag beträgt 150 % des Höchstbeitrags der sozialen Pflegeversicherung.
b) Anspruch auf den Ehegattenhöchstbeitrag haben Ehepaare, die beide privat pflegepflichtversichert sind. Das Einkommen der Ehegatten spielt keine Rolle.
c) Kinder sind – unter Beachtung bestimmter Altersgrenzen – grundsätzlich in der privaten Pflegepflichtversicherung beitragsfrei mitversichert.
d) Der Höchstbeitrag in der Tarifstufe PVN entspricht dem Höchstbeitrag zur sozialen Pflegeversicherung.
e) Der Beitragszuschlag für Kinderlose in Höhe von 0,25 % gilt für Versicherte ab dem 23. Lebensjahr.

Versicherungs- und Finanzprodukte: Krankenversicherung GFK 3 (4)

V 13 Entscheiden Sie in den folgenden Fällen, wie diese Personen der GKV normalerweise angehören!

1 – Pflichtversicherte
2 – freiwillig Versicherte
3 – Familienversicherte

a) Arbeitnehmer mit einem Jahresbruttoeinkommen von 30.000,00 €
b) Auszubildender bei einer Versicherung
c) 450,00 €-Jobberin in einem Supermarkt, verheiratet
d) Alleinstehende 40-jährige Arbeitslose, die ALG I erhält
e) 30-jähriger Mensch mit Behinderung, ohne berufliche Tätigkeit, Eltern Pflichtversicherte
f) Mensch mit Behinderung in einer Behindertenwerkstätte tätig
g) Hausfrau und Kleinkinder von einem pflichtversicherten kaufmännischen Angestellten
h) Inhaber eines Möbelhauses
i) Rechtsanwalt
j) Arbeitnehmer mit einem Jahresbruttoeinkommen von 100.000,00 €.
k) Rentner, der während seiner aktiven Zeit als Arbeiter pflichtversichert war
l) 23-jähriger Student an der Universität zu Köln, Vater ist Pflichtversicherter in der GKV
m) Auslandsrückkehrer, arbeitslos, der im Ausland als angestellter Surflehrer tätig war
n) Lehramtsanwärter an einem Gymnasium
o) 50-jähriger alleinstehender Bezieher von ALG II, zuvor angestellter Pförtner
p) Beamter bei der Stadt Bonn
q) Praktikant in einem Handwerksbetrieb
r) Teilnehmerin eines freiwilligen sozialen Jahres mit Bezug von Taschengeld
s) Gleichgeschlechtliche Person (Student) eines eingetragenen Lebenspartners (Pflichtversicherter)
t) Teilnehmer an einer Maßnahme des Bundesfreiwilligendienstes mit Bezug von Taschengeld

V 14 Welche der folgenden Leistungen werden normalerweise von der GKV erbracht (1) welche nicht (9)?

a) Mutter-Kind-Kur
b) Krebsvorsorge für 50-jährigen Mann
c) Kondome
d) Vorsorgeuntersuchung eines Neugeborenen im Krankenhaus
e) Tetanusimpfung
f) vom Arzt verordnetes Antibiotikum
g) Entfernung eines Tattoos
h) Arztbesuch wegen eines grippalen Infekts
i) Viagra
j) Schnupfenspray
k) Krankenhausaufenthalt wegen eines Freizeitunfalls
l) Krankengeld für Arbeitnehmer

m) Ärztliche Betreuung in der Schwangerschaft und Hebammenhilfe
n) Rettungsfahrt zum Krankenhaus
o) Krankenrücktransport aus dem Ausland
p) Antibabypille für 19-jährige Frau
q) Appetitzügler
r) Malariaprophylaxe bei Auslandsreise
s) Ärztlich verordnete Krankengymnastik
t) Kontrolluntersuchung beim Zahnarzt
u) Rehabilitationsmaßnahme nach einem Freizeitunfall
v) Vollständige Kostenübernahme für ein Zahnimplantat

V 15 Kennzeichnen Sie richtige (R) und falsche Aussagen (F) zum versicherten Personenkreis der GKV!

a) Auszubildende zum/zur Kaufmann/Kauffrau für Versicherungen und Finanzen sind Pflichtversicherte.
b) Personen, die Arbeitslosengeld II erhalten sind Pflichtversicherte, soweit sie nicht familienversichert sind.
c) Studenten können pflichtversichert oder familienversichert sein.
d) Selbstständige können sich freiwillig in der GKV versichern.
e) Kinder in Schul- oder Berufsausbildung können bis zum 27. Lebensjahr familienversichert sein.
f) Kinder sind in der Familienversicherung nicht versichert, wenn der mit den Kindern verwandte Ehegatte nicht Mitglied der GKV ist und sein Gesamteinkommen regelmäßig die allgemeine Jahresarbeitsentgeltgrenze übersteigt und regelmäßig höher als das Gesamteinkommen des Mitglieds der GKV ist.
g) Eine familienversicherte Hausfrau darf eine geringfügige Beschäftigung haben ohne ihre Familienversicherung zu gefährden.
h) Eine Ehefrau, die ihren Hauptwohnsitz auf Mallorca hat, kann über ihren Ehemann familienversichert sein.
i) Arbeitnehmer, die die allgemeine Jahresarbeitsentgeltgrenze überschritten haben, können sich weiterhin freiwillig in der GKV versichern.
j) Beamte sind generell Pflichtversicherte in der GKV.
k) Ein Selbstständiger kann sich, wenn seine Einkünfte die Grenze für Minijobs von derzeit 450,00 € nicht erreichen, über seinen Ehepartner familienversichern.

V 16 Welche der folgenden Aussagen über die Beitragsbemessungsgrenze ist zutreffend?

a) Bruttohöchstbetrag, bis zu dem das Arbeitsentgelt des Versicherten zur Beitragsleistung in der Sozialversicherung herangezogen wird.
b) Nettohöchstbetrag, bis zu dem das Arbeitsentgelt des Versicherten zur Beitragsleistung in der Sozialversicherung herangezogen wird.
c) Grenzbetrag des Jahresarbeitsentgelts, bis zu dem die Versicherungspflicht in der gesetzlichen Kranken- und Pflegeversicherung erhalten bleibt und bei deren Überschreiten keine Versicherungspflicht mehr besteht und grundsätzlich in eine private Krankenversicherung gewechselt werden kann.

V 17 Herr Steeg möchte seine GKV zum 01.10. d. J. wechseln. Bis zu welchem Datum muss die Kündigung bei seiner Krankenkasse eingegangen sein?

a) 30.06. d. J.
b) 31.07. d. J.
c) 31.08. d. J.
d) 30.09. d. J.
e) 31.10. d. J.

V 18 Welcher Bestandteil wird i. d. R. bei der Berechnung des Gehalts zur Ermittlung einer eventuellen Überschreitung der allgemeine Jahresarbeitsentgeltgrenze berücksichtigt?

a) Weihnachtsgeld
b) Bonus für gutes Geschäftsergebnis
c) Jubiläumszulage
d) Familienzuschlag

V 19 Welche der folgenden Aussagen zum gesetzlichen Beitrag zur GKV ist richtig (R), welche falsch (F)?

a) Einkommensabhängige Zusatzbeiträge werden vom Arbeitgeber getragen.
b) Der Arbeitgeber übernimmt die Beiträge, die oberhalb der Beitragsbemessungsgrenze anfallen.
c) Die Beiträge zur GKV steigen mit höherem Einkommen an.
d) Kinder zahlen unter bestimmten Voraussetzungen keine eigenen Beiträge.
e) Die Beitragshöhe unterscheidet sich bei den verschiedenen gesetzlichen Kassen.

V 20 Welche der Rechtsgrundlagen der PKV ist keine gesetzliche?

a) BGB
b) VAG
c) MB/KT
d) VVG
e) PflegeVG

V 21 Welche der folgenden Aussagen zum Basistarif ist richtig (R), welche falsch (F)?

a) Den Basistarif gibt es nicht für Beihilfeempfänger.
b) Neben dem Basistarif dürfen Zusatztarife abgeschlossen werden.
c) PKV-Neukunden (Vertragsabschluss ab 1.1.2009) können ohne besondere Voraussetzungen den Basistarif wählen.
d) PKV-Altkunden (Vertragsabschluss vor 1.1.2009) können, wenn sie das 55. Lebensjahr vollendet haben, ohne weitere Voraussetzungen in den Basistarif ihres VU wechseln.
e) Für die Aufnahme in den Basistarif besteht kein Kontrahierungszwang.

GFK 3 (4) — Versicherungs- und Finanzprodukte: Krankenversicherung

V 22 Bei einer privaten Krankenversicherung wurde eine Selbstbeteiligung nach dem Prozentual-Maximalsystem gewählt: Selbstbeteiligung 30 %, maximal 500,00 €. Dieses Jahr werden folgende Rechnungen eingereicht.

Ordnen Sie die Beträge für Erstattung und Selbstbeteiligung für dieses Jahr den Belegen zu!

1 – 630,00 €
2 – 60,00 €
3 – 140,00 €
4 – 530,00 €
5 – 270,00 €
6 – 170,00 €

Beleg	Datum	Rechnungsbetrag
a)	10.03. d. J.	900,00 €
b)	28.04. d. J.	200,00 €
c)	27.05. d. J.	700,00 €

V 23 Entscheiden Sie bei den folgenden Tarifen der Proximus Krankenversicherung AG, ob sie der Summenversicherung (1) oder der Schadenversicherung (9) zuzuordnen sind!

a) A1
b) KHT
c) KT
d) Z1
e) SEV

V 24 Sie sind als Trainer für die Proximus Krankenversicherung AG tätig. In einer Schulung erläutern sie den folgenden Fall: Frau Hesse (30 Jahre) erhält durch eine Beförderung zum 01.10. d. J. zur Gruppenleiterin eine Gehaltserhöhung von derzeit 4.500,00 € auf nun 6.000,00 € brutto monatlich. Sie möchte im nächsten Jahr in die PKV wechseln. Sie ist bisher gesetzlich krankenversichert. Entscheiden Sie, ob Frau Hesse zum 01.01. d. n. J. in die PKV wechseln kann?

a) Frau Hesse kann im nächsten Jahr nicht in die private Krankenversicherung wechseln, da ihr neues Gehalt in diesem Jahr trotz Gehaltserhöhung die allgemeine Jahresarbeitsentgeltgrenze unterschreitet.
b) Frau Hesse kann im nächsten Jahr in die private Krankenversicherung wechseln, da ihr neues Gehalt hochgerechnet auf 1 Jahr die allgemeine Jahresarbeitsentgeltgrenze überschreitet und dies auch im Folgejahr tun wird.
c) Frau Hesse kann im nächsten Jahr in die private Krankenversicherung wechseln, da ihr neues Gehalt hochgerechnet auf 1 Jahr die allgemeine Jahresarbeitsentgeltgrenze überschreitet.
d) Frau Hesse kann im nächsten Jahr nicht in die private Krankenversicherung wechseln, da ihr neues Gehalt die allgemeine Jahresarbeitsentgeltgrenze zunächst 3 Jahre überschreiten muss.

Versicherungs- und Finanzprodukte: Krankenversicherung

V 25 Herr Kutsch (26 Jahre) ist Berufsanfänger und tritt am 01.09. d. J. seine erste Stelle als Programmierer an. Zur Zeit ist Herr Kutsch pflichtversicherter Student in der GKV. Sein Gehalt wird 5.500,00 € brutto pro Monat betragen. Entscheiden Sie, ob sich Herr Kutsch zum 01.09. d. J. privat krankenversichern kann?

a) Herr Kutsch kann erst zum 01.01. d. n. J. in die PKV wechseln.
b) Das Gehalt von Herrn Kutsch liegt sofort über der allgemeinen Jahresarbeitsentgeltgrenze, da er zudem erstmalig eine Beschäftigung aufnimmt, kann er sofort mit Beginn der Beschäftigung in die PKV wechseln.
c) Herr Kutsch kann zum 01.12. d. J. in die private Krankenversicherung wechseln. Zu diesem Zeitpunkt ist die 3-monatige Kündigungsfrist abgelaufen.
d) Das Gehalt von Herrn Kutsch liegt nicht über der allgemeinen Jahresarbeitsentgeltgrenze. Er bleibt pflichtversichertes Mitglied der gesetzlichen Krankenversicherung.
e) Das Gehalt von Herrn Kutsch liegt sofort über der Beitragsbemessungsgrenze, da er zudem erstmalig eine Beschäftigung aufnimmt, kann er sofort mit Beginn der Beschäftigung in die PKV wechseln.

V 26 Frau Jansen (32 Jahre) hat Ihren Versicherungsschutz seit dem 01.03.2009 bei der Weststern Krankenversicherung AG. Angeregt durch einen Bekannten erwägt sie einen Wechsel zur Proximus Krankenversicherung AG. Kennzeichnen Sie richtige (R) und falsche (F) Aussagen zur Wechselmöglichkeit von Frau Jansen!

a) Frau Jansen kann nicht zur Proximus Krankenversicherung AG wechseln. Gemäß VVG ist ein Wechsel ausgeschlossen.
b) Frau Jansen kann zur Proximus Krankenversicherung AG wechseln.
c) Weil der Vertrag nach dem 01.01.2009 begonnen hat nimmt Frau Jansen die Alterungsrückstellungen in Höhe des Basistarifs bei einem Wechsel zur Proximus Krankenversicherung AG mit.
d) Sollten bei der Weststern Krankenversicherung AG Alterungsrückstellungen verbleiben, können diese z. B. für eine Zusatzversicherung verwendet werden.
e) Frau Jansen kann zur Proximus Krankenversicherung AG wechseln. Sie verliert beim Wechsel sämtliche Alterungsrückstellungen.

V 27 Frau Linder erwartet ein Baby und möchte nach der Geburt in Elternzeit gehen und sich ganz dem Baby widmen. Sie ist als leitende Angestellte bei einem Handelsunternehmen tätig und privat krankenversichert.

Sie möchte sich nach der Geburt aus Kostengründen bei Ihrem Mann in der GKV familienversichern. Was sagen Sie nicht zu Frau Linder?

a) Frau Linder kann sich nicht familienversichern. Sie muss den kompletten Beitrag zu ihrer PKV tragen. Sie erhält keinen Zuschuss von Ihrem Arbeitgeber.
b) Frau Linder kann sich nicht familienversichern. Sie muss den Arbeitnehmer-Beitrag zu ihrer PKV tragen. Sie erhält einen Zuschuss von Ihrem Arbeitgeber.
c) Sollte Frau Linder eine Teilzeitbeschäftigung während der Elternzeit haben und lässt sich von der Versicherungspflicht befreien, ist ihr Arbeitgeber verpflichtet seinen Teil zu ihrer PKV beizusteuern.

V 28 Herr Fischer, 30 Jahre, ist als Abteilungsleiter in einem mittelständischen Unternehmen in Hagen tätig. Sein Einkommen beträgt im Jahr 2020 6.000,00 € monatlich. Er ist in der PKV krankenversichert.

Frau Fischer arbeitet als Kassiererin in einem Supermarkt, Gehalt 1.350,00 €. Sie ist teilzeitbeschäftigt, pflichtversichert in der GKV und erwartet Zwillinge. Herr Fischer möchte die Zwillinge über seine Frau in der GKV versichern. Was sagen Sie Herrn Fischer?

a) Die Zwillinge müssen mit eigenen Beiträgen über Herrn Fischer privat krankenversichert werden, da er über der allgemeine Jahresarbeitsentgeltgrenze verdient und sein Gehalt höher ist als das von Frau Fischer.
b) Die Zwillinge können über Frau Fischer in der GKV beitragsfrei familienversichert werden.
c) Die Zwillinge müssen über Herrn Fischer privat krankenversichert werden, da er über der allgemeine Jahresarbeitsentgeltgrenze verdient und sein Gehalt höher ist als das von Frau Fischer. Auch hier ist für die Zwillinge eine beitragsfreie Familienversicherung möglich.
d) Die Zwillinge können mit eigenem Beitrag über Herrn Fischer privat krankenversichert werden oder beitragsfrei familienversichert in der GKV über Frau Fischer.

V 29 Welche der folgenden Aussagen zum Leistungsumfang der privaten Pflegepflichtversicherung bzw. sozialen Pflegeversicherung ist richtig (R), welche falsch (F)?

a) Die häusliche Pflege muss grundsätzlich durch geeignete und anerkannte Pflegekräfte erbracht werden.
b) Die häusliche Pflege kann durch Familienangehörige durchgeführt werden.
c) Pflegehilfsmittel werden nur in Ausnahmefällen leihweise überlassen.
d) Eine teilstationäre Pflege in Pflegeheimen nur tagsüber oder nur nachts ist grundsätzlich möglich.
e) Eine vollstationäre Kurzzeitpflege ist für bis zu 4 Wochen pro Kalenderjahr möglich, wenn z. B. das mit der Pflege beauftragte Familienmitglied Urlaub machen möchte.
f) Bei vollstationärer Pflege ist eine Rund-um-die-Uhr-Betreuung möglich.
g) Für nicht an Demenz erkranke Patienten gibt es 3 Pflegestufen.
h) Zu den gewöhnlich und regelmäßig wiederkehrenden Verrichtungen bei der Pflegebedürftigkeit zählen Körperpflege, Ernährung, Mobilität und kulturelle Versorgung.
i) Zur Gründung von Pflege-Wohngemeinschaften können Fördergelder beansprucht werden.
j) Zur Verbesserung der Pflegetätigkeit können Angehörige kostenfreie Pflegekurse besuchen.

Bearbeiten Sie jetzt die Situationsaufgaben S 1 – S 6

B. Versicherungsbeginn und Wartezeiten, Tarifierung, Beitragsberechnung

(Versicherungsbeginn und Wartezeiten, Risikoprüfung, Tarifauswahl, Beitragbestandteile – Info: Band 2, E 4, E 5.1, E 5.2)

V 30 Welche der folgenden Aussagen zu Versicherungsbeginn und Wartezeiten der privaten Kranheitskostenvollversicherung ist richtig (R), welche falsch (F)?

a) Die allgemeine Wartezeit beträgt 3 Monate, die besondere 8 Monate.
b) Die allgemeine Wartezeit gilt für Psychotherapie, Zahnbehandlung, Zahnersatz, Kieferorthopädie und Entbindung.
c) Bei Unfällen entfällt die allgemeine Wartezeit.
d) Durch die Vereinbarung von Wartezeiten wird der materielle Versicherungsbeginn in die Zukunft verschoben.
e) Die Vereinbarung von Wartezeiten soll der Gefahr vorbeugen, dass ein Versicherungsvertrag erst nach Eintritt des Versicherungsfalles geschlossen wird, um sogleich Leistungen zu beanspruchen.
f) Durch die Vereinbarung von Wartezeiten wird der technische Versicherungsbeginn in die Zukunft verschoben.
g) Die allgemeine Wartezeit kann unter bestimmten Voraussetzungen bei der Ehegattennachversicherung entfallen.
h) Bei der Versicherung von Neugeborenen entfallen unter bestimmten Voraussetzungen allgemeine und besondere Wartezeiten.
i) Bei einem Wechsel in die private Krankenversicherung werden Vorversicherungszeiten in der gesetzlichen Krankenversicherung grundsätzlich nicht auf die Wartezeiten angerechnet.
j) Innerhalb der Wartezeiten ist der Versicherer grundsätzlich leistungsfrei.
k) Wartezeiten beginnen vom technischen Versicherungsbeginn an zu laufen.
l) Der formelle Versicherungsbeginn ist der Zeitpunkt ab dem die Prämie zu entrichten ist.

V 31 Welche der folgenden Aussagen zur Risikoprüfung der Proximus Krankenversicherung AG ist richtig (R), welche falsch (F)?

a) Zurückstellungen von Anträgen sind im juristischen Sinn mit Ablehnungen gleichzusetzen.
b) Unter Rezidivfrist versteht man den Zeitraum innerhalb dessen das Wiederauftreten einer Krankheit wahrscheinlich ist.
c) Für ein und dieselbe Krankheit dürfen Leistungsausschluss und Risikozuschlag gemeinsam vereinbart werden.
d) Bei mehr als 2 Leistungsausschlüssen muss ein Antrag grundsätzlich von der Proximus Krankenversicherung AG abgelehnt werden.
e) Unter dem subjektiven Risiko werden diejenigen Merkmale verstanden, die im Wesentlichen vom persönlichen Verhalten der versicherten Person abhängen.
f) Voraussetzung für die Vereinbarung von Risikozuschlägen ist eine behandlungs- und beschwerdefreie Zeit von mindestens 3 Monaten.
g) Wenn der Versicherungsnehmer nachweisen kann, dass er kein erhöhtes Krankheitsrisiko mehr aufweist, kann ein Risikozuschlag entfallen.
h) Das Alter ist ein Merkmal des objektiven Risikos.

GFK 3 (4) — Versicherungs- und Finanzprodukte: Krankenversicherung

V 32 Welchen Beitrag muss Frau Heuser, kaufmännische Angestellte, 23 Jahre, für ein Krankentagegeld in Höhe von 30,00 € bezahlen?

a) 14,46 €   c) 55,50 €
b) 99,60 €   d) 43,80 €

V 33 Bearbeiten Sie die folgenden Fälle und entscheiden Sie, welche Tarifform der Krankheitskostenvollversicherung vereinbart wurde!

1 – Beitragsentlastungsvereinbarung
2 – Quotentarif
3 – Selbstbehalttarif
4 – 100 %-Tarif

a) Herr Wiese, 40 Jahre, hat sich selbstständig gemacht und möchte seinen Beitrag für die Tarife A0 und S1 wissen. Geben Sie Auskunft!

b) Herr Blume, 34 Jahre, hat den Tarif A2 abgeschlossen und reicht im Laufe d. J. folgende Rechnungen zur Erstattung ein. Berechnen Sie die Erstattungsbeträge!

Behandlungsdatum	Rechnungsart	Rechnungsbetrag	Erstattung
10.03. d. J.	Rezept, ärztliche Behandlung	200,00 € 850,00 €	? ?
04.11. d. J.	ärztliche Behandlung	145,00 €	?

c) Herr Baum, Beamter, 30 Jahre, ledig, erhält 50 % Beihilfe von seinem Dienstherrn und möchte im ambulanten, zahnärztlichen und stationären Bereich Versicherungsschutz bei der Proximus Krankenversicherung AG bekommen. Nennen Sie ihm seinen Beitrag!

d) Herr Strauch, 45 Jahre, möchte ab dem 65. Lebensjahr eine vom Versicherer garantierte Beitragsreduktion in Höhe von 100 € vereinbaren. Nennen Sie ihm seinen Beitrag!

V 34 Ordnen Sie folgende Beitragsbestandteile den jeweiligen Zwecken zu!

1 – Risikobeitrag
2 – Sparbeitrag
3 – Kostenzuschlag
4 – Sicherheitszuschlag
5 – Vorsorgezuschlag gemäß § 149 VAG
6 – individueller Risikozuschlag

a) gesetzlicher Zuschlag in Höhe von 10 % des Bruttobeitrags zur Beitragsstabilität ab dem 65. Lebensjahr
b) Bildung der Alterungsrückstellung
c) Erstattung der Versicherungsleistungen, Kopfschäden
d) Deckung der Verwaltungs,- Abschluss und Regulierungskosten
e) Ausgleich von Fehleinschätzungen in der Kalkulation
f) Absicherung vermehrter Leistungen wegen Vorerkrankungen bei einzelnen Versicherten

Versicherungs- und Finanzprodukte: Krankenversicherung

V 35 Welchen Beitragszuschuss muss ein Arbeitgeber zu einer substitutiven privaten Krankenversicherung einschließlich privater Pflegepflichtversicherung, Gesamtbeitrag 750,00 €, leisten? Das Gehalt des Arbeitnehmers beträgt 6.000,00 €.

a) 0,00 €
b) 375,00 €
c) 439,45 €
d) 514,50 €
e) 750,00 €

Bearbeiten Sie jetzt die Situationsaufgaben S 7 – S 10

C. Besonderheiten in der Krankenversicherung
(Eintritt und Befreiung von der Versicherungspflicht, Zahlungsverzug, Notlagentarif, Kündigung – Info: Band 2, E 2.3, 3.2.3 i, 6.1, E 7)

V 36 In welchem der folgenden Fälle kann sich ein privat krankenversicherter Arbeitnehmer (33 Jahre) nicht auf Antrag von der Versicherungspflicht in der GKV befreien lassen?

a) Aufnahme einer Erwerbstätigkeit während der Elternzeit.
b) Das Gehalt des Arbeitnehmers sinkt aufgrund einer Erhöhung der allgemeine Jahresarbeitsentgeltgrenze unter die allgemeine Jahresarbeitsentgeltgrenze.
c) Der Arbeitnehmer erhält Arbeitslosengeld I.
d) Der Arbeitnehmer erhält Arbeitslosengeld II.
e) Das Gehalt des Arbeitnehmers sinkt aufgrund einer Gehaltskürzung unter die allgemeine Jahresarbeitsentgeltgrenze.

V 37 Welche der folgenden Aussagen zum Notlagentarif ist richtig (R), welche falsch (F)?

a) Den Notlagentarif gibt es in den Tarifstufen NLTN und NLTB.
b) Der Notlagentarif wurde gesetzlich eingeführt, um soziale Überforderungen bei Beitragsschulden zu beseitigen.
c) Im Notlagentarif bestehen Wartezeiten, Leistungsausschlüsse und Risikozuschläge.
d) Der Versicherer leistet bei männlichen Erwachsenen für Aufwendungen von Heilbehandlungen akuter Erkrankungen und Schmerzzustände.
e) Für Jugendliche und Kinder gibt es keine Leistungseinschränkungen. Es wird wie im ursprünglichen Tarif geleistet.
f) Der Notlagentarif ist arbeitgeberzuschussfähig.
g) Bisher angesammelte Alterungsrückstellungen werden auf den Beitrag im Notlagentarif angerechnet.
h) Die private Pflegepflichtversicherung bleibt während der Umstellung in den Notlagentarif unverändert bestehen.

V 38
Entscheiden Sie in den folgenden Fällen, ob eine Kündigung der privaten Krankenversicherung wie dargestellt möglich ist (1) oder nicht (9)!

a) Herr Schreiber kündigt seine Krankheitskostenvollversicherung (A1, S1, Z1) mit einer Frist von 2 Monaten zum Jahresende. Er kann neuen gleichwertigen privaten Krankenversicherungsschutz nachweisen.

b) Frau Blesgen kündigt ihre Krankenhaustagegeldversicherung mit einer Frist von 3 Monaten vor Jahresende nur für ihren Mann. Sie selbst möchte den Vertrag fortsetzen.

c) Herr Sanchez arbeitet seit dem 01.09. d. J. als Angestellter. Zum 01.09. d. J. ist er wieder in der gesetzlichen Krankenversicherung pflichtversichert. Seine Kündigung erreicht die Proximus Krankenversicherung AG am 09.11. d. J. Er möchte den Vertrag rückwirkend zum 01.09. d. J. beenden.

d) Die Proximus Krankenversicherung AG kündigt die Krankheitskostenvollversicherung (A1, S1, Z1) von Frau Grundmann wegen Verzugs des Folgebeitrags gemäß § 38 VVG.

e) Die Proximus Krankenversicherung AG kündigt die Auslandsreisekrankenversicherung von Frau Sondermann wegen Verzugs des Folgebeitrags gemäß § 38 VVG.

f) Die Proximus Krankenversicherung AG kündigt die Krankheitskostenvollversicherung (A1, S1, Z1) von Herrn Gerke ordentlich zum Jahresende.

g) Die Proximus Krankenversicherung AG kündigt die stationäre Zusatzversicherung von Frau Bauer ordentlich zum Jahresende. Der Vertrag besteht seit 10 Jahren.

h) Nachdem die Proximus Krankenversicherung AG die Beiträge wegen steigender Kosten im Gesundheitswesen erhöht hat, kündigt Herr Weber seine Krankheitskostenvollversicherung (A1, S1, Z1) einen Monat nach Zugang der Änderungsmitteilung. Er kann neuen gleichwertigen privaten Krankenversicherungsschutz nachweisen.

V 39
Für welche der folgenden Personengruppen besteht, unter bestimmten Voraussetzungen, die Möglichkeit, sich von der Versicherungspflicht in der GKV befreien zu lassen (1), für welche nicht (9)?

a) Studenten
b) Rentner
c) FSJler
d) Auszubildende
e) Bezieher von Arbeitslosengeld

Bearbeiten Sie jetzt die Situationsaufgaben S 11 – S 14

Versicherungs- und Finanzprodukte: Krankenversicherung

Situationsaufgaben (S)

Zu S 1 – S 6: siehe Vorübungen V 1 – V 29

S 1 Sie sind Sachbearbeiter/-in der Proximus Krankenversicherung AG und erhalten folgendes Schreiben von Herrn Mark Schuster:

Mark Schuster
Äußere Badstraße 32
95448 Bayreuth

15.03. d. J.

Proximus Krankenversicherung AG
Proximus-Allee 6–8
80333 München

Sehr geehrte Damen und Herren,

ich möchte mich im Mai d. J. als Unternehmensberater selbstständig machen. Ich bin Single, 31 Jahre und seit Geburt in der Europa Betriebskrankenkasse gesetzlich krankenversichert. Ich würde gerne zum 01.06. d. J. zur Proximus Krankenversicherung AG wechseln und möchte wissen, zu welchem Zeitpunkt ich bei der Europa Betriebskrankenkasse kündigen muss, um den Wechsel rechtzeitig zu schaffen.

Ich fühle mich kerngesund und habe keine kariösen Zähne. Ich möchte einen ambulanten Tarif mit einer möglichst hohen Selbstbeteiligung und einen stationären Tarif mit Zweibettzimmer. Einen Zahntarif, eine Pflegeversicherung, eine Krankenhaustagegeldversicherung und eine Krankentagegeldversicherung benötige ich nicht.

Im Voraus vielen Dank für Ihre Antwort.

Mit freundlichen Grüßen

Mark Schuster

Beraten Sie Herrn Schuster über einen Wechsel zur Proximus Krankenversicherung AG!

S 2 Sie sind Mitarbeiter/-in der Proximus Krankenversicherung AG und erhalten die folgende E-Mail von Herrn Steffen Kelm:

Steffen Kelm 04.07.2020
Jesuitengasse 14
86152 Augsburg

Proximus Krankenversicherung AG
Proximus-Allee 6–8
80333 München

Sehr geehrte Damen und Herren,

meine Name ist Steffen Kelm. Ich bin 35 Jahre alt und als angestellter Programmierer bei der Stadt Augsburg tätig. Ich bin verheiratet, habe zwei Kinder (4 und 7 Jahre) und bin bei einer gesetzlichen Krankenkasse versichert. Mein Einkommen setzt sich wie folgt zusammen:

12 Monatsgehälter zu je	3.500,00 €
Weihnachtsgeld (jährlich)	4.200,00 €
Urlaubsgeld (jährlich)	300,00 €
Familienzuschlag für die Kinder monatlich je Kind	100,00 €
Verheiratetenzuschlag (monatlich)	80,00 €
vermögenswirksame Leistungen vom Arbeitgeber (monatlich)	40,00 €
3 Überstunden pro Woche dafür monatlich pauschal	400,00 €

Zudem habe ich in diesem Jahr einmalig 500,00 € für mein 10-jähriges Dienstjubiläum erhalten.

Bitte teilen Sie mir mit, ob ich aufgrund meines Gehaltes eine private Krankheitskostenvollversicherung bei Ihnen abschließen kann. Sollte dies der Fall sein, würde ich mich über ein Angebot (Topschutz) freuen. Wenn nicht empfehlen Sie bitte Ihre Zusatztarife.

Vielen Dank für Ihre Mühe!

Mit freundlichen Grüßen

Steffen Kelm

Antworten Sie Herrn Kelm und unterbreiten Sie ein passendes Angebot (ohne Berechnung)! Die allgemeine Jahresarbeitsentgeltgrenze beträgt 2020: 62.550,00 €.

Versicherungs- und Finanzprodukte: Krankenversicherung GFK 3 (4)

S 3 Sie sind Sachbearbeiter/-in der Proximus Krankenversicherung AG und erhalten folgendes Schreiben von Frau Corinna Drewes:

Corinna Drewes 25.07. d. J.
Alt-Moabit 10
10557 Berlin

Proximus Krankenversicherung AG
Proximus-Allee 6–8
80333 München

Sehr geehrte Damen und Herren,

leider muss ich Ihnen mitteilen, dass ich zur Zeit mit massiven Umsatzeinbußen zu kämpfen habe. Daher kann ich ab nächstem Monat nicht mehr als 100 € Prämie für meine private Krankenversicherung bezahlen. Ich hoffe, dass es in einem Jahr wieder besser wird. Selbstverständlich kann ich es akzeptieren, wenn Sie meinen Vertrag kündigen. Ich fühle mich fit und gesund und hoffe in nächster Zeit nicht krank zu werden.

Ich bedanke mich für Ihren guten Kundenservice, den ich zu schätzen weiß.

Mit freundlichen Grüßen

Corinna Drewes

Auszug aus dem Vertragsspiegel

Personen	Corinna Drewes (VN)
Geburtsdatum	10.03.1978
Versicherungsbeginn	01.02.2013
Tarife	A0, S1, Z3, PVN
Beruf	selbstständig
Prämie	488,79 €

Klären Sie Frau Drewes über die Rechtslage auf!

S 4 Sie sind Mitarbeiter/-in der Antragsabteilung der Proximus Krankenversicherung AG und erhalten folgende E-Mail von Herrn Fabian Scheuer:

Fabian Scheuer					06.02. d. J.
An der Rosenhöhe 5
33647 Bielefeld

Proximus Krankenversicherung AG
Proximus-Allee 6–8
80333 München

Sehr geehrte Damen und Herren,

ich hatte bis vor kurzem eine private Surfschule in Australien. Vor meiner Zeit in Australien war ich Eigentümer einer Surfschule in Deutschland und hatte weder eine gesetzliche noch eine private Krankenversicherung. Mit nunmehr 60 Jahren fühle ich mich gesundheitlich nicht mehr in der Lage, die Surfschule weiter zu führen. Ich möchte die kommenden Jahre wieder in Deutschland verbringen. Ein Freund informierte mich über die seit 01.01.2009 bestehende Krankenversicherungspflicht. Ich müsse mich als ehemals Selbstständiger an eine private Krankenversicherung wenden, um mich krankenzuversichern und nicht an eine gesetzliche Krankenversicherung, da ich als Selbstständiger der privaten Krankenversicherung zuzuordnen sei. Stimmt das?

Ich habe mich für Sie als Krankenversicherer entschieden, weil Ihre Gesellschaft bei einer Verbrauchersendung im TV gut abgeschnitten hat. Bitte unterbreiten Sie mir ein Angebot über Versicherungsschutz ab 01.03. d. J. im mittleren bis unteren Preisbereich. Leider muss ich Ihnen mitteilen, dass ich an Hautkrebs leide und mich schon Anfang Januar in Behandlung begeben muss. Besteht hierfür schon Versicherungsschutz?

Ich bitte Sie um eine schnelle Antwort.

Vielen Dank.

Mit freundlichen Grüßen

Fabian Scheuer

Beantworten Sie bitte die E-Mail!

Versicherungs- und Finanzprodukte: Krankenversicherung

S 5 Sie sind Mitarbeiter/-in der Proximus Krankenversicherung AG und erhalten folgende E-Mail von Frau Oedekoven:

Sabrina Oedekoven
Bußmannsweg 8
44866 Bochum

12.12.2020

Proximus Krankenversicherung AG
Proximus-Allee 6–8
80333 München

Sehr geehrte Damen und Herren,

meine Name ist Sabrina Oedekoven. Ich bin 52 Jahre alt und leitende Angestellte bei einem Autohersteller. Ich verdiene 7.000,00 € brutto (Netto: 3.803,00 €) im Monat, bin ledig und habe keine Kinder.

Gestern konnte ich in einer Verbraucherzeitschrift lesen, dass nach einer längeren Krankheit über sechs Wochen hinaus, das von der gesetzlichen Krankenversicherung gezahlte Krankengeld oftmals nicht ausreicht, um den Lebensstandard zu sichern. Was kann ich dagegen machen?

Bitte informieren Sie mich umfassend zu der obigen Problematik.

Vielen Dank, mit freundlichen Grüßen

Sabrina Oedekoven

---

1) Berechnen Sie die Krankengeldlücke und den zusätzlichen täglichen Krankentagegeldbedarf von Frau Oedekoven!

2) Informieren Sie Frau Oedekoven darüber, in welchen Fällen die Krankentagegeldversicherung der Proximus Krankenversicherung AG Versicherungsschutz bietet, mit welchen Leistungen. Unterbreiten Sie ein Angebot!

(Beitragssätze 2020 zur gesetzlichen Sozialversicherung: Rentenversicherung: 18,6 %, Pflegeversicherung: 3,05 % plus Kinderlosenzuschlag 0,25 % ab 23 Jahren, Arbeitslosenversicherung: 2,4 %, monatliche Beitragsbemessungsgrenze Krankenversicherung: 4.687,50 €)

S 6 Sie sind Mitarbeiter/-in der Proximus Krankenversicherung AG und erhalten am 31.07.2020 einen Anruf von Frau Kutsch.

Da ihr der bisherige Beitrag für ihre private Krankenversicherung in Höhe von 655,84 € zu hoch erscheint, fragt Sie, ob Sie innerhalb der Proximus Krankenversicherung AG in andere Tarife mit einer Beitragsreduzierung wechseln kann. Sie verdient 100.000,00 € brutto im Jahr.

Auszug aus dem Vertragsspiegel

Person	Roswitha Kutsch
Geburtsdatum	10.03.1957
Versicherungsbeginn	01.04.1994
Tarife	A2, S1, Z1, PVN
Beruf	freiberufliche Dozentin an privaten Fachhochschulen
Beitrag	655,84 € für A2, S1, Z1 plus 56,29 € für PVN

Bemerkung: Der allgemeine Höchstbeitrag zur gesetzlichen Krankenversicherung beträgt im Jahr 2020: 735,94 €.

1) Informieren Sie Frau Kutsch über Wechselmöglichkeiten und die Möglichkeit der Mitnahme von Alterungsrückstellungen!

2) a) Kann Frau Kutsch bei der Proximus Krankenversicherung AG in den Basistarif wechseln?
   b) Lohnt sich ein solcher Wechsel im Hinblick auf Leistung und Beitrag?

Zu S 7 – S 10: siehe Vorübungen V 30 – V 35

S 7 Sie sind Mitarbeiter der Proximus Krankenversicherung AG. Heute, am 02.07. d.J., erhalten Sie folgende E-Mail von Herrn Richter:

Josef Richter   02.07. d.J.
Grenzstraße 90
28217 Bremen

Proximus Krankenversicherung AG
Proximus-Allee 6–8
80333 München

Sehr geehrte Damen und Herren,

ich habe eine neue Lebensgefährtin, Frau Tatjana Svoboda (Alter: 31 Jahre). Sie ist nun seit 2 Wochen in Deutschland und wohnt seitdem bei mir. Ende August möchten wir heiraten.

Mein Wunsch ist, dass Frau Svoboda ab 01.09. d.J. bei der Proximus Krankenversicherung AG versichert wird, mit den folgenden Tarifen: A1, S2, Z2, PVN, KHT 30,00 €, KT 100,00 €/ab 4. Tag. Frau Svoboda ist nicht erwerbstätig und wird sich um unseren gemeinsamen Haushalt kümmern. Sie leidet chronisch unter Migräne.

Im Oktober erwarten wir ein gemeinsames Kind. Eine Fruchtwasseruntersuchung hat ergeben, dass das Kind das Down-Syndrom haben wird. Es soll auch bei Ihnen versichert werden und dieselben Tarife wie Frau Svoboda bekommen.

Über ein Angebot Ihrerseits freue ich mich.

Mit freundlichen Grüßen

Josef Richter

Auszug aus dem Vertragsspiegel

Person	Josef Richter
Geburtsdatum	19.01.1965
Versicherungsbeginn	01.04.2004
Tarife	A2, S2, Z2, PVN, KT 100,00 €/ab 4. Tag, KHT 30,00 €
Beruf	Selbstständiger

Bemerkung: Für Migräne erhebt die Proximus Krankenversicherung AG einen Risikozuschlag in Höhe von 50 % auf den ambulanten Tarif (Nicht in der Risikoliste enthalten.).

Beraten Sie Herrn Richter (ohne Berechnung)!

S 8 Sie sind Mitarbeiter/-in der Antragsabteilung der Proximus Krankenversicherung AG. Ihnen liegt folgender Antrag von Helmut Stöhr vom 10.03.2020 vor. Technischer Beginn soll der 01.04.2020 sein.

Auszug aus dem Antrag

Antragsteller (versicherte Person)	Helmut Stöhr
Anschrift	Kölnstraße 235, 53117 Bonn
Alter	34 Jahre
berufliche Tätigkeit	kaufmännischer Angestellter in leitender Position

Folgende Gesundheitsfragen wurden mit „Ja" beantwortet:

Nr.	Gesundheitsfragen	Nein	Ja
2	Haben in den letzten 5 Jahren Operationen (auch ambulant) stattgefunden?		X
4	Bestanden in den letzten 3 Jahren oder bestehen gegenwärtig Krankheiten, Beschwerden, Unfallfolgen, sonstige Gesundheitsstörungen oder haben Untersuchungen/Behandlungen stattgefunden?		X

Erläuterungen zu den Gesundheitsfragen

zu Frage	Art der Erkrankung	Behandelt von – bis	Name, Anschrift der Ärzte, Krankenhäuser	weitere Behandlungen?
2	Kniegelenkentzündung (ambulante OP)	August 2016	Orthopäde Dr. med. Stoppenbach	Nein
4	erhöhter Blutdruck	Dezember 2017	Hausarzt Dr. Brock	Nein

Prüfen Sie den Antrag von Herrn Stöhr!

S 9 Sie sind Mitarbeiter/-in der Antragsabteilung der Proximus Krankenversicherung AG und erhalten folgendes Schreiben von Herrn Schönberg:

Ole Schönberg
Alte Waage 2–3
38100 Braunschweig

12.05. d. J.

Proximus Krankenversicherung AG
Proximus-Allee 6–8
80333 München

Sehr geehrte Damen und Herren,

ich bin Berufsschullehrer (35 Jahre), wohne in Braunschweig, bin geschieden und habe 2 Kinder (Armin 3 Jahre und Paul 7 Jahre). Ich bin noch für 2 Monate bei der Weststern Versicherung AG als Trainer in der Aus- und Weiterbildung beschäftigt und seit Geburt gesetzlich krankenversichert. Da ich nun einen Wechsel in den öffentlichen Schuldienst (ab 01.08. d. J.) anstrebe und Beamter werde, habe ich für mich 70 % Beihilfeanspruch und für meine beiden Kinder je 80 % Beihilfeanspruch. Ich möchte mich bei Ihnen mit der ganzen Familie privat versichern.

Bitte erstellen Sie ein Angebot einschließlich 20,00 € Krankenhaustagegeld pro Person.

Informieren Sie mich bitte unter welchen Voraussetzungen ich meine neue Partnerin über die Beihilfe versichern könnte. Sie ist Hausfrau und verdient mit ihrem Minijob 450,00 € im Monat.

Leider habe ich Neurodermitis.

Ich warte auf eine baldige Antwort.

Mit freundlichen Grüßen

Ole Schönberg

Erstellen Sie ein Angebot! Herr Schönberg bekommt 25 % Risikozuschlag auf den ambulanten Tarif aufgrund seiner Neurodermitis (nicht in der Risikoliste enthalten). Ansonsten ergeben sich aus der Gesundheitsprüfung, wie Herrn Schönberg bereits bekannt, keine weiteren gesundheitlichen Einschränkungen.

Versicherungs- und Finanzprodukte: Krankenversicherung GFK 3 (4)

S 10 Sie sind Mitarbeiter/-in der Proximus Krankenversicherung AG. Herr Markus Becher ist mit seiner Familie bei der Europa Betriebskrankenkasse gesetzlich krankenversichert. Er arbeitet als Ingenieur bei einem großen Hersteller für Krantechnologie und verdient seit Jahren über der allgemeine Jahresarbeitsentgeltgrenze.

Er möchte mit seiner ganzen Familie in die private Krankenversicherung wechseln und bittet Sie, im Juni 2020, um ein möglichst günstiges Angebot (ohne Basistarif). Persönliche Daten und gewünschte Tarife sind bereits in einer Telefonnotiz aufgenommen worden.

Telefonnotiz

		Name	Vorname	Geburtsdatum	Beruf	A = angestellt S = selbstständig B = öffentlicher Dienst
Antragsteller		Becher	Markus	13.02.1987	Ingenieur	A
Ehepartner		Becher	Joanne	02.02.1989	Hausfrau	
Kind 1		Becher	Frederic	27.05.2019		
Kind 2						
Anschrift		Lothringer Straße 10, 52062 Aachen				
Versicherte Personen		Antragsteller	Ehepartner	Kind 1	Kind 2	
Tarif	Ambulant/Selbstbeteiligung					
	Stationär					
	Zahn/Selbstbeteiligung					
	Kompakt	KPT	KPT	KPT		
	Pflege	PVN	PVN	PVN		
	Krankenhaustagegeld	20,00 €	20,00 €			
	Krankentagegeld	30,00 €				
	Standardtarif					
	Basistarif					
	Beitragsentlastung	100,00 €				

Erstellen Sie ein Angebot für Herrn Becher und berechnen Sie den monatlichen Beitrag für die gesamte Familie! Berücksichtigen Sie dabei auch den Arbeitgeberzuschuss!

Der allgemeine Beitragssatz für die gesetzliche Krankenversicherung beträgt für den Arbeitgeber 2020: 7,3 %. Der durchschnittliche Zusatzbeitragssatz beträgt für den Arbeitgeber 0,55 %. Der Beitragssatz für die soziale Pflegeversicherung beträgt für den Arbeitgeber 1,525 %. Die Beitragsbemessungsgrenze beträgt 2020: 4.687,50 € monatlich.

Zu S 11 – S 14: siehe Vorübungen V 36 – V 39

S 11 Sie sind Mitarbeiter/-in der Vertragsabteilung der Proximus Krankenversicherung AG. Herr Kirchhoff sendet Ihnen am 13.04. d. J. eine E-Mail.

Helmut Kirchhoff
Kanzlerstraße 9
09112 Chemnitz

13.04. d. J.

Proximus Krankenversicherung AG
Proximus-Allee 6–8
80333 München

Sehr geehrte Damen und Herren,

meine Frau wird zum 01.09. d. J. eine Teilzeitstelle in einem Geschäft für Damenmode antreten (Gehalt 1.400,00 € brutto).

Meine Kinder, die Zwillinge Sarah und Andreas, sind beide 18 Jahre alt und machen im Juni d. J. Abitur. Sarah möchte nach dem Abitur ein freiwilliges soziales Jahr (FSJ) machen und dann Biologie an der Universität Leipzig studieren. Sie freut sich schon auf ihr soziales Engagement und das sogenannte Taschengeld, das bei ihrem FSJ gezahlt wird. Andreas wird Polizeibeamter in Sachsen.

Ich bitte Sie, mich über die Auswirkungen meiner neuen familiären Situation auf meinen Versicherungsschutz zu informieren.

Mit freundlichen Grüßen

Helmut Kirchhoff

Auszug aus dem Vertragsspiegel

Personen	Geburtsdatum	Versicherungsbeginn	Beruf
Helmut Kirchhoff (VN)	23.05.1968	01.11.1996	Selbstständiger Steuerberater
Dorothe Kirchhoff	06.06.1970	01.06.1998	Hausfrau
Sarah Kirchhoff	10.04.2002	01.04.2002	Schülerin
Andreas Kirchhoff	10.04.2002	01.04.2002	Schüler

Beraten Sie Herrn Kirchhoff im Hinblick auf seine neue familiäre Situation!

Versicherungs- und Finanzprodukte: Krankenversicherung

S 12 Sie sind Mitarbeiter/-in der Vertragsabteilung der Proximus Krankenversicherung AG. Herr Harald Lingen sendet Ihnen am 13.05. d. J. eine E-Mail:

Harald Lingen
Kanalstraße 1
96450 Coburg

13.05. d. J.

Proximus Krankenversicherung AG
Proximus-Allee 6–8
80333 München

Sehr geehrte Damen und Herren,

ich möchte Ihnen mitteilen, dass mein Sohn Jan Lingen sein Studium der Volkswirtschaftslehre erfolgreich beendet hat und zum 01.08. d. J. eine Erstanstellung bei einem privaten Kreditinstitut haben wird. Sein Jahreseinkommen wird von Anfang an die allgemeine Jahresarbeitsentgeltgrenze übersteigen.

Mein Sohn Niclas Lingen wird noch einige Semester Biologie und Sport auf Lehramt studieren.

Welche Auswirkungen hat dies auf meinen Vertrag bei Ihnen?

Mit freundlichen Grüßen

Harald Lingen

Auszug aus dem Vertragsspiegel

Personen	Harald Lingen	Jan Lingen	Niclas Lingen
Geburtsdatum	31.07.1969	12.09.1994	03.10.1997
Versicherungsbeginn	01.02.1997	01.02.1997	01.10.1997
Tarife	30 BA/BZ, 30 BS, PVB	20 BA/BZ, 20 BS, PVB	20 BA/BZ, 20 BS, PVB
Beruf	Bundesbeamter	Student	Student

Antworten Sie Herrn Lingen (ohne Beitragsberechnung)!

GFK 3 (4) — Versicherungs- und Finanzprodukte: Krankenversicherung

S 13 Sie sind Mitarbeiter/-in der Vertragsabteilung der Proximus Krankenversicherung AG. Herr Werle teilt Ihnen am 23.03. d. J. telefonisch mit, dass Frau Werle, aufgrund eines tragischen Skiunfalls am 05.02. d. J., verstorben ist. Er möchte den Versicherungsschutz aufrecht erhalten und fragt Sie, welche Veränderungen sich ergeben werden.

Auszug aus dem Vertragsspiegel

	Name	Vorname	Geburtsdatum	Beruf	A = angestellt S = selbstständig B = öffentlicher Dienst
Vers.-Nehmer	Werle	Lori	15.08.1978	Lehrerin	B
Ehepartner	Werle	Rick	06.02.1975	Lehrer	B
Kinder	Werle	Carl	03.10.2005	Schüler	
	Werle	Judith	24.12.2008	Schülerin	
Anschrift	Alsfelder Straße 23, 64289 Darmstadt				

Versicherungsnachweis				
Vers.-Nummer	235477.4422.834		vom:	10.01.2004
Bedingungen	MB/KK 2009, MB/KT 2009, MB/PPV 2017			
Beginn	01.02.2004			
Ablauf				
Zahlungsweise	monatlich			
Beitrag/Rate	372,26 €			
Beitragskonto	ausgeglichen			

Versicherte Personen		VN	Ehepartner	Kind 1	Kind 2
Vollkosten					
Teilkosten					
Tarif	Ambulant/Selbstbeteiligung	30 BA/BZ	50 BA/BZ	20 BA/BZ	20 BA/BZ
	Stationär	30 BS	50 BS	20 BS	20 BS
	Zahn/Selbstbeteiligung	30 BA/BZ	50 BA/BZ	20 BA/BZ	20 BA/BZ
	Pflege	PVB	PVB	PVB	PVB
	Krankenhaustagegeld				
	Krankentagegeld				
	Standardtarif				
	Basistarif				
	Beitragsentlastung				

Leistungsfälle			
Jahr	Beschreibung	Besondere Hinweise	Betrag

Antworten Sie Herrn Werle (ohne Beitragsberechnung)!

Versicherungs- und Finanzprodukte: Krankenversicherung

> **S 14** Sie sind Mitarbeiter/-in der Proximus Krankenversicherung AG und erhalten am 16.06. d. J. eine E-Mail von Frau Nicole Kleemund:

Nicole Kleemund
Elisabethstraße 86
32756 Detmold

16.06. d. J.

Proximus Krankenversicherung AG
Proximus-Allee 6–8
80333 München

Sehr geehrte Damen und Herren,

ein Bekannter von mir, der im Außendienst für einen großen deutschen Versicherer arbeitet, hat mir nahegelegt, den Versicherungsschutz zu seiner Gesellschaft zu verlegen. Der Beitrag sei dort bei gleichen Leistungen niedriger.

Ich kündige hiermit meinen Vertrag bei Ihnen so schnell wie möglich. Bitte teilen Sie mir den Kündigungszeitpunkt mit.

Vielen Dank für Ihre Mühe.

Mit freundlichen Grüßen

Nicole Kleemund

Auszug aus dem Vertragsspiegel

Person	Nicole Kleemund
Geburtsdatum	31.12.1983
Versicherungsbeginn	01.05.2008
Tarife	A2, S2, Z2, PVN
Beruf	kaufmännische Angestellte
Beitrag	335,40 €

Antworten Sie auf die E-Mail von Frau Kleemund!

(5) Haftpflichtversicherung

Vorübungen (V)

A. Haftungsarten
(Verschuldenshaftung, Deliktfähigkeit, Gefährdungshaftung, Haftung aus vermutetem Verschulden – Info: Band 3, A 1– A 3)

> **V 1** Die 12-jährige Anna fährt mit ihrem Fahrrad wie jeden Tag in die Schule. Weil sie es eilig hat, überquert sie absichtlich eine rote Fußgängerampel in der Hoffnung es werde schon nichts passieren. Dabei wird sie von einem Autofahrer übersehen, der an der Kreuzung rechts abbiegen wollte. Sie wird von dem Auto erfasst, fällt von ihrem Fahrrad und zieht sich schwere Verletzungen zu.

Daraufhin verklagt sie den Autofahrer auf Schadenersatz. Der Autofahrer wendet ein, dass Anna auf jeden Fall ein Mitverschulden anzurechnen sei. Wie ist die Rechtslage?

a) Der Autofahrer muss aufgrund der Gefährdungshaftung in voller Höhe für den Personenschaden aufkommen.

b) Anna ist mit 12 Jahren im fließenden Straßenverkehr deliktsunfähig und kann folglich nicht zur Haftung herangezogen werden.

c) Anna ist mit 12 Jahren bedingt deliktsfähig, hat aber die für die Kenntnis der Verantwortlichkeit nötige Einsicht. Folglich wird ihr ein Mitverschulden angerechnet, da der Schaden nicht passiert wäre, wenn sie nicht die rote Ampel überquert hätte.

d) Da Anna nur leicht fahrlässig gehandelt hat, trifft sie kein Mitverschulden. Sie bekommt den Schaden in voller Höhe vom Autofahrer ersetzt.

> **V 2** Opa Schuster befindet sich mit seinem Dackel Waldi im Englischen Garten. Als ein fünfjähriges Mädchen den Opa fragt, ob sie den (angeleinten) Hund mal streicheln darf, erwidert Opa Schuster: „Ja gerne, der Waldi, der tut niemandem was."

Als das Mädchen den Dackel streicheln will, schnappt dieser zu und zerreißt die Jacke des Mädchens. Der Opa weigert sich, Schadenersatz für die zerrissene Jacke zu leisten mit der Begründung, dass das Mädchen ja selber schuld sei. Sie hätte den Hund ja nicht streicheln müssen.

Ist Opa Schuster zum Schadenersatz verpflichtet?

a) Opa Schuster muss nicht haften, da das Mädchen sich selbstständig in Gefahr gebracht hat und folglich selbst für den Schaden aufkommen muss.

b) Opa Schuster muss nicht haften, da die Eltern des Mädchens ihrer Aufsichtspflicht nicht nachgekommen sind.

c) Opa Schuster muss haften, da er als Hundehalter verschuldensunabhängig aufgrund der Gefährdungshaftung (hier: Hund als Luxustier) haften muss.

d) Da es sich beim vorliegenden Fall um eine Haftung aus vermutetem Verschulden handelt, muss Opa Schuster für den Schaden aufkommen.

Versicherungs- und Finanzprodukte: Haftpflichtversicherung

V 3 Bauer Rudolf betreibt eine große Rinderzucht. Während des Sommers sind die Rinder tagsüber auf der Weide, die mit einem elektrischen Zaun eingezäunt ist. Bauer Rudolf erfüllt stets die im Verkehr als ausreichend erachteten Sicherheitsvorkehrungen.

Dennoch brechen die Rinder aus und verursachen einen Unfall, der mehrere verletzte Personen und einen Sachschaden zur Folge hat. Die Anwälte der Opfer fordern von Bauer Rudolf Schadenersatz. Wie ist die Rechtslage?

a) Da es sich bei den Rindern um Nutztiere handelt, muss Bauer Rudolf aufgrund der Gefährdungshaftung in vollem Umfang für den Schaden haften.
b) Da es sich bei den Rindern um Nutztiere handelt, gilt die Haftung aus vermutetem Verschulden. Bauer Rudolf kann sich jedoch entlasten, da er ausreichend Sicherungsvorkehrungen getroffen hat. Er muss folglich nicht haften.
c) Da es sich bei den Rindern um Luxustiere handelt, gilt die Gefährdungshaftung ohne Entlastungsmöglichkeit.
d) Da es sich bei den Rindern um Nutztiere handelt, gilt die Haftung aus vermutetem Verschulden. Bauer Rudolf kann sich nicht entlasten und muss haften, da er grob fahrlässig gehandelt hat.

V 4 Frau Schwarz befindet sich mit ihrer Tochter Klara (2 Jahre) beim Einkaufen. Frau Schwarz lässt Klara im Gang der Regale mit Porzellanwaren herumtollen, ohne dass sie ihre kleine Tochter an der Hand führt.

Beim Herumtollen streift Klara ein Regal mit Porzellanvasen. Vier Vasen fallen aus dem Regal und zerbrechen. Der Supermarktbetreiber fordert von Frau Schwarz Schadenersatz. Wie ist die Rechtslage?

a) Frau Schwarz muss haften, weil sie ihre Aufsichtspflicht verletzt hat.
b) Frau Schwarz muss nicht haften, da der Schaden auch bei gehöriger Aufsichtsführung entstanden wäre.
c) Frau Schwarz muss nicht haften, da Klara mit zwei Jahren deliktsunfähig ist.
d) Frau Schwarz muss nicht haften, da sie nicht fahrlässig gehandelt hat.

V 5 Der 16-jährige Heinz ist ein leidenschaftlicher Rollerblader. Als bei einer „Roller-Blader-Tour" auf der Lincolnstr. sein Handy klingelt und er das Gespräch „bei voller Fahrt" annimmt verliert er das Gleichgewicht und stürzt vor ein parkendes Auto.

Dabei beschädigt er den linken Außenspiegel. Der Eigentümer des Autos, Herr Herrlich, fordert Schadenersatz. Wie ist die Rechtslage?

a) Die Eltern des Heinz müssen haften, da sie ihre Aufsichtspflicht verletzt haben und weil Heinz noch minderjährig ist.
b) Heinz muss nicht haften, da er nur fahrlässig gehandelt hat.
c) Heinz ist bedingt deliktsfähig, hat aber die für sein Verhalten nötige Einsicht und muss folglich haften.
d) Da Heinz seit dem vollendeten 14. Lebensjahr voll deliktsfähig ist, muss er für den Schaden haften.

V 6 Herr Schulze ist Eigentümer eines Einfamilienhauses. Vor drei Monaten hat er persönlich mit seinen beiden Söhnen das Dach erneuert. Bei einer Luftbewegung der Windstärke 6 löst sich ein Dachziegel und fällt in das Dachfenster des Nachbarhauses von Herrn Meyer.

Herr Meyer fordert von Herrn Schulze Schadenersatz. Wie ist die Rechtslage?

a) Herr Schulze muss keinen Schadenersatz leisten, da Schäden durch Sturm als „höhere Gewalt" gelten.

b) Herr Schulze muss keinen Schadenersatz leisten, da er das Dach vor drei Monaten erneuert hat.

c) Die Wohngebäudeversicherung des Nachbarn Meyer wird den Schaden ersetzen.

d) Herr Schulze haftet aus vermutetem Verschulden, weil sich ein Gebäudeteil (Dachziegel) gelöst hat und einen Schaden verursacht hat. Da sich der Dachziegel bereits bei Windstärke 6 gelöst hat, ist davon auszugehen, dass sich Herr Schulze nicht entlasten kann. Er muss folglich für den Schaden aufkommen.

V 7 Dachdeckermeister Süß schickt seinen Gesellen Sauer, den er vor zwei Tagen neu eingestellt hat, auf eine seiner Baustellen, damit er dort Reparaturarbeiten am Dach des Einfamilienhauses von Herrn Herwig vornimmt. Bis auf das Abschlusszeugnis liegen Herrn Süß keine weiteren Nachweise über die Qualität der Arbeitskraft von Herrn Sauer vor. Im Abschlusszeugnis ist vermerkt, dass Herr Sauer sich eine ordentlichere Arbeitsweise angewöhnen sollte.

Auf der Baustelle unterlässt es der Geselle, den Bereich vor dem Haus abzusperren, wo die Dachdeckerarbeiten vorgenommen werden. Aus Unachtsamkeit fällt ihm bei den Reparaturarbeiten ein Dachziegel aus der Hand. Der herabfallende Dachziegel verletzt einen Passanten. Der Passant fordert von Herrn Sauer und Herrn Süß Schadenersatz. Welche Aussage bezüglich der Haftung ist richtig?

a) Da Herr Süß nicht auf der Baustelle mit dabei war, muss nur der Geselle Sauer Schadenersatz leisten.

b) Geselle Sauer kann als Verrichtungsgehilfe von Herrn Süß nach § 823 BGB nicht haftbar gemacht werden.

c) Herr Süß kann für seinen Verrichtungsgehilfen Sauer nach § 831 BGB haftbar gemacht werden, da er ihm genauere Anweisungen hätte geben müssen.

d) Niemand muss für den Schaden aufkommen, da Geselle Sauer nur leicht fahrlässig gehandelt hat.

Bearbeiten Sie jetzt die Situationsaufgaben S 1 – S 3

B. Versicherter Personenkreis

(Versicherte Eigenschaften; Tätigkeiten, Regelungen zu mitversicherten Personen und zum Verhältnis zwischen den Versicherten – Info: Band 3, A 5.2.1, A 5.2.5)

V 8 Der 23-jährige Sohn des Versicherungsnehmers Schulze hat soeben sein BWL-Studium erfolgreich abgeschlossen und beabsichtigt in direktem Anschluss ein Zweitstudium aufzunehmen. Da er an die Universität nach Hamburg wechselt, muss er von zu Hause ausziehen.

Welche Aussage bezüglich der Mitversicherung im Vertrag seines Vaters ist zutreffend?

a) Er ist weiterhin mitversichert, da er das 25. Lebensjahr noch nicht vollendet hat.
b) Der Versicherungsschutz endet mit der Aufnahme eines Zweitstudiums.
c) Der Versicherungsschutz endet mit dem Auszug von zu Hause, da er nicht mehr mit dem VN in häuslicher Gemeinschaft wohnt.
d) Der Versicherungsschutz bleibt weiterhin bestehen, weil eine sich innerhalb von zwölf Monaten anschließende zweite Ausbildung mitversichert ist.

V 9 Der beim VN Schulze beschäftigten Putzfrau fällt bei den Reinigungsarbeiten aus Unachtsamkeit der Putzeimer um. Das auslaufende Putzwasser verteilt sich über den Fliesenboden des Wohnzimmers. Als der sechsjährige Sohn des VN in das Wohnzimmer stürmt, rutscht er aus und verletzt sich schwer am Kopf.

Welche Aussage bezüglich des Versicherungsschutzes ist richtig?

a) Die PHV des VN Schulze ist leistungspflichtig, da die Putzfrau im Rahmen ihrer Tätigkeit mitversichert ist.
b) Die PHV des VN Schulze ist leistungsfrei, da Ansprüche zwischen mitversicherten Personen ausgeschlossen sind.
c) Die PHV des VN Schulze ist leistungspflichtig, da die gesetzliche Haftpflicht als Dienstherr der in seinem Haushalt tätigen Personen mitversichert ist.
d) Die PHV der Putzfrau ist leistungspflichtig, da die gesetzliche Haftpflicht aus den Gefahren eines Berufes mitversichert ist.

V 10 Aus Unachtsamkeit wirft VN Patzak am Frühstückstisch eine Tasse Kaffee um. Der auslaufende Kaffee verteilt sich über das Notebook seines 25-jährigen Sohnes Erwin. Das Notebook erleidet einen Totalschaden. Erwin, der noch bei seinen Eltern wohnt, ist unverheiratet und arbeitet als Industriekaufmann.

Ist die PHV des VN Patzak leistungspflichtig?

a) Die PHV ist leistungsfrei, da Ansprüche gegen den VN aus Schadenfällen seiner Angehörigen, die mit ihm in häuslicher Gemeinschaft leben, ausgeschlossen sind.
b) Die PHV des VN ist leistungspflichtig, da die gesetzliche Haftpflicht des VN aus den Gefahren des täglichen Lebens mitversichert ist.

c) Die PHV ist leistungsfrei, da Ansprüche zwischen mitversicherten Personen ausgeschlossen sind.

d) Die PHV ist leistungspflichtig, da der berufstätige Sohn nicht ihm Vertrag des VN mitversichert ist.

V 11 Die 28-jährige Tochter des VN Schulze beginnt nach ihrem erfolgreich abgeschlossenen Jurastudium ihr Rechtsreferendariat beim Freistaat Bayern. Sie wohnt während ihres Referendariats weiterhin in häuslicher Gemeinschaft beim VN.

Ist sie weiterhin in der PHV ihres Vaters mitversichert?

a) Die Tochter ist weiterhin mitversichert, da sie mit ihrem Vater in häuslicher Gemeinschaft lebt.

b) Die Tochter braucht eine eigene Privathaftpflichtversicherung, da die Referendarzeit nicht mitversichert ist.

c) Die Tochter ist nicht mehr bei ihrem Vater mitversichert, da sie das 27. Lebensjahr bereits vollendet hat.

d) Die Tochter ist während der Referendarzeit weiterhin bei ihrem Vater mitversichert.

V 12 Der VN meldet ihnen folgenden Schadenfall: „Ich war jetzt für zwei Wochen im Skiurlaub in St. Moritz. Während meiner Abwesenheit hat mein Nachbar freundlicherweise den Streudienst vor meinem Haus übernommen. Leider hat er vorgestern vergessen, den Streudienst durchzuführen. Ein Passant ist deshalb vor dem Haus ausgerutscht und macht mich jetzt schadenersatzpflichtig. Wird meine Privathaftpflichtversicherung den Schaden übernehmen?"

a) Der Versicherer wird den Schaden übernehmen, da Personen, die gefälligkeitshalber den Streudienst übernehmen, im Vertrag des VN mitversichert sind.

b) Der Versicherer wird den Schaden ablehnen, da der Nachbar keine mitversicherte Person ist.

c) Der Versicherer wird den Schaden ablehnen, da der Nachbar fahrlässig gehandelt hat.

d) Der Versicherer wird den Schaden übernehmen, da das Verhalten des VN grob fahrlässig war.

Bearbeiten Sie jetzt die Situationsaufgaben S 4 – S 5

C. Regelungen zum Versicherungsschutz der Privathaftpflichtversicherung

(Haushalt und Familie, Ehrenamtliche Tätigkeit, Haus und Wohnung, Schäden an fremdem überlassenem Eigentum, Schlüsselverlust, Tiere, Kraftfahrzeuge, Wassersportfahrzeuge, Auslandsschäden, Vermögensschäden, Übertragung elektronischer Daten, Gewässerschäden, Risikoerhöhung/Risikoerweiterung, Vorsorgeversicherung – Info: Band 3, A.5.2.4, A 5.2.6)

V 13 Sie sind Mitarbeiter/-in der Proximus Versicherungsagentur. Ihr Kunde Herr Hirschmann kommt zu Ihnen ins Büro und möchte eine Privathaftpflichtversicherung abschließen. Er ist Familienvater mit Ehefrau und zwei Kindern (Dennis fünf und Claudia zwölf Jahre alt), arbeitet als Angestellter bei den Stadtwerken München und hat einen Hund. Herr Hirschmann ist Eigentümer eines Einfamilienhauses, das er mit seiner Familie bewohnt.

Welche Versicherungen benötigt Herr Hirschmann, um seine privaten Haftpflichtrisiken abzusichern?

a) Sämtliche Risiken sind über die Privathaftpflichtversicherung abgedeckt.

b) Er benötigt eine Haus- und Grundbesitzerhaftpflichtversicherung sowie eine Privathaftpflichtversicherung.

c) Er benötigt eine Haus-und Grundbesitzerhaftpflichtversicherung, eine Privathaftpflichtversicherung sowie eine Hundehalterhaftpflichtversicherung.

d) Er benötigt eine Privathaftpflichtversicherung sowie eine Hundehalterhaftpflichtversicherung.

V 14 VN Schulze meldet folgenden Schadenfall: „Letzte Woche habe ich versehentlich auf dem Rückflug von Paris nach München meinen (bereits fast leeren) Kaffeebecher umgestoßen. Der auslaufende Kaffee hat sich über den Anzug meines Sitznachbarn ergossen und zwei kleine Flecken verursacht. Ich habe ihm angeboten, dass er mir die Rechnung über die Reinigungskosten schicken soll. Er will jedoch seinen teuren Anzug komplett ersetzt haben und verlangt von mir 700,00 € für den Kauf eines neuen Anzugs. Der Anzug war bereits drei Jahre alt. Wird meine PHV den Schaden begleichen und mit welchem Schadenersatz kann ich rechnen?"

a) Die PHV wird dem Geschädigten die Reinigungskosten erstatten.

b) Die PHV erstattet zum Neuwert und wird deshalb dem Geschädigten die verlangten 700,00 € für einen neuen Anzug erstatten.

c) Die PHV wird die Leistung verweigern, da der Schadenfall grob fahrlässig herbeigeführt wurde.

d) Die PHV wird nur den tatsächlichen Kaufpreis nach Vorlage der Kaufrechnung erstatten.

e) Die PHV wird den Schadenersatz wegen Unverhältnismäßigkeit (nur zwei kleine Flecken auf einem 3 Jahre alten Anzug) ablehnen.

V 15 Der im Haushalt des VN beschäftigte Gärtner Heinz Herwig stürzt von einer Gartenleiter, die ihm der VN zur Verfügung gestellt hat und reißt sich seine Arbeitshose auf. Es stellt sich heraus, dass die Gartenleiter, die dem Gärtner vom VN zur Verfügung gestellt wurde, in einem maroden Zustand war. Ist die PHV des VN leistungspflichtig?

a) Die PHV ist leistungsfrei, da der Gärtner im Rahmen seiner Tätigkeit nicht beim VN mitversichert ist.
b) Die PHV des VN ist leistungspflichtig, da die gesetzliche Haftpflicht des VN als Dienstherr der in seinem Haushalt tätigen Personen mitversichert ist.
c) Die PHV ist leistungsfrei, da Ansprüche zwischen mitversicherten Personen ausgeschlossen sind.
d) Die PHV des VN ist leistungsfrei, da für den Schaden an der Hose die Haftpflicht des Gärtners aufkommen muss.

V 16 Frau Metzger befindet sich mit ihrem zehnjährigen Sohn Jörg und drei seiner Freunde auf einem Ausflug im Tierpark Hellabrunn. Beim gemeinsamen Rundgang durch den Tierpark entfernt sich der 11-jährige Heiner plötzlich von der Gruppe und rennt zu einem Eisstand, um sich ein Eis zu kaufen. In seiner Eile übersieht er die 5-jährige Tochter eines anderen Tierparkbesuchers. Das Kind wird von Heiner angerempelt und stürzt. Dabei wird die Brille des fünfjährigen Kindes beschädigt.

Die Eltern des Kindes fordern von Frau Metzger Schadenersatz für die Brille. Wird die Haftpflichtversicherung von Frau Metzger für den Schaden aufkommen?

a) Die PHV ist leistungspflichtig, da die gesetzliche Haftpflicht aus der Beaufsichtigung von bis zu 5 zur Betreuung übernommenen minderjährigen Kindern mitversichert ist.
b) Die PHV ist leistungsfrei, da der 10-jährige Heiner grob fahrlässig gehandelt hat.
c) Die PHV ist leistungspflichtig, da Frau Metzger ihre Aufsichtspflicht verletzt hat.
d) Die PHV von Frau Metzger ist leistungsfrei, da die persönliche gesetzliche Haftpflicht des 11-jährigen Heiner in der PHV von Frau Metzger nicht mitversichert ist und Frau Metzger ihre Aufsichtspflicht nicht verletzt hat.

V 17 VN Müller hilft seinem Nachbarn Schwaiger beim Umzug in seine neue Wohnung. Die beiden tragen gemeinsam einen schweren Plasmafernseher die Treppe hinunter. Aus Unachtsamkeit rutscht Herr Müller auf Treppe aus und der teure Fernseher fällt zu Boden. Herr Schwaiger fordert von Herrn Müller Schadenersatz. Herr Müller willen wissen, ob der Schaden über seine PHV abgedeckt ist.

a) Die PHV ist leistungsfrei, da die Umzugshilfe eine Gefälligkeitshandlung darstellt.
b) Die PHV ist leistungsfrei, da Herr Schwaiger den Schaden selber tragen muss.
c) Bei leicht fahrlässig herbeigeführten Schadenfällen gegenüber Dritten im Rahmen von Gefälligkeitsverhältnissen leistet die PHV auf Wunsch des VN.
d) Die PHV des VN ist leistungsfrei, da VN Müller den Schaden grob fahrlässig verursacht hat.

Versicherungs- und Finanzprodukte: Haftpflichtversicherung

V 18 Der VN Maier ist Vorstand der örtlichen freiwilligen Feuerwehr. Beim gemeinsamen Vereinsausflug rutscht er aus Unachtsamkeit beim Bergwandern aus, stürzt, und reißt einen Wanderer zu Boden, der sich verletzt.

Der Wanderer fordert vom VN Schadenersatz. Wird die PHV des Herrn Maier leisten?

a) Die PHV des VN ist nicht leistungspflichtig, da die Gefahren bei der Ausübung von leitenden Ehrenämtern nicht mitversichert sind.
b) Die PHV des VN ist nicht leistungspflichtig, da der VN nur fahrlässig gehandelt hat.
c) Die PHV ist leistungspflichtig, da die Gefahren des täglichen Lebens als Privatperson mitversichert sind.
d) Die PHV ist leistungspflichtig, da die Gefahren bei der Ausübung von leitenden Ehrenämtern mitversichert sind.

V 19 Die Versicherungsnehmerin Huber hat ein Ferienhaus am Tegernsee geerbt und beabsichtigt dies gelegentlich zu vermieten. Sie will wissen, ob das Haus in ihrer Privathaftpflichtversicherung mitversichert ist.

a) Ein vermietetes Ferienhaus ist in der PHV mitversichert, da die gesetzliche Haftpflicht als Inhaber eines Ferienhauses miteingeschlossen ist.
b) Die Vermietung des Ferienhauses kann gegen Zuschlag in der PHV mitversichert werden.
c) Für die Vermietung des Ferienhauses ist der Abschluss einer eigenen Haus- und Grundbesitzer-Haftpflichtversicherung erforderlich.
d) Die gesetzliche Haftpflicht aus der Vermietung von Ferienhäusern kann bei der Proximus Versicherung AG nicht versichert werden.

V 20 Herr Bauer hat sich ein sanierungsbedürftiges Zweifamilienhaus gekauft. Er will wissen, ob die Umbaumaßnahmen in seiner Privathaftpflichtversicherung mitversichert sind.

a) Die Umbaumaßnahmen sind bis zu einer Bausumme von 200.000 € in der PHV mitversichert.
b) Zweifamilienhäuser sind in der PHV nicht versicherbar. Er benötigt dafür eine Haus- und Grundbesitzerhaftpflicht.
c) Umbaumaßnahmen an sanierungsbedürftigen Häusern sind in der PHV nicht mitversichert.
d) Übersteigen die Umbaumaßnahmen die Summe von 50.000,00 €, benötigt Herr Bauer eine Bauherrnhaftpflichtversicherung.

V 21 Herr Meier hat eine Eigentumswohnung in einem Vierfamilienhaus erworben. Die vier Wohnungseigentümer schließen sich zu einer Wohnungseigentümergemeinschaft zusammen. Bei den Einzugsarbeiten beschädigt er aus Unachtsamkeit eine teure Lampe im Gemeinschaftstreppenhaus. Der Schaden beträgt 1.000,00 €.

Herr Meier will wissen, ob der Schaden über seine Privathaftpflichtversicherung abgedeckt ist.

a) Es besteht kein Versicherungsschutz, da der Schaden über die Haus- und Grundbesitzerhaftpflicht abgedeckt ist.
b) Der Schaden ist über die PHV in voller Höhe versichert.
c) Der Schaden ist versichert. Die Ersatzpflicht erstreckt sich jedoch nicht auf den Miteigentumsanteil des Versicherungsnehmers am Gemeinschaftseigentum.
d) Es besteht kein Versicherungsschutz, da der Schaden grob fahrlässig herbeigeführt wurde.

V 22 Herr Schmidt ist Eigentümer eines Einfamilienhauses. Da seine zwei Kinder frisch ausgezogen sind, will er die zwei frei werdenden Wohnräume an zwei Studenten vermieten.

Herr Schmidt will wissen, ob die gesetzliche Haftpflicht aus der Vermietung dieser beiden Räume in seiner PHV mitversichert ist.

a) Herr Schmidt benötigt für die Vermietung der beiden Räume eine Haus- und Grundbesitzerhaftpflichtversicherung.
b) Die gesetzliche Haftpflicht aus der Vermietung der beiden Räume ist in der PHV gegen Zuschlag mitversichert.
c) Die gesetzliche Haftpflicht aus der Vermietung der beiden Räume ist in der PHV prämienfrei mitversichert.
d) Die gesetzliche Haftpflicht aus der Vermietung der beiden Räume ist im Rahmen der Vorsorgeversicherung mitversichert.

V 23 Herr Huber hat sich eine Eigentumswohnung in Freising gekauft, die er vermieten will. Er will wissen, ob die vermietete Wohnung in seiner PHV mitversichert ist.

a) Er kann die vermietete Wohnung gegen Zuschlag in seiner PHV mitversichern.
b) Die vermietete Wohnung ist prämienfrei in der PHV mitversichert.
c) Da er die Wohnung nicht selbst bewohnt, ist der Abschluss einer Haus- und Grundbesitzerhaftpflichtversicherung nötig.
d) Die gesetzliche Haftpflicht aus der Vermietung einer Eigentumswohnung ist bei Proximus Versicherung AG nicht versicherbar.

V 24 Der VN hat in seiner Mietwohnung aus Unachtsamkeit eine Leiter umfallen lassen, die daraufhin auf die Badewanne und in die Fensterscheibe des Badezimmers fiel. Die Fensterscheibe muss ausgetauscht werden. Außerdem entstand ein erheblicher Schaden an der Badewanne.

Muss die PHV des VN leisten?

a) Die PHV des VN ist leistungsfrei, da der Schaden grob fahrlässig herbeigeführt wurde.
b) Es besteht Versicherungsschutz für beide Schäden, da Mietsachschäden in der PHV mitversichert sind.
c) Es besteht nur Versicherungsschutz für den Schaden an der Badewanne.
d) Die PHV ist leistungsfrei, da Schäden an gemieteten Sachen ausgeschlossen sind.

Versicherungs- und Finanzprodukte: Haftpflichtversicherung

V 25 Frau Huber meldet der Proximus Versicherung AG folgenden Schadenfall: „Letzte Woche war ich auf Dienstreise in Paris. Als ich nach einer Abendveranstaltung bei Betreten meines Hotelzimmers den Lichtschalter nicht sofort gefunden habe, bin ich im Dunkeln gestürzt und gegen den LCD-Fernseher gefallen. Der Fernseher wurde dabei aus der Halterung gerissen und ist zu Boden gefallen. Leider ist das Gerät jetzt defekt und muss ausgetauscht werden. Der Hoteleigentümer fordert von mir Schadenersatz in Höhe von 500,00 €. Werden Sie den Schaden übernehmen?"

a) Es besteht kein Versicherungsschutz, da sich der Schaden im Rahmen einer Dienstreise ereignet hat.
b) Der Schaden ist versichert, da die Zerstörung oder Beschädigung von beweglichen Einrichtungsgegenständen in Hotels mitversichert ist.
c) Es besteht kein Versicherungsschutz, da Mietsachschäden an elektronischen Geräten ausgeschlossen sind.
d) Es besteht kein Versicherungsschutz, da der Schaden grob fahrlässig herbeigeführt wurde.

V 26 Der in einem Immobilienmaklerbüro als Angestellter arbeitende VN Schulze hat den Schlüssel zum Bürogebäude verloren. Daraufhin konnte sich ein Unbekannter mithilfe des gefundenen Schlüssels Zutritt zu den Büroräumen verschaffen. Es wurden mehrere Notebooks im Wert von insgesamt 5.000,00 € entwendet. Das Auswechseln der Schließanlage verursacht Kosten in Höhe von 3.000,00 €.

VN Schulze will wissen, ob die beiden Schäden von der PHV abgedeckt sind.

a) Der Schaden ist nicht mitversichert, da das Abhandenkommen von Sachen in der PHV ausgeschlossen ist.
b) Es werden nur die Kosten für das Auswechseln der Schließanlage ersetzt.
c) Sowohl die Kosten für das Auswechseln der Schließanlage als auch der Schaden für die entwendeten Notebooks wird ersetzt.
d) Es besteht kein Versicherungsschutz, da das Abhandenkommen von beruflich überlassenen Schlüsseln nicht mitversichert ist.

V 27 Versicherungsnehmer Schulze meldet folgenden Schadenfall: „Meine 17-jährige Tochter hat gestern wie jeden Mittwoch auf den Dackel unserer Nachbarin aufgepasst. Der Aufforderung unserer Nachbarin, den Hund beim Gassigehen nicht von der Leine zu lassen, ist sie nicht nachgekommen. Der Dackel stürmte daraufhin auf einen Rentner zu und zwickte ihm ins Bein. Der Rentner fordert nun Schadenersatz für die Heilkosten und die zerrissene Hose. Wird meine PHV für den Schaden aufkommen?"

a) Der Schaden wird von der PHV übernommen, da die gesetzliche Haftpflicht als nicht gewerbsmäßiger Hüter fremder Hunde mitversichert ist.
b) Der Schaden wird abgelehnt, da der VN Schulze über keine Hundehalterhaftpflichtversicherung verfügt.
c) Der Schaden wird übernommen, da in der PHV sowohl die gesetzliche Haftpflicht des Halters von Hunden sowie die gesetzliche Haftpflicht des Hüters von fremden Hunden mitversichert ist.
d) Der Schaden wird abgelehnt, da ausschließlich die Nachbarin als Halterin des Hundes für den Schaden zur Haftung gezogen werden kann.

V 28 Versicherungsnehmer Seidl meldet folgenden Schadenfall: „Meine Katze Minka hat gestern in unserer Mietwohnung erheblichen Schaden angerichtet. Sie hat den vom Vermieter eingebrachten Parkettboden zerkratzt. Zu allem Überfluss hat sie auch unsere neue Tapete zerkratzt, die wir vor zwei Wochen neu angebracht haben. Sind die Schäden über meine PHV versichert?"

a) Beide Schäden sind als Mietsachschäden über die PHV mitversichert.
b) Die Schäden sind nicht mitversichert, da Mietsachschäden, die durch Haustiere verursacht werden, nicht mitversichert sind.
c) Nur der Schaden an der Tapete ist als Mietsachschaden mitversichert.
d) Nur der Schaden am Parkettboden ist als Mietsachschaden mitversichert.

V 29 VN Schulze meldet folgenden Schadenfall: „Gestern bin ich mit meinem Bekannten Heinze vom Training nach Hause gefahren. Wie immer hielt er kurz an, um mich aussteigen zu lassen. Als ich die Beifahrertüre öffnete, bemerkte ich nicht, dass sich ein Radfahrer von hinten auf dem Radweg näherte. Der Radfahrer musste ausweichen und stürzte. Er fordert nun Schadenersatz von mir für die Heilkosten und die durch den Unfall zerrissene Kleidung. Wird meine PHV den Schaden übernehmen?"

a) Der Schaden wird nicht übernommen, da der Schaden durch den Gebrauch eines Kraftfahrzeugs entstanden ist.
b) Es besteht kein Versicherungsschutz, da die Kfz-Haftpflichtversicherung des Halters den Schaden übernehmen muss.
c) Der Schaden wird von der PHV übernommen, da der VN weder Eigentümer, Besitzer, Halter oder Führer des Kfz ist.
d) Die PHV leistet im Rahmen der Vorsorgeversicherung.

V 30 Herr Patzak hat sich von seinem Nachbarn Schnellinger einen Aufsitzrasenmäher ausgeliehen, um damit den Rasen auf seinem großen Grundstück zu mähen. Beim den ersten Mäharbeiten rammt er aus Unachtsamkeit den Holzzaun seines Nachbarn. Es entsteht sowohl am Zaun als auch am Rasenmäher ein Sachschaden. Herr Schnellinger fordert von Herrn Patzak Schadenersatz.

Wird die PHV von Herrn Patzak für den Schaden am Zaun und für den Schaden am Rasenmäher aufkommen?

a) Es wird nur der Schaden am Zaun ersetzt, da Schäden an geliehen Sachen ausgeschlossen sind.
b) Die PHV wird beide Schäden ablehnen, da Schäden sowohl an als auch durch selbstfahrende Arbeitsmaschinen nicht mitversichert sind.
c) Es besteht kein Versicherungsschutz, da die Kfz-Versicherung des Nachbarn für den Schaden aufkommen muss.
d) Es besteht für beide Schäden Versicherungsschutz über die PHV von Herrn Patzak.

V 31 VN Schulze meldet folgenden Schadenfall: „Ich habe mir vor zwei Wochen ein Segelboot gekauft. Beim Start meines ersten Segeltörns ist mir gleich ein Missgeschick passiert. Ich habe mit meinem Segelboot ein anderes Boot gerammt. Der Sachschaden beträgt 2.000,00 €. Der Schaden ist doch sicherlich über die PHV abgedeckt?"

a) Der Schaden ist über die Vorsorgeversicherung abgedeckt.
b) Der Schaden ist nicht versichert, da für das Segelboot der Abschluss einer Wassersporthaftpflichtversicherung erforderlich ist.
c) Der Schaden ist versichert, da nur Wassersportfahrzeuge mit Motoren vom Versicherungsschutz ausgeschlossen sind.
d) Es besteht Versicherungsschutz, da Risikoerhöhungen mitversichert sind.

V 32 Ihr VN Frau Hellwig meldet Ihnen folgenden Schaden: „Beim Urlaub in Australien habe ich mir ein Motorboot ausgeliehen und mit dem Boot ungeschickterweise ein anderes Boot gestreift. Der Schaden am geliehenen Boot beträgt 500,00 €, der Eigentümer des anderen Bootes verlangt 1.000,00 € Schadenersatz für Reparaturkosten von mir. Wird der Schaden von meiner PHV übernommen?"

a) Der Schaden wird abgelehnt, da die PHV nur innerhalb Europas Versicherungsschutz gewährt.
b) Es besteht kein Versicherungsschutz, da Schäden, die durch den Gebrauch von fremden Wassersportfahrzeugen verursacht werden, vom Versicherungsschutz ausgenommen sind.
c) Es besteht für beide Schäden Versicherungsschutz.
d) Nur der Schaden, der durch das geliehene Boot verursacht wurde, wird ersetzt.

V 33 VN Schulze lässt die Spülmaschine laufen und fährt übers Wochenende zum Ski fahren. Der Schlauch platzt und das auslaufende Wasser verursacht einen Schaden am Parkett seiner Mietwohnung und der Wohnung seines Nachbarn.

Sind die Schäden über die PHV von Herr Schulze mitversichert?

a) Beide Schäden sind versichert, da Schäden durch häusliche Abwässer mitversichert sind.
b) Es besteht kein Versicherungsschutz, da die Schäden grob fahrlässig herbeigeführt wurden.
c) Nur der Schaden in der Wohnung des Nachbars ist mitversichert. Beim Schaden am Parkettboden handelt es sich um einen Eigenschaden.
d) Beide Schäden werden abgelehnt, da in der PHV Schäden durch häusliche Abwässer ausgeschlossen sind.

V 34 Versicherungsnehmer Meier meldet folgenden Schadenfall: „Leider hat sich über den Winter im Öltank meines Aufsitzrasenmähers ein Leck gebildet. Das auslaufende Öl ist nun in den Boden gedrungen und das Grundwasser verseucht. Besteht Versicherungsschutz über meine Privathaftpflichtversicherung?"

a) Es besteht kein Versicherungsschutz, da für den Aufsitzrasenmäher eine eigene Kfz-Haftpflichtversicherung benötigt wird.
b) Der Schaden ist über die Vorsorgeversicherung mitversichert.

c) Es besteht kein Versicherungsschutz, da für Gewässerschäden der Abschluss einer Gewässerschadenhaftpflichtversicherung nötig ist.

d) Der Schaden ist über die Privathaftpflichtversicherung abgedeckt.

V 35 Die beiden Anglerfreunde Claudius Meyer und Felix Wemmer unternehmen auf dem Starnberger See mit einem geliehenen Ruderboot einen bereits lang ersehnten gemeinsamen Angelausflug. Als Claudius nach erfolglosen fünf Stunden auf See einen Hecht aus dem Wasser zieht, schnappt sich Felix in Windeseile die brandneue Digitalkamera von Claudius, um diesen denkwürdigen Augenblick fotografisch festzuhalten. Voller Stolz posiert Claudius mit dem Prachtexemplar vor der Kamera. Noch vor dem ersten Schnappschuss stolpert Felix jedoch über seine eigene Angel und fällt ins Wasser. Dabei entgleitet ihm die Kamera, die daraufhin in den ewigen Tiefen des Starnberger Sees verschwindet.

Claudius Meyer fordert 900,00 € Schadenersatz für die Kamera. Wird die PHV von Felix den Schaden übernehmen?

a) Es besteht kein Versicherungsschutz, da das Abhandenkommen von Sachen nicht versichert ist.

b) Die PHV wird für den Verlust der Kamera aufkommen. Es besteht jedoch ein Selbstbehalt von 100,00 €.

c) Es besteht kein Versicherungsschutz, da Schäden an geliehenen Sachen ausgeschlossen sind.

d) Es besteht kein Versicherungsschutz, da Schäden an Sachen, die durch verbotene Eigenmacht erlangt wurden, ausgeschlossen sind.

V 36 VN Schulze muss auf seinem Grundstück einen Baum fällen, da dieser nach einem heftigen Sturm in Schieflage geraten ist und die Gefahr besteht, dass er auf das Nachbargrundstück fällt. Leider fällt der Baum ihm Rahmen der Baumfällarbeiten vor die Einfahrt des Nachbarn Huber, der als selbstständiger Taxifahrer tätig ist und folglich seine beruflichen Termine nicht wahrnehmen kann.

Er fordert von Schulze Schadenersatz für den Verdienstausfall. Wird die PHV von VN Schulze leisten?

a) Der Versicherer wird nicht leisten, da es sich bei den Baumfällarbeiten von Herrn Schulze um eine ungewöhnliche und gefährliche Beschäftigung handelt.

b) Die PHV wird für den Vermögensschaden von Herrn Huber aufkommen.

c) Die PHV wird nicht leisten, da Ansprüche wegen Vermögensschäden, die aus der Nichteinhaltung von Terminen entstehen, nicht versichert sind.

d) Es besteht kein Versicherungsschutz, da es sich bei der Schadenherbeiführung um bedingten Vorsatz handelt.

V 37 Der VN arbeitet an seinem privaten Computer mit einem älteren Virenschutzprogramm, zu dem er wegen Ablauf der Nutzungsdauer keine aktuellen Virendefinitionen nachladen kann. Der VN ist nicht bereit, sein Virenschutzprogramm auf den aktuellen Stand zu bringen, weil dies mit erheblichen Kosten verbunden ist.

Bei der Einspeisung einer Datei von seinem USB-Stick auf den Computer eines Arbeitskollegen werden dessen Datenbestände durch die dabei eingebrachten Viren zum Teil unbrauchbar gemacht. Wird die PHV für den Schaden aufkommen?

a) Die PHV wird den Schaden ersetzen.
b) Es besteht kein Versicherungsschutz, da der Schaden grob fahrlässig herbeigeführt wurde.
c) Es besteht kein Versicherungsschutz, da es der VN vorsätzlich unterlassen hat, sein Virenscanner auf den aktuellen Stand zu bringen.
d) Es besteht Versicherungsschutz, aber der Versicherer ist berechtigt, die Leistung nach der Schwere des Verschuldens zu kürzen.

V 38 Heinz Becker hat eine Hundehalterhaftpflichtversicherung für seinen Dackel Waldi nach AHB PR 2016 Abschnitt 2. (Prämienfälligkeit 01.01. d.J.) Die Aufforderung, evtl. Änderungen der Risikosituation mitzuteilen, erfolgt zu jeder Fälligkeit mit der Prämienrechnung. Am 01.06. des Vorjahres kaufte er einen zweiten Hund, der am 12.02. d.J. einen Schaden verursacht. Herr Becker meldet der Proximus Versicherung AG am 13.02. d.J. den Schaden. Die Proximus Versicherung AG erfährt folglich am 13.02. d.J. vom Kauf des Hundes durch Herrn Becker.

Besteht für diesen Schaden im Rahmen seiner Hundehalterhaftpflichtversicherung Deckung?

a) Ja, da Risikoerweiterungen mitversichert sind. Der VN muss jedoch Prämie ab Kaufdatum nachzahlen.
b) Nein, da die Risikoerweiterung bis spätestens zum 01.02. d.J. dem Versicherer mitgeteilt werden hätte müssen.
c) Ja, es besteht Versicherungsschutz im Rahmen der Vorsorgeversicherung.
d) Nein, es besteht kein Versicherungsschutz im Rahmen der Vorsorgeversicherung, da die Anzeigefrist für das neue Risiko bereits verstrichen ist.

V 39 Hans Meier hat eine Privathaftpflichtversicherung nach AHB PR 2016 Abschnitt A (Prämienfälligkeit 01.01. d.J.) Die Aufforderung, evtl. Änderungen der Risikosituation mitzuteilen, erfolgt zu jeder Fälligkeit mit der Prämienrechnung.
Am 01.06. des Vorjahres kaufte er ein Einfamilienhaus, das er vermietet. Da Hans Meier seiner Räum- und Streupflicht für das vermietete Einfamilienhaus nicht nachkommt, rutscht am 12.02. d.J. ein Passant aus und verletzt sich. Herr Meier meldet der Proximus Versicherung AG am 13.02. d.J. den Schaden. Die Proximus Versicherungs AG erfährt folglich am 13.02. d.J. vom Kauf des Haus durch Herrn Meier.

Besteht für diesen Schaden im Rahmen seiner PHV Deckung?

a) Ja, da Risikoerweiterungen mitversichert sind.
b) Nein, da die Risikoerweiterung bis spätestens zum 01.02. d.J. dem Versicherer mitgeteilt werden hätte müssen.
c) Ja, es besteht Versicherungsschutz im Rahmen der Vorsorgeversicherung.
d) Nein, es besteht kein Versicherungsschutz im Rahmen der Vorsorgeversicherung, da die Anzeigefrist für das neue Risiko bereits verstrichen ist.

V 40 Der Versicherungsnehmer Lutz Wagner hat eine Privathaftpflichtversicherung nach AHB PR 2016 Abschnitt A. Die Aufforderung, evtl. Änderungen der Risikosituation mitzuteilen, erfolgt zu jeder Fälligkeit mit der Prämienrechnung.
Am 01.06. d.J. beginnt er mit dem Ausbau des Dachgeschosses seines Einfamilienhauses. Die Bausumme beträgt 250.000,00 € und die Arbeiten sollen insgesamt 8 Monate Zeit in Anspruch nehmen.

Am 01.10. d. J. gleitet ihm bei den Bauarbeiten ein Dachziegel aus der Hand. Der herabfallende Dachziegel beschädigt das Auto seines Nachbarn Kramer. Der Nachbar fordert von Lutz Wagner Schadenersatz. Er meldet den Schaden am 05.10. d. J. der Proximus Versicherung AG.

Wird die Proximus Versicherung AG leisten?

a) Es besteht kein Versicherungsschutz, da in der PHV ab einer Bausumme 50.000,00 € die Mitversicherung des Bauherrnrisikos entfällt.
b) Es besteht kein Versicherungsschutz über die Vorsorgeversicherung, da das Bauherrnrisiko weniger als ein Jahr besteht und folglich über einen kurzfristigen Vertrag versichert werden muss.
c) Es besteht Versicherungsschutz über die Vorsorgeversicherung, wenn Herr Wagner bis zum 05.11. d. J. eine Bauherrnhaftpflichtversicherung abschließt.
d) Es besteht Versicherungsschutz über die Vorsorgeversicherung, wenn Herr Wagner bis zum 01.04. des Folgejahres eine Bauherrnhaftpflichtversicherung abschließt.

V 41 Versicherungsnehmer Felix Wimmer hat bei der Proximus Versicherung AG ausschließlich eine Gewässerschadenhaftpflichtversicherung nach AHB PR 2016 Abschnitt 6 für seinen Öltank. Die Aufforderung, evtl. Änderungen der Risikosituation mitzuteilen, erfolgt zu jeder Fälligkeit mit der Prämienrechnung).

Am 01.03. d. J. kauft sich der VN einen Hund, der am 01.05. d. J. einen Personenschaden verursacht. Er zwickt den Nachbarn Huber ins Bein, der daraufhin Schadenersatz von Herrn Wimmer fordert. Der VN meldet den Schaden am 03.05. d. J. der Proximus Versicherung AG. Besteht Versicherungsschutz?

a) Es besteht Versicherungsschutz über die Vorsorgeversicherung, wenn der VN bis zum 03.06. des Folgejahres eine Hundehalterhaftpflichtversicherung abschließt.
b) Es besteht kein Versicherungsschutz, da es sich bei dem Hund um eine Risikoerhöhung handelt.
c) Es besteht Versicherungsschutz, da es sich bei dem Hund um eine Risikoerweiterung handelt. Der VN muss jedoch ab Kaufdatum Prämie nachzahlen.
d) Es besteht kein Versicherungsschutz über die Vorsorgeversicherung, da die Vorsorgeversicherung nicht Bestandteil der Gewässerschadenhaftpflicht-versicherung ist.

V 42 Der VN wird von einem Radfahrer angefahren und erleidet sehr starke Verletzungen. Der Radfahrer hat keine private Haftpflichtversicherung und ist auch sonst mittellos. Der VN erwirkt gegen den mittellosen Radfahrer eine vollstreckbare Forderung über den entstandenen Schaden in Höhe von 5.000,00 €. Besteht Versicherungsschutz über die PHV?

a) Es besteht Versicherungsschutz über die Forderungsausfalldeckung.
b) Es besteht kein Versicherungsschutz, da bei Unfällen im Straßenverkehr die Forderungsausfalldeckung nicht greift.
c) Es besteht Versicherungsschutz über die Forderungsausfalldeckung, jedoch mit einem Selbstbehalt von 2.500,00 €.
d) Es besteht kein Versicherungsschutz, da erst Schäden ab einer Summe von 10.000,00 € versichert sind.

Bearbeiten Sie jetzt die Situationsaufgaben S 6 – S 17

D. Allgemeine Rechte und Pflichten der Vertragsparteien
(Beginn des Versicherungsschutzes, Prämie, Prämienregulierung und -angleichung, Obliegenheiten, Beendigung, Fortsetzung der Versicherung im Todesfall – Info, Band 3, A 5.3)

V 43 Die 80-jährige Witwe des kürzlich verstorbenen VN Berger will wissen, ob sie weiterhin privathaftpflichtversichert ist.

a) Der Versicherungsschutz endet automatisch mit dem Tod des VN.
b) Wird bei der nächsten Prämienfälligkeit die Prämie von Frau Berger beglichen, so wird sie automatisch VN.
c) Über die Vorsorgeversicherung besteht weiterhin Versicherungsschutz.
d) Der Versicherungsschutz bleibt erhalten, sie muss aber einen Zusatzbetrag entrichten.

V 44 VN Mayer erhält von seiner Privathaftpflichtversicherung am 15.05. d. J. die alljährliche Prämienrechnung und stellt fest, dass sich die neue Jahresprämie um 5 % zum Vorjahr erhöht hat. Die Prämienerhöhung wird von der Proximus Versicherung AG folgendermaßen begründet: „Ein unabhängiger Treuhänder hat ermittelt, dass sich im vergangenen Kalenderjahr der Durchschnitt der Schadenzahlungen aller zum Betrieb der Allgemeinen Haftpflichtversicherung zugelassenen Versicherer gegenüber dem vorvergangenen Jahr um 7 % erhöht hat. Daraus ergibt sich für uns das Recht, die Prämie anzugleichen. Folglich werden wir die Jahresprämie um 5 % erhöhen."

Welche Aussagen bezüglich der Prämienangleichung sind richtig?

a) Herr Mayer hat aufgrund der Prämienangleichung kein außerordentliches Kündigungsrecht.
b) Herr Mayer hat aufgrund der Prämienangleichung ein außerordentliches Kündigungsrecht.
c) Die Proximus Versicherung AG muss den Kunden bei einer Prämienangleichung nicht auf sein außerordentliches Kündigungsrecht hinweisen.
d) Die Proximus Versicherung AG könnte nach den AHB PR 2016 die Jahresprämie auch um 7 % erhöhen.
e) Hätten sich die durchschnittlichen Schadenzahlungen aller zum Betrieb der Allgemeinen Haftpflichtversicherung zugelassenen Versicherer gegenüber dem vorvergangenen Jahr um 5 % vermindert, wäre die Proximus Versicherung AG berechtigt gewesen, die Jahresprämie um 5 % zu vermindern.
f) Hätten sich die durchschnittlichen Schadenzahlungen aller zum Betrieb der Allgemeinen Haftpflichtversicherung zugelassenen Versicherer gegenüber dem vorvergangenen Jahr um 4 % erhöht, wäre die Proximus Versicherung AG berechtigt gewesen, im darauf folgenden Jahr die Jahresprämie um 4 % zu erhöhen.
g) Hätten sich die durchschnittlichen Schadenzahlungen aller zum Betrieb der Allgemeinen Haftpflichtversicherung zugelassenen Versicherer gegenüber dem vorvergangenen Jahr um 4 % erhöht, entfällt die Prämienangleichung. Diese Veränderung ist jedoch in den folgenden Jahren zu berücksichtigen.
h) Herr Mayer kann den Vertrag aufgrund der Prämienangleichung nur dann kündigen, wenn sich auch der Umfang des Versicherungsschutzes vermindert hat.
i) Da sich die durchschnittlichen Schadenzahlungen aller zum Betrieb der Allgemeinen Haftpflichtversicherung zugelassenen Versicherer gegenüber dem vorvergangenen Jahr um 7 % erhöht haben, ist der Versicherer berechtigt, die Folgejahresprämie um 5 % zu erhöhen.

V 45 Herr Wurz hat bei der Proximus Versicherung AG eine Hundehalterhaftpflichtversicherung für seinen Schäferhund Hasso. Da Hasso schon zweimal einen Personenschaden angerichtet hat, wird Herrn Wurz von der Proximus Versicherung AG die Obliegenheit auferlegt, dass Hasso in Zukunft einen Maulkorb tragen muss, wenn er sich mit seinem Herrchen draußen aufhält.

Zwei Monate später zwickt Hasso erneut ein Kind in den Ellenbogen, als Herr Wurz mit dem Hund an einem Spielplatz vorbeikommt. Die Eltern des Kindes fordern von Herrn Wurz Schadenersatz für die Heilkosten und Schmerzensgeld. Bei der Schadenaufnahme zeigt sich Herr Wurz uneinsichtig: „Ich sehe es auch weiterhin nicht ein, dass Hasso einen Maulkorb tragen muss, er ist ja grundsätzlich ein braver Hund, soweit er sich nicht provoziert fühlt. Außerdem hat er das Kind ja nur leicht gezwickt!"

Besteht Versicherungsschutz über die Hundehalterhaftpflichtversicherung für den vorliegenden Schadenfall?

a) Der Schaden ist versichert, da Herr Wurz über eine Hundehalterhaftpflicht verfügt.
b) Der Schaden ist nicht versichert, da Herr Wurz eine vorsätzliche Obliegenheitsverletzung begangen hat und dadurch der Personenschaden entstanden ist.
c) Der Versicherer ist nicht leistungsfrei, da keine Kausalität zwischen der Obliegenheitsverletzung und dem Personenschaden besteht.
d) Der Versicherer ist leistungsfrei, da der Versicherungsfall vorsätzlich herbeigeführt wurde.

V 46 Versicherungsnehmerin Seidl hat eine Privathaftpflichtversicherung mit Versicherungsbeginn 01.11. d. J. abgeschlossen. Den Versicherungsschein erhält sie am 15.11 d. J. Am 17.11. d. J. verursacht sie einen Haftpflichtschaden, den sie am 18.11. d. J. der Proximus-Versicherung AG meldet. Die Erstprämie überweist sie dem Versicherer am 20.11. d. J.

Besteht für den Schadenfall Versicherungsschutz?

a) Es besteht Versicherungsschutz, da sie die Erstprämie rechtzeitig bezahlt hat.
b) Es besteht kein Versicherungsschutz, da sie die fälligen Erstprämie bis spätestens 14.11. d. J. hätte zahlen müssen.
c) Es besteht Versicherungsschutz, da sie die Erstprämie innerhalb der vierwöchigen Zahlungsfrist überwiesen hat.
d) Es besteht kein Versicherungsschutz, da sie die Erstprämie erst nach dem Zeitpunkt des Schadenfalles überwiesen hat.

V 47 VN Seidl hat eine Privathaftpflichtversicherung nach AHB PR 2016 Abschnitt A bei der Proximus Versicherung AG. Da er seine Jahresprämie mit Fälligkeit vom 01.04. d. J. nicht bezahlt hat, verschickt die Proximus Versicherung AG am 02.05. d. J. eine qualifizierte Mahnung mit verbundener Kündigung (Zahlungsfrist: 14 Tage), die dem VN am 03.05. d. J. zugeht.

Am 25.05. d. J. meldet der VN bei der Proximus Versicherung AG einen Haftpflichtschaden: „Leider ist mir am 21.05. d. J. ein Missgeschick passiert. Als ich bei meinem Nachbarn zu Besuch war, bin ich aus Unachtsamkeit über eine teure chinesische Vase gestolpert, die daraufhin zersprungen ist. Mein Nachbar verlangt jetzt 500,00 € Schadenersatz von mir. Die noch ausstehende Jahresprämie habe ich gleich am 22.05. d. J. noch überwiesen. Sie werden für den Schaden doch aufkommen, oder?"

Wird die PHV von Herrn Seidl den Schaden übernehmen?

a) Es besteht Versicherungsschutz, weil der VN die Jahresprämie noch rechtzeitig bezahlt hat.

b) Es besteht kein Versicherungsschutz, da der VN die Zahlungsfrist von 14 Tagen nicht eingehalten hat. Der Vertrag wurde jedoch durch die Zahlung wieder aktiviert.

c) Es besteht kein Versicherungsschutz, da der VN die Zahlungsfrist von 14 Tagen nicht eingehalten hat. Der Vertrag wurde durch die Zahlung auch nicht wieder aktiviert, sondern gilt als gekündigt.

d) Es besteht Versicherungsschutz, wenn der VN die Zinsen begleicht, die durch den Zahlungsverzug entstanden sind.

V 48 VN Herwig erhält am 01.10. d. J. von der Proximus Versicherung AG folgendes Schreiben: „Hiermit kündigen wir Ihren bestehenden Haftpflichtvertrag aufgrund des Versicherungsfalles vom 15.04. d. J."

Ist die Kündigung unter Berücksichtigung der vorliegenden Vertragsdaten wirksam?

(Ablauf: 30.11. d. J., Versicherungsfall: 15.04. d. J., Schadenzahlung an den Geschädigten Müller: 01.05. d. J.)

a) Die Kündigung ist rechtswirksam, da der Versicherer das Versicherungsverhältnis nach einem Schadenfall kündigen kann. Die Kündigung wird mit Zugang beim VN wirksam.

b) Die Kündigung ist rechtswirksam, da der Versicherer das Versicherungsverhältnis nach einem Schadenfall kündigen kann. Die Kündigung wird einen Monat nach Zugang beim VN wirksam.

c) Die Kündigung ist nicht wirksam, da dem VN die Kündigung spätestens am 01.06. d. J. hätte zugehen müssen.

d) Die Kündigung ist nicht wirksam, da dem VN die Kündigung spätestens am 15.05. d. J. hätte zugehen müssen.

V 49 Herr Hirschmann will eine Haftpflichtversicherung für private Risiken abschließen. Er ist Familienvater mit Ehefrau und zwei Kindern (Dennis fünf und Claudia zwölf Jahre alt), arbeitet als Krankenpfleger bei einem städtischen Krankenhaus und hat einen Hund. Herr Hirschmann ist Eigentümer eines Einfamilienhauses, das er mit seiner Familie bewohnt. Momentan lässt Herr Hirschmann das Dachgeschoss seines Einfamilienhauses für 150.000 € von einer Handwerksfirma ausbauen.

Welche Bruttojahresprämie ergibt sich bei einer optimalen Absicherung, wenn sich Herr Hirschmann für Alternative B ohne Selbstbehalt entscheidet und eine dreijährige Vertragslaufzeit wünscht?

a) 228,84 €

b) 177,85 €

c) 211,43 €

d) 205,95 €

Bearbeiten Sie jetzt die Situationsaufgaben S 18 – S 19

Situationsaufgaben (S)

Zu S 1 – S 3: siehe Vorübungen V 1 – V 7

S 1 Student Robert Z. (21 Jahre alt) verwendet für die Renovierungsarbeiten in seiner Mietwohnung eine Sprühpistole, um die Wände zu streichen. Nach getaner Arbeit reinigt er die Spritzdüse seiner Sprühpistole, indem er sie in einem Becher mit purem Alkohol einlegt. Nach erfolgreicher Reinigung der Düse überlegt er wie er den für die Reinigungsarbeiten verwendeten puren Alkohol entsorgen kann.

Er zündet auf seinem Balkon den in dem Becher befindlichen Alkohol an, um ihn zu verbrennen. Viel zu spät bemerkt er, dass der Becher aus Plastik ist. Beim Versuch, die Flammen zu löschen, fallen einige sich in Brand befindliche geschmolzene Plastikteile vom Balkon auf die Markise des Mieters A. Blaicher im Erdgeschoss. Der sich zufällig auf der Terrasse befindende Herr A. Blaicher kann die entflammte Markise sofort mit Wasser aus dem Gartenschlauch löschen.

Da die Markise nicht mehr zu gebrauchen ist, verlangt Blaicher von Robert Z. Schadenersatz.

Prüfen Sie die Voraussetzungen der Verschuldenshaftung nach § 823 (1) BGB!

S 2 Der 12-jährige Christian und sein 13-jähriger Bruder Hannes verabschieden sich wie fast jeden Tag in ihren Sommerferien nach dem gemeinsamen Mittagessen nach draußen, um sich mit ihren Schulfreunden zu treffen. Wie üblich vereinbaren die zuverlässigen Jungen mit ihrer Mutter, dass sie nach drei Stunden wieder zuhause sind. Die Familie wohnt auf einem Bauernhof in einem Dorf mit ca. 1.000 Einwohnern. Die beiden begeben sich mit dem Fahrrad auf einen Feldweg, um zu einem nahegelegenen Fußballplatz zu gelangen, wo sie mit ihren Schulfreunden verabredet sind. Auf halber Strecke kommen sie an der Scheune des Landwirts Huber vorbei, in der Strohballen gelagert sind. Nachdem sie die nicht verschlossene Scheune betreten haben, zieht Hannes ein Feuerzeug aus der Hosentasche, das er bei seinen Eltern auf dem Bauernhof im Stall gefunden hat. Christian zieht sofort ein paar Halme aus einem Strohballen, legt sie auf den Boden der Scheune und meint, sie könnten doch ein kleines Feuer machen. Hannes entzündet die Halme und es entsteht ein schwaches Feuer, das sie sofort mit ihren Schuhen austreten. Christian entnimmt erneut einem anderen Strohballen ein paar Halme und Hannes entzündet die Halme mit seinem Feuerzeug. Da sich das nun entfachte Feuer zu nahe an den Strohballen befindet, greift es sofort auf die Strohballen über und breitet sich schlagartig in der Scheune aus. Da jeglicher Löschversuch aussichtslos ist, verlassen die beiden Jungen sofort die Scheune, um nicht selbst Opfer der Flammen zu werden.

Die Scheune brennt komplett nieder und der zu beziffernde Sachschaden beläuft sich auf 120.000,00 €. Die Eltern sind fassungslos, vor allem weil sie die Jungen immer hinlänglich vor den Gefahren des Feuers gewarnt hatten und die beiden sich auch bisher nie etwas zu Schulden haben kommen lassen.

Landwirt Huber fordert Schadenersatz von den beiden Jungen sowie von den Eltern.
Wie ist die Rechtslage?

Versicherungs- und Finanzprodukte: Haftpflichtversicherung

S 3 Frau Meister ist mit ihrem sechsjährigen Sohn Heiko zu Gast bei Familie Gerster. Während Frau Meister zusammen mit Herr und Frau Gerster auf der Terrasse beim Kaffee sitzt, spielt Heiko mit dem siebenjährigen Paul im Garten. Die Eltern werfen in regelmäßigen Abständen ein Auge auf die Kinder. Auf dem Nachbargrundstück befindet sich eine große Lagerhalle, dessen Inhaber Herr Gerster ist. Das Privat-grundstück ist über ein Tor mit dem Betriebsgelände verbunden. In einem unbeobachteten Moment verschaffen sich die beiden Jungen Zutritt zum Betriebsgelände, indem sie über das verschlossene, aber niedrige Tor klettern. Obwohl es Paul ausdrücklich verboten ist, das eingezäunte Betriebsgelände zu betreten, hat er sich schon des Öfteren den Anweisungen seiner Eltern widersetzt und ist über das Tor geklettert.

Auf dem Betriebsgelände befindet sich gerade der Hund Basko, ein Golden Retriever, der sich meistens auf dem Betriebsgelände aufhält, wenn er nicht gerade den Gersters als Familienhund Treue Dienste erweist. Als sich der Hund dem sechsjährigen Heiko nähert, zieht dieser den Hund am Schwanz. Daraufhin beißt der Hund Heiko in die Hand.

Die Eltern von Heiko fordern daraufhin von Herrn Gerster Schadenersatz und Schmerzensgeld. Herr Gerster entgegnet, bei seinem Hund handle es sich um einen Wachhund, weil er das Betriebsgelände vor Einbrechern schützen soll. Er müsse nicht für den Schaden aufkommen, weil er seine Sorgfaltspflichten nicht verletzt hat. Der Hund befinde sich schließlich auf einem eingezäunten Betriebsgelände.

Wie ist die Rechtslage?

Zu S 4 – S 5: siehe Vorübungen V 8 – V 12

S 4 Sie sind Mitarbeiter/-in im Kundenservice der Proximus Versicherungs AG. Sie erhalten von Ihrem Kunden Peter Witte folgendes Schreiben vom 10.3. d. J.

Sehr geehrte Damen und Herren,

hiermit teile ich Ihnen mit, dass meine Frau und ich in unsere neue Eigentumswohnung in Nürnberg eingezogen sind. Unsere Tochter, 18 Jahre wohnt bei uns und macht dieses Jahr ihr Abitur. Im Anschluss macht sie ein freiwilliges soziales Jahr in Costa Rica. Meine Tochter und meine Frau sind begeisterte Reiterinnen. Ein eigenes Pferd besitzen wir nicht.

Unser 24-jähriger und unverheirateter Sohn studiert im 6. Semester Medizin in Mannheim und wohnt in einer WG mit zwei Freunden und wird im Juli für zwei Auslandssemester nach Toronto gehen.

Beraten Sie den Kunden bezüglich seiner bestehenden Privat-Haftpflichtversicherung nach dem Single-Tarif!

S 5 Sie sind Mitarbeiter/-in der Proximus Generalagentur Schelling OHG in München und haben am 02.04. d.J. folgende Gesprächsnotiz auf Ihrem Schreibtisch. Herr Hofer bittet Sie um Rückruf, um zu klären, ob er noch ausreichend haftpflichtversichert ist.

> Meine Lebensgefährtin Frau Gisela Huber ist zu mir in mein Einfamilienhaus in Germering gezogen. Ihr 15-jähriger Sohn Michael, der die 10. Klasse der örtlichen Realschule besucht, wird im Mai zu uns ziehen. Um unser privates Glück zu vervollständigen, wollen wir ein 3-jähriges Waisenkind, Liana, aus Thailand adoptieren. Wir planen deshalb im Juli/August für 6 Wochen nach Bangkok zu reisen, um die Kleine nach Deutschland zu holen. Während dieser Zeit werden wir eine Ferienwohnung mieten. Meine Lebensgefährtin, die als Erzieherin arbeitet, wird bereits im Juni für 3 Wochen nach Thailand reisen, um dort im Waisenhaus zu arbeiten.

Beraten Sie den Kunden bezüglich des Versicherungsschutzes seiner bestehenden Haftpflichtversicherung! Der Kunde hat das Kompakt-Modell nach Alternative A versichert.

Zu S 6 – S 17: siehe Vorübungen V 13 – V 42

S 6 Sie sind Mitarbeiter/-in im Kundenservice der Proximus Versicherungs AG. Sie erhalten am 16.02. d.J. ein Schreiben von Ihrem Kunden Daniel Thaler.

> Sehr geehrte Damen und Herren,
>
> hiermit teile ich Ihnen mit, dass meine Frau Bea und ich in die Erdgeschosswohnung unseres Zweifamilienhauses in Essen gezogen sind. Die Wohnung im ersten Stock werden wir vermieten. Unser Sohn Peter 22, studiert im zweiten Semester Elektrotechnik in Mannheim. Vorher hatte er eine Lehre bei Siemens zum Mechatroniker gemacht. Aktuell wohnt er dort noch in einem Studentenwohnheim. Er plant im Mai zusammen mit seiner Freundin in eine WG zu ziehen. Aus Unachtsamkeit ist ihm aber vorgestern sein After Shave ins Waschbecken gefallen, welches jetzt einen riesigen Sprung hat. Die Verwaltung des Studentenwohnheims fordert ihn auf, dieses zu ersetzen.
>
> Darüber hinaus wollen wir auf unserem Zweifamilienhaus eine Photovoltaikanlage installieren.
>
> Meine Frau und ich sind begeisterte Wanderer und Skifahrer. Wir haben deshalb eine 2-Zimmerferienwohnung in Berchtesgaden, welche wir selbst bewohnen. Leider bin ich im Januar schwer gestürzt, was bedeutet, dass ich etwas kürzer treten muss. Wir wollen deshalb unsere Ferienwohnung in Berchtesgaden bis zu meiner Genesung an Feriengäste vermieten.

Beraten Sie den Kunden bezüglich seiner bestehenden Haftpflichtversicherung und bezüglich des Versicherungsschutzes für den Schadenfall! (mit Begründung!)

S 7 Sie sind Mitarbeiter/-in im Kundenservice der Proximus Versicherungs AG. Sie erhalten am 20.02. d. J. ein Schreiben von Ihrem Kunden.

Sehr geehrte Damen und Herren,

Meine Frau ist begeisterte Golfspielerin. Im Januar wurde sie zum ehrenamtlichen Vorstand des örtlichen Golfvereins gewählt. Im Februar war sie mit dem Golfclub auf einer 8tägigen Reise in der Türkei. Eines Nachts griff sie schlaftrunken nach der Lampe, die neben dem Bett auf dem Nachttisch stand. Diese war aus Glas, fiel zu Boden und zerbrach. Die Hotelkette verlangt Ersatz des Schadens. Meine Frau hatte sich außerdem beim Aufstehen an ihren Fußsohlen verletzt, was bedeutete, dass sie nicht Golf spielen konnte.

Unsere 27-jährige noch unverheiratete Tochter, die mit ihrem Freund in Hamburg zusammenlebt, beginnt im Juni ihr Referendariat als Rechtsanwältin. Nach Ablauf der Referendarzeit wollen beide heiraten. Bei Renovierungsarbeiten in der Mietwohnung ist unserer Tochter ein Missgeschick passiert. Beim Streichen der Mietwohnung hat sie mit der Leiter die Glasscheibe der Wohnzimmertür zerstört. Das Scheibe musste erneuert werden.

Haben meine Frau und meine Tochter Versicherungsschutz im Rahmen meiner Privat-Haftpflichtversicherung (Kompakt-Modell – Alternative A)?

S 8 Sie erhalten am 20.03. d. J. ein Schreiben Ihres Kunden Wolfgang Ernst (Privat-Haftpflichtversicherung – Kompakt-Modell – Alternative B.

Ich bin seit dem 10.12. d. v. J. mit Susanne Weber, jetzt Susanne Ernst verheiratet, die einen 18-jährigen Sohn und eine 9-jährige Tochter mit in die Ehe bringt. Ihr Sohn Michael und Ihre Tochter Eva wohnen gemeinsam mit uns in meinem Einfamilienhaus in Essen. Michael geht noch ins Gymnasium und macht im Mai dieses Jahres sein Abitur, danach will er eine Ausbildung zum Hotelfachmann machen. Ich habe meiner Frau zu Ihrem Geburtstag am 10.03. d. J. ein eigenes Reitpferd geschenkt. Ich beabsichtige Eva zu ihrem Geburtstag einen kleinen Hund zu schenken, da sie ganz vernarrt in meinen Golden Retriever ist.

Meine Schwiegereltern haben uns zur Hochzeit ein Wochenendhaus in Ruhpolding geschenkt.

Beraten Sie den Kunden bezüglich seiner bestehenden Haftpflichtversicherungen!

Auszug aus dem Vertragsspiegel

Privat-HV	Kompaktmodell Alternative B	Beginn: 01.01. d. v. J.	Zahlungsweise jährlich
Hundehalter-HV		Beginn: 15.05. d. v. J.	Zahlungsweise jährlich

GFK 3 (5) Versicherungs- und Finanzprodukte: Haftpflichtversicherung

S 9 Sie sind Mitarbeiter/-in im Kundenservice der Proximus Versicherungs AG. Sie erhalten am 10.03. d.J. ein Schreiben von Ihrem Kunden Fabian Krüger.

Sehr geehrte Damen und Herren,

ich bin Fotograf und habe ein Geschäft in der Stadtmitte von Stuttgart. Auf dem Weg nach Hause vom Kino habe ich meinen Schlüsselbund in einem Cafe verloren. An diesem Bund waren u.a. der Schlüssel zu meinem Geschäft in der Blumenstraße in Stuttgart. Zu allem Übel musste ich am nächsten Morgen feststellen, dass in meinen Laden eingebrochen wurde und Kameras im Wert von 8.000,00 € gestohlen wurden. Mir entstand ein erheblicher Sachschaden, da das Türschloss ausgetauscht werden muss. Außerdem ist mir Bargeld im Höhe von 300,00 € aus der Kasse gestohlen worden.

Am Schlüsselbund befand sich außerdem noch der Autoschlüssel zu meinem VW Golf.

Darüber hinaus war auch der Zentralschlüssel für die Haustüre und Mietwohnung am Schlüsselbund. Ich hatte Glück, dass meine Frau mich begleitete und sie ebenfalls einen Schlüssel hatte, dass wir in unsere Wohnung konnten. Zwei Tage später verschafften sich Unbekannte Zugang ins Haus und brachen etliche Briefkästen auf. Die Polizei geht davon aus, dass die Täter mit dem Schlüsselbund eindringen konnten, denn an der Haustüre waren keine Spuren von Gewalteinwirkung zu sehen.

Nun kommen einige Schadenersatzansprüche auf mich zu. Im Einzelnen:

– Auswechseln der gesamten Schließanlage
  (89 Wohnungen, Kosten je Wohnung 280,00 €)
– 1.000,00 € Forderung meiner Nachbarin
  (ihr wurde ein Brief mit 1.000,00 € in bar aus dem Briefkasten gestohlen)

a) Bitte teilen Sie mir mit, ob Sie diese Forderungen für mich übernehmen.
b) Wie würde sich die Situation ändern, wenn Fabian Krüger in einer Eigentumswohnung in einem Mehrfamilienhaus mit insgesamt 25 Wohnungen leben würde?

S 10 Sie sind Mitarbeiter/-in der Proximus Versicherung AG und erhalten am 15.09. d.J. folgende E-Mail:

Ich habe seit dem 15.09. d.v.J. eine Hundehalterhaftpflichtversicherung bei Ihnen. Am Urlaubsort in Frankreich biss unser Hund einen Urlauber vor unserem Hotelzimmer ins Bein. Ich habe den Verletzten sofort auf mein Zimmer genommen, um ihn notdürftig zu versorgen. Leider konnte ich es nicht vermeiden, dass der Teppichboden im Hotelzimmer durch das Blut so verschmutzt wurde, dass er neu verlegt werden muss. Außerdem möchte ich gerne wissen, ob die Katze meiner Tochter, ihr Wellensittich, sowie meine Piranhas in meiner PHV mitversichert sind.

Herr Hofer bittet Sie um Rückruf, um zu klären, ob er Versicherungsschutz genießt. Geben Sie Ihrem Kunden die gewünschten Auskünfte!

Versicherungs- und Finanzprodukte: Haftpflichtversicherung

S 11 Sie sind Mitarbeiter der Proximus Generalagentur Gering GmbH in München und haben folgende Gesprächsnotiz auf Ihrem Schreibtisch. Herr Müller bittet Sie um Rückruf, um zu klären, ob er noch ausreichend haftpflichtversichert ist.

> Ich und meine Ehefrau Sandra arbeiten beide bei der örtlichen Sparkasse und sind begeisterte Wassersportler. Wir verbringen unsere Ferien regelmäßig in Istrien (Kroatien). Wir sind dort regelmäßig mit unseren eigenen Kanus unterwegs. Gelegentlich fahren wird dort auch mit einem fremden Motorboot die Küste entlang, um verborgene Buchten zu entdecken. Unsere 17-jährige Tochter Eva hat im letzten Urlaub ihre Leidenschaft für das Windsurfen entdeckt.
>
> Außerdem wollen wir unser selbstbewohntes Einfamilienhaus umbauen, das Bauvorhaben soll laut Baufirma mind. 250.000,00 € kosten.

Beraten Sie den Kunden bezüglich des Versicherungsschutzes seiner bestehenden Haftpflichtversicherung!

S 12 Sie sind Mitarbeiter im Kundenservice der Proximus Versicherungs AG. Sie erhalten am 16.05. d. J. ein Schreiben von Ihrem Kunden Martin Strahler.

> Sehr geehrte Damen und Herren,
>
> hiermit teile ich Ihnen mit, dass meine pflegebedürftige Mutter zu uns ins Zweifamilienhaus zieht. Ihr Mann ist vor einem Jahr verstorben und sie kann nach einem längeren Krankenhausaufenthalt nicht mehr alleine leben.
>
> Ich bin begeisterter Radrennfahrer und nutze meine Freizeit ausgiebig zum Training. Dieses Jahr will ich an einer mehrtägigen Rundfahrt durch das Weinanbaugebiet an der Mosel teilnehmen. Außerdem habe ich eine Wette verloren und werde zusammen mit zwei Freunden beim Triathlon antreten. Da einer meiner Freunde in Hamburg wohnt, werden wir uns dort häufig treffen und ich werde mir dort eines seiner Rennräder ausleihen.
>
> Meiner Frau ist leider auf dem Parkplatz des Baumarktes ein Missgeschick passiert. Der Einkaufswagen verursachte Kratzer an unserem Auto, sowie auch an dem nebenan geparktem Auto, als sie die neuen Pflanzen für unsere Terrasse aus dem Einkaufswagen in unser Auto lud.
>
> Außerdem habe ich im Haus unserer Nachbarn eine Vase kaputt gemacht, als ich gefälligkeitshalber beim Blumengießen versehentlich die Vase umstieß und diese zu Boden krachte.

Beraten Sie den Kunden bezüglich seiner bestehenden Haftpflichtversicherung und bezüglich des Versicherungsschutzes für die Schadenfälle! (mit Begründung!)

GFK 3 (5) — Versicherungs- und Finanzprodukte: Haftpflichtversicherung

S 13 Sie sind Mitarbeiter/-in im Kundenservice der Proximus Versicherungs AG. Sie erhalten ein Schreiben von Ihrer Kundin Frau Annette Weigert:

Sehr geehrte Damen und Herren,

ich bin begeisterte Sportlerin, neben Schwimmen und Tennisspielen im Sommer, bin ich im Winter mit meinem Snowboard unterwegs. Letzte Woche wollte meine Freundin mich fürs Nordic-Walken begeistern. Damit sie mir die Arm- und Schrittfolge besser zeigen konnte, liefen wir nebeneinander. Wir unterhielten uns angeregt und ich merkte nicht, dass sich einer der Walking-Stöcke in den Speichen eines vorbeifahrenden Radfahrers verfing. Es brachen mehrere Speichen und der Radfahrer stürzte schwer. Er liegt nun jetzt schon seit mehreren Tagen im Krankenhaus und erlitt einen Schlüsselbeinbruch und eine Gehirnerschütterung, trotz Tragen eines Fahrradhelms.

Der Walking-Stock, den ich mir von meiner Freundin geliehen habe, ist ebenfalls unbrauchbar geworden.

Beraten Sie die Kundin bezüglich ihrer bestehenden Haftpflichtversicherung und bezüglich des Versicherungsschutzes für die Schadenfälle! (mit Begründung!)

S 14 Sie sind Mitarbeiter/-in im Kundenservice der Proximus Versicherung AG. Sie erhalten am 23.09. d. J. ein Schreiben von Ihrem Kunden Herrn Sprenger.

Sehr geehrte Damen und Herren,

Ich wohne seit 5 Jahren mit meiner Frau Gabi in unserem Dreifamilienhaus. Wir wohnen mit unseren 2 Kindern im Erdgeschoss, die Wohnungen im 1. Stock und im Dachgeschoss haben wir vermietet. Die Großtante meiner Frau ist verstorben, und bei der Testamentseröffnung am 12.08. d. J. haben wir erfahren, dass meine Frau ein Einfamilienhaus in Dresden geerbt hat. Dieses ist vermietet. Leider löste sich vorgestern ein Dachziegel und verletzte einen Passanten.

Da meine Frau berufstätig ist, haben wir ein Au-Pair Mädchen aus England, welches in den nächsten 12 Monaten bei uns wohnen wird.

Mein Sohn Maximilian feierte vor 4 Tagen seinen 7. Geburtstag, u. a. bekam er einen Hamster, den er sich schon so lange gewünscht hatte. Vier seiner engsten Freunde waren zu Gast bei der Feier. Meine Frau hatte die Aufsicht übernommen und fuhr mit den Jungs zum Waldspielplatz. Als meine Frau Sandwiches aus dem Auto holen wollte, traf sie eine Freundin, die sie in ein Gespräch verwickelte. Einer der Jungs, Michael, schaukelte viel zu heftig und stürzte von der Schaukel. Er brach sich den linken Fuß und seine Mutter fordert Schadenersatz von meiner Frau. Sie ist mit den Jungs sofort zum Arzt, Matthias einer der Jungs, hat in der Hektik seinen Rucksack am Spielplatz vergessen. Der Rucksack war am nächsten Tag nicht mehr auffindbar.

Außerdem war ich vorgestern mit meiner 5-ährigen Tochter Sophia beim Drachensteigenlassen. Leider war sie so vertieft in den in der Luft schwebenden Drachen, dass sie rückwärts lief und Herrn Schiller ins Rad lief. Beide stürzten. Sophia weinte bitterlich, ihr ist Gott sei

Dank nichts passiert. Das Rad von Herrn Schiller muss repariert werden, seine Hose ist zerrissen und er erlitt Schürfwunden am Knie und am rechten Arm. Er fordert Schadenersatz von mir.

Gestern hat mein Sohn einen herrenlosen Hund im Park gefunden. Wir haben uns beim Tierheim und der Polizei erkundigt. Der Hund wird nicht vermisst, die Kinder haben das Tier sofort in ihr Herz geschlossen, weshalb wir uns entschlossen haben, den Hund aufzunehmen.

Mit freundlichen Grüßen

Beraten Sie den Kunden bezüglich seiner bestehenden Haftpflichtversicherung mit Prämienfälligkeit 01.01. d. J. bezüglich des Versicherungsschutzes für die Schadenfälle (mit Begründung)! Er hat seit 5 Jahren eine Haftpflichtversicherung bei der Proximus Versicherung AG (Kompakt-Modell – Alternative A).

S 15 Sie sind Mitarbeiter im Kundenservice der Proximus Versicherungs AG. Sie erhalten am 16.03. d. J. ein Schreiben von Ihrem Kunden Andreas Meier

Sehr geehrte Damen und Herren,

hiermit möchte ich Sie informieren, dass wir seit vier Monaten unser Einfamilienhaus umbauen. Die Gesamtkosten werden voraussichtlich ca. 80.000,00 € betragen. Als gelernter Maurer kann ich viele Arbeiten in Eigenregie durchführen.

Letzte Woche habe ich mir für die Aushubarbeiten einen Minibagger mit einer Höchstgeschwindigkeit von 6 km/h geliehen. Beim Abtragen von Erdboden geriet der Bagger außer Kontrolle und fuhr mit der Baggerschaufel gegen meine Hauswand. Anschließend fuhr er den Gartenzaun meines Nachbarn um. Durch die Kollision wurde auch der Bagger erheblich beschädigt.

Der Schaden lässt sich wie folgt beziffern:
- Reparatur des Zauns meines Nachbarn: 1.000,00 €
- Beseitigung der Schäden an meiner Hauswand: 2.100,00 €
- Reparatur und Neulackierung des Baggers: 1.600,00 €

Beraten Sie den Kunden bezüglich seiner bestehenden Haftpflichtversicherung und bezüglich des Versicherungsschutzes für die Schadensfälle! (mit Begründung!) Er hat seit 5 Jahren eine Privat-HV (Kompaktmodell, Alternative A) und eine HuG-HV (Alternative A).

S 16 Sie sind Mitarbeiter/-in der Proximus Generalagentur Schelling OHG in München und haben folgende Gesprächsnotiz auf Ihrem Schreibtisch.

Herr Huber bittet Sie um Rückruf, um zu klären, ob seine Privathaftpflichtversicherung folgende Schäden deckt.

Meine Ehefrau Sonja und ich haben ein baufälliges Haus im Ortskern unserer Kleinstadt günstig ersteigert. Wir hatten Glück, da es in einem einigermaßen guten Zustand ist, bis auf die Außenfassade. Da wir beide handwerklich geschickt sind, haben wir uns eigenständig an die Renovierung gemacht. Gestern hat sich leider ein Teil des Gerüsts gelöst und stürzte zu Boden. Vermutlich haben wir das Gerüst nicht ausreichend gesichert. Teile des Gerüsts stürzten auf ein vorbeifahrendes Auto und beschädigten dieses. Die Glasscheiben des Autos verletzten die Beifahrerin am rechten Arm und Bein.

Die Bausumme beläuft sich wider Erwarten auf ungefähr 220.000,00 €, da sich bei genauerer Betrachtung auch Schäden im Dachboden ergaben.

Herr Huber hat eine Privathaftpflichtversicherung. Die letzte Jahresprämie wurde fristgerecht am 01.04. überwiesen.

Notieren Sie Ihre Antwort an Herrn Huber!

Vertragsspiegel Private Haftpflichtrisiken

	Name	Vorname	Geburtsdatum	Beruf	A = angestellt S = selbstständig B = öffentlicher Dienst
Antragsteller/ Versicherungsnehmer	Huber	Ralf	13.03.1972	Kaufmann	S
Ehepartner	Huber, geb. Laux	Sonja	08.03.1974	Buchhalterin	A
Kinder	Huber	Markus	25.03.2008	Schüler	
Anschrift	Holunderweg 5, 85493 Ebersberg				
Versicherungsnachweis					
Vers.-Nummer	113/3602/PR		vom:	02.08.2015	
Bedingungen	AHB PR 2016				
Beginn	01.01. d. J.				
Ablauf	01.01. d. n. J.				
Zahlungsweise	Jährlich				
Prämie/Rate	netto 95,50 €				
Fälligkeit	01.01. d. J.				
Versicherungssumme	pauschal für Sach-, Personen-, Vermögensschäden 30 Mio. €				
Produkte	Privat-Haftpflichtversicherung Kompakt-Modell B ohne Selbstbehalt				
Zusatzrisiken					
Anmerkungen					

Versicherungs- und Finanzprodukte: Haftpflichtversicherung

> **S 17** Sie sind Mitarbeiter/-in im Kundenservice der Proximus Versicherungs AG.
> Nach der Mittagspause finden Sie folgende Telefonnotiz auf Ihrem Schreibtisch:

Versicherungsnehmerin Frau Monika Winter hat angerufen und bitte um Rückruf:

Sie wird zum 1. März d.J. zu Ihrem Lebensgefährten in sein Einfamilienhaus in Erfurt ziehen. Das Haus wird mit einer Ölheizung beheizt. Das Öl wird in einem Tank im Keller des Hauses gelagert. Der Lebensgefährte hat bisher keine eigene Haftpflichtversicherung. Er hält im angebauten Stall privat zwei Ziegen.

Außerdem hat der Nachbar wegen neuer Hüft- und Kniegelenke meinen Lebensgefährten gebeten, vorläufig für ihn den Räum-und Streudienst zu übernehmen.

Frau Winter hat bei der Proximus Versicherung AG eine Privathaftpflichtversicherung nach dem Einzelpersonentarif. Sie möchte sich und ihren Lebensgefährten für die neuen Risiken abgesichert wissen und fragt, ob Ihre Privathaftpflichtversicherung auch diese Risiken deckt.

Notieren Sie ihre Antwort, die Sie Frau Winter geben werden.

Zu S 18 – S 19: siehe Vorübungen V 43 – V 49

GFK 3 (5) — Versicherungs- und Finanzprodukte: Haftpflichtversicherung

S 18 Sie sind Mitarbeiter/-in der Vertragsabteilung der Proximus Versicherung AG. Folgender Kundenbrief ging am 17. November d. J. ein und liegt Ihnen zur Bearbeitung vor:

Daniel Vogel
Kleingartenstr. 27
80325 München

14. November d. J.

Proximus Versicherung AG
Postwiese 13–15
80345 München

Kompakt-Haftpflichtschutz 123/3602/PR

Sehr geehrte Damen und Herren,

meinen o. g. Haftpflichtvertrag kündige ich mit sofortiger Wirkung. Bitte bestätigen Sie mir die Kündigung und teilen Sie mir mit, wie viel zuviel entrichteten Beitrag ich erwarten kann.

Mit freundlichen Grüßen

Daniel Vogel

Ist eine Kündigung des Vertrages, wie vom Kunden gewünscht, möglich? (wenn ja, Rückbeitrag berechnen.) Begründen Sie Ihre Ansicht!

	Name	Vorname	Geburtsdatum	Beruf	A = angestellt S = selbstständig B = öffentlicher Dienst
Antragsteller/ Versicherungsnehmer	Vogel	Daniel	13.04.1973	Kaufmann	S
Ehepartner	Vogel geb. Lex	Laura	08.03.1974	Friseurin	A
Kinder					
Anschrift	Kleingartenstr. 27, 80325 München				
Versicherungsnachweis					
Vers.-Nummer	123/3602/PR			vom:	17.11. d. J.
Bedingungen	AHB PR 2016				
Beginn	01.01. d. v. J.				
Ablauf	01.01. d. n. J.				
Zahlungsweise	Jährlich				
Prämie/Rate	netto 95,50 €				
Fälligkeit	01.01. d. J.				
Versicherungssumme	pauschal für Sach-, Personen-, Vermögensschäden 30 Mio. €				
Produkte	Privat- Kompakt-Modell B, Haftpflichtversicherung ohne Selbstbehalt				
Leistungsfälle	Haftpflichtschaden Rotweinfleck, Leistung angewiesen am 25.10. d. J.				

Versicherungs- und Finanzprodukte: Haftpflichtversicherung GFK 3 (5)

S 19 Sie sind Mitarbeiter/-in der Vertragsabteilung der Proximus Versicherung AG. Folgender Kundenbrief ging am 14. September d. J. ein und liegt Ihnen zur Bearbeitung vor:

Mareike Winter
Brehmstr. 20
81543 München

10. September d. J.

Proximus Versicherung AG
Postwiese 13–15
80345 München

Hundehalterhaftpflichtversicherung 113/3602/PR

Sehr geehrte Damen und Herren,

meinen o. g. Hundehalterhaftpflichtvertrag kündige ich mit sofortiger Wirkung, da wir am 01.07. d. J. leider unseren Schäferhund Hasso einschläfern mussten. Bitte bestätigen Sie mir die Kündigung und statten Sie mir den zuviel bezahlten Beitrag ab 01.07. d. J. zurück.

Mit freundlichen Grüßen

Mareike Winter

Ist eine Kündigung des Vertrages, wie von der Kundin gewünscht, möglich? (wenn ja, Rückbeitrag berechnen.) Begründen Sie Ihre Ansicht!

	Name	Vorname	Geburtsdatum	Beruf	A = angestellt S = selbstständig B = öffentlicher Dienst
Antragsteller/ Versicherungsnehmer	Winter	Mareike	10.03.1973	Ingenieurin	A
Ehepartner	Winter	Jens	08.03.1974	Angestellter	A
Kinder					
Anschrift	Brehmstr. 20, 81543 München					
Versicherungsnachweis					
Vers.-Nummer	113/3602/PR			vom:	14.09. d. J.
Bedingungen	AHB PR 2016				
Beginn	01.01. d. v. J.				
Ablauf	01.01. d. n. J.				
Zahlungsweise	Jährlich				
Prämie/Rate	netto 96,80 €				
Fälligkeit	01.01. d. J.				
Versicherungssumme	pauschal für Sach-, Personen-, Vermögensschäden 30 Mio. €				
Produkte	Hundehalter- Alternative B, Haftpflichtversicherung ohne Selbstbehalt				

(6) Rechtsschutzversicherung

Vorübungen (V)

A. Versicherbare Lebensbereiche und Personen
(Vertragsformen, versicherte Personen – Info: Band 3, B 2.1)

V 1 Der 42-jährige Günter Greiner meldet telefonisch folgenden Schadenfall: „Als ich gestern die Balanstraße entlang fuhr, schoss plötzlich von rechts Frau Wittmann mit ihrem Auto aus der Hochäckerstraße. Ich musste ausweichen und schlitterte nach einer scharfen Bremsung in den Zaun des Grundstücks von Herrn Huber. Mein Auto muss in die Werkstatt und ich hab mir leichte Verletzungen zugezogen. Die Unfallgegnerin Frau Wittmann wirft mir ein Mitverschulden vor, weil ich angeblich zu schnell gefahren bin und sie mich deswegen übersehen hätte. Sie ist nicht bereit, die Reparaturkosten für mein Auto sowie meine Heilkosten zu ersetzen. Zu allem Überfluss fordert Herr Huber Schadenersatz für den kaputten Zaun in Höhe von 1.000,00 €. Ich bin nicht bereit, die Reparaturkosten für den Zaun zu ersetzen, da der Schaden ja durch das Ausweichmanöver entstanden ist. Meine Verkehrsrechtsschutzversicherung wird sich doch um die Schadenfälle kümmern, oder?"

Welche Aussage zur Rechtsschutzversicherung ist richtig?
a) Die Rechtsschutzversicherung kümmert sich um die Geltendmachung von Schadenersatzansprüchen. Die Abwehr von Schadenersatzansprüchen ist Sache der Kfz-Haftpflichtversicherung.
b) Die Rechtsschutzversicherung bietet Versicherungsschutz sowohl für die Geltendmachung als auch für die Abwehr von Schadenersatzansprüchen.
c) Die Rechtsschutzversicherung kümmert sich nur um die Abwehr von Schadenersatzansprüchen.
d) Die Rechtsschutzversicherung kümmert sich um die Geltendmachung von Schadenersatzansprüchen. Sie wird folglich die Reparaturkosten für den kaputten Zaun in Höhe von 1.000,00 € übernehmen.

V 2 Die 42-jährige Renate Schmidt, von Beruf Bankkauffrau bei der örtlichen Sparkasse wünscht die Absicherung über eine Rechtsschutzversicherung für sich und ihre Familie. Ihr Ehemann arbeitet als Industriekaufmann bei einem mittelständischen Maschinenbauer. Die beiden Kinder (15 und 16 Jahre) gehen noch zur Schule. Die Eheleute besitzen jeweils ein eigenes, auf sie zugelassenes Fahrzeug. Die Familie wohnt in einem Einfamilienhaus.

Welche Bereiche sollte die Familien absichern?
a) Frau Schmidt sollte die Bereiche Privat, Beruf, Verkehr abschließen. Der Wohnungs- und Grundstücks-Rechtsschutz muss nicht gesondert vereinbart werden, da eine selbst genutzte Wohneinheit im Privatrechtsschutz immer mitversichert ist.
b) Frau Schmidt sollte die Bereiche Privat, Beruf, Verkehr sowie Wohnungs- und Grundstücksrechtsschutz abschließen.
c) Frau Schmidt sollte die Bereiche Privat, Beruf, Verkehr und Wohnungsrechtsschutz sowie den Fahrerrechtsschutz abschließen.
d) Frau Schmidt sollte die Bereiche Privat, Beruf, Verkehr sowie den Fahrerrechtsschutz abschließen. Der Wohnungs- und Grundstücks-Rechtsschutz muss nicht gesondert vereinbart werden, da eine selbst genutzte Wohneinheit im Privatrechtsschutz immer mitversichert ist.

Versicherungs- und Finanzprodukte: Rechtsschutzversicherung

V 3 Der 33-jährige Herwig Hummel arbeitet als Angestellter bei einer Werbeagentur. Für seine zahlreichen Geschäftsreisen benutzt er einen Firmenwagen, der ihm von seinem Arbeitgeber zur privaten und beruflichen Nutzung überlassen wurde. Herr Hummel möchte eine Rechtsschutzversicherung abschließen, die Wahrnehmung seiner rechtlichen Interessen im Hinblick auf seine Person und auf den Firmenwagen ausreichend abdeckt.

Welchen Tarif empfehlen Sie?

a) Verkehrs-Rechtsschutz
b) Fahrzeug-Rechtsschutz
c) Fahrer-Rechtsschutz
d) Verkehrs-RS und Fahrer-RS

V 4 Die 33-jährige Elena Motzke hat kein eigenes Kfz und ist viel in der Stadt mit dem Fahrrad unterwegs. Um längere Distanzen zurücklegen zu können, mietet sie sich in unregelmäßigen Abständen ein Auto.

Welchen Rechtsschutz-Tarif empfehlen Sie?

a) Verkehrs-Rechtsschutz
b) Fahrzeug-Rechtsschutz
c) Fahrer-Rechtsschutz
d) Verkehrs-RS und Fahrer-RS

V 5 Die 18-jährige Miranda hat zur bestandenen Führerscheinprüfung einen neues Auto geschenkt bekommen, das auf sie zugelassen wird.

Welchen Rechtsschutz-Tarif empfehlen Sie?

a) Verkehrs-Rechtsschutz
b) Fahrzeug-Rechtsschutz
c) Fahrer-Rechtsschutz
d) Verkehrs-RS und Fahrer-RS

V 6 Der Kunde Ehlers hat der Proximus Rechtsschutzversicherung AG den Fahrer-Rechtsschutz vereinbart. Am 01.04. d. J. erwirbt er bei einem Gebrauchtwagenhändler ein gebrauchtes Fahrzeug, das er im Anschluss auf sich zulässt. Nach zwei Wochen stellt sich heraus, dass der Verkäufer Manipulationen beim Kilometerstand des veräußerten Fahrzeugs vorgenommen hat. Herr Ehlers will den Kaufvertrag wegen arglistiger Täuschung anfechten und den Kaufpreis zurückfordern.

Er will wissen, ob die Proximus Rechtsschutzversicherung AG die Kosten für die Geltendmachung seiner Ansprüche trägt.

a) Es besteht kein Versicherungsschutz, da Herr Ehlers nur den Fahrer-Rechtsschutz vereinbart hat.
b) Es besteht Versicherungsschutz über die Leistungsart „Schadenersatz-Rechtsschutz"

c) Es besteht Versicherungsschutz, da sich der Fahrer-Rechtsschutz beim Erwerb eines Fahrzeuges, das auf den VN zugelassen wird, automatisch in den Verkehrs-Rechtsschutz umwandelt.

d) Es besteht kein Versicherungsschutz, da Schadenfälle, die in ursächlichem Zusammenhang mit arglistiger Täuschung stehen, nicht versichert sind.

V 7 Der 26-jährige Jürgen Hopp wünscht eine Rechtsschutzversicherung für den privaten und beruflichen Bereich. Er arbeitet als angestellter Frisör und übt nebenbei eine gewerbliche Tätigkeit mit einem Jahresumsatz von 9.000,00 € aus.

Welche Informationen können Sie ihm bezüglich des Versicherungsschutzes geben?

a) Nach ARB 2012 ist eine Absicherung des privaten und beruflichen Bereichs möglich, da die selbstständige Tätigkeit einen Jahresumsatz von 10.000,00 € nicht überschreitet.

b) Nach ARB 2012 ist nur eine Absicherung des privaten Bereichs möglich.

c) Eine Absicherung nach ARB 2012 ist nicht möglich, da Herr Hopp eine selbstständige Tätigkeit ausübt.

d) Eine Absicherung nach ARB 2102 ist möglich, die Wahrnehmung rechtlicher Interessen aus der selbstständigen Tätigkeit ist jedoch ausgeschlossen.

V 8 Die 26-jährige Margot Altmann hat bei der Proximus Rechtsschutzversicherung AG eine Privatrechtsschutzversicherung. Sie will wissen, ob sie im öffentlichen Verkehr als Radfahrerin Versicherungsschutz hat.

a) Frau Altmann genießt im öffentlichen Verkehr als Radfahrerin Versicherungsschutz.

b) Frau Altmann hat als Radfahrerin keinen Versicherungsschutz, da sie keine Verkehrsrechtsschutzversicherung hat.

c) Frau Altmann genießt im öffentlichen Verkehr als Radfahrerin Versicherungsschutz, die Kosten für einen Rechtsstreit werden jedoch nur bis zu einer Summe von 100.000,00 € übernommen.

d) In der Privatrechtsschutzversicherung beschränkt sich der Versicherungsschutz im öffentlichen Verkehr auf die Teilnahme als Fußgänger.

V 9 Der 26-jährige August Patzak hat bei der Proximus Rechtsschutzversicherung AG eine Verkehrsrechtsschutzversicherung. Er will wissen, ob er und seine Ehefrau als Mieter eines Pkws im dreiwöchigen Italienurlaub Versicherungsschutz genießen.

a) Da er nur den Verkehrs-RS hat und nicht zusätzlich den Fahrzeug-Rechtsschutz, ist der Versicherungsschutz ausgeschlossen.

b) Im Verkehrs-RS ist die Wahrnehmung rechtlicher Interessen als Mieter eines Kraftfahrzeuges mitversichert. Die Ehefrau genießt als Mitfahrerin ebenfalls Versicherungsschutz.

c) Im Verkehr-RS ist Wahrnehmung rechtlicher Interessen als Mieter eines Kraftfahrzeuges mitversichert. Die Ehefrau genießt als Mitfahrerin keinen Versicherungsschutz.

d) Die Wahrnehmung rechtlicher Interessen als Mieter eines Fahrzeugs im Ausland ist nicht versichert.

Versicherungs- und Finanzprodukte: Rechtsschutzversicherung

V 10 Die 33-jährige Elena Motzke hat bei der Proximus Rechtsschutzversicherung AG eine Verkehrsrechtsschutzversicherung. Sie plant die Neuanschaffung eines Pkws und will wissen, ob die Wahrnehmung rechtlicher Interessen versichert ist, wenn der Verkäufer Pflichten aus dem Kaufvertrag verletzt (z. B. mangelhafte Lieferung).

a) Da die Kundin keinen Privat-RS hat, besteht kein Versicherungsschutz.
b) Die Kundin kann in ihrem bestehenden Vertrag die Wahrnehmung rechtlicher Interessen aus dem Erwerb eines Kraftfahrzeuges gegen Zuschlag mitversichern.
c) Im Verkehrs-RS ist die Wahrnehmung rechtlicher Interessen aus dem Erwerb eines Fahrzeuges mitversichert.
d) Im Verkehrs-RS ist die Wahrnehmung rechtlicher Interessen aus dem Erwerb eines Fahrzeuges bis zu einem Streitwert von 100.000,00 € mitversichert.

V 11 Der 48-jährige Herr Hellwig wünscht den Abschluss einer Privat- Berufs- und Verkehrsrechtsschutzversicherung für seine Familie. Er arbeitet als Bauingenieur im öffentlichen Dienst. Seine Frau ist bei einer Privatklink als Krankenschwester beschäftigt. Die gemeinsame Tochter Julia ist 23 Jahre, Studentin, unverheiratet und wohnt nicht mehr bei ihren Eltern. Sohn Ewald ist 18 Jahre alt, Auszubildender und wohnt noch zu Hause. Auf Herrn Hellwig ist ein Fahrzeug zugelassen. Die Tochter besitzt auch ein eigens, auf sie zugelassenes Fahrzeug. Die Familie fährt in ihrer gemeinsamen Freizeit regelmäßig zum Skifahren in die Alpen. Herr Hellwig ist Eigentümer eines Einfamilienhauses, das er mit seiner Familie bewohnt.

Prüfen Sie, welche Aussagen bezüglich des Versicherungsschutzes richtig sind!

a) Die Tochter ist nicht mehr im Vertrag mitversichert, da sie nicht mehr zu Hause wohnt.
b) Der Sohn ist nicht mehr im Vertrag mitversichert, da er als Auszubildender eine auf Dauer angelegte Tätigkeit ausübt und dafür ein Einkommen erhält.
c) Die Tochter ist für die Wahrnehmung ihrer rechtlichen Interessen als Halterin ihres Fahrzeuges im Vertrag ihres Vaters mitversichert.
d) Als Eigentümer des selbstgenutzten Einfamilienhauses hat Herr Hellwig Versicherungsschutz im Privat-RS.
e) Herr Hellwig muss für die Wahrnehmung rechtlicher Interessen als Eigentümer seines Einfamilienhauses den Wohnungs- und Grundstücks-RS abschließen.
f) Da Herr Hellwig Beamter ist, hat er im „Berufs-Rechtsschutz" keinen Versicherungsschutz.

| Bearbeiten Sie jetzt die Situationsaufgaben S 1 – S 2 |

B. Versicherte Rechtsbereiche und Ausschlüsse
(Leistungsarten, Leistungsumfang, Voraussetzungen für den Anspruch, Geltungsbereich, Einschränkungen der Leistungspflicht – Info: Band 3, B 2.2, B 2.3, B 3)

V 12 Die Versicherungsnehmerin Frau Meier erwirbt in Hamburg eine Eigentumswohnung in bester Lage für 500.000,00 €. Die Wohnung befindet sich in einem Altbau. Eine Woche nach dem Einzug in die neue Wohnung stellt die neue Eigentümerin fest, dass sich in drei von vier Räumen unter dem Putz Schimmel gebildet hat. Frau Meier ist der Meinung, der Veräußerer hätte sie auf die Schimmelbildung hinweisen müssen und befürchtet, dass sie vom Veräußerer arglistig getäuscht wurde. Im Kaufvertrag wurde eindeutig festgehalten, dass sich die Wohnung in einem schimmelfreien Zustand befindet. Ein Gutachter stellt fest, dass die Beseitigung des Schimmels Kosten in Höhe von 20.000,00 € verursachen wird.

Frau Meier hat bei der Proximus Rechtsschutzversicherung AG den Privat-RS sowie den Wohnungs-und Grundstücks-RS versichert. Wird die Rechtsschutzversicherung leisten?

a) Die RS-Versicherung wird nicht leisten, da der Erwerb von Immobilien nicht mitversichert ist.
b) Es besteht Versicherungsschutz über die Leistungsart „Wohnungs- und Grundstücks-RS"
c) Es besteht Versicherungsschutz über die Leistungsart „Vertrags- und Sachenrecht"
d) Es besteht Versicherungsschutz über die Leistungsart „Schadenersatz-RS"

V 13 Herr Hellwig wird beim Fahrradfahren von einem Autofahrer, der eine rote Ampel übersehen hat, angefahren und verletzt sich schwer. Herr Hellwig will vom Unfallgegner Schadenersatzansprüche geltend machen und will wissen, ob seine Verkehrs-RS-Versicherung dafür Deckung gewährt. Wird die Rechtsschutzversicherung leisten?

a) Die RS- Versicherung wird im Rahmen der Leistungsart „Schadenersatz-RS" Versicherungsschutz gewähren.
b) Die RS-Versicherung wird die Leistung ablehnen, da nur die Abwehr von Schadenersatzansprüchen versichert ist.
c) Die RS-Versicherung wird die Leistung ablehnen, da der Herr Hellwig nur Verkehrs-RS versichert hat und nicht zusätzlich den Privat-RS.
d) Es besteht Versicherungsschutz im Rahmen der Leistungsart „Ordnungswidrigkeiten-RS"

V 14 Herr Hellwig veranstaltet zu seinem 60. Geburtstag eine Gartenparty, bei der ein Alleinunterhalter auftritt und lautstark diverse Schlager zum Besten gibt. Da die Party um Mitternacht noch in vollem Gange ist und die Gäste lautstark ihre Lieblingssongs mitsingen, verständigen die Nachbarn von Herrn Hellwig aufgrund der hohen Lautstärke die Polizei. Herr Hellwig erhält einen Bußgeldbescheid wegen Lärmbelästigung in Höhe von 250,00 €.

Herr Hellwig will wissen, ob er sich mit seiner RS-Versicherung gegen die Zahlung des Bußgeldes wehren kann. Er hat bei der Proximus Rechtsschutzversicherung AG sowohl den Privat-RS als auch den Wohnungs- und Grundstücks-RS vereinbart.

a) Herr Hellwig genießt Versicherungsschutz über die Leistungsart „Wohnungs- und Grundstücks-RS"
b) Die Proximus Rechtsschutzversicherung AG wird die Leistung ablehnen, da die Lärmbelästigung vorsätzlich verursacht wurde.

c) Für den vorliegenden Fall besteht Versicherungsschutz über die Leistungsart „Ordnungswidrigkeiten-RS".

d) Herr Hellwig genießt Versicherungsschutz über die Leistungsart „Schadenersatz-RS".

V 15 Frau Schmidt erhält für ihre Mietwohnung in der Nürnberger Innenstadt eine Mieterhöhung in Höhe von 10 % mit der Begründung, dass sich das allgemeine Preisniveau in den letzten Jahren stark erhöht habe. Die Miete würde nach der Erhöhung um 12 % über der ortsüblichen Vergleichsmiete liegen.

Frau Schmidt hat bei der Proximus Rechtsschutzversicherung AG den Privat- sowie den Wohnungs- und Grundstücks-RS vereinbart. Sie will wissen, ob sie sich mit ihrer Rechtsschutzversicherung gegen die Mieterhöhung wehren kann.

a) Frau Schmidt genießt Versicherungsschutz über die Leistungsart „Vertrags- und Sachenrecht".

b) Die Proximus Rechtsschutzversicherung AG wird die Leistung ablehnen, da Rechtsstreitigkeiten aufgrund von Mieterhöhungen grundsätzlich ausgeschlossen sind.

c) Frau Schmidt genießt Versicherungsschutz über die Leistungsart „Wohnungs-und Grundstücks-RS"

d) Da die Mieterhöhung eine Ordnungswidrigkeit des Vermieters darstellt, hat Frau Schmidt Versicherungsschutz über die Leistungsart „Ordnungswidrigkeiten-RS"

V 16 Herr Münzinger wird in einem Elektromarkt des Diebstahls bezichtigt und angezeigt, weil er eine CD, die er käuflich erwerben wollte, an der Kasse nicht vorgezeigt hat. Herr Münzinger beteuert seine Unschuld. Er habe einfach nur vergessen, die CD zu bezahlen.

Er will wissen, ob seine Privatrechtsschutzversicherung die Kosten für die Verteidigung im Strafverfahren (Anzeige wegen Diebstahls) übernimmt.

a) Herr Münzinger genießt rückwirkend Versicherungsschutz, wenn er wegen fahrlässigen Verhaltens verurteilt wird.

b) Die Verteidigung für das vorliegende Strafverfahren wird von der Rechtsschutzversicherung übernommen.

c) Da es sich bei Diebstahl um eine Ordnungswidrigkeit handelt, besteht Versicherungsschutz im Rahmen des Ordnungswidrigkeiten-RS.

d) Herr Münzinger hat keinen Versicherungsschutz, da der Vorwurf eines Vergehens, das nur vorsätzlich begangen werden kann, nicht mitversichert ist.

V 17 Die angestellte Industriekauffrau Monika Berger ist mit dem Steuerbescheid ihres Finanzamtes nicht einverstanden. Ihrer Meinung nach hat das Finanzamt zu Unrecht Werbungskosten nicht anerkannt, die es aber anerkennen müsste. Der unverzüglich konsultierte Steuerberater rät ihr zum einem Widerspruch gegen den Steuerbescheid.

Besteht für die Beratungsleistung und das darauf folgende Widerspruchsverfahren Versicherungsschutz im Rahmen der Privatrechtsschutzversicherung?

a) Frau Berger genießt sowohl für die Beratungsleistung als auch für die Wahrnehmung rechtlicher Interessen im Widerspruchsverfahren Versicherungsschutz.

b) Frau Berger genießt erst ab einem gerichtlichen Verfahren vor einem deutschen Finanzgericht Versicherungsschutz.

c) Frau Berger genießt sowohl für die Beratungsleistung des Steuerberaters als auch für die Wahrnehmung rechtlicher Interessen vor einem deutschen Finanzgericht Versicherungsschutz.

d) Abgabenrechtliche Angelegenheiten sind bei Proximus Rechtsschutzversicherung AG nicht versicherbar.

V 18 Der privatrechtsschutzversicherte Heinrich H. befindet sich im Fußballstadion seines Lieblingsvereins. Als er in der Halbzeit vom Kiosk zurück zur Tribüne geht, touchiert er versehentlich einen gegnerischen Fan, der zu Boden stürzt und die Treppe der Stadiontribüne hinunterstürzt. Dabei bricht sich dieser den Arm und erleidet eine leichte Verletzung am Kopf.

Daraufhin wird Heinrich H. vom gegnerischen Fan wegen vorsätzlicher Körperverletzung angeklagt. In der ersten Instanz wird Heinrich H. wegen vorsätzlicher Körperverletzung verurteilt. Im anschließenden Berufungsverfahren wird er wegen fahrlässiger Körperverletzung verurteilt.

Trägt die Proximus Rechtsschutzversicherung AG die Kosten, die dem VN für die Verteidigung vor Gericht entstanden sind?

a) Es besteht kein Versicherungsschutz, da der VN wegen vorsätzlicher Körperverletzung angeklagt wurde.

b) Der VN erhält rückwirkend Versicherungsschutz, da er nicht wegen vorsätzlicher Körperverletzung verurteilt wurde.

c) Es besteht kein Versicherungsschutz, da die Verteidigung wegen eines strafrechtlichen Vergehens nicht versichert ist.

d) Es besteht Versicherungsschutz, da es sich bei fahrlässiger Körperverletzung um eine Ordnungswidrigkeit handelt.

V 19 VN Schulze mietet sich im Urlaub in Italien ein Leihfahrzeug. Da er sich bezüglich des Rückgabedatums irrt, bringt er das Fahrzeug erst einen Tag nach dem vereinbarten Termin zurück. Der Betreiber des Autoverleihs verlangt Schadenersatz aufgrund der verspäteten Rückgabe. Herrn Schulze erscheint die Schadenersatzforderung viel zu hoch und er will sich rechtlich gegen die in seinen Augen überhöhte Forderung zur Wehr setzen.

Besteht Versicherungsschutz über seine Privat- und Verkehrs-Rechtsschutzversicherung?

a) Es besteht Versicherungsschutz über die Leistungsart „Vertrags- und Sachenrecht"

b) Es besteht kein Versicherungsschutz, da die Abwehr von Schadenersatzansprüchen Teil der Haftpflichtversicherung ist.

c) Es besteht Versicherungsschutz über die Leistungsart „Schadenersatz-Rechtsschutz"

d) Es besteht Versicherungsschutz über die Leistungsart „Straf-Rechtsschutz"

Versicherungs- und Finanzprodukte: Rechtsschutzversicherung

> **V 20** Der verbeamtete Lehrer Weinzierl meldet sich bei der Proximus Rechtsschutzversicherung AG mit folgendem Anliegen: „Als ich letzte Woche mit meiner vierten Klasse der Grundschule auf Wandertag war, hat sich ein Schüler von der Gruppe entfernt und wurde in einen Verkehrsunfall verwickelt. Leider habe ich nicht bemerkt, dass sich der Junge unerlaubt von der Gruppe entfernt hat. Er liegt momentan im Krankenhaus, befindet sich aber auf dem Weg der Besserung. Ich habe große Sorgen, dass gegen mich ein Disziplinarverfahren eingeleitet wird. Wird meine Privat- und Berufsrechtsschutzversicherung die Kosten für die Verteidigung übernehmen, falls gegen mich ein Disziplinarverfahren eingeleitet wird?"

a) Es besteht Versicherungsschutz über die Leistungsart „Disziplinar- und Standes-Rechtsschutz"

b) Es besteht Versicherungsschutz über die Leistungsart „Schadenersatzrechtsschutz"

c) Es besteht kein Versicherungsschutz, da für solche Angelegenheiten eine Amtshaftpflichtversicherung zuständig ist.

d) Es besteht kein Versicherungsschutz, da Schadenfälle, die in einem ursächlichen Zusammenhang mit einer Aufsichtspflichtverletzung stehen, nicht versichert sind.

> **V 21** Welche Anwaltskosten werden übernommen, wenn sich ein Versicherungsfall im Ausland ereignet?

a) Es werden nur die Kosten für einen in Deutschland ansässigen Rechtsanwalt, der die Korrespondenz mit dem ausländischen Anwalt, der vor Gericht tätig wird, übernommen.

b) Es werden entweder die Kosten eines am Ort des zuständigen Gerichts ansässigen ausländischen Rechtsanwalts übernommen oder die Kosten eines Rechtsanwalts in Deutschland, der am zuständigen Gericht im Ausland tätig wird.

c) Bei einem Versicherungsfall im Ausland werden keine Anwaltskosten erstattet.

d) Bei Versicherungsfällen im Ausland werden Anwaltskosten nur bis zu einem Betrag von 250,00 € erstattet.

> **V 22** Welche Kosten werden bei einem Versicherungsfall im Inland nicht von der Proximus Rechtsschutzversicherung AG übernommen?

a) Anwalts- und Gerichtskosten des Prozessgegners, wenn der VN zur Erstattung dieser Verfahrenskosten aufgrund gerichtlicher Festsetzung verpflichtet ist.

b) Die gesetzliche Vergütung eines Rechtsanwalts, der die Interessen des VN vertritt und am Ort des zuständigen Gerichts ansässig ist. Die gesetzliche Vergütung richtet sich nach dem Rechtsanwaltsvergütungsgesetz.

c) Die Kosten für einen Korrespondenzanwalt, der nur den Schriftverkehr mit dem Anwalt am Ort des zuständigen Gerichts führt, wenn der VN mehr als 50km Luftlinie vom zuständigen Gericht entfernt wohnt.

d) Die Anwaltskosten für einen mündlichen oder schriftlichen Rat bis zu einem Betrag von 500,00 €

e) Die Kosten für einen privat bestellten technischen Sachverständigen.

f) Die Kosten für eine Strafkaution, um den VN vorübergehend von Strafverfolgungsmaßnahmen zu verschonen, werden bis zu einer Höhe von 200.000,00 € als zinsloses Darlehen gewährt.

V 23 Herr Meier meldet der Proximus Rechtsschutzversicherung AG folgenden Schadenfall: „Während meines achtwöchigen USA- Urlaubs habe ich mir am Ende meines Aufenthaltes eine neue Digitalkamera gekauft. Beim ersten Test der Kamera im Hotel stellte sich heraus, dass sie nicht ordnungsgemäß funktioniert. Ich habe unverzüglich den Händler nochmal aufgesucht und ihm die Kamera gezeigt. Der Verkäufer weigerte sich, die Kamera zurückzunehmen und mir das Geld zurückzuerstatten. Kann mir meine Privatrechtsschutzversicherung Deckung für die Wahrnehmung meiner rechtlichen Interessen erteilen? Ich habe ja schließlich das Recht auf eine funktionierende Kamera, bzw. auf Rückerstattung des Kaufpreises!"

a) Es besteht Versicherungsschutz über die Leistungsart „Vertrags- und Sachenrecht" bis zu einem Höchstbetrag von 100.000,00 €.

b) Es besteht kein Versicherungsschutz, da außerhalb des Geltungsbereiches die Wahrnehmung von Interessen im Zusammenhang mit dem Erwerb und der Veräußerung von dinglichen Rechten ausgeschlossen ist.

c) Da die USA innerhalb des Geltungsbereiches liegen, besteht uneingeschränkter Versicherungsschutz.

d) Es besteht keine Deckung, da außerhalb des Geltungsbereiches nur ein höchstens sechswöchiger Aufenthalt versichert ist.

V 24 Der privatrechtsschutzversicherte Herr Walter will seine Eigentumswohnung in Münchner Bestlage verkaufen. Vorsorglich lässt er von seinem Anwalt den Kaufvertrag aufsetzen.

Sind die Anwaltskosten über die Leistungsart „Vertrags- und Sachenrecht" mitversichert?

a) Die Kosten sind über die Leistungsart „Vertrags- und Sachenrecht" mitversichert.

b) Es besteht kein Versicherungsschutz, da jede Interessenwahrnehmung, die in ursächlichem Zusammenhang mit dem Verkauf von Immobilien steht, ausgeschlossen ist.

c) Es besteht Versicherungsschutz über die Leistungsart „Wohnungs- und Grundstücksrechtsschutz"

d) Es besteht kein Versicherungsschutz, da kein Versicherungsfall vorliegt.

V 25 Die privatrechtsschutzversicherte Frau Regener meldet sich bei der Proximus Rechtsschutzversicherung AG mit folgendem Anliegen: „Meine Erbtante ist schwer krank, wir rechnen in wenigen Wochen mit ihrem Ableben. Übernimmt die Proximus Rechtsschutzversicherung AG die Kosten für einen Anwalt, der mich über meine Erbansprüche berät?"

a) Die Kosten werden übernommen, da im Privat-Rechtsschutz die Leistungsart „Beratungs-Rechtsschutz im Familien-, Lebenspartnerschafts- und Erbrecht" enthalten ist.

b) Die Kosten werden nicht übernommen, da das Ereignis, das zur Änderung der Rechtslage einer mitversicherten Person führt (hier: Todesfall der Erbtante), noch nicht eingetreten ist.

c) Die Kosten werden übernommen, allerdings nur bis zu einem Betrag von 250,00 €.

d) Die Kosten werden nicht übernommen, da Beratungsleistungen bei der Proximus Rechtsschutzversicherung AG grundsätzlich nicht versichert sind.

V 26 Herr Ludwig hat seit 01.04. d. J. bei der Proximus Rechtsschutzversicherung AG eine Verkehrsrechtsschutzversicherung. Am 01.06. d. J. erhält er einen Bußgeldbescheid, weil er am 15.03. d. J. wegen einer Geschwindigkeitsüberschreitung mit seinem Fahrzeug geblitzt worden ist. Herr Ludwig kann sich beim besten Willen nicht daran erinnern und will sich gegen den aus seiner Sicht ungerechtfertigten Bußgeldbescheid zur Wehr setzen.

Besteht Versicherungsschutz über seine Verkehrsrechtsschutzversicherung?

a) Die Proximus Versicherung AG wird den Versicherungsschutz ablehnen, weil die Wahrnehmung der rechtlichen Interessen des VN keine hinreichende Aussicht auf Erfolg hat.
b) Es besteht Versicherungsschutz, da bei der Leistungsart „Ordnungswidrigkeiten-Rechtsschutz" keine Prüfung der Erfolgsaussichten vorgenommen wird.
c) Es besteht kein Versicherungsschutz, da Ordnungswidrigkeitenverfahren in Verbindung mit Geschwindigkeitsüberschreitungen nicht versichert sind.
d) Es besteht kein Versicherungsschutz, da sich der angebliche Rechtspflichtenverstoß (Geschwindigkeitsüberschreitung) bereits vor Vertragsbeginn ereignet hat.

V 27 Herr Meinert hat bei der Proximus Rechtsschutzversicherung AG eine Privatrechtsschutzversicherung seit 01.07. d. J. Am 10.10. d. J. erhält er den Ablehnungsbescheid gegen den am 01.08. d. J. eingereichten Rentenantrag. Folgende Rechtsbehelfsbelehrung liegt dem Ablehnungsbescheid bei:

„Der Bescheid kann mit dem Widerspruch angefochten werden. Der Widerspruch ist bei der vorbezeichneten Behörde schriftlich einzureichen. Die Frist für den Widerspruch beträgt einen Monat. Erst nach erfolglosem Widerspruchsverfahren ist die Klage möglich."

Herr Meinert will wissen, ob er für das Widerspruchsverfahren Versicherungsschutz hat.

a) Es besteht Versicherungsschutz über die Leistungsart „Sozialgerichts-Rechtsschutz"
b) Es besteht kein Versicherungsschutz, da für die Leistungsart „Sozialgerichts-Rechtsschutz" eine Wartezeit von drei Monaten besteht.
c) Das Widerspruchsverfahren ist über die Leistungsart „Sozialgerichts-Rechtsschutz" nicht versichert.
d) Streitigkeiten mit der gesetzlichen Rentenversicherung sind grundsätzlich nicht versichert.

V 28 Herr Wagner hat eine Privatrechtsschutzversicherung bei der Proximus Rechtsschutzversicherung AG seit 01.01. d. J. Am 01.05. d. J. erhält er den Steuerbescheid für die am 15.02. d. J. eingereichte Steuererklärung für das vergangene Jahr. Da er mit dem Bescheid nicht einverstanden ist, erhebt er Widerspruch. Nachdem das Widerspruchsverfahren nicht von Erfolg gekrönt war, will er Klage vor dem Finanzgericht erheben.

Besteht für die Wahrnehmung seiner rechtlichen Interessen vor dem Finanzgericht Versicherungsschutz über seine Privatrechtsschutzversicherung?

a) Es besteht Versicherungsschutz, da die den Versicherungsfall auslösende Willenserklärung (Abgabe der Steuererklärung) nach Versicherungsbeginn war.
b) Es besteht kein Versicherungsschutz, da für die Leistungsart „Steuer-Rechtsschutz" eine Wartezeit von drei Monaten besteht.

c) Es besteht kein Versicherungsschutz, da über die Privatrechtsschutzversicherung nur das Widerspruchsverfahren versichert ist.

d) Es besteht kein Versicherungsschutz, da die tatsächlichen oder behaupteten Voraussetzungen für die Festsetzung der Abgaben vor Vertragsbeginn liegen.

V 29 Frau Seidl bestellt sich über das Internet einen neuen Fernseher, der am 01.06. d. J. geliefert wird. Als sie ihn auspackt, stellt sie beträchtliche Kratzer auf dem LED-Bildschirm fest. Am 02.06. d. J. teilt sie dem Händler per E-Mail mit, dass sie den beschädigten Fernseher unverzüglich zurückschickt, da er beschädigt ist. Am 03.06. d. J. schickt sie den Fernseher zurück. Der Händler meldet sich am 10.06. d. J. und teilt ihr mit, dass er nicht bereit ist, den Fernseher zurückzunehmen, da sie die Kratzer wohl selbst zu verantworten hätte. Frau Seidl meldet den Fall ihrer Privatrechtsschutzversicherung.

Welches Datum gilt als Eintritt des Versicherungsfalles?

a) 01.06. d. J.
b) 02.06. d. J.
c) 03.06. d. J.
d) 10.06. d. J.

V 30 Bei welchen Leistungsarten besteht eine Wartezeit von drei Monaten? (Mehrere Antworten richtig)

a) Arbeits-Rechtsschutz
b) Vertrags- und Sachenrecht
c) Schadenersatzrechtsschutz
d) Wohnungs- und Grundstücks-Rechtsschutz
e) Straf-Rechtsschutz
f) Steuer-Rechtsschutz vor Gerichten

V 31 Herr Seidl ist mit seinem Auto in München unterwegs, um einen wichtigen Geschäftstermin wahrzunehmen. Da er spät dran ist und auf die Schnelle keinen Parkplatz findet, parkt er sein Auto im Halteverbot. Daraufhin erhält er aufgrund des Parkverstoßes einen Bußgeldbescheid. Herr Seidl ist mit dem geforderten Betrag nicht einverstanden und will wissen, ob ihm seine Verkehrsrechtsschutz-versicherung Deckung für die Verteidigung seiner Interessen gewährt?

a) Es besteht kein Versicherungsschutz, da die Ordnungswidrigkeit vorsätzlich begangen wurde.

b) Es besteht Versicherungsschutz über die Leistungsart „Ordnungswidrigkeiten-Rechtsschutz"

c) Es besteht kein Versicherungsschutz, da Ordnungswidrigkeitenverfahren wegen Halt- und Parkverstößen ausgeschlossen sind.

d) Es besteht Versicherungsschutz über die Leistungsart „Verwaltungs-Rechtsschutz in Verkehrssachen"

Bearbeiten Sie jetzt die Situationsaufgaben S 3 – S 12

Situationsaufgaben (S)

Zu S 1 – S 2: siehe Vorübungen V 1 – V 11

S 1 Sie sind Mitarbeiter der Proximus Rechtsschutzversicherung AG. Sie erhalten einen Telefonanruf von Herrn Stadler aus Nürnberg. Er interessiert sich für eine Rechtsschutzversicherung für seine Familie:

Zur Familie gehören seine Ehefrau Sabine und ihre 3 Kinder, Manuel (17 Jahre), der eine Lehre zum Bankkaufmann macht, Saskia (19 Jahre) macht dieses Jahr ihr Abitur und Johannes (21 Jahre), der im 5. Semester Jura studiert. Alle drei Kinder sind noch unverheiratet. Herr Stadler (49 Jahre) ist Bankkaufmann bei der örtlichen Sparkasse. Die Familie wohnt in einem Einfamilienhaus in Nürnberg. Seine Frau arbeitet in einem Reisebüro. Herr Stadler besitzt einen Pkw, Sohn Johannes fährt Motorrad und Tochter Saskia einen Roller. Die Fahrzeuge sind auf Herrn Stadler zugelassen.

Beraten Sie Herrn Stadler hinsichtlich der geschilderten Lebensumstände!

S 2 Sie sind Mitarbeiter/-in bei der Proximus-Agentur Pestalozzi.

Frau Hellwig kommt zu Ihnen in die Agentur und wünscht eine Beratung für Ihr Problem. Sie ist vor wenigen Tagen rechtskräftig von ihrem Mann Michael geschieden worden und arbeitet in einer Gärtnerei. Sie hat zwei Kinder, Sophia (12) und David (9) und bewohnt eine eigene Mietwohnung. Außerdem nutzt sie einen 8 Jahre alten Golf, der auf ihren Ex-Mann zugelassen ist und auch bleiben wird.

Der Ehemann hat während Dauer der Ehe und auch nach der Scheidung Versicherungsnehmer einer Privat-, Berufs- Verkehrs- und Fahrer-, Wohnungs- und Grundstücksrechtsschutz.

Prüfen Sie den Rechtsschutzversicherungsbedarf von Frau Hellwig!

Zu S 3 – S 12: siehe Vorübungen V 12 – V 31

S 3 Sie sind Mitarbeiter der Proximus Rechtsschutzversicherung AG. Auf Ihrem Schreibtisch finden Sie folgende Gesprächsnotiz:

> Herr Schimmel ist mit seiner Lebensgefährtin Regina Becker zusammengezogen. Im Haushalt wohnt sein aus erster Ehe stammender noch lediger Sohn Peter (24 Jahre) in einer Einliegerwohnung. Er studiert in Freiburg BWL. Seine Lebensgefährtin arbeitet als Beamtin beim Landratsamt. Er ist selbständiger Architekt und wohnt mit seiner Familie im selbstentworfenem Einfamilienhaus. Des Weiteren besitzt Herr Schimmel ein Motorboot, welches auf ihn zugelassen ist und am Gardasee vor Anker liegt.

S 4 Herr Klein wendet sich am 12.04. d. J. an die Proximus-Versicherungsvermittlungs-Agentur und bekundet Interesse bezüglich des Abschlusses einer Rechtsschutzversicherung.

„Ich habe vor, mir im Juli einen Gebrauchtwagen zu kaufen. Würde mir die Rechtsschutzversicherung einen Anwalt bezahlen, der mich dabei unterstützt, den Kaufvertrag für das Auto aufzusetzen?

Außerdem hat mir mein Vermieter die Miete um 10 % erhöht. Ich halte die Erhöhung für absolut ungerechtfertigt und möchte mich dagegen wehren. Würde sich eine Rechtsschutzversicherung für die Wahrnehmung meiner rechtlichen Interessen einsetzen?"

Welche Auskunft können Sie Herrn Klein erteilen?

S 5 Sie sind Mitarbeiter/-in der Proximus Rechtsschutzversicherung AG. Sie erhalten folgende E-Mail von Herrn Weiß aus Nürnberg, der vor über einem Jahr eine Verkehrs-Rechtsschutzversicherung bei Ihnen abgeschlossen hat.

„Bisher musste ich meine Rechtsschutzversicherung noch nicht in Anspruch nehmen. Gestern bin ich aber vermutlich „geblitzt" worden, da ich vielleicht zu schnell gefahren bin. Sie wissen, dass ich im Außendienst tätig bin und auf mein Auto angewiesen bin. Ich möchte Sie fragen, ob ich die Hilfe meines Anwalts über meine Verkehrs-Rechtsschutzversicherung in Anspruch nehmen kann.

Außerdem habe ich gestern einen Bußgeldbescheid wegen „Halten im Halteverbot" bekommen. Kann ich meine Rechtsschutzversicherung in Anspruch nehmen, wenn ich mich gegen diesen Bescheid wehren will?"

Können Sie Herrn Weiß in den beiden geschilderten Fällen Versicherungsschutz gewähren? Beraten Sie ihn!

S 6 Sie sind Mitarbeiter/-in der Proximus Rechtsschutzversicherung AG. Auf Ihrem Schreibtisch finden Sie folgende Gesprächsnotiz:

Herr Hummel hat einen gebrauchten Pkw beim Gebrauchtwagenhändler Mertens gekauft. Wenige Tage nach der Anmeldung musste er feststellen, dass der Motor nicht die Höchstgeschwindigkeit erreicht, und folglich der Motor nicht die volle Leistung erbringt. Er möchte vom Händler eine Preisminderung erhalten, weil eine Reparatur demnächst anstehe. Der Verkäufer weigert sich, weil für ihn der Motor völlig intakt sei.

Genießt der Kunde Versicherungsschutz, wenn er eine Verkehrs-Rechtsschutzversicherung hat und sich einen Anwalt zu Durchsetzung seiner Interessen nehmen will?

Versicherungs- und Finanzprodukte: Rechtsschutzversicherung

S 7 Sie sind Mitarbeiter-/in im Kundenservice der Proximus Rechtsschutzversicherung AG. Sie erhalten von Herrn Winter folgendes Schreiben:

Sehr geehrte Damen und Herren,

die Finanzbehörde erkennt die in meiner Einkommenssteuererklärung für das vergangene Jahr angesetzten Werbungskosten mit Bescheid vom 02.05. d. J. nicht in voller Höhe an. Weil mein Einspruch erfolglos verlief, bleibt mir nur der Weg zum Finanzgericht. Meine Einkommenssteuererklärung habe ich am 15.2. d. J. abgegeben.

Leistet meine Rechtsschutzversicherung für eine Auseinandersetzung vor Gericht?

Auszug aus den Vertragsdaten:
Versicherungsnehmer/-in: Susanne Winter
Vertragsart: Privat-, Berufs- und Verkehrsrechtsschutz
Vertragsbeginn: 30.01. d. J.
Vorversicherung: Keine

Prüfen Sie den Versicherungsschutz und begründen Sie Ihre Entscheidung!

S 8 Sie sind Mitarbeiter in der Proximus-Versicherungsagentur und erhalten am 01.04. d. J. von Herrn Dahlke folgendes Schreiben.

„Ich bin bei der Leitpolt-Textil GmbH als Produktmanager beschäftigt. Da die aktuellen Geschäfte aufgrund der starken Konkurrenzsituation rückläufig sind und auch schon einigen Mitarbeitern gekündigt wurde, habe ich die Befürchtung, dass es mich als Nächsten trifft. Die entlassenen Mitarbeiter haben alle eine Kündigungsschutzklage vor dem Arbeitsgericht eingereicht. Würde eine Rechtsschutzversicherung die Kosten für meinen Anwalt übernehmen, falls es zu einer Rechtsstreitigkeit mit meinem Arbeitgeber kommt?"

Welche Antwort geben Sie Herrn Dahlke?

S 9 Frau Sabine Reiter ist Eigentümer einer Eigentumswohnung in einer Wohnanlage in Nürnberg. Sie ist nicht damit einverstanden, dass die Eigentümer-Gemeinschaft schon wieder Renovierungsarbeiten in Form von Maler- und Fliesenarbeiten im Treppenhaus auf Gemeinschaftskosten veranlassen will. Nach Ihrer Meinung ist das Treppenhaus noch in tadellosem Zustand. Gegen den Beschluss der Eigentümerversammlung am 20.3. d. J. möchte sie vorgehen und einen Rechtsanwalt beauftragen.

Sie hat am 20.02. d. J. eine Privat-, Verkehrs- und Wohnungs- und Grundstücks-Rechtsschutzversicherung abgeschlossen

Prüfen Sie, ob bzw. unter welchen Bedingungen die Rechtsanwaltskosten von Frau Reiter von der Proximus Rechtsschutzversicherung AG getragen werden!

S 10 Der privatrechtsschutzversicherte Herr Hummel meldet folgenden Schadensfall:

„Mein fünfjähriger Sohn Dennis hat vor kurzem das Fahrradfahren gelernt und prompt ist auch schon was passiert. Mein Nachbar fordert von mir Schadenersatz mit der Begründung, Dennis habe beim Fahrradfahren auf der Straße sein geparktes Auto gestreift und einen Lackschaden verursacht. Er beschuldigt mich, meine Aufsichtspflicht verletzt zu haben. Ich war bei dem Vorfall leider nicht dabei. Wird meine Rechtsschutzversicherung die Schadenersatzansprüche abwehren?"

Welche Antwort geben Sie Herrn Hummel?

S 11 Sie sind Mitarbeiter/-in der Proximus Rechtsschutzversicherung AG. Sie erhalten einen Telefonanruf von Herrn Weßling aus Nürnberg. Er hat bei Ihnen vor über vier Jahren Privat- und Berufsrechtsschutzversicherung abgeschlossen.

Beim vorweihnachtlichen Familienessen der Familie Weßling in Nürnberg wurde der Adventskranz mit vier brennenden Kerzen, der auf einem Sideboard im Esszimmer stand, außer Acht gelassen, um das neue Auto des Onkels zu bestaunen. Während der Abwesenheit der Familienmitglieder entzündete sich der Adventskranz und das Feuer verursachte Schäden an mehreren Wohneinheiten des Mehrfamilienhauses. Gegen Herrn Weßling wurde ein Strafverfahren wegen fahrlässiger Brandstiftung eingeleitet, in welchem er laut Anklage 12 Monate später schuldig gesprochen wurde.

Prüfen Sie den Versicherungsschutz und begründen Sie Ihre Entscheidung!

S 12 Der seit fünf Jahren privatrechtsschutzversicherte Herr Heinrich meldet sich in der Proximus-Versicherungsagentur mit folgendem Anliegen:

„Da ich letztes Jahr von meiner Großtante 50.000,00 € geerbt habe und das Geld nicht nur auf dem Sparkonto liegen lassen wollte, hat mich mein Bankberater überzeugt, das Geld in einen Aktienfonds zu stecken. Folglich habe ich 50.000,00 € in einen Fonds investiert, der hauptsächlich Aktien der Wachstumsbranche Biotechnologie im Portfolio hat. Mein Berater hat mir versichert, dass das Verlustrisiko bei dem ausgewählten Fonds sich als äußerst gering darstellt. Leider hat der Fonds innerhalb eines Jahres 70 % an Wert verloren. Ich will meinen Bankberater wegen des Beratungsverschuldens auf Schadenersatz verklagen. Er hätte mich als unerfahrenen Kunden umfassend über die Risiken aufklären müssen, die mit dem Kauf von Aktienfonds verbunden sind.

Besteht Versicherungsschutz über meine Privatrechtsschutzversicherung?"

(7) Kraftfahrtversicherung

Vorübungen (V)

A. Versicherungspflicht in der Kfz-Haftpflichtversicherung (KH-Versicherung)
(Versicherungspflicht, Annahme- bzw. Kontrahierungszwang, Direktanspruch, Nachhaftung, Entschädigungsfonds, Grüne-Karte-System – Info: Band 3, C 2)

V 1 Welches Ziel verfolgt der Gesetzgeber mit der Versicherungspflicht in der KH-Versicherung?

a) Es soll sichergestellt sein, dass der Versicherer genügend Versicherungsprämien einnimmt, um die Schäden begleichen zu können.
b) Das Verkehrsopfer soll geschützt werden.
c) Der Unfallverursacher soll von Schadenersatzansprüchen freigestellt werden.
d) Der Gesetzgeber setzt damit den ebenfalls gesetzlich verankerten Kontrahierungszwang durch.

V 2 Welche Aussage zum Kontrahierungszwang ist richtig?

a) Bei der Versicherung von Taxen und Mietwagen findet der Kontrahierungszwang ebenfalls Anwendung.
b) Der VN möchte seinen neuen Pkw versichern. Bei der Bearbeitung wird festgestellt, dass vor fünf Jahren vom Kraftfahrthaftpflichtvertrag wegen Nichtzahlung der Erstprämie zurückgetreten wurde. Dies berechtigt den Versicherer nicht den neuen Antrag abzulehnen, da es sich um ein anderes Auto handelt und zudem der Vorfall schon länger als drei Jahre zurückliegt.
c) Bei Vorliegen des Kontrahierungszwanges muss dem VN die 100 Mio. € Deckung in der Kfz-Haftpflicht geboten werden.
d) Auch ein Lebensversicherer muss eine Kfz-Haftpflicht anbieten, wenn sich der VN auf den gesetzlich verankerten Annahmezwang beruft.
e) Der Antrag eines VN auf KH-Versicherung für seinen neuen Pkw muss angenommen werden, auch wenn andere Versicherer ihm wegen seiner bisherigen Schadenhäufigkeit gekündigt haben.
f) Ihr VN möchte sein Wohnmobil bei Ihnen als Zweitwagen versichern. Da Sie bisher diese Fahrzeuggruppe nicht versichern, der Kunde aber bereits anderweitig bei Ihnen versichert ist, müssen Sie ihn annehmen und mindestens Deckung zu den Mindestdeckungssummen bieten.

V 3 Welche Situationen (Ausnahmen des Annahmezwangs) erlauben dem Versicherer den Vertrag nicht anzunehmen?

a) Der Kunde wohnt außerhalb der Vertriebsregion.
b) Der Kunde ist arbeitslos.
c) Die Ehefrau hat ihren Pkw bei einem anderen Versicherer versichert.
d) Der Kunde hat sein Motorrad bei einem anderen Versicherer versichert.

e) Sie bieten als Versicherer keine Kraftfahrthaftpflichtversicherung an.
f) Der Kunde war bereits bei Ihnen versichert und der Vertrag wurde wegen Schadenhäufigkeit gekündigt.
g) Der Vertrag für ein anderes Fahrzeug ruht derzeit.
h) Sie erfahren, dass der Kunde mit seinem anderen Pkw, das bei einem Mitbewerber versichert ist, im laufenden Versicherungsjahr bereits zwei Schäden verursacht und regulieren hat lassen.
i) Der Kunde hat seinen ehemaligen Kfz-Vertrag bei uns gekündigt.

V 4 Prüfen Sie die Aussagen zur Annahmefiktion. Kennzeichnen Sie zutreffende Aussagen mit (1), falsche mit (9).

a) Unter Annahmefiktion versteht man den vordatierten, fiktiven Vertragsbeginn, um zum Folgejahr die SF-Stufung nicht zu verlieren.
b) Um im Beratungsgespräch die Versicherungsprämie ermitteln zu können, wird eine fiktive Annahme des Vertrages im EDV-Programm vorgenommen.
c) Lehnt der Versicherer nicht binnen zwei Wochen nach Eingang den Antrag auf Kraftfahrthaftpflicht schriftlich ab, gilt der Antrag als angenommen.
d) Die Annahmefiktion gilt auch für den Antrag der Fahrzeugversicherung.
e) Aufgrund akuten Personalmangels in der Antragsbearbeitung kommt es zu Verzögerungen. Drei Wochen nachdem der Antrag eingegangen ist, versenden sie den Ablehnungsbrief. Der Kraftfahrthaftpflichtvertrag ist bereits zustande gekommen.

V 5 Der Antrag auf KH-Versicherung Ihres VN geht an den genannten Daten ein. Geben Sie jeweils das konkrete Datum an, zu dem der Kraftfahrzeug-Haftpflichtversicherungsvertrag automatisch als angenommen gilt!

a) Eingang des Antrages am 10.04. d. J.
b) Eingang des Antrages am 26.04. d. J.
c) Eingang des Antrages am 20.05. d. J.

V 6 Welche der folgenden Aussagen trifft auf den Direktanspruch zu?

a) Der Direktanspruch besagt, dass kleinere Haftpflichtschäden direkt am Unfallort zwischen den Unfallbeteiligten geregelt werden müssen, bspw. indem der Schädiger dem Geschädigten Bargeld gibt.
b) Damit die Versicherer nicht mit der Regulierung von Bagatellschäden überschwemmt werden, besagt der Direktanspruch, dass nach einem Unfall, die Unfallbeteiligten die Schadenregulierung direkt miteinander regeln müssen.
c) Der Direktanspruch ist im Kfz-Pflichtversicherungsgesetz verankert.
d) Der Direktanspruch bedeutet, dass der Geschädigte einen direkten Anspruch zur Regulierung eines Haftpflichtschadens gegenüber dem Versicherer hat.
e) Greift der Direktanspruch, hat dies immer eine Stufung der schadenfreien Jahre (SFR) zur Folge.

Versicherungs- und Finanzprodukte: Kraftfahrtversicherung

V 7 Der VN einer Kraftfahrzeug-Haftpflichtversicherung hat die fällige Prämie nicht gezahlt und lässt auch die mit der qualifizierten Mahnung gesetzte Nachfrist fruchtlos verstreichen.

Wann endet die im VVG vorgesehene Nachhaftung des Versicherers, wenn der Versicherungsschutz am 12.10. d. J. erlischt und die Zulassungsstelle hierüber am 20.10. d. J. in Kenntnis gesetzt wird? Geben Sie das konkrete Datum an.

V 8 Geben Sie unter Berücksichtigung der geltenden Regelungen zur Nachhaftung an, ob und ggf. in welcher Höhe der Schaden reguliert wird, wenn er sich alternativ an den unten genannten Schadentagen ereignet hat.

Zum Vertrag liegen Ihnen die folgenden Angaben vor:

KH-Versicherungssumme gem. Vertrag: 100 Mio. €
Höhe des verursachten Sachschadens: 1,5 Mio. €
Ende des Versicherungsschutzes: 12.10. d. J.
Zugang der Anzeige bei der Zulassungsstelle: 20.10. d. J.

Als Varianten für die Schadenregulierung stehen zur Wahl:
1. Versicherer zahlt den Schaden in Höhe von 1,5 Mio. €
2. Versicherer zahlt 1.220.000,00 €, also maximal die gesetzliche Mindestdeckungssumme
3. Versicherer ist leistungsfrei, da Schaden außerhalb der Nachhaftungsfrist verursacht

Welche Variante für die Schadenregulierung kommt an den nachstehenden alternativen Schadentagen zum Tragen?
a) Schadentag: 05.10. d. J.
b) Schadentag: 17.10. d. J.
c) Schadentag: 25.10. d. J.
d) Schadentag: 25.11. d. J.

V 9 Wer ist Träger des Entschädigungsfonds?

a) GDV
b) Grüne Karte Büro
c) Verkehrsopferhilfe e.V.
d) Verbraucherschutzzentrale
e) Gemeinschaft der Grenzversicherer

V 10 In welchem Fall kann keine Leistungen durch den Entschädigungsfonds erwartet werden?

a) Der Schädiger hat keine KH-Versicherung.
b) Die Versicherung des Schädigers lehnt den Schadenersatz ab, da der Schädiger vorsätzlich gehandelt hat.

c) Der Geschädigte kann einen Schaden an seinem Fahrzeug belegen, der Schädiger kann aber nicht ermittelt werden. Ein Personenschaden liegt nicht vor.
d) Der Versicherer ist zahlungsunfähig.
e) Der Schädiger begeht nach einem Unfall mit Personenschaden Unfallflucht.

V 11 Welche der nachstehenden Aussagen sind im Zusammenhang mit der Regulierung durch den Entschädigungsfonds bei Unfallflucht zutreffend?

a) Der Geschädigte hat immer Anspruch auf Schmerzensgeld.
b) Der Geschädigte hat keinen Anspruch auf Schmerzensgeld.
c) Der Geschädigte hat nur in besonders schweren Fällen Anspruch auf Schmerzensgeld.
d) Sachschäden am Fahrzeug werden reguliert.
e) Sachschäden werden nur in Verbindung mit schweren Personenschäden reguliert.
f) Sachschäden werden nicht ersetzt.
g) Sonstige Sachschäden werden voll ersetzt.
h) Bei sonstigen Sachschäden gibt es eine Selbstbeteiligung in Höhe von 150,00 €.
i) Bei sonstigen Sachschäden gibt es eine Selbstbeteiligung in Höhe von 500,00 €.
j) Die Verkehrsopferhilfe zahlt bei Unfallflucht auch, wenn die Schäden z. B. durch die Sozialversicherung gedeckt werden.

V 12 Wie kann im Ausland eine bestehende KH-Versicherung ordnungsgemäß nachgewiesen werden?

a) Durch Vorlage des Fahrzeugbriefs.
b) Durch Vorlage der Internationalen Versicherungskarte (IVK), in der das zu bereisende Land nicht durchgestrichen ist.
c) Durch Vorlage der Versicherungspolice.
d) Durch Vorlage des Protokolls der letzten Hauptuntersuchung in Verbindung mit der Plakette am Kennzeichen.
e) In Ländern, die das amtliche Kennzeichnen als Nachweis über das Bestehen der Versicherung akzeptieren, reicht das gültige deutsche Kennzeichen als Nachweis aus.
f) Durch Abschluss einer Grenzversicherung.

V 13 In welchen der nachstehenden Ländern bietet die Proximus Versicherung AG ohne besondere Vereinbarung keinen Versicherungsschutz aus der KH-Versicherung?

a) Österreich
b) Spanien
c) asiatischer Teil der Türkei
d) Ungarn
e) Dänemark
f) Kosovo

Versicherungs- und Finanzprodukte: Kraftfahrtversicherung

V 14 Ihr Kunde möchte mit dem Auto eine vierwöchige Urlaubsreise in den Kosovo unternehmen. Er hat eine Kfz-Haftpflichtversicherung mit 100 Millionen € Deckungssumme und eine Teilkasko mit 150,00 € SB. Welche Beratungsaussage ist richtig?

a) Der Kunde hat sowohl in der Haftpflicht als auch in der Teilkasko umfassenden Versicherungsschutz auf seiner Reise.

b) Im Kosovo hat der Kunde nur Versicherungsschutz in der Teilkasko – seine Haftpflichtversicherung greift nicht, weil das Reiseland nicht zum versicherten Bereich gehört.

c) Im Kosovo hat der Kunde nur Versicherungsschutz in der Haftpflicht – seine Teilkasko greift nicht, weil das Reiseland nicht zum versicherten Bereich gehört.

d) Der Kunde kann eine Erweiterung des Versicherungsschutzes beantragen oder an der kosovarischen Grenze eine kurzfristige Versicherung abschließen. Zudem empfehlen Sie eine Vollkaskoversicherung, da man auf der Reise leicht in einen Unfall geraten kann und die Durchsetzung von Schadenersatzansprüchen schwierig sein kann.

e) Der Kunde genießt unseren Versicherungsschutz, allerdings leisten wir maximal zu den gesetzlichen Mindestdeckungssummen.

V 15 Ordnen Sie die Ziffer der richtigen gesetzlichen Mindestdeckungssumme in Deutschland der Schadenart zu!

a) Personenschäden
b) Sachschäden
c) Vermögensschäden

1. 1.000.000,00 €
2. 50.000,00 €
3. 1.220.000,00 €
4. 750.000,00 €
5. 100.000.000,00 €
6. 7.500.000,00 €

Bearbeiten Sie jetzt die Situationsaufgaben S 1 – S 8

B. Versicherungsschutz in der KH-Versicherung

(elektronische Versicherungsbestätigung, vorläufige Deckung, Widerrufsrecht, Befriedigung berechtigter und Abwehr unberechtigter Ansprüche, versicherte Personen, Umfang des Versicherungsschutzes, Obliegenheiten, Ausschlüsse, Regress – Info: Band 3, C 3.3, C 4)

V 16 Prüfen Sie die Aussagen zur elektronischen Versicherungsbestätigung (eVB). Kennzeichnen Sie zutreffende Aussagen mit (1), falsche mit (9)!

a) Die Abkürzung „eVB" steht für „erste Versicherungsbescheinigung".
b) Die eVB ist notwendig, um ein Neufahrzeug bei der Zulassungsstelle anzumelden.
c) Die eVB besteht aus einer Kombination von Zahlen und Buchstaben und wird dem zukünftigen Versicherungsnehmer als Nachweis der vorläufigen Deckung in der KH-Versicherung ausgehändigt.
d) Die eVB dient immer auch als Nachweis für eine beantragte Kaskoversicherung.
e) Nach einem achtmonatigen Auslandsaufenthalt soll das stillgelegte Fahrzeug auf den gleichen Halter wiederangemeldet werden. Dazu benötigt er keine eVB.
f) Es wird ein Kurzzeitkennzeichen bei der Zulassungsstelle beantragt. Dazu ist eine eVB notwendig.
g) Durch Aushändigung der eVB verpflichtet sich der Kunde innerhalb der nächsten zwei Wochen den Antrag zu stellen.

V 17 Welche Aussage zur vorläufigen Deckung ist richtig?

a) Die vorläufige Deckung umfasst grundsätzlich alle Versicherungssparten.
b) Die vorläufige Deckung ist kein eigenständiger Vertrag.
c) Die vorläufige Deckung endet mit Absenden des Widerrufs.
d) Die Kündigung der vorläufigen Deckung durch den VN wird 2 Wochen nach Zugang der Kündigung beim Versicherer wirksam.
e) Der VN kann die vorläufige Deckung mit sofortiger Wirkung in Textform kündigen. Die vorläufige Deckung endet im Regelfall mit der Einlösung des Versicherungsscheines. Anmerkung: Der Hauptvertrag beginnt mit der Annahmebestätigung, evtl. sogar durch Annahmefiktion.
f) Kommt es zum Hauptvertrag, ist die vorläufige Deckung prämienfrei.

V 18 Welche Aussagen zum Widerrufsrecht sind richtig?

a) Der VN kann bis zu vier Wochen nach Antragsstellung von seinem Widerrufsrecht Gebrauch machen.
b) Zur Ausübung der Frist muss der Widerruf rechtzeitig beim Versicherer eingehen.
c) Das Widerrufsrecht kann in Textform ausgeübt werden.
d) Die Frist zur Ausübung des Widerrufsrechts beginnt mit Zugang der Police und aller weiteren Unterlagen beim VN.
e) Ist ein Versicherungsnehmer unzufrieden mit einer Schadenabwicklung, kann er seinen Vertrag mit einer Frist von zwei Wochen widerrufen und zu einem anderen Versicherer wechseln.
f) Die vorläufige Deckung endet zwei Wochen nach Eingang des Widerrufs beim Versicherer.

Versicherungs- und Finanzprodukte: Kraftfahrtversicherung

V 19 Ihr Versicherungsnehmer erhält alternativ an den nachstehenden Daten die Police und alle weiteren Unterlagen.

Geben Sie das jeweilige konkrete Datum an, bis zu dem er sein Widerrufsrecht ausüben kann!
a) 15.04. d. J.   b) 25.06. d. J.   c) 22.08. d. J.

V 20 Beurteilen Sie, ob in den folgenden Fällen Ansprüche über die KH-Versicherung geltend gemacht werden können. Kennzeichnen Sie zutreffende Aussagen mit (1), nicht zutreffende Aussagen mit (9).

a) Der VN ärgert sich über den Nachbarn und fährt wütend gegen dessen Garagentor.
b) Durch starkes Abbremsen rutscht der Laptop des Beifahrers vom Rücksitz und wird beschädigt.
c) Bei einem Unfall wird die Brille des Beifahrers beschädigt.
d) Situation: Bei einem Unfall mit dem eigenen Fahrzeug erleidet der VN als Beifahrer/in einen Personenschaden.
   d1) Zudem wird die Brille beschädigt.
   d2) Zudem wird das mitgeführte Tablet beschädigt.
   d3) Den seit Langem vereinbarten Geschäftstermin kann der verletzte VN am Abend leider nicht wahrnehmen, so dass er den Auftrag verliert und dadurch Umsatzeinbußen in Höhe von 2.500,00 € hat.
e) Eine Spedition liefert nicht rechtzeitig, so dass dem Auftraggeber ein Vermögensschaden entsteht.

V 21 Welche Rolle spielt die Kfz-Haftpflichtversicherung, wenn ein Versicherungsnehmer unbegründet zu Schadenersatz aufgefordert wird?

a) Der Versicherer begleicht den Schaden und verzichtet auf eine Stufung des Versicherungsnehmers.
b) Die Versicherung lehnt die Regulierung des Schadens ab und stellt die Kosten für ihren Aufwand dem Versicherungsnehmer in Rechnung.
c) Sind Schadenersatzansprüche grundsätzlich oder deren Höhe unbegründet, so wehrt die Kfz-Haftpflichtversicherung diese Ansprüche ab und trägt die dafür anfallenden Kosten.
d) Der Versicherer verlangt ein weiteres Gutachten.
e) Der Versicherer holt beim Ombudsmann eine zweite Meinung ein.

V 22 Welche Aussage ist nicht zutreffend?

a) Der Halter des Fahrzeugs, der als Beifahrer einen Personenschaden erleidet, kann Ansprüche gegenüber seiner Kraftfahrt-Haftpflichtversicherung geltend machen.
b) Verursacht der Dieb mit dem gestohlenen Auto einen Haftpflichtschaden, ist die Halterhaftung ausgeschlossen. Stattdessen haftet in einem solchen Fall der Fahrzeugführer dem Geschädigten für dessen Schaden.
c) Der Halter eines Fahrzeugs kann nicht für einen vom unberechtigten Fahrer (z. B. Dieb) verursachten Kraftfahrt-Haftpflichtschaden zur Verantwortung gezogen werden, wenn der Halter seiner Pkw-Sicherungspflicht nicht nachgekommen ist und z. B. den Autoschlüssel stecken hat lassen.

d) Zu den mitversicherten Personen zählen u. a. der Fahrer, der Halter und Eigentümer sowie die berechtigte Begleitperson im Rahmen des begleitenden Fahrens.
e) Zu den in der KH mitversicherten Personen zählt der Beifahrer, der im Rahmen seines Arbeitsverhältnisses den Fahrer zur Vornahme von Lade- und Hilfsarbeiten begleitet.

V 23 Welches Verhalten stellt keine Obliegenheitsverletzung dar?

a) Verletzung der Anzeigepflicht im Schadenfall
b) Unterlassen der Anzeige einer Gefahrerhöhung
c) Verletzung der vorvertragliche Anzeigepflicht
d) Unfallflucht
e) Verstoß gegen die Schadenminderungspflicht
f) Fahren ohne gültige Fahrerlaubnis
g) Ständiges Fahren ohne Sehhilfe
h) Rauchen während der Fahrt

V 24 Welche der genannten Situationen verstößt nicht gegen Obliegenheiten beim Gebrauch des Fahrzeugs?

a) Ein Privatfahrzeug wird zur gewerblichen Personenbeförderung verwendet.
b) Sie vergessen den austauschbaren Teil des Wechselkennzeichens an das Fahrzeug anzubringen.
c) Bei einer Polizeikontrolle wird der Genuss alkoholischer Mittel festgestellt.
d) Der Fahrer ist nicht im Besitz einer gültigen Fahrerlaubnis.
e) Der vertraglich vereinbarte Fahrerkreis ist auf den Versicherungsnehmer begrenzt. Dieser überlässt einem Nachbarn sein Fahrzeug, um eine Besorgungsfahrt zu erledigen.

V 25 Bei der Schadenbearbeitung stellen Sie eine Obliegenheitsverletzung im Gebrauch des Fahrzeugs durch Ihren Versicherungsnehmer fest. Der gegenüber dem geschädigten Dritten bereits voll beglichene Sachschäden beträgt 15.000,00 €.

Welche Aussage zum Sachverhalt ist richtig?
a) Aufgrund der Obliegenheitsverletzung herrscht Leistungsfreiheit und -kürzung bis zum Betrag von 2.500,00 €, d. h. der Versicherer wird von seinem Versicherungsnehmer maximal diesen Betrag zurückfordern.
b) Aufgrund der Obliegenheitsverletzung herrscht Leistungsfreiheit und -kürzung bis zum Betrag von maximal 5.000,00 €, d. h. der Versicherer wird von seinem Versicherungsnehmer diesen Betrag zurückfordern.
c) Der Versicherer hätte nicht leisten müssen. Der Schädiger muss dann selber für den Schaden aufkommen.
d) Der Versicherer hat im Innenverhältnis seinem VN gegenüber keine Ansprüche. Der Versicherer kann lediglich nach Schadenfall unter Wahrung der Fristen kündigen.
e) Unfallflucht ist eine Obliegenheitsverletzungen beim Gebrauch des Fahrzeugs.

Bearbeiten Sie jetzt die Situationsaufgaben S 9 – S 11

C. Tarifierung in der Kraftfahrtversicherung
(Typklasse, Regionalklasse, Schadenfreiheitsrabatt, Zuschläge und Nachlässe, Prämienberechnung, Nach-/ Rückprämie, Ruheversicherung, Einstufungen/Rückstufungen – Info: Band 3, C 3.1, 3.2)

V 26 Jupp Schmitz, wohnhaft in Köln, möchte seinen Audi B8 A4 Avant 2.0 TDI versichern. Er ist sich noch nicht schlüssig, ob er neben der KH-Versicherung KH) eine Vollkaskoversicherung (VK) oder nur eine Teilkaskoversicherung (TK) beantragen soll.

a) Ermitteln Sie die Typklassen für KH, VK und TK.
b) Ermitteln Sie die Regionalklassen für KH, VK und TK.

V 27 Sie weisen den Kunden darauf hin, dass man der Versicherung von VK und von TK eine Selbstbeteiligung vereinbaren kann.

a) Welche der nachstehenden Selbstbeteiligungen wird von der Proximus Versicherung AG für TK nicht angeboten?
   1. ohne SB
   2. 150,00 €
   3. 300,00 €
   4. 500,00 €

b) Welche Vertragsvarianten kennt der Tarif im Proximus 4 Bedingungswerk nicht?
   1. TK ohne SB, VK 300,00 €
   2. TK ohne SB, VK ohne SB
   3. TK 150,00 €, VK 300,00 €
   4. TK 500,00 €, VK 500,00 €
   5. TK 300,00 €, VK 500,00 €

V 28 Sie berichten dem Kunden, dass der Tarif individuelle Tarifmerkmale kennt, die einen Zuschlag bzw. Nachlass vorsehen. Der Kunde wünscht zur KH-Versicherung eine Teilkaskoversicherung mit 150,00 € Selbstbeteiligung. Er gibt als Fahrzeugalter (FZA) 2 Jahre und als Jahresfahrleistung (JFL) 22.000 km an.

a) Welcher Zuschlag (+) bzw. Nachlass (–) in % wird in der KH-Versicherung berücksichtigt?
b) Welcher Zuschlag (+) bzw. Nachlass (–) in % wird in der Teilkaskoversicherung berücksichtigt?

V 29 Welche der nachstehenden individuellen Tarifmerkmale finden auch für die Versicherung von Krafträdern und Leichtkrafträdern/-rollern Anwendung?

a) Fahrzeugalter
b) Fahrleistung
c) Ein-/Zweifamilienhaus
d) Garagenstellplatz
e) Einzel-/Partnernutzung
f) Familien-Nachlass

V 30 Welche der nachstehenden individuellen Tarifmerkmale finden auch für die Versicherung von Campingfahrzeugen Anwendung?

a) Fahrzeugalter
b) Fahrleistung
c) Ein-/Zweifamilienhaus
d) Garagenstellplatz
e) Einzel-/Partnernachlass
f) Familien-Nachlass

V 31 Ihr VN ersetzt sein versichertes Motorrad durch einen Pkw. Das Motorrad hat in der KH einen SFR von 5 Jahren.

Um wieviel Prozent ändert sich der Prämiensatz, wenn die schadenfreien Jahre für den Pkw übernommen werden?

V 32 Ein Kunde mit der Einstufung SF 17 in KH lässt im aktuellen Versicherungsjahr einen Haftpflichtschaden regulieren. Er zeigt einen zweiten Unfall an, ist aber davon überzeugt, dass ihn keine Schuld trifft. Der Versicherer hat vorsorglich eine Schadenrückstellung gebildet.

In welche SF-Klasse wird der PKW zum nächsten Versicherungsjahr eingestuft?

V 33 Als Mitarbeiter/-in der Kfz-Vertragsabteilung informiert Sie ihr VN, dass seine Frau ihr Fahrzeug verkauft hat und sie nun seinen Pkw mitbenutzen wird. Die Jahresfahrleistung wird daher von 14.000 km auf 24.000 km steigen. Der bereits gewählte Versicherungsschutz KH mit TK/VK 150/300 soll beibehalten werden.

Der VN bittet um Anpassung seines Vertrages. Welche Aussage ist diesbezüglich falsch?

a) Die erhöhte Jahresfahrleistung hat eine Prämienerhöhung in der Haftpflicht von 10 % und in der Vollkasko von 10 % zur Folge.
b) Die Ehefrau wird als weitere Fahrerin eingetragen.
c) Der Vertrag wird auf Partnernachlass umgestellt. Daraus ergibt sich keine Änderung der Prämie.
d) Die 10 schadenfreien Jahre der Ehefrau werden zusätzlich auf den Vertrag des VN gebucht, so dass sich der SFR erhöht und die Prämienrate sinkt.
e) Die Vertragsanpassung wird nach Kundenwunsch durchgeführt. Der VN erhält eine angepasste Prämienabrechnung.

V 34 Ermitteln Sie den fiktiven Neuwert eines 4,5 Jahre alten Campingfahrzeuges, das Ihr Kunde für 20.000,00 € gekauft hat!

Versicherungs- und Finanzprodukte: Kraftfahrtversicherung

V 35 Wie hoch ist die Tarifprämie für das Campingfahrzeug in der KH-Versicherung mit 100 Mio. € Deckung, wenn 5 schadenfreie Jahre berücksichtigt werden können?

Weitere Tarifmerkmale, Zahlungsweiserabatt, Versicherungsteuer sind nicht zu beachten.

V 36 Der Kunde wünscht zur Absicherung seines Campingfahrzeuges eine Teilkaskoversicherung mit 150,00 € Selbstbeteiligung.

Ermitteln Sie die Tarifprämie, wenn der Neuwert des Campingfahrzeuges 38.000,00 € beträgt! Weitere Tarifmerkmale, Zahlungsweiserabatt, Versicherungsteuer sind nicht zu beachten.

V 37 Wie hoch ist die Tarifprämie, wenn sich die Situation dahingehend ändert, dass der Kunde eine Vollkaskoversicherung mit 300,00 € Selbstbeteiligung mit inkludierter Teilkaskoversicherung mit 150,00 € Selbstbeteiligung wünscht und die 5 schadenfreien Jahre berücksichtigt werden?

Weitere Tarifmerkmale, Zahlungsweiserabatt, Versicherungsteuer sind nicht zu beachten.

V 38 Wie hoch ist die Tarifprämie, wenn sich die Situation dahingehend ändert, dass Ihr Kunde eine Vollkasko mit 300,00 € Selbstbeteiligung mit inkludierter Teilkasko ohne Selbstbeteiligung abschließen möchte?

Weitere Tarifmerkmale, Zahlungsweiserabatt, Versicherungsteuer sind nicht zu beachten.

V 39 Der Kfz-Versicherungsvertrag eines Kunden war insgesamt 4 Jahre (davon 2 volle Kalenderjahre) unterbrochen. Der Vertrag wurde vor der Unterbrechung in SF 10 geführt und soll nun wieder in Kraft gesetzt werden.

a) In welche SF-Klasse wird der VN eingestuft, wenn er während der gesamten Zeit durchgängig im Besitz einer gültigen Fahrerlaubnis war?
b) In welche SF-Klasse wird der VN eingestuft, wenn er während der Unterbrechung seines Vertrages wegen Geschwindigkeitsüberschreitung und alkoholisiertem Fahren mit einem anderen Fahrzeug für 7 Monate den Führerschein verloren hat?
c) In welche SF-Klasse wird der VN eingestuft, wenn die Unterbrechung 8 volle Jahre angedauert und der VN während der Unterbrechungszeit im Besitz einer gültigen Fahrerlaubnis war?

V 40 Prüfen Sie, ob und ggf. um welchen Prozentsatz sich die Prämiensätze in der KH-Versicherung (KH) bzw. Vollkaskoversicherung (VK) ändern, wenn der Kunde seine vier schadenfreien Jahre von einem Motorrad auf einen Pkw übertragen möchte?

a) Die Prämiensätze ändern sich nicht.
b) Eine Übertragung von Motorrad auf Pkw ist nicht möglich.
c) Der Prämiensatz beträgt jetzt in KH und in VK jeweils 47 %.
d) Der Prämiensatz beträgt in KH 45 % und in VK 55 %.
e) Die Prämie für das Motorrad bleibt unverändert. Der Pkw wird in SF 0 eingestuft.

V 41 Welche Aussage zur Vertragseinstufung ist falsch?

a) Um bei schadenfreiem Verlauf nicht auf die Höherstufung zu verzichten, darf bei Saisonkennzeichen die Dauer der Ruheversicherung maximal 6 Monate umfassen.
b) Hat der Versicherungsschutz während des gesamten Kalenderjahres ununterbrochen bestanden, wird der Vertrag aus der SF-Klasse M in die SF-Klasse 1 eingestuft.
c) Hat der Versicherungsschutz während des gesamten Kalenderjahres ununterbrochen bestanden, wird der Vertrag aus der SF-Klasse 0 in die SF-Klasse 1 eingestuft.
d) Beginnt ein Vertrag ohne Übernahme eines Schadenverlaufs und kommt eine Sondereinstufung auch nicht in Frage, wird er in die SF-Klasse 0 eingestuft.
e) Maximal kann eine Sondereinstufung in SF 3 erfolgen.

V 42 In welche SF-Klasse stufen Sie die drei nachstehenden Verträge bei schadenfreiem Verlauf im neuen Kalenderjahr ein, wenn alle Verträge am 17.03. d. J. geschlossen wurden und mindestens 6 Monate bestanden haben?

Einstufung im aktuellen Kalenderjahr:
Vertrag 1: SF 0
Vertrag 2: SF ½
Vertrag 3: M

V 43 In welchen der nachstehenden Fälle können Sie die Sondereinstufung in die SF-Klasse ½ anbieten?

a) Diese Sondereinstufung gibt es für Motorräder.
b) Der Kunde hat bereits bei einem Mitbewerber ein Auto mit mindestens SF ½ versichert.
c) Das Ehepaar hat sich einen Zweitwagen zugelegt, der nun versichert werden soll. Das erste Fahrzeug ist mindestens in SF ½ eingestuft.
d) Der Kunde hat bereits bei uns ein Auto mit mindestens SF ½ versichert.
e) Der Kunde beantragt den Vertrag für ein Ausfuhrkennzeichen, da er den Pkw im Ausland verkaufen möchte.
f) Ihr Kunde besitzt seit mindestens drei Jahren einen gültigen und anerkannten Führerschein.
g) Die Eltern des Kunden haben bereits einen Pkw mindestens in SF ½ versichert.

V 44 Welche Aussage zur Ruheversicherung ist falsch?

a) Bei einem Fahrzeug mit Saisonkennzeichen finden außerhalb der Saison die Regelungen der Ruheversicherung Anwendung.
b) Die Ruheversicherung bietet nur eingeschränkten Versicherungsschutz, d. h. es besteht unter bestimmten Voraussetzungen Schutz in der KH-Versicherung und in der TK-Versicherung.
c) Die Ruheversicherung ist prämienfrei.
d) Während der Ruheversicherung ist der VN verpflichtet, das Fahrzeug in einem Einstellraum oder auf einem umfriedeten Abstellplatz dauerhaft abzustellen. Ein Verstoß stellt eine Obliegenheitsverletzung dar.
e) Die Ruheversicherung endet automatisch 12 Monate nach der Außerbetriebsetzung.

V 45 Ihr Kunde hat für das gesamte Versicherungsjahr eine Prämie in Höhe von 880,00 € bezahlt. Zu folgenden Zeitpunkten, wird das Fahrzeug stillgelegt. Ermitteln Sie das Prämienguthaben zum Ende der laufenden Versicherungsperiode (31.12. d. J. 24:00 Uhr)!

a) Die Stilllegung erfolgt am 15.11. d. J.
b) Die Stilllegung erfolgt am 26.09. d. J.
c) Die Stilllegung erfolgt am 13.04. d. J.

V 46 Bei einer Überprüfung der Merkmale zur Prämienberechnung stellt sich heraus, dass der VN keinen Garagenstellplatz besitzt. Dies hat er vorsätzlich so angegeben, um Prämie zu sparen. Der Nachlass wurde seit Versicherungsbeginn vor 5 Jahren berücksichtigt. Welche Aussage trifft zum Sachverhalt zu?

a) Die Falschangabe hat keine Auswirkungen.
b) Es handelt sich um eine Obliegenheitsverletzung im Gebrauch des Fahrzeugs.
c) Der VN muss Prämie seit Versicherungsbeginn, also für die letzten 5 Jahre, nachzahlen.
d) Die Prämie wird zum folgenden Versicherungsjahr angepasst.
e) Die Prämie wird für das laufende Versicherungsjahr unter Beachtung der tatsächlichen Merkmale neu berechnet. Zusätzlich wird eine Vertragsstrafe in Höhe der neuen Jahresprämie erhoben.

Bearbeiten Sie jetzt die Situationsaufgaben S 12 – S 16

D. Fahrzeugversicherung und Autoschutzbrief
(Teilkasko, Vollkasko, Autoschutzbrief – Info: Band 3, C 5, C 6)

V 47 Entscheiden Sie, ob ein in der Teilkaskoversicherung versichertes Ereignis vorliegt. Kennzeichnen Sie zutreffende Aussagen mit (1), nichtzutreffende Aussagen mit (9)!

a) Ein Kabel schmort durch, dadurch kann das Fahrzeug nicht mehr gestartet werden.
b) Zusammenstoß mit einem vom Zoo entlaufenen Zebra.
c) Ein Marder beißt die Achsmanschetten durch.
d) Ein Auto parkt neben einer Fabrik. In dieser entzünden sich giftige Gase, so dass es zu einer Explosion kommt, die auch das geparkte Fahrzeug beschädigt.
e) Das Fahrzeug wird gestohlen.
f) Der Arbeitnehmer hat einen Firmenwagen, den er nicht mehr zurückgibt.
g) Auf der Autobahn wird vom vorderen Pkw ein Stein aufgewirbelt, der den Scheinwerfer zerstört.
h) Die Reifen wurden zerstochen, weitere Schäden sind nicht vorhanden.
i) Aufgrund eines entgegenkommenden Murenabgangs erschrickt ein Fahrer und lenkt sein Fahrzeug gegen eine Felswand, wobei der Kotflügel beschädigt wird.
j) Am Fahrzeug entstehen Schäden durch eine vom Hausdach niedergehende Schneelawine.
k) Einem Reh wird ausgewichen, wobei das Kfz vor einen Baum prallt. Es entsteht ein erheblicher Sachschaden am Fahrzeug.

V 48 Entscheiden Sie, ob ein in der Vollkaskoversicherung versichertes Ereignis vorliegt. Kennzeichnen Sie zutreffende Aussagen mit (1), nichtzutreffende Aussagen mit (9)!

a) Eintritt eines Ereignisses, das in der Teilkaskoversicherung versichert ist.
b) Unfall auf dem eigenen Grundstück.
c) Beim Überfahren einer Bodenwelle verrutscht die Ladung – dies führt zu einer Delle in der Karosse.
d) Beim Durchfahren eines Schlaglochs bricht die Vorderachse.
e) Der Hotelangestellte wird beauftragt das Auto im benachbarten Parkhaus abzustellen und beschädigt auf dieser Fahrt bewusst den Pkw, weil er über das zu geringe Trinkgeld verärgert ist.
f) Unbekannte zerkratzen in der Nacht den Lack.

V 49 Wer ist im Rahmen des Autoschutzbriefes nicht versichert?

a) Der berechtigte Fahrer des Fahrzeugs.
b) Die Ehefrau des Versicherungsnehmers als Beifahrerin.
c) Der Dieb als Fahrer des Fahrzeugs.
d) Die Kinder des Versicherungsnehmers auf dem Rücksitz des Pkw.
e) Der befreundete Nachbar des Versicherungsnehmers als Beifahrer.
f) Bello, der Familienhund.

Versicherungs- und Finanzprodukte: Kraftfahrtversicherung

> **V 50** Prüfen Sie die Aussagen zum Autoschutzbrief unter der Annahme, dass das Fahrzeug nicht am nächsten Tag wieder fahrbereit ist. Kennzeichnen Sie zutreffende Aussagen mit (1), nichtzutreffende Aussagen mit (9)!

a) Die Jahresprämie beträgt 12,30 €.

b) Der Autoschutzbrief kann nicht als eigenständiger Vertrag sondern kann nur in Verbindung mit der KH-Versicherung mit 100 Mio. € Deckung abgeschlossen werden.

c) Es besteht subsidiäre Leistungspflicht.

d) Bei Panne oder Unfall sind die Kosten für die Wiederherstellung der Fahrbereitschaft bis 100,00 €, Abschleppkosten bis 150,00 € oder Bergungskosten versichert.

e) Die Kosten für das Entfernen von falsch getanktem Kraftstoff sind bis zu 500,00 € versichert.

f) Bei einer Panne ab 50 km Entfernung vom ständigen Wohnsitz, werden die Kosten für drei Übernachtungen bis höchstens 60,00 € je Nacht und Person sowie die Kosten für die Weiter- oder Rückfahrt mit der Bahn erstattet.

g) Bei einem Unfall in Deutschland werden zusätzlich zur Übernachtung die Kosten für einen Mietwagen für höchstens 7 Tage zu je 50,00 € erstattet.

h) Der Autoschutzbrief enthält keine reisebezogenen Leistungen, wie z. B. Krankenrücktransport im Krankheitsfall.

i) Telefonkosten aus dem Ausland für die Korrespondenz mit der Proximus Versicherung werden bis 30,00 € erstattet.

j) Die Kosten für den Versand eines Ersatzteils an den ausländischen Schadenort deckt der Autoschutzbrief bis zu 100,00 €.

k) Der VN stirbt bei einem Unfall auf einer Reise. Sein Auto wird danach an seinen Wohnsitz gebracht. Der Autoschutzbrief übernimmt hierfür alle anfallenden Kosten.

Bearbeiten Sie jetzt die Situationsaufgaben S 17 – S 20

E. Vertragsbeendigung und Veräußerung
(Ordentliche und außerordentliche Kündigung, Veräußerung des Fahrzeugs – Info: Band 3, C 3.4, C 3.5)

V 51 Entscheiden Sie zu den folgenden Fällen, ob sie zu einer Vertragsbeendigung führen. Kennzeichnen Sie zutreffende Aussagen mit (1), nichtzutreffende Aussagen mit (9)!

a) Fristgerechte Kündigung zum Ablauf des Versicherungsjahres.
b) Ablauf des Versicherungszeitraumes eines Versicherungskennzeichens.
c) Außerbetriebsetzung des Fahrzeuges für die Dauer eines 7-monatigen Auslandsaufenthaltes.
d) Fristgerechte Kündigung der vorläufigen Deckungszusage.
e) Ablauf der Saisonzeit gemäß Saisonkennzeichen für ein Cabrio.
f) Kündigung bei Prämienerhöhung innerhalb eines Monats nach Zugang dieser Mitteilung.
g) Auflösung des Versicherungsschutzes aufgrund von Schadenhäufigkeit durch den Versicherer.
h) Ausschließlich die Prämie des Autoschutzbriefes erhöht sich. Deshalb möchte der Versicherungsnehmer aufgrund Prämienerhöhung den kompletten Kfz-Versicherungsvertrag kündigen.
i) Aufgrund eines Totalschadens wird das Fahrzeug verschrottet.
j) Der Versicherungsnehmer ist mit der Betreuung unzufrieden und möchte sofort das günstigere Angebot der Konkurrenz annehmen.
k) Für jede Kündigung ist Schriftform vorgeschrieben.

V 52 Kennzeichnen Sie die folgenden Sachverhalte mit

1. wenn sowohl dem Versicherer als auch dem VN ein Kündigungsrecht zusteht,
2. wenn nur dem VN ein Kündigungsrecht zusteht,
3. wenn nur dem Versicherer ein Kündigungsrecht zusteht,
4. wenn hierfür kein Kündigungsrecht vorgesehen ist!

Sachverhalte:
a) Nichtzahlung der Folgeprämie
b) Prämienerhöhung
c) ordentliche Kündigung
d) Schadenfall
e) Obliegenheitsverletzung
f) Zwangsversteigerung des Fahrzeugs
g) Unzufriedenheit des VN

V 53 Eine Kfz-Versicherung ist mit einer Laufzeit von einem Jahr und automatischer Verlängerung abgeschlossen worden. Wann ist eine ordentliche Kündigung durch den VN möglich?

a) Zum Ende des laufenden Versicherungsjahres mit einer Kündigungsfrist von vier Wochen vor Ablauf.
b) Zum Ende des laufenden Versicherungsjahres mit einer Frist von mindestens drei Monaten.
c) Zum Ende des laufenden Versicherungsjahres mit Zugang der Kündigung spätestens einen Monat vor Ablauf.
d) Jederzeit, jedoch unter Einhaltung einer dreimonatigen Kündigungsfrist.
e) Jeweils sechs Wochen vor Quartalsende.

Versicherungs- und Finanzprodukte: Kraftfahrtversicherung

V 54 Welche Aussage hinsichtlich einer Veräußerung des Fahrzeuges ist falsch?

a) Die Versicherung geht auf den Erwerber über, wenn das Fahrzeug angemeldet dem Erwerber übergeben wird. Um etwaige Konflikte zu verhindern, empfiehlt es sich den Übergabezeitpunkt im schriftlichen Kaufvertrag zu fixieren.

b) Als Verkäufer sind Sie verpflichtet unverzüglich den Versicherer über den Verkauf zu informieren.

c) Wenn der Verkäufer innerhalb von 6 Monaten ein anderes Fahrzeug versichert und Fahrzeugart und Verwendungszweck gleich sind, werden bei nicht rechtzeitiger Zahlung der Erstprämie die für den Versicherungsnehmer günstigeren Regelungen zur Folgeprämie angewendet.

d) Der Abschluss einer neuen Versicherung durch den Erwerber gilt in der Praxis als Kündigung der alten Versicherung.

e) Da die Versicherung auf den Erwerber über geht, hat der Versicherer keine Möglichkeit einen Ablehnungsgrund für den Kontrahierungszwang wirksam vorzubringen.

f) Erwerber und Veräußerer haften nach der Veräußerung gesamtschuldnerisch für die Prämie der laufenden Zahlungsperiode.

V 55 Welche Aussage ist richtig?

a) Wird ein Fahrzeug verschrottet, steht dem Versicherer die Prämie für die laufende Zahlungsperiode zu, schließlich muss er sich auf die ordnungsgemäße Vertragserfüllung verlassen können.

b) Schafft sich der VN innerhalb von 6 Monaten nach Risikowegfall wieder ein Ersatzfahrzeug an und sind Fahrzeugart und Verwendungszweck gleich, dann werden bei nicht rechtzeitiger Zahlung der Erstprämie, die für den VN günstigeren Regelungen zur Folgeprämie angewendet.

c) Bei Verschrottung informiert das Entsorgungsunternehmen den Versicherer darüber.

d) Bei einem Wagniswegfall geht der Versicherungsvertrag noch 18 Monate lang in die Ruheversicherung über.

e) Zum Wagniswegfall zählen auch der Verkauf und das Stilllegen eines Fahrzeuges.

V 56 Welche Aussage zum Zahlungsverzug ist falsch?

a) Schafft sich der VN innerhalb von 6 Monaten nach Risikowegfall wieder ein Ersatzfahrzeug an und sind Fahrzeugart und Verwendungszweck gleich, dann werden bei nicht rechtzeitiger Zahlung der Erstprämie, die für den VN günstigeren Regelungen zur Folgeprämie angewendet.

b) Eine qualifizierte Mahnung gem. § 38 VVG wird mit Zugang beim VN wirksam.

c) Hat der VN die nicht rechtzeitige Zahlung zu vertreten und zahlt der VN innerhalb eines Monats nach Zugang der Kündigung die Prämie, genießt der VN rückwirkend vollen Versicherungsschutz.

d) Tritt der Versicherer vom Vertrag wegen Nichtzahlung vom Vertrag zurück, kann der Versicherer eine Geschäftsgebühr verlangen, die maximal 40 % der Jahresprämie umfasst.

e) Der VN gerät in Zahlungsverzug, wenn die Prämie nicht binnen 14 Tagen nach Zugang des Versicherungsscheines gezahlt wird.

Bearbeiten Sie jetzt die Situationsaufgaben S 21 – S 26

Situationsaufgaben (S)

Zu S 1 – S 8: siehe Vorübungen V 1 – V 15

S 1 Sie arbeiten in der Antragsabteilung der Kraftfahrtversicherung und erhalten folgende Telefonnotiz mit der Bitte um Beantwortung:

> **Bitte um Rückruf**
> Name: Martin Köhler
> Wohnort: Emspromenade 4, 48231 Warendorf
> Telefon: 0177 5067478
>
> Betreff:
> Herr Köhler möchte den alten Wagen seines Vaters auf sich zulassen. Wegen des hohen Fahrzeugalters ist er sich sicher, keine Fahrzeugversicherung abschließen zu wollen. Er würde es zudem bevorzugen für entstandene Schäden an Dritten selbst aufzukommen, hat aber gehört, dass eine Kraftfahrzeug-Haftpflichtversicherung zwingend vorgeschrieben ist. Dazu möchte er folgende Fragen beantwortet haben:
> – Worin liegt der Sinn einer solchen Pflichtversicherung?
> – Wen trifft die Versicherungspflicht?
> – Welche Produkte werden angeboten bzw. sind empfehlenswert?

Notieren Sie in Stichworten die Inhalte, die Sie in Ihrem Telefonat anführen!

S 2 Sie arbeiten in der Agenturbetreuung einer großen Versicherung und haben folgende Anfrage eines Außendienstmitarbeiters erhalten:

Ein potentieller Kunde wünscht den Abschluss einer Fahrzeugvollversicherung (TK 150,00 €, VK 500,00 € SB) und einer Kraftfahrzeug-Haftpflichtversicherung mit 100 Mio.-€-Deckung. Der bereits gekaufte Golf VII des Kunden steht noch beim Händler und soll in den nächsten Tagen zugelassen werden. Der Kunde wünscht daher eine eVB. Im Zuge der Antragsaufnahme wurde eine SCHUFA-Auskunft eingeholt. Aus dieser geht hervor, dass der Neukunde vor kurzem eine Eidesstattliche Versicherung abgegeben hat und seine Zahlungsunfähigkeit eingeräumt hat. Der Außendienstmitarbeiter möchte nun wissen, ob er die Ausgabe einer eVB und die Antragsaufnahme verweigern kann oder ob der Kunde einen Rechtsanspruch darauf hat.

Beraten Sie den Außendienstmitarbeiter auf Basis der geltenden Rechtslage!

S 3 Sie sind Auszubildende/r zur/m Kauffrau/-mann für Versicherungen und Finanzen und erhalten am 27. Juni folgenden Sachverhalt zur Erledigung übertragen:

Der 45-jährige Michael Karl hat am 12. April eine eVB erhalten und damit am 3. Mai seinen Toyota Yaris in Magdeburg zugelassen. Trotz mehrfacher Aufforderungen erschien Herr Karl nicht in der zuständigen Agentur zur Aufnahme des Antrags. Am 15. Juni konnte endlich der Antrag aufgenommen und an die Direktion weitergeleitet werden. Dort stellt man fest, dass Herr Karl bereits vor vier Jahren wegen mehreren Schäden gekündigt wurde. Ihr Abteilungsleiter bittet Sie ihm vorzutragen, welche notwendigen Schritte jetzt eingeleitet werden können.

Erläutern Sie Ihrem Abteilungsleiter die Rechtslage!

Versicherungs- und Finanzprodukte: Kraftfahrtversicherung

S 4 Sie arbeiten im Antragswesen der Kraftfahrtversicherung einer großen Versicherung und erhalten das nachstehende Schreiben zur Bearbeitung vorgelegt:

Julia Maurer
Schulstraße 11
06369 Großbadegast

Großbadegast, 14. Nov. d. J.

Proximus-Allgemeine Versicherung AG
Lincolnstraße 61
81547 München

Versicherung eines neu erworbenen Autos

Sehr geehrte Damen und Herren,

über eine Kleinanzeige habe ich ein Schnäppchen gemacht! Für nur 15.000,00 € habe ich einen drei Jahre alten VW Golf mit 30.000 km Laufleistung erworben. Leider ist das Fahrzeug nicht mehr angemeldet und steht ca. 450 km entfernt in Freising. Die Zulassungsbescheinigungen erhalte ich vor Ort in Freising.

Gerne würde ich mit der Bahn nach Freising fahren und dann mit meinem neuen Golf zurück fahren. Können Sie mich beraten, ob das möglich ist?

Mit freundlichen Grüßen

Julia Maurer

Beraten Sie Frau Maurer!

S 5 Sie arbeiten in der Agentur Schneider und erhalten folgende Telefonnotiz Ihres Kunden Herrn Retzmann mit der Bitte um Beantwortung:

Bitte um Rückruf

Name: Jonathan Retzmann
Wohnort: Maistraße 20, 63110 Frankfurt
Telefon: 0151 1443985

Betreff:

Herr Retzmann möchte mit drei Freunden eine einmonatige Rundreise durch Europa unternehmen. Er fragt, ob seine Freunde bei der langen Strecke auch versichert sind und ob er für die Fahrt nach Spanien, Portugal und Frankreich zwingend eine Grüne Karte benötigt.

Beraten Sie Herrn Retzmann in dieser Angelegenheit!

S 6 Sie arbeiten in einem Call-Center zur Beratung von Kraftfahrtversicherungen. Ein potentieller Neukunde hat folgende Fragestellung:

„Gemeinsam mit meiner Frau möchte ich mir ein 5 Jahre altes Wohnmobil kaufen und dieses im Frühjahr und Sommer benutzen. Können Sie mich bitte beraten, wie ich das Fahrzeug versichern sollte!"

Beraten Sie den Neukunden!

S 7 Als Mitarbeiter/-in der Schadenabteilung Kraftfahrtversicherungen erhalten Sie folgenden Anruf von Herrn Werner:

„... über den Zentralruf der Deutschen Autoversicherer habe ich herausgefunden, dass Frau Janna Remmen bei Ihnen ihr Auto, einen Mini Cooper, haftpflichtversichert hat. Zwischen mir und Frau Remmen ist es letzte Woche zu einem Auffahrunfall gekommen, den Frau Remmen verursacht hat. Dies bestätigt auch der Unfallbericht der herbeigerufenen Polizei. Frau Remmen hat sich jedoch geweigert, mir ihre Versicherungsdaten zu nennen und möchte für den Schaden demnächst selber aufkommen. Darauf möchte ich mich aber nicht einlassen und möchte den Schaden am liebsten über Sie regulieren lassen ..."

Hinweis: Die von Herrn Werner gemachten Angaben stellen sich als richtig heraus.

Erläutern Sie Herrn Werner die Rechtslage und welche Folgen dies für den Versicherungsvertrag von Frau Remmen hat

S 8 Als Mitarbeiter/-in der Agentur Winkler erhalten Sie folgende Telefonnotiz:

Bitte um Rückruf

Name: Kathrin Hecht
Wohnort: Bärenteichpromenade 9, 06369 Köthen
Telefon: 0151 3019755

Betreff: Reise mit dem Wohnmobil

Frau Hecht möchte mit ihrem Wohnmobil über Frankreich nach Südspanien fahren und von dort die Fähre Richtung Marokko nehmen. Nach einer Rundreise durch Marokko soll es auf gleichem Weg zurückgehen.

Sie fragt, inwiefern Sie auf der genannten Route Versicherungsschutz hat und welche Versicherungsunterlagen sie im Idealfall dabei haben sollte.

Für das Wohnmobil von Frau Hecht liegt eine Kraftfahrt-Haftpflichtversicherung mit 100-Mio.-€-Deckung sowie eine Teilkasko mit 150,00 € Selbstbeteiligung vor. Die Prämien sind laufend gezahlt.

Beraten Sie Frau Hecht über den Versicherungsschutz in den genannten Ländern und mitzuführende Unterlagen!

Versicherungs- und Finanzprodukte: Kraftfahrtversicherung

> Zu S 9 – S 11: siehe Vorübungen V 16 – V 25

S 9 Als Mitarbeiter/-in der Leistungsabteilung Kraftfahrtversicherung erhalten Sie folgende E-Mail:

Absender: gower@homenet.de
Datum/Uhrzeit: 12. Oktober d. J.; 7:35 Uhr
Empfänger: kh-schaden@proximus.de
Betreff: Unfall mit Ihrem Kunden

Sehr geehrte Damen und Herren,

am 9. Oktober hat ihr Kunde Lutz Look einen Schaden an meinem Pkw verursacht. Er bog von der Seidlstraße in die Luisenstraße ab und nahm mir dabei die Vorfahrt. Mein rechter Kotflügel muss ausgetauscht werden, die Beifahrertür ausgebeult und lackiert werden. Der Schaden beläuft sich auf etwa 3.800,00 €.

Bitte senden Sie mir ein Schadenformular zu, um eine zügige Regulierung zu ermöglichen.

Mit freundlichen Grüßen

Gower

Die nachstehenden Daten zu Ihrem Versicherungsnehmer Lutz Look liegen Ihnen vor. Erläutern Sie kurz die wesentlichen Inhalte Ihrer Antwort an Herrn Gower!

	Name	Vorname	Geburtsdatum	Beruf	A = angestellt S = selbstständig B = öffentlicher Dienst
Versicherungsnehmer	Lutz	Look	31.05.1961	Maurer	A
Halter	dto.				
Anschrift	Warendorfer Str. 44, 48145 Münster					
Versicherungsnachweis:					
Versicherungsschein-Nummer	23 129 IK 16				
Bedingungen	AKB 2015				
Beginn	01.01.2015				
Zahlungsweise	jährlich				
Prämienrate (inkl. VSt)	1.233,87 €				
Vermerke	Vertrag aufgehoben zum 04. September d. J., Anzeige an die Zulassungsstelle am 6. September d. J.				

S 10 Ein Dieb, der zudem keinen Führerschein besitzt, verursacht auf seiner Flucht mit dem gestohlenen Fahrzeug einen Unfall. Dabei werden Passanten und parkende Autos beschädigt.

Wie ist die Leistungspflicht in der Kfz-Haftpflichtversicherung geregelt?

S 11 Als Mitarbeiter/-in der Leistungsabteilung Kraftfahrt erhalten Sie am 10. Februar d. J. folgenden Anruf von Herrn Schwartz:

„Mir ist gestern beim Ausparken leider ein kleines Missgeschick geschehen und ich habe den Wagen meines Nachbarn leicht beschädigt. Wie Sie wissen, hatte ich ja in letzter Zeit leichte Zahlungsschwierigkeiten, werde aber die fällige Prämie noch heute überweisen. Der Schaden ist ja versichert, da man einen Monat Zeit hat um den Vertrag wieder aufleben zu lassen. Seien Sie bitte so nett und regulieren Sie schnell den Schaden. Ich möchte das Verhältnis zu meinem Nachbarn nicht belasten."

Folgender Vertragsspiegel liegt Ihnen vor:

		Name	Vorname	Geburtsdatum	Beruf	A = angestellt S = selbstständig B = öffentlicher Dienst
Versicherungsnehmer		Schwartz	Julian	23.01.1980	Installateur	A
Halter		dto.				
Anschrift		Sedanstr. 42, 42281 Wuppertal				
Versicherungsnachweis:						
Versicherungsschein-Nummer		21 354 IK 16				
Bedingungen		AKB 2015				
Beginn		01.01.2015				
Zahlungsweise		Jährlich				
Prämienrate (inkl. VersSt)		1.233,87 €				
Fälligkeit						
Prämienkonto		Abgerechnet				
Kfz-Kennzeichen		W-SG 21				
Deckungssumme Haftpflicht		100 Mio. €				
SB in Vollkasko/Teilkasko		500,00 €/150,00 €				
Schadenfreiheits- klasse	Haftpflicht	11				
	Kasko	11				
Fahrzeugdaten	Art		Pkw			
	KW/PS		77/105			
	Typklasse	Haftpflicht	15			
		Vollkasko	18			
		Teilkasko				
	Regional- klasse	Haftpflicht	3			
		Vollkasko	5			
		Teilkasko				
Rabatte/Zuschläge		Garage, Partner, 12.000 – 15.000 km				
Prämiensatz	Haftpflicht (%)	38				
	Kasko (%)	38				
Prämie	Haftpflicht	623,10 €				
	Kasko	610,77 €				
Vermerke		16.01: Versand Mahnung nach § 38 VVG mit verbundener Kündigung 04.02: Meldung bei der Zulassungsstelle				

Erläutern Sie die Rechtslage!

> Zu S 12 – S 16: siehe Vorübungen V 26 – V 46

S 12 Als Mitarbeiter/-in der Generalagentur Henkel der Proximus Versicherungs AG erreicht Sie folgende E-Mail:

Absender: franziska.müller@online.de
Datum/Uhrzeit: 10. November d. J.; 23:09 Uhr
Empfänger: info@henkel.de
Betreff: Versicherung meines ersten Autos

Sehr geehrte Damen und Herren,

zu meinem bestandenem Studium hat mir meine Oma einen neuen VW Polo geschenkt. Ich habe mich natürlich riesig gefreut und möchte ihn so schnell wie möglich zulassen. Da ich als Berufseinsteiger noch kein hohes Gehalt beziehe, bin ich darum bemüht die Kosten für die Versicherung so gering wie möglich zu halten. Bitte beraten Sie mich, wie ich mein Auto möglichst günstig bei Ihnen versichern kann. Leider hatte ich noch nie ein Auto versichert und kenne mich daher nicht so gut aus.

Mit freundlichen Grüßen

Franziska Müller

Notieren Sie die wesentlichen Inhalte Ihrer Antwort an Frau Müller!

S 13 Sie sind Mitarbeiter/-in in der Antragsabteilung der Kraftfahrtversicherung der Proximus Versicherung AG. Herr Westhaus (32 Jahre) teilt Ihnen telefonisch mit, dass er sich in den nächsten Tagen einen neuen Pkw kaufen wird.

Es handelt sich um einen Audi A4 Avant Allroad 2.0 TDI (HSN 0588/TSN AYK), Neuwagen. Er möchte nun von Ihnen die Prämie für sein neues Fahrzeug berechnen lassen. Herr Westhaus wohnt in der Hamburger Innenstadt (amtl. Kennzeichen HH-W9966). Er ist kaufmännischer Angestellter und wird im Jahr etwa 17.000 km fahren. Bei der Vertragseinstufung ist die Schadenfreiheitsklasse 13 zu berücksichtigen.

Herr Westhaus gibt Ihnen zusätzlich noch die Information, dass ausschließlich er und seine Ehefrau (29 Jahre) das Fahrzeug nutzen. Sie haben eine Eigentumswohnung und das Fahrzeug wird nachts in der Tiefgarage untergebracht. Weitere individuelle Tarifmerkmale sind nicht zu berücksichtigen. Herr Westhaus möchte sein Fahrzeug in der Kfz-Haftpflichtversicherung mit 100 Mio. € Deckung und Autoschutzbrief, sowie mit Vollkasko und Teilkasko mit je 1.000,00 € SB versichern.

Berechnen Sie die Prämie bei jährlicher Zahlung für das Fahrzeug! Geben Sie den Rechenweg an!

GFK 3 (7)   Versicherungs- und Finanzprodukte: Kraftfahrtversicherung

S 14 Sie sind Mitarbeiter/-in der Antragsabteilung der Kraftfahrtversicherung der Proximus Versicherung AG. Zum Antrag des Herrn Oberholzer mit Versicherungsbeginn am 6. Juli 2019 liegt Ihnen eine Schadenfreiheitsrabatt-Bescheinigung eines italienischen Versicherers vor. Aus der Übersetzung entnehmen Sie folgenden Inhalt:

Versicherungsbeginn:	01.01.2013
Versicherungsende:	31.08.2016
Versichertes Fahrzeug:	Pkw
Anzahl der Schäden:	1 in 2014
Unterbrechungen:	–

Darüber hinaus liegt eine Wechselbescheinigung von der Assekurranca-Versicherungs AG mit folgendem Inhalt vor:

Versicherungsbeginn:	17.04.2006
Versicherungsende:	31.12.2012
Anzahl der Schäden:	–
Unterbrechungen:	–

Nach dem Versicherungsende bei dem italienischen Versicherer hatte Herr Oberholzer zeitweise kein Auto mehr. Weiterhin liegt Ihnen eine Kopie des gültigen Führerscheines mit Ausstellungsdatum 12.02.2005 vor.

Welche Einstufung des Vertrages nehmen Sie für KH und VK zum Vertragsbeginn vor? Stellen Sie Ihren Lösungsweg dar!

S 15 Sie sind Mitarbeiter/-in der Generalagentur Henkel und betreuen dort Privatkunden. In diesem Zusammenhang erhalten Sie folgendes Schreiben:

Absender: martin.rieger@homenet.de
Datum/Uhrzeit: 03. August d. J.; 19:10 Uhr
Empfänger: info@henkel.de
Betreff: Übernahme der Versicherung meines Vaters

Sehr geehrte Damen und Herren,

in den vergangenen Jahren habe ich regelmäßig Erledigungen mit dem Wagen meines Vaters vorgenommen. Aufgrund seiner Herzerkrankung war dieser in den letzten Jahren nicht mehr in der Lage das Auto zu nutzen. Mein Vater ist letzte Woche aus unserer gemeinsamen Wohnung in ein Altersheim gezogen.

Mein Vater will mir sein altes Auto schenken, die Kfz-Versicherung möchte er aber nicht länger über sich laufen lassen.

Ist es möglich, dass ich mir seinen SF-Rabatt übertragen lasse?

Mit freundlichen Grüßen

Martin Rieger

Prüfen Sie inwiefern eine SF-Übertragung in diesem Fall möglich ist und welche Unterlagen benötigt werden!

Versicherungs- und Finanzprodukte: Kraftfahrtversicherung

S 16 Sie arbeiten im Antragswesen der Kraftfahrtversicherung einer großen Versicherung und erhalten das nachstehende Schreiben zur Bearbeitung vorgelegt:

Sven Hein
Schinkenstr. 66
06449 Aschersleben

Aschersleben, 3. November d. J.

Proximus Versicherung AG
Lincolnstraße 61
81547 München

Versicherung eines Autos für meinen Sohn

Sehr geehrte Damen und Herren,

zum Abschluss seines Studiums möchte ich meinem 24-jährigen Sohn Oliver Rocco einen Hyundai i20 schenken. Da es sich um einen Neuwagen handelt, soll dieser neben der Haftpflichtversicherung auch Vollkasko versichert sein.

Bekommt mein Sohn eine bessere SF-Einstufung, da ich schon bei Ihnen versichert bin?

Mit freundlichen Grüßen

Sven Hein

Folgender Vertragsauszug liegt Ihnen vor:

	Name	Vorname	Geburtsdatum	Beruf	A = angestellt S = selbstständig B = öffentlicher Dienst
Versicherungsnehmer	Hein	Sven	27.01.1979	Bankkaufmann	A
Halter	dto.				
Anschrift	Schinkenstr. 66, 06449 Aschersleben				
Versicherungsnachweis:					
Versicherungsschein-Nummer	30 653 AZ 03				
Bedingungen	AKB 2015				
Beginn	23.09.2015				
Zahlungsweise	Jährlich				
Prämienrate (inkl. VersSt)	489,30 €				
Fälligkeit					
Prämienkonto	Ausgeglichen				
Kfz-Kennzeichen	ASL-JS 2011				
Deckungssumme Haftpflicht	100 Mio. €				
SB in Vollkasko/Teilkasko					
Schadenfreiheits-klasse	Haftpflicht	15			
	Kasko	15			
Rabatte/Zuschläge	Garage, Eigentumswohnung				
Prämiensatz	Haftpflicht (%)	34			
	Kasko (%)	34			
Prämie	Haftpflicht	279,20 €			
	Kasko	210,15 €			

Beraten Sie Herrn Hein, indem Sie ihm zeigen, wie die günstigste SF-Einstufung möglich ist!

GFK 3 (7)   Versicherungs- und Finanzprodukte: Kraftfahrtversicherung

| Zu S 17 – S 20: siehe Vorübungen V 47 – V 50 |

S 17   Ihnen liegt folgende Schadenmeldung Ihres Versicherungsnehmers, Herrn Gruber, vor:

„Auf unserer Urlaubsreise nach Italien, zusammen mit unseren befreundeten Nachbarn der Familie Meier, waren wir auf dem Weg zum Gardasee. Unser Gepäck hatten wir dazu auf dem Dachträger meines Fahrzeuges montiert. Bei der Einfahrt in die Garage unseres Hotels unterschätzte ich die Einfahrthöhe, so dass der Dachträger an der Decke hängen blieb.

Folgende Schäden sind festzustellen:
- Das Surfbrett im Wert von 499,00 € des Nachbarn (Totalschaden)
- Mein Klapprad im Wert von 249,00 € (Totalschaden)
- Beschädigungen an meinem Fahrzeug (Beulen und Lackschäden am Dach), Reparaturkosten der Werkstatt ca. 2.500,00 €
- Dachgepäckträger im Wert von 850,00 € (Totalschaden)
- Schäden an der Garagendecke ca. 1.500,00 €."

Erläutern Sie detailliert, wie Sie die Schäden regulieren! Herr Gruber hat bei Ihnen eine Haftpflicht- sowie Teil-/Vollkasko abgeschlossen. Das Prämienkonto ist ausgeglichen.

S 18   Ihr Versicherungsnehmer ist mit seiner Ehefrau und Tochter mit dem Auto nach Italien unterwegs. Aufgrund eines plötzlichen Wintereinbruchs verursacht er in Österreich einen Unfall. Glücklicherweise bleiben alle Insassen unverletzt und auch Dritte kommen nicht zu Schaden. Das Fahrzeug kracht aber gegen die Leitplanke, der rechte Vorderreifen ist geplatzt und die Stoßstange ist aus der Verankerung gerissen worden.

Ein Abschleppservice bringt das beschädigte Fahrzeug in eine Werkstatt und verlangt dafür 180,00 €. Die Werkstatt benötigt zwei Tage, um das Fahrzeug zu reparieren, da die Stoßstange nicht vorrätig ist. Für das Ersatzteil stellt die Werkstatt eine Rechnung über 1.236,00 €, hinzukommen noch die Versandkosten in Höhe von 124,00 €. Die Familie fährt von der Werkstatt mit dem Taxi zu einem nahegelegenen 4-Sterne-Hotel, wo sie die nächsten zwei Nächte bis das Fahrzeug repariert ist, verbringen. Das Taxi kostet 15,00 €. Die Übernachtungskosten belaufen sich auf 65,00 € für die Erwachsenen und 30,00 € für das Kind, jeweils pro Nacht. Um bis zur Wiederherstellung der Fahrbereitschaft mobil zu sein, mietet sich die Familie ein Fahrzeug bei einer örtlichen Autovermietung. Der Mittelklassewagen kostet für die beiden Tage insgesamt 110,00 €.

Prüfen und begründen Sie, welche Leistungen die Familie aus dem abgeschlossenen Autoschutzbrief in Anspruch nehmen kann!

S 19   Sie sind Mitarbeiter/-in der Maklerbetreuung eines großen Versicherungsunternehmens. Am 3. September d. J. ruft Sie der Makler Arndt Herring an und bittet Sie um eine erste Einschätzung des folgenden Sachverhalts.

„Herr Wolf hat vorgestern einen Antrag auf Krafthaftpflicht-Versicherung mit 100-Mio.-€-Deckung inklusive Autoschutzbrief und Vollkasko (SB 1000,00 € in VK und TK) beantragt. Der Antrag müsste Ihnen heute postalisch zugehen. Mit der von mir ausgehändigten eVB hat der Kunde seinen Wagen (BMW 330 d, Kaufpreis 42.000,00 €) noch am gleichen Tag zugelassen. Soeben ruft mich der Kunde an und teilt mir mit, dass er bei nasser Fahrbahn von der Straße abgekommen ist und gegen einen Baum gefahren ist. Der Wagen hat wohl einen Totalschaden erlitten. Wie können wir jetzt kundenorientiert handeln?"

Bei einem Blick in Ihren Posteingang stellen Sie fest, dass der Antrag noch nicht eingegangen ist. Informieren Sie Herrn Herring über die Rechtslage!

Versicherungs- und Finanzprodukte: Kraftfahrtversicherung

S 20 Als Mitarbeiter/-in der Kraftschaden-Abteilung erhalten Sie folgende Anfrage:

Absender: heinatz-g@homenet.de
Datum/Uhrzeit: 12. Oktober d. J.; 7:35 Uhr
Empfänger: kh-schaden@proximus.de
Betreff: Unfall mit Ihrem Kunden
Guten Morgen!

Gestern Nacht ist ein Autofahrer durch unsere kleine Anliegerstraße gefahren und hat wohl die Kontrolle über sein Fahrzeug verloren. Er fuhr in unsere Einfahrt und beschädigte dort unser geparktes Auto (Sachschaden 1.800,00 €) und unser Gartentor (Sachschaden 1.700,00 €). Zu allem Überfluss ist der Fahrer dann auch noch unerkannt geflohen. Da ich jahrelang alle Prämien geleistet habe, gehe ich davon aus, dass zumindest der Schaden am Pkw, im Idealfall auch der Schaden am Gartentor übernommen wird.

Bitte setzen Sie sich zeitnah mit mir in Verbindung!

Mit freundlichen Grüßen

Heinatz

Folgender Vertragsspiegel liegt Ihnen vor:

		Name	Vorname	Geburtsdatum	Beruf	A = angestellt S = selbstständig B = öffentlicher Dienst
Versicherungsnehmer		Heinatz	Gerd	16.05.1955	Disponent	A
Halter		dto.				
Anschrift		Dünenweg. 3, 21033 Hamburg				
Versicherungsnachweis						
Versicherungsschein-Nummer		03 897 IK 12				
Bedingungen		AKB 2015				
Beginn		01.06.2016				
Zahlungsweise		Jährlich				
Prämienrate (inkl. VersSt)		311,20 €				
Fälligkeit						
Prämienkonto		Ausgeglichen				
Kfz-Kennzeichen		HH-GD 55				
Deckungssumme Haftpflicht		100 Mio. €				
SB in Vollkasko/Teilkasko						
Schadenfreiheits-klasse	Haftpflicht	27				
	Kasko					
Rabatte/Zuschläge		Garage, Eigentumswohnung				
Prämiensatz	Haftpflicht (%)	26				
	Kasko (%)					
Prämie	Haftpflicht	311,20 €				
	Kasko					

Klären Sie Herrn Heinatz über seinen Versicherungsschutz auf und beraten Sie im Kundeninteresse!

Zu S 21 – S 26: siehe Vorübungen V 51 – V 56

S 21 Als Mitarbeiter/-in der Kraftfahrt-Abteilung erhalten Sie am 09.09. d. J. folgenden Brief:

Markus Issel

Proximus Versicherung AG
Lincolnstr. 61
81547 München

Sehr geehrte Damen und Herren,

bei der Regulierung meines Kasko-Schadens vom 17. Juli d. J. haben Sie gemäß Ihren Versicherungsbedingungen ca. 210,00 € des Kostenvoranschlags gekürzt. Rechtlich mag das völlig richtig sein, als langjähriger Kunde erwarte ich in so einem Fall jedoch eine kulante Regelung.

Aus diesem Grund kündige ich meinen Vertrag mit sofortiger Wirkung und bitte um Bestätigung.

Mit freundlichen Grüßen

Markus Issel

Folgende Vertragsdaten liegen Ihnen vor:

	Name	Vorname	Geburts-datum	Beruf	A = angestellt S = selbstständig B = öffentlicher Dienst
Versicherungsnehmer	Issel	Markus	10.12.1981		A
Halter	VN				
Anschrift	Taborweg 4, 78467 Konstanz					
Versicherungsnachweis					
Versicherungsschein-Nummer	03 437 IK 16				
Bedingungen	AKB 2015				
Beginn	01.01.2016				
Zahlungsweise	halbjährlich				
Prämienkonto	ausgeglichen				
Kfz-Kennzeichen	KN-IM 10				
Deckungssummen/Haftpflicht	100 Mio. €				
SB Kasko	Vollkasko: 500,00 €, Teilkasko: 150,00 €				
Fahrzeugdaten					
Art		Pkw			
Datum der Erstzulassung		21.10.2005			
KW/PS		85/115			
Typklasse	Haftpflicht	17			
	Vollkasko	28			
Regionalklasse	Haftpflicht	7			
	Vollkasko	2			
Versicherungsnachweis					
Datum	Beschreibung	Besondere Hinweise			Betrag
17.07. d. J.	Vollkaskoschaden	Abrechnung am 02.08. d. J.			3.295,67 €

Erläutern Sie die wesentlichen Inhaltspunkte Ihrer Antwort an Herrn Issel!

Versicherungs- und Finanzprodukte: Kraftfahrtversicherung

S 22 Als Mitarbeiter/-in der Kraftfahrtversicherung erhalten Sie von Frau Marianne Englisch folgende Anfrage:

„Ich möchte meinen alten Opel Astra der bei Ihnen haftpflichtversichert ist verkaufen und bin mir unsicher worauf ich dabei achten sollte:

– Wie wirkt sich der Verkauf des Wagens auf die bestehenden Versicherungen aus?
– Sollte ich den Wagen vorher abmelden?
– Was ist, wenn der neue Eigentümer nicht die Versicherungsprämie bezahlt?
– Belastet ein Unfall des Käufers meinen Schadenfreiheitsrabatt?"

Beraten Sie Frau Englisch!

S 23 Als Mitarbeiter/-in in der Antragsabteilung Kraftfahrtversicherung erhalten Sie folgenden Anruf am 27. Januar d. J. von Herrn Frings: „Vielen Dank für die Übersendung der Police, welche ich am 15. Januar d. J. erhalten habe. Ich habe jetzt über das Internet ein weitaus günstigeres Angebot erhalten. Ich möchte daher vom Vertrag zurücktreten wie Sie sicher verstehen können!"

Ihnen liegen folgende Vertragsdaten vor:

	Name	Vorname	Geburtsdatum	Beruf	A = angestellt S = selbstständig B = öffentlicher Dienst
Versicherungsnehmer	Frings	Clemens	12.04.76	kfm. Angestellter	A
Halter	dto.				
Anschrift	Holtzendorffstr. 19, 25421 Pinneberg				
Versicherungsnachweis:					
Versicherungsschein-Nummer	77 328 IK 17				
Bedingungen	AKB 2015				
Beginn	01.02.d.J				
Prämienrate (inkl. VersSt)	729,41 €				

Beraten Sie Herrn Frings!

S 24 Ein neuer Mitarbeiter bittet Sie am 12. März d. J. um Rat, wie mit einem in Zahlungsverzug geratenen Kunden umgegangen werden soll.

Folgende Informationen liegen Ihnen vor:

Der Kunde ist seit dem 01.01. d. J. mit seiner Jahresrate für die Krafthaftpflicht-Versicherung in Rückstand. Trotz mehrerer Telefonate und zwei schriftlichen Mahnschreiben erfolgte bis heute kein Zahlungseingang.

Erläutern Sie dem Mitarbeiter die nun erforderlichen Maßnahmen und worauf dabei geachtet werden muss!

S 25 Als Mitarbeiter/-in der Generalagentur Stracke erhalten Sie einen Anruf Ihrer Versicherungsnehmerin Luisa Gern.

Frau Gern hat gemeinsam mit Ihrem Mann ein Jahr Auszeit von der Arbeit genommen und wird in dieser Zeit eine Weltreise tätigen. Aus diesem Grunde fragt Frau Gern ob Sie Ihre Krafthaftpflicht-Versicherung und die Vollkaskoversicherung kündigen kann, um während der Zeit Ihrer Abwesenheit die Versicherungsprämien zu sparen. Danach würde sie Ihr Auto gerne wieder bei Ihnen versichern.

Beraten Sie Frau Gern!

S 26 Sie sind Mitarbeiter/-in der Kraftfahrt-Schadenabteilung und erhalten folgende Anfrage per Brief:

Christoph Prummer
Dammstraße 5
04229 Leipzig

Leipzig, 16. März d. J.

Proximus Versicherung AG
Lincolnstraße 61
81547 München

Abmeldung Kfz

Sehr geehrte Damen und Herren,

gestern habe ich meinen sehr alten Opel Vectra verschrotten lassen und ihn auch bei der Zulassungsstelle abgemeldet. Altersbedingt möchte ich mir kein neues Auto mehr zulegen. Der Vertrag läuft ja eigentlich noch bis Ende dieses Jahres. Mein Sohn ist aber der Meinung, dass ich im Falle der Verschrottung eventuell schon früher aus dem Vertrag entlassen werde und einen Teil der Prämie erstattet bekomme.

Ich bitte um entsprechende Informationen!

Mit freundlichen Grüßen

Christoph Prummer

Beraten Sie Herrn Prummer und nehmen Sie notwendige Abrechnungen vor! (Vertragsspiegel siehe nächste Seite)

Folgender Vertragsspiegel liegt Ihnen vor:

	Name	Vorname	Geburtsdatum	Beruf	A = angestellt S = selbstständig B = öffentlicher Dienst
Versicherungsnehmer	Prummer	Christoph	02.08.1936	Maler	A
Halter	dto.				
Anschrift	Dammstr. 5; 04229 Leipzig				
Versicherungsnachweis:					
Versicherungsschein-Nummer	77 453 AZ 97				
Bedingungen	AKB 2015				
Beginn	01.01.2017				
Zahlungsweise	Jährlich				
Prämienrate (inkl. VersSt)	389,51 €				
Fälligkeit	01.01.				
Prämienkonto	ausgeglichen				
Kfz-Kennzeichen	L-CP 36				
Deckungssumme Haftpflicht	100 Mio. €				
SB in Teilkasko	150,00 €				
Schadenfreiheits-klasse	Haftpflicht	30			
	Kasko	–			
Fahrzeugdaten	Art	Pkw			
	Erstzulassung	03.04.1999			
	KW/PS	77/105			
	Typklasse	Haftpflicht	15		
		Vollkasko			
		Teilkasko	18		
	Regional-klasse	Haftpflicht	9		
		Vollkasko			
		Teilkasko	9		
Rabatte/Zuschläge	Partner, bis 9.000 km				
Prämiensatz	Haftpflicht (%)	25			
	Kasko (%)	–			
Prämie	Haftpflicht	270,13 €			
	Kasko	119,38 €			
Vermerke	Abmeldebescheinigung der Zulassungsstelle am 15.03. d. J. elektronisch übermittelt.				

(8) Finanzprodukte

Vorübungen (V)

A. Kontokorrentkonten und Zahlungsverkehr
(Kontoeröffnung, Überweisung, Lastschrift, Karten, Online Banking – Info: Band 3, E 2.1 und E 2.2)

V 1 Die 19-jährige Anna Bertram ist sich noch unsicher, was ein Kontokorrentkonto ist und wofür sie dieses nutzen kann.

Welche der nachstehenden Aussagen ist in diesem Zusammenhang richtig?

a) Ein Kontokorrentkonto ist ein Konto, das ausschließlich kreditorisch geführt werden kann.
b) Ein Kontokorrentkonto ist immer kostenlos.
c) Das Kontokorrentkonto dient Anna in erster Linie für die Gutschrift ihres Gehaltes und zur Abwicklung des bargeldlosen Zahlungsverkehrs sowie zur Beschaffung von Bargeld.
d) Einmal monatlich erfolgt der Rechnungsabschluss, um Gebühren und Zinsen zu verrechnen.
e) Handelt es sich bei dem Kontokorrentkonto um ein sogenanntes Basiskonto, dann kann Anna das Konto auch kurzfristig überziehen, wenn sie einen finanziellen Engpass hat.

V 2 Herr Thomas Kramer möchte ein Kontokorrentkonto bei der Süddeutschen Handelsbank AG eröffnen.

Welche der nachstehenden Aussagen ist in diesem Zusammenhang richtig?

a) Die Bank prüft den Personalausweis um sicherzustellen, dass das Konto nicht auf einen falschen oder erdichteten Namen eröffnet wird.
b) Die Bank prüft den Personalausweis von Thomas Kramer ausschließlich, weil sie nach dem Geldwäschegesetz dazu verpflichtet ist.
c) Falls Thomas Kramer seinen Personalausweis nicht dabei hat, kann er alternativ auch seinen Führerschein vorlegen.
d) Die Bank hat kein Eigeninteresse an der Identitätsprüfung von Herrn Kramer. Sie erfüllt lediglich gesetzliche Vorgaben.
e) Thomas Kramer muss in jedem Fall persönlich in der Bankfiliale erscheinen, damit seine Identität überprüft werden kann.

V 3 Herr Thomas Kramer möchte nach der Beratung zur Kontoeröffnung bei der Süddeutschen Handelsbank AG den Kontoeröffnungsantrag unterschreiben. Es gibt jedoch noch ein paar Unklarheiten.

Mit welcher der nachstehenden Aussagen informieren Sie Herrn Kramer richtig?

a) „Die SCHUFA-Klausel auf dem Kontoeröffnungsantrag dient dazu, dass die SCHUFA die Genehmigung Ihres Dispositionskredites vornehmen kann."
b) „Vor Ihrer Unterschrift müssen wir Sie darauf hinweisen, dass die Allgemeinen Geschäftsbedingungen ein Bestandteil des Kontovertrages sind."
c) „In den Allgemeinen Geschäftsbedingungen finden Sie konkrete Informationen über Preise, Gebühren und Zinssätze, die für unsere Bank gelten."

d) „Der Kontovertrag kommt durch Ihre Unterschrift auf dem Kontoeröffnungsantrag zustande."

e) „Die SCHUFA erfasst Ihre Daten nur, wenn Sie Ihren Zahlungsverpflichtungen nicht regelmäßig nachkommen oder anderweitige Zweifel an Ihrer Bonität bestehen."

V 4 Herr Alfons Paulsen steht vor der Frage, ob die in den nachstehenden Fällen angesprochene Zahlungsart jeweils geeignet ist.

Prüfen Sie, welche beiden Aussagen korrekt sind.

a) Für die Zahlung der Miete bietet sich die SEPA-Basis-Lastschrift an, da bei diesem Zahlungsverfahren nur regelmäßige Beiträge in gleicher Höhe abgebucht werden können.

b) Eine Zahlung per Überweisung bietet sich für Alfons Paulsen nicht an, wenn er die Überweisung später eventuell stornieren will.

c) Ein Dauerauftrag eignet sich für die Zahlung der monatlichen Handyrate, da es sich um eine regelmäßige Zahlung handelt, die in ihrer Höhe monatlich variiert.

d) Eine Zahlung per Bankkarte sollte nur in Ausnahmefällen erfolgen, da stets eine Gebühr erhoben wird.

e) Damit die KfZ-Steuer immer pünktlich bezahlt wird, sollte Alfons Paulsen dem Finanzamt ein SEPA-Basis-Lastschriftmandat erteilen.

V 5 Welche der nachfolgenden Aussagen zu Bankkarten trifft zu?

a) Die Bankkarte hat ausschließlich eine Zahlungsfunktion.

b) Beim Electronic-Cash-Verfahren hat der Händler keine Zahlungsgarantie.

c) Das Elektronische Lastschriftverfahren (SEPA-ELV) ist aus Sicht des Händlers kostengünstiger als das Electronic-Cash-Verfahren.

d) Beim Elektronischen Lastschriftverfahren wird vor Freigabe der Zahlung überprüft, ob das Konto des Kunden eine ausreichende Kontodeckung aufweist.

e) Bei Zahlung mittels Geldkartenfunktion der Bankkarte muss der Kunde seine PIN ins Händlerterminal eingeben.

V 6 Welche der folgenden Aussagen zur Kreditkarte ist richtig?

a) Die Zahlung mit einer Kreditkarte kann durch eine Unterschrift auf dem Leistungsbeleg oder durch Eingabe der PIN erfolgen.

b) Kreditkarten sind als Zahlungsmittel sehr geeignet, da jeder Händler sie akzeptiert.

c) Im Falle des Verlusts einer Kreditkarte haftet der Kreditkarteninhaber bis zu Verlustmeldung in voller Höhe.

d) Die Kreditkartenumsätze von Charge-Karten werden am Ende des Monats, inklusive angefallener Zinsen, dem Girokonto belastet.

e) Kreditkarten sind hauptsächlich zur Bargeldbeschaffung geeignet.

V 7 Welche der nachstehenden Aussagen trifft …

1 – nur auf die Bankkarte (Maestro-Karte),
2 – nur auf die Geldkarte oder
3 – auf beide Karten zu.

a) Bei einem Kartenverlust geht das darauf gespeicherte Guthaben verloren.
b) Zur Zahlungsbestätigung unterschreibt der Kunde einen Beleg oder gibt seine PIN ein.
c) Die Karte dient der Abwicklung des bargeldlosen Zahlungsverkehrs.
d) Die Karte bietet sich zur Zahlung kleinerer Beträge an und ist am ehesten mit Bargeld zu vergleichen.
e) Die Karte kann an Kundenterminals zur Vornahme von Überweisungen verwendet werden.

V 8 Frau Lisa Springer hat ein Konto bei der Süddeutschen Handelsbank AG eröffnet und eine Bankkarte (ohne Geldkartenfunktion) sowie eine Kreditkarte erhalten. Sie fragt sich, wer die Haftung übernimmt, wenn die Karten missbräuchlich verwendet werden.

Welche der nachfolgenden Aussagen ist in diesem Zusammenhang richtig?
a) Lisa Springer haftet für Schäden durch missbräuchliche Verfügungen nach der Kartensperre, wenn sie ihre Sorgfaltspflichten grob fahrlässig verletzt hat.
b) Frau Springer kann durch missbräuchliche Verfügungen entstandene Schäden nur dann durch die Süddeutsche Handelsbank AG ersetzt bekommen, wenn sie der Bank den Schaden innerhalb von 6 Monaten nach der Kontobelastung angezeigt hat.
c) Vor der Sperre der Karten haftet Lisa Springer grundsätzlich selbst für alle ihr entstandenen Schäden.
d) Frau Springer handelt grob fahrlässig, wenn sie den Verlust einer ihrer Karten bemerkt und dies nicht unverzüglich gegenüber der Süddeutschen Handelsbank AG meldet.
e) Sofern Lisa Springer sich bei Verlust ihrer Karten nicht fahrlässig verhalten hat, beschränkt sich ihre Haftung auf maximal 150,00 € pro Karte.

V 9 Lisa Springer möchte außerdem gern Online Banking nutzen. Sie kennt sich jedoch mit der Funktionsweise der unterschiedlichen Verfahren nicht aus und hat auch hier Bedenken im Hinblick auf die Sicherheit.

Mit welcher der nachfolgenden Aussagen beraten Sie Frau Springer richtig?
a) „Wichtig für die Sicherheit beim Online Banking ist in erster Linie, dass sowohl die Erfassung der Transaktionsdaten als auch die Erzeugung bzw. Erfassung der Freigabedaten auf dem gleichen Gerät erfolgen."
b) „Für die Erzeugung einer TAN brauchen Sie unabhängig vom benutzten Verfahren einen TAN-Generator."
c) „Das HBCI-Verfahren ist ein browserbasiertes Verfahren, für das immer die Eingabe einer TAN erforderlich ist."
d) „Die Risiken des Online Bankings sind bei allen Verfahren gleichermaßen hoch."
e) „Als Trojaner wird eine Schadsoftware bezeichnet, die Transaktionen zwischen Kunde und Bank manipulieren kann."

V 10 Welche der folgenden Aussagen trifft auf das Geldwäschegesetz zu?

a) Zu den allgemeinen Sorgfaltspflichten eines Kreditinstituts nach dem Geldwäschegesetz gehört die kontinuierliche Überwachung von Transaktionen im Zahlungsverkehr.
b) Die Bestimmungen des Geldwäschegesetzes dienen in erster Linie der Vermeidung von Steuerhinterziehung.
c) Jedes Kreditinstitut muss mindestens drei Geldwäschebeauftragte bestimmen.
d) Als „Smurfing" werden auffällig große Transaktionen bezeichnet, die jeweils einen Betrag von 15 000,00 € übersteigen.
e) Neue Kunden sind nur dann zu identifizieren, wenn sie auffällige Transaktionen tätigen oder konkrete Hinweise auf Geldwäscheverdacht vorliegen.

Bearbeiten Sie jetzt die Situationsaufgaben S 1 – S 4

B. Geldanlage auf Konten
(Girokonto, Tagesgeldkonten, Festgeldkonten, Sparkonten - Info: Band 3, E 2.1, E 3)

V 11 Welche der folgenden Konten sind geeignet für die nachfolgend beschriebenen Situationen. Ordnen Sie den Situationen die folgenden Kontoarten zu:

1 – Tagesgeldkonto
2 – Sparkonto
3 – Festgeldkonto
4 – Kontokorrentkonto
5 – Ratensparvertrag

a) Der 17-jährige Adrian Kuhl beginnt in Kürze seine Ausbildung zum Maler und Lackierer. Zur Auszahlung seiner Ausbildungsvergütung benötigt er ein Konto.
b) Der 20-jährige Student Thomas Kramer möchte für unerwartete Ausgaben ca. 4 500,00 € zur Seite legen. Er möchte jederzeit schnell über das gesamte Geld verfügen können.
c) Hans Meier hat 20 000,00 € aus einer Erbschaft erhalten. Er möchte sich in einem halben Jahr ein Auto davon kaufen und das Geld bis dahin sicher und verzinst anlegen.
d) Die Buchhalterin Sabine Felder möchte für ihre 16-jährige Tochter Juliane unregelmäßig Geld ansparen, um es dieser zu Ihrem 18. Geburtstag zur freien Verfügung zu überlassen.
e) Elfriede und Walter Schön möchten für ihr Enkelkind über die nächsten 10 Jahre monatlich einen bestimmten Betrag ansparen. Die Verzinsung soll möglichst attraktiv sein.

V 12 Ihr Kunde Carsten Becker wundert sich, warum die Süddeutsche Handelsbank AG zwei verschiedene Kontoarten mit täglicher Verfügbarkeit anbietet.

Welche Aussage zu Kontokorrent- und Tagesgeldkonten ist in diesem Zusammenhang richtig?

a) Das Tagesgeldkonto wird im Gegensatz zum Kontokorrentkonto fest verzinst.
b) Guthaben auf dem Kontokorrentkonto sind risikoreicher, da sie nicht der Einlagensicherung unterliegen.

c) Beide Konten können für die Abwicklung des Zahlungsverkehrs genutzt werden.

d) Die Verfügung über das Guthaben auf einem Tagesgeldkonto ist nur durch eine Überweisung auf das vereinbarte Referenzkonto möglich.

e) Bei Kontokorrentkonten erfolgt die Abrechnung immer nur einmal jährlich. Bei einem Tagesgeldkonto ist auch ein kürzerer Abrechnungszeitraum möglich.

V 13 Welche der folgenden Aussagen beschreibt das Sparkonto richtig?

a) Das Sparkonto dient der Vermögensanlage und dem Vermögensaufbau. Zudem kann jederzeit in voller Höhe über das Guthaben verfügt werden.

b) Bei einem Sparkonto erfolgt die Zinsgutschrift immer zum Quartalsende.

c) Das Sparkonto hat im Regelfall eine Kündigungsfrist von drei Monaten, wobei monatlich über 2.000,00 € ohne Einhaltung einer Kündigungsfrist verfügt werden kann.

d) Sparkonten können nicht für Unternehmen eröffnet werden.

e) Aufgrund der festen Laufzeit von Sparkonten haben diese während der Laufzeit einen festen Zinssatz.

V 14 Welche der nachstehenden Aussagen zum Festgeld trifft zu?

a) Aufgrund der zeitlich befristeten Anlage wird ein variabler Zins zwischen Bank und Kunde vereinbart.

b) Auf das Festgeld kann mit einer einmonatigen Kündigungsfrist zugegriffen werden.

c) Festgelder sind geeignet, wenn man für die Dauer der Laufzeit nicht auf das Geld zugreifen muss.

d) Der Zinssatz für Festgelder ist zunächst fest vereinbart, kann jedoch bei starken Zinsänderungen seitens der Bank angepasst werden.

e) Festgelder sind besonders flexibel, da jederzeit eine Verfügung möglich ist.

Bearbeiten Sie jetzt die Situationsaufgaben S 5 – S 8

C. Geldanlage in Wertpapieren
(Anleihen, Aktien – Info: Band 3, E 4.1 – 4.3

V 15 Ihr Kunde Hans Schreiber interessiert sich für Anleihen und bittet Sie um einige Erläuterungen zu dieser Anlageform.

Welche der folgenden Aussagen dazu ist richtig?

a) Mit dem Kauf einer Anleihe erwirbt Herr Schreiber Teilhaberrechte am Unternehmen des Emittenten.

b) Die Nominalverzinsung einer Anleihe bezieht sich immer auf den Kurswert einer Anleihe.

c) Der Emissionspreis einer Anleihe liegt immer unter pari.

d) Durch den Kauf einer Anleihe erwirbt der Anleger einen Anspruch auf Rückzahlung der Anleihe zum festgelegten Fälligkeitstermin.

e) Der Emittent einer Anleihe ist immer eine Aktiengesellschaft (AG).

V 16 Herr Schreiber hat bei der Vorbereitung auf das heutige Beratungsgespräch festgestellt, dass es sehr vielfältige Ausgestaltungen für Anleihen gibt.

Mit welcher der nachstehenden Aussagen beraten Sie Herrn Schreiber richtig?

a) „Variabel verzinste Anleihen sind Anleihen, deren Verzinsung sich in regelmäßigen Abständen an einen Referenzzinssatz anpasst."
b) „Unabhängig von der Verzinsungsart der Anleihe werden Ihnen die Zinsen während der Laufzeit in regelmäßigen Abständen ausgezahlt."
c) „Tilgungsanleihen sind Anleihen, die am Ende der Laufzeit an alle Anleger gleichzeitig zurückgezahlt werden."
d) „Der Emittent legt den Emissionspreis einer Anleihe und die Nominalverzinsung der Anleihe unabhängig voneinander fest."
e) „Eine Anleihe ist in jedem Fall eine langfristige Geldanlage."

V 17 Sie erläutern Ihrem Kunden Herrn Runinger den Zusammenhang zwischen dem allgemeinen Zinsniveau und dem Kurs einer Anleihe der Volkswagen AG mit einer Nominalverzinsung von 2,625 % p. a.

Wie wirken sich steigende Kapitalmarktzinsen auf den Kurs dieser Volkswagen-Anleihe aus? Welche Aussage ist richtig?

a) Das steigende Marktzinsniveau hat keine Auswirkungen auf den Kurs der Volkswagen-Anleihe.
b) Der Kurs der Volkswagen-Anleihe wird steigen.
c) Der Kurs der Volkswagen-Anleihe wird fallen.

V 18 Ihre Kundin Karina Schiebel interessiert sich für die Anlage in Industrieanleihen der Automobil AG.

Mit welchen beiden Aussagen beraten Sie Frau Schiebel richtig?

a) „Da die Industrieanleihe der Automobil AG ein fest verzinsliches Wertpapier ist, gehen Sie mit dieser Anleihe keinerlei Risiko ein."
b) „Sie können diese Industrieanleihe vor der Fälligkeit nicht an die Automobil AG zurückgeben."
c) „Eine Verschlechterung der Bonität der Automobil AG während der Laufzeit der Anleihe hätte keine Auswirkungen auf den Kurs der Anleihe, da der Nominalzins bereits bei Emission der Anleihe festgelegt wurde."
d) „Je kürzer die Restlaufzeit der Anleihe der Automobil AG noch ist und je höher ihr Nominalzins, desto höher ist das Zinsänderungsrisiko."
e) „Industrieanleihen haben im Regelfall eine höhere Rendite als Bundesanleihen oder Pfandbriefe. Damit wird das höhere Bonitätsrisiko für den Anleger ausgeglichen."

V 19 Bundeswertpapiere und Pfandbriefe weisen ein sehr geringes Bonitätsrisiko auf.

Welche der nachfolgenden Aussagen zu diesen besonderen Anleihen ist zutreffend?

a) Pfandbriefe dürfen nur von Industrieunternehmen mit erstklassiger Bonität herausgegeben werden.
b) Pfandbriefe sind deshalb besonders sicher, weil ihre Rückzahlung durch besondere Vermögenswerte wie beispielsweise durch speziell besicherte Forderungen gedeckt ist.
c) Bundesobligationen sind immer variabel verzinst, Bundesanleihen hingegen haben eine feste Verzinsung.
d) Pfandbriefe werden bei Insolvenz des Emittenten gegenüber anderen Gläubigern nachrangig bedient.
e) Öffentliche Pfandbriefe sind eine andere Bezeichnung für Bundesobligationen.

V 20 Ordnen Sie die unten stehenden Aktienarten den nachstehenden Eigenschaften von Aktien zu.

a) Bei dieser Aktie ist gesetzlich vorgeschrieben, dass der Vorstand der Aktiengesellschaft dem Aktionärswechsel ausdrücklich zustimmen muss.
b) Bei dieser Aktie erhalten die Aktionäre im Regelfall eine höhere Dividende als Ausgleich für das fehlende Stimmrecht.
c) Bei dieser Aktie entscheidet sich die Aktiengesellschaft für die Zerlegung des Grundkapitals in eine bestimmte Anzahl von Aktien. Dadurch ergibt sich ein rechnerischer Nennwert, der mindestens 1,00 € betragen muss.
d) Diese Aktie verbrieft alle gesetzlichen und satzungsmäßigen Rechte.
e) Das Eigentum an dieser Aktie wird durch Einigung und Übergabe und durch Abtretung mittels eines Indossaments übertragen.
f) Diese Aktien werden ausgegeben, wenn die Aktiengesellschaft eine Kapitalerhöhung gegen Einlagen durchführt.

Aktienarten

1. Stammaktien
2. Vorzugsaktien
3. Stückaktien
4. Namensaktien
5. junge Aktien
6. vinkulierte Namensaktien

V 21 Die Hauptversammlung der Betatrans AG hat im laufenden Geschäftsjahr am 10. April beschlossen, das Grundkapital der Gesellschaft durch die Ausgabe von jungen Aktien mit einem Nennwert von jeweils 1,00 € um 13 Mio. € auf 78 Mio. € zu erhöhen. Diese Aktien werden den Aktionären zum Preis von 50,00 € angeboten. Die Bezugsrechte auf diese Aktien werden in der Zeit vom 09.05. d. J. (Montag) bis zum 23.05. d. J. (Montag) einschließlich an den deutschen Börsenplätzen gehandelt. Die alten Aktien werden vor Beginn der Bezugsfrist an der Börse mit 83,00 € notiert.

Berechnen Sie

a) das Bezugsverhältnis.
b) den rechnerischen Wert des Bezugsrechts.
c) den voraussichtlichen Kurs, der sich nach der Kapitalerhöhung rechnerisch ergeben würde.

V 22 Herr Engelmann entscheidet sich zum Kauf von 20 Stammaktien der Assekuranz AG.

Welches der aufgeführten Rechte erwirbt Herr Engelmann mit dem Kauf dieser 20 Aktien?

a) Anspruch auf Rabatte, sofern er Dienstleistungen der Assekuranz AG in Anspruch nimmt
b) Stimmrecht in der Hauptversammlung
c) Eingeschränktes Auskunftsrecht gegenüber dem Vorstand in der HV
d) Stimmrecht im Aufsichtsrat
e) Anspruch auf private Veräußerungsgewinne

V 23 Ihr Kunde Siegfried Adam hat gehört, dass er als Aktionär der AG Risikokapital zur Verfügung stellt, aber auch gewisse gesetzlich festgeschriebene Rechte hat.

Welche der folgenden Aussagen dazu sind richtig?

a) Der Aktionär haftet den Gläubigern der AG direkt bis zur Höhe des Kaufpreises seiner Aktien.
b) Der Aktionär kann über eine Kapitalerhöhung zu weiteren Zahlungen für seine Aktien verpflichtet werden.
c) Im Falle der Liquidation (Auflösung) der AG hat der Aktionär einen Anspruch auf anteiligen Liquidationserlös. Dies setzt allerdings voraus, dass das Vermögen der AG die Verbindlichkeiten der AG übersteigt.
d) Durch Einblick in die Geschäftsbücher (Aufträge, Rechnungen ...) der AG kann sich der Aktionär selbst über die Richtigkeit der vorgelegten Jahresbilanzen informieren.
e) In der jährlichen Hauptversammlung kann der Aktionär (zusammen mit anderen Aktionären) Vorstandsmitglieder abwählen.
f) In der jährlichen Hauptversammlung kann der Aktionär den Vorstand der AG zu wichtigen Entscheidungen des abgelaufenen Geschäftsjahres befragen.
g) Der Aktionär hat ein Recht auf Gewinnbeteiligung in Form einer Dividende, sofern diese auf der Hauptversammlung beschlossen wird.
h) Der Aktionär hat das Recht, seine Aktien jederzeit zum Nennwert an die AG zurückzugeben.

V 24 Welche Aussage zu den Chancen und Risiken von Aktien ist zutreffend?

a) Aktien bieten eine feste Verzinsung, die deutlich über dem Marktzinsniveau liegt.
b) Da alle Aktiengesellschaften jährlich eine Dividende ausschütten, ist eine Anlage in Aktien attraktiver als die Anlage auf einem Sparkonto.
c) Das Kursänderungsrisiko ist bei Aktien deutlich geringer als bei Anleihen.
d) Das unternehmerische Risiko bei einer Anlage in Aktien liegt darin, dass der Aktionär im Insolvenzfall der AG gegenüber den Gläubigern der AG persönlich haftet.
e) Aktien unterliegen einem besonders hohen Kursänderungsrisiko, da die Kursentwicklung auch von schwer kalkulierbaren Umständen wie beispielsweise Emotionen und Stimmungen der Anleger abhängt.

Bearbeiten Sie jetzt die Situationsaufgaben S 9 – S 11

D. Offene Investmentvermögen

(Funktionsweise, Fondsarten, Kosten, Preisermittlung, Investmentsparen, staatliche Förderung – Info: Band 3, E 4.4 und E 4.5)

V 25 Ihre Kunden, die Eheleute Priems, interessieren sich aufgrund der anhaltenden Niedrigzinsphase für offene Investmentvermögen als mögliche Anlagealternative. Sie kennen sich bislang nur mit fest verzinsten Anlageformen aus.

Mit welchen beiden Aussagen zur Funktionsweise von offenen Investmentvermögen beraten sie die Eheleute Priems richtig?

a) „Die Kapitalverwaltungsgesellschaft (KVG) verwaltet das Fondsvermögen im Interesse des jeweiligen Fondsmanagers."

b) „Die Verwahrstelle verwahrt die Vermögenswerte des Fondsvermögens treuhänderisch in getrennten Konten und Depots."

c) „Offene Investmentvermögen sind nur offen für eine begrenzte Anzahl von Anlegern, da das Fondsvermögen begrenzt ist."

d) „Jeder Fonds bildet ein Sondervermögen und ist getrennt vom Vermögen der Kapitalverwaltungsgesellschaft (KVG) zu halten."

e) „Die Kapitalverwaltungsgesellschaft (KVG) ist verpflichtet, die Weisungen der Verwahrstelle auszuführen."

f) „Bei Publikumsinvestmentvermögen können Sie als Anleger Einfluss auf die Anlagepolitik des Fondsmanagements nehmen."

V 26 Die Eheleute Priems möchten von Ihnen mehr über ihre Rechte als Anleger in Aktienfondsanteilen wissen.

Welche der folgenden Aussagen dazu sind richtig?

a) Eheleute Priems sind Mitaktionäre der im Aktienfonds enthaltenen Aktien und können daher an den Hauptversammlungen der Aktiengesellschaften teilnehmen.

b) Das Stimmrecht aus den Aktien im Fonds können Eheleute Priems nicht selbst ausüben; sie müssen der Kapitalverwaltungsgesellschaft oder ihrer Hausbank eine entsprechende Vollmacht erteilen.

c) Für die Verwahrung des Sondervermögens (Wertpapiere und sonstige Vermögenswerte des Fonds) muss die KVG eine Verwahrstelle beauftragen.

d) Eheleute Priems können monatlich eine Aufstellung der in ihrem Fonds enthaltenen Aktien verlangen.

e) Eheleute Priems haben das Recht, vor dem Kauf von Fondsanteilen den aktuellen Rechenschaftsbericht sowie die Wesentlichen Anlegerinformationen zu erhalten.

f) Dividendenzahlungen der Aktiengesellschaften werden sofort nach Erhalt durch die KVG an die Eheleute Priems weitergeleitet.

g) Eheleute Priems können die Fondsanteile jederzeit zu Lasten des Sondervermögens an die KVG zurückgeben.

h) Eheleute Priems können verlangen, dass der auf sie entfallende Anteil an den Aktien des Fonds in ihr Wertpapierdepot übertragen wird.

Versicherungs- und Finanzprodukte: Finanzprodukte GFK 3 (8)

V 27 Welche der folgenden Aussagen zu den Fondsarten nach dem Kapitalanlagegesetzbuch (KAGB) ist richtig?

a) Ein OGAW-Investmentvermögen darf nur bis zu maximal 10 % in nicht börsengehandelte Wertpapiere investieren und darf keine Leerverkäufe tätigen.
b) Alle offenen Publikums-AIF dürfen nicht in Immobilien investieren.
c) Ein offener Immobilienfonds ist ein OGAW-Sondervermögen.
d) Gemischte Sondervermögen sind weniger stark begrenzt im Hinblick auf die zulässigen Anlagemöglichkeiten als Sonstige Investmentvermögen.
e) Offene Publikums-AIF werden auch als „richtlinienkonforme Fonds" bezeichnet, da sie eine EU-weite Vertriebszulassung erhalten.

V 28 Welche der folgenden Fondsarten passt jeweils zu den nachfolgenden Beschreibungen. Ordnen Sie zu. Falls die Beschreibung zu keiner der genannten Fondsarten passt, vergeben Sie die Ziffer 9.

1 – Aktienfonds
2 – Rentenfonds
3 – offener Immobilienfonds
4 – Mischfonds
5 – Dachfonds

a) Bei dieser Fondsart sind die laufenden Kosten für den Anleger im Regelfall höher als bei anderen Fonds. Der Grund ist eine oftmals doppelte Kostenbelastung bei den jährlichen Verwaltungskosten.
b) Diese Fondsart investiert ausschließlich in Tagesgelder, kurzfristige Termineinlagen und hoch liquide, sichere Anleihen mit einer Restlaufzeit von maximal 397 Tagen oder ähnliche Anlageformen.
c) Die Hauptrisiken bei dieser Fondsart sind das Zinsänderungsrisiko und das Bonitätsrisiko.
d) Die Erträge dieser Fondsart bestehen in erster Linie aus Kursgewinnen und ausgeschütteten Gewinnen.
e) Dieser Fonds legt direkt in verschiedene Arten von Anlageinstrumenten (wie z. B. Aktien oder Anleihen) an, um eine größere Risikostreuung zu erreichen.
f) Die Anteile an dieser Fondsart können seit 2013 nicht mehr börsentäglich an die Fondsgesellschaft (KVG) zurückgegeben werden. Vielmehr gelten seitdem eine Mindesthaltefrist und eine Kündigungsfrist.

V 29 Angela Landmann interessiert sich für die Anlage ihrer Ersparnisse in offene Investmentfonds. Die Funktionsweise ist ihr grundsätzlich geläufig, sie kennt sich jedoch noch nicht so genau mit den Kosten und den Preisen von Investmentfondsanteilen aus.

Welche zwei Aussagen sind in diesem Zusammenhang zutreffend?

a) Fondsanteile haben keinen Nennwert, sondern einen Ausgabe- und Rücknahmepreis.
b) Die Differenz zwischen Ausgabe- und Rücknahmepreis ist der Inventarwert des Fonds.
c) Die jährliche Verwaltungsgebühr enthält die Transaktionskosten für den Kauf bzw. Verkauf der Anlageinstrumente innerhalb des Fonds.

d) Bei jedem Fonds ist eine jährliche Performance Fee für das Fondsmanagement zu zahlen.
e) Der Inventarwert des Fonds entspricht dem aktuellen Wert aller im Fonds enthaltenen Vermögenswerte abzüglich der Verbindlichkeiten des Fonds.

V 30 Mit welchen der nachstehenden Aussagen beschreiben Sie Ihren Kunden zutreffend zwei Vorteile der Anlage in Investmentfondsanteilen gegenüber einer Direktanlage in Aktien?

a) „Bei Investmentfondsanteilen sind Kursgewinne steuerfrei."
b) „Investmentanlagen sind grundsätzlich kostengünstiger als Direktanlagen."
c) „Durch eine Mischung verschiedener Aktien werden bei Aktienfonds Kurs- und Ertragsrisiken gemindert."
d) „Durch die Möglichkeit, auch Bruchteile von Investmentfondsanteilen erwerben zu können, wird eine stärkere Risikostreuung erreicht."
e) „Im Fall der Insolvenz der Investmentgesellschaft (KVG) kann der Anleger seine Rückzahlungsansprüche nicht verlieren."

V 31 Neben den allgemeinen Risiken einer Geld- und Vermögensanlage bestehen für Erwerber von Investmentzertifikaten auch spezielle Risiken einer Investmentanlage.

Welche Risiken treffen besonders auf Investmentzertifikate eines aktiv gemanagten Fonds zu?

a) Die Gefahr von Kursverlusten aufgrund von Entwicklungen bei der jeweiligen Fondsgesellschaft (KVG) (=Kursrisiko).
b) Die Gefahr einer Auflösung des Fonds aufgrund eines zu geringen Volumens (Risiko einer Fondsschließung).
c) Das Risiko der Zahlungsunfähigkeit der Fondsgesellschaft (Bonitätsrisiko).
d) Das Risiko von Fehlentscheidungen des Fonds-Managements (Managementrisiko).
e) Das Risiko der Rückzahlung des Fondsvermögens (Rückzahlungsrisiko).
f) Das Risiko einer geringeren Rendite aufgrund erfolgsunabhängiger jährlicher Gebühren der KVG (Kostenrisiko).

V 32 Sie erläutern Ihrem Kunden Arne Wiese die Funktionsweise des Investmentsparens.

Mit welcher Aussage beraten Sie Herrn Wiese richtig?

a) „Ein Investmentsparplan ist ein Sparplan mit einer festen Laufzeit und einem festen Anlagebetrag ab 100,00 € monatlich."
b) „Bei einem Sparplan mit einer festgelegten monatlichen Anzahl von Anteilen profitieren Sie vom sogenannten Cost Average Effekt."
c) „Ich empfehle Ihnen einen festen monatlichen Anlagebetrag, da Sie auf diese Weise durch Kursschwankungen Ihren durchschnittlichen Ausgabepreis reduzieren können."
d) „Ein Investmentkonto bei der Fondsgesellschaft (KVG) ist meistens teurer als ein Depotkonto bei einer Bank."
e) „Bei einer festen monatlichen Anlagesumme kaufen Sie bei hohem Ausgabepreis viele Anteile und bei niedrigem Ausgabepreis wenige Anteile."

V 33 Ihre Kundin Claudia Zeck hat kürzlich eine Ausbildung begonnen. Von ihrem Ausbildungsbetrieb erhält sie 35,00 € vermögenswirksame Leistungen (VL). Aufgrund ihrer Einkommenssituation hat sie Anspruch auf die Arbeitnehmersparzulage.

Mit welcher der folgenden Aussagen zur Arbeitnehmersparzulage informieren Sie Frau Zeck richtig?

a) „Bei der Anlage der VL in einen Beteiligungssparvertrag in Form eines Fondssparplans erhalten Sie auch für durch Sie eingezahlte Beträge die Arbeitnehmersparzulage."

b) „Als Auszubildende erhalten Sie auch für die Einzahlung der VL in eine Kapitallebensversicherung die Arbeitnehmersparzulage."

c) „Sie können zusätzlich zu den von Ihrem Ausbildungsbetrieb auf einen Beteiligungssparvertrag (Fondssparplan) geleisteten VL weitere 35,00 € über Ihren Ausbildungsbetrieb in einen Bausparvertrag einzahlen lassen, um auch dafür die Arbeitnehmersparzulage zu erhalten."

d) „Sie erhalten für die Anlage der VL in einen Aktienfonds 18 % Arbeitnehmersparzulage."

e) „Um die Arbeitnehmersparzulage zu erhalten, muss Ihr Ausbildungsbetrieb mindestens sieben Jahre lang in den VL-Vertrag einzahlen."

V 34 Sie haben Frau Zeck über die gesetzlich vorgeschriebenen Sperrfristen der VL-Anlage informiert. Frau Zeck will sich das angesparte Guthaben auszahlen lassen, falls sie nach der Ausbildung nicht übernommen wird und keine Arbeitsstelle findet.

Mit welchen zwei der folgenden Aussagen über die Verfügbarkeit des Guthabens informieren Sie Frau Zeck richtig?

a) „Sie haben in jedem Fall erst nach Ablauf der Sperrfrist von sieben Jahren die Möglichkeit, über das Guthaben zu verfügen."

b) „Falls Sie nach der Ausbildung arbeitslos werden sollten, können Sie sofort über das Guthaben verfügen, ohne den Anspruch auf die Förderung zu verlieren."

c) „Wenn Sie nach der Ausbildung ein Studium aufnehmen, können Sie über das Guthaben vor Ablauf der Sperrfrist verfügen, ohne den Anspruch auf die staatliche Förderung zu verlieren."

d) „Falls Sie nach der Ausbildung arbeitslos werden sollten, können Sie das Guthaben für eine geförderte Weiterbildung entnehmen."

e) „Wenn Sie nach der Ausbildung mindestens ein Jahr lang ununterbrochen arbeitslos sein sollten, können Sie zulagenunschädlich über das Guthaben verfügen, falls die Arbeitslosigkeit zum Zeitpunkt der Verfügung noch besteht."

Bearbeiten Sie jetzt die Situationsaufgaben S 12 – S 14

E. Verbraucherdarlehen
(Arten, Kreditprüfung, rechtliche Grundlagen, Kreditsicherheiten - Info: Band 3, E 5)

V 35 Ordnen Sie den nachfolgenden Aussagen die passende Art von Verbraucherdarlehen zu.

1 – Ratenkredit
2 – Dispositionskredit
3 – Immobilienkredit

a) Dieser Kredit wird im Regelfall ohne Besicherung gewährt, da er auf der Bonität des Kreditnehmers basiert.
b) Die Zinsen werden dem Kreditnehmer vierteljährlich belastet.
c) Dieser Kredit kann jederzeit teilweise oder vollständig zurückgezahlt werden. Durch die vorzeitige Rückzahlung fällt eine Vorfälligkeitsentschädigung an.
d) Dieser Kredit hat nicht selten eine Rückzahlungsdauer zwischen 25 und 35 Jahren.
e) Die Höhe dieses Kredits richtet sich nach dem Nettoeinkommen des Kreditnehmers.
f) Bei diesem Kredit ist der Zinssatz im Regelfall für die gesamte Laufzeit festgelegt.

V 36 Welche Aussagen zur Kreditfähigkeit und Kreditwürdigkeit sind richtig?

a) Eine natürliche Person ist von der Geburt bis zum Tod kreditfähig.
b) Ein Minderjähriger kann mit Zustimmung seiner gesetzlichen Vertreter einen Kreditvertrag rechtswirksam abschließen.
c) Unter Kreditwürdigkeit werden die Bereitschaft und die wirtschaftliche Fähigkeit zur Rückzahlung der eigenen Verbindlichkeiten verstanden.
d) Die SCHUFA-Auskunft und die Gehaltsabrechnungen dienen bei der Vergabe von Ratenkrediten zur Prüfung der persönlichen Kreditwürdigkeit.
e) Für die Übermittlung der Daten an die SCHUFA bzw. für die Einholung von Auskünften von der SCHUFA ist die Einwilligung des Kunden erforderlich.

V 37 Das BGB enthält verschiedene Regelungen, die den Kreditnehmer bei Verbraucherdarlehensverträgen schützen sollen.

Welche Aussage dazu ist zutreffend?

a) Wenn der Kreditnehmer den Kreditvertrag widerrufen möchte, muss er dies innerhalb von zwei Wochen nach Unterzeichnung der Widerrufsbelehrung und Erhalt der Vertragsunterlagen ausdrücklich gegenüber der Bank erklären.
b) Fehlt eine Pflichtangabe im Kreditvertrag, so kann dieser niemals gültig werden.
c) Der Widerruf eines Kreditvertrags ist nur vor Auszahlung der Kreditsumme möglich.
d) Der Kreditvertrag kann von der Bank erst dann gekündigt werden, wenn der Kreditnehmer mit mindestens 1.000,00 € im Rückstand ist.
e) Fehlt im Kreditvertrag die Angabe des Zinssatzes, so muss der Kreditnehmer keine Zinsen an die Bank zahlen.

Versicherungs- und Finanzprodukte: Finanzprodukte

V 38 Die Süddeutsche Handelsbank AG macht Frau Brandmeier zur Finanzierung ihres neuen Pkw ein schriftliches Kreditangebot.

Welche Angaben sind als Mindestangabe gemäß den Bestimmungen des BGB zum Verbraucherdarlehen in den Kreditvertrag aufzunehmen?

a) das vom Kreditinstitut ermittelte „frei verfügbare Einkommen" von Frau Brandmeier
b) die Einwilligung von Frau Brandmeier zur SCHUFA-Klausel
c) die Höhe der Zinsen und der Rechtsverfolgungskosten bei Fälligstellung des Kredits aufgrund von Schuldnerverzug
d) der Gesamtbetrag aller Zahlungen des Kreditnehmers
e) der Verwendungszweck des Darlehens
f) die Art und Weise der Rückzahlung des Kredits
g) Laufzeit des Kreditvertrags
h) effektiver Jahreszins

V 39 Was kennzeichnet die Abtretung von Lohn- und Gehaltsforderungen?

Welche beiden Aussagen sind zutreffend?

a) Bei der Abtretung von Lohn- und Gehaltsforderungen handelt es sich um eine akzessorische Sicherheit.
b) Die Abtretung von Lohn- und Gehaltsforderungen ist eine stille Zession.
c) Bei dieser Art der Abtretung ist zu beachten, dass Lohn- und Gehaltsforderungen nicht in voller Höhe abtretbar sind, sondern nur in Höhe des pfändbaren Teils des Einkommens.
d) Durch die Abtretung von Lohn- und Gehaltsforderungen wird die Bank als Kreditgeber zum rechtlichen und wirtschaftlichen Gläubiger der Lohn- und Gehaltsforderungen.
e) Eine Lohn- und Gehaltsabtretung ist bei jedem Kreditnehmer sinnvoll, sofern sich dieser in einem unbefristeten Arbeitsverhältnis befindet.

V 40 Für ein bei der Süddeutschen Handelsbank AG finanziertes Taxi wurde ein Sicherungsübereignungsvertrag des Fahrzeugs (Marke: Mercedes C 200) vereinbart.

Wie ist die angebotene Sicherheit rechtlich richtig beschrieben?

a) Bei der Sicherungsübereignung wird die Süddeutsche Handelsbank AG unmittelbarer Besitzer der Sache und der Schuldner bleibt Eigentümer und mittelbarer Besitzer.
b) Sicherungsübereignungsverträge können nur zwischen Kaufleuten abgeschlossen werden.
c) Der Sicherungsübereignungsvertrag kommt zustande durch die Einigung zwischen dem Sicherungsgeber und der Süddeutschen Handelsbank AG über den Eigentumsübergang und die Einräumung des Mitbesitzes durch ein Besitzmittlungsverhältnis (= Besitzkonstitut).
d) Im Innenverhältnis zwischen der Bank und dem Kreditnehmer ist die Verwertung des Taxis durch die Bank nur für den Fall möglich, dass der Kreditnehmer seine Verpflichtungen aus dem Kreditvertrag nicht erfüllt.
e) Verweigert der Kreditnehmer die Herausgabe des Taxis, kann die Bank das Taxi selbständig in Besitz nehmen.

V 41 Franz Müller plant die Anschaffung eines neuen VW Golf für private Zwecke und wendet sich zur Finanzierung an die Süddeutsche Handelsbank AG. Wird der Pkw über die Bank finanziert, verlangt diese zur Absicherung des Darlehens die Sicherungsübereignung des Pkw.

Welche der folgenden Besonderheiten hinsichtlich der Gestaltung des Sicherungsübereignungsvertrages treffen zu?

a) Die Süddeutsche Handelsbank verlangt von Herrn Müller den Abschluss einer Teilkaskoversicherung.
b) Jeder Außenstehende muss in der Lage sein, allein mithilfe der Vertragsunterlagen eindeutig das sicherungsübereignete Fahrzeug zu bestimmen.
c) Durch den Sicherungsübereignungsvertrag kommt es zu einem Eigentumswechsel, der durch Einigung und Übergabe vollzogen wird.
d) Mit Abschluss des Sicherungsübereignungsvertrags wird die Süddeutsche Handelsbank AG unmittelbarer Besitzer des Pkw.
e) Mit Unterzeichnung des Sicherungsübereignungsvertrags hat die Süddeutsche Handelsbank AG eine abstrakte Sicherheit erhalten.
f) Um auch gutgläubigen Eigentumserwerb zu ermöglichen, lässt sich die Süddeutsche Handelsbank AG die Zulassungsbescheinigung Teil II übergeben.

Bearbeiten Sie jetzt die Situationsaufgaben S 15 – S 16

Versicherungs- und Finanzprodukte: Finanzprodukte GFK 3 (8)

Situationsaufgaben (S)

> Zu S 1 – S 4: siehe Vorübungen V 1 – V 10

S 1 Der 19-jährige Jonas Walter beginnt in Kürze eine Ausbildung zum Mechatroniker in einer anderen Stadt. Damit seine Ausbildungsvergütung überwiesen werden kann, muss er eine Kontoverbindung benennen. Ferner möchte er die monatliche Miete sowie die von Monat zu Monat verschieden hohe Handyrechnung von diesem Konto bezahlen.

Er bittet Sie um Rat.

a) Jonas Walter möchte wissen, aus welchem Grund er seinen Personalausweis für die Kontoeröffnung vorlegen muss.

b) Erläutern Sie Herrn Walter, was die SCHUFA-Klausel ist und aus welchem Grund sie im Kontoeröffnungsantrag für das Girokonto enthalten ist.

c) Nennen Sie Herrn Walter vier Möglichkeiten, wie er über sein Girokonto verfügen kann.

d) Geben Sie Herrn Walter eine begründete Empfehlung, welche Zahlungsform er zur Zahlung der Miete und zur Zahlung der Handyrechnung jeweils am besten wählen sollte.

S 2 Der Einzelhändler Karl Liepold möchte seinen Kunden künftig bargeldlose Zahlungen per Bankkarte anbieten können. Er ist sich unschlüssig, ob er dazu eher das Electronic-Cash-Verfahren oder das Elektronische Lastschriftverfahren (SEPA-ELV-Verfahren) einführen sollte.

Beraten Sie Herrn Liepold, indem Sie ihm die Unterschiede der beiden Verfahren erläutern.

S 3 Die Kreditkarte wird in Deutschland üblicherweise als sogenannte Charge Card angeboten. Britta Menke interessiert sich für eine solche Kreditkarte, kann aber mit dem Begriff Charge Card nichts anfangen. Eine Freundin hat ihr gesagt, mit dem Einsatz einer solchen Kreditkarte sei eine Kreditgewährung verbunden.

Britta Menke bittet Sie daher um Aufklärung.

a) Inwiefern bietet die Kreditkarte in Form einer Charge Card einen zinslosen Kredit für Frau Menke, wenn diese die Karte einsetzt?

b) Erläutern Sie Frau Menke, bei welchen Abrechnungsarten der Kreditkarte sie mit der Belastung von Sollzinsen rechnen müsste.

S 4 Ihre Kundin Anja Lange möchte ihre Bankgeschäfte künftig überwiegend online abwickeln. Sie hat jedoch schon oft gehört, dass Online Banking nicht sicher sei.

Beraten Sie Frau Lange über die Möglichkeiten beim Online Banking, indem Sie ihr die folgenden Fragen beantworten.

a) Zwischen welchen Verfahren kann Frau Lange beim Online Banking wählen, wenn sie aufgrund ihrer Sicherheitsbedenken nicht ihr Smartphone für Online Banking verwenden möchte?

b) Welche Gefahren können beim Online Banking bestehen und worauf sollte Frau Lange deshalb achten?

Zu S 5 – S 8: siehe Vorübungen V 11 – V 14

S 5 Heute kommen gleich mehrere Anlagekunden zu Ihnen und bitten Sie um Rat.

Empfehlen Sie in den nachfolgend geschilderten Situationen jeweils, welche Anlageform geeignet ist und begründen Sie Ihre Antwort.

a) Frau Maria Königs hat 20.000,00 € geerbt und möchte diese für zwei Jahre anlegen, um dann mit dem Ersparten die lang ersehnte Kreuzfahrtreise bezahlen zu können.

b) Der 18-jährige Auszubildende Tim Walzer ist im ersten Lehrjahr. Er möchte monatlich 100,00 € sparen, um nach Abschluss seiner Ausbildung Möbel für die erste Wohnung oder ein eigenes Auto finanzieren zu können.

c) Herr Lukas Reiser ist vor kurzem Vater geworden und möchte gemeinsam mit seiner Frau Henriette 200,00 € monatlich in eine möglichst ertragreiche Anlageform investieren. Das Geld soll der Sohn zum 18. Geburtstag erhalten.

S 6 Frau Rosalinde Busch hat bereits ein Girokonto bei der Süddeutschen Handelsbank AG. Sie hat derzeit ein Guthaben von 5.263,20 €. Eine gute Freundin hat ihr geraten, sie solle ihr überschüssiges Geld doch lieber auf einem Tagesgeldkonto anlegen.

Erläutern Sie Frau Busch die Gemeinsamkeiten und Unterschiede zwischen einem Girokonto und einem Tagesgeldkonto.

S 7 Herr Arne Pohland hat am 15.04. dieses Jahres 15.000,00 € auf einem Sparkonto mit 3-monatiger Kündigungsfrist (Verzinsung: 0,10 % p. a.) angelegt. Herr Pohland kommt heute, am 23.09. ohne die Sparurkunde zu Ihnen in die Beratung und bittet um Hilfe. Sein Auto ist kaputt gegangen und eine Reparatur lohnt nicht mehr. Er muss sich dringend ein Ersatzfahrzeug besorgen und möchte deshalb sofort 10.000,00 € von seinem Sparkonto auf sein Girokonto bei der Sparkasse überweisen.

Beraten Sie Herrn Pohland.

a) Erläutern Sie Herrn Pohland anhand der „Bedingungen für den Sparverkehr mit der Süddeutschen Handelsbank AG" im Proximus 4 Bedingungswerk (S. BE 450 f.) drei problematische Aspekte seines Wunsches.

b) Wie kann sein Problem an sinnvollsten gelöst werden?

c) Berechnen Sie die Vorschusszinsen, die anfallen würden, wenn die Auszahlung in der gewünschten Höhe vorgenommen werden würde.

Versicherungs- und Finanzprodukte: Finanzprodukte GFK 3 (8)

S 8 Ihre Kunden, Eheleute Jens und Hanna Rusche, lassen sich von Ihnen zum Thema Geldanlage beraten. Sie verdeutlichen die Unterschiede zwischen den einzelnen Anlageformen anhand des Magischen Dreiecks der Geldanlage.

a) Nennen Sie den Eheleuten Rusche die drei Kriterien des Magischen Dreiecks.
b) Erläutern Sie anhand der Anlageform Festgeld, warum nie alle drei Kriterien gleichermaßen hoch ausgeprägt sein können.

Zu S 9 – S 11: siehe Vorübungen V 15 – V 24

S 9 Sie sind Mitarbeiter/-in in einer Agentur der Proximus Gruppe, die auch Finanzprodukte der angeschlossenen Süddeutschen Handelsbank AG vermittelt. Heute haben Sie einen Termin mit Ihren langjährigen Kunden, den Eheleuten Carsten und Maria Abel. Dem Ehepaar steht ein Geldbetrag von ca. 30.000,00 € für eine längerfristige Anlage zur Verfügung.

Aufgrund des im Beratungsgespräch erstellten Risikoprofils stellen Sie den Eheleuten Abel die folgenden längerfristigen Anleihen vor:

	Bundesanleihe	Unternehmensanleihe
Emittent	Bundesrepublik Deutschland	Thoris AG
Nominalzins	0,5 % p.a.	2,15 % p.a.
Fälligkeit	15.02.2026	24.06.2025
Zinstermin	15.02. (ganzjährig)	24.06. (ganzjährig)
Währung	Euro	Euro
aktueller Kurs	107,86 %	103,20 %
Rating	AAA	BBB+
äußere Form	Wertrechte	Sammelurkunden

Sie erläutern Herrn und Frau Abel die angebotenen Anleihen und gehen auf Nachfrage der Kunden auf einige Begriffe und Zusammenhänge genauer ein.

a) Erläutern Sie den Kunden die Begriffe Nennwert und Nominalverzinsung einer Anleihe.
b) Erklären Sie den Eheleuten Abel, warum die Nominalverzinsung der Unternehmensanleihe deutlich höher ist als die Nominalverzinsung der Bundesanleihe.
c) Erläutern Sie den Unterschied zwischen Wertrechten und Sammelurkunden.
d) Beschreiben Sie den Kunden das Zinsänderungsrisiko.

Nachdem Sie die Kunden über die vorgestellten Anleihen informiert haben, legt Frau Abel Ihnen den folgenden Zeitungsausschnitt vor und bittet um nähere Erläuterungen zu den Risiken dieses Wertpapiers.

Süddeutsche Hypothekenbank AG

Variabel verzinster Hypotheken-Pfandbrief, ISIN DE000RHB40P6
Zinstermine: vierteljährlich am 28.01./28.04./28.07./28.10. (act/360)
Zinssatz: 0,15 % p.a. + Drei-Monats-Euribor am 21. des Monats der Zinszahlung

e) Erklären Sie den Kunden die Verzinsungsbedingungen für diese Anleihe.
f) Erläutern Sie den Eheleuten Abel, warum diese Art von Anleihe ähnlich exzellente Ratings erhält wie eine Bundesanleihe.
g) Beurteilen Sie das Zinsänderungsrisiko dieser Anleihe und begründen Sie Ihr Urteil.

S 10 Sie sind Mitarbeiter/-in in einer Agentur der Proximus Gruppe, die auch Finanzprodukte der angeschlossenen Süddeutschen Handelsbank AG vermittelt. Ihre Kundin, Frau Ellen Kessler, 38 Jahre, ledig, hat bereits Erfahrungen mit Anleihen und Fonds gemacht und überlegt nun, erstmals für 10.000,00 € Aktien zu kaufen. Frau Kessler hat einige Fragen dazu an Sie.

a) Erklären Sie Frau Kessler, welche Rechte ihr neben dem Stimmrecht zustehen würden, wenn sie Stammaktien einer AG erwirbt.
b) Nennen Sie Frau Kessler vier Sachverhalte, über die in der Hauptversammlung abgestimmt wird und erläutern Sie ihr die dazu jeweils erforderliche Mehrheit.
c) Ellen Kessler hat in einem Börsenportal den Begriff „vinkulierte Namensaktien" gelesen. Erläutern Sie der Kundin diesen Begriff.
d) Beschreiben Sie Frau Kessler drei spezielle Risiken, die für eine Geldanlage in Aktien zutreffen können.

S 11 Frau Ellen Kessler (siehe S 10) hat sich nach dem letzten Beratungsgespräch für 600 Aktien der Rothenburg AG entschieden. Jetzt hat sie von der Süddeutschen Handelsbank AG ein Schreiben über eine bevorstehende Kapitalerhöhung gegen Einlagen erhalten. Folgende Daten können Sie dem Schreiben entnehmen:

Die Rothenburg AG erhöht ihr Grundkapital um 10 Mio. € auf 40 Mio. €. Der Ausgabepreis der jungen Aktien beträgt 19,90 €. Der Aktienkurs vor der Kapitalerhöhung liegt bei 24,50 €.

a) Berechnen Sie das Bezugsverhältnis und erläutern Sie Frau Kessler, was dieses Bezugsverhältnis aussagt.
b) Berechnen Sie, wie viele junge Aktien Frau Kessler aufgrund ihrer Bezugsrechte erwerben kann und wie viel sie dafür bezahlen müsste.
c) Berechnen Sie den rechnerischen Wert eines Bezugsrechts.
d) Erläutern Sie Frau Kessler anhand Ihrer Berechnungen aus b) und c) ihre Möglichkeiten, auf das Angebot der Rothenburg AG zu reagieren.
e) Welcher Aktienkurs wird sich rechnerisch nach der Kapitalerhöhung ergeben?

Zu S 12 – S 14: siehe Vorübungen V 25 – V 34

S 12 Sie führen heute ein Beratungsgespräch mit Ihrer Kundin Susanne Messer. Frau Messer (50 Jahre, geschieden) ist als Klinikärztin tätig und besitzt eine Eigentumswohnung. Sie möchte gern 25.000,00 € für Ihre Altersvorsorge anlegen.

Nach Analyse der Kundensituation kommen folgende zwei Fonds in Frage:

	Proximus Immo Pro	Proximus Bond Invest
Fondsart:	offener Immobilienfonds (Euroraum)	Rentenfonds (überwiegend Unternehmensanleihen mit guter und sehr guter Bonität im Euro-Raum)
Währung:	Euro	Euro
Fondsvolumen:	1,45 Mrd. €	580 Mio. €
Ausgabeaufschlag:	5 %	3 %
Laufende Kosten:	0,86 %	1,25 %
Ertragsverwendung:	ausschüttend	thesaurierend

Beraten Sie die bezüglich Fonds noch unerfahrene Frau Messer.

a) Erläutern Sie Frau Messer kurz die Funktionsweise von Investmentfonds und die Beteiligten.

b) Zeigen Sie Frau Messer die Unterschiede der beiden Fonds auf, indem Sie ihr erläutern, in welche Anlageinstrumente die Fonds jeweils investieren und welche Arten von Erträgen die Fonds jeweils erwirtschaften.

c) Mit dem Erwerb von Anteilen an dem Rentenfonds sind für Frau Messer verschiedene Rechte verbunden. Nennen Sie Frau Messer drei dieser Rechte.

d) Susanne Messer möchte gern wissen, wofür die angegebenen Kosten anfallen. Erläutern Sie der Kundin die einzelnen Kostenpositionen.

Die Kundin möchte nun gern wissen, wie sich der Preis für einen Fondsanteil ergibt. Sie erläutern ihr die Preisberechnung am Beispiel des Proximus Bond Invest. Laut Angaben der Fondsgesellschaft sind derzeit insgesamt 13.250.000 Anteile im Umlauf. Das Fondsvolumen entspricht dem Inventarwert.

e) Errechnen Sie den Ausgabe- und Rücknahmepreis eines Fondsanteils des Proximus Bond Invest.

f) Erklären Sie Frau Messer die Einschränkungen in Bezug auf die Verfügbarkeit beim „Proximus Immo Pro".

g) Abschließend fragt Sie Frau Messer, was unter den Begriffen „ausschüttend" und „thesaurierend" zu verstehen ist. Erläutern Sie der Kundin den Unterschied in der Ertragsverwendung der beiden Fonds.

S 13 Ihre Kundin, Clara Fleck, 25 Jahre alt, ledig, hat mit Ihnen telefonisch einen Beratungstermin vereinbart. Sie hat vor einigen Wochen das bei der Süddeutschen Handelsbank AG geführte Depot ihres Großonkels Otto Mayer geerbt. Nachdem Frau Fleck alle Erbangelegenheiten inklusive Zahlung der Erbschaftsteuer abgewickelt hat, erfolgte in der vorigen Woche die Umschreibung des Depots von Otto Mayer auf Clara Fleck. Jetzt möchte sie mit Ihnen über ihre Anlagen sprechen.

Frau Fleck hat Ihnen folgende Daten über ihre Finanzanlagen zukommen lassen:

Kundenübersicht: Clara Fleck **per 09.05.20...**		Es liegt ein Freistellungsauftrag über 801 € vor.
Konto/Depot	Saldo/aktueller Wert	Anmerkungen
Sparkonto 50599885	1.326,67 €	dreimonatige Kündigungsfrist, Verwendungszweck: Mietkaution
Sparkonto 50599886	3.678,00 €	dreimonatige Kündigungsfrist,
VL-Sparvertrag	1.432,45 €	Verzinsung: 0,25 % p. a.
Depot:		Das Depot wird bei der Proximus Invest GmbH geführt.
Mischfonds „Proximus Balance Invest"	9.025,31 €	Anleihen und Aktien (Euro-Raum)
Aktienfonds „Proximus Global Invest"	5.531,65 €	Aktien Standardwerte weltweit

a) Erläutern Sie Frau Fleck den Unterschied zwischen einem Mischfonds und einem Aktienfonds hinsichtlich der enthaltenen Anlageformen.

b) Clara Fleck hat gehört, dass Aktien sehr risikoreich sein können. Erklären Sie Frau Fleck, inwieweit die Geldanlage in einen Aktienfonds diese Risiken reduzieren kann.

c) Vergleichen Sie die Chancen und Risiken von Aktienfonds und Mischfonds.

d) Frau Fleck möchte nach ihren Ausführungen gern 300,00 € monatlich in den Aktienfonds investieren. Erläutern Sie der Kundin, was in diesem Zusammenhang unter dem Cost Average Effekt zu verstehen ist und wie dieser zustande kommt.

Aus den Daten von Clara Fleck konnten sie erkennen, dass Sie ihre vermögenswirksamen Leistungen in Höhe von 40,00 € bisher in einen nicht geförderten Sparvertrag mit geringer Verzinsung investiert hat. Sie empfehlen ihr aufgrund ihres Risikoprofils, künftig in einen Fondssparplan zu investieren.

e) Erläutern Sie Frau Fleck, welche Förderungsmöglichkeit sie durch den neuen Vertrag in Anspruch nehmen kann und nennen Sie ihr drei Voraussetzungen, die für den Erhalt dieser Förderung erfüllt sein müssen.

S 14 Ihr Neukunde Herr Laumen ist im vergangenen Monat aus beruflichen Gründen nach Berlin gezogen. Seinen neuen Arbeitgeber hat er angewiesen, monatlich 35,00 € für Beteiligungssparen und 40,00 € für Bausparen an die bezeichneten Geldinstitute als vermögenswirksame Leistungen aus seinem Gehalt zu überweisen. Als Abonnent der Zeitschrift „Finanzen" weiß Herr Laumen bereits, dass sein Einkommen unter der Einkommensgrenze für die Arbeitnehmersparzulage liegt, er also einen Anspruch auf diese hat.

a) Welcher Betrag der Arbeitnehmersparzulage steht ihm für ein Jahr zu, wenn die genannten vermögenswirksamen Leistungen jeden Monat regelmäßig erbracht werden?

Herr Laumen hat auch noch Fragen zur Sperrfrist und zur Verfügung über die angelegten vermögenswirksamen Leistungen. Beantworten Sie diese Fragen.

b) Die erste Einzahlung zum Beteiligungssparen erfolgt am 15.11.2019. Wann beginnt und wann endet die Sperrfrist für diesen Vertrag (TT.MM.JJ)?

c) Unter welchen Umständen ist Herrn Laumen eine vorzeitige Verfügung über die angelegten vermögenswirksamen Leistungen ohne Verlust der Arbeitnehmersparzulage möglich? Nennen Sie zwei Umstände, die für beide abgeschlossenen Verträge gelten.

Versicherungs- und Finanzprodukte: Finanzprodukte GFK 3 (8)

> Zu S 15 – S 16: siehe Vorübungen V 35 – V 41

S 15 Ihr Kunde Jan Lindner teilt Ihnen in einem Gespräch mit, dass er Anfang des Jahres nach erfolgreichem Abschluss seiner Ausbildung zum Bürokaufmann einen unbefristeten Arbeitsvertrag unterschrieben habe und daher beabsichtige, in den nächsten Wochen eine eigene Wohnung zu beziehen. Dafür benötige er aber diverse Möbel für ca. 4.000,00 € bis 5.000,00 €, wobei seine Ersparnisse allerdings nicht ausreichen. Nach Abzug aller Kosten bleiben ihm im Monat etwa 150,00 €.

Er wisse von seiner Bank, dass er für einige Zeit sein Girokonto überziehen darf. Von Freunden wurde ihm alternativ ein Ratenkredit empfohlen. Bitte informieren Sie ihn, ob dieses eine sinnvolle Alternative wäre!

S 16 Als Kaufmann/Kauffrau für Versicherungen und Finanzen, der für die Proximus Gruppe tätig ist, vermitteln Sie auch Finanzprodukte der Süddeutschen Handelsbank AG. Nach einem Arbeitgeberwechsel hat sich Jens Kurz vor einem Monat zu einem Umzug entschlossen und gleichzeitig seine Konten von der Nordbank AG auf die Süddeutsche Handelsbank AG übertragen.

Heute wendet sich Herr Kurz für die Finanzierung eines Neuwagens der Marke „Orion 208 GL" an Sie. Die Orion Auto Deutschland GmbH hat ihm ein Finanzierungsangebot unterbreitet. Er möchte wissen, welche Finanzierungskonditionen ihm die Proximus Gruppe vorschlagen kann und legt für Vergleichszwecke das nachstehende Orion-Angebot vor. Für seinen alten Pkw wird er noch 3.650,00 € erhalten.

Orion Auto Deutschland GmbH

Unverbindliches Finanzierungsangebot (Auszug)

Nachstehend unterbreiten wir Ihnen unter Zugrundelegung der derzeit gültigen Darlehensbedingungen ein unverbindliches Finanzierungsangebot.

	Fahrzeugpreis	15.149,00 €
	– Anzahlung	3.650,00 €
	= Nettokreditbetrag	11.499,00 €
Laufzeit (Monate)	48	
Effektiver Jahreszins	4,90 %	
	Schlussrate	5.977,00 €
	47 monatliche Raten á 153,27 €	

a) Zunächst erstellen Sie mit Herrn Kurz eine Haushaltsrechnung. Erläutern Sie dem Kunden, wofür diese Berechnung im Zusammenhang mit einer möglichen Kreditvergabe wichtig ist.

Das frei verfügbare Einkommen von Herrn Kurz beträgt 350,00 € monatlich. Aufgrund der finanziellen Voraussetzungen wäre eine Kreditvergabe von Seiten der Süddeutschen Handelsbank AG grundsätzlich möglich. Sie besprechen mit Herrn Kurz zunächst noch die Frage der Besicherung des Kredits. Sie erläutern Ihrem Kunden, dass Sie bei Finanzierungen von Fahrzeugen als Sicherheit eine Sicherungsübereignung des Fahrzeuges verlangen.

b) Erläutern Sie Herrn Kurz die Funktionsweise dieser Sicherheit.

c) Nennen Sie dem Kunden zwei Pflichten, die sich aus der Vereinbarung einer Sicherungsübereignung für ihn ergeben.

Auf Wunsch des Kunden unterbreiten Sie ihm nun zum Vergleich mit dem Finanzierungsangebot der Orion Auto Deutschland GmbH ein Finanzierungsangebot gemäß den aktuell gültigen Konditionen der Süddeutschen Handelsbank AG.

d) Ermitteln Sie anhand der nachfolgenden Tabelle zunächst den passenden Kreditbetrag (runden Sie das Ergebnis auf volle Tausend Euro auf) sowie die Höhe der monatlichen Kreditraten für den Finanzierungswunsch von Herrn Kurz.

Süddeutsche Handelsbank AG
Auszug aus dem Konditionentableau für Verbraucherdarlehen

Laufzeit: 48 Monate

Sollzinssatz p. a.: 3,90 %

Kreditbetrag €	Zinsen €	Gesamtbetrag €	Höhe der Raten €
8.500,00	692,94	9.192,94	191,52
9.000,00	733,76	9.733,56	202,78
10.000,00	815,31	10.815,31	225,32
11.000,00	896,80	11.896,80	247,85
12.000,00	978,35	12.978,35	270,38
13.000,00	1.059,90	14.059,90	292,92
14.000,00	1.141,46	15.141,46	315,45
15.000,00	1.222,96	16.222,96	337,98

Die monatlichen Belastungen für den Kredit sind bei der Süddeutschen Handelsbank AG zwar höher als bei der Orion Auto Deutschland GmbH. Dennoch ist die Finanzierung über die Süddeutsche Handelsbank für Herrn Kurz vorteilhafter, wenn man nicht nur die monatlichen Raten sondern alle Aspekte genau betrachtet.

e) Erklären Sie Herrn Kurz anhand von drei Aspekten, warum eine Finanzierung über die Süddeutsche Handelsbank AG vorteilhafter für ihn ist!

Herr Kurz entscheidet sich nach Ihren Ausführungen für das Angebot der Süddeutschen Handelsbank AG. Sie besprechen nun noch einige Details des Kreditvertrages.

f) Erläutern Sie Herrn Kurz sein Widerrufsrecht.

g) Herr Kurz möchte noch wissen, welche Möglichkeiten er hat, wenn er den Kredit vorzeitig zurückzahlen möchte. Erklären Sie ihm die gesetzliche Kündigungsregelung für Verbraucherdarlehen.

h) Welche Möglichkeiten hat die Süddeutsche Handelsbank AG, wenn Herr Kurz seinen Zahlungsverpflichtungen nicht nachkommt?

Fachrichtung Versicherung: Schaden- und Leistungsbearbeitung – Sachversicherung

Teil 2: Fachrichtungsbezogene Prüfung (FP)

FP 1 – Fachrichtung Versicherung: Schaden- und Leistungsbearbeitung

(1) Sachversicherung

S 1 Sie sind Mitarbeiter/-in der Leistungsabteilung der Proximus Versicherung AG. Ihre VN, Frau Gabriele Brodkorb hatte Ihnen bereits vor geraumer Zeit einen Schadenfall gemeldet. Es hatte in ihrem selbstgenutzten Einfamilienhaus im Wohnzimmer gebrannt. Den Schaden an Hausrat und Gebäude hat die Proximus Versicherung AG bedingungsgemäß übernommen. Nun teilt Frau Brodkorb Ihnen mit, dass sie nach Abschluss aller Reparaturarbeiten wieder in ihr vorübergehend unbewohnbar gewordenes Haus einziehen kann.

Sie hat sich vorübergehend im einzigen 4-Sterne-Hotel an ihrem Wohnort einquartiert. Sie möchte nun wissen, ob sie Ansprüche aus ihrer Hausrat- oder Wohngebäudeversicherung hat und welche Kosten die Proximus Versicherung AG konkret übernimmt. Sie legt Ihnen dazu folgende Hotelrechnung vor:

**** Hotel am Platz
Loebstr. 16
54294 Trier

Frau
Gabriele Brodkorb
Umterm Wolfsberg 32
54295 Trier

Trier, 17.05. d. J.

Sehr geehrte Frau Brodkorb,

für Ihren Aufenthalt vom 22.01. bis 17.05. d. J. danken wir herzlich und erlauben uns, Ihnen zu berechnen:

116 Tage	x	Übernachtung Einzelzimmer „Superior" á 87,50 €	10.150,00 €
116	x	Frühstück „Exquisit" á 14,80 €	1.716,80 €
223	x	Telefoneinheiten á 0,30 €	66,90 €
Summe			11.933,70 €
./. Anzahlung			5.000,00 €
noch zu zahlen			6.933,70 €

Alle Preise enthalten die gesetzliche Umsatzsteuer. Betrag dankend per Kreditkartenzahlung erhalten.

Bankverbindung:
IBAN: DE44 7686 0023 0003 4456 88 · BIC: HHASPK78833 · Consumbank Trier

FP 1 (1)   Fachrichtung Versicherung: Schaden- und Leistungsbearbeitung – Sachversicherung

Sie entnehmen der Bildschirmmaske, dass für Frau Bordkorb eine Hauratversicherung mit einer Versicherungssumme von 72.000,00 € mit Klausel 7712 nach VHB 2014 sowie eine Wohngebäudeversicherung mit einer VS 1914 von 27.400,00 Mark nach VGB 2014 besteht.

Teilen Sie Frau Brodkorb mit, auf welche Leistungen sie Anspruch hat und berechnen Sie, soweit bereits möglich, die Leistungshöhe!

> **S 2** Sie sind Mitarbeiter/-in der Leistungsabteilung der Proximus Versicherung AG. Ihr Kunde Ralf-Peter Hoffmann teilt Ihnen telefonisch zur bestehenden Gebäudeversicherung folgenden Schaden mit:

„Im Garten meines Einfamilienhauses stehen drei alte Buchen. Vorgestern wütete bei uns ein schweres Unwetter mit starken Orkanböen. Dabei brach einer der Bäume und stürzte auf mein Haus und die angeschlossene Garage. Es sind folgende Schäden entstanden:

- der Wintergarten meines Hauses wurde schwer beschädigt,
- das Gewächshaus neben dem Wintergarten wurde vollständig zerstört, natürlich sind auch alle Pflanzen darin kaputt gegangen,
- das Dach der Doppelgarage neben meinem Haus wurde beschädigt,
- der Zaun zu meinem Nachbarn wurde auf einer Länge von ca. 7 Metern zerstört,
- durch einen Kurzschluss, der offenbar im Wintergarten entstanden ist, wurde die Elektronik der Klimaanlage zerstört.

Zudem bitte ich um Ersatz für folgende Kosten:
- den Mietwert für meinem mindestens zwei Monate nicht nutzbaren Wintergarten,
- Ersatz der Kosten für einen Mietwagen, da Teile des Baumes vor dem Garagentor hingen und sich das Garagentor deshalb nicht öffnen ließ,
- den Abtransport der umgestürzten Buche und das Entfernen des Baumstumpfes."

Teilen Sie Herrn Hoffmann stichpunktartig mit, welche der geltend gemachten Aufwendungen die Proximus Versicherung AG übernimmt!

Vertragsspiegel Wohngebäudeversicherung

	Name	Vorname	Geburtsdatum	Beruf	A = angestellt S = selbstständig B = öffentlicher Dienst
Vers.-Nehmer	Hoffmann	Ralf-Peter	16.11.1981	Steuerfach- angestellter	A
Anschrift	Max-Delbrück-Str. 77, 51377 Leverkusen					
Versicherungsnachweis					
Vers.-Nummer	WG 44 787 302			vom:	01.08.2018
Bedingungen	VGB 2014				
Klauseln	PK 7160, PK 7363				
Beginn	01.08.2017				
Ablauf	01.08.2020				
Zahlungsweise	jährlich				
Prämie/Rate	332,71 €				
Fälligkeit	01.08.				
Prämienkonto	ausgeglichen				
Versicherte Gefahren	Brand, Leitungswasser, Sturm/Hagel				

Fachrichtung Versicherung: Schaden- und Leistungsbearbeitung – Sachversicherung FP 1 (1)

Versicherungsort	Max-Delbrück-Str. 77, 51377 Leverkusen
Versicherungssumme 1914 lt. Summenermittlungsbogen	26.400,00 M
Gebäudetyp	Freistehendes Einfamilienhaus (EFH) mit Garage, ständig bewohnt
Baujahr	1994
Wohnfläche (m²)	156
besondere Gefahrenverhältnisse	keine
zusätzliche Einschlüsse	keine
Selbstbeteiligung	keine
Hypothekendarlehen	nein

Schadenquote der letzten 5 Jahre:			
Leistungsfälle			
Datum	Beschreibung	Besondere Hinweise	Betrag

S 3 Sie sind Mitarbeiter/-in der Leistungsabteilung der Proximus Versicherung AG. Am 30.07. d. J. finden Sie nach Rückkehr aus der Mittagspause folgende E-Mail Ihres VN Dieter Heim vor:

Sehr geehrte Damen und Herren,

hiermit möchte ich Ihnen folgenden Schadenfall zu meiner Hausratversicherung melden:

Gestern Abend kam gegen 20:30 Uhr ein Freund zu Besuch. Als ich ihm die Tür öffnen wollte, kam aus dem Gebüsch ein maskierter Räuber und drängte meinen Freund und mich gewaltsam ins Haus. Er bedrohte uns mit einer Feuerwaffe, während er vom Küchenbuffet die dort liegenden 335,00 € einsteckte. Zusätzlich entwendete er noch einige DVDs und BluRays, die ich mir von einer Bekannten ausgeliehen hatte. Er nahm meinem Freund das Notebook, das dieser mitgebracht hatte und noch in den Händen hielt, weg. Als mein Freund auf die dumme Idee kam, sich zu wehren, flippte der Täter vollständig aus: Er trat meinen Freund und stieß ihn gewaltsam gegen mein im Wohnzimmer stehendes Aquarium. Dies fiel natürlich herunter und zersplitterte. Das Wasser ergoss sich über den gesamten Teppichboden. Die wertvollen Fische aus dem Aquarium verendeten kläglich und auch die teuren Wasserpflanzen sind nicht mehr zu gebrauchen.

Die fällige Prämie, die Sie mit Ihrem Schreiben vom 03.07., das ich erst am 07.07. erhalten habe, angemahnt haben, habe ich Gott sei Dank vorgestern noch überwiesen. Bitte regulieren Sie den Schaden schnellstmöglich. Vielen Dank!

Mit freundlichem Gruß

Dieter Heim

Herr Heim hat bei der Proximus Versicherung AG eine Hausratversicherung nach VHB 2014 mit Klausel PK 7712 und eine Haushalt-Glasversicherung versichert. Die Wohngebäudeversicherung für seinen selbstbewohnten Bungalow besteht bei einer anderen Gesellschaft.

Des Weiteren entnehmen Sie dem Bildschirmauszug, dass Herr Heim die am 01.06. fällige Jahresprämie nicht rechtzeitig bezahlt hat und die Proximus Versicherung AG daher am

03.07. ein qualifiziertes Mahn-/Kündigungsschreiben nach § 38 VVG mit einer Zahlungsfrist von 2 Wochen an Herrn Heim verschickt hat.

Bereiten Sie stichpunktartig die schriftliche Antwort an den VN Heim vor und erläutern Sie ihm Ihre Schadenregulierung!

S 4 Sie sind Mitarbeiter/-in der Leistungsabteilung der Proximus Versicherung AG. Ihre Kunde, Herr Matthias Bäumler ruft Sie an und schildert Ihnen telefonisch folgenden Schadenfall:

„Gestern Abend saß ich in meinem Wohnzimmer und sah fern. Plötzlich tat es einen Schlag im über meiner Wohnung liegenden unbewohnten Dachgeschoss. Wie die Feuerwehr später feststellte, war ein Kabel gebrochen, das zu einem heftigen Kurzschluss führte. Natürlich flog die Panzersicherung der Elektroanlage des Hauses heraus, so dass das gesamte Haus ohne Strom und damit ohne Licht war. Als ich mich vorsichtig ins Treppenhaus vorangetastet hatte, sah ich schon, dass eine Ecke des Dachgeschosses in hellen Flammen stand. Ich rief sofort mit meinem Handy die Feuerwehr, die auch prompt kam und die Flammen nach einer knappen halben Stunde gelöscht hatte. Leider ist das Dachgeschoss trotzdem fast vollständig ausgebrannt. Auch die Solartherme und die Photovoltaikanlage wurden ein Raub der Flammen. Das Löschwasser lief durch das gesamte Haus. Meine Wohnung, die darunter liegende Wohnung des Mieters und meine Schreinerei, die ich im Erdgeschoss des Hauses betreibe, wurden dadurch erheblich beschädigt. Das gesamte Haus wird aufgrund der erforderlichen Sanierungsarbeiten mindestens fünf Monate nicht nutzbar sein. Ich kann so lange bei meiner Schwester, die ein paar Häuser weiter wohnt, unterkommen. Die Familie meines Mieters ist in eine benachbarte Pension gezogen.

Bitte teilen Sie mir mit, welche Kosten Sie übernehmen. Wer zahlt eigentlich den sicherlich teuren Einsatz der Berufsfeuerwehr?

Erläutern Sie Herrn Bäumler, welche Kosten Sie dem Grunde nach übernehmen!

Vertragsspiegel Wohngebäudeversicherung

	Name	Vorname	Geburtsdatum	Beruf	A = angestellt S = selbstständig B = öffentlicher Dienst
Vers.-Nehmer	Bäumler	Matthias	08.03.1958	Schreinermeister	S
Anschrift	Hansastr. 9, 24118 Kiel				
Versicherungsnachweis					
Vers.-Nummer	WG 63 217 008		vom:	01.01.2018	
Bedingungen	VGB 2014				
Klauseln	PK 7160, PK 7363				
Beginn	01.01.2018				
Ablauf	01.01.2021				
Zahlungsweise	jährlich				
Prämie/Rate	763,68 €				
Fälligkeit	01.01.				
Prämienkonto	ausgeglichen				
Versicherte Gefahren	Brand, Leitungswasser, Sturm/Hagel				
Versicherungsort	Hansastr. 9, 24118 Kiel				

Fortsetzung Vertragsspiegel siehe nächste Seite

Fachrichtung Versicherung: Schaden- und Leistungsbearbeitung – Sachversicherung FP 1 (1)

Versicherungssumme 1914 lt. Summenermittlungsbogen	54.300,00 M
Gebäudetyp	Mehrfamilienhaus, ständig bewohnt
Baujahr	1953
Wohnfläche (m²)	373
besondere Gefahrenverhältnisse	Gewerbeeinheit im EG
zusätzliche Einschlüsse	keine
Selbstbeteiligung	keine
Hypothekendarlehen	nein

Schadenquote der letzten 5 Jahre:			
Leistungsfälle			
Datum	Beschreibung	Besondere Hinweise	Betrag

S 5 Sie sind Mitarbeiter/-in der Leistungsabteilung der Proximus Versicherung AG. Ihre Kundin, Frau Mareike Eichbaum meldet folgende Sachen, die nach einem dem Grunde nach versicherten Einbruchdiebstahl aus ihrem Haus entwendet wurden:

- 1.800,00 € Bargeld
- 6.100,00 € Wertpapiere
- 12.500,00 € Schmuck
- 1.900,00 € TV-Gerät mit BluRay-Player und Spielkonsole
- 4.700,00 € Bekleidung

Die Wertsachen wurden außerhalb eines anerkannten und verschlossenen Wertschutzschranks aufbewahrt.

Bei der Aufnahme des Schadens stellt der Schadenregulierer fest, dass der Versicherungswert mit 95.000,00 € über der Versicherungssumme in Höhe von 60.000,00 € liegt.

Nach Angaben der VN sind im Versicherungswert für insgesamt 26.000,00 € Wertsachen enthalten.

Berechnen Sie die Gesamtentschädigung, die die VN Eichbaum erhält!

S 6 Sie sind Mitarbeiter/-in der Leistungsabteilung der Proximus Versicherung AG. Ihr Kunde, Herr Thomas Thumann ruft sie aus Spanien an und teilt Ihnen folgenden Schadenfall mit:

„Gestern Abend stellte ich mein verschlossenes Auto in der Tiefgarage unseres Hotels in Barcelona ab. Als ich mit meiner Freundin heute Vormittag zu einem Ausflug starten wollte, bemerkte ich, dass die hintere rechte Seitenscheibe des Autos eingeschlagen war. Aus dem Fahrzeug wurde das fest verbaute Navigationssystem ausgebaut und zusammen mit mehreren CDs sowie einem USB-Stick gestohlen. Außerdem wurde ein Goldring meiner Freundin aus dem Handschuhfach entwendet, den sie gestern Abend im Fahrzeug vergessen hatte.

Als ob dem nicht genug wäre, nahm das Unglück gleich seinen weiteren Lauf: Als wir mit dem Auto zu einer der vielen Autoglasereien gefahren sind um die eingeschlagene Scheibe ersetzen zu lassen, mussten wir an einer stark befahrenden Straßenkreuzung an einer roten Ampel halten. Neben uns hielt ein Motorrad, von dem zwei junge Männer abstiegen. Plötzlich riss einer die hintere Tür meines Autos auf und entwendete die dort abgestellte Handtasche meiner Freundin. Der andere öffnete in der Zwischenzeit den Kofferraumdeckel und griff die darin abgestellte Badetasche, in der wir unsere Badesachen für einen späteren Strandbesuch gepackt hatten. Bis wir uns umsehen konnten, waren die beiden Diebe wieder auf ihr Motorrad aufgesprungen und über die rote Ampel geflüchtet. Wir haben beide Diebstähle bei der Polizei in Barcelona angezeigt.

Meine Frage ist nun ob Sie die angefallenen Schäden übernehmen, da der Schadenfall ja im Ausland eingetreten ist."

Sie entnehmen der Bildschirmmaske, dass für Herrn Thomas Thumann und seine bei ihm im Haushalt lebende Freundin eine Hausratversicherung nach VHB 2014 mit einer Versicherungssumme von 68.000,00 € besteht; Unterversicherungsverzicht ist vereinbart, die Prämien sind laufend bezahlt.

Erläutern Sie Herrn Thumann, in wie weit die Proximus Versicherung AG den Schaden regulieren wird!

S 7 Sie sind Mitarbeiter/-in der Leistungsabteilung der Proximus Versicherung AG. Ihre Kundin Annett Michalski schildert Ihnen per Brief folgenden Schadenfall:

Annett Michalski   Bayreuth, 17.06. d. J.
Schlesienstr. 9 A
95477 Bayreuth

Versicherungsnummer: HR 47 776 389 und WG 21 987 364

Sehr geehrte Damen und Herren,

gestern am späten Vormittag frühstückte ich auf der Terrasse des in meinem Eigentum stehenden Reihenhauses, obwohl ab Mittag Gewitter mit Sturm und Hagel gemeldet waren, weil das Wetter zu diesem Zeitpunkt noch sehr schön war. Als die ersten Windstöße aufkamen, begann ich, den Terrassentisch abzuräumen und das Geschirr in die Küche zu bringen. Als ich zwei Minuten später erneut auf die Terrasse kam, um den Sonnenschirm zu schließen und die Markise einzurollen, musste ich feststellen, dass die Stoffbespannung der Markise durch die Einwirkung des Sturms bereits zerrissen war. Der Sonnenschirm, der in einem massiven Betonständer im Gras neben der Terrasse gestanden hatte, wurde durch eine starke Windböe aus dieser Halterung geschleudert. Er zersplitterte dann die zur Terrasse gewandte Scheibe des Wohnzimmerfensters. Im Zimmer zerschlug er auf der Fensterbank diverse Blumentöpfe und eine wertvolle antike Vase, die weit über 200 Jahre alt war. Durch den eindringenden Regen löste sich der Kleber des Teppichbodens. Der Teppichboden wölbte sich und ist jetzt dauerhaft so verwellt und mit Wasserflecken durchsetzt, dass er nicht mehr verwendet werden kann.

Um weitere Schäden zu vermeiden, habe ich das zersplitterte Fenster notdürftig durch eine stabile Plastikfolie abdichten lassen, da der vielbeschäftigte Glaser erst nächste Woche zum Austausch der Scheibe kommen kann. Zudem fielen nicht unerhebliche Kosten für den Abtransport aller zerstörten Sachen zur Mülldeponie an.

Bitte schreiben Sie mir schnell, ob Sie die mir entstandenen Kosten ersetzen.

Mit freundlichen Grüßen

Annett Michalski

Der Bildschirmmaske entnehmen Sie, dass für Frau Michalski eine Hausrat- und eine Wohngebäudeversicherung mit ausreichenden Versicherungssummen sowie eine Glasversicherung vereinbart hat. Die Versicherung weiterer Elementargefahren ist nicht vereinbart.

Erläutern Sie Frau Michalski, wie es sich mit ihrem Versicherungsschutz dem Grunde nach verhält!

> **S 8** Sie sind Mitarbeiter/-in der Leistungsabteilung der Proximus Versicherung AG. Durch eine Gasexplosion mit nachfolgendem Brand wird Hausrat in der Wohnung Ihrer VN Daniela Roll zerstört. Frau Roll hat ihren Hausrat bei der Proximus Versicherung AG mit einer Versicherungssumme von 65.000,00 € versichert und die Klausel PK 7712 (Unterversicherungsverzicht) vereinbart.

Der Schaden an den versicherten Sachen beträgt tatsächlich jedoch 74.000,00 €. Die angefallenen versicherten Kosten belaufen sich auf 8.500,00 €.

a) Bearbeiten Sie den Schadenfall und berechnen Sie die Gesamtleistung aus dem Vertrag!

Variante: Frau Roll hat nach dem Schaden ihre Versicherungssumme auf 74.000 € erhöht; die Klausel PK 7712 ist weiterhin eingeschlossen. Bei einem späteren, dem Grunde nach ersatzpflichtigen Versicherungsfall sind folgende Schäden entstanden:

Schäden an versicherten Sachen: 74.000,00 €
Aufräumungskosten: 9.000,00 €
Schadenminderungskosten auf Weisung des Versicherers: 1.250,00 €

b) Bearbeiten Sie auch diesen Schadenfall und berechnen Sie die nun anfallende Gesamtleistung!

> **S 9** Sie sind Mitarbeiter/-in der Leistungsabteilung der Proximus Versicherung AG. Unser Versicherungsnehmer, Herr Maximilian Lüdenscheidt, selbstständiger Masseur, teilt Ihnen mit, dass er ein in seinem Eigentum stehendes großes Einfamilienhaus bewohnt, indem er vier abgetrennte Räume mit gesondertem Eingang ausschließlich als Massagepraxis nutzt.

In diese Praxis sind vergangene Woche Diebe eingebrochen und haben dort den Praxiscomputer (Wert 1.200,00 €) und eine Kiste mit wertvollem Massageöl (980,00 €) entwendet. Anschließend haben die Diebe die Tür zur Privatwohnung des VN aufgebrochen und schwer beschädigt (veranschlagte Kosten für die Reparatur: 1.480,00 €). In der Privatwohnung haben sie aus der Kommode den Schmuck (Wert 24.800,00 €) der Ehefrau sowie aus der Schublade des Wohnzimmerschranks zwölf alte Goldmünzen (Wert 18.200,00 €) entwendet.

Für Herrn Lüdenscheidt besteht eine Hausratversicherung bei der Proximus Versicherung AG (siehe Vertragsspiegel) und eine Wohngebäudeversicherung bei der Südstern Versicherung.

Prüfen Sie die Leistungspflicht dem Grunde und der Höhe nach und erläutern Sie Herrn Lüdenscheidt Ihre Entscheidung!

Vertragsspiegel Hausratversicherung

	Name	Vorname	Geburtsdatum	Beruf	A = angestellt S = selbstständig B = öffentlicher Dienst
Vers.-Nehmer	Lüdenscheidt	Maximilian	27.07.1981	Masseur	S
Anschrift	Katharina-von-Bora-Straße 111, 80333 München				
Versicherungsnachweis					
Vers.-Nummer	HR 22 379 546		vom:	01.10.2017	
Bedingungen	VHB 2014				
Klauseln	PK 7712, PK 7710				
Beginn	01.10.2017 – 00:00 Uhr				
Ablauf	01.10.2020 – 24:00 Uhr				
Zahlungsweise	jährlich				
Prämie/Rate	388,92 €				
Fälligkeit	01.10.				
Prämienkonto	ausgeglichen				
Versicherte Gefahren	Brand, Leitungswasser, ED/Raub, Sturm/Hagel				
Versicherungsort	Katharina-von-Bora-Straße 111, 80333 München				
Versicherungssumme	185.250,00 €				
Wohnfläche (m²)	285				

Schadenquote der letzten 5 Jahre:			
Leistungsfälle			
Datum	Beschreibung	Besondere Hinweise	Betrag

S 10 Sie sind Mitarbeiter/-in der Leistungsabteilung der Proximus Versicherung AG. Ihr Kunde Bernd Lange teilt Ihnen mit, dass sich am gestrigen Tag folgender Schadenfall in seiner Mietwohnung ereignet hat:

Bernd Lange Berlin, 02.05. d. J.
Eduard-Bernstein-Weg 7
13591 Berlin

Versicherungsnummer: HR 77 242 189

Sehr geehrte Damen und Herren,

vor drei Jahren hat mir ein befreundeter Schreinermeister eine hochwertige Einbauküche aus Edelholz passgenau für die Küche in meiner Mietwohnung angefertigt und eingebaut. Heute Vormittag habe ich die Spülmaschine laufen lassen während ich unter der Dusche stand. Als ich in der Küche nach dem Rechten sehen wollte, musste ich feststellen, dass diese komplett unter Wasser stand. Grund hierfür war ein geplatzter Abwasserschlauch an der Spülmaschine.

Durch das auslaufende Wasser wurde der gesamte Küchensockel, der ebenfalls aus Holz besteht, aufgeweicht und muss nun ersetzt werden. Zudem kam es durch das auslaufende Wasser zu einem Kurzschluss im Elektroherd, der lt. Aussage meines Elektrikers nicht mehr zu gebrauchen ist. Dummerweise lief das Wasser über den Fliesenboden in der Küche, der unversehrt geblieben ist, auf den schönen alten Dielenboden im Wohnzimmer und weichte diesen großflächig auf, so dass dieser wohl komplett ausgetauscht werden muss.

Zu allem Überfluss tropfte auch noch Wasser durch den durchweichten Boden in die Wohnung im 1. Stock, wodurch die teure Designer-Deckenlampe des dortigen Mieters vollständig kaputt ging.

Bitte teilen Sie mir mit, ob Sie für die entstandenen Schäden aufkommen werden.

Mit freundlichen Grüßen

Bernd Lange

Prüfen Sie die Leistungspflicht dem Grunde nach!

Vertragsspiegel Hausratversicherung

	Name	Vorname	Geburtsdatum	Beruf	A = angestellt S = selbstständig B = öffentlicher Dienst
Vers.-Nehmer	Lange	Bernd	27.07.1981	Spenglermeister	S
Anschrift	Eduard-Bernstein-Weg 7, 13591 Berlin				
Versicherungsnachweis					
Vers.-Nummer	HR 77 242 189		vom:	01.05.2018	
Bedingungen	VHB 2016				
Klauseln	PK 7712, PK 7111 (5 % der VS)				
Beginn	01.05.2018 – 00:00 Uhr				
Ablauf	01.05.2021 – 24:00 Uhr				
Zahlungsweise	jährlich				
Prämie/Rate	167,11 €				
Fälligkeit	01.02.				
Prämienkonto	ausgeglichen				
Versicherte Gefahren	Brand, Leitungswasser, ED/Raub, Sturm/Hagel				
Versicherungsort	Eduard-Bernstein-Weg 7, 13591 Berlin, 2. Stock rechts				
Versicherungssumme	55.250,00 €				
Wohnfläche (m²)	85				

Schadenquote der letzten 5 Jahre:			
Leistungsfälle			
Datum	Beschreibung	Besondere Hinweise	Betrag
17.09.2015	Einbruchdiebstahl	Täter wurde nicht ermittelt	7.334,57 €

S 11 Sie sind Mitarbeiter/-in der Leistungsabteilung der Proximus Allgemeine Versicherung AG. Ihr Kunde Vincent Köpke meldet Ihnen folgenden Schadenfall, der sich am Vortag in seinem selbstbewohnten Einfamilienhaus ereignet hat:

Vincent Köpke
Föhrenweg 66
38108 Braunschweig

Braunschweig, 17.03. d. J.

Versicherungsnummern: WG 22 365 344 und HR 16 882 474

Sehr geehrte Damen und Herren,

gestern ist in meinem Weinregal, das ich im Wohnzimmer stehen habe, eine Magnumflasche (1,5 Liter) Rotwein aus dem Jahr 2007 offensichtlich wegen beginnender Gärung explodiert. Dadurch sind sieben weitere Weinflaschen ebenfalls aus dem Regal gefallen. Zwei davon haben den daneben stehenden Glastisch beschädigt, dessen Glasplatte zerbrochen ist. Auch die sich auf dem Tisch befindende Glasvase und eine antike Obstschale gingen dabei zu Bruch. Am Boden neben dem Tisch stand eine Kiste mit hochwertigen Kugelschreibern, die ich am Nachmittag mit in mein Schreibwarengeschäft zum Verkauf nehmen wollte. Außerdem wurde ein teurer handgeknüpfter Perserteppich stark durch den umherspritzenden Rotwein verschmutzt und der darunter liegende Parkettboden wurde durch den einsickernden Wein aufgeweicht, so dass er sich auf einer Fläche von ungefähr drei Quadratmetern nun wölbt und daher ausgetauscht werden muss.

Ich hoffe sehr, dass Sie mir die dadurch entstandenen Kosten ersetzen werden.

Mit freundlichen Grüßen

Vincent Köpke

Sie ersehen aus Ihrer Bildschirmmaske, dass für das Einfamilienhaus des VN Köpke eine Hausratversicherung mit 120.000,00 € Versicherungssumme mit Klausel PK 7712 nach VHB 2014 besteht. Zudem hat Herr Köpke eine Glasversicherung nach AGlB 2014 und eine Wohngebäudeversicherung zum Gleitenden Neuwert nach VGB 2014 bei der Proximus Versicherung AG. Die Versicherungswerte entsprechen jeweils der Versicherungssumme; die Prämien sind laufend bezahlt.

Prüfen Sie die Leistungspflicht und ggf. die Entschädigung dem Grunde nach!

S 12 Ihre VN Daniela Endl meldet Ihnen telefonisch folgenden Schadenhergang:

„Im Laufe des gestrigen Nachmittags, so zwischen 13 Uhr und 17 Uhr wurde mir mein teures Fahrrad gestohlen. Ich hatte es vor knapp zwei Jahren zum damaligen Neupreis von 1.750,00 € gekauft. Jetzt kostet es sogar 1.870,00 €. Da es in der verschlossenen Garage stand, hatte ich es nicht zusätzlich abgeschlossen. Ich hoffe trotzdem, dass Sie mir es ersetzen."

Der Bildschirmmaske entnehmen Sie, dass für die Doppelhaushälfte des Ehepaars Endl eine Hausratversicherung mit einer Versicherungssumme von 90.000,00 € besteht. Die privat genutzte Garage wurde seinerzeit im Antrag benannt. Es sind folgende Klauseln mit vereinbart: PK 7712, PK 7110 mit 1 % der VS.

Prüfen Sie einen möglichen Leistungsanspruch und erläutern Sie Frau Endl ihre Entscheidung!

Fachrichtung Versicherung: Schaden- und Leistungsbearbeitung – Sachversicherung FP 1 (1)

S 13 Sie sind Mitarbeiter/-in der Leistungsabteilung Sachversicherung der Proximus Versicherung AG. Ihr Außendienstmitarbeiter Claus Pöhlmann schildert Ihnen telefonisch folgenden Schaden seines Kunden Bastian Möhring:

Herr und Frau Möhring übernachteten vorgestern auf der Hinfahrt in ihren Urlaub in ihrem Wohnmobil an der Autobahnraststätte F. Heute Morgen wachten sie völlig benommen auf; die Tür zum Wohnmobil war aufgebrochen. Die Kriminalpolizei teilte Familie Köhling mit, dass mehrere Täter nachts bei acht Wohnmobilen bzw. Wohnwagen Gas durch ein in die Tür gebohrtes Loch sprühten und die Insassen dadurch betäubten. Dem Ehepaar Möhring wurden 1.720,00 € Bargeld und eine goldene Armbanduhr (Wiederbeschaffungswert 22.800,00 €) entwendet, für die sie Entschädigung beantragen. Außerdem bittet Herr Möhring um Ersatz von 830,00 € für den Austausch der beschädigten Wohnmobiltür.

Er hat bei der Proximus Versicherung AG eine Hausratversicherung mit 75.000,00 € Versicherungssumme und Klausel 7712 abgeschlossen. Da sich Herr Pöhlmann unsicher ist, ob wir leisten, fragt er nach dem Leistungsumfang.

Erläutern Sie dem Ehepaar Möhring, ob ein ersatzpflichtiger Schaden vorliegt und wofür ggf. geleistet wird!

S 14 Sie sind Mitarbeiter/-in in der Sach-Leistungsabteilung der Proximus Versicherung AG. Ihre VN Christel Heim meldet Ihnen folgenden, dem Grunde nach ersatzpflichtigen Wohngebäudeschaden:

Schäden an versicherten Sachen: 144.000,00 €
Aufräum- und Abbruchkosten: 38.000,00 €
Schadenminderungskosten auf Weisung der Proximus Versicherung AG: 6.800,00 €

Der Vertragsmaske Ihres Bildschirms entnehmen Sie, dass für das Einfamilienhaus von Frau Heim eine Wohngebäudeversicherung nach VGB 2014 mit einer Versicherungssumme 1914 von 25.500,00 M besteht. Eine Überprüfung ergibt, dass Frau Heim einen schon vor 12 Jahren errichteten Anbau nicht angezeigt hat und der korrekte Versicherungswert daher 34.000,00 M beträgt.

Berechnen Sie die an Frau Heim zu zahlende Entschädigung!

S 15 Sie sind Mitarbeiter/-in in der Sach-Leistungsabteilung der Proximus Versicherung AG. Herr Oliver Mothes schreibt Ihnen folgenden Brief:

Oliver Mothes Nürnberg, 24.02. d. J.
Brettergartenstr. 17 b
90427 Nürnberg

Versicherungsnummer: WG 63 217 008

Sehr geehrte Damen und Herren,

leider muss ich Ihnen heute einen Schaden melden, der sich vorgestern Abend auf dem Balkon unseres Nachbarreihenhauses ereignet und auf das in unserem Eigentum stehende Reihenhaus übergegriffen hat.

Im ersten Stock des Nachbarhauses schlug gegen 21:30 Uhr ein Blitz ein und setzte den dortigen Holzbalkon in Brand. Das Feuer griff auf unseren Balkon über und vernichtete diesen vollständig. Dort standen zwei Gartenstühle, ein Tisch und ein Sonnenschirm, die ebenfalls komplett verbrannten. Durch die Hitze zersprang die Scheibe der Balkontür, auch der Fensterrahmen wurde ein Raub der Flammen. Durch die Scherben der Balkonscheibe, den Ruß und das Löschwasser der Feuerwehr wurde zudem der Parkettboden des Balkonzimmers großflächig geschädigt, außerdem verbrannte die Gardine.

Bitte teilen Sie uns mit, ob Sie oder die Versicherung des Nachbarn für die Schäden aufkommen. Außerdem möchte ich wissen, ob ich einen Nutzungsausfall bekomme, da ich das Balkonzimmer und den Balkon bis zur vollständigen Reparatur nicht nutzen kann.

Mit freundlichem Gruß

Oliver Mothes

Herr Mothes unterhält eine Wohngebäudeversicherung bei der Proximus Versicherung AG (siehe Vertragsspiegel). Die Hausrat- und Haushaltsglasversicherung besteht bei einer anderen Gesellschaft.

Prüfen Sie den Versicherungsschutz und bereiten Sie die Antwort an Herrn Mothes vor!

Vertragsspiegel Wohngebäudeversicherung

	Name	Vorname	Geburtsdatum	Beruf	A = angestellt S = selbstständig B = öffentlicher Dienst
Vers.-Nehmer	Mothes	Oliver	08.03.1966	Polizeioberkommissar	B
Anschrift	Brettergartenstr. 17 b, 90427 Nürnberg					
Versicherungsnachweis					
Vers.-Nummer	WG 63 217 008			vom:	01.09.2017
Bedingungen	VGB 2014				
Klauseln	PK 7160, PK 7161, PK 7168				
Beginn	01.09.2017				
Ablauf	01.09.2020				
Zahlungsweise	jährlich				
Prämie/Rate	253,68 €				
Fälligkeit	01.09.				
Prämienkonto	ausgeglichen				
Versicherte Gefahren	Brand, Leitungswasser, Sturm/Hagel				
Versicherungsort	Brettergartenstr. 17 b, 90427 Nürnberg				
Versicherungssumme 1914 lt. Summenermittlungsbogen	22.100,00 M				
Gebäudetyp	Verbundenes Einfamilienhaus (RMH), ständig bewohnt				
Baujahr	1973				
Wohnfläche (m²)	123				
besondere Gefahrenverhältnisse	keine				
zusätzliche Einschlüsse	keine				
Selbstbeteiligung	keine				
Hypothekendarlehen	nein				

Schadenquote der letzten 5 Jahre:			
Leistungsfälle			
Datum	Beschreibung	Besondere Hinweise	Betrag

Fachrichtung Versicherung: Schaden- und Leistungsbearbeitung – Lebensversicherung

(2) Lebensversicherung

S 1 Sie sind Mitarbeiter/-in der Leistungsabteilung der Proximus Lebensversicherung AG. Sie erhalten ein Schreiben bezüglich ihres Kunden Erwin Fröhlich:

Elke Fröhlich
Hauptstr. 3
19073 Wittenförden / Schwerin

Wittenförden / Schwerin, 26.11. d. J.

Proximus Lebensversicherung AG
Proximus-Platz 1
80333 München

LV-Nr.: 1234789.7

Sehr geehrte Damen und Herren,

mein Mann ist am 23.11. d. J. bei einem Unfall ums Leben gekommen. Er fiel von einer Leiter, als er den Dachüberstand unseres Hauses gestrichen hatte. Er verstarb am selben Tag im Krankenhaus.

Bitte überweisen Sie mir die Versicherungsleistung auf mein Konto mit der IBAN: DE04100200002134234560.

Mit freundlichen Grüßen

Elke Fröhlich

Vertragsdaten

	Name	Vorname	Geburtsdatum	Beruf	A = angestellt S = selbstständig B = öffentlicher Dienst
Vers.-Nehmer	Fröhlich	Axel	19.07.1969	kaufm. Angestellter	A
Ehepartner	Fröhlich	Elke	02.02.1973	Optikerin	A
Kinder	Fröhlich	Jenny	13.12.1993	Studentin	A
Anschrift	Hauptstr. 3, 19073 Wittenförden/Schwerin				
Versicherungsnachweis					
Vers.-Nummer	1234789.7				
Tarif	S 34				
Dynamik (%)	–				
Bedingungen	AVB-KLV				
Beginn	01.12.2003				
Ablauf	01.12.2035				
Zahlungsweise	monatlich				

FP 1 (2) Fachrichtung Versicherung: Schaden- und Leistungsbearbeitung – Lebensversicherung

Beitrag / Rate		193,94 €
Beitragszahlungsdauer		32 Jahre
Beitragskonto		ausgeglichen
Versicherte Person		Axel Fröhlich
weitere versicherte Personen		–
Versicherungssumme / Rente		80.000,00 €
BUZ / Beitragsfreiheit / Rente		–
UZV		80.000,00 €
Überschussverwendung		Verzinsliche Ansammlung
Gewinnanteil		6.783,00 €
Bezugsrecht:	Erleben	Axel Fröhlich
	Ableben	Elke Fröhlich und Jenny Fröhlich zu gleichen teilen
Vorauszahlung		8.000,00 € 01.03. d. v. J. Zinsen: 5,5 % p. a.; zahlbar vierteljährig im Voraus
Darlehenskonto		die letzte fällige Zinszahlung ist noch nicht eingegangen; Mahnung mit 6 % p. a. Verzugszinsen

a) Welche Unterlagen benötigen Sie zur Prüfung der Leistungspflicht?
b) Berechnen Sie den Auszahlungsbetrag!

S 2 Sie sind Mitarbeiter/-in der Leistungsabteilung der Proximus Lebensversicherung AG. Sie haben folgenden Vorgang auf Ihrem Schreibtisch:

Ihr Kunde, Herr Laube, ist am 20.11. d. J. plötzlich an einem Herzinfarkt verstorben. Aus der Sterbeurkunde geht hervor, dass er am 13.02.1967 in München geboren ist. Keinerlei Krankheiten haben zum Tode geführt.

Vertragsdaten

VN / VP:	Manfred Laube
Anschrift:	An der Alster 10, 20099 Hamburg
Geburtsdatum:	13.02.1976
Familienstand:	ledig
Tarif:	S 33
Versicherungssumme:	100.000,00 €
Beitrag:	15,78 €
Zahlungsweise:	monatlich
Beitragskonto:	ausgeglichen
Versicherungsbeginn:	01.06.2006
Versicherungsende:	01.06.2026
Anmerkung:	monatlicher Beitrag für Jahrgang 1967 beträgt 22,13 €
Bezugsrecht im Todesfall:	Christiane Müller geboren am 17.08.1972

Erläutern Sie den Sachverhalt und ermitteln Sie den Auszahlungsbetrag!

Fachrichtung Versicherung: Schaden- und Leistungsbearbeitung – Lebensversicherung FP 1 (2)

S 3 Sie sind Mitarbeiter/-in der Leistungsabteilung der Proximus Lebensversicherung AG. Sie erhalten ein Schreiben von der Ehefrau ihres Kunden Karl Schubert:

Klara Schubert
Bahnhofsstr. 12
10247 Berlin

Berlin, 26.11. d. J.

Proximus Lebensversicherung AG
Proximus-Platz 1
80333 München

LV-Nr.: 9767898.1

Sehr geehrte Damen und Herren,

mein Mann ist am 24.11. d. J. mit seinem Motorrad verunglückt. Er verlor die Kontrolle über seine Harley Davidson und knallte gegen eine Leitplanke. An den Folgen seiner Verletzungen verstarb er am selben Tag im Krankenhaus.

Bitte überweisen Sie mir die Versicherungsleistung auf mein Konto mit der IBAN: DE04100200002134234560.

Mit freundlichen Grüßen

Klara Schubert

Aus dem Polizeibericht können Sie entnehmen, dass Herr Karl Schubert bei seinem Unfall einen Blutalkoholwert von 1,46 Promille hatte.

Aus dem Arztbericht (Eingang beim Versicherer am 04.12. d. J.) des Hausarztes ging hervor, dass Herr Schubert seit 9 Jahren immer wieder in Behandlung wegen verschiedener Tumore war. Im Antrag wurden dazu keine Angaben gemacht.

Vertragsdaten

	Name	Vorname	Geburtsdatum	Beruf	A = angestellt S = selbstständig B = öffentlicher Dienst
Vers.-Nehmer	Schubert	Karl	19.05.1978	Rechtsanwalt	S
Ehepartner	Schubert	Klara	11.02.1982	Optikerin	A
Kinder					
Anschrift	Bahnhofsstr. 12, 10247 Berlin				
Versicherungsnachweis					
Vers.-Nummer	9767898.1				
Tarif	S 34				
Bedingungen	AVB-KLV				
Beginn	01.05.2012				
Ablauf	01.05.2043				

Zahlungsweise		monatlich
Beitrag / Rate		300,00 €
Beitragszahlungsdauer		31 Jahre
Beitragskonto		ausgeglichen
Versicherte Person		Karl Schubert
Versicherungssumme / Rente		154.300,00 €
UZV		154.300,00 €
Überschussverwendung		Verzinsliche Ansammlung
Gewinnanteil		5.328,00 €
aktueller Rückkaufswert		32.328,54 €
Bezugsrecht:	Erleben	Karl Schubert
	Ableben	Klara Schubert

Prüfen Sie die Rechtslage und nehmen Sie eine Abrechnung vor!

S 4 Sie sind Mitarbeiter/-in der Leistungsabteilung der Proximus Lebensversicherung AG. Sie erhalten ein Schreiben vom Lebensgefährten ihrer Kundin Ursula Lahm:

Klaus Meyer
Danzigerstr. 12
10247 Berlin

Berlin, 19.11. d. J.

Proximus Lebensversicherung AG
Proximus-Platz 1
80333 München

LV-Nr.: 5677898.1

Sehr geehrte Damen und Herren,

vorgestern habe ich meine Lebensgefährtin nach der Arbeit Tod aufgefunden.

Bitte überweisen Sie mir die Versicherungsleistung auf mein Konto mit der IBAN: DE04100200002134234560.

Mit freundlichen Grüßen

Klaus Meyer

Aus dem Polizeibericht können Sie entnehmen, dass anfangs von einer Selbsttötung ausgegangen wurde. Da aber nicht eindeutig von einer Selbsttötung ausgegangen werden konnte, wurde eine Obduktion angeordnet. Dabei wurde festgestellt, dass Frau Lahm vergiftet wurde. Nach weiteren Ermittlungen gestand Herr Klaus Meyer die Tat. (Vertragsdaten siehe nächste Seite.)

Fachrichtung Versicherung: Schaden- und Leistungsbearbeitung – Lebensversicherung

Vertragsdaten

	Name	Vorname	Geburtsdatum	Beruf	A = angestellt S = selbstständig B = öffentlicher Dienst
Vers.-Nehmer	Lahm	Ursula	11.03.1974	Ärztin	A
Ehepartner					
Kinder					
Anschrift	Danzigerstr. 12, 10247 Berlin				
Versicherungsnachweis					
Vers.-Nummer	5677898.1				
Tarif	S 34				
Bedingungen	AVB-KLV				
Beginn	01.05.2006				
Ablauf	01.05.2037				
Zahlungsweise	monatlich				
Beitrag / Rate	200,00 €				
Beitragszahlungsdauer	31 Jahre				
Beitragskonto	ausgeglichen				
Versicherte Person	Ursula Lahm				
Versicherungssumme / Rente	108.200,00 €				
UZV	108.200,00 €				
Überschussverwendung	Verzinsliche Ansammlung				
Gewinnanteil	3.328,00 €				
aktueller Rückkaufswert	32.328,54 €				
Bezugsrecht:	Erleben	Ursula Lahm			
	Ableben	Klaus Meyer			

Prüfen Sie die Rechtslage und nehmen Sie eine Abrechnung vor!

S 5 Sie sind Mitarbeiter/-in der Leistungsabteilung der Proximus Lebensversicherung AG. Der Versicherungsnehmer Harald König hatte am 01.05.2003 bei Ihnen eine Rentenversicherung nach Tarif S 30 mit Rentenbeginnalter 67 Jahre mit laufender Beitragszahlung abgeschlossen.

Die Versicherung wird in Kürze fällig und er ist sich nicht sicher, ob er sich die Versicherungsleistung in Form einer Rente oder als Kapitalleistung auszahlen lassen soll.

Beraten Sie Herrn König!

S 6 Sie sind Mitarbeiter/-in der Leistungsabteilung der Proximus Lebensversicherung AG. Sie erhalten ein Schreiben vom Bestattungsunternehmen Kranz:

Kranz Bestattungen
Mahlsdorfer Str. 36
12623 Berlin

Berlin, 08.11. d. J.

Proximus Lebensversicherung AG
Proximus-Platz 1
80333 München

Todesfall Herbert Müller

Sehr geehrte Damen und Herren,

wir wurden durch den Sohn Michael Müller beauftragt, die Bestattung von Herbert Müller durchzuführen. Herbert Müller verstarb am 31.10. d. J. durch einen natürlichen Tod. Herr Michael Müller hat uns mitgeteilt, dass bei ihrem Unternehmen eine Lebensversicherung (VS-Nr.: 73458911.2) für Herbert Müller besteht.

Mit freundlichen Grüßen

Klaus Kranz

Eine von Michael Müller unterzeichnete Abtretungserklärung in Höhe von 12.750,00 € liegt vor.

Vertragsspiegel

	Name	Vorname	Geburtsdatum	Beruf	A = angestellt S = selbstständig B = öffentlicher Dienst
Vers.-Nehmer	Müller	Herbert	19.05.1972	Fliesenleger	S
Ehepartner					
Kinder	Müller Koch	Michael Sophie	12.01.1996 03.08.1991		
Anschrift	Mahlsdorfer Str. 10, 12623 Berlin				
Versicherungsnachweis					
Vers.-Nummer	73458911.2				
Tarif	S 33				
Bedingungen	AVB-Risiko				
Beginn	01.05.2006				
Ablauf	01.05.2032				
Zahlungsweise	monatlich				
Beitrag / Rate	10,23 €				
Beitragszahlungsdauer	26 Jahre				
Beitragskonto	ausgeglichen				
Versicherte Person	Herbert Müller				
Versicherungssumme / Rente	20.000,00 €				

Fortsetzung Vertragsspiegel siehe nächste Seite

Fachrichtung Versicherung: Schaden- und Leistungsbearbeitung – Lebensversicherung FP 1 (2)

Überschussverwendung		20 % Todesfallbonus
Bezugsrecht:	Erleben	
	Ableben	Michael Müller und Sophie Koch zu gleichen Teilen
Risikoentscheidung		normale Annahme

Bearbeiten Sie den Leistungsfall (einschließlich Berechnung)!

S 7 Sie sind Mitarbeiter/-in der Leistungsabteilung der Proximus Lebensversicherung AG. Sie erhalten das folgende Schreiben zur Bearbeitung:

Christine Schubert
Potsdamer Str. 122
10557 Berlin

Berlin, 12.09.2019

Proximus Lebensversicherung AG
Proximus-Platz 1
80333 München

Tod meines Mannes Olaf Schubert
VS-Nr.: 1778922.2

Sehr geehrte Damen und Herren,

mein Mann Olaf Schubert ist am 02.09.2019 in der Ostsee ertrunken. Durch den ablandigen Sog kam er nicht mehr ans Ufer zurück und die Rettungsschwimmer konnten ihn nur noch tot bergen.

Die Leistungen aus der Rentenversicherung möchte ich zukünftig erhalten. Informieren Sie mich über die weitere Vorgehensweise.

Mit freundlichen Grüßen

Christine Schubert

Vertragsspiegel

	Name	Vorname	Geburtsdatum	Beruf	A = angestellt S = selbstständig B = öffentlicher Dienst
Vers.-Nehmer	Schubert	Olaf	19.05.1963	Wirtschafts- prüfer	A
Ehepartner	Schubert	Christine			
Kinder					
Anschrift	Potsdamer Str. 122, 10557 Berlin				
Versicherungsnachweis					
Vers.-Nummer	1778922.2				
Tarif	S 30				
Bedingungen	Allgemeine Bedingungen für die Rentenversicherung mit aufgeschobener Rentenzahlung				
Beginn	01.05.1989				

Ablauf		01.05.2026
Zahlungsweise		monatlich
Beitrag / Rate		200,00 €
Beitragszahlungsdauer		37 Jahre
Beitragskonto		ausgeglichen
Versicherte Person		Olaf Schubert
garantierte Rente		384,57 €
Rentengarantiezeit		10 Jahre
Bezugsrecht:	Erleben	Olaf Schubert
	Ableben	Christine Schubert
Überschussguthaben		41.800,00 €

Bearbeiten Sie den Leistungsfall (einschließlich Berechnung)!

S 8 Sie sind Mitarbeiter/-in der Leistungsabteilung der Proximus Lebensversicherung AG. Sie erhalten das folgende Schreiben zur Bearbeitung:

Karoline Meister
Rheinstr. 25
13557 Berlin

Berlin, 11.07. d. J.

Proximus Lebensversicherung AG
Proximus-Platz 1
80333 München

Unfalltod meines Mannes Stefan Meister
VS-Nr.: 1668922.2

Sehr geehrte Damen und Herren,

mein Mann Stefan Meister hat am 05.07. d. J. an einem Drag Race (Beschleunigungsrennen) teilgenommen. Nach seinem Sieg in der zweiten Runde explodierte sein Motor und dabei fing der Wagen Feuer. Er wurde mit schweren Brandverletzungen ins Krankenhaus geflogen. Bei der Notoperation verstarb er an den Folgen des Unfalls.

Bitte überweisen Sie mir die Versicherungsleistung auf mein Konto mit der IBAN: DE04100200002134234560.

Mit freundlichen Grüßen

Karoline Meister

Fachrichtung Versicherung: Schaden- und Leistungsbearbeitung – Lebensversicherung   FP 1 (2)

Vertragsspiegel

	Name	Vorname	Geburtsdatum	Beruf	A = angestellt S = selbstständig B = öffentlicher Dienst
Vers.-Nehmer	Meister	Stefan	19.06.1970	Kfz-Mechaniker	S
Ehepartner	Meister	Karoline	01.03.1971		
Kinder					
Anschrift	Rheinstr. 25, 13557 Berlin				
Versicherungsnachweis					
Vers.-Nummer	1668922.2				
Tarif	S 33				
Bedingungen	AVB-Risiko				
Beginn	01.06.2001				
Ablauf	01.06.2030				
Zahlungsweise	monatlich				
Beitrag / Rate	102,53 €				
Beitragszahlungsdauer	29 Jahre				
Beitragskonto	ausgeglichen				
Versicherte Person	Stefan Meister				
Versicherungssumme / Rente	230.000,00 €				
Unfallzusatzversicherung	230.000,00 €				
Bezugsrecht:	Erleben				
	Ableben	Karoline Meister			

Bearbeiten Sie den Leistungsfall (einschließlich Berechnung)!

S 9 Sie sind Mitarbeiter/-in der Leistungsabteilung der Proximus Lebensversicherung AG. Sie erhalten das folgende Schreiben zur Bearbeitung:

Frank Meier
Poststr. 3
14537 Berlin

Berlin, 21.08.2019

Proximus Lebensversicherung AG
Proximus-Platz 1
80333 München

Tod meiner Lebensgefährtin Claudia Förster
VS-Nr.: 1548322.2

Sehr geehrte Damen und Herren,

ich fand meine Lebensgefährtin Claudia Förster, am 13.08.2019 in ihrer Wohnung tot auf. Daraufhin rief ich den Notarzt, dieser konnte nur noch den Tod feststellen.

Die Todesursache konnte nicht eindeutig geklärt werden. Daher hat die Staatsanwaltschaft Ermittlungen eingeleitet.

Bitte überweisen Sie mir die Versicherungsleistung auf mein Konto mit der IBAN: DE04100200002134234560.

Mit freundlichen Grüßen

Frank Meier

Hinweis: Frau Förster lebt seit 9 Monaten getrennt von ihrem Ehemann.

Vertragsspiegel

	Name	Vorname	Geburtsdatum	Beruf	A = angestellt S = selbstständig B = öffentlicher Dienst
Vers.-Nehmer	Förster	Claudia	07.01.1985	Ärztin	A
Ehepartner	Förster	Stefan	12.11.1983	Arzt	S
Kinder					
Anschrift	Bahnhofsstr. 3, 10247 Berlin				

Versicherungsnachweis	
Vers.-Nummer	1548322.2
Tarif	S 33
Bedingungen	AVB-Risiko
Beginn	01.06.2017
Ablauf	01.06.2045
Zahlungsweise	monatlich
Beitrag / Rate	102,53 €
Beitragszahlungsdauer	28 Jahre
Beitragskonto	ausgeglichen
Versicherte Person	Claudia Förster
Versicherungssumme / Rente	150.000,00 €
Unfallzusatzversicherung	150.000,00 €
Bezugsrecht:	Erleben	
	Ableben	Stefan Förster
Risikoentscheidung	normales Risiko

Bearbeiten Sie den Leistungsfall!

Fachrichtung Versicherung: Schaden- und Leistungsbearbeitung – Lebensversicherung

S 10 Sie sind Mitarbeiter/-in der Leistungsabteilung der Proximus Lebensversicherung AG. Sie erhalten das folgende Schreiben zur Bearbeitung:

Jens Lehmann
Hauptstr. 15
10551 Berlin

Berlin, 12.02. d. J.

Proximus Lebensversicherung AG
Proximus-Platz 1
80333 München

Berufsunfähigkeit
VS-Nr.: 6667922.2

Sehr geehrte Damen und Herren,

ich bin seit drei Wochen krankgeschrieben. Gestern wurde durch einen Facharzt die Diagnose Burnout-Syndrom festgestellt. Er erklärte mir, dass ich mich auf eine Behandlungsdauer von mindestens einem Jahr einstellen müsste. Die Schwere meiner Erkrankung schätzt er mit einer 75 %-igen Berufsunfähigkeit ein.

Bitte teilen Sie mir mit, ab wann und in welcher Höhe ich Leistungen aus meinem Berufsunfähigkeitsvertrag erhalten werde. Bitte zahlen Sie die Rente auf das Ihnen bekannte Konto.

Mit freundlichen Grüßen

Jens Lehmann

Vertragsspiegel

	Name	Vorname	Geburtsdatum	Beruf	A = angestellt S = selbstständig B = öffentlicher Dienst
Vers.-Nehmer	Lehmann	Jens	15.12.1982	Bauingenieur	A
Ehepartner					
Kinder					
Anschrift	Hauptsr. 15, 10551 Berlin				
Versicherungsnachweis					
Vers.-Nummer	6667922.2				
Tarif	S 35				
Bedingungen	Allgemeine Bedingungen für die Berufsunfähigkeitsversicherung (AVB-BU)				
Beginn	01.01.2007				
Ablauf	01.01.2045				
Zahlungsweise	monatlich				
Beitrag / Rate	120,48 €				
Beitragszahlungsdauer	38 Jahre				
Beitragskonto	ausgeglichen				
Versicherte Person	Jens Lehmann				
garantierte BU-Rente	2.500,00 €				
Bezugsrecht:	Erleben	Jens Lehmann			
	Ableben				
Risikoentscheidung	normales Risiko				

Bearbeiten Sie den Leistungsfall!

S 11 Sie sind Mitarbeiter/-in der Leistungsabteilung der Proximus Lebensversicherung AG. Sie erhalten das folgende Schreiben zur Bearbeitung:

Nicole Sauer
Wiesenweg 12
12627 Berlin

Berlin, 14.02. d. J.

Proximus Lebensversicherung AG
Proximus-Platz 1
80333 München

Tod meines Mannes Gunnar Sauer
VS-Nr.: 5577382.2

Sehr geehrte Damen und Herren,

als ich gestern Morgen meinen Mann wecken wollte, fand ich ihn tot auf. Als Todesursache wurde vom Notarzt ein Herzinfarkt festgestellt.

Bitte überweisen Sie mir die Versicherungsleistung auf mein Konto mit der IBAN: DE04100200002134234560.

Mit freundlichen Grüßen

Nicole Sauer

Vertragsspiegel

	Name	Vorname	Geburtsdatum	Beruf	A = angestellt S = selbstständig B = öffentlicher Dienst
Vers.-Nehmer	Sauer	Gunnar	07.01.1985	Steuerberater	S
Ehepartner	Sauer	Nicole	12.11.1983		
Kinder					
Anschrift	Wiesenweg 12, 12627 Berlin				
Versicherungsnachweis					
Vers.-Nummer	5577382.2				
Tarif	S 33				
Bedingungen	AVB-Risiko				
Beginn	01.06.2013				
Ablauf	01.06.2045				
Zahlungsweise	jährlich				
Beitrag / Rate	1.200,00 €				
Beitragszahlungsdauer	32 Jahre				
Beitragskonto	ausgeglichen				
Versicherte Person	Nicole Sauer				
Versicherungssumme	591.045,00 €				
Bezugsrecht:	Erleben				
	Ableben	Gunnar Sauer			
Risikoentscheidung	normales Risiko				

Beurteilen Sie die Leistungspflicht!

Fachrichtung Versicherung: Schaden- und Leistungsbearbeitung – Lebensversicherung FP 1 (2)

S 12 Sie sind Mitarbeiter/-in der Leistungsabteilung der Proximus Lebensversicherung AG. Sie erhalten das folgende Schreiben zur Bearbeitung:

Toni Polster
Rembrandtstr. 23
12623 Berlin

Berlin, 28.02. d. J.

Proximus Lebensversicherung AG
Proximus-Platz 1
80333 München

Tod meines Vaters Paul Polster, VS-Nr.: 4789082.2

Sehr geehrte Damen und Herren,

am 05.02. d. J. ist mein Vater Paul Polster an einem Krebsleiden gestorben. Vor seinem Tod hat er ein Testament aufgesetzt, in dem er das Haus meiner Schwester Antonia Polster vererbt und weiterhin bestimmt, dass die Auszahlung aus der Lebensversicherung an mich gehen soll. Als Nachweis lege ich eine Kopie des Testaments, den Versicherungsschein und die Sterbeurkunde bei.

Bitte überweisen Sie mir die Versicherungsleistung auf mein Konto mit der IBAN: DE04100200002134234560.

Mit freundlichen Grüßen

Toni Polster

Hinweis: Toni Polster und Antonia Polster sind die einzigen Erben von Paul und Paula Polster.

Vertragsspiegel

	Name	Vorname	Geburtsdatum	Beruf	A = angestellt S = selbstständig B = öffentlicher Dienst
Vers.-Nehmer	Polster	Paul	07.07.1960	Arzt	A
Ehepartner	Polster	Paula	06.10.1961	verstorben	
Kinder	Polster Polster	Toni Antonia	11.01.1987 23.11.1990		
Anschrift	Rembrandtstr. 23, 12623 Berlin					
Versicherungsnachweis					
Vers.-Nummer	4789082.2				
Tarif	S 34				
Bedingungen	AVB-KLV				
Beginn	01.07.1990				
Ablauf	01.06.2023				
Zahlungsweise	monatlich				
Beitrag / Rate	400,00 €				
Beitragszahlungsdauer	33 Jahre				
Beitragskonto	ausgeglichen				
Versicherte Person	Paul Polster				
Versicherungssumme	302.488,00 €				
Überschussguthaben	81.623,68 €				
Bezugsrecht:	Erleben	Paul Polster			
	Ableben	unwiderruflich zu gleichen Teilen an die Ehefrau Paula (seit 13.08. d. v. J. verstorben) und Tochter Antonia			
Risikoentscheidung	normales Risiko				

Bearbeiten Sie den Leistungsfall (einschließlich Berechnung)!

S 13 Sie sind Mitarbeiter/-in der Leistungsabteilung der Proximus Lebensversicherung AG. Sie erhalten das folgende Schreiben zur Bearbeitung:

Gabi Kluge
Lemkestr. 29
12623 Berlin

Berlin, 15.02.2020

Proximus Lebensversicherung AG
Proximus-Platz 1
80333 München

**Tod meines Mannes Heinz Kluge,
VS-Nr.: 2347891.2**

Sehr geehrte Damen und Herren,

gestern ist mein Mann Heinz Kluge tödlich verunglückt. Ich hatte ihm zum Valentinstag einen Rundflug über Berlin geschenkt. Beim Landeanflug kam die Cessna ist trudeln und stürzte ab. Mein Mann und der Pilot konnten nur noch tot geborgen werden.

Bitte überweisen Sie mir die Versicherungsleistung auf mein Konto mit der IBAN: DE04100200002134234560.

Mit freundlichen Grüßen

Gabi Kluge

Vertragsspiegel

	Name	Vorname	Geburtsdatum	Beruf	A = angestellt S = selbstständig B = öffentlicher Dienst
Vers.-Nehmer	Kluge	Heinz	08.08.1966	Lokführer	A
Ehepartner	Kluge	Gabi	06.12.1963	Hausfrau	
Kinder					
Anschrift	Lemkestr. 29, 12623 Berlin				
Versicherungsnachweis					
Vers.-Nummer	2347891.2				
Tarif	S 30				
Bedingungen	Allgemeine Bedingungen für die Rentenversicherung mit aufgeschobener Rentenzahlung (AVB – aufgesch. RV) und Unfalltod-Zusatzversicherung (BB-UZV)				
Beginn	01.07.1990				
Ablauf	01.07.2033				
Zahlungsweise	monatlich				
Beitrag / Rate	100,00 € für die Rentenversicherung + 20,00 € für UZV				
Beitragszahlungsdauer	43 Jahre				
Beitragskonto	ausgeglichen				
Versicherte Person	Heinz Kluge				
garantierte Rente	258,87 €				
UZV – Summe	150.000,00 €				
Bezugsrecht:	Erleben	Heinz Kluge			
	Ableben	Gabi Kluge			

Bearbeiten Sie den Leistungsfall (einschließlich Berechnung)!

Fachrichtung Versicherung: Schaden- und Leistungsbearbeitung – Lebensversicherung

S 14 Sie sind Mitarbeiter/-in der Leistungsabteilung der Proximus Lebensversicherung AG. Sie erhalten das folgende Schreiben zur Bearbeitung:

Sandra König
Amselweg 4
12627 Berlin

Berlin, 10.02. d. J.

Proximus Lebensversicherung AG
Proximus-Platz 1
80333 München

Tod meines Freundes Werner Laube, VS-Nr.: 6453217.9

Sehr geehrte Damen und Herren,

mein Freund Werner Laube ist am 03.02. d. J. vom Gerüst gefallen und an dessen Folgen am 05.02. d. J. im Krankenhaus verstorben. Um die Kosten für die Beerdigung tragen zu können, bitte ich um schnellstmögliche Auszahlung der Versicherungsleistung.
Bitte überweisen Sie mir die Versicherungsleistung auf mein Konto mit der IBAN: DE04100200002134234560.

Mit freundlichen Grüßen

Sandra König

Vertragsspiegel

	Name	Vorname	Geburtsdatum	Beruf	A = angestellt S = selbstständig B = öffentlicher Dienst
Vers.-Nehmer	Laube	Werner	22.04.1970	Gerüstbauer	A
Ehepartner					
Kinder					
Anschrift	Amselweg 4, 12627 Berlin				
Versicherungsnachweis					
Vers.-Nummer	6453217.9				
Tarif	S 34				
Bedingungen	AVB-KLV				
Beginn	01.05.1989				
Ablauf	01.07.2037				
Zahlungsweise	monatlich				
Beitrag / Rate	100,00 €				
Beitragszahlungsdauer	48 Jahre				
Beitragskonto	2 Monate Beitragsrückstand, qualifizierte Mahnung nach § 38 VVG mit verbundener Kündigung vom 16.01. d. J., Eingang beim Versicherungsnehmer am 18.01. d. J.				
Versicherte Person	Werner Laube				
Versicherungssumme	148.516,00 €				
Rückkaufswert zum Zeitpunkt des Todes	72.516,00 €				
Bezugsrecht:	Erleben	Werner Laube			
	Ableben	Sandra König			
Besonderheiten	– 5% p.a. Zinsen auf den Rückstand – 7,50 € Mahngebühren – 1.000,00 € Versicherungssumme entsprechen zum jetzigen Zeitpunkt 702,64 € Einmalbeitrag				

Bearbeiten Sie den Leistungsfall (einschließlich Berechnung)!

S 15 Sie sind Mitarbeiter/-in der Leistungsabteilung der Proximus Lebensversicherung AG. Sie erhalten das folgende Schreiben zur Bearbeitung:

Gerhard Weber
Gartenstr. 42
13563 Berlin

Berlin, 08.02.2020

Proximus Lebensversicherung AG
Proximus-Platz 1
80333 München

Tod meiner Frau Helga Weber, VS-Nr.: 1112237.9

Sehr geehrte Damen und Herren,

mein Frau Helga ist nach langer Krankheit am 22.01.2020 verstorben. Vor acht Jahren hatten wir 150.000,00 € in eine sofortbeginnende Rentenversicherung eingezahlt. Da dieses Geld aufgrund der Rentenzahlungen noch nicht aufgebraucht sein kann, fordere ich die Erstattung des restlichen Kapitals.

Bitte überweisen Sie die Auszahlung auf mein Konto mit der IBAN: DE04100200002134234560.

Mit freundlichen Grüßen

Gerhard Weber

Vertragsspiegel

	Name	Vorname	Geburtsdatum	Beruf	A = angestellt S = selbstständig B = öffentlicher Dienst
Vers.-Nehmer	Weber	Helga	03.04.1945	Rentnerin	
Ehepartner	Weber	Gerhard	10.10.1953	Rentner	
Kinder					
Anschrift	Gartenstr. 42, 13563 Berlin				
Versicherungsnachweis					
Vers.-Nummer	1112237.9				
Tarif	S 31				
Bedingungen	Allgemeine Bedingungen für die Rentenversicherung mit sofort beginnender Rentenzahlung (AVB – sof. beg. Rente) und Besondere Bedingungen für die Hinterbliebenenrenten-Zusatzversicherung zur Rentenversicherung mit sofort beginnender Rentenzahlung (BB-HRZ)				
Beginn	01.01.2012				
Rentengarantiezeit	10 Jahre				
Zahlungsweise	einmalig				
Beitrag / Rate	150.000,00 €				
Versicherte Person	Helga Weber				
mitversicherte Person	Gerhard Weber				
Rente zum Renteneintritt	478,36 €				
Rente seit 01.01.2020	558,98 €				
Hinterbliebenenrenten – Zusatzversicherung	60 % der Altersrente für Gerhard Weber				
Bezugsrecht:	Erleben	Helga Weber			
	Ableben	Gerhard Weber			
Besonderheiten	Erhöhung der Rente jährlich um 2,25 % p.a. ab dem 2. Jahr				

Bearbeiten Sie den Leistungsfall (einschließlich Berechnung)!

(3) Unfallversicherung

S 1 Sie sind Mitarbeiter/-in der Schadengruppe Unfall bei der Proximus Versicherung AG. Ihr Kunde, Herr Bernhard Brütting, ruft Sie an und teilt Ihnen mit, dass er am 17.04. d. J. durch einen Motorradunfall seinen rechten Arm vollständig verloren hat. Dadurch musste er 22 Tage im Krankenhaus verbringen. Außerdem wurde ihm die schlecht heilende Wunde drei Wochen nach seinem Krankenhausaufenthalt in einer weiteren ambulanten Operation von seinem Unfallarzt nachbehandelt. Er wird erst ab September wieder seiner beruflichen Tätigkeit als Industriekaufmann nachgehen können.

Herr Brütting hat bei Ihnen eine Unfallversicherung, deren Daten Sie dem vorliegenden Vertragsspiegel entnehmen können.

Vertragsspiegel Unfallversicherung

	Name	Vorname	Geburtsdatum	Beruf	A = angestellt S = selbstständig B = öffentlicher Dienst
Vers.-Nehmer	Brütting	Bernhard	18.03.1970		A
Anschrift	Berner Weg 71, 10534 Berlin				
Versicherungsnachweis					
Versicherungsschein-Nummer	UV 23 454 663				
Tarif	30				
Dynamik	keine				
Bedingungen	AUB 2014				
Beginn	01.03.2018 – 12:00 Uhr				
Ablauf	01.03.2021 – 12:00 Uhr				
Zahlungsweise	1/1-jährlich				
Prämie (netto)	515,30 €				
Prämienkonto	ausgeglichen				
Invalidität	150.000,00 €				
Krankenhaus-Tagegeld	40,00 €				
Todesfallleistung	25.000,00 €				
Progression	Staffel Modell 350				

a) Stellen Sie fest, welchen Leistungsanspruch Herr Brütting hat!
b) Welche Nachweise muss Herr Brütting vorlegen und wann kann er mit welcher Entschädigungszahlung rechnen?

S 2 Sie sind Mitarbeiter/-in der Leistungsabteilung der Proximus Versicherung AG und erhalten folgenden Brief von ihrem Versicherungsnehmer:

Jens Leipziger
Bayernstr. 7
90765 Fürth

Fürth, 14.06.2018

Versicherungs-Nr.: UV 55 876 344

Sehr geehrte Damen und Herren,

wie Sie zu o. g. Versicherungsnummer sehen, erhalte ich Invaliditätsleistungen aufgrund meines Verkehrsunfalls vom 06.05.2016. Es hat sich nun bedauerlicherweise herausgestellt, dass die Funktionsbeeinträchtigung meines linken Beins unterhalb des Knies nicht 60 %, sondern 80 % beträgt (siehe beiliegendes ärztliches Gutachten). Bitte teilen Sie mir mit, ob sich meine Leistungsansprüche dadurch erhöhen.

Mit freundlichen Grüßen

J. Leipziger

Es besteht eine Invaliditätssumme in Höhe von 80.000,00 € mit Invaliditätsstaffel Modell 500.

Teilen Sie Herrn Leipziger stichpunktartig mit, ob und ggf. ab wann und in welcher Höhe er mit einer Mehrleistung rechnen kann!

S 3 Sie sind Mitarbeiter/-in der Leistungsabteilung der Proximus Versicherung AG. Sie bearbeiten am 13.06. d. J. den Versicherungsfall Ihres Kunden Rainer Springer. Herr Springer stürzte bei einer Bergtour am 04.02. d. J. in eine Felsspalte und quetschte sich dabei die rechte Hand so schwer, dass diese im Handgelenk vollständig amputiert werden musste. Das Heilverfahren wurde am 07.06. d. J. vollständig abgeschlossen.

Wie Ihnen Herr Springer erst jetzt mitteilt, hat er vor dem Unfall eine Umschulung gemacht und ist seit dem 01.01. d. J. als kaufmännischer Mitarbeiter in der Buchhaltung eines Handelsbetriebs tätig.

Vertragsspiegel Unfallversicherung (Auszug)

VN und VP:	Rainer Springer
Beruf:	Schreiner
Bedingungen:	AUB 2014
Tarif:	30
Beginn:	01.08. d. v. J. – 12:00 Uhr
Prämienkonto:	ausgeglichen
Invalidität:	60.000,00 €
Progression:	Staffel Modell 350
Todesfallleistung:	10.000,00 €
Übergangsleistung:	14.000,00 €

Berechnen Sie die Versicherungsleistung für Herrn Springer und begründen Sie Ihre Entscheidung!

S 4 Sie sind Mitarbeiter/-in der Leistungsabteilung der Proximus Versicherung AG. Familie Schinke, die bei Ihnen unfallversichert ist, meldet Ihnen einen schweren Autounfall, bei dem alle vier Familienmitglieder erhebliche Verletzungen erlitten haben. Diese werden Ihnen wie folgt geschildert:

Vater Andreas: Verlust des gesamten rechten Armes und des rechten Auges
Mutter Christine: Verlust der rechten Hand im Handgelenk
Sohn Christopher: Gebrauchsminderung beider Füße zu 60 %
Tochter Vanessa: Vollständige Beeinträchtigung der Gebrauchsfähigkeit des rechten Beines

Dem Vertragsspiegel entnehmen Sie folgende Vereinbarungen für die Invaliditätsleistung:

Vater Andreas: VS 80.000,00 € – Progressive Invaliditätsstaffel Modell 225
Mutter Christine: VS 100.000,00 € – Progressive Invaliditätsstaffel Modell 500
Sohn Christopher: VS 120.000,00 € – Mehrleistung ab 70 % Inv.-Grad
Tochter Vanessa: VS 120.000,00 € – Mehrleistung ab 70 % Inv.-Grad

Außerdem entnehmen Sie dem Vertragsspiegel, dass Christine Schinke den Daumen der rechten Hand bereits bei einem früheren Unfall verloren hat. Bei Vanessa Schinke ergeben Ihre Nachforschungen, dass vorhandene Durchblutungsstörungen die Gebrauchsfähigkeit des rechten Beins zu 30 % mit beeinträchtigt haben.

Ermitteln Sie für alle Familienmitglieder den Grad der Invalidität und berechnen Sie die Höhe der Invaliditätsleistung!

S 5 Sie sind Mitarbeiter/-in im Call-Center der Proximus Versicherung AG. Im Laufe der aktuellen Kalenderwoche erhalten Sie wiederholt Anrufe von Kunden und Außendienstmitarbeitern, die Fragen bezüglich der Leistungspflicht nach AUB 2014 zu verschiedenen Unfallsituationen haben.

Folgende Situationen werden Ihnen geschildert:

a) Bei einem Urlaubsaufenthalt in Cancun (Mexiko) wird Ihr VN von einer Giftschlange gebissen.

b) Nach Genuss eines Pilzgerichts wird Ihr VN mit Vergiftungserscheinungen ins Krankenhaus eingeliefert.

c) Ein mitversichertes, neunjähriges Kind trinkt versehentlich aus einer Reinigungsmittelflasche und wird mit Vergiftungserscheinungen ins Krankenhaus eingeliefert.

d) Ihr Versicherter ertrinkt, da er sich wegen eines Wadenkrampfes nicht mehr schwimmend über Wasser halten kann.

e) Ihr VN wird als Zuschauer beim Eishockeyspiel der Nürnberg Ice Tigers vom Puck getroffen und dadurch ohnmächtig – beim Hinstürzen bricht er sich das Handgelenk.

f) Ihr VN erleidet auf der Straße einen Verkehrsunfall, weil er aufgrund eines Schlaganfalls zusammengebrochen war.

Erläutern Sie den Anrufern kurz, ob die Proximus Versicherung AG nach AUB 2014 leistungspflichtig ist und geben Sie jeweils eine kurze, einschlägige Begründung!

Fachrichtung Versicherung: Schaden- und Leistungsbearbeitung – Unfallversicherung

S 6 Sie sind Mitarbeiter/-in im Call-Center der Proximus Versicherung AG. Im Laufe der aktuellen Kalenderwoche erhalten Sie wiederholt Anrufe von Kunden und Außendienstmitarbeitern, die Fragen bezüglich der Leistungspflicht nach AUB 2014 zu verschiedenen Unfallsituationen haben.

Folgende Situationen werden Ihnen geschildert:

a) Ihr VN Robert Blank bricht in eine Bank ein. Beim Aufstemmen der Kundenschließfächer rutscht er mit dem Stemmeisen ab und erleidet einen Kieferbruch.

b) Ein unfallversicherter Arzt verletzt sich auf dem Flug zur Unfallstelle im Rettungshubschrauber.

c) Die bei Ihnen versicherte Arzthelferin Franziska Wieß erleidet eine Gesundheitsschädigung durch Röntgenstrahlen, da sie ständig für die Bedienung des Röntgengerätes in der Arztpraxis zuständig ist.

d) Nach einem Verkehrsunfall ist eine Operation nötig. Der behandelnde Arzt begeht dabei einen Kunstfehler, an dem Ihre Versicherte stirbt.

e) Ihr VN verätzt sich die Speiseröhre durch Trinken von Salzsäure.

f) Ihre VN erleidet eine Gasvergiftung durch Einatmen von giftigem Kohlenmonoxid.

g) Ein bei Ihnen versicherter Mitarbeiter eines Kernkraftwerks erleidet bei einem Störfall eine Gesundheitsschädigung.

Erläutern Sie den Anrufern, ob die Proximus Versicherung AG nach AUB 2014 leistungspflichtig ist und geben Sie jeweils eine kurze, einschlägige Begründung!

S 7 Sie sind Mitarbeiter/-in der Leistungsabteilung der Proximus Versicherung AG. Ihre Versicherungsnehmerin Maria Krieger fragt Sie, ob für ihren mitversicherten Sohn Tim Unfallversicherungsschutz besteht. Der Sohn befindet sich drei Wochen als Tourist in einem asiatischen Land, in dem vor 10 Tagen ein Bürgerkrieg ausgebrochen ist.

Erläutern Sie Frau Krieger, wie es um den Unfallversicherungsschutz steht, solange sich der Sohn in dem asiatischen Land aufhält und dort Bürgerkrieg herrscht!

Fachrichtung Versicherung: Schaden- und Leistungsbearbeitung – Unfallversicherung

S 8 Sie sind Mitarbeiter/-in der Leistungsabteilung der Proximus Versicherung AG. Ihr Versicherungsnehmer Martin Kraus sendet Ihnen am 27.07. d. J. folgenden Brief:

Martin Kraus
Birnbacher Str. 17
91719 Heidenheim

Heidenheim, 10.07. d. J.

Versicherungs-Nr.: UV 17 365 421

Sehr geehrte Damen und Herren,

ich bin seit dem 01.03. d. J. wieder in meinem ursprünglich erlernten Beruf als Maurer tätig. Beim Hochziehen einer Mauer am 17.06. d. J. fiel der Mörteleimer vom Baustellenkran und zerschmetterte mir meinen linken Fuß, der daraufhin amputiert werden musste. Außerdem wurde mein rechtes Bein gequetscht. Mein Arzt stellte hierzu eine dauerhafte 30 %-ige Einschränkung der Gebrauchsfähigkeit fest. Für das ärztliche Attest wurden mir von meinem Arzt 120,00 € berechnet, um deren Erstattung ich bitte.

Ich bitte um schnelle Auszahlung der mir aus meinem Vertrag zustehenden Leistungen.

Mit freundlichen Grüßen

Martin Kraus

Vertragsspiegel Unfallversicherung

	Name	Vorname	Geburtsdatum	Beruf	A = angestellt S = selbstständig B = öffentlicher Dienst
Vers.-Nehmer	Kraus	Martin	21.08.1969	kfm. Angestellter	A
Anschrift	Birnbacher Str. 17, 91719 Heidenheim				

Versicherungsnachweis	
Vers.-Nummer	UV 17 365 421
Tarif	30
Dynamik	keine
Bedingungen	AUB 2014
Beginn	01.11.2017 – 12:00 Uhr
Ablauf	01.11.2020 – 12:00 Uhr
Zahlungsweise	1/1-jährlich
Prämie (netto)	360,40 €
Prämienkonto	ausgeglichen
Invaliditätssumme	100.000,00 €
Progression	Staffel Modell 350
Tagegeld	–
Krankenhaus-Tagegeld	–
Todesfallleistung	40.000,00 €

Bearbeiten Sie den Schadenfall und berechnen Sie die Leistung aus dem Vertrag!

S 9 Sie sind Mitarbeiter/-in der Leistungsabteilung der Proximus Versicherung AG. Frau Antonia Kölbl hatte Ihnen bereits am 27.04. d. J. gemeldet, dass ihr am 22.04. d. J. ein Unfall zugestoßen ist. Heute erhalten Sie die endgültigen ärztlichen Unterlagen für die Überprüfung Ihrer Leistungspflicht. Der rechte Arm wurde nach einer schweren Quetschung amputiert. Das linke Bein ist unterhalb des Kniegelenks zu 45 % in seiner Funktion beeinträchtigt. Frau Kölbls Krankenhausaufenthalt dauerte vom 22.04. bis 29.05. d. J. Nachgewiesene Kosten für zwei unfallbedingte, ambulant durchgeführte kosmetische Operationen betragen insgesamt 4.355,57 €. Frau Kölbl ist seit dem Unfall bis zum heutigen Tag zu 100 % arbeitsunfähig.

Bei der Leistungsbearbeitung stellen Sie fest, dass versucht wurde, die Prämie von Frau Kölbls Konto einzuziehen, was jedoch mangels Kontodeckung nicht gelang. Frau Kölbl erhielt darauf ein kombiniertes Mahn-/Kündigungsschreiben nach § 38 VVG, das ihr am 09.04. d. J. zuging.

Vertragsspiegel Unfallversicherung

	Name	Vorname	Geburtsdatum	Beruf	A = angestellt S = selbstständig B = öffentlicher Dienst
Vers.-Nehmer	Kölbl	Antonia	30.08.1972	Bodenpersonal Lufthansa	A
Anschrift	Schlierfer Weg 29, 03046 Cottbus				
Versicherungsnachweis					
Vers.-Nummer	UV 15 221 239				
Tarif	30				
Dynamik	keine				
Bedingungen	AUB 2014				
Beginn	01.09.2017 – 12:00 Uhr				
Ablauf	01.09.2020 – 12:00 Uhr				
Prämie / Rate (netto)	395,18 €				
Zahlungsweise	1/2-jährlich				
Fälligkeit	01.03.				
Prämienkonto	– 197,59 €				
Invalidität	120.000,00 €				
Übergangsleistung	–				
Tagegeld	–				
Krankenhaus-Tagegeld	25,00 €				
Todesfallleistung	8.000,00 €				
Kosten für kosmetische Operationen	10.000,00 €				
Progression	Staffel Modell 500				

Prüfen Sie die Leistungspflicht und berechnen Sie ggf. die mögliche Höhe der Leistung aus dem Vertrag!

Fachrichtung Versicherung: Schaden- und Leistungsbearbeitung – Unfallversicherung FP 1 (3)

S 10 Sie sind Mitarbeiter/-in der Leistungsabteilung der Proximus Versicherung AG. Ihre VN Sabine Himpsl legt Ihnen abschließende ärztliche Unterlagen zum einem Unfall vor, der ihr vor 14 Monaten in ihrer Freizeit zugestoßen ist und den sie Ihnen fristgemäß angezeigt hat. Darin bestätigt ihr der Arzt einen unfallbedingten Invaliditätsgrad von 78 %. Eine bestehende Stoffwechselerkrankung hat zu 20 % daran mitgewirkt. Außerdem war sie 27 Tage im Krankenhaus und daran anschließend für 122 Tage vollständig und für weitere 52 Tage zu 50 % arbeitsunfähig krank geschrieben.

Vertragsspiegel Unfallversicherung

	Name	Vorname	Geburtsdatum	Beruf	A = angestellt S = selbstständig B = öffentlicher Dienst
Vers.-Nehmer	Himpsl	Sabine	20.02.1980	Einzelhandelskauffrau	A
Anschrift	Zedernweg 119, 92318 Neumarkt i. d. OPf.				
Versicherungsnachweis					
Vers.-Nummer	UV 65 321 445				
Tarif	30				
Dynamik	keine				
Bedingungen	AUB 2014				
Beginn	01.02.2017 – 12:00 Uhr				
Ablauf	01.02.2020 – 12:00 Uhr				
Prämie / Rate (netto)	170,40 €				
Zahlungsweise	¼-jährlich				
Fälligkeit	01.05.				
Prämienkonto	ausgeglichen				
Invalidität	120.000,00 €				
Übergangsleistung	–				
Tagegeld ab 15. Tag	30,00 €				
Krankenhaus-Tagegeld	30,00 €				
Unfallrente 50/90	850,00 €				
Todesfallleistung	8.000,00 €				
Mehrleistung	ab 70 % Invaliditätsgrad				
Progression	–				

Ermitteln Sie die Höhe der Leistung für Frau Himpsl aus ihrem Vertrag!

S 11 Sie sind Mitarbeiter/-in der Leistungsabteilung der Proximus Versicherung AG. Ihre Kundin Martina Seipel meldet Ihnen einen Unfall, der ihr und ihrer mitversicherten Tochter Clara während einer Wanderung im Harz zugestoßen ist. Sie selbst zog sich durch einen Zeckenbiss eine FSME-Infektion zu, die dauerhaft zu einer ärztlicherseits bestätigten Invalidität von 95 % führte. Ihre Tochter Clara wurde von einer Hornisse in den Hals gestochen; starke allergische Reaktionen führten dabei zu einem Zuschwellen der Atemwege und einem daraus folgenden Erstickungstod.

Dem Vertragsspiegel entnehmen Sie, dass für beide versicherten Personen seit 01.01.2018 eine Unfallversicherung mit 30.000,00 € Todesfallleistung, 50.000,00 € Invaliditätsleistung mit Progressionsstaffel Modell 225 sowie eine Unfallrente 50/90 mit jeweils 500,00 € versichert ist. Die Beiträge sind laufend bezahlt.

Prüfen Sie die Leistungspflicht und ggf. die Entschädigung der Höhe nach!

S 12 Sie sind Mitarbeiter/-in der Leistungsabteilung der Proximus Versicherung AG. Ihre Kundin Sandra Grieb meldet Ihnen, dass ihre vor zwei Monaten geborene Tochter Tamara vom Wickeltisch gefallen ist und sich dabei schwere Kopfverletzungen zugezogen hat. Das Kind musste 17 Tage stationär behandelt werden und ist seit dem Unfall zu 60 % bleibend in seiner Leistungsfähigkeit eingeschränkt.

Bei der Leistungsprüfung stellen Sie fest, dass für Frau Sandra Grieb seit mehreren Jahren eine Unfallversicherung mit 10.000,00 € Todesfallleistung, 100.000,00 € Invaliditätsleistung mit Mehrleistung ab 90 % Invaliditätsgrad sowie ein Krankenhaus-Tagegeld in Höhe von 40,00 € nach Tarif 30 besteht. Für die Tochter Tamara besteht keine Mitversicherung.

Prüfen Sie einen möglichen Leistungsanspruch und antworten Sie Frau Grieb sachgerecht!

S 13 Sie sind Mitarbeiter/-in der Leistungsabteilung der Proximus Versicherung AG. Ihr Kunde Georg Gruber teilt Ihnen mit, dass er und seine Frau Hannelore einen folgenschweren Autounfall erlitten haben. Herrn Grubers Beine wurden dabei schwer gequetscht mit der Folge, dass sein gesamtes rechtes Bein und der linke Fuß amputiert werden mussten. Frau Gruber bekam einen Glassplitter ins linke Auge, der operativ entfernt wurde. Durch einen ärztlichen Kunstfehler wurde dabei der Sehnerv des Auges schwer geschädigt, wodurch sie auf dem linken Auge nur noch 15 % Sehkraft besitzt. Außerdem gingen ihr der Geruchs- und der Geschmackssinn unfallbedingt verloren.

Im Rahmen der abschließenden Leistungsbearbeitung stellen Sie fest, dass an Herrn Grubers linkem Fuß bereits die große sowie drei weitere Zehen gefehlt haben. Außerdem entnehmen Sie den ärztlichen Unterlagen, dass Durchblutungsstörungen mit 25 % an allen unfallbedingten Folgen bei Herrn Gruber beigetragen haben.

Den Vertragsunterlagen entnehmen Sie, dass für beide Personen eine Invaliditätssumme von 80.000,00 € vereinbart ist. Für Herrn Georg Gruber besteht die Vereinbarung „Mehrleistung ab 70 % Invaliditätsgrad", für Frau Hannelore Gruber ist die progressive Invaliditätsstaffel Modell 500 vereinbart.

Erstellen Sie die Leistungsabrechnung für beide versicherten Personen!

S 14 Sie sind Mitarbeiter/-in im Callcenter der Proximus Versicherung AG. Ihr Kunde Bernd Hofmann ruft Sie am 08.09. d. J. an und teilt Ihnen mit, dass er aufgrund seines Fahrradunfalls vom 03.01. d. J. Leistungsansprüche aus seiner bestehenden Unfallversicherung hat. Er hat sich damals den Daumen der linken Hand schwer verletzt und einen Trümmerbruch des linken Beines unterhalb des Knies zugezogen. Die Funktionsbeeinträchtigung wurde ärztlicherseits zunächst mit 55 % für beide Körperteile festgelegt. Bei einer Nachuntersuchung stellte sich nun aber heraus, dass der Daumen nur zu 45 %, das Bein jedoch zu 85 % dauerhaft geschädigt bleiben werden. Herr Hofmann möchte wissen, ob und wie sich seine Leistungsansprüche ändern und welche Unterlagen er vorlegen muss.

Der Vertragsmaske Ihres Bildschirms entnehmen Sie, dass für Herrn Hofmann eine Unfallversicherung mit einer Invaliditätssumme von 120.000,00 € mit progressiver Invaliditätsstaffel Modell 350 sowie einer Unfallrente 50/90 in Höhe von 1.500,00 € besteht.

Antworten Sie Herrn Hofmann sachgerecht auf seine Fragen!

Fachrichtung Versicherung: Schaden- und Leistungsbearbeitung – Unfallversicherung

S 15 Sie sind Mitarbeiter/-in in der Leistungsabteilung der Proximus Versicherung AG. Herr Jannis Mitsioulis schreibt Ihnen folgenden Brief:

Jannis Mitsioulis
Bernd-Schuster-Weg 35
96052 Bamberg

Bamberg, 24.08. d. J.

Versicherungsnummer: UV 33 445 296

Sehr geehrte Damen und Herren,

wie ich Ihnen bereits mitgeteilt habe, hat mein Vater Alexandros Mitsioulis am 17.12. letzten Jahres, also vor ca. acht Monaten einen sehr schweren Unfall erlitten und sich dabei massive Kopfverletzungen zugezogen. Nun ist er am 23.08. d. J. an den Unfallfolgen verstorben. Er lag vom Unfallzeitpunkt an bis zum 28.04. d. J. im Krankenhaus. Da man im Krankenhaus nichts mehr für ihn tun konnte, haben wir ihn bis zu seinem Tod zu Hause versorgt.

Bitte teilen Sie uns mit, auf welche Leistungen wir Anspruch haben.

Mit freundlichen Grüßen

Jannis Mitsioulis

Vertragsspiegel Unfallversicherung

	Name	Vorname	Geburtsdatum	Beruf	A = angestellt S = selbstständig B = öffentlicher Dienst
Vers.-Nehmer	Mitsioulis	Alexandros	11.10.1956	Zimmermann	A
Anschrift	Talweg 17, 70141 Ludwigsburg				
Versicherungsnachweis					
Vers.-Nummer	UV 29 447 776				
Tarif	30				
Dynamik	–				
Bedingungen	AUB 2014				
Beginn	01.07.2017 – 12:00 Uhr				
Ablauf	01.07.2020 – 12:00 Uhr				
Zahlungsweise	monatlich				
Prämie / Rate (netto)	27,15 €				
Fälligkeit	01.04.				
Prämienkonto	ausgeglichen				
Versicherte Person	Alexandros Mitsioulis				
Invalidität	50.000,00 €				
Übergangsleistung	10.000,00 €				
Tagegeld ab 15. Tag	20,00 €				
Krankenhaus-Tagegeld	25,00 €				
Todesfallleistung	10.000,00 €				
Progression	Staffel Modell 225				
Bezugsrecht	Jannis Mitsioulis				

Antworten Sie Herrn Mitsioulis und berechnen Sie ggf. seine Leistungsansprüche!

(4) Krankenversicherung

S 1 Sie sind Mitarbeiter/-in der Leistungsabteilung der Proximus Krankenversicherung AG. Ihnen liegt die Leistungsabrechnung von Mia Grahn vor. Sie ist seit dem 01.04. d. J. bei der Proximus Krankenversicherung AG versichert. Frau Grahn hat ihre gesamten Rechnungen bis zum Jahreswechsel aufbewahrt und reicht diese nun ein. Die Rechnungen entsprechen den Vorschriften. Frau Grahn hat bis kurz vor Vertragsbeginn in den USA gelebt und war dort nicht krankenversichert.

Auszug aus dem Vertragsspiegel

		Name	Vorname	Geburtsdatum	Beruf	A = angestellt S = selbstständig B = öffentlicher Dienst
Versicherungsnehmer		Grahn	Mia	08.07.1983	Einkäuferin	A
Ehepartner						
Kinder						
Anschrift		Sckellstraße 5 – 7, 44141 Dortmund				
Versicherungsnachweis						
Vers.-Nummer		455477.4467.445		vom:		10.03. d. J.
Bedingungen		MB/KK 2009, MB/PPV 2017				
Beginn		01.04. d. J.				
Zahlungsweise		monatlich				
Beitrag / Rate		404,27 €				
Beitragskonto		ausgeglichen				
Versicherte Personen		VN	Ehepartner	Kind 1		Kind 2
Vollkosten						
Teilkosten						
Tarif	Ambulant/Selbstbeteiligung	A1				
	Stationär	S2				
	Zahn/Selbstbeteiligung	Z3				
	Pflege	PVN				
	Krankenhaustagegeld					
	Krankentagegeld					
	Standardtarif					
	Basistarif					
	Beitragsentlastung					
Leistungsfälle						
Jahr	Beschreibung		Besondere Hinweise		Betrag	
Hinweis: Frau Grahn hatte bei Antragstellung keine Vorerkrankungen.						

Fachrichtung Versicherung: Schaden- und Leistungsbearbeitung – Krankenversicherung FP 1 (4)

Rechnungen aus diesem Jahr

Beleg 1 vom 15.04.	Abrechnung mit dem Städtischen Krankenhaus wegen Unfall mit Armbruch und Bänderriss an der linken Hand
Beleg 2 vom 25.04.	Untersuchung bei Hausarzt Dr. Reichert, Kniegelenkentzündung
Beleg 3 vom 28.07.	Psychotherapeutische Einzelfallberatung bei Dr. Brock (Psychiater und Psychotherapeut)
Beleg 4 vom 27.11.	Behandlung eines kariösen Zahns bei Dr. med. dent. Spanier, provisorische Füllung
Beleg 5 vom 03.12.	Einsetzen eines Inlays bei Dr. med. dent. Spanier
Beleg 6 vom 05.12.	Abrechnung mit dem Städtischen Krankenhaus wegen Entbindung
Beleg 7 vom 25.12.	Untersuchung wegen Neurodermitis bei Heilpraktiker Walter Blume

Nehmen Sie eine begründete Leistungsabrechnung vor!

S 2 Sie sind Mitarbeiter/-in der Leistungsabteilung der Proximus Krankenversicherung AG. Ihnen liegt das folgende Schreiben von Frau Marianne Schuster (Eingang am 27.09. d. J.) vor:

Marianne Schuster 20.09. d. J.
zur Zeit in
New York

Proximus Krankenversicherung AG
Proximus-Allee 6–8
80333 München

Sehr geehrte Damen und Herren,

während meines touristischen Aufenthaltes hier in New York habe ich am 15.09. d. J. einen schweren selbstverschuldeten Verkehrsunfall mit einem komplizierten Beinbruch erlitten. Ich hoffe mein Versicherungsschutz gilt auch für New York.

Ich musste mich am selben Tag in stationäre Behandlung begeben. Mein Bein wurde mit Fixateuren wieder hergestellt und wird seitdem mit einer Art Flaschenzug in der Waagerechten gehalten, da so die Heilungschancen verbessert sind.

Die erste Teilrechnung vom Krankenhaus habe ich bereits mit meiner Kreditkarte am 20.09. d. J. bezahlt und lege die Teilrechnung dem Schreiben bei. Bitte überweisen Sie auch das mir zustehende Krankentagegeld auf das Ihnen bekannte Konto.

Ende Oktober werde ich aus dem Krankenhaus entlassen.

Mit freundlichen Grüßen

Marianne Schuster

Hinweis: Dem Vertragsspiegel entnehmen Sie, dass Frau Schuster folgende Tarife abgeschlossen hat: A1, S1, Z3, PVN, 50,00 € Krankentagegeld ab dem 8. Tag. Es wurden keine besonderen Vereinbarungen getroffen.

Auszug aus der 1. Teilrechnung	Amtlicher Devisenkurs
New York General Hospital 249 Varet Street, New York City, New York, USA 11206 September 18, d. J. patient: Mrs. Marianne Schuster total payable: $ 3.548,00	**Frankfurt/Main** **Währung: USD** 1,00 € / 1,1244 USD: 18.09. d. J. 1,00 € / 1,1057 USD: 20.09. d. J. 1,00 € / 1,0843 USD: 27.09. d. J.

Antworten Sie Frau Marianne Schuster und berechnen Sie den Erstattungsbetrag! Es handelt sich um ein öffentliches Krankenhaus.

S 3 Sie sind Mitarbeiter/-in der Leistungsabteilung der Proximus Krankenversicherung AG. Sie bearbeiten den Leistungsantrag von Herrn Jens Lenne, der am 10.05. d. J. eingegangen ist. Legen Sie die folgenden auszugsweise abgedruckten Belege zugrunde. Die Belege entsprechen den Vorschriften. In diesem Jahr reicht Herr Lenne erstmals Rechnungen ein.

Auszug aus dem Vertragsspiegel

		Name	Vorname	Geburtsdatum	Beruf	A = angestellt S = selbstständig B = öffentlicher Dienst
Versicherungsnehmer		Lenne	Jens	31.08.1973	Malermeister	S
Ehepartner						
Kinder						
Anschrift		Bodenbacher Straße 154 a, 01277 Dresden				
Versicherungsnachweis						
Vers.-Nummer		67545.2387.845			vom:	10.02.2004
Bedingungen		MB/KK 2009, MB/KT 2009, MB/PPV 2017				
Beginn		01.03.2004				
Ablauf						
Zahlungsweise		monatlich				
Beitrag / Rate		705,94 €				
Beitragskonto		ausgeglichen				
Versicherte Personen		VN	Ehepartner	Kind 1	Kind 2	
Vollkosten						
Teilkosten						
Tarif	Ambulant/Selbstbeteiligung	A2				
	Stationär	S3				
	Zahn/Selbstbeteiligung	Z1				
	Pflege	PVN				
	Krankenhaustagegeld					
	Krankentagegeld	KT 22: 100,00 €				
	Standardtarif					
	Basistarif					
	Beitragsentlastung					
Leistungsfälle						
Jahr	Beschreibung	Besondere Hinweise		Betrag		

Fachrichtung Versicherung: Schaden- und Leistungsbearbeitung – Krankenversicherung FP 1 (4)

Belege von Herrn Jens Lenne aus diesem Jahr

Beleg-Nr.	Datum	Leistung	Betrag
1	03.01.	ärztliche Behandlung grippaler Infekt	37,00 €
2	23.02.	Brillenfassung 98 €, Gläser 230 € (Erstbrille)	328,00 €
3	01.03.	10er Karte Thermalbad	110,00 €
4	10.04.	ärztliche Behandlung, Kniegelenkentzündung	80,00 €
5	15.04.	Check-Up-Untersuchung inkl. großem Blutbild	472,00 €
6	01.05.	ambulante Behandlung im Krankenhaus: Glatter Handbruch	230,00 €
7	05.05.	Heizkissen	99,00 €

Prüfen Sie die Leistungspflicht und berechnen Sie die Leistung!

S 4 Sie sind Mitarbeiter/-in der Leistungsabteilung der Proximus Krankenversicherung AG. Herr Stefan Lange (35 Jahre) aus Köln ist Bundesbeamter und alleinerziehend. Herr Lange hat bei der Proximus Krankenversicherung AG eine entsprechende Quotenversicherung für sich und seine beiden Söhne abgeschlossen und bis zum Jahresende seine Rechnungen aufgehoben. Er reicht diese nun bei Ihnen ein. Dazu hat er den folgenden Leistungsscheck ausgefüllt.

Leistungsscheck

Herr Lange (35 Jahre)		Michael (8 Jahre)		Felix (7 Jahre)	
Arztbesuche wegen Neurodermitis:	329,60 €	Zahnarzt Vorsorge:	93,10 €	Zahnarzt Vorsorge:	93,10 €
Apothekenquittung Heilsalbe Neurodermitis:	8,39 €	Windpocken Kinderarzt:	81,25 €	Untersuchung aufgrund eines Sportunfalls beim Hausarzt:	105,33 €
Besuche eines Heilpraktikers wegen Schulterschmerzen:	340,00 €				
Krankengymnastik wegen der Schulterschmerzen:	187,00 €				
Zahnarzt Vorsorge und professionelle Zahnreinigung:	156,20 €				

Erstellen Sie die Abrechnung! Die Rechnungen entsprechen den Vorschriften.

S 5 Sie sind Mitarbeiter/-in der Leistungsabteilung der Proximus Krankenversicherung AG. Herr Jörg Turm (43 Jahre) ist Inhaber einer Großhandlung für Bürobedarf und hat für sich und seine Ehefrau seit langem eine Krankheitskostenvollversicherung abgeschlossen. Er reicht am 04.11. d. J. folgende Rechnungsbelege bei Ihnen ein.

Rechnungsbelege

Beleg 1	Besuch von Herrn Turm bei Dr. Bonin am 10.03. d. J., Diagnose: grippaler Infekt
Beleg 2	Neurodermitis, mehrere Besuche von Herrn Turm bei Heilpraktiker Dr. Kirdorfer vom 01.05. d. J. – 13.06. d. J.
Beleg 3	Entbindung am 29.07.2016 von Frau Turm im Städtischen Krankenhaus
Beleg 4	Hautkrebsvorsorgeuntersuchung bei Dr. Winkler von Herr Turm am 04.08. d. J.
Beleg 5	Unfall von Frau Turm mit Knochenbruch am 13.09. d. J., ambulante Behandlung im Heilig-Geist-Krankenhaus
Beleg 6	Zahnarztbesuch bei Dr. Krone zur Vorsorge mit professioneller Zahnreinigung am 25.10. d. J. von Herrn Turm

Hinweis: Die Rechnungen entsprechen den Vorschriften.

Auszug aus dem Vertragsspiegel

letzter Beitrag	01.12. d. v. J.
Zugang 1. Mahnung nach § 193 (6) VVG	16.02. d. J.
Zugang 2. Mahnung unter Hinweis auf mögliches Ruhen nach § 193 (6) VVG	20.04. d. J.
keine Zahlungseingänge erfolgt	20.05. d. J.
Beginn der Ruhenszeit (Beginn des Versicherungsschutzes im Notlagentarif), Mitteilung in Textform durch Proximus Krankenversicherung AG	01.06. d. J.
Versicherungsnehmer zahlt alle rückständigen Beiträge einschließlich Beitreibungs(Mahn)kosten und Säumniszuschlägen	04.10. d. J.

Nehmen Sie die Leistungsabrechnung vor! Begründen Sie kurz Ihre Meinung!

S 6 Sie sind Mitarbeiter/-in der Leistungsabteilung der Proximus Krankenversicherung AG. Sie bearbeiten den Leistungsantrag von Herrn Mark Wiesel. Aufgrund eines schweren Skiunfalls am 02.01. d. J. wurde er im Städtischen Krankenhaus in München stationär aufgenommen. Dort bleibt er bis zum 10.02. d. J. Im Anschluss ist er noch bis zum 10.04. d. J. zu 100 % krankgeschrieben. Die Krankenhausbescheinigung und die Arbeitsunfähigkeitsbescheinigung liegen Ihnen vor. Sie entsprechen den Vorschriften und sind heute, am 14.02. d. J., eingegangen.

Auszug aus dem Vertragsspiegel

		Name	Vorname	Geburtsdatum	Beruf	A = angestellt S = selbstständig B = öffentlicher Dienst
Versicherungsnehmer		Wiesel	Mark	01.01.1981	Disponent	A
Ehepartner						
Kinder						
Anschrift		Friedenstraße 29, 40219 Düsseldorf				
		Versicherungsnachweis				
Vers.-Nummer		12525.2345.247			vom:	10.02.2002
Bedingungen		MB/KK 2009, MB/KT 2009				
Beginn		01.03.2002				
Ablauf						
Zahlungsweise		monatlich				
Beitrag / Rate						
Beitragskonto		ausgeglichen				
Versicherte Personen		VN	Ehepartner	Kind 1	Kind 2	
Vollkosten						
Teilkosten						
Tarif	Ambulant/Selbstbeteiligung					
	Stationär	SEV 47,67 €				
	Zahn/Selbstbeteiligung					
	Pflege					
	Krankenhaustagegeld					
	Krankentagegeld	KT 43 120,00 € 81,12 €				
	Standardtarif					
	Basistarif					
	Beitragsentlastung					

Fachrichtung Versicherung: Schaden- und Leistungsbearbeitung – Krankenversicherung   FP 1 (4)

Leistungsfälle			
Jahr	Beschreibung	Besondere Hinweise	Betrag

Nehmen Sie die Leistungsabrechnung für das Krankentagegeld vor (Schaltjahr!). Eine von Ihnen angeforderte Verdienstbescheinigung weist ein für die nähere Zukunft konstantes monatliches Nettogehalt von 3.000,00 € aus.

S 7 Sie sind Mitarbeiter/-in der Leistungsabteilung der Proximus Krankenversicherung AG. Frau Weiß hat dort eine Krankheitskostenvollversicherung (Tarife A0, S1, Z3, PVN) und reicht in diesem Jahr folgende Belege ein:

Belege

Beleg 1	von Phlebologe Dr. Nuss: Entfernen einer Krampfader, ambulante OP: 1.200,00 €
Beleg 2	vom Sanitätshaus Zorz, Kassenbeleg: Kompressionsstrumpf: 65,00 € (Nach ärztlicher Aussage von Dr. Nuss muss in den ersten 4 Wochen nach der Krampfader-OP ein Kompressionsstrumpf getragen werden.)
Beleg 3	von den Städtischen Kliniken Köln Merheim: Unfall, Handbruch, Untersuchung, Röntgen und Ruhigstellung: 245,00 €
Beleg 4	von Hautarzt Dr. Wahlscheid: Krebsvorsorge, Hautscreening: 185,00 €
Beleg 5	von Hausarzt Dr. Naunheim: Nachsorgeuntersuchung des Handbruchs, 2 Besuche, zusammen: 64,00 €
Beleg 6	von Physiotherapeutin Anke Bandke: 10 x Krankengymnastik wegen Handbruchs: 180,00 €
Beleg 7	Thermalbad Aaler Mühle: Tagesrechnung mit Besuch der Saunalandschaft: 60,00 €

Hinweis: Die Gesundheitsfragen wurden bei Antragstellung vor 2 Jahren fälschlicherweise alle mit „Nein" beantwortet. Dabei kann Frau Weiß grobe Fahrlässigkeit unterstellt werden. Sie hatte zum Zeitpunkt der Antragstellung schon erste Anzeichen für Krampfadern festgestellt.

Prüfen und begründen Sie die Leistungspflicht des Versicherers!

S 8 Sie sind Mitarbeiter/-in der Leistungsabteilung der Proximus Krankenversicherung AG. Frau Saure reicht am 03.12. d. J. folgende Belege ein. Aufgrund eines Telefongesprächs mit Frau Saure erfahren Sie, dass sie die Versicherung eventuell nicht weiterführen möchte. Sie möchte über die Nachteile, die mit einer Kündigung verbunden sind, informiert werden und bittet, die eingereichten Belege zu erstatten.

Belege

Beleg 1	homöopathisches Grippemittel: 21,30 €, 25.10. d. J.
Beleg 2	Untersuchung Heilpraktiker Manfred Nessel: 42,33 €, 02.11. d. J.
Beleg 3	Kontaktlinsen: 130,00 €, 15.11. d. J.

Hinweis: Die Belege entsprechen den Vorschriften. Sie sind gemäß den AVB erstattungspflichtig.

Auszug aus dem Vertragsspiegel

	Name	Vorname	Geburtsdatum	Beruf	A = angestellt S = selbstständig B = öffentlicher Dienst
Versicherungsnehmer	Saure	Magdalena	12.12.1963	Verkäuferin	A
Ehepartner					
Kinder					
Anschrift	Steinweg 24, 26721 Emden				
Versicherungsnachweis					
Vers.-Nummer	67523.93847.3495			vom:	02.02.2004
Tarifart	Kranken-Ergänzungsversicherung				
Beginn	01.03.2004				
Zahlungsweise	monatlich				
Beitrag / Rate	90,34 €				
Beitragskonto	nicht ausgeglichen, letzter Beitrag 01.09. d. J.				

Versicherte Personen		VN	Ehepartner	Kind 1	Kind 2
Vollkosten					
Teilkosten					
Tarif	Ambulant/Selbstbeteiligung	AEV			
	Stationär	SEV			
	Zahn/Selbstbeteiligung				
	Pflege				
	Krankenhaustagegeld				
	Krankentagegeld				
	Standardtarif				
	Basistarif				
	Beitragsentlastung				

Leistungsfälle

Jahr	Beschreibung	Besondere Hinweise	Betrag
26.10. d. J.	qualifizierte Mahnung mit Mindestzahlungsfrist 2 Wochen und verbundener Kündigung gemäß § 38 VVG	Zugang der Mahnung: 27.10. d. J. (Einschreiben mit Rückschein)	

Erläutern Sie Frau Saure die Konsequenzen einer endgültigen Beendigung des Vertrages indem Sie Ihr die Rechtslage schildern! Nehmen Sie die Leistungsabrechnung vor!

Fachrichtung Versicherung: Schaden- und Leistungsbearbeitung – Krankenversicherung

S 9 Sie sind Mitarbeiter/-in der Leistungsabteilung der Proximus Krankenversicherung AG. Frau Elena Kustra reicht am 15.12. d. J. folgende Belege mit der Bitte um Erstattung ein. Frau Kustra hat eine Krankheitskostenvollversicherung (A0, S1, Z3, PVN).

Beleg 1

Dr. Manfred Feldhaus
Zahnarzt
Untere Gasse 55 a
53117 Bonn

Frau Kustra
Dollendorfer Str. 12
53639 Königswinter

Rechnung

Rechnungsnummer	Rechnungsdatum
501377/03	01.12. d. J.
Behandelte Person:	Elena Kustra
Geburtsdatum:	12.12.1996
Behandlungsdatum:	27.11. d. J.
Einsetzen eines Steinchens aus Zirkon (Twinkle)	30,00 €
Sachkosten:	60,00 €
Umsatzsteuer:	17,10 €
Die Gesamtkosten betragen:	107,10 €

Die von mir erbrachten Leistungen gehören nicht zu den Leistungen der gesetzlichen Krankenversicherung und deshalb werden die Kosten von ihr (auch nicht teilweise) übernommen oder erstattet. Die Arztrechnung ist mit den oben angegebenen Gesamtkosten von Ihnen selbst zu bezahlen.

Beleg 2

Dr. Angelika Wegener
Fachärztin für Physikalische und
Rehabilitative Medizin
Am Damengarten 47
53117 Bonn

Frau Kustra
Dollendorfer Str. 12
53639 Königswinter

Rechnung

Rechnungsnummer	Rechnungsdatum
32367	13.10. d. J.

Behandelte Person: Elena Kustra
Geburtsdatum: 12.12.1996
Behandlung vom: 29.09. d. J.

Diagnose: Bursitis praepatellaris (Schleimbeutelentzündung im Knie), Knieschmerzen, Dysbalance der Nacken-Schultermuskulatur

Für ärztliche Leistungen erlaube ich mir entsprechend der Gebührenordnung für Ärzte (GOÄ) ein Honorar von 174,29 € zu berechnen:

Datum	Ziffer	Leistungsbeschreibung	Faktor	€
29.09. d. J.	1	Beratung auch telefonisch	2,30	10,72
	7	Untersuchung Bewegungsorgane	3,50	32,66
	800	Neurologische Untersuchung	2,80	31,84
	2203	Einrenken im Durchhang	2,30	99,07
Rechnungsbetrag				**174,29 €**

Beleg 3

Dr. Michael Kustra
Zahnarzt
Maximilianstr. 67
53117 Bonn

Frau Kustra
Dollendorfer Str. 12
53639 Königswinter

Rechnung

Rechnungsnummer	Rechnungsdatum
215388	10.12. d. J.

Behandelte Person: Elena Kustra
Geburtsdatum: 12.12.1996
Behandlungsdatum: 29.09. d. J.

Diagnose: Kavität

Für zahnärztliche Leistungen erlaube ich mir entsprechend der Gebührenordnung für Zahnärzte (GOZ) ein Honorar von 121,04 € zu erheben:

Datum	Ziffer	Leistungsbeschreibung	Faktor	€
05.12.	Ä1	Beratung auch mittels Fernsprecher	2,30	10,72
	Ä5	symptombezogene Untersuchung	2,30	10,72
	2120	Versorgung einer Kavität (Karies) (Sachkosten: 33,60 €)	2,30	99,60
Rechnungsbetrag				**121,04 €**

Aufgaben:

1) Erstellen Sie die Leistungsabrechnung!

2) Prüfen Sie die Rechnungen, indem Sie die vorgeschriebenen Bestandteile angeben!

S 10 Sie sind Mitarbeiter/-in der Leistungsabteilung der Proximus Krankenversicherung AG. Sie lesen die E-Mail von Herrn Frank Gardener. Er fuhr mit dem Fahrrad zu seinem eigenen Großhandel für Geschenkartikel, als ihm ein Pkw schuldhaft die Vorfahrt nahm.

Frank Gardener
per E-Mail

22.10. d. J.

Proximus Krankenversicherung AG
Proximus-Allee 6–8
80333 München

Sehr geehrte Damen und Herren,

am 15.10. d. J. war ich mit meinem Fahrrad ins Büro unterwegs. An einer Kreuzung hat mir ein von links kommender Pkw die Vorfahrt genommen. Dabei flog ich über die Motorhaube und landete so unglücklich, dass ich mir den Unterarm brach und mir eine sehr schmerzhafte Prellung am Knie zuzog.

Ich befand mich ab 15.10. d. J. für 5 Tage in stationärer Behandlung und werde bis zum 13.11. d. J. krank geschrieben sein.

Bitte informieren Sie mich über die von Ihnen zu erbringenden Leistungen.

Mit freundlichen Grüßen

Frank Gardener

Auszug aus dem Vertragsspiegel

Versicherungsnehmer:	Frank Gardener
Beruf:	selbstständig
Tarife:	A1, S1, Z1, PVN, KHT / 20,00 €, KT15 / 200,00 €
Geburtsdatum:	24.10.1975
Beginn:	01.10.2005
Beitragskonto:	ausgeglichen

Antworten Sie Herrn Gardender!

Fachrichtung Versicherung: Schaden- und Leistungsbearbeitung – Krankenversicherung FP 1 (4)

S 11 Sie sind Mitarbeiter/-in der Leistungsabteilung der Proximus Krankenversicherung AG. Sie lesen einen Brief von Herrn Matthias Reich:

Matthias Reich
Am Flüßchen 10
99091 Erfurt

22.08. d. J.

Proximus Krankenversicherung AG
Proximus-Allee 6–8
80333 München

Sehr geehrte Damen und Herren,

mein Hausarzt Dr. Hoppenbach hat bei einer Vorsorgeuntersuchung festgestellt, dass ich massive Alkoholprobleme habe. In einem vertraulichen Arzt-Patienten-Gespräch riet er mir zu einem Alkoholentzug in einem Krankenhaus.

Ich bitte Sie, die Kostenübernahme zu prüfen.

Mit freundlichen Grüßen

Matthias Reich

Auszug aus dem Vertragsspiegel

Versicherungsnehmer:	Matthias Reich
Beruf:	Diplomingenieur
Tarife:	A2, S2, Z1, PVN, KHT / 20,00 €
Geburtsdatum:	24.10.1970
Beginn:	01.10.2000
Beitragskonto:	ausgeglichen

Antworten Sie Herrn Reich!

S 12 Sie sind Mitarbeiter/-in der Leistungsabteilung der Proximus Krankenversicherung AG. Herr Markus Knauf ruft Sie am 10.04.2020 an und möchte wissen, unter welchen Voraussetzungen er eine Beitragsrückerstattung für das Jahr 2019 bekommen würde und wie hoch diese ausfallen würde.

Bemerkung: Die Proximus Krankenversicherung AG hat für das Jahr 2019 mit Zustimmung des Treuhänders entschieden, dass alle ambulanten Tarife und Zahntarife eine Beitragsrückerstattung in Höhe von 3 Monatsbeiträgen erhalten. Diese Tarife haben im Jahr 2019 Überschüsse erzielt.

Auszug aus dem Vertragsspiegel

		Name	Vorname	Geburtsdatum	Beruf	A = angestellt S = selbstständig B = öffentlicher Dienst
Versicherungsnehmer		Knauf	Markus	13.02.1973	Informatiker	A
Ehepartner						
Kinder						
Anschrift		Sachsenstraße 29, 45128 Essen				
Versicherungsnachweis						
Vers.-Nummer		2675987328		vom:		
Bedingungen		MB/KK 2009, MB/PPV 2017				
Beginn		01.01.2017				
Ablauf						
Zahlungsweise						
Beitrag / Rate		381,78 € + 10 % Vorsorgezuschlag 38,18 + PVN 28,78 € = 448,74 €				
Beitragskonto		ausgeglichen				
Versicherte Personen		VN	Ehepartner	Kind 1	Kind 2	
Vollkosten						
Teilkosten						
Tarif	Ambulant/Selbstbeteiligung	A2 177,93 €				
	Stationär	S3 113,01 €				
	Zahn/Selbstbeteiligung	Z1 90,84 €				
	Pflege	PVN 28,78 €				
	Krankenhaustagegeld					
	Krankentagegeld					
	Standardtarif					
	Basistarif					
	Beitragsentlastung					
Leistungsfälle						
Jahr	Beschreibung	Besondere Hinweise		Betrag		
2017	zahnärztliche Behandlung	Rechnung		354,30 €		

Informieren Sie Herrn Knauf!

Fachrichtung Versicherung: Schaden- und Leistungsbearbeitung – Krankenversicherung

S 13 Sie sind Mitarbeiter/-in der Leistungsabteilung der Proximus Krankenversicherung AG. Herr Manfred Pohl sendet Ihnen am 10.04. d. J. eine E-Mail mit der Bitte um Übernahme der Kosten für seine psychische Erkrankung.

Manfred Pohl 10.04. d. J.
Mauerweg 1
60316 Frankfurt am Main

Proximus Krankenversicherung AG
Proximus-Allee 6–8
80333 München

Sehr geehrte Damen und Herren,

gestern war ich bei Dr. Boldt, Psychiater und Psychotherapeut, der bei mir Burnout Syndrom diagnostizierte und mich in eine psychosomatische Klinik überwiesen hat. Ich werde mindestens ein halbes Jahr krankgeschrieben sein und mich umgehend in die psychosomatische Klinik nach Bad Herrenalb begeben. Die Klinik wurde mir von einem Bekannten empfohlen, der dort schon einmal eine Kur gemacht hat.

Ich bitte Sie, die Kostenübernahme zu prüfen.

Mit freundlichen Grüßen

Manfred Pohl

Auszug aus dem Vertragsspiegel

Versicherungsnehmer:	Manfred Pohl
Beruf:	Lehrer
Tarife:	50 BA / BZ, 50 BS, PVB, KHT / 10,00 €
Geburtsdatum:	24.10.1960
Beginn:	01.10.1987
Beitragskonto:	ausgeglichen

Antworten Sie Herrn Pohl!

S 14 Sie sind Mitarbeiter/-in der Leistungsabteilung der Proximus Krankenversicherung AG und erhalten von Ihrem Kunden, Herrn Peter Kohler, die abgebildete Arztrechnung zur Erstattung. Gleichzeitig teilt er Ihnen mit, dass er vom 10.03. d. J. bis 01.04. d. J. krankgeschrieben war. Eine Arbeitsunfähigkeitsbescheinigung liegt Ihnen vor.

Prof. Dr. med. Emil Reucher 28.04. d. J.
Ärztehaus
Glümerstraße 4
79102 Freiburg

Herrn
Peter Kohler
Taubenstr. 26
79117 Freiburg

Patient: Peter Kohler, geb. am 19.06.1973

Diagnose: arterielle Hypertonie (Bluthochdruck)

Für ärztliche Leistungen erlaube ich mir entsprechend der Gebührenordnung für Ärzte (GOÄ) ein Honorar von **537,44 €** zu berechnen:

Datum	Leistung	GOÄ-Nr.	Faktor	Gebühr
10.03. d. J.	Eingehende Beratung	3	2,3	20,11 €
	Erhebung Ganzkörpersatus	8	2,3	34,86 €
14.03. d. J.	Blutentnahme	250	1,8	4,20 €
18.03. d. J.	EKG einschl. Röntgenkontrolle	656	2,3	243,98 €
	Doppler-Echokardiographie	424	2,3	93,84 €
22.03. d. J.	Blutentnahme	250	1,8	4,20 €
	BKS, BSG	3501	1,15	4,02 €
	Untersuchung	5	2,3	10,72 €
28.03. d. J.	Blutentnahme	250	1,8	4,20 €
	Ergometrie (EKG)	652	2,3	59,66 €
	Ausführlicher Bericht	75	2,3	17,43 €
	Erörterung, mind. 20 Minuten	34	2,3	40,22 €
Rechnungsbetrag:				537,44 €

Vertragsspiegel Krankenversicherung

	Name	Vorname	Geburtsdatum	Beruf	A = angestellt S = selbstständig B = öffentlicher Dienst
Versicherungsnehmer	Kohler	Peter	19.06.1974	Software-entwickler	S
Ehepartner					
Kinder					
Anschrift	Taubenstr. 26, 79117 Freiburg				
Versicherungsnachweis					
Vers.-Nummer	56573.83817.7695			vom:	01.01.2006
Bedingungen	MB/KK 2009, MB KT 2009, MB/PPV 2017				
Beginn	01.01.2006				
Ablauf					
Zahlungsweise	monatlich				
Beitrag / Rate	1.273,54 €				
Beitragskonto	ausgeglichen				

Versicherte Personen		VN	Ehepartner	Kind 1	Kind 2
Vollkosten					
Teilkosten					
Tarif	Ambulant/Selbstbeteiligung	A1			
	Stationär	S1			
	Zahn/Selbstbeteiligung	Z2			
	Pflege	PVN			
	Krankenhaustagegeld	50,00 €			
	Krankentagegeld	150,00 € 8. Tag			
	Standardtarif				
	Basistarif				
	Beitragsentlastung				

Leistungsfälle			
Jahr	Beschreibung	Besondere Hinweise	Betrag
d. J.	Rechnung ambulante Behandlung (120,40 €)	SB	

1) Prüfen Sie die Rechnung, indem Sie die vorgeschriebenen Bestandteile angegeben! Herr Kohler wird sich in diesem Jahr noch aufwändigen Vorsorgeuntersuchungen unterziehen müssen, so dass er in diesem Jahr keine Beitragsrückerstattung erhalten wird.

2) Nehmen Sie die Leistungsabrechnung vor!

S 15 Sie sind Mitarbeiter/-in der Leistungsabteilung der Proximus Krankenversicherung AG und erhalten im Juni 2020 ein Schreiben von Frau Elgard. Herr und Frau Elgard, beide 46 Jahre alt, haben seit 20 Jahren bei der Proximus Krankenversicherung AG eine Krankheitskostenvoll- und eine Pflegepflichtversicherung. Frau Elgard schildert, dass ihr Ehemann das gemeinsame Haus angestrichen hat. Ein selbst aufgebautes Gerüst kippte um, da es nicht ausreichend befestigt war. Tragischerweise wird Herr Elgard ab dem Hals querschnittsgelähmt sein. Sie legt Ihnen das folgende Gutachten der Medicproof GmbH vor.

Auszug aus dem Gutachten der Medicproof GmbH

Medicproof GmbH
Der medizinische Dienst der Privaten

Gutachten
für
Herrn Elgard
Augustastraße 52/54
45888 Gelsenkirchen

Bericht nach Besuch bei Herrn Elgard

Es besteht Pflegegrad 4.

Es sind pflegerische Leistungen bei der Mobilität, der Nahrungs- und Flüssigkeitsaufnahme, der Körperpflege und dem Toilettengang notwendig.

Der Pflegedienst muss dreimal täglich kommen. Frau Elgard ist auch weiterhin berufstätig. An den Wochenenden übernimmt Frau Elgard laut eigener Aussage die Pflege.

Um die häusliche Pflege bzw. eine selbstständige Lebensführung zu ermöglichen, werden folgende Pflegehilfsmittel gemäß dem Pflegehilfsmittelverzeichnis der privaten Pflegepflichtversicherung bzw. folgende Verbesserungen des Wohnumfelds benötigt:

Pflegehilfsmittel: Badewannenlifter, Toilettenstützgestell, mobile Rampe

Wohnumfeld: Türverbreiterungen an allen Türen im Erdgeschoss

festgestellt im Mai 2020

Berechnen Sie die Leistungen! Die Kosten für den Pflegedienst werden 1.323,00 € betragen. Kostenvoranschlag für die Türverbreiterungen: 6.500,00 €. Frau Elgard bittet Sie auch die Kosten für eine Augensteuerung für den PC ihres Ehemannes zu erstatten.

S 16 Sie sind Mitarbeiter/-in der Leistungsabteilung der Proximus Krankenversicherung AG und erhalten im April 2020 einen Anruf von Frau Doberstein. Sie und Ihr Ehemann, Herr Doberstein, sind seit vielen Jahren bei der Proximus Krankenversicherung AG krankheitskostenvoll- und pflegeversichert. Frau Doberstein schildert, dass ihr Mann seit nunmehr 3 Jahren pflegebedürftig ist. Er hat nach einem erlittenen Oberschenkelhalsbruch Pflegrad 2. Sie hat die häusliche Pflege übernommen.

Seit einiger Zeit fühlt sich Frau Doberstein müde und abgespannt. Sie hat daher einen dreiwöchigen Urlaub zusammen mit einer Freundin geplant, um sich einmal so richtig zu erholen. Ihr Mann soll während dieser Zeit von einem professionellen Pflegedienst betreut werden. Da Herr Doberstein während seiner Pflegebedürftigkeit noch nie alleine war, hat er Angst vor einem Sturz mit anschließender Hilflosigkeit. Daher soll ein Hausnotrufsystem angeschafft werden. Frau Doberstein erkundigt sich nach den ihr zustehenden Leistungen.

Klären Sie Frau Doberstein über die Leistungen der Proximus Krankenversicherung AG auf!

Pflegehilfsmittelverzeichnis der privaten Pflegepflichtversicherung (Auszug)

Pflegehilfsmittel zur Körperpflege / Hygiene

Badewannenlifter
- Badewannenlifter, mobil
- Badewannenlifter, mobil mit Beinauflagefläche

Badewanneneinsätze
- Badewannenverkürzer
- Badeliegen

Badewannensitze
- Badewannenbretter
- Badewannensitze ohne Rückenlehne
- Badewannensitze mit Rückenlehne
- Badewannensitze mit Rückenlehne, drehbar

Pflegehilfsmittel zur selbstständigen Lebensführung/Mobilität

Notrufsysteme
- Hausnotrufsysteme
- Hausnotrufsysteme, angeschlossen an Zentrale

Hilfen zum Verlassen / Aufsuchen der Wohnung
- Mobile Rampen zum Befahren mit Rollstühlen

Gehhilfen
- Gehgestelle
- Reziproke Gehgestelle
- Gehgestelle mit zwei Rollen
- Dreirädrige Gehhilfen (Deltaräder)
- Vierrädrige Gehhilfen (Rollatoren)

Bettpfosten/Bettrahmenerhöher
- Bettpfostenerhöher
- Bettrahmenerhöher

S 17 Sie sind Mitarbeiter/-in der Leistungsabteilung der privaten Pflegepflichtversicherung der Proximus Krankenversicherung AG. Die Versicherungsnehmerin, Frau Weber, erkundigt sich nach Leistungen der privaten Pflegepflichtversicherung. Frau Weber ist 75 Jahre alt und aufgrund eines Unfalls stark gehbehindert. Sie kann sich in ihrem Haushalt alleine versorgen und benötigt keine Hilfe bei der Körperpflege.

Ohne fremde Hilfe kann sie Wege außerhalb der Wohnung z. B. zum Supermarkt oder zum Arzt nicht bewältigen. Sie ist geistig fit und freut sich über Besuche der Familie. Leider wohnen ihre beiden Kinder in den USA und kommen nur zu Weihnachten zu Besuch. Eine Nachbarin sieht ab und zu nach ihr. Ein anerkannter Pflegedienst begleitet sie bei den Wegen außerhalb der Wohnung.

Die MEDICPROOF GmbH kommt in ihrem Pflegegutachten zu folgendem Ergebnis:

Modulwertungen	Gewichtete Punkte
1. Mobilität	3,75
2. Kognitive und kommunikative Fähigkeiten	0,00
3. Verhaltensweisen und psychische Problemlagen	0,00
4. Selbstversorgung	8,50
5. Bewältigung von und selbstständiger Umgang mit krankheits- oder therapiebedingten Anforderungen und Belastungen	0,00
6. Gestaltung des Alltagslebens und sozialer Kontakte	5,00
Summe der gewichteten Punkte:	**17,25**

a) Entscheiden Sie, in welchen Pflegegrad Frau Weber eingestuft wird!

b) Mit welchen Leistungen der privaten Pflegepflichtversicherung kann Frau Weber generell rechnen?

Fachrichtung Versicherung: Schaden- und Leistungsbearbeitung – Haftpflichtversicherung

(5) Haftpflichtversicherung

S 1 Sie sind Mitarbeiter im Kundenservice der Proximus Versicherungs AG. Sie erhalten von Ihrem Kunden Herrn Hubert Völler, der seit dem 01.01. d. J. eine PHV Alternative A bei Ihnen hat, folgendes Schreiben:

> Sehr geehrte Damen und Herren,
>
> hiermit teile ich Ihnen mit, dass mir in unserem Treppenhaus folgendes Missgeschick passiert ist: Ich wollte mit einem Bekannten einen Tisch in meine Eigentumswohnung tragen, als wir durch meine Unachtsamkeit mit dem Tisch gegen das Treppengeländer gestoßen sind, so dass dieses erheblich beschädigt ist.
>
> Wir (die 5 Eigentümer unserer Eigentümergemeinschaft) haben daher auf unserer letzten Eigentümerversammlung beschlossen, dass dieses beschädigte Treppengeländer von einem Schlosser repariert werden soll. Die Kosten belaufen sich auf 3.000,00 €.
>
> Ich möchte Sie bitten, mir diesen Betrag baldmöglichst auf mein Konto zu überweisen!

Was antworten Sie Herrn Völler?

S 2 Sie sind Mitarbeiter im Kundenservice der Proximus Versicherung AG. Sie erhalten das nachstehende Schreiben Ihres Kunden Arne Scholten.

> Sehr geehrte Damen und Herren,
>
> ich wohne seit 5 Jahren in der Mietwohnung von Herrn Klausen. Bisher hatte es noch nie Schwierigkeiten gegeben. In letzter Zeit häufen sich jedoch die Probleme. Beim letzten Besuch des Herrn Klausen hat er Schimmelflecken im Bad entdeckt. Die Kosten der Beseitigung der Flecken stellt er mir in Rechnung. Außerdem hat Herr Klausen Kratzer, die unser Hund Benno auf dem Parkettboden gemacht haben soll, beanstandet.
>
> Zu allem Übel ist Frau Wenger gestern auf dem schneeglatten Gehweg vor meiner Mietwohnung gestürzt. Sie brach sich das Bein. Eine antike Vase im Wert von 1.500,00 €, die sie in Ihren Händen trug, zerbrach in Einzelteile. Sie verlangt von mir Schmerzensgeld und Schadenersatz für die Vase, weil ich meiner Räum- und Streupflicht nicht nachgekommen bin. Ich konnte die Räumung nicht sofort durchführen, da die Schaufel am Schneeräumgerät welches ich von meinem Freund Josef geliehen hatte, bei Räumungsbeginn sofort zerbrach. Mein Freund verlangt Ersatz für die Schaufel von mir.
>
> Ich bin seit langem bei Ihnen versichert und hatte noch nie einen Schaden. Ich hoffe Sie werden diese Schäden bezahlen.

Herr Scholten hat eine Privathaftpflichtversicherung nach AHB PR 2016.

S 3 Sie sind Mitarbeiter im Kundenservice der Proximus Versicherungs AG. Sie erhalten von Ihrem Kunden Wolfgang Huber folgendes Schreiben:

Sehr geehrte Damen und Herren,

Gestern ist unserem neuen Gärtner folgendes Missgeschick passiert:

Als Gärtner ist er für die Pflege unseres Rasens zuständig. Er benutzt dazu unseren Rasenmäher. Da er sich die Arbeit erleichtern wollte, lieh er sich (mit unserem Wissen) den Aufsitz-Rasenmäher unseres Nachbarn Herrn Schricker.

Da unser Gärtner unerfahren im Umgang mit dem Aufsitz-Rasenmäher war und unser Grundstück leicht abschüssig ist, geriet der Rasenmäher außer Kontrolle und krachte gegen den Zaun des Nachbarn. Unser Gärtner wurde abgeworfen, zog sich Schürfwunden an Armen und Beinen zu, und und kippte um. Zaun und Rasenmäher wurden stark beschädigt.

Zu allem Überfluss lief Benzin aus, als der Rasenmäher auf der Seite lag, das ins Erdreich versickerte.

Die Gemeinde fordert Schadenersatz von uns.

Ich hoffe, dass sie alle Schäden übernehmen werden.

Beraten Sie den Kunden bezüglich seiner bestehenden Haftpflichtversicherung und bezüglich des Versicherungsschutzes für die Schadenfälle! (mit Begründung!)

S 4 Sie sind Mitarbeiter im Kundenservice der Proximus Versicherungs AG. Sie erhalten von Ihrem Kunden Michael Schnitzer folgendes Schreiben vom 19.02. d. J.

Sehr geehrte Damen und Herren,

Leider muss ich Ihnen heute folgenden Schaden melden. Ich habe Anfang August erfolgreich meinen Motorbootführerschein gemacht und mir meinen langersehnten Wunsch erfüllt, den Kauf eines Motorboots mit 150 PS. Vor wenigen Tagen war ich zum zweiten Mal mit meinem neuen Boot auf der Donau unterwegs. Meine Freundin Susanne, die zwar eine eigene Wohnung hat aber überwiegend bei mir wohnt und ein befreundetes Ehepaar begleiteten mich. Scheinbar unterschätzte ich die Geschwindigkeit des neuen Bootes oder wurde abgelenkt. Jedenfalls kollidierte ich mit einem Steg, auf welchem ein Rentner stand. Durch den Aufprall stürzte dieser und brach sich den rechten Arm und musste ins Krankenhaus gebracht werden.

Mein Boot wurde durch den Aufprall erheblich beschädigt und ich musste es in die Reparatur geben. Ich konnte es deshalb für meinen Kroatienurlaub mit meiner Freundin nicht mitnehmen. Dort musste ich mir für 4 Tage ein Motorboot mieten, was hohe Kosten verursacht hat.

Fachrichtung Versicherung: Schaden- und Leistungsbearbeitung – Haftpflichtversicherung FP 1 (5)

> Im Urlaub sind die nächsten Missgeschicke passiert. Mit einem Ruderboot habe ich den Lack eines Motorbootes angekratzt. Meine Freundin verletzte beim Wasserskifahren eine Schwimmerin. Außerdem beschädigte ich mit einem von Freunden geliehenen Jet-Ski einen anderen Jet-Skifahrer, der sich Prellungen am Arm zuzog.
>
> Ich hoffe, dass Sie die Schäden vollständig übernehmen.

Beraten Sie den Kunden bezüglich seiner bestehenden Haftpflichtversicherung und bezüglich des Versicherungsschutzes für die Schadenfälle! (mit Begründung!)

S 5 Sie sind Mitarbeiter im Kundenservice der Proximus Versicherungs AG. Sie erhalten am 20.02. d. J. eine E-Mail von Ihrem privathaftpflichtversicherten Kunden Alfons Leufgen.

> Sehr geehrte Damen und Herren,
>
> Ich war zu Besuch bei meiner Tante Waltraud und habe aus Unachtsamkeit die Eingangstür zu ihrer Wohnung so schwungvoll aufgestoßen, dass diese gegen den Schuhschrank prallte. Dabei ist leider die Glasscheibe der Eingangstür zerbrochen.
>
> Nach Rückkehr in meine Mietwohnung bin ich mit einem Gepäckstück versehentlich gegen die Glasscheibe der Wohnzimmertür gestoßen, die dadurch zerbrach.
>
> Bitte teilen Sie mir mit, ob Sie die Schäden ersetzen.

Teilen Sie dem Kunden mit, ob er Versicherungsschutz in beiden Fällen hat!

S 6 Sie sind Mitarbeiter im Kundenservice der Proximus Versicherungs AG. Sie erhalten am 26.02. d. J. ein Schreiben von Ihrem Kunden Herrn Marco Schreiber

> Sehr geehrte Damen und Herren,
>
> Mir sind in der letzten Zeit einige Missgeschicke passiert. Ich hoffe Sie werden die Schäden ersetzen.
>
> Beim Wanderurlaub in Südtirol ist mir aus Versehen im Frühstückraum unserer Ferienunterkunft die Kaffeekanne aus Porzellan aus der Hand geglitten. Der Kaffee ergoss sich über die Hose eines anderen Feriengastes und den teuren Teppich. Die Kaffeekanne blieb unbeschädigt. Das Hotel sowie der geschädigte Feriengast fordern von mir Schadenersatz.
>
> Wie Sie wissen, bin ich im Vertrieb einer Kaffeeröstung tätig. Letzte Woche war ich beruflich bei der Verkostung der neuen Arabica-Röstung für unsere Kunden in Südbayern tätig. Ich wollte gerade einem meiner Kunden eine Tasse Kaffee bringen, als ich stolperte und sich der Inhalt der Tasse über den Anzug meines Kunden ergoss.
>
> Mein Freund feierte letzte Woche seinen 50. Geburtstag auf Teneriffa, da er seit 10 Jahren dort lebt. Bei der Grillparty beschädigte ich aus Versehen das Hemd eines anderen Gastes.
>
> Alle diese Sachen sind mir sehr peinlich. Ich bin seit langem bei ihnen versichert und hoffe Sie werden diese Schäden bezahlen.

(6) Rechtsschutzversicherung

S 1 Ihrem verkehrsrechtsschutzversicherten Kunden Peter Lechner wird vorgeworfen, dass er einen Unfall mit dem auf ihn zugelassenen Pkw verursachte bei dem ein Mensch verletzt wurde. Der Staatsanwalt ermittelt wegen fahrlässiger Körperverletzung.

a) Herr Lechner will von Ihnen wissen, ob er sich gegen diesen Vorwurf mit Hilfe seiner Rechtsschutzversicherung verteidigen kann.

Herr Lechner soll außerdem bei Rotlicht über eine Ampel gefahren sein. Gegen diesen Ordnungswidrigkeiten-Vorwurf will er sich verteidigen.

b) Beraten Sie ihn, ob er Versicherungsschutz hat, oder nicht.

S 2 Sie arbeiten für die Proximus Versicherungsagentur als Vertreter in der Agentur Köpke und haben folgende Telefonnotiz von Ihrem Kunden Herrn Meilinger auf dem Schreibtisch:

Hermann Meilinger hat sich im Sommer 2014 eine Photovoltaikanlage auf dem Dach seines Einfamilienhauses in Stuttgart installieren lassen. Die Handwerker haben die Arbeiten nicht ordnungsgemäß durchgeführt. Die Anlage funktioniert nicht in dem vertraglich vereinbarten Rahmen. Nun kommt es zum Streit mit der Montagefirma. Da es zu keiner Einigung mit der Firma kommt, möchte Herr Meilinger gerichtliche Schritte einleiten.

Herr Meilinger hat seit 1.1.2010 eine Privat- und Berufsrechtsschutzversicherung. Die Prämien wurden regelmäßig jährlich bezahlt.

a) Prüfen und begründen Sie, ob Herr Meilinger Versicherungsschutz für die rechtliche Auseinandersetzung mit dem Handwerksbetrieb bekommt und was gegebenenfalls noch zu prüfen ist!
b) Herr Meilinger möchte wissen, ob im Falle eines bestehenden Rechtsschutzes auch die Kosten für einen Sachverständigen durch die Rechtsschutzversicherung übernommen werden. Er würde diesen gerne zur Klärung der Mängel beauftragen. Prüfen sie die Kostenübernahme und begründen Sie Ihre Entscheidung.

S 3 Sie sind Mitarbeiter/-in in der Leistungsabteilung der Proximus Rechtsschutzversicherung AG. Die Kundin Elisabeth Schwarz ruft bei Ihnen an und schildert Ihnen folgenden Sachverhalt:

Ich bin derzeit mit meinem Pkw in Schottland unterwegs. Gestern habe ich irritiert durch den Linksverkehr einen Unfall verursacht, was mir sehr peinlich war. Ein anderer Verkehrsteilnehmer wurde verletzt. Gegen mich wurde ein Strafverfahren wegen fahrlässiger Körperverletzung eingeleitet. Ich habe sofort einen ortsansässigen Anwalt mit meiner Verteidigung beauftragt. Dieser teilte mir mit, dass ich meinen Urlaub nur gegen Hinterlegung einer Kaution in Höhe von 10.000 Britischen Pfund (GBP) fortsetzen darf. Außerdem stellt er mir für die Übersetzung von zur Verteidigung benötigten Unterlagen 200 GBP in Rechnung, welche ich sofort zahlen muss.

Fachrichtung Versicherung: Schaden- und Leistungsbearbeitung – Rechtsschutzversicherung

Frau Schwarz hat eine Verkehrsrechts-Schutzversicherung seit fünf Jahren.

a) Sie will wissen, ob beide Zahlungen von der Proximus Rechtsschutzversicherung AG übernommen werden und ob in Euro oder britischem Pfund geleistet wird.

b) Würde die Proximus Rechtsschutzversicherung AG beide Zahlungen übernehmen und würde in der Landeswährung oder in Euro bezahlt werden, wenn sich der vorgeschilderte Sachverhalt nicht in Schottland sondern Südafrika ereignet hätte?

S 4 Sie sind Mitarbeiter/-in der Proximus Rechtsschutzversicherung AG. Auf Ihrem Schreibtisch finden Sie folgende Gesprächsnotiz:

Ihr Versicherungsnehmer Heinz Mantel hatte einen Verkehrsunfall. Er kollidierte an einer Kreuzung bei Dämmerung mit einer Inlineskaterin, die sich ohne Licht auf dem Gehweg in falscher Fahrtrichtung bewegte. Herr Mantel musste dringen zu einem geschäftlichen Termin. Da die Skaterin scheinbar unverletzt blieb, notierte er sich nur ihre Anschrift und meldete sich am nächsten Tag telefonisch, um seine Ansprüche an seinem auf ihn zugelassenen Wagen geltend zu machen. Am Telefon traf er einen erbosten Vater der Skaterin, der ihm mitteilte, dass er seinen Anwalt bereits informiert habe und Strafanzeige wegen Unfallflucht und fahrlässiger Körperverletzung gegen Herrn Mantel gestellt habe. Außerdem verlangt er ein hohes Schmerzensgeld für seine Tochter.

Herr Mantel hat seit einigen Jahren eine Verkehrsrechtsschutzversicherung bei Ihnen und möchte wissen, ob die Versicherung hier leistet.

Prüfen Sie den Versicherungsschutz hinsichtlich der eigen und der fremden Schadenersatzansprüche sowie die Verteidigung im Strafverfahren!

(7) Kraftfahrtversicherung

S 1 Sie arbeiten als Sachbearbeiter/-in der Abteilung Kraftschaden und erhalten die folgende E-Mail von Ihrem Kunden:

Absender: julian.schwartz@hotmail.com
Datum/ Uhrzeit: 3. Februar d. J.; 22:15 Uhr
Empfänger: kasko-schaden@proximus.de
Betreff: Brandanschlag auf mein Fahrzeug

Sehr geehrte Damen und Herren!

Vorgestern Abend war ich mit meiner Frau in Berlin-Mitte bei einem Geschäftsessen. Mein Auto parkte ich abseits in einer wenig befahrenen Straße. Als wir nach dem Essen zum Auto zurückkehren wollten war die Straße durch Polizei und Feuerwehr abgesperrt. Nach Aussage der Feuerwehr wurde durch einen unbekannten Täter auf mein Auto ein Brandanschlag verübt. Das Fahrzeug brannte völlig aus.

Folgende Schäden sind mir entstanden:

- Ausgebrannter Audi A6
- Abschleppen und Entsorgung des ausgebrannten Fahrzeugs brutto 819,00 € (siehe Rechnung)
- Wintermantel meiner Frau brutto 549,00 € (siehe Rechnung)
- Garagentoröffner (Beleg für Neukauf folgt)

Bitte ersetzen Sie mir die entstandenen Schäden!

Da ich in Kürze einen Firmenwagen erhalte, werde ich mir kein neues Auto kaufen.

Mit freundlichen Grüßen

Julian Schwartz

von meinem iPhone gesendet

Folgender Vertragsspiegel liegt Ihnen vor:

	Name	Vorname	Geburtsdatum	Beruf	A = angestellt S = selbstständig B = öffentlicher Dienst
Versicherungsnehmer	Julian	Schwartz	23.01.1980	Bankdirektor	A
Halter	dto.				
Anschrift	Mindener Str. 3, 10589 Berlin				

Versicherungsnachweis	
Vers.-Nummer	07 789 LM 00
Bedingungen	AKB 2015
Beginn	01.12.2016
Zahlungsweise	Jährlich
Prämienrate (inkl. VersSt)	518,20 €
Fälligkeit	
Prämienkonto	ausgeglichen
Kfz-Kennzeichen	B-MJ 15
Deckungssumme Haftpflicht	100 Mio. €
SB in Vollkasko / Teilkasko	Teilkasko SB 150,00 €
Schadenfreiheitsklasse — Haftpflicht	SF 15
Schadenfreiheitsklasse — Kasko	
Rabatte / Zuschläge	Garage, Eigentumswohnung
Prämiensatz — Haftpflicht (%)	34
Prämiensatz — Kasko (%)	
Prämie — Haftpflicht	518,20 €
Prämie — Teilkasko	115,20 €

Erläutern Sie die wesentlichen Inhalte Ihrer Antwort an Herrn Schwartz!

S 2 Als Sachbearbeiter/-in der Leistungsabteilung Kraftfahrt liegt Ihnen der abgebildete Brief Ihres Versicherungsnehmers Gustav Krinke vor:

Gustav Krinke
Martinistraße 3
44652 Herne

Proximus Versicherung AG
Proximus-Platz 1
80333 München   Herne, 11. November d. J.

Sehr geehrte Damen und Herren,

am 7. November fuhr ich gegen 6.30 Uhr mit meinem Audi A4 auf der Gabelsbergerstraße in Herne. Ich war in ein streitiges Gespräch mit meiner Frau verwickelt. Dadurch abgelenkt übersah ich die rote Ampel und bog links in die Hauptstraße ab. In der Folge fuhr mir ein Pkw in die Fahrzeugseite.

Laut Auskunft und Bericht der herbeigerufenen Polizei trifft mich eindeutig die Schuld.

Bitte regulieren Sie mir zunächst meinen eigenen Schaden. Dem Unfallgegner habe ich meine Versicherungsnummer in Ihrem Hause mitgeteilt, so dass er sich mit Ihnen in Verbindung setzen wird.

Mit freundlichen Grüßen

Gustav Krinke

Ihnen liegt ein Gutachten des hauseigenen Gutachters vor, der Ihnen folgende Schäden am Kundenfahrzeug bestätigt:

Reparaturkosten geschätzt:	19.200,00 € (brutto)
Wiederbeschaffungswert brutto:	16.000,00 €
Wiederbeschaffungswert netto:	13.445,38 €
Restwert (steuerneutral):	4.150,00 €

Für das Fahrzeug von Herrn Krinke liegt eine Kraftfahrt-Haftpflichtversicherung mit 100-Mio.-€-Deckung sowie eine Vollkasko mit 500,00 € Selbstbeteiligung, Teilkasko mit 150,00 € Selbstbeteiligung vor. Die Prämien sind laufend gezahlt.

Nehmen Sie Stellung zur Regulierung des Kasko-Schadens und gehen Sie dabei auch auf das Überfahren der roten Ampel ein.

Fachrichtung Versicherung: Schaden- und Leistungsbearbeitung – Kraftfahrtversicherung   FP 1 (7)

S 3 Als Mitarbeiter/-in der Leistungsabteilung Kraftfahrtversicherung erhalten Sie das folgende Dokument zur Bearbeitung:

Absender: doris.keffenheim@yahoo.de
Datum/Uhrzeit: 17. Dezember d. J.; 8:07 Uhr
Empfänger: kfz-schaden@proximus.de
Betreff: Unfall mit meinem Fahrzeug

Sehr geehrte Damen und Herren!

Gestern Abend habe ich meiner 20-jährigen Tochter meinen VW Polo zur Verfügung gestellt um mit Freunden ins Kino zu fahren.

Offensichtlich wurde aus dem Kinobesuch – ohne mein Wissen – eine ausgedehnte Kneipentour. Auf der Rückfahrt ist meine Tochter kurz vor der Einfahrt zu unserem Grundstück von der Straße abgekommen und hat das Fahrzeug von unserem Nachbarn, sowie unseren Gartenzaun beschädigt. Das Fahrzeug des Nachbarn müsste für 6.200,00 € repariert werden. Die Ausbesserung unseres Gartenzauns beläuft sich auf 2.900,00 €. Der Schaden an meinem Fahrzeug beträgt 4.000,00 €.

Leider ist meine Tochter alkoholisiert Auto gefahren. Die Polizei hat eine Alkoholkonzentration von 1,3 Promille festgestellt.

Mir ist das Ganze furchtbar peinlich, ich hoffe aber, dass Sie zumindest für einen Teil der entstandenen Schäden aufkommen!

Ich bitte Sie daher mir mitzuteilen, welche Schäden Sie übernehmen werden.

Mit freundlichen Grüßen

Doris Keffenheim

Für das Auto von Frau Keffenheim besteht eine Kraftfahrt-Haftpflichtversicherung mit 100 Mio.-€-Deckung sowie eine Vollkasko mit 500,00 € Selbstbeteiligung, Teilkasko mit 150,00 € Selbstbeteiligung. Die Prämien sind laufend gezahlt.

Prüfen Sie die Rechtslage bezüglich der entstandenen Schäden und errechnen Sie die Höhe der einzelnen Entschädigungen!

S 4 Als Mitarbeiter/-in der Kraftschaden-Abteilung erhalten Sie folgende Anfrage zur Bearbeitung vorgelegt:

Sarah Sonneborn
Obergelpestraße 9
51647 Hülsenbusch

Proximus Versicherung AG
Proximus-Allee Platz 1
80333 München   Hülsenbusch, 10. Januar d. J.

Verkehrsunfall am 8. Januar d. J.

Sehr geehrte Damen und Herren,

leider hat unsere 19-jährige Tochter Judith vorgestern den neunjährigen Sven Krämer angefahren. Dieser war mit seinem Fahrrad auf dem Schulweg, als er auf der anderen Straßenseite seinen Freund sah. Ohne den Verkehr zu beachten querte er plötzlich die Straße und es war meiner Tochter völlig unmöglich auszuweichen.

Die Familie des Jungen verlangt jetzt trotzdem von uns Schadenersatz für das beschädigte Fahrrad und den gebrochenen Arm. An meinem Auto sind der rechte Kotflügel und die Beifahrertür beschädigt.

Bitte lehnen Sie die Ansprüche der Familie Krämer ab. Wir versuchen dann den Schaden an unserem Auto von der Familie ersetzt zu bekommen. Sollte uns dies nicht gelingen, würden wir unsere Vollkasko in Anspruch nehmen. Anbei der Unfallbericht der Polizei.

Mit freundlichen Grüßen

Sarah Sonneborn

Es besteht folgender Versicherungsschutz:
- Kraftfahrthaftpflicht-Versicherung mit 100 Mio. € Deckung inkl. Autoschutzbrief
- Vollkaskoversicherung mit 500,00 € SB, TK 150,00 € SB

Es wurde ein Partner-Nachlass gewährt:
- Fahrer 1: Sarah Sonneborn (Versicherungsnehmerin und Halterin)
- Fahrer 2: Jörg Sonneborn (Ehepartner)

Das Prämienkonto ist zum Schadenzeitpunkt ausgeglichen.

Erläutern Sie Frau Sonneborn die Rechtslage und geben Sie Auskunft, wie die entstandenen Schäden reguliert werden!

FP 2 – Fachrichtung Finanzberatung: Anlage in Finanzprodukte

A. Anlageberatung
(Gesprächsstruktur, Kundenanalyse, Empfehlung, Depot – Info: Band 3, F 2)

S 1 Sie sind Mitarbeiter/-in in der Proximus Agentur für Versicherungen und Finanzen von Herrn Gerhard Abel. Ab morgen nimmt Herr Stefan Streit, der gerade die Abschlussprüfung zum Kaufmann für Versicherungen und Finanzen, Fachrichtung Finanzberatung bestanden hat, eine Vertretertätigkeit auf.

Herr Abel legt großen Wert auf die richtige Kundenanalyse, da diese für die Produktempfehlung von Bedeutung ist und bittet Sie deshalb, mit Herrn Streit hierüber ein Fachgespräch zu führen. Bereiten Sie sich auf dieses Gespräch vor, in dem Sie stichwortartig notieren, ...

a) wie die Struktur eines Anlagegesprächs aussehen sollte.
b) welche Informationen vom Kunden zu erfragen sind.
c) welche Anlageziele grundsätzlich in Frage kommen und welcher Anlegertyp damit in Zusammenhang gebracht, d.h. festgestellt werden kann.
d) welche Angaben das vom Berater zu erstellende Protokoll bzw. die Geeignetheitserklärung enthalten muss.
e) Welche Finanzprodukte Sie für die aufgeführten Anlagemotive als geeignet ansehen:
   e1) Ein Kunde wünscht eine möglichst sichere und hohe Rendite seiner Anlage.
   e2) Ein Kunde wünscht eine Beteiligung an den Erträgen der Wirtschaft mit geringem Einsatz und weitgehender Risikostreuung.
   e3) Das primäre Anlagemotiv eines Kunden ist die Sicherung vor Geldwertschwund.
   e4) Ein Kunde möchte hauptsächlich Kursgewinne durch häufiges Kaufen und Verkaufen von Effekten erzielen.

S 2 Ihre Kundin Frau Barbara Höhn hat Sie heute zu einem Beratungsgespräch in der Proximus Agentur für Versicherungen und Finanzen besucht und teilt Ihnen mit, dass sie einen Teil der gutgeschriebenen 100.000,00 € aus einer fälligen Kapitallebensversicherung möglichst rentabel anlegen möchte.

Im Gespräch teilt Frau Höhn Ihnen u. a. mit, dass sie an höheren Erträgen, z. B. kurzfristigen Kursgewinnen interessiert ist und dabei Kursschwankungen tolerieren würde. Sie ist kurzfristig nicht auf das Geld angewiesen, möchte aber eine liquide Anlageform wählen. Stellen Sie Frau Höhn ein geeignetes Anlageprodukt anhand der hiermit verbundenen Chancen und Risiken vor!

B. Vertiefende Aspekte der Geldanlage
(Handel und Abrechnung von Anleihen und Aktien, Rendite von Anleihen, Aktien und Fonds, Basisrisiken, Ordererteilung – Info: Band 3, F 3 – F 4)

S 3 Ihre Kundin Iris Berger hat sich für eine Geldanlage in Schuldverschreibungen der Motorenwerke Solingen AG entschieden. Sie erteilt Ihnen am 25.11.2019 (Montag) folgenden Kaufauftrag: 25.000,00 € Nennwert, 4,0 %, Zinstermin: 28. September ganzjährig (gzj.), fällig am 28.09.2025. Die Zinsabrechnung erfolgt actual/actual (act/act). Der Auftrag wird am 25.11.2019 zum Kurs von 100,75 % ausgeführt.

Da Iris Berger bislang noch keine Wertpapiere besessen hat, haben Sie für die Kundin zunächst ein Depotkonto eröffnet.

a) Informieren Sie Frau Berger über die Funktion dieses Depotkontos.

Nach dem Kauf der Anleihe erstellen Sie für Frau Berger die Kaufabrechnung.

b) Ermitteln Sie die Anzahl der Stückzinstage.
c) Ermitteln Sie die Stückzinsen in €.
d) Ermitteln Sie den ausmachenden Betrag in €.

Sie erläutern Frau Berger, dass für den Kauf der Anleihe noch die folgenden Kosten anfallen: 0,50 % Provision (vom Kurswert, mindestens vom Nennwert) sowie 0,04 % Courtage (vom Nennwert).

e) Ermitteln Sie den Gesamtbetrag in €, mit dem das Girokonto von Frau Berger durch den Kauf der Anleihe belastet wird.

Iris Berger interessiert sich für den Ertrag ihrer Geldanlage.

f) Ermitteln Sie die Rendite pro Jahr (p. a.) der Anleihe für Frau Berger, wenn sie diese bis zur Fälligkeit hält.

Genau nach zwei Jahren und fünf Monaten verkauft Frau Berger die Anleihe zu einem Kurs von 102,85 %, da sie eine bessere Anlagemöglichkeit gefunden hat.

g) Ermitteln Sie die Rendite für Frau Berger, die sie tatsächlich pro Jahr erzielt hat.

S 4 Ihr Kunde Roland Simon möchte 23.000,00 € nominal der folgenden Anleihe verkaufen: 1,85 % Bundesanleihe, Zinstermin: 04. August ganzjährig (gzj.), Zinsabrechnung: act/act, fällig am 04.08.2023. Der Verkaufsauftrag wird am Donnerstag, 19.03.2020 zu einem Verkaufskurs von 116,23 % ausgeführt.

Sie erläutern Herrn Simon, dass für den Verkauf der Anleihe noch die folgenden Kosten anfallen: 0,50 % Provision (vom Kurswert) sowie 0,75 ‰ Courtage (vom Nennwert).

a) Erstellen Sie die Verkaufsabrechnung für den Kunden. Gehen Sie dabei davon aus, dass Roland Simon keine Steuern für die erzielten Kapitalerträge zahlen muss.
b) Errechnen Sie die Rendite pro Jahr (p. a.) für Herrn Simon, die er durch diesen Verkauf nach genau sechs Jahren Haltedauer der Bundesanleihe erzielt hat. Er hatte die Anleihe damals zum Kurs von 99,85 % erworben.

Fachrichtung Finanzberatung: Anlage in Finanzprodukte FP 2

> **S 5** Ihr Kunde Sven Trommler möchte einen Teil seiner Aktien verkaufen. Folgende Aktien sind derzeit in seinem Depotkonto vorhanden:
>
> 250 Stück Aktien der Pharma AG, aktueller Kurs: 24,75 €
> 120 Stück Aktien der Automobil AG, aktueller Kurs: 64,50 €
> 500 Stück Aktien der Tarant AG, aktueller Kurs: 12,18 €.
>
> Herr Trommler überlegt, sich von den Aktien der Tarant AG zu trennen, da sich der Kurs der Aktien in den letzten Monaten außerordentlich gut entwickelt hat.

Die Süddeutsche Handelsbank AG berechnet eine Provision von 0,5 % vom Kurswert, mindestens 15,00 €. Zusätzlich fällt ein Börsenentgelt von 0,60‰ vom Kurswert an.

a) Berechnen Sie die Kontogutschrift für Sven Trommler, wenn er die Aktien heute zum aktuellen Kurs verkaufen würde. Steuern sind nicht zu berücksichtigen.

b) Wie hoch ist seine erzielte Rendite (ohne Berücksichtigung von Steuern und Kosten), wenn er die Aktien der Tarant AG vor einem Jahr und neun Monaten zum Preis von 7,80 € pro Aktie erworben hatte und in der Zwischenzeit eine Dividende (vor Steuern) in Höhe von 0,36 € je Aktie erhalten hat?

Herr Trommler entscheidet sich für den Verkauf, da er mit der von Ihnen errechneten Rendite mehr als zufrieden ist. Er überlegt, den Verkaufserlös der Tarant AG-Aktien in weitere Aktien der Pharma AG zu investieren. Im Gespräch mit Freunden über verschiedene Aktien sind ihm gegenüber schon mehrfach die Begriffe „Fundamentalanalyse" und „Chartanalyse" gefallen.

c) Erklären Sie Herrn Trommler jeweils kurz die Zielsetzung und die Vorgehensweise dieser beiden Arten der Aktienanalyse.

Sven Trommler findet die Fundamentalanalyse besonders spannend. Sie suchen mit ihm gemeinsam die notwendigen Angaben aus dem Internet heraus.
Die Aktie der Pharma AG hat für das laufende Geschäftsjahr ein erwartetes Ergebnis pro Aktie von 1,95 € und eine erwartete Dividendenzahlung in Höhe von 1,05 €.

d) Berechnen Sie das Kurs-Gewinn-Verhältnis (KGV) und die Dividendenrendite für die Pharma AG-Aktie.

Sie vergleichen die errechneten Werte mit den veröffentlichten Brancheninformationen. Das durchschnittliche KGV der Pharma-Branche liegt bei 15,62. Die Dividendenrendite liegt im Durchschnitt bei 3,45 %.

e) Sprechen Sie aufgrund der errechneten Zahlen und dem Vergleich mit den Branchenwerten eine Empfehlung für Herrn Trommler aus und begründen Sie diese Empfehlung.

Sven Trommler entschließt sich zum Kauf von weiteren Pharma-AG-Aktien.

f) Berechnen Sie, wie viele Aktien er kaufen könnte, wenn er (inklusive der Kosten für den Kauf) nicht mehr für die Aktien bezahlen möchte, als die in a) errechnete Kontogutschrift. Erstellen Sie für die errechnete Anzahl von Aktien die Kaufabrechnung.

g) Erläutern Sie Herrn Trommler, warum es sinnvoll ist, bei Erteilung der Order ein Limit anzugeben.

h) Wie lange ist die Order gültig, wenn Herr Trommler die limitierte Order am Freitag, 29.11.2019 erteilt?

S 6 Sie sind Mitarbeiter/-in in der Proximus Agentur für Versicherungen und Finanzen von Herrn Hilmar Krause. Ihr langjähriger Kunde Lenard Kaufmann hat aktuell die folgenden Wertpapiere in seinem Depot:

1. nominal 10.000,00 €, 4,0 % Hansawerke AG-Anleihe, aufgelegt am 07.12.2014, fällig am 08.12.2024, Zinstermin 08.12. gzj., aktueller Kurs: 98,12 %,
2. 205 Stück „Proximus Global Invest"- Investmentfondsanteile der Proximus Invest GmbH, aktueller Rücknahmepreis: 46,41 €.

Herr Kaufmann hat mit Ihnen für heute einen Beratungstermin vereinbart, weil er einige Fragen zu seinen Wertpapieren hat. Zunächst beschäftigt ihn der Ertrag, den er aus den Fondsanteilen „Proximus Global Invest" (siehe Proximus 4, S. BE 434 ff.) erhält. Er hat gesehen, dass sich der Fonds positiv entwickelt hat und möchte es nun genauer wissen.

a) Errechnen Sie die jährlich erzielte Rendite für Herrn Kaufmann. Er hatte die Fondsanteile vor 6 Jahren zu einem Ausgabepreis von 34,85 € gekauft. Steuern und Kosten bleiben unberücksichtigt.
b) Erläutern Sie Ihrem Kunden, inwiefern sich die von Ihnen in a) durchgeführte Renditeberechnung von der Berechnung bei einem ausschüttenden Fonds unterscheidet.

Lenard Kaufmann ist mit der erzielten Rendite zufrieden. Er weiß jedoch nicht so recht, wie er die Leistung des Fonds beurteilen soll.

c) Erläutern Sie Herrn Kaufmann drei Möglichkeiten zur Beurteilung der Performance seines Fonds.

Herr Kaufmann möchte jetzt gern noch die Unterschiede zwischen den beiden Wertpapieren in seinem Depot verstehen.

d) Vergleichen Sie die beiden Wertpapiere im Depot des Kunden im Hinblick auf die Ertragschancen und das Risiko.
e) Herr Kaufmann ist hinsichtlich des Risikos des „Proximus Global Invest" leicht verunsichert. Nennen Sie dem Kunden drei Regelungen im Kapitalanlagegesetzbuch (KAGB), die dem Schutz des Anlegers dienen.
f) Herr Kaufmann hat erst neulich gelesen, dass die Inflation die Renditen von Geldanlagen „auffressen" würde. Nehmen Sie diesbezüglich Stellung zum Inflationsrisiko seiner beiden Wertpapiere.

S 7 Heute werden Mitarbeiter der Proximus Versicherung AG erwartet, die sich über die Proximus Investprodukte informieren wollen.

Sie erhalten den Auftrag, das passende Proximus Invest Produkt (siehe Proximus 4, S. BE 424–445) ...

a) für einen sicherheitsorientierten (konservativen) Anleger,
b) für einen langfristig an Rendite und Vermögenszuwachs orientierten Anleger (wachstumsorientiert),
c) für einen risikobereiten Anleger (chancenorientiert)

vorzustellen und die Auswahl zu begründen!

Fachrichtung Finanzberatung: Anlage in Finanzprodukte FP 2

C. Steuerliche Aspekte der Geldanlage
(Abgeltungssteuer, Verlustverrechnung, Fondsbesteuerung, Erbschaft- und Schenkungsteuer – Info: Band 3, F 5)

S 8 Peter Meyer ist Kunde der Agentur für Versicherungen und Finanzen von Ursula Wolf und hat Konten und ein Depot bei der Süddeutschen Handelsbank AG. Er möchte von Ihnen über die Besteuerung seiner Kapitalerträge informiert werden.

Am Jahresanfang weisen die Verlustverrechnungsdateien folgende Bestände (Übertrag aus dem Vorjahr) auf:

– Allgemeine Verlustverrechnungsdatei   200,00 €
– Aktienverlustverrechnungsdatei   450,00 €.

Herr Meyer hat einen Freistellungsauftrag in Höhe von 500,00 € erteilt.

1. Herr Meyer kauft am 10.01. des Jahres eine Bundesanleihe, Nennwert 10.000,00 €, Kurswert 9.900,00 €, Stückzinsen 300,00 €.
2. Peter Meyer verkauft am 14.06. im selben Jahr Aktien mit einem Kursgewinn in Höhe von 1.350,00 €.
3. Am 25.08. erfolgt die Zinsgutschrift aus der im Januar gekauften Anleihe in Höhe von 825,00 €.

a) Ergänzen Sie die nachfolgende Tabelle für die oben geschilderten drei Fälle und berechnen Sie – sofern zutreffend – die abgeführten Steuern und den Gutschriftbetrag.

Nr.	Aktien-VVD in €		AVVD in €		Sparerpausch- betrag		Steuern		Gut- schrift
	Verän- derung	Bestand	Verän- derung	Bestand	Verän- derung	Bestand	Bemessungs- grundlage	Steuern in €	in €
AB		450,00		200,00		500,00			
1									
2									
3									

Peter Meyer hat in seinem Depot auch Fondsanteile des Proximus Global Invest (siehe Proximus 4, S. BE 434 ff.).

b) Erläutern Sie Herrn Meyer, wie die Besteuerung bei diesem Fonds erfolgt.

S 9 Herr Alf Fistler ist Kunde der Agentur für Versicherungen und Finanzen von Mario Schenk und hat ein Girokonto und ein Depot bei der Süddeutschen Handelsbank AG. Er möchte von Ihnen über die Besteuerung seiner Kapitalerträge informiert werden.

Am Jahresanfang weisen die Verlustverrechnungsdateien folgende Bestände (Übertrag aus dem Vorjahr) auf:

– Allgemeine Verlustverrechnungsdatei   0,00 €
– Aktienverlustverrechnungsdatei   805,00 €

Herr Fistler hat einen Freistellungsauftrag in Höhe von 801,00 € erteilt.

Am 20.08. des Jahres verkauft Herr Fistler nominal 125.000,00 € einer Anleihe zu einem Kurs von 102,50 %. Der ausmachende Betrag für diesen Verkauf beträgt laut Ihren Berechnungen 130.083,00 €.

Die verkaufte Anleihe hatte der Kunde zu Beginn dieses Jahres zu 99,75 % gekauft hatte. Beim Kauf hatte er Stückzinsen in Höhe von 598,00 € gezahlt.

Andere steuerrelevante Transaktionen sind in diesem Jahr bislang nicht angefallen.

Errechnen Sie für Herrn Fistler die anfallenden Steuern und den Gutschriftbetrag aus dem Verkauf der Anleihe. Berücksichtigen Sie dabei sowohl die Stückzinsen als auch den Veräußerungsgewinn bzw. Veräußerungsverlust. Kosten bleiben unberücksichtigt.

> **S 10** Frau Elena Spitzer ist Kundin der Agentur für Versicherungen und Finanzen von Susanne Haben und hat bereits ein Girokonto und ein Depot bei der Süddeutschen Handelsbank AG. Sie hat von ihrem Großvater unerwartet einen Geldbetrag in Höhe von 453.000,00 € geerbt, der demnächst auf ihrem Girokonto eingehen wird. Sie hatte mit der Erbschaft nicht gerechnet, da ihr Vater (Sohn des Großvaters) noch lebt.

Sie haben Frau Spitzer bereits am Telefon erläutert, dass Sie keine Steuerberatung durchführen dürfen und die Kundin am besten einen Steuerberater konsultieren soll. Frau Spitzer kommt dennoch heute zu Ihnen in die Agentur, um ein paar grundlegende Fragen zu klären.

a) Frau Spitzer möchte zunächst ganz unverbindlich wissen, ob und wie viele Steuern sie ungefähr auf den geerbten Betrag zahlen muss. Erläutern Sie der Kundin ganz allgemein die Vorgehensweise sowie den zu erwartenden Steueranteil aus der Erbschaft.

Die Kundin möchte wissen, woher das Finanzamt überhaupt von der Erbschaft weiß.

b) Erläutern Sie Frau Spitzer, auf welchem Weg das Finanzamt von der Erbschaft Kenntnis erlangt.

Teil 3: Lösungen

Lösungen zu GFK 1 – Arbeitsgestaltung, kaufmännische Steuerung und Kontrolle

Vorübungen (V)

V 1 a) 3, b) 5, c) 2, d) 2, e) 3, f) 1, g) 5, h) 2, i) 4, j) 5, k) 4

V 2 a) 4, b) 3, c) 1, d) 1, e) 1, f) 4

V 3 a) 4, b) 5, c) 6, d) 2, e) 3, f) 5, g) 1, h) 6, i) 4, j) 6, k) 6, l) 4, m) 1, n) 1, o) 2

V 4 a) F, b) F, c) F, d) R, e) R, f) F

V 5 a) Kraftfahrzeuge 12.100,00 € + Betriebs- und Geschäftsausstattung 2.160,00 € + 1.740,00 € + 530,00 € + 1.920,00 € + 4.150,00 € + 12.330,00 € = 34.930,00 €

b) Reinvermögen (Eigenkapital) = Anlagevermögen + Umlaufvermögen – Fremdkapital
= 34.930,00 € + 12.600,00 € + 910,00 € + 33.990,00 € – 23.400,00 €
– 9.800,00 € = 49.230,00 €

c) $\dfrac{(34.930,00 \text{ €} \cdot 100)}{82.430,00 \text{ €}} = 42,38\,\%$

d) Eigenkapitalquote $= \dfrac{(49.230,00 \text{ €} \cdot 100)}{82.430,00 \text{ €}} = 59,72\,\%$

e) Deckungsgrad I (Anlagendeckung I) $= \dfrac{(\text{Eigenkapital} \cdot 100)}{\text{Anlagevermögen}}$

$= \dfrac{(49.230,00 \text{ €} \cdot 100)}{34.930,00 \text{ €}} = 140,94\,\%$

Deckungsgrad II (Anlagendeckung II) $= \dfrac{(\text{langfristiges Kapital} \cdot 100)}{\text{Anlagevermögen}}$

$= \dfrac{(49.230,00 \text{ €} + 23.400,00 \text{ €} \cdot 100)}{34.930,00 \text{ €}} = 207,93\,\%$

Die goldene Bilanzregel ist erfüllt, da Deckungsgrad I > 100 %, d.h. langfristiges Vermögen wurde mit langfristigem Kapital finanziert.

f) Liquidität 1. Grades $= \dfrac{(\text{flüssige Mittel} \cdot 100)}{\text{kurzfristiges Fremdkapital}}$

$= \dfrac{(33.990,00 \text{ €} + 910,00 \text{ €} \cdot 100)}{9.800,00 \text{ €}} = 356,12\,\%$

V 6

Da es sich um einen Privatentnahmenüberschuss handelt und das Eigenkapital um 28.600,00 € sinkt, müssen Privatentnahmen in Höhe von 65.600,00 € getätigt worden sein.

Darstellung auf dem Konto Privat:

Soll		Privat	Haben
Privatentnahmen	65.600,00 €	Privateinlagen	37.000,00 €
		Schlussbestand	28.600,00 €
	65.600,00 €		65.600,00 €

V 7 a) Schlussbestand = Anfangsbestand + Mehrungen − Minderungen

Schlussbestand = 3.386,00 € + 1.291,90 € + 325,00 € + 55,00 € + 400,00 € − 2.000,00 € − 265,00 € − 300,00 € − 519,00 € = 2.373,90 €

b) Der Provisionsertrag steigt um 1.291,90 €. Der Verwaltungsaufwand steigt um 384,00 € (300,00 € + 519,00 € − 400,00 €)

c) Bei der Lebensversicherung des Agenturinhabers in Höhe von 300,00 € handelt es sich um eine Privatentnahme.

V 8 a) F; die Lohnsteuer wird von dem um den Freibetrag gekürzten Bruttolohn berechnet

b) F, sie ist Bestandteil des steuerpflichtigen Bruttolohns

c) R

d) R

e) F, der Antrag ist an das zuständige Finanzamt zu richten

f) F, der Arbeitgeberanteil wird auf dem Konto Sozialer Aufwand erfasst

g) F, der Arbeitnehmer kann sich dann privat versichern lassen

h) R

i) F, der Arbeitgeber hat gegen den Arbeitnehmer eine Forderung, die später mit dem Gehalt verrechnet wird

j) F, der Zuschlag wird erst ab dem 23. Lebensjahr berechnet

k) F, nur bei Arbeitnehmern, die der r. k. oder ev. Kirche angehören

V 9 a) 2.650,00 € + 40,00 € − 200,00 € = 2.490,00 €

b) Der Kinderfreibetrag für ein Kind ist zu berücksichtigen.

c) 2.650,00 € + 40,00 € = 2.690,00 €

d) normaler Beitragssatz ohne Zuschlag, da Daniela Franke ein Kind hat

e) Bruttolohn 2.650,00 € + 40,00 € = 2.690,00 € abzüglich LSt, Solz, KiSt, AN-Anteil an den Sozialbeiträgen, 40,00 € vermögenswirksame Leistung = Auszahlungsbetrag

V 10
a) 24.360,00 € div. durch 6 Jahre = 4.060,00 € jährlich

b) 4.200,00 € minus 300,00 € = 3.900,00 € dividiert durch 13 Jahre = 300,00 € jährlich, aber: im Anschaffungsjahr zeitanteilig nur für 6 Monate. 6/12 von 300,00 € = 150,00 €

c) Sofortabschreibung mit 940,00 €, da die Anschaffungskosten netto (940,00 € : 1,19 = 789,92 €) > 250,00 €, aber ≦ 800,00 €

d) AK > 250,00 € aber ≦ 800,00 €, daher volle Abschreibung im Jahr der Anschaffung

V 11
a) R

b) F, gilt nicht für Abschreibungen im Sammelpool und für Anschaffungen > 250,00 € aber ≦ 800,00 € ohne Umsatzsteuer, die sofort voll abgeschrieben werden dürfen

c) F, vermindert sich der in der GuV-Rechnung ausgewiesene Gewinn

d) R

e) F, zu einem außerordentlichen Aufwand

f) R

V 12
a) 1, 240,00 € (480,00 € · 8/12)

b) 2, 490,00 €

c) 4, 160,00 €

d) 2, 3.550,00 €

e) 4, 240,00 €

f) 5

g) 4, 120,00 €

h) 1, 560,00 € (40 % von 1.400,00 €)

i) 5

j) 3, 2.000,00 €

V 13
a) Zinsaufwand 300,00 € (BS: ZA 300,00 € an SoV 300,00 €)

b) Zinsaufwand 300,00 € (BS: SoV 300,00 € und ZA 300,00 € an Bank 600,00 €)

c) 300,00 € für die Zeit vom 01.01.–30.06. d.J. (gebucht Mitte des Jahres) und 6 % von 9.000,00 € für die Zeit vom 01.07.–31.12. d.J. = 270,00 € (zu buchen im Rahmen der Rechnungsabgrenzung am Jahresende), also insgesamt 570,00 € (BS: ZA 270,00 € an SoV 270,00 €)

V 14 a) F; b) F, c) F, d) R, e) R, f) R, g) R

V 15
a) Ja, es entsteht im alten Jahr ein weiterer Aufwand, für den eine Rückstellung über 650,00 € zu bilden ist.

b) Ja, da die Rückstellung um 70,00 € zu niedrig ist, entsteht ein außerordentlicher Aufwand im neuen Jahr über diesen Betrag, der den Erfolg des neuen Geschäftsjahres mindert.

c) SoRst 650,00 € und aoA 70,00 € an Bank 720,00 €

V 16 c), e), f), g)

Lösungen zu GFK 1 – Arbeitsgestaltung, kaufmännische Steuerung und Kontrolle GFK 1

V 17 a) 2; b) 1; c) 3; d) 4; e) 3

V 18 a) Einnahmen (Zufluss liquider Mittel auf Bank, Kasse oder Postbank bzw. Erhöhung der Forderungen) = 12.000,00 € + 450,00 € + 750,00 € + 800,00 € = 14.000,00 €

b) Ein neutraler Ertrag liegt nur bei Fall a) vor, da hier der Firmenwagen über Buchwert verkauft wird. Die Differenz zwischen Verkaufserlös und Buchwert (12.000,00 € – 10.000,00 €) ergibt einen neutralen Ertrag in Höhe von 2.000,00 €.

V 19

Provisionsaufwand 95.100,00 € + Werbe- und Reisaufwand 10.000,00 € + Schulungsaufwand 2.000,00 € = 107.100,00 €

V 20

Deckungsbeitrag = Leistungen – variable Kosten = 22.000,00 € – 12.100,00 € – 5.400,00 € – 2.800,00 € = 1.700,00 €

V 21 a) (8.600 + 5.400 + 1.200) · 100 : 195.200 = 7,79 %

b) 137.060 · 100 : 195.200 = 70,22 %

c) (137.060 + 30.000 + 24.000) · 100 : (140.000 + 18.000 + 22.000) = 106,14 %

d) (5.400 + 1.200) · 100 : (2.900 + 1.240) = 159,42 %;

e) 12.500 · 100 : 137.060 = 9,12 %

V 22 a) Bestandszuwachs 22.800,00 € = 32,48 % von 70.200,00 €

b) 15 · 100 : 212 = 7,08 %

c) 36.400,00 € von 93.000,00 € = 39,14 %

d) 212 · 100 : 290 = 73,10 %

V 23 a) arithmetisches Mittel

$$= \frac{(130 + 120 + 140 + 70 + 20 + 75 + 14{,}5 + 15 + 80 + 80 + 95 + 90 + 30)}{13} = 73{,}81 \text{ Tsd. €}$$

Median:

Position des Medians $= \frac{(n + 1)}{2} = 7$

Der Median befindet sich an der siebten Position einer geordneten Reihe.

1	2	3	4	5	6	7	8	9	10	11	12	13
14,5	15	20	30	70	75	80	80	90	95	120	130	140

Der Median beträgt 80 Tsd. €.

Der Modalwert kennzeichnet den Merkmalswert, der am häufigsten vorkommt. Er beträgt 80 Tsd. €.

b) Der Median, da er gegen Extremwerte unempfindlich ist.

V 24 a) 2, b) 1, c) 2, d) 1, e) 2, f) 1, g) 2

V 25 a) 1, b) 4, c) 3, d) 4, e) 3, f) 2, g) 4

V 26 a

V 27 c, d

V 28 c

V 29 a) 2, b) 3, c) 2, d) 1, e) 2, f) 3, g) 1

V 30 a) 1, 2, b) 3, c) 3, d) 1, 2, e) 2, f) 1, 2, 3, g) 3

V 31 a) 1, b) 2, c) 1, d) 1, e) 1, f) 2

Situationsaufgaben (S)

S 1 a) 14.600 + 240.000 + 17.880 = 272.480
b) 590 + 12.560 + 6.400 = 19.550
c) 125.600 + 9.400 = 135.000
d) 5.700 + 2.200 = 7.900
e) 272.480 + 19.550 − 135.000 − 7.900 = 149.130
f) Dem Anlagevermögen (272.480 €) stehen 149.130 € Eigenkapital und 135.000 € langfristige Schulden gegenüber. Das langfristig genutzte Anlagevermögen ist also durch langfristig zur Verfügung stehendes Kapital finanziert. Dem Umlaufvermögen von 19.550 € stehen nur 7.900 € kurzfristige Schulden gegenüber, so dass kein Liquiditätsengpass zu erwarten ist, wenn es um die Bedienung dieser kurzfristigen Schulden geht. Die Vermögens- und Kapitalsituation ist als sehr solide zu bezeichnen.

S 2 a) Erträge (6.000 + 930 + 126) − Aufwendungen (234 + 1.630 + 90* + 870 + 100)
= 4.132 € *75 % von 120
b) betrieblicher Ertrag (6.000) − betrieblicher Aufwand (234 + 1.630 + 90 + 870)
= 3.176 €
c) neutraler Ertrag (930 + 126) − neutraler Aufwand (100) = 956 €

Lösungen zu GFK 1 – Arbeitsgestaltung, kaufmännische Steuerung und Kontrolle

S 3

Falsch gebuchte Geschäftsfälle:

Geschäftsfall 1: Privatvorgang und kein betrieblicher Aufwand

Geschäftsfall 2: Neutraler Ertrag (ZE) und kein betrieblicher Aufwand (ZA)

Geschäftsfall 4: Kein betrieblicher Ertrag sondern betrieblicher Aufwand

Geschäftsfall 5: Kein Erfolgsvorgang, sondern Zahlung im Auftrag der Direktion (Schadenregulierung)

Geschäftsfall 8: Kein neutraler Aufwand (aoA) sondern betrieblicher Aufwand (MietA)

Korrigierte Fortschreibung:

a)

Betrieblicher Aufwand	
Vortrag	2.345,00 €
~~1. SteuA~~	~~1.360,00 €~~
~~2. ZA~~	~~243,00 €~~
6. VerwA	165,00 €
9. VerwA	120,00 €
4. PA	490,00 €
8. MietA	760,00 €
Summe	3.880,00 €

b)

Betrieblicher Ertrag	
Vortrag	7.360,00 €
~~4. PE~~	~~490,00 €~~
7. PE	1.460,00 €
Summe	8.820,00 €

c)

Neutraler Aufwand	
Vortrag	745,00 €
~~5. aoA~~	~~220,00 €~~
~~8. HuGA~~	~~760,00 €~~
10. KDiffA	40,00 €
Summe	785,00 €

d)

Neutraler Ertrag	
Vortrag	1.654,00 €
3. HuGE	60,00 €
2. ZE	243,00 €
Summe	1.957,00 €

S 4
a) 1.700 + 9.500 + 4.300 + 12.000 = 27.500,00 €

b) PE 14.000 – PA 3.300 – VerwA 900 – AbaA 1.000 – WuRA 300 – ZA 400 = 8.100,00 €

c) EK 01.01. = Vermögen – Schulden = 27.500,00 € – 2.400,00 € Verbindlichkeiten beim Untervertreter – 5.400,00 € Darlehensverbindlichkeiten = 19.700,00 €

EK 31.12. = 19.700,00 € + Erträge (200,00 € + 14.000,00 € + 50,00 €) – Aufwendungen (3.300,00 € + 900,00 € + 1.000,00 € + 300,00 €+ 400,00 €) = 28.050,00 €

d) 8.100 (siehe Lösung b) + ZE 200 + KDiffE 50 = 8.350,00 €

S 5
a) SolZ 17,31 €, KiSt 28,33 €, RentenV 194,00 €, ArblV 25,03 €, KrankenV 162,71 € (14,6 % + Zusatzbeitrag 1 % = 15,6 % : 2 = 7,8 %), PflegeV 37,03 € (3,05 % : 2 = 1,525 % + Kinderlosenzuschlag 0,25 % = 1,775 %)

b) 2.086,00 € – 314,80 € – 17,31 € – 28,33 € – AN-Anteile SozialV (194,00 €, 162,71 €, 37,03 €, 25,03 €) – 40,00 € VWL = 1.266,79 €

c) 2.086,00 € + AG-Anteile SozialV (194,00 € + 26,08 € + 162,71 € + 31,81 €) = 2.500,60 €

S 6
a) 6.905,00 € – 1.866,66 € (Lohnsteuer) – 168,00 € (Kirchensteuer 9 % von 1.866,66 €) – 102,67 € (Solidaritätszuschlag 5,5 % von 1.866,66 €) – 641,70 € (AN-Anteil Rentenversicherung 9,3 % von 6.900,00 €) – 82,80 € (AN-Anteil Arbeitslosenversicherung 1,2 % von 6.900,00 € +351,66 € (Beitragszuschuss PKV) + 69,20 € (Beitragszuschuss PPV) + 50,00 € (Erstattung Reisekosten) = 4.514,03 €

b) Der Aufwand (Gehälter und Sozialer Aufwand) steigen.

c) Sozialer Aufwand

d) Werbe- und Reiseaufwand

S 7 a) 6.500,00 € (6.445,00 € + 55,00 €)

b) Durch Abnutzung, Alterung infolge technischen Fortschritts, Beschädigung oder Zerstörung werden die Anlagegegenstände im Wert gemindert.
Die Wertminderungen sind in der Bilanz zu berücksichtigen, damit sich u. a. Gläubiger ein Bild über die tatsächliche Vermögenslage des Unternehmens machen können.

c) (AK 6.500,00 € : 13 Jahre = 500,00 € · $^{10}/_{12}$ = 416,67 €)

d) Steuerentlastung: Die Abschreibung mindert als Aufwandsbuchung den zu versteuernden Gewinn.
Liquiditätsverbesserung: Die Abschreibung mindert den auszuschüttenden Gewinn, ist aber momentan mit keiner Ausgabe verbunden, so dass der abgeschriebene Betrag dem Unternehmen für Zwischenfinanzierungszwecke zur Verfügung steht (Finanzierung aus freigesetztem Kapital).

S 8 a) Die Büro-Stehlampe ist ein abnutzbares bewegliches Wirtschaftsgut und selbstständig nutzungsfähig.
Die Anschaffungskosten liegen über 250,00 €, aber nicht über 800,00 €.
Nach EStG können die Anschaffungskosten am Jahresende vollständig abgeschrieben werden.

b) Der Aktenwagen ist ein geringwertiges Wirtschaftsgut.
Die Anschaffungskosten übersteigen nicht 250,00 €.
Nach EStG kann das Wirtschaftsgut im Anschaffungsjahr sofort voll abgeschrieben werden.

c) – Das Wirtschaftsgut wird in einem Sammelpool des Geschäftsjahres, in dem es angeschafft wurde, geführt und fünf Jahre lang mit 20 % jährlich abgeschrieben.
– Das Wirtschaftsgut wird linear über die geplante Nutzungsdauer von 13 Jahren abgeschrieben.

S 9 a) Aufwendungen und Erträge sind nach dem Erfolgsprinzip periodengerecht und damit unabhängig vom Zeitpunkt der Zahlung zu erfassen.
Notwendige Korrekturen werden in der Finanzbuchhaltung durch Rechnungsabgrenzung vorgenommen.

b) Abgrenzung der bereits gezahlten und gebuchten Garagenmiete von 450,00 € für die Zeit vom 1. Januar bis 30. Sept. des neuen Geschäftsjahres. Der derzeitige Saldo des Kontos Kfz-Aufwand vermindert sich um diesen Betrag.

c) 16.160,00 €

d) Passive Rechnungsabgrenzung

S 10 a) Die Geschäftsvorfälle zählen noch zum abzuschließenden Geschäftsjahr und sind daher buchungstechnisch zu erfassen, um das für die GuV-Rechnung geforderte Erfolgsprinzip zu erfüllen (periodengerechte Erfolgsermittlung).

b) 24.000,00 € + 3.000,00 € – 200,00 € = 26.800,00 €

c) 130.000,00 € + 5.000,00 € = 135.000,00 €

d) Die Zunahme des Kontos Provisionsertrag ist größer als die Zunahme des Kontos Provisionsaufwand, sodass insgesamt ein größerer Gewinn ausgewiesen wird.

S 11

Buchung im alten Jahr	Rechnungsabgrenzung am 31.12.	Buchung im neuen Jahr
1.	SonstF an ZE 50,00 €	Bank 150,00 € an SonstF 50,00 € an ZE 100,00 €
2. Bank an ZE 120,00 €	ZE an PARA 80,00 €	PARA an ZE 80,00 €
3. VerwA an Bank 720,00 €	ARA an VerwA 180,00 €	VerwA an ARA 180,00 €
4.	SonstF an HuGE 50,00 €	Bank 100,00 € an SonstF 50,00 € an HuGE 50,00 €
5. VerwA an Bank 120,00 €	ARA an VerwA 80,00 €	VerwA an ARA 80,00 €
6. Bank an HuGE 1.360,00 €	HUGE an PARA 680,00 €	PARA an HUGE 680,00 €
7.	VerwA an SoV 300,00 €	SoV 300,00 € VerwA 150,00 € an Bank 450,00 €

a) 180,00 € + 80,00 € = 260,00 €

b) 80,00 € + 680,00 € = 760,00 €

c) 50,00 € + 50,00 € = 100,00 €

d) 300,00 €

e) GuV: Der Aufwand sinkt und dadurch steigt der Gewinn.

Bilanz: Das EK steigt durch den steigenden Gewinn auf der Passivseite und das Konto ARA steigt auf der Aktivseite. Es handelt sich um eine Aktiv-Passiv-Mehrung.

f) Der Ertrag wird im alten Geschäftsjahr nach dem Verursachungsprinzip in der GuV berücksichtigt und als sonstige Forderung in der Bilanz ausgewiesen. Der Gewinn des alten Jahres steigt, wodurch das Eigenkapital steigt. Auf der Aktivseite steigen die sonstigen Forderungen. Es handelt sich um eine Aktiv-Passiv-Mehrung.

S 12

a) Es ist eine Rückstellung für ungewisse Verbindlichkeiten, hier also für die noch nicht exakt bestimmte Zahlungsverpflichtung an das Gericht, zu bilden. Der Grund für die Zahlungsverpflichtung ist im abzuschließenden Geschäftsjahr entstanden. Der Erfüllungsbetrag ist zu bestimmen und hierfür die Rückstellung zu bilden.

b) GuV: Der Erfüllungsbetrag wird als Aufwand im abzuschließenden Geschäftsjahr gebucht und mindert so den Gewinn.
Bilanz: Auf der Passivseite wird die Rückstellung in Höhe des Erfüllungsbetrages als Verbindlichkeit ausgewiesen. Der verminderte Gewinn führt nur zu einer verminderten Erhöhung des Eigenkapitals.

c) Bilanz: Die Rückstellung wird aufgelöst und die Prozesskosten von 1.000,00 € werden aus ihr beglichen.
GuV: Die Prozesskosten von 1.000,00 € belasten nicht das GuV-Ergebnis des neuen Geschäftsjahres, da sie aus der Rückstellung beglichen werden.
Da die Rückstellung aber um 200,00 € zu hoch gebildet wurde, entsteht für das neue Geschäftsjahr ein neutraler Ertrag von 200,00 €, der den Gewinn des Geschäftsjahres entsprechend erhöht.

S 13 a) Bilanz: Die Rückstellung wird mit ihrem Erfüllungsbetrag auf der Passivseite ausgewiesen. Das Eigenkapital fällt um diesen Betrag geringer aus.
GuV: 5.000,00 € werden aus Gründen der periodengerechten Erfolgsermittlung als Aufwand des Geschäftsjahres erfasst und mindern entsprechend den Gewinn. Die Renovierung hätte ja noch im alten Geschäftsjahr stattfinden müssen.

b) Bilanz: Die Rückstellung von 5.000,00 € wird aufgelöst. Die nicht durch Rückstellung gedeckten 600,00 € führen zu einer Bilanzverkürzung auf der Aktivseite (Minderung z. B. des Bankguthabens) und der Passivseite (Minderung des Eigenkapitals).
GuV: Bis zum Betrag von 5.000,00 € entsteht kein Einfluss auf die GuV. Der nicht durch Rückstellung gedeckte Betrag von 600,00 € führt für das neue Geschäftsjahr zu einem außerordentlichen Aufwand, der den Gewinn entsprechend mindert.

c) Da es sich bei den 600,00 € um einen außerordentlichen und nicht um einen betriebsbedingten Aufwand des Geschäftsjahres handelt, wird das Betriebsergebnis im Rahmen der Kostenrechnung nicht beeinflusst, wohl aber das neutrale Ergebnis.

S 14 a) 70.400 + 10.400 + 8.800 + 3.600 = 93.200 €

b) Abschr. auf Anl. 4.400 + Abschr. auf Kfz 2.200 = 6.600 €

c) 210.000,00 €

d) Leistungen 210.000,00 € – Grundkosten 93.200,00 € – Anderskosten kalk. Abschreibungen 6.600,00 € – Zusatzkosten (kalk. Miete 29.200,00 € + kalk. Unternehmerlohn 60.000,00 €)
= Betriebsergebnis 21.000,00 €

e) 2.500,00 € + 7.100,00 € – 4.200,00 € = 5.400,00 € €

S 15 a) 18.000,00 € : 6 · 6/12 = 1.500,00 €

b) 110 % von 1.500,00 € = 1.650,00 €

S 16 a) 180,00 € + 120,00 € + 80,00 € = 380,00 €

b) 2.300,00 € – 190,00 € = 2.110,00 €

c) 29,00 € + 50,00 € = 79,00 €

S 17 a) Büroschrank: 1.560,00 € : 13 = 120,00 €, Sofortabschreibung des Laptops in Höhe von 600,00 €, da Anschaffungskosten netto ≧ 250,00 € und < 800,00 €, Telefon: 140,00 € (volle Abschreibung als sofortige Betriebsausgaben)

b) Büroschrank: Übernahme als Grundkosten 120,00 €, Personalcomputer: 1/3 von 600,00 € = 200,00 € (Anderskosten), Telefon: 1/5 von 140,00 € = 28,00 € (Anderskosten)

S 18 a) Kalkulatorische Restwerte: BGA 13.000,00 € + Kfz 5.000,00 € = 18.000,00 € AV

b) AV 18.000,00 € + FgDir 4.500,00 € + Bank 3.300,00 € + Kasse 1.500,00 € = 27.300,00 €

c) 6 % von 27.300,00 € = 1.638,00 €

d) Das betriebsnotwendige Kapital ist für die Betriebsbereitschaft gebunden. Ohne diese Bindung hätte es anderweitig ertragbringend angelegt werden können. Durch die betriebliche Tätigkeit muss dieser entgehende anderweitige Zinsertrag erwirtschaftet werden.

S 19 a) Unternehmensergebnis = Erträge – Aufwendungen = 172.000,00 € + 6.000,00 € + 300,00 € + 14.400,00 € – 60.000,00 € – 6.500,00 € – 1.200,00 € – 6.300,00 € – 1.880,00 € – 2.600,00 € – 3.200,00 € – 4.000,00 € – 900,00 € – 24.200,00 € – 6.000,00 € – 17.930,00 € = 57.990,00 €

b) Betriebsergebnis = Leistungen (172.000,00 €) – Grundkosten (60.000,00 € + 6.300,00 € + 2.600,00 € + 4.000,00 € + 24.200,00 € + 6.000,00 € + 17.930,00 €) – Anderskosten (kalk. Zinsen: 4 % von 60.000,00 € = 2.400,00 € und kalk. Abschreibungen = 1.200,00 € + 3.200,00 € + 900,00 € · 1,1 = 5.830,00 €) – Zusatzkosten (kalk. Unternehmerlohn: 46.000,00 € und kalk. Miete 14.400,00 €) = –17.660,00 €

c) Neutrales Ergebnis = neutrale Erträge – neutrale Aufwendungen = 6.000,00 € + 300,00 € + 14.400,00 € – 6.500,00 € – 1.880,00 € = 12.320,00 €

S 20 a) 1.500,00 € + 120,00 € = 1.620,00 €

b) 60 % von 7.600,00 € = 4.560 €

c) 80 % von 7.600,00 € = 6.080,00 € – 4.560,00 € – 1.620,00 € = –100,00 €
100,00 € der Fixkosten für Herrn Amelung hat dieser im Monat Oktober nicht ins Verdienen gebracht.

d) 20 % = 1.620,00 €
100 % = 8.100,00 €
Herr Amelung muss monatlich mindestens 8.100,00 € Beitragsneuzugang vermitteln, damit neben den variablen Kosten, die ja für jeden vermittelten Euro an Beitragsneuzugang anfallen, seine Fixkosten durch den Provisionsanspruch gegen die Direktion gedeckt sind.

S 21 a) 10.500,00 € : 300 · 320 = 11.200,00 €

b) 11.200 – neutraler Anteil (11.200 · 9.000 : 100.000) = 10.192,00 €

S 22 a) 25.000,00 € + 14.000,00 € (= 20 % von 70.000,00 €) = 39.000,00 €

b) Der Ansatz des kalkulatorischen Unternehmerlohns ist dann gerechtfertigt, wenn der Agenturinhaber seine Arbeitskraft voll in die Agentur einbringt.
Da er für seine Tätigkeit keinen Lohn erhält, entsteht kein entsprechender Aufwand in der Finanzbuchhaltung.
Durch den Ansatz des kalkulatorischen Unternehmerlohns in der Kostenrechnung, kann geprüft werden, ob die Leistungskraft der Agentur ausreicht, diese Kosten (Entlohnung des Agenturinhabers) zu decken.

S 23 a) 12.000,00 € + 30,00 € + 1.100,00 € + 80,00 € + 190,00 € = 13.400,00 €

b) 90,00 € (nämlich 120,00 € – 30,00 €) + 2.400,00 € + 280,00 € = 2.770,00 €

c) 700,00 € Hypothekenzinsen; Außerordentlicher Aufwand 500,00 €
Hypothekenzinsen sind betriebsfremder Aufwand.
Außerordentlicher Aufwand infolge Verkauf unter Buchwert ist betriebsgelegentlicher Aufwand.
Beide Aufwandsarten gelten als neutraler Aufwand, der nicht in die Kostenrechnung gehört.

S 24 a) 60 : 80 · 100 = 75 %

b) 2.100 : 30 = 70 zu bearbeitende Fälle
70 : 80 · 100 = 87,5 %
Alternativer Lösungsweg:
2.100,00 € von 2.400,00 € = 87,5 %

S 25 a) 62.000 : 110.800 · 100 = 55,96 %

b) 69.100 : 110.800 · 100 = 62,36 %

c) 41.700 : 62.000 · 100 = 67,26 %

d) 3.600,00 € + 16.200,00 € = 19.800,00 € vorhandene flüssige Mittel –
17.000,00 € für den Geschäftswagen = 2.800,00 € flüssige Mittel vor
Kapitaldienst. Es verbleiben 2.800,00 € – 450,00 € für den Kapitaldienst in dem
betreffenden Monat an flüssigen Mitteln.
Den Verbindlichkeiten bei Untervertretern über 17.100,00 € stehen 29.000,00 €
an Forderungen gegen Direktion gegenüber.
Da die Verbindlichkeiten bei Untervertretern üblicherweise erst dann beglichen
werden, wenn die Direktion die Provisionen (Forderungen der Agentur) begleicht,
ist nicht mit einem Liquiditätsengpass zu rechnen.

S 26 a) 900.000,00 € – 27.000,00 € + 120.000,00 € – 6.500,00 € = 986.500,00 €

b) 6.500 · 100 : 120.000 = 5,42 %; das Ziel wurde knapp verfehlt.

c) (120.000 – 27.000 – 6.500) · 100 : 900.000 = 9,61 %; das Ziel wurde mehr als
erreicht.

S 27 a) 198.000; 214.000; 232.000; 252.000

b) 100; 110; 118,9; 128,9; 140
Die Bestandsentwicklung liegt jährlich um 10 Prozentpunkte, ist also recht
kontinuierlich.

c) Neugeschäftsquote 3. Jahr: 25.000 · 100 : 214.000 = 11,68 %
Neugeschäftsquote 4. Jahr: 35.000 · 100 : 232.000 = 15,09 %
Stornoquote 3. Jahr: 7.000 · 100 : 214.000 = 3,27 %
Stornoquote 4. Jahr: 15.000 · 100 : 232.000 = 6,47 %

d) Die hohe Neugeschäftsquote im 4. Jahr wurde mit einer fast doppelt so großen
Stornoquote im Bestand gegenüber dem Vorjahr erkauft.
Offensichtlich wurde für das Neugeschäft die Bestandspflege vernachlässigt.
Ein gesunder Bestand ist für eine Agentur aber unerlässlich, um auch in Zeiten mit
schwachem Neugeschäft überleben zu können.
Ein großer Bestand bietet auch bessere Akquisemöglichkeiten.

S 28

- Installation einer Firewall durch einen Fachbetrieb, die das Netzwerk vor unberechtigtem Zugriff schützt
- Installation eines Antivirenprogramms
- Prüfung auf regelmäßige Updates
- tägliche Änderung der Passwörter für den Zugang zum System
- automatische Protokollierung von Zugriffen auf die Daten
- regelmäßige Sicherungskopien von vorhandenen Daten

S 29

Das Datenschutzgesetz kennt u. a. folgende Schutzvorschriften:
Grundsatz: So wenig personenbezogene Daten wie möglich erheben, verarbeiten, nutzen.
Personenbezogene Daten sind nach Möglichkeit zu anonymisieren oder pseudonymisieren.
Der Betroffene muss der Datenspeicherung, -verarbeitung und -nutzung zustimmen.
Der Betroffene kann Auskunft über seine gespeicherte Daten und ggf. Berichtigung, Sperrung oder Löschung verlangen.
Die Proximus Versicherung AG ist verpflichtet, für den Datenschutz einen Datenschutzbeauftragten zu bestellen. Die Kontrolle des Datenschutzes erfolgt auch durch öffentliche Stellen (Aufsichtsbehörden, Landes- bzw. Bundesdatenschutzbeauftragter).

S 30

Angestellte im Versicherungsaußendienst

- Vorteile aus Kundensicht, z. B.: Fachkundige Betreuung / Spezialkenntnisse.
- Vorteile aus Sicht der Proximus Versicherung AG, z. B. Festes Gehalt (fixe Kosten) / Versicherungsbestand in der Hand der Gesellschaft.

Selbstständige Versicherungsvertreter

- Vorteile aus Kundensicht, z. B.: Kennt sich in der Produktpalette des Versicherers sehr gut aus. Ist i. d. R. durch Schulungen immer auf dem neuesten Stand.
- Vorteile aus Sicht der Proximus Versicherung AG, z. B.: Vertritt die Gesellschaft fachkundig gegenüber den Kunden. Hohe Leistungsbereitschaft, da leistungsabhängige Provision.

Versicherungsmakler

- Vorteil aus Kundensicht, z. B.: Versicherungsmakler ist dem Kunden gegenüber verantwortlich. Gründliche Risikoanalyse gemäß dem Maklervertrag. Vertritt große Angebotspalette.
- Vorteile aus Sicht der Proximus Versicherung AG, z. B.: Vermittlung von Kunden mit großem Prämienaufkommen. Zu zahlende Courtage ist erfolgsabhängig.

S 31

Angestellte im Versicherungsaußendienst
Rechtsstellung: Sie befinden sich zur Proximus Versicherung AG in einem abhängigen und weisungsgebundenen Beschäftigungsverhältnis gemäß Arbeitsvertrag.
Vergütung: Fixum und ggf. Provision
Wettbewerbsverbot: Ja

Selbstständige Versicherungsvertreter
Rechtsstellung: Selbstständiger Gewerbetreibender, freie Gestaltung seiner Arbeitszeit und Tätigkeit
Vergütung: Vermittlungs- und Abschlussprovisonen, Ausgleichsanspruch
Wettbewerbsverbot: Aufgrund der Auschließlichkeitsregelung im Agenturvertrag festgehalten.

Versicherungsmakler
Rechtsstellung: Selbstständiger Gewerbetreibender, freie Gestaltung seiner Arbeitszeit und Tätigkeit. Gewohnheitsrechtlich hat er die Interessen des Versicherungskunden wahrzunehmen.
Vergütung: Courtage
Wettbewerbsverbot: Nein, da er für seinen Kunden tätig ist.

S 32

„Ständig betraut sein" bedeutet:
Ausschließliche Tätigkeit für die Proximus Versicherung AG
Vermittlung oder Abschluss von Verträgen muss ständig angestrebt werden, ferner Werbung um neue Kunden und fortlaufende Bestandspflege.

„Wettbewerbsverbot" bedeutet:
Kein gleichzeitiges Tätigwerden für andere Versicherer, um Interessenkollisionen zu vermeiden. Der Umfang des Wettbewerbsverbots richtet sich nach dem Agenturvertrag.

„Ventillösung" bedeutet:
Bietet die Proximus Versicherung AG keinen Versicherungsschutz für ein Risiko oder hat sie den Versicherungsantrag abgelehnt oder den Versicherungsvertrag gekündigt, darf der Vertreter das Risiko bei einem anderen Versicherer unterbringen.

„Ausgleichsanspruch" bedeutet:
Der Vertreter kann von der Proximus Versicherung AG nach Beendigung des Vertragsverhältnisses einen angemessenen Ausgleich verlangen, wenn die Proximus Versicherung AG aus den vom Vertreter angeworbenen Verträgen auch weiter erhebliche Vorteile hat und die Zahlung eines Ausgleichsanspruchs der Billigkeit entspricht. Das ist i.d.R. der Fall, da die meisten Verträge weiter bestehen bleiben, der Vertreter aber nach seinem Ausscheiden keinen Anspruch mehr auf weitere Folgeprovisionen hat. Der Anspruch entsteht u.a. nicht, wenn die Proximus Versicherung AG aus wichtigem Grund oder der Vertreter den Vertretungsvertrag selbst kündigt.

S 33

Das VVG unterscheidet danach, ob der Versicherungsvertreter nur Vermittlungs- oder auch Abschlussvollmacht hat.

Vermittlungsvollmachten nach § 69 VVG:
Versicherungsanträge, deren Widerruf sowie Anzeigen und sonstigen Erklärungen vom Versicherungsnehmer entgegennehmen
Anträge auf Verlängerung, Änderung und deren Widerruf, Kündigung, Rücktritt und sonstige das Versicherungsverhältnis betreffende Erklärungen sowie Anzeigen vom Versicherungsnehmer entgegennehmen
Versicherungsscheine oder Verlängerungsscheine übermitteln,
Zahlungen annehmen

Abschlussvollmacht des Versicherungsvertreters:
Änderung oder Verlängerung von Verträgen vereinbaren
Kündigungs- und Rücktrittserklärungen abgeben

S 34

Voraussetzungen für einen erfolgreichen Direktvertrieb von Versicherungsprodukten:
Der Kunde hat ein Grundinteresse an dem Thema und bereits einiges Wissen über die nachgefragte Versicherung.
Für den Direktvertrieb eignen sich i. d. R. nur einfache und selbsterklärende Produkte, die als Standardprodukte keinen aufwändigen Anpassungsbedarf haben.
Der Direktversicherer muss einen hohen Bekanntheitsgrad, ein Image als günstiger Anbieter, geringe Betriebskosten und eine technologische Infrastruktur haben.

1 Vorteil / 1 Nachteil für den Kunden: Günstigere Produkte, Initiative muss vom Kunden ausgehen.

1 Vorteil / 1 Nachteil für die Proximus Versicherung AG: Geringe Kosten für Vertrieb (keine für Provisionen bzw. Courtagen), hohe Kosten für Aufbau und Pflege der technischen Infrastruktur sowie für Werbung, Imageaufbau und -erhalt.

S 35

Direktvertrieb bedeutet: Absatz von Versicherungsprodukten per Brief, Telefon, Internet ohne Einschaltung weiterer (dezentraler) Absatzorgane (Vermittler). Kunden mit Versicherungskenntnissen können so den Versicherungsschutz günstig erwerben, da keine Provisionen für Vermittler anfallen und auch die Vertragsdurchführung auf diesem Vertriebsweg kostengünstiger durchgeführt werden kann.

Servicevertrieb bedeutet: Vermittler unterstützen den Kunden bei Vertragsabschluss (Risikoanalyse, Versicherungsbedarf, geeignete Versicherungsprodukte) und betreuen ihn während der Vertragslaufzeit und im Versicherungsfall. Die Versicherungsprämie ist höher als beim Direktvertrieb. Dafür wird man aber bei Vertragsabschluss persönlich beraten und auch während der Vertragslaufzeit und im Versicherungsfall betreut.

Lösungen zu GFK 2 – Bestandskundenmanagement

Vorübungen (V)

V 1 a) 1, b) 9, c) 1, d) 1, e) 1, f) 1

V 2 b, d – vgl. § 62 VVG

V 3 a) F, b) R, c) R, d) F, e) F, f) F, g) R, h) R, i) F, j) R, k) R, l) F

V 4 c

V 5 c

V 6 a) 2, b) 5, c) 4

V 7
a) 17.03. d.J. tB u. mB, 10.03. d.J. fB;
b) 17.03. d.J. tB; 23.03. d.J. fB, 26.03. d.J. mB;
c) 15.03. d.J. tB, 11.03. d.J. fB, 17.03. d.J. mB;
d) 20.06. d.J. tB u. mB, 23.06. d.J. fB;
e) 20.06. d.J. tB u. fB, 25.07. d.J. mB;
f) 20.06. d.J. tB u. mB, 22.06. d.J. fB

fB = formeller Beginn
mB = materieller Beginn
tB = technischer Beginn

V 8 b

V 9 f

V 10 b

V 11 c

V 12 a

V 13 d

V 14 a) F, b) R, c) R, d) R, e) F, f) R

V 15 d

V 16 a) F, b) F, c) R, d) F, e) R

V 17 a) 1, b) 9, c) 9, d) 1, e) 1, f) 9, g) 1, h) 9

V 18 a) 5, b) nein

V 19 a) 1, b) 9, c) 1, d) 9, e) 1, f) 9, g) 1, h) 9

V 20 a

V 21 a) R, b) F, c) R, d) F, e) R, f) F, g) R, h) F, i) R, j) F, k) R

V 22 01.12. d.J.

V 23 a) 9, b) 1, c) 9, d) 1, e) 9, f) 9

V 24 a) 1, b) 1, c) 9, d) 1, e) 9, f) 9

V 25 a) 1, b) 1, c) 9, d) 9, e) 9, f) 9

V 26 a) 1, b) 9, c) 1, d) 1, e) 9, f) 9

V 27 a) 3, b) 1, c) 2, d) 2, e) 3, f) 1

V 28 a) 9, b) 1, c) 1, d) 9, e) 1, f) 9, g) 9, h) 1, i) 9, j) 1, k) 9, l) 9, m) 1, n) 9

V 29 a) 3, b) 2, c) 1, d) 3, e) 1, f) 1

V 30 a) 4, b) 1, c) 5, d) 3, e) 7, f) 6, g) 3, h) 3, i) 3, j) 2

V 31 a) 3, b) 1, c) 3, d) 6, e) 3, f) 3

Situationsaufgaben (S)

S 1
Herr Frings hat ein gesetzliches Widerrufsrecht in Textform (§ 8 VVG) von 14 Tagen ab Erhalt der Police.
Der Eingang des Widerrufs am 27.01. d.J. ist frist- und formgerecht. Der Vertrag muss daher beendet werden.
Herr Frings sollte prüfen, ob das neue Angebot über ausreichend Versicherungsschutz verfügt und seinem Bedarf entspricht.

S 2
Bei Verträgen, an die der Minderjährige länger als ein Jahr über das 18. Lebensjahr hinaus gebunden und zu wiederkehrenden Leistungen verpflichtet ist, wird bei Vertragsabschluss die Genehmigung des Familiengerichts benötigt (§§ 1643 (1), 1822 Nr. 5 BGB).
Die Zustimmung der Eltern bei Vertragsabschluss oder die Übernahme der Beitragszahlungen reichen für einen rechtsgültigen Vertrag nicht aus.
Fehlt die Genehmigung des Familiengerichts, so ist der Vertrag schwebend unwirksam.
Der Vertrag wird von Anfang an aufgehoben. Jennifer Müller kann alle Beiträge inklusive Zinsen zurückfordern.

S 3

Es besteht kein Widerrufsrecht, da die Frist am 22.12. d.J. (08.12. d.J. + 14 Tage = 22.12. d.J.) abgelaufen ist (§ 8 VVG).

Herr Neumann hat nach Zugang der Police am 08.12. d.J. ein einmonatiges Widerspruchsrecht, da der Inhalt der Police vom Antrag abweicht (§ 5 (1) VVG).

Herr Neumann kann sein Widerspruchsrecht bis zum Ablauf des 08.01. d.J. in Textform geltend machen (§ 5 (1) VVG).

Der Vertrag kann storniert werden.

Die Prämie muss dann erstattet werden.

S 4

Herr Altmann ist im Alter von 16 Jahren beschränkt geschäftsfähig (§ 106 BGB). Von ihm abgeschlossene Versicherungsverträge bedürfen grundsätzlich der Zustimmung des gesetzlichen Vertreters (§§ 107, 108 BGB).

Ausnahmen betreffen Verträge, die vom Taschengeld getätigt werden können. Hier hat der gesetzliche Vertreter mit Auszahlung des Taschengelds bereits seine Zustimmung erteilt (§ 110 BGB).

Insofern können die Reisegepäckversicherung und die Haftpflichtversicherung abgeschlossen werden.

Bei Verträgen, an die der Minderjährige länger als ein Jahr über das 18. Lebensjahr hinaus gebunden und zu wiederkehrenden Leistungen verpflichtet ist, wird bei Vertragsabschluss die Genehmigung des Familiengerichts benötigt (§§ 1643 (1), 1822 Nr. 5 BGB).

Die eventuelle Zustimmung der Eltern bei Vertragsabschluss reicht für einen rechtsgültigen Vertrag nicht aus. Die Kapital-Lebensversicherung kann folglich nicht rechtsgültig abgeschlossen werden.

S 5

Technischer Beginn: 01.11. d.J., Beginn des beitragsbelasteten Zeitraums (§ 2 MB/KK 2009)

Formeller Beginn: 06.11. d.J., Zustandekommen des Vertrages

Materieller Beginn: 01.07. d.n.J., Beginn der Leistungspflicht des Versicherers, da die besonderen Wartezeiten von 8 Monaten abgelaufen sind (§ 3 MB/KK 2009).

S 6

Nach § 198 VVG bzw. § 2 MB/KK 2009 muss Frau Below ihre Kinder innerhalb von zwei Monaten ab Tag der Geburt rückwirkend anmelden.

Wenn Sie dies macht, dann besteht ab dem Tag der Geburt Versicherungsschutz ohne Wartezeiten.

Frau Below ist schon länger als drei Monate versichert, daher besteht ein Kontrahierungszwang ohne Gesundheitsprüfung, sofern der Versicherungsschutz nicht umfassender ist, als der von Frau Below.

Krankenhaustagegeld kann eventuell nur mit einer Summenbegrenzung versichert werden. Krankentagegeld ist für Kinder nicht versicherbar.

S 7

Technischer Beginn: 21.05. d. J., Beginn des prämienbelasteten Zeitraums

Formeller Beginn: 31.05. d. J., Zustandekommen des Vertrages

Materieller Beginn: 27.06. d. J., Beginn der Leistungspflicht des Versicherers, weil Herr Helm nicht unverzüglich (3 Tage (siehe Profil der Proximus Versicherung AG letzte Seite unten)) nach Ablauf von 14 Tagen nach Erhalt der Police gezahlt hat (§ 33 Abs. 1 VVG i.V.m. § 37 Abs. 2 Satz 1 VVG bzw. Nr. 10.2 AUB 2017).

S 8

Die Proximus Versicherung AG hat durch die Vergabe der eVB-Nummer eine vorläufige Deckungszusage erteilt.

Für den eingetretenen Versicherungsfall besteht Leistungspflicht, da die Haftung ab Zulassung beginnt (§ 9 KfzPflVV).

Der Hauptvertrag und der Vertrag über die vorläufige Deckung sind zwei rechtlich selbstständige Verträge (§ 49 (1) Satz 1 VVG).

Die Ablehnung des Hauptvertrags durch die Proximus Versicherung AG ist also kein Beendigungsgrund für die vorläufige Deckung. Diese muss separat gekündigt werden.

Uns steht eine zeitanteilige Prämie bis zur Wirksamkeit der Kündigung zu. Die Höhe der Prämie richtet sich nach der Höhe der Prämie für den Hauptvertrag (§ 50 VVG).

S 9

Der Beitrag für 40-jährige beträgt 61,79 € im Monat.

Durch eine Rückdatierung auf den 01.12. d. v. J. zahlt Herr Hörschel den Beitrag für 39-jährige: 53,00 €.

Zunächst würde eine Mehrbelastung in Höhe von 106,00 € (53,00 € · 2) entstehen, da die Beiträge für Dezember und Januar zusätzlich von Herrn Hörschel entrichtet werden müssten, obwohl er in dieser Zeit keinen materiellen Versicherungsschutz hatte.

Durch die Beitragsdifferenz von 8,79 € (61,79 € – 53,00 €), würde sich für Herrn Hörschel ab dem 13. Monat die Rückdatierung rechnen: 13 · 8,79 € = 114,27 €. Er spart im 13. Monat 114,27 € – 106,00 € = 8,27 € und ab dem 13. Monat immer die vollen 8,79 €.

S 10

1) formeller Beginn: 28.09. d. J.
   technischer Beginn: 01.10. d. J.
   materieller Beginn: 01.10. d. J.

   Die Prämienzahlung am 12.10. d. J. ist rechtzeitig. Die erste Prämie muss unverzüglich (3 Tage, siehe Profil der Proximus Versicherung AG) nach Ablauf von 14 Tagen nach Zugang des Versicherungsscheins bezahlt werden, also spätestens am 15.10. d. J. (28.09. d. J. + 17 Tage = 15.10. d. J.). Dann beginnt der Versicherungsschutz wie gewünscht am 01.10. d. J. (Ziffer 15 VHB 2016).

   Tilgung: 14.10. d. J.

   Leistungsort für die Zahlung der Prämie ist der Wohnsitz des Versicherungsnehmers, also Köln (§ 36 (1) VVG).

Widerruf gemäß § 8 VVG möglich bis zum Ablauf des 12.10. d.J. (28.09. + 14 Tage = 12.10. d.J.).

Das Widerrufsrecht ist von der Zahlung der Prämie unabhängig.

2) Der Widerruf muss in Textform, z. B. per E-Mail erfolgen (§ 8 (1) Satz 1 VVG).

Da die Proximus Versicherung AG nicht ausreichend über das Widerrufsrecht informiert hat, beginnt die Widerrufsfrist nicht zu laufen und Frau Reucher hat ein ewiges Widerrufsrecht (§ 8 (2) VVG).

Die Proximus Versicherung AG ist verpflichtet, die zu viel gezahlte Prämie der laufenden Versicherungsperiode für die Zeit nach Zugang des Widerrufs zu erstatten, also 330,00 € (01.11. d.J. bis 01.10. d.J.).

Auch die Prämie in Höhe von 360,00 € für das 1. Versicherungsjahr muss erstattet werden, da Frau Recher keine Leistungen aus dem Versicherungsvertrag in Anspruch genommen hat (§ 9 (1) VVG).

Gesamte Erstattung: 330,00 € + 360,00 € = 690,00 €

S 11

Vorläufige Deckung:

formeller Beginn: 26.04. d.J.
technischer Beginn: 30.04. d.J.
materieller Beginn: 30.04. d.J. (§ 3 (1) Bedingungen für den vorläufigen Versicherungsschutz)

Hauptvertrag:

formeller Beginn: 16.05. d.J.
technischer Beginn: 01.06. d.J.
materieller Beginn: 01.06. d.J.

S 12

Es liegt eine nicht rechtzeitige Zahlung der Erstprämie vor, die zu der in Ziffer 15 VHB 2016 genannten Folge führt (siehe weiter unten).

Formeller Beginn ist der 28.07. d.J.

Frau Simon musste die erste Prämie unverzüglich (3 Tage, siehe Profil der Proximus Versicherung AG) nach Ablauf von 14 Tagen nach Zugang des Versicherungsscheins zahlen, also spätestens am 14.08. d.J. (28.07. d.J. + 17 Tage = 14.08. d.J.). Dann beginnt der Versicherungsschutz zum 01.08. d.J. (technischer Beginn).

Da Frau Simon nicht in dem oben genannten Zeitraum zahlt, also nicht rechtzeitig zahlt, beginnt der Versicherungsschutz (materieller Beginn) erst mit Zahlung der Erstprämie am 09.09. d.J.

Die Proximus Versicherung AG ist für den Versicherungsfall vom 08.09. d.J. leistungsfrei, da sie auf die Rechtsfolgen der nicht rechtzeitigen Zahlung der Erstprämie hingewiesen hat und Frau Simon die Prämie nicht rechtzeitig gezahlt hat.

Zudem hat Frau Simon die verspätete Zahlung zu vertreten. Eine nicht vorhandene Kontodeckung ist kein Rechtfertigungsgrund für eine verspätete Zahlung.

S 13

Frau Butenhof hat die Folgeprämie gemäß § 38 VVG nicht bezahlt.

Sie trägt die Schuld für die Nichtzahlung der Folgeprämie. Geldmangel gilt nicht als Rechtfertigungsgrund.

Die Proximus Versicherung AG sendet ihr daraufhin am 01.12. d.J. ein qualifiziertes Mahnschreiben gemäß § 38 VVG mit verbundener Kündigung zu und weist auf die Rechtsfolgen, die mit dem Fristablauf verbunden sind, hin:

Mit fruchtlosem Ablauf der zweiwöchigen Mindestzahlungsfrist nach § 38 VVG (zwei Wochen sind in der Praxis üblich) am 15.12. d.J. tritt Zahlungsverzug ein, die Proximus Versicherung AG ist ab dann leistungsfrei. Der Leitungswasserschaden vom 17.12. d.J. wird von der Proximus Versicherung AG also nicht reguliert.

Zudem wird bei einer verbundenen Kündigung mit dem fruchtlosen Ablauf der zweiwöchigen Zahlungsfrist gleichzeitig die Kündigung wirksam. Der Vertrag ist also mit Eintritt des Zahlungsverzuges beendet.

Ab Wirksamkeit der Kündigung hat Frau Butenhof einen Monat Zeit, den Vertrag zu reaktivieren. Mit der Zahlung am 18.12. d.J. wird der Vertrag folglich für die laufende Versicherungsperiode reaktiviert. Die Proximus Versicherung AG ist ab diesem Zeitpunkt wieder leistungspflichtig, die Kündigung ist aufgehoben.

S 14

Frau Wolfram muss die erste Prämie gemäß 15 VHB 2016 unverzüglich (3 Tage, siehe Profil der Proximus Versicherung AG) nach Ablauf von 14 Tagen nach Zugang des Versicherungsscheins bezahlen, also spätestens bis 31.05. d.J. (14.05. d.J. + 17 Tage = 31.05. d.J.). Dann beginnt der materielle Versicherungsschutz am 01.05. d.J. (zugleich hier technischer Beginn).

Als fristgerechte Zahlung gilt eine Überweisungshandlung des Versicherungsnehmers, die sicherstellt, dass die Prämie demnächst beim Versicherer ankommt. Die Tilgung, also die Gutschrift auf dem Konto des Versicherers, kann später erfolgen.

Frau Wolfram hat die Prämie fristgerecht am 28.05. d.J. überwiesen. Der materielle Versicherungsschutz beginnt somit am 01.05. d.J.

Der Versicherungsfall vom 27.05. d.J. ist gedeckt.

S 15

1) Es liegt eine grob fahrlässig verschuldete Verletzung der vorvertraglichen Anzeigepflicht (§§ 19 ff. VVG) vor.

   Für die Proximus Lebensversicherung AG bestehen folgende Möglichkeiten (§ 19 (2, 3, 4) VVG):

   Die Proximus Lebensversicherung AG kann vom Vertrag zurücktreten.

   Der Vertrag kann rückwirkend ab Vertragsabschluss angepasst werden, also eine Beitragserhöhung (Risikozuschlag) oder ein Risikoausschluss vorgenommen werden.

   Die Proximus Lebensversicherung AG muss die ihr zustehenden Rechte innerhalb eines Monats nach Kenntnis schriftlich geltend machen (§ 21 (1) Satz 1 und 2 VVG).

   Im Falle einer Beitragserhöhung um mehr als 10 % oder eines Risikoausschlusses kann der Versicherungsnehmer den Vertrag innerhalb eines Monats nach Zugang der Mitteilung des Versicherers ohne Einhaltung einer Frist kündigen. Der Versicherer hat den Versicherungsnehmer in der Mitteilung auf dieses Recht hinzuweisen (§ 19 (6) VVG).

2) Die Proximus Lebensversicherung AG kann innerhalb eines Monats nach Kenntnis schriftlich vom Vertrag zurücktreten (§§ 19 (2), 21 (1) Satz 1 und 2 VVG).

Das bedeutet, dass Herr Weiler die bisher geleisteten Rentenzahlungen vollständig zurückzahlen muss, da Kausalität zwischen Schadeneintritt und Verletzung der vorvertraglichen Anzeigepflicht besteht (§ 21 (2) Satz 1 VVG). Selbstverständlich fallen Rentenzahlungen für die Zukunft weg.

Die Proximus Lebensversicherung AG kann die Beiträge bis zur Wirksamkeit des Rücktritts (Erklärung gegenüber dem Versicherungsnehmer) behalten (§ 39 (1) Satz 2 VVG).

3) Die Proximus Lebensversicherung AG kann innerhalb eines Monats nach Kenntnis schriftlich vom Vertrag zurücktreten (§§ 19 (2), § 21 (1) Satz 1 und 2 VVG), bleibt aber aufgrund mangelnder Kausalität weiterhin leistungspflichtig, d. h. Herr Weiler muss auch die bisher geleisteten Rentenzahlungen nicht zurückzahlen (§ 21 (2) Satz 1 VVG).

S 16

Es liegt eine unverschuldete Verletzung der vorvertraglichen Anzeigepflicht (§§ 19 ff. VVG) vor.

Für die Proximus Lebensversicherung AG bestehen die folgenden Möglichkeiten:

Der Vertrag kann angepasst, also eine Beitragserhöhung (Risikozuschlag) oder ein Leistungsausschluss vorgenommen werden. Dies aber erst ab der laufenden Versicherungsperiode, also für die Zukunft.

Der Vertrag kann gekündigt werden. Eine Kündigung hat aber immer nur Zukunftswirkung.

Folglich bleibt die Leistungspflicht der Proximus Lebensversicherung AG in Bezug auf die Berufsunfähigkeitsrente auf jeden Fall in vollem Umfang bestehen.

Die Berufsunfähigkeitsrente muss gewährt werden.

S 17

Es liegt eine subjektive, schuldhafte Gefahrerhöhung gemäß § 23 (1) VVG vor.

Die Proximus Versicherung AG hat ein fristloses Kündigungsrecht, da Herr Decker vorsätzlich gehandelt hat (§ 24 (1) Satz 1 VVG).

Alternativ kann die Proximus Versicherung AG eine höhere Prämie ab dem Zeitpunkt der Gefahrerhöhung verlangen oder die Absicherung der höheren Gefahr ausschließen (§ 25 (1) Satz 1 VVG).

Diese Rechte erlöschen, wenn die Proximus Versicherung AG sie nicht innerhalb eines Monats ab Kenntnis wahrnimmt (§§ 24 (3), 25 (1) VVG).

Herr Decker hat ein fristloses Kündigungsrecht, wenn die Prämie um mehr als 10 % steigt oder die höhere Gefahr ausgeschlossen wird (§ 25 (2) Satz 1 VVG).

Die Proximus Versicherung AG muss Herrn Decker auf das Kündigungsrecht hinweisen. Herr Decker muss sein Kündigungsrecht innerhalb eines Monats nach Zugang der Mitteilung wahrnehmen (§ 25 (2) VVG).

Bei einem eventuellen, durch die chemische Fabrik verursachten Explosionsschaden, wäre die Proximus Versicherung AG leistungsfrei, da Herr Decker vorsätzlich gehandelt hat (§ 26 (1) Satz 1 VVG) und Kausalität zwischen Gefahrerhöhung und Explosion besteht (§ 26 (3) VVG).

S 18

1) Es handelt sich um eine Gefahrerhöhung nach § 23 (2) VVG.

Die Gefahrerhöhung muss nach Kenntniserlangung durch den VN unverzüglich dem Versicherer angezeigt werden.

Herr Wosch hat mit der verspäteten Anzeige am 12.04. d.J. gegen die unverzügliche Anzeigepflicht verstoßen, da diese problemlos bis Ende März d.J. hätte erfüllt werden können.

Mit dem 01.04. d.J. beginnt die Monatsfrist gemäß § 26 (2) VVG zu laufen. Innerhalb dieser Frist ist die Proximus Versicherung AG voll leistungspflichtig, also für kausale und nicht kausale Versicherungsfälle.

Für den Versicherungsfall vom 08.04. d.J. besteht also Deckung.

2a) In diesem Fall muss die Proximus Versicherung AG noch voll für nicht kausale Versicherungsfälle leisten, da die fristgerechte Kündigung des Vertrages mit Monatsfrist nach § 24 (2) VVG durch den Versicherer noch nicht wirksam ist.

Die Kündigung wird erst am 27.05. d.J. (also einen Monat nach Zugang beim VN) wirksam (§ 24 (2) VVG).

Für kausale Versicherungsfälle besteht, bis zur Wirksamkeit der Kündigung, Versicherungsschutz, wenn die Verletzung der Anzeigepflicht einfach fahrlässig erfolgte, anteiliger Versicherungsschutz bei grob fahrlässiger und kein Versicherungsschutz bei vorsätzlicher Verletzung der Anzeigepflicht.

2b) Aufgrund der Kündigung gemäß § 24 (2) VVG durch die Proximus Versicherung AG besteht ab dem 27.05. d.J. kein Versicherungsschutz mehr, da die Kündigung nach Ablauf der Monatsfrist wirksam wird. Der Vertrag ist ab dem 27.05. d.J. beendet.

S 19

Mit der Inbetriebnahme des Imbiss am 22.06. d.J. entstand spätestens die unverzügliche Anzeigepflicht der Gefahrerhöhung nach § 23 (3) VVG.

Herr Lenne unterlässt diese Anzeige, obgleich sie problemlos bis zum 25.06. d.J. und damit unverzüglich möglich war.

Ab dem 26.06. d.J. ist die Proximus Versicherung AG noch einen Monat zur Leistung für alle Versicherungsfälle verpflichtet (§ 26 (2), (3) VVG).

Am 17.07. d.J. kommt es zu einem Brand im Imbiss. Der Schaden muss folglich durch die Proximus Versicherung AG reguliert werden, da er innerhalb der Monatsfrist liegt.

Für nicht kausale Versicherungsfälle, z.B. Raub, besteht bis zu einer eventuellen Beendigung des Vertrages auch weiter voller Versicherungsschutz.

Für kausale Versicherungsfälle, wie der Brand im Beispiel, besteht ab dem 26.07. d.J. bis zu einer eventuellen Beendigung des Vertrages Versicherungsschutz, wenn die Verletzung der Anzeigepflicht einfach fahrlässig erfolgte, anteiliger Versicherungsschutz bei grob fahrlässiger und kein Versicherungsschutz bei vorsätzlicher Verletzung der Anzeigepflicht.

S 20

Grundsätzlich ist der Versicherungsbegriff nicht erfüllt, da die Zufälligkeit bei einer vorsätzlichen Handlung nicht gegeben ist.

Da der Lebensversicherer seine Beitragskalkulation u.a. mit Hilfe einer Sterbetafel vornimmt, kann eine solches Risiko mitversichert werden, da in der Sterbetafel alle Sterbefälle enthalten sind, egal welche Todesursache vorlag.

Die Dreijahresfrist baut der Versicherer nur ein, damit das subjektive Risiko des VN begrenzt wird.

S 21

Herr Fischer ist zum gleitenden Neuwert versichert, da eine VS 1914 vorhanden ist.

Gleitende Neuwert (Ziff. 14.1.1 VGB 2016)

Der Gleitende Neuwert ist der ortsübliche Neubauwert des Gebäudes, ausgedrückt in Preisen des Jahres 1914.

Der Versicherer passt den Versicherungsschutz an die Baukostenentwicklung (durch den Anpassungsfaktor) an.

Deshalb besteht Versicherungsschutz auf der Grundlage des ortsüblichen Neubauwertes zum Zeitpunkt des Versicherungsfalles.

Neuwert (nicht mehr in den VGB 2016 enthalten, aber in älteren Bedingungen und in der Praxis üblich)

Der Neuwert ist der ortsübliche Neubauwert des Gebäudes.

Beim Neuwert sollte der VN die Versicherungssumme jährlich an die Veränderung der Baukosten anpassen, um ausreichend versichert zu sein.

Sollte er dies nicht machen, dann würde er ggf. unterversichert sein.

S 22

Es liegt eine versicherte Gefahr (hier: Brand) in der Wohngebäudeversicherung vor.

Der Versicherungsfall wurde grob fahrlässig herbeigeführt.

Die Proximus Versicherung AG ist insofern berechtigt, die Leistung in einem der Schwere des Verschuldens des Mieters entsprechenden Verhältnisses zu kürzen (§ 81 (2) VVG).

Eine Kürzung kann aber nur dann erfolgen, wenn Frau Klein selbst als Versicherungsnehmerin oder ein Repräsentant von Frau Klein grob fahrlässig gehandelt hat.

Der Versicherungsnehmer muss sich das Verhalten eines Repräsentanten wie eigenes Verhalten anrechnen lassen. Der Mieter eines Hauses ist aber kein Repräsentant.

Die Proximus Versicherung AG muss also leisten.

Der Ersatzanspruch, den Frau Klein gegen Herrn Ehl hat (Herr Ehl hat grob fahrlässig gehandelt und ist nach den Bestimmungen über die Verschuldenshaftung gem. § 823 BGB hierfür ersatzpflichtig), geht auf die Proximus Versicherung AG über (§ 86 (1) VVG). Diese wird versuchen, bei Herrn Ehl Regress zu nehmen.

Sollte Herr Ehl eine private Haftpflichtversicherung abgeschlossen haben, kann er sich an diese wenden und die Übernahme des Schadens dort einfordern; denn Ersatzansprüche Dritter, die durch fahrlässiges Verhalten des Schädigers entstehen, sind dort u. a. Gegenstand der Versicherung.

S 23

Der Übergang von Ersatzansprüchen nach § 86 VVG steht im Kapitel 2 Schadenversicherung und ist daher auch nur für diese anzuwenden.

Schadenversicherungen (unter anderem die Krankheitskostenversicherung) decken einen konkreten Bedarf, der bestimmbar ist und als tatsächlicher „Schaden" ersetzt wird. Es gilt das Bereicherungsverbot.

Summenversicherungen (unter anderem die Unfallversicherung) decken einen abstrakten Bedarf, der summenmäßig nicht exakt bestimmt werden kann. Deshalb wird eine abstrakte Summe bestimmt und als Versicherungssumme vereinbart. Im Versicherungsfall wird diese abstrakte Summe für die Bestimmung der Versicherungsleistung herangezogen.

S 24

Die Prämie wurde gemäß der Erhöhung des Anpassungsfaktors (Ziff. 17.2 VGB 2016) erhöht. Der Anpassungsfaktor bildet die Veränderung des Baupreisindexes zu 80 % und die des Tariflohnindexes zu 20 % ab. Wird die Anpassung mit diesem Index vereinbart, garantiert der Versicherer, dass Versicherungsschutz auf der Grundlage des ortsüblichen Neubauwertes zum Zeitpunkt eines Versicherungsfalles besteht.

Eine Sonderkündigungsrecht besteht für diesen Sachverhalt nicht.

Eine Kündigung ist erst zum Ablauf des nächsten Versicherungsjahres möglich, wenn die Kündigung bis zum 01.07. d. n. J. erklärt wird.

Der VN kann auch die Umstellung in eine Gleitende Zeitwertversicherung beantragen.

Der Gleitende Zeitwert ergibt sich daraus, dass zunächst der Gleitende Neuwert nach Ziffer 14.1.1 VGB 2016 ermittelt und davon der Abzug einer Wertminderung insbesondere durch Alter und Abnutzung gemäß Ziffer 14.1.2 VGB 2016 vorgenommen wird.

S 25

Die Wohngebäudeversicherung geht kraft Gesetzes durch Erbfolge auf Frau Witt über. Ein außerordentliches Kündigungsrecht für die Wohngebäudeversicherung entsteht dadurch nicht. Daher kann die Wohngebäudeversicherung frühestens zum Ablauf (31.12. d. J. – 24:00 Uhr) mit einer Frist von drei Monaten gekündigt werden. (Die §§ 95 ff. VVG sind nicht anzuwenden, da keine Veräußerung vorliegt).

Grundsätzlich endet der Vertrag zur Hausratversicherung bei Tod des Versicherungsnehmers. Nutzt aber ein Erbe die Wohnung in derselben Weise wie der verstorbene Versicherungsnehmer, so geht auch die Hausratversicherung auf den Erben, hier auf Frau Witt, über (Ziff. 25.2 VHB 2016). Ein außerordentliches Küdigungsrecht besteht für die Hausratversicherung dann nicht. Daher kann diese auch erst frühestens zum Ablauf (31.12. d. J. – 24:00 Uhr) mit einer Frist von drei Monaten gekündigt werden.

S 26

Frau Wendler ist momentan nicht über die Privat-HV von Herrn Konau versichert.
Über die Vorsorge ist sie auch nicht versichert (Teil A Abschnitt 1 Ziff. 2.2 AHB 2016).
Wenn sie unverheiratet und amtlich beim VN gemeldet ist, kann sie in den Vertrag eingeschlossen werden (Teil A Abschnitt 1 Ziff. 2.1.4 AHB PR 2016).
Frau Wendler wird als mitversicherte Person in die Police aufgenommen.
Ansprüche untereinander sind dann ausgeschlossen.
Umstellung von Single- auf Kompakttarif mit einer Mehrprämie von 31,20 € inkl. VersSt.

S 27

Versicherungsverträge mit Verlängerungsklausel müssen mit einer Frist von 1–3 Monaten gekündigt werden (§ 11 Abs. 3 VVG). In der Hausratversicherung beträgt die Frist 3 Monate (Ziff. 27.2 VHB 2016).

Die dreimonatige Kündigungsfrist wurde nicht eingehalten, daher ist die Kündigung zurückzuweisen.

Der nächste Kündigungstermin ist der 01.07. d.n.J.

Die Kündigung muss bis zum 01.04. d.n.J. erfolgen.

S 28

Mit der Grundbucheintragung am 07.02. d.J. ist die Wohngebäudeversicherung auf den Erwerber übergegangen (§ 95 Abs. 1 VVG).

Es besteht kein außerordentliches Kündigungsrecht für Herrn Liebig.

Der Erwerber ist berechtigt, innerhalb eines Monats nach Grundbucheintragung bzw. ab Kenntniserlangung den Vertrag mit sofortiger Wirkung oder zum Ende der Versicherungsperiode zu kündigen (§ 96 Abs. 2 VVG).

Dem Veräußerer steht der unverbrauchte Prämienanteil zu (Ziff. 25.2.4 VGB 2016), da er nach § 96 Abs. 3 VVG infolge der Vertragskündigung alleine zur Zahlung der Prämie verpflichtet war.

S 29

Durch die Dynamisierung wird einmal im Jahr der Beitrag erhöht und daraus eine neue Versicherungssumme errechnet.

Die jährliche Anpassung des Versicherungsschutzes dient dazu, dass die Versicherung dem allgemeinen Lebensstandard angepasst wird.

Für diese Anpassungen muss der VN nichts unternehmen und die versicherte Person erspart sich die Gesundheitsprüfung.

Das Aussetzen der Dynamik ist zweimal hintereinander möglich ohne dass die Dynamikvereinbarung entfällt.

Wenn innerhalb eines Monats ab dem Erhöhungstermin widersprochen wird, bleibt der bisherige Leistungsumfang erhalten.

Wird der Dynamik mehr als zweimal hintereinander widersprochen, so entfällt diese.

Weitere Erhöhungen sind dann nur noch mit einer erneuten Gesundheitsprüfung möglich (siehe § 1 bis 5 Besondere Bedingungen für die Lebensversicherung mit planmäßiger Erhöhung der Beiträge und Leistungen ohne erneute Gesundheitsprüfung).

S 30

Nach Ziff. 14.3 VHB 2016 ist eine Kündigung des Vertrages wegen der Anpassung der Versicherungssumme und Prämie nicht möglich, da dieser Anpassungsmechanismus Vertragsbestandteil ist.

Die Versicherungssumme wird im gleichen Verhältnis wie die Veränderung des Preisindexes für Verbrauchs- und Gebrauchsgüter ohne Nahrungsmittel und ohne die normalerweise nicht in der Wohnung gelagerten Güter angepasst.

Aus der neuen Versicherungssumme wird eine neue Pämie ermittelt.

Innerhalb eines Monats nach Zugang der Mitteilung über die neue Versicherungssumme können Sie der Anpassung widersprechen.

Da Sie die Erhöhung nicht wollen, haben wir Ihr Schreiben als Widerspruch gewertet und den alten Zustand der Versicherung hergestellt.

Die ordentliche Kündigung ist frühestens zum Versicherungsablauf am 30.04. d. n. J. möglich. Sie muss spätestens 3 Monate vor dem 30.04. d. n. J., also spätestens bis zum 31.01. d. n. J. erfolgen.

S 31

In dem Unfallversicherungsvertrag von Ihrem verstorbenen Mann ist auch Ihr Sohn Marvin mitversichert, so dass nur die Versicherung Ihres verstorbenen Mannes aufgehoben wird.

Bitte reichen Sie uns die Sterbeurkunde ein.

Die zu viel gezahlten Prämien werden ab dem Todestag zurückgezahlt (Ziff. 11.4 AUB 2017).

Die Unfallversicherung für Ihren Sohn Marvin wird bis zum Ablauf des Versicherungsjahres, in dem er das 18. Lebensjahr vollendet hat, prämienfrei fortgeführt.

Frau Blume wird neue Versicherungsnehmerin (Ziff. 11.5 AUB 2017).

Lösungen zu GFK 3 (1) a) – Hausratversicherung

Vorübungen (V)

V 1 a) 1, b) 1, c) 2, d) 1, e) 3, f) 3, g) 4, h) 4, i) 1, j) 1, k) 2, l) 3, m) 3, n) 3, o) 3, p) 4, q) 3, r) 1, s) 4

Ergänzende Hinweise:
zu **g)** Ausschluss Ziffer 9.3 VHB 2016
zu **h)** Ausschluss Ziffer 9.2 VHB 2016
zu **n)** Anbauküchen zählen unabhängig davon, wer sie eingefügt hat, immer zur Hausratversicherung
zu **p)** Ausschluss in Ziffer 8.3.7 VHB 2016 – Handelsware
zu **s)** Ausschluss in Ziffer 9.5 VHB 2016 – Eigentum von Untermietern

V 2 e – nur privat genutzte Markisen Ziffer 8.3.3 VHB 2016

V 3 d – Surfbrett steht in keinem Zusammenhang zum Haushalt des VN (vgl. Band 2, A 2.1.2)

V 4 a – Ziffer 9.3 VHB 2016 – Ausschluss Kfz-Zubehör

V 5 c – Ziffer 8.3.3 – privat genutzte Antennenanlage auf dem Grundstück

V 6
a) 3 – Ausdehnungsbestreben von Gasen, plötzliche Kraftäußerung
b) 2 – Überspannung durch Blitz an versicherten elektrischen Geräten
c) 1 – Feuer ohne bestimmungsgemäßen Herd entstanden
d) 5 – keine Lichterscheinung, daher Brandbegriff nicht erfüllt.
e) 1 – Feuer ohne bestimmungsgemäßen Herd entstanden
f) 1 – Feuer hat den bestimmungsgemäßen Herd verlassen
g) 5 – Folgeschäden durch Erdbeben sind ausgeschlossen (Ziffer 3.8.1 VHB 2016)
h) 5 – Feuer hat den bestimmungsgemäßen Herd nicht verlassen
i) 5 – keine Lichterscheinung, Sengschäden sind ausgeschlossen (Ziffer 3.8.2 VHB 2016)
j) 1 – Feuer ohne bestimmungsgemäßen Herd entstanden. Brandschaden ist versichert. (Aber keine Leistung für Schäden durch Hochwasser.)
k) 1 – Sengschaden als Folge von Brand ist versichert (Ziffer 3.8.2 VHB 2016)
l) 2 – Überspannung durch Blitz ist versichert
m) 1 – Kurzschlussschäden infolge eines Brandes sind versichert
n) 5 – keine Ausdehnung von Gasen, keine plötzliche Kraftäußerung
o) 4 – Absturz eines Teiles eines Luftfahrzeuges
p) 3 – Verpuffung bzw. Sengschaden nach einer Verpuffung ist versichert (Ziffer 3.5 i.V.m. Ziffer 3.8.2 VHB 2016)

V 7 d

V 8 d – Fernsehgerät ist eine versicherte Sache, Abhandenkommen als Folgeschaden eines Brandes ist versichert. Hier greifen nicht die Entschädigungsgrenzen der Außenversicherung.

Lösungen zu GFK 3 (1) a) – Hausratversicherung

V 9 a) 2 – Ziffer 5.3.2.1 VHB 2016 i.V.m. Ziffer 8.3.1 VHB 2016

b) 4 – Rohr gehört nicht zum versicherten Hausrat

c) 3 – Ziffer 5.2.3 VHB 2016 Leitungswasserschaden am Parkett (Ziffer 13.8 VHB 2016 – Reparaturkosten) und Schränkchen versichert, undichter Heizkörper nicht versichert, da Schaden nicht durch Frost

d) 3 – Ziffer 5.2 VHB 2016, letzter Absatz Betriebsflüssigkeiten aus Klimaanlagen stehen Leitungswasser gleich.

e) 4 – (Ziffer 5.3 VHB 2016) Kein Versicherungsschutz, da in der Hausratversicherung nur Rohre innerhalb des Gebäudes versichert sind.

f) 1 – Ziffer 5.3.1.1 VHB 2016 Die Reparatur des Rohres ist versichert, da Rohr vom Mieter neu eingefügt wurde und somit zu den versicherten Sachen der Hausratversicherung zählt, siehe Ziffer 8.3.1 VHB 2016.

g) 4 – Ziffer 6.5.6 VHB 2016 Kein Versicherungsschutz für nicht bezugsfertige Gebäudeteile oder an darin befindlichen Sachen.

h) 3 – Ziffer 5.2.3 VHB 2016 Wasserdampf gilt auch als Leitungswasser gem. Ziffer 5.2 VHB 2016 letzter Absatz. Badschrank daher versichert. Rohrbruch im Durchlauferhitzer nicht versichert, da nicht frostbedingt.

i) 4 – Wasserdampf tritt nicht aus einer der genannten Vorrichtungen nach Ziffer 5.2.1 bis 5.2.5 VHB 2016 aus.

j) 3 – Ziffer 5.2.5 VHB 2016 Leitungswasserschaden. Schaden am Nachttischschränkchen wird ersetzt, da versicherte Sache. Für den Laminatboden keine Leistung, da Gebäudebestandteil. (Keine versicherten Reparaturkosten für Leitungswasserschäden nach Ziffer 13.8. VHB 2016, da keine Mietwohnung oder Sondereigentum.) Für das defekte Wasserbett keine Leistung, da keine versicherte Gefahr vorliegt.

k) 3 – Ziffer 5.2.1 VHB 2016 Bestimmungswidriger Austritt von Leitungswasser. Es spielt keine Rolle, wo die Schadenursache stattgefunden hat.

V 10 b – Ziffer 5.2.2 VHB 2016

V 11 a) 1 – Ziffer 6.1/6.3.1 i.V.m. Ziffer 8.3.3 VHB 2016 (auch nach VGB 2016 versichert).

b) 4 – Ziffer 6.5.7 VHB 2016
Aber: Mit Einschluss PK 7215 versichert. Kein Versicherungsschutz für Sachen außerhalb von Gebäuden, mit Ausnahme von Markisen und Antennen.

c) 2 – Ziffer 6.3.4 VHB 2016

d) 1 – Ziffer 6.2/6.3.1 VHB 2016 i.V.m. Ziffer 8.3.3 VHB 2016 (auch nach VGB 2016 versichert).

e) 3 – Ziffer 6.3.4 VHB 2016 Hausrat als Sturmfolgeschaden versichert. (Dachreparatur VGB 2016)

f) 4 – Ausschluss Ziffer 6.5.2 VHB 2016

g) 4 – Kein Folgeschaden nach Ziffer 6.3.1 oder 6.3.4 VHB 2016

h) 1 – Ziffer 6.3.1 VHB 2016

i) 1 u. 3 – Ziffer 6.3.3 VHB 2016 Wandbild versichert, da unmittelbarer Sturmschaden an einem Gebäude, welches mit dem Gebäude, in dem sich die versicherte Sache befindet, baulich verbunden ist. Trocknen der Wand nach VGB 2016 versichert.

V 12 d – keine wetterbedingte Luftbewegung

V 13 a) 1 – Einsteigen in einen Raum eines Gebäudes (Ziffer 4.1.1 VHB 2016)

b) 1 – mittels anderer Werkzeuge in einen Raum eines Gebäudes eindringen (Ziffer 4.1.1 VHB 2016)

c) 4 – Schlüsseldiebstahl fahrlässig begünstigt (vgl. Ziffer 4.1.5.2 VHB 2016)

d) 1 – in einem Raum eines Gebäudes ein Behältnis aufbricht – Jacke versichert/Auto nicht (Ziffer 4.1.2 VHB 2016)

e) 1 – Einschleichdiebstahl – Wohnung war zum Zeitpunkt der Wegnahme verschlossen (Ziffer 4.1.3 VHB 2016, VN trägt die Beweislast.)

f) 3 – Androhung von Gewalt mit Gefahr für Leib und Leben (Ziffer 4.3.2 i. V. m. 12.3.1 VHB 2016)

g) 4 – Androhung von Gewalt richtet sich gegen eine Sache, nicht Gefahr für Leib und Leben (vgl. Ziffer 4.3.2 VHB 2016).

h) 4 – Geld muss erst auf Verlangen des Täters herangeschafft werden (Ziffer 4.4.2 VHB 2016)

i) 4 – Vandalismus (Ziffer 4.2 VHB 2016) hier nicht nach einem Einbruch (gemäß Ziffer 4.1.1 oder Ziffer 4.1.5 VHB 2016).)

j) 1 – mittels anderer Werkzeuge ein Behältnis in einem Raum eines Gebäudes öffnet (hier Außenversicherung, Ziffer 4.1.2 i. V. m. 12.3. VHB 2016)

k) 1 – Dieb brachte den Schlüssel durch einfachen Diebstahl an sich, ohne fahrlässiges Verhalten des VN (Ziffer 4.1.5.2 VHB 2016)

l) 2 – Vandalismus nach ED (Ziffer 4.2 VHB 2016). Wände (Ziffer 13.7 VHB 2016 Reparaturkosten für Gebäudeschäden) und Kleidung versichert

m) 4 – kein versicherter Vandalismus, da Wildschwein kein „Täter" und kein ED vorliegt

V 14 b – Ziffer 4.2 VHB 2016 Vandalismus, Wohnungstür = versicherte Kosten nach Ziffer 13.7 VHB 2016, Einrichtung = versicherte Sache Ziffer 8.1 VHB 2016

V 15 a – Zugabteil ist kein Raum innerhalb eines Gebäudes; Raub scheidet ebenfalls aus, da keines der Raubmerkmale nach Ziffer 4.3 VHB 2016 erfüllt ist.

V 16 c – Ziffer 4.1.1 VHB 2016 Einbruchdiebstahl liegt vor, Ziffer 4.2 VHB 2016 Vandalismus oder Ziffer 3.1 VHB 2016 Brand

Lösungen zu GFK 3 (1) a) – Hausratversicherung

V 17
a) 2 – Reparaturkosten für Gebäudeschäden
b) 2 – Hotelkosten
c) 4 – Gegenstand der Wohngebäudeversicherung
d) 2 – Aufräumungskosten
e) 2 – Reparaturkosten für Leitungswasserschäden in Wohnungen
f) 2 – Bewegungs- und Schutzkosten
g) 2 – Transport- und Lagerkosten (evtl. auch Schadenminderungskosten)
h) 1 – Wiederherstellung einer versicherten Sache
i) 4 – Vandalismus nur innerhalb der Wohnung nach ED versichert
j) 1 – Wiederherstellung einer versicherten Sache
k) 2 – Schlossänderungskosten, da Schlüssel durch einen Versicherungsfall abhandengekommen sind
l) 4 – Gegenstand der Wohngebäudeversicherung
m) 2 – Aufräumungskosten
n) 3 – Aufwendungsersatz/Schadenminderung
o) 2 – Kosten für provisorische Maßnahmen

V 18 b – Verlieren = keine versicherte Gefahr,
f – nur in der Wohngebäudeversicherung versichert

V 19 c – Ziffer 13.7 VHB 2016

V 20 c
25.000,00 € + 10 % (Vorsorge) = 27.500,00 €
+ 10 % (vers. Kosten) = 30.250 € (max. Leistung), vgl. Ziffer 17.4 VHB 2016
27.000,00 € (Hausratschaden) + 2.000,00 € (vers. Kosten) = 29.000,00 €

V 21 a, c, d – vgl. Ziffer 18.1 VHB 2016

V 22 a – Antiquität, da über 100 Jahre alt und kein Möbelstück (vgl. Ziffer 18.1.5 VHB 2016)

V 23 c – vgl. Ziffer 18.1.5 VHB 2016, Antike Möbelstücke zählen nicht zu den Wertsachen.

V 24 d – vgl. Ziffer 18.1.1 i. V. m. Ziffer 18.2 und 18.3 VHB 2016 (20% der Versicherungssumme = allgemeinen Entschädigungsgrenze, wird nicht überschritten. Die besondere Entschädigungsgrenze von 1.500,00 € gilt nur, wenn Bargeld außerhalb eines Wertschutzschrankes aufbewahrt wird.)

V 25 c – Die Entschädigungsgrenze für Wertsachen liegt bedingungsgemäß bei 20% der Versicherungssumme, hier 20.000,00 €; Ziffer 18.3.1 VHB 2016 (10 % Vorsorge werden **nicht** bei Antragsstellung, sondern nur bei der Entschädigungsberechnung berücksichtigt! Vgl. Ziffer 14.2 VHB 2016). Die Entschädigungsgrenze muss gegen Mehrprämie auf 30 % (= 30.000,00 €) angehoben werden, damit Gemälde im Wert von 29.000,00 € versichert sind.

V 26 c – vgl. Ziffer 18.3.1 i. V. m. 17.2 VHB 2016 (20 % der VS von 100,00,00 € zzgl. 10 % Vorsorgebetrag)

V 27 b – Ziffer 4.1.2 VHB 2016

V 28 d

V 29 b, c, e

V 30 6.600,00 €

V 31 d, e, f

V 32 b

V 33 d

V 34 b

V 35 c

V 36 a) PK 7712, b) PK 7710, c) PK 7112, d) PK 7610, e) PK 7110, f) PK 7862, g) PK 7215

V 37 c – Ziffer 4.1.1 VHB 2016

V 38 a) 2, b) 1, c) 2, d) 1, e) 2, f) 1, g) 2

V 39 a) 2 (Öffnung stellt keinen Gebäudeschaden durch St / H dar)
  b) 1
  c) 1
  d) 2 (Ausschluss: Sachen, die sich außerhalb von Gebäuden befinden.)
  e) 1
  f) 1
  g) 1
  h) 2 (Ausschluss Grundwasser, da nicht an Oberfläche gedrungen)

V 40 a) 2, b) 2, c) 2, d) 1, e) 2, f) 2, g) 1, h) 2, i) 2, j) 1, k) 2, l) 2, m) 1), n) 1, o) 1

V 41 c – 95 m² + 70 m² + 20 m² + 15 m² = 200 m² · 650,00 €/m² = 130.000,00 €

V 42 c

V 43 a) 1, b) 9, c) 1, d) 1, e) 9, f) 1, g) 9

Lösungen zu GFK 3 (1) a) – Hausratversicherung

V 44 e

V 45 c

V 46 d

V 47 a – 50.000,00 € reichen gegenwärtig (zu c – 58.500,00 € = 90 m² . 650 €/m². Hier gilt zwar der Unterversicherungsverzicht PK 7712, der VN wäre dann aber derzeit überversichert.)

V 48 d

V 49 b

V 50 c (Zusätzlicher Hinweis: Versicherte Kosten werden darüber hinaus bis zu 10 % der Versicherungssumme zuzüglich Vorsorge ersetzt. Ziffer 17.4 VHB 2016)

V 51 b

V 52 d

V 53 c

V 54 a) 1, b) 1, c) 1, d) 2, e) 2, f) 1, g) 2, h) 1, i) 2, j) 2

V 55 a) 2,00 ‰, b) 7,00 ‰, c) 15,00 ‰, d) 3,90 ‰, e) 6,00 ‰

V 56 b, d, e, g

V 57 a) 2, b) 1, c) 2, d) 1, e) 1, f) 1, g) 2, h) 1.

V 58 a) 1, b) 2, c) 2, d) 2, e) 1, f) 2, g) 1.

V 59 b

V 60 a) 15 Tage + 10 Monate x 30 Tage = 315 Tage
b) 18 Tage + 3 Monate x 30 Tage = 108 Tage
c) 4 Tage + 4 Monate x 30 Tage + 14 Tage = 138 Tage
d) 27 Tage + 4 Monate x 30 Tage = 147 Tage
e) 28 Tage
f) 2 Tage + 5 Monate x 30 Tage + 9 Tage = 161 Tage
g) 19 Tage + 30 Tage + 14 Tage = 63 Tage

V 61 c

Lösungen zu GFK 3 (1) a) – Hausratversicherung

V 62 **a)** Jahresprämien ohne Nachlässe und VersSt neu: 80.000,00 € · 2,3 ‰ = 184,00 €, alt: 60.000,00 € · 2,0 ‰ = 120,00 €
Jahresmehrprämie 64,00 € – 5 % Nachlass für ¹⁄₁ ZW 3,20 €
Korrigierte Jahresmehrprämie 60,80 € · 85 Tage : 360 Tage = anteilige Mehrprämie 14,36 €
+ VersSt 16,15 % 2,32 € = Nachprämie (06.07. – 30.09.) 16,68 €

b) Jahresprämien ohne Nachlässe und VersSt
neu: 90.000,00 € · 1,7 ‰ = 153,00 €, alt: 87.000,00 € · 3,6 ‰ = 313,20 €
Jahresminderprämie 160,20 € – 3 % Nachlass für ½ ZW 4,81 €
Korrigierte Jahresminderprämie 155,39 € : 2 = Halbjahresminderprämie 77,70 € · 102 Tage : 180 Tage = anteilige Minderprämie 44,03 €
+ VersSt 16,15 % 7,11 € = Rückprämie (19.04. – 31.07.) 51,14 €

V 63 d

V 64 a

V 65 b

V 66 c

V 67 a

V 68 d

V 69 **a)** 2, **b)** 2 und 4

V 70 **a)** 9, **b)** 1, **c)** 1, **d)** 9, **e)** 1

V 71 **a)** 9, **b)** 1, **c)** 9, **d)** 1, **e)** 9

V 72 d – Fensterscheiben zählen zu den versicherten Sachen der Glasversicherung. Versicherte Gefahr ist der Glasbruch. Ein durchgehender Sprung ist einem Bruch gleichzusetzen und daher versichert. Die Glasversicherung muss für den Schaden aufkommen.

V 73 **a)** 3, **b)** 3, **c)** 1, **d)** 2, **e)** 1, **f)** 1, **g)** 1, **h)** 1, **i)** 2, **j)** 1, **k)** 2, **l)** 3, **m)** 3, **n)** 2, **o)** 3, **p)** 3, **q)** 1, **r)** 3, **s)** 3, **t)** 2, **u)** 3, **v)** 3

V 74 e

V 75 a – Keine Leistung, da Scheiben von Ton- und Bildwiedergabegeräten ausgeschlossen sind.

V 76 c

V 77 e – Hinweis: Schäden durch Brand sind in der Glasversicherung nicht versichert, soweit anderweitiger Versicherungsschutz besteht (Ziffer 2.2 AGlB 2016).

V 78 d

V 79 a – Hinweis: VN soll sich ggf. an den Privathaftpflicht-Versicherer wenden.

V 80 c

V 81 c, e

V 82 96,00 €

Situationsaufgaben (S)

S 1
1. Ausschluss Ziffer 9.2 VHB 2016: Vom Gebäudeeigentümer eingebrachte Sachen, die durch den Mieter ersetzt werden, auch höherwertige, sind im Rahmen der Hausratversicherung nicht versichert.
2. Wie 1.
3. Versichert nach Ziffer 8.3.1 VHB 2016: vom Mieter auf seine Kosten und Gefahr eingefügte Sache
4. Wie 3.
5. Versicherte Sache nach Ziffer 8.1 VHB 2016

S 2
- Bargeld ist eine versicherte Sache, max. Entschädigung 1.500,00 €, wenn außerhalb eines Wertschutzschrankes (Ziffer 18.3.2.1 VHB 2016).
- Türen sind Gebäudebestandteile und zählen nicht zu den versicherten Sachen (Ziffer 9.1 VHB 2016).
- Dennoch leistet die Hausratversicherung für die Eingangstür zur Wohnung im Rahmen der Reparaturkosten für Gebäudeschäden nach ED (Ziffer 13.7 VHB 2016).
- Keine Leistung für die Haustüre zum Mehrfamilienhaus (nur vom Gebäudeeigentümer über PK 7361 VGB versicherbar)
- Einbruchdiebstahl ist eine versicherte Gefahr (Ziffer 4.1.1 VHB 2016).
- Vandalismus nach einem Einbruch ist auch versichert. Zum einen die Schäden am versicherten Hausrat (Ziffer 4.2 VHB 2016) und zum anderen die Schäden am Gebäude innerhalb der Wohnung im Rahmen der „Reparaturkosten für Gebäudeschäden" durch Vandalismus nach ED (Ziffer 13.7 VHB 2016).
- Versicherungsort ist die Wohnung des VN

S 3

- Einbauküche ist eine versicherte Sache, da sie vom Mieter eingefügt wurde (Ziffer 8.3.1 VHB 2016).
- Versicherungssumme anpassen.
- Küchenwände zählen zu den Gebäudebestandteilen und sind in der Hausratversicherung ausgeschlossen (Ziffer 9.1 VHB 2016). Daher keine Leistung für Malerarbeiten an den Wänden.
- Versicherte Gefahr (Brand Ziffer 3.1 VHB 2016).
- (Versicherungsort = Wohnung des VN)
- Wir würden ggf. auch die Kosten zur Schadenminderung (Aufwendungsersatz § 83 VVG) übernehmen.

Wir würden für die Einbauküche, die durch Brand beschädigt wird leisten. (Bei grob fahrlässigem Verhalten evtl. Leistungskürzung.) Für die Renovierung der Küchenwände bestünde kein Versicherungsschutz über die Hausratversicherung, nur über die Wohngebäudeversicherung.

S 4

- Motorrad ist keine versicherten Sache der Hausratversicherung – Ausschluss (Ziffer 9.3 VHB 2016)
- Motorradhelm und Kleidung zählen zu den versicherten Sachen nach Ziffer 8.1 VHB 2016 (Hinweis: Diese Sachen zählen nicht als Teile des Motorrads und fallen damit nicht unter den Ausschluss Kfz-Zubehör, da diese Sachen am Körper getragen werden.)
- Eimer mit Wandfarbe, Malerwerkzeug, Fahrrad und Surfbrett mit Segel zählen zu den versicherten Sachen (Ziffer 8.1 und Ziffer 8.3.5 VHB 2016).
- Die im Antrag genannte Garage zählt zum Versicherungsort (Ziffer 10.4 VHB 2016).
- Die versicherten Sachen sind nur versichert, wenn sie durch eine versicherte Gefahr (F, LW, St/H, ED) zerstört oder beschädigt werden oder abhanden kommen.
- Das Fahrrad wäre auch in der nicht verschlossenen Garage gegen Diebstahl versichert, vorausgesetzt es war ordnungsgemäß abgeschlossen, da Klausel PK 7110 vereinbart wurde.

S 5

- Wasserbett ist eine versicherte Sache nach Ziffer 8.1 VHB 2016.
- Das Wasserbett ist gegen die Gefahren F, Lw, St/H, ED versichert. Kein Versicherungsschutz bei „Undichtwerden", da keine versicherte Gefahr.
- Wasser aus Wasserbetten ist eine versicherte Gefahr: Leitungswasserschaden Ziffer 5.2.5 VHB 2016
- Schäden am Parkett sind versicherte Kosten (Ziffer 13.8 VHB 2016) und auch über die Wohngebäudeversicherung abgedeckt (Mehrfachversicherung).
- Schäden an den eigenen Möbeln versichert, da versicherte Sachen (Ziffer 8.1 VHB 2016).
- Schäden in der darunterliegenden Wohnung sind nicht versichert, da keine versicherte Sache bzw. kein Versicherungsort. Evtl. leistet die Hausrat- und die Wohngebäudeversicherung des Geschädigten gem. Vertrag oder die Privat-HV des Schädigers.
- Prüfen, ob Versicherungssumme ausreicht.

Lösungen zu GFK 3 (1) a) – Hausratversicherung

S 6

Summe der Wertsachen:

Schmuck	12.000,00 €
Goldene Uhr	2.500,00 €
handgeknüpfter Wandteppich	4.500,00 €
Wertsachenanteil	19.000,00 €

NR: $\frac{19.000,00 \text{ €} \cdot 100}{80.000,00 \text{ €}} = 23,75\%$ → Erhöhung der Entschädigungsgrenze auf 25 %

(Schrank, Schallplattenspieler und Schallplatten sind versicherte Sachen, zählen aber nicht zu den Wertsachen)

S 7

Herr Sick hat für drei Monate Versicherungsschutz über die Außenversicherung. Die Entschädigung ist im Versicherungsfall jedoch auf 10 % der Versicherungssumme, höchstens auf 10.000,00 € begrenzt. Für die Wertsachen gelten weitere Entschädigungsgrenzen, d. h. 1.500,00 € für das Bargeld und 3.000,00 € für das Sparbuch, sofern diese nicht in einem Wertschutzschrank eingeschlossen sind. Herr Sick bekommt somit 7.500,00 € zzgl. 10 % Vorsorge (= max. 8.250,00 €) ausbezahlt.

S 8 a) 125 m² · 650,00 €/m² = 81.250,00 €, gerundet 81.300,00 €.

b) Wertsachen in Höhe von 15.000,00 € + 18.000,00 € = 33.000,00 € (antike Möbel sind keine Wertsachen).

Erhöhung um 30.000,00 € (für 18.000,00 € geerbte Wertsachen und 12.000,00 € geerbte antike Möbel) auf 111.300,00 € wird dringend empfohlen, um weiterhin das Risiko einer Unterversicherung zu vermeiden.

Erhöhung der Entschädigungsgrenze für Wertsachen auf 30 % (30 % von 111.300,00 € = 33.390,00 €) wird empfohlen, ebenso die Aufbewahrung der Wertsachen im Wertschutzschrank.

S 9 a) Die Golfausrüstung gehört zum Hausrat. Sie ist im Rahmen der Außenversicherung gegen ED versichert, wenn sie sich nur vorübergehend, d. h. max. 3 Monate außerhalb seines Hauses (Versicherungsort) befindet. Ersatz wird in voller Höhe geleistet, d. h. 4.500,00 € (max. 10 % der VS + 10 % Vorsorge).

b) Da der Sohn in häuslicher Gemeinschaft lebt und freiwilligen Wehrdienst leistet, sind seine Sachen auch länger als 3 Monate bei Eintritt einer versicherten Gefahr über die Außenversicherung mitversichert. Die von der Bundeswehr zur Verfügung gestellte Kleidung ist jedoch nicht versichert, da sie sich dauerhaft außerhalb der Wohnung des VN befindet.

c) Der Hausrat von Tochter Petra ist nicht über die Außenversicherung mitversichert, da sie am Studienort einen eigenen Hausstand gegründet hat. Sie benötigt eine eigene Hausratversicherung.

d) Es besteht im Rahmen der Außenversicherung bis 3 Monate weltweit Versicherungsschutz, allerdings nur für die Hausratgegenstände, die sich vorübergehend im Wohnmobil befinden. Sachen, die sich ständig im Wohnmobil befinden (z. B. fest montierter Fernseher), sind nicht versichert. Bei ED, Sturm/Hagel besteht jedoch kein Versicherungsschutz, weil das Wohnmobil kein Gebäude ist. Die Entschädigung ist auf 10 % der VS (+ 10 % Vorsorge), max. 8.800,00 € begrenzt.

S 10 a) Die neue VS sollte mind. 61.750,00 € (95 m² · 650,00 €), gerundet 61.800,00 € betragen. Durch den Zukauf der Teppiche ist der neue Versicherungswert zu prüfen; die Entschädigungsgrenze für Wertsachen ist auf 30 % zu erhöhen.

b) Während des Umzugs besteht Versicherungsschutz nur im Rahmen der Außenversicherung. Die maximale Entschädigung beträgt 10 % der neuen VS + Vorsorge (6.798,00 €).

c) Versicherungsschutz besteht ab Umzugsbeginn (24.04. d. J.) für 2 Monate in beiden Wohnungen und endet in der alten Wohnung 2 Monate nach Umzugsbeginn (24.06. d. J.).

d) Durch die Änderung der Tarifzone von 2 nach 6 kommt es zu einer Erhöhung des Prämiensatzes. Herr Staller hat dadurch ein außerordentliches Kündigungsrecht. Die Ausübungsfrist beträgt 1 Monat nach Zugang der Mitteilung über die Erhöhung.

e) Bei einem Doppelwohnsitz besteht für eine Übergangszeit von 2 Monaten in beiden Wohnungen Versicherungsschutz. Danach benötigt Herr Staller eine neue Hausratversicherung für die Wohnung in Frankfurt.

S 11

Herr Kuhm muss für die Zweitwohnung einen neuen Vertrag abschließen, da das Risiko erheblich höher ist. Prämiensatz für Tarifzone 2: 4,0 ‰.

Bei Abschluss einer Versicherungssumme von 32.500,00 € wird die Klausel PK 7712 gewährt, d. h. der Versicherer verzichtet im Schadenfall auf die Anrechnung einer Unterversicherung, falls diese vorliegt. Zudem erfolgt gemäß Proximus 4 Tarif eine Antragsannahme nur bei Vereinbarung der Klausel PK 7213, d. h. Wertsachen wie Bargeld, Schmuck oder Kunstgegenstände sind nicht in den Versicherungsschutz einbezogen.

S 12

Sollten Sie den Haushalt auflösen, endet das Vertragsverhältnis zu dem Zeitpunkt, an dem wir vom Wegfall des Risikos erfahren. Sollten Sie die Wohnung räumen, teilen Sie uns bitte rechtzeitig das Datum der Haushaltsauflösung mit. Wir beenden das Vertragsverhältnis zu diesem Zeitpunkt. Die zu viel bezahlte Prämie wird erstattet. Andernfalls endet das Vertragsverhältnis spätestens 2 Monate nach dem Tod Ihrer Mutter.

Falls Sie die Wohnung in derselben Weise weiter nutzen, z. B. indem die Wohnung Ihrer Tochter überlassen wird, geht der Vertrag auf Sie bzw. Ihre Tochter über. Ein außerordentliches Kündigungsrecht besteht in diesem Fall nicht.

S 13

VS: Erhöhung der VS auf mind. 58.500,00 € (650.00 € · 90 m²). Der Versicherer gewährt dann die Klausel PK 7712, d.h. im Schadenfall wird bei Unterversicherung kein Abzug vorgenommen.

Fahrrad: Vereinbarung der Klausel PK 7110, da das Fahrrad dann auch gegen einfachen Diebstahl versichert ist; Erhöhung der Entschädigungsgrenze auf 2 % der VS. Rad bei Nichtgebrauch mit verkehrsüblichem Schloss absichern; falls möglich in einem gemeinschaftlichen Abstellraum abstellen. Rechnung mit Fahrraddaten aufbewahren als Nachweisbeleg. Diebstahl unverzüglich der Polizei und dem Versicherer anzeigen.

Überspannung: Das Risiko ist nach Ziffer 3.2 und Ziffer 3.3 VHB 2016 vollständig abgesichert.

Datenverlust: Abschluss der Klausel PK 7112, da dann die Datenrettung privat genutzter Daten (Wiederherstellung) bis 500,00 € mitversichert ist.

S 14

Die übliche Versicherungssumme in Höhe von 91.000,00 € (650,00 € · 140 m²) ist zu niedrig, da Herr Müller bei einem Totalschaden deutlich unterversichert wäre. Herr Müller sollte mindestens 145.000,00 € (Summe seines Hausrats) abschließen.

Die Klausel PK 7712 wird auch gewährt, da die Versicherungssumme mindestens 650,00 € pro m² beträgt.

Die Entschädigung für Wertsachen ist auf 20 % der Versicherungssumme begrenzt. Da die Summe für Wertsachen bei 41.300,00 € liegt, sollte Herr Müller die Entschädigungsgrenze gegen Prämienzuschlag auf 30 % erhöhen (max. Entschädigung für Wertsachen: 43.500,00 € zuzüglich 10 % Vorsorge).

Für Schmuck besteht eine weitere Grenze von 20.000,00 €, wenn er sich außerhalb verschlossener mehrwandiger Stahlschränke von mindestens 200 kg befindet. Sollte Herr Müller den Schmuck in einem derartigen Stahlschrank verwahren, dann würde im Schadenfall der volle Betrag ersetzt (21.500,00 €) werden.

Um die Fahrräder auch gegen einfachen Diebstahl zu versichern, ist die Klausel PK 7110 einzuschließen mit einer Erhöhung der Entschädigungsgrenze auf 2 % (2.900,00 € zuzüglich 10 % Vorsorge).

S 15

Kein Versicherungsschutz für: Gartenmöbel und Wäsche, da sie sich bei Sturm außerhalb des Gebäudes befanden; ebenso nicht für Laptop und Parkettboden, da das Fenster nicht ordnungsgemäß geschlossen war; auch nicht für das Mountainbike, da es sich außerhalb des Gebäudes befand.

Versicherungsschutz für: Markise, da auch außerhalb bei Sturm versichert. Ebenso für Fernseher, DVD-Player, Aquarium und Zierfische nach Ziffer 3.3 VHB 2016.

S 16

Kein Versicherungsschutz:

für Reisetasche und Brieftasche, da einfacher Diebstahl vorliegt; der VN wurde nicht bedroht;

für Hausrat im Keller, da Rückstau ausgeschlossen ist; für Teppich und Wohnzimmerschrank, da das Regenwasserabflussrohr nicht mit dem Rohrsystem des Gebäudes verbunden ist.

S 17

VS: 650,00 € · 80 m² = 52.000,00 €.

Durch Abschluss der Klausel PK 7712 ist Frau Wagner bis zur Höhe ihrer VS zuzüglich 10 % Vorsorge (57.200,00 €) nicht unterversichert. Die max. Entschädigung im Totalschaden liegt bei 57.200,00 € zuzüglich 10 % für versicherte Kosten (= max. 62.920,00 €) falls die VS einschl. Vorsorge bereits ausgeschöpft ist (Ziffer 17.4 VHB 2016.).

Entschädigung: 1.500,00 € + 600,00 € + 850,00 € + 3.000,00 € + 130,00 € (gemeiner Wert) = 6.080,00 €.

S 18

VS = 110.000,00 € (= 100.000,00 € + 10.000,00 €)				
VW ohne Wertsachen			95.000,00 €	
Anzusetzender VW Wertsachen: 25 % von 110.000,00 €			27.500,00 €	
= anzusetzender VW			122.500,00 €	
Unterversicherung:	110.000,00 €/122.500,00 €			
	Unterversicherung		Grenze	Anzusetzen
Bargeld	1.800,00 €	110.000,00 €/122.500,00 €	1.616,33 €	1.500,00 €	1.500,00 €
Schmuck	16.800,00 €	110.000,00 €/122.500,00 €	15.085,71 €	20.000,00 €	15.085,71 €
Pelz	8.200,00 €	110.000,00 €/122.500,00 €	7.363,26 €	keine	7.363,26 €
	26.800,00 €				23.948,98 €
Gesamtentschädigungsgrenze:	25 % von 110.000,00 €			27.500,00 €
Hausrat	2.000,00 €	110.000,00 €/122.500,00 €	1.795,92 €		1.795,92 €
					25.744,90 €

S 19

78.000,00 € zu 3,70 ‰ (Zone H II: 2,00 ‰ + WS: 0,90 ‰ + Fahrrad bis 2 % der VS: 0,80 ‰)	288,60 €
– 10 % Dauernachlass	28,86 €
	259,74 €
– 2 % Nachlass wegen vierteljährlicher Zahlung	5,19 €
	254,55 €
: 4 (vierteljährl. Zahlungsweise)	63,64 €
+ 16,15 % VersSt	10,28 €
Vierteljährliche Prämie	73,92 €

Lösungen zu GFK 3 (1) a) – Hausratversicherung

S 20

Versicherungssumme: 170 m² · 650,00 € = 110.500,00 €

110.500,00 € · 3,00 ‰ (H II: 2,00 ‰ + PK 7110: 0,40 ‰ + WS: 0,60 ‰)	331,50 €
− 10 % Dauernachlass	33,15 €
	298,35 €
− 3 % Nachlass wegen halbjährlicher Zahlung	8,95 €
	289,40 €
: 2 (halbjährl. Zahlungsweise)	144,70 €
+ 16,15 % VersSt	23,37 €
Halbjährliche Prämie	168,07 €

S 21

Versicherungssumme: 163 m² · 650,00 € = 105.950,00 €, gerundet 106.000,00 €

106.000,00 € · 3,66 ‰ (H II: 2,00 ‰ + PK 7110: 1,20 ‰ + PK 7112: 0,02 ‰ + Elementar: 0,20 ‰ + WS: 0,24 ‰ (0,60 ‰ − 0,36 ‰ = 60 % Nachlass)	387,96 €
− 10 % Dauernachlass	38,80 €
	349,16 €
− 3 % Nachlass wegen halbjährlicher Zahlung	10,47 €
	338,69 €
− 20 % Nachlass wegen Selbstbehalt	67,74 €
	270,95 €
: 2 (halbjährl. Zahlungsweise)	135,48 €
+ 16,15 % VersSt	21,88 €
Halbjährliche Prämie	157,36 €

S 22

Versicherungssumme: 75 m² · 650,00 € = 48.750,00 €, gerundet 48.800,00 €

48.800,00 € · 14,00 ‰ (H VI: 8,00 ‰ + PK 7110: 4,00 ‰ + Zuschlag Unbewohntsein: 1,00 ‰ + Zuschlag Gefahrerhöhung: 1,00 ‰)	683,20 €
: 12 (monatliche Zahlungsweise)	56,93 €
+ 16,15 % VersSt	9,19 €
Monatliche Prämie	66,12 €

S 23

H III: 2,30 ‰ / Wertsachen: 0,78 ‰ / Klausel PK 7110: 1,50 ‰ / Elementar: 0,50 ‰ / Zuschlag 100 Tage: 2,00 ‰ = 7,08 ‰.

S 24

H II: 2,00 ‰ / Gefahrerhöhung: 1,00 ‰ / Wertsachen: 0,45 ‰ / Klausel PK 7110: 0,80 ‰ / Elementar: nicht versicherbar = 4,25 ‰.

S 25 a) Herr Klaus Bötticher wohnt in Tarifzone 2 (Prämiensatz: 2,00 ‰), sein Bruder in Tarifzone 1 (Prämiensatz: 1,70 ‰). Die Tarifzonen bilden das regionale Risiko, v. a. das Einbruchdiebstahlrisiko in der Hausratversicherung ab. Diesbezügliche Schadenzahlungen sind für die Versicherer in der Großstadt München höher als in der Kleinstadt Rosenheim. Das erhöhte Risiko wird auf die Grundprämien umgelegt.

b) Die Grundprämie für die Ferienwohnung beträgt 3,00 ‰.

S 26 a) 0,90 ‰ Fahrraddiebstahl + 0,20 ‰ Erhöhung WS = 1,10 ‰

b) 1,10 ‰ von 113.800,00 € = 125,18 € – 3 % halbjährliche ZW (3,76 €) = 121,42 € : 2 = 60,71 €

c) 93,83 € + 60,71 € = 154,54 €
oder 113.800,00 € · 2,80 ‰ = 318,64 € – 3 % halbj. ZW (9,56 €) = 309,08 € : 2 = 154,54 €

d) 26.6. – 31.08 = 5 Tage Juni + 2 Monate · 30 Tage = 65 Tage

e) Halbjahresmehrprämie: 154,54 € – 93,83 € = 60,71 € oder siehe Nr. b: 60,71 €
60,71 € x 65 Tage : 180 Tage = 21,92 € + 16,15 % VersSt (3,54 €) = 25,46 €

S 27

Gemäß Ziffer 26.3 VHB 2016 wird die Kündigung einen Monat nach ihrem Zugang beim VN wirksam. VN hat noch bis 19. Juli d. J. (24:00 Uhr) Versicherungsschutz. Ab 20. Juli d. J. (00:00 Uhr) ist die Kündigung wirksam. Gemäß § 39 (1) VVG steht dem Versicherer nur derjenige Teil der Prämie zu, der dem Zeitraum entspricht, in dem Versicherungsschutz bestanden hat.

Rückprämie bei halbjährlicher Zahlung

20.7. – 31.10 = 11 T + 3 · 30 T = 101 Tage	
Rückprämie für 101 Tage: $\frac{54,13 \text{ €} \cdot 101 \text{ Tage}}{180 \text{ Tage}}$	30,37 €
+ 16,15 % Versicherungsteuer	4,90 €
Rückprämie	**35,27 €**

S 28 a) Zone 6

b) 3,90 ‰

c) 0,02 ‰ für Datenrettungskosten bis 500,00 € PK 7112. Überspannungsschäden sind bedingungsgemäß mitversichert.

d) 68.000,00 € · 3,92 ‰ = 266,56 € – 10 % DN (26,66 €) = 239,90 € – 5 % jährliche ZW (12,00 €) = 227,90 €

e) 227,90 € – 69,77 € = 158,13 €

f) 13.01.–31.08. = (18 Tage Januar + 7 Monate · 30 Tage) = 228 Tage
158,13 € · 228 Tage : 360 Tage = 100,15 € + 16,15 % VersSt (16,17 €) = 116,32 €

Lösungen zu GFK 3 (1) a) – Hausratversicherung

S 29 a) 2,00 ‰

b) 45.000,00 € · 2,00 ‰ = 90,00 € – 10 % DN (9,00 €) = 81,00 € – 5 % jährliche ZW (4,05 €) = 76,95 €

c) 76,95 € + 16,15 % VersSt (12,43 €) = 89,38 €

d) 23.04. – 30.11 = 8 Tage April + 7 Monate · 30 Tage = 218 Tage
76,95 € – 65,41 € = 11,54 € · 218 Tage : 360 Tage = 6,99 € + 16,15 % VersSt (1,13 €) = 8,12 €

e) Gemäß Ziffer 16.5.2 VHB 2016 besteht ein außerordentliches Kündigungsrecht aufgrund des Wohnungswechsels. Frau Pelgen zieht von Tarifzone I in Tarifzone II. Damit erhöht sich der Grundprämiensatz. Die Kündigung muss in Textform innerhalb eines Monats nach Zugang der Mitteilung über die Erhöhung erfolgen. Sie wird einen Monat nach Zugang beim Versicherer wirksam.

S 30

Kunde hat **kein außerordentliches Kündigungsrecht,** da sich der Prämiensatz aufgrund des Wohnungswechsels nicht erhöht. Voraussetzungen aus Ziffer 16.5.2 VHB 2016 sind nicht gegeben. Beide Orte liegen in der gleichen Tarifzone. Da der Kunde die Vertragsinhalte unverändert weiterführen will, bleibt auch Klausel PK 7712 (Unterversicherungsverzicht) mit ihren Voraussetzungen bestehen. Somit erhöhen sich aufgrund der neuen m²-Zahl die Versicherungssumme und demnach auch die Prämie. VN könnte die Summe reduzieren, riskiert aber im Schadenfall eine Unterversicherung. Frühester Kündigungszeitpunkt wäre mit dreimonatiger Kündigungsfrist zum Ablauf, den 31.03.2021.

S 31

Gemäß Proximus 4 Tarif Glasversicherung (siehe Seite TA 030)

– Wohnung im Mehrfamilienhaus bis 120 m² = 49,00 €

– Aquarium bis 500 Liter Inhalt = 10,00 €

– Glaskeramik-Kochfläche (prämienfrei mitversichert) = 0,00 €, vgl. Ziffer 4.1.1 AGlB 2016

– Tarifprämie 59,00 €

– ./. 10 % Dauerrabatt = – 5,90 €

– Zwischensumme 53,10 €

– ./. 5 % (jährliche Zahlungsweise) = – 2,66 €

– Netto-Jahresprämie 50,44 €

– Zuzüglich 19 % Versicherungsteuer = + 9,58 €

– Prämie Glasversicherung 60,02 €

S 32

Bestehende Glasversicherung:

Lt. Tarif (Basis AGlB)

1.1 bis 100 m²	**60,00 €**
2.1 Terrarium bis 500 Liter Inhalt	10,00 €
2.3 künstlerisch bemalte Glasscheibe bis 500,00 € prämienfrei	
Erweiterung (Wert 4.000,00 €; 5,00 € Zuschlag à 100,00 € Wert; 35 · 5,00 €)	175,00 €
Tarifprämie (ohne Laufzeitnachlass und Nachlass für Zahlungsweise)	245,00 €

Korrekte Tarifierung:

Lt. Tarif (nach AGlB 2016)

1.1 bis 140 m²	**71,00 €**
2.1 Terrarium bis 500 Liter Inhalt	10,00 €
2.3 künstlerisch bemalte Glasscheibe bis 500,00 € prämienfrei	
Erweiterung (Wert 4.000,00 €; 5,00 € Zuschlag à 100,00 € Wert)	
35 · 5,00 €	175,00 €
Tarifprämie (ohne Laufzeitnachlass und Nachlass für Zahlungsweise)	256,00 €

– Kaufpreis Glaswand 4.000,00 € wird vollständig ersetzt, da Prämie korrekt berechnet wurde

– Notverglasung des Wohnzimmerfensters 90,00 €, ersetzt werden nur 76,06 € (Rechenweg: 90,00 € · 60,00 € : 71,00 € = 76,06 €, siehe 10.4 AGlB 2016)

– Kaufpreis der Glasscheibe (inklusive Montage) 230,00 €, ersetzt werden nur 194,37 €

– Entsorgungskosten der zerbrochenen Glasscheiben 70,00 €, ersetzt werden nur 59,15 €

– Behebung des Parkettschadens (lt. ansässiger Schreinerei) 459,00 € nicht versichert

– Reparatur (Leder Neubezug) der beschädigten Couch 372,00 € nicht versichert

– Ersetzter Glasschaden gesamt: 4.329,58 €

– Schaden am Parkett und an der Couch sind nicht versichert.

S 33
a) Lösung gemäß Proximus 4 Tarif Glasversicherung (siehe Seite TA 030)

Einfamilienhaus bis 160 m²	77,00 €
./. 5 % (jährliche Zahlungsweise)	3,85 €
Netto-Jahresprämie	73,15 €
Zuzüglich 19% Versicherungsteuer	13,90 €
Prämie Glasversicherung	87,05 €

b) Ja, der Versicherer leistet für tatsächlich angefallene Kosten für das Abfahren von versicherten Sachen zum nächsten Ablagerungsplatz und für die Entsorgung (Ziffer 5.1.2 AGlB 2016)

c) Die Hausratversicherung übernimmt bedingungsgemäß die Reparaturkosten für Gebäudeschäden im Bereich der Wohnung durch Einbruchdiebstahl (Ziffer 13.7 VHB 2016). Ausschluss in der Glasversicherung, wenn anderweitig – wie hier – Versicherungsschutz besteht (Ziffer 2.2.2 AGlB 2016).

Lösungen zu GFK 3 (1) b) – Wohngebäudeversicherung

Vorübungen (V)

V 1 a) 1, b) 5, c) 1, d) 2, e) 1, f) 1, g) 4, h) 1, i) 2, j) 2, k) 3, l) 5, m) 1, n) 2, o) 4, p) 5, q) 5, r) 5, s) 2, t) 4, u) 5

V 2 c

V 3 e

V 4 b, c, d, g

V 5 a) 1, b) 2, c) 3, d) 5, e) 4, f) 5, g) 3, h) 1, i) 1, j) 1, k) 4, l) 2

V 6 a) 5, b) 4, c) 5, d) 3, e) 5, f) 4, g) 2, h) 5, i) 5, j) 1, k) 4, l) 5, m) 4, n) 5

V 7 a) 1, b) 4, c) 4, d) 1, e) 2, f) 4, g) 4, h) 1, i) 4, j) 4, k) 3, l) 4, m) 4

V 8 a) 1, b) 1, c) 2, d) 2, e) 1, f) 2, g) 2, h) 1, i) 1

V 9 a) 1, b) 4, c) 2, d) 5, e) 1, f) 3, g) 2, h) 5, i) 5, j) 4, k) 5, l) 5

V 10 c, f, g

V 11 a) 7263, b) 7168, c) 7165, d) 7361, e) 7364, f) 7261, g) 7862, h) 7363

V 12 a) 2, b) 1, c) 2, d) 2, e) 2, f) 1, g) 2, h) 2, i) 2, j) 2, k) 1, l) 2

V 13 a) 1, b) 1, c) 2, d) 1, e) 2, f) 1, g) 1, h) 2, i) 1, j) 2

V 14 a) 0,85 ‰, b) 0,65 ‰, c) 1,45 ‰, d) 0,60 ‰, e) 1,05 ‰

V 15 c, e, f, g

V 16 a) 2, b) 1, c) 2, d) 2, e) 1, f) 1, g) 1, h) 1

V 17 c

V 18 a) 2, b) 2, c) 1, d) 1, e) 1, f) 2, g) 2, h) 1, i) 2, j) 1, k) 2, l) 1, m) 2

| GFK 3 (1) b) | Lösungen zu GFK 3 (1) b) – Wohngebäudeversicherung |

V 19 a) 20.000,00 M zu 0,90 ‰ = 18,00 M · 19,36   348,48 €
     – 5 % Nachlass für jährliche Zahlung   17,42 €
                                                              331,06 €
     + 16,34 % VersSt   54,10 €
     Jahresprämie   385,16 €

b) 26.100,00 M zu 0,80 ‰ = 20,88 M · 19,36   404,24 €
     – 5 % Nachlass für jährliche Zahlung   20,21 €
                                                              384,03 €
     + 16,34 % VersSt   62,75 €
     Jahresprämie   446,78 €

c) 28.900,00 M zu 1,30 ‰ = 37,57 M · 19,36   727,36 €
     – 5 % Nachlass für jährliche Zahlung   36,37 €
                                                              690,99 €
     + 16,34 % VersSt   112,91 €
     Jahresprämie   803,90 €

V 20 a) Neue Jahresprämie ohne Nachlässe und VersSt
     25.000,00 M zu 0,75 ‰ = 18,75 M · 19,36   363,00 €
     Alte Jahresprämie ohne Nachlässe und VersSt
     22.000,00 M zu 0,75 ‰ = 16,50 M · 19,36   319,44 €
     Jahresmehrprämie   43,56 €
     p. r. t. für 221 Tage   26,74 €
     – 5 % Nachlass für jährliche Zahlung   1,34 €
                                                              25,40 €
     + 16,34 % VersSt   4,15 €
     Nachprämie   29,55 €

b) Neue Jahresprämie ohne Nachlässe und VersSt
     26.500,00 M zu 1,30 ‰ = 34,45 M · 19,36   666,95 €
     Alte Jahresprämie ohne Nachlässe und VersSt
     26.500,00 M zu 0,80 ‰ = 21,20 M · 19,36   410,43 €
     Jahresmehrprämie   256,52 €
     p. r. t. für 68 Tage   48,45 €
     – 5 % Nachlass für jährliche Zahlung   2,42 €
                                                              46,03 €
     + 16,34 % VersSt   7,52 €
     Nachprämie   53,55 €

V 21 d

V 22 a, vgl. Ziffer 25.2.2 VGB 2016

V 23 e – Hinweis: Vertrag geht mit allen Rechten und Pflichten auf die Erbin über. Es besteht kein außerordentliches Kündigungsrecht.

V 24 c

Lösungen zu GFK 3 (1) b) – Wohngebäudeversicherung

Situationsaufgaben (S)

S 1

Gewächshaus: gesondert versicherbar als Grundstücksbestandteil nach Ziffer 7.6.2.2 VGB 2016
Fensterscheibe der Terrassentür: versichert als Gebäudebestandteil nach Ziffer 7.2 VGB 2016
Schwimmbecken im Garten: nicht versicherbar nach VGB 2016
Garage am Haus angebaut: versichert als Gebäude nach Ziffer 7.1 VGB 2016
Hundehütte: gesondert versicherbar als Grundstücksbestandteil nach Ziffer 7.6.2.5 VGB 2016
freistehende Briefkastenanlage auf dem Versicherungsgrundstück: versichert als Gebäudezubehör nach Ziffer 7.3 VGB 2016
Terrasse am Haus: versichert als Grundstücksbestandteil nach Ziffer 7.4 VGB 2016
Solarheizungsanlage auf dem Dach: versichert als Gebäudezubehör nach Ziffer 7.3 VGB 2016, soweit im Summenermittlungsbogen beantragt
Gartenmauer: gesondert versicherbar als Grundstücksbestandteil nach Ziffer 7.6.2.3 VGB 2016
Kupferdach: versichert als Gebäudebestandteil nach Ziffer 7.2 VGB 2016

S 2

Die Gefahr Brand liegt vor, da das Feuer den bestimmungsgemäßen Herd verlassen und sich aus eigener Kraft ausgebreitet hat. Ersetzt werden die Terrassenscheibe, die Markise, der Parkettboden sowie die Rußschäden als Folgeschaden eines Brandereignisses. Die Gardine ist Hausrat.

S 3

Bruchschäden an Armaturen sind nur versichert, wenn sie frostbedingt entstanden sind. Die Reparaturausgaben werden nicht erstattet.

S 4

Die versicherte Gefahr Sturm/Hagel liegt vor. Ersetzt werden die Glasscheibe der Terrassentür, die Holzfassade und Markise des Gebäudes. Ebenso die Lichtkuppel, die Schäden am Teppichboden sowie den Tapeten. Nicht versichert sind das Gewächshaus, die Mülltonne und der Liegestuhl.

S 5

Rohrbruch und Leitungswasserschaden werden ersetzt.

S 6

Der Überspannungsschaden wird ersetzt, da die versicherte Gefahr Überspannung durch Blitz vorliegt.

S 7

Die Gefahr Blitzschlag liegt vor, da der Blitz in eine, auch fremde, Sache unmittelbar eingeschlagen ist und dadurch versicherte Sachen zerstörte. Ersetzt werden die Scheiben seines Wintergartens und die Bodenfliesen. Die defekte Einbruchmeldeanlage wird auch ersetzt, da die versicherte Gefahr Überspannung durch Blitz vorliegt. Ein Mietwertersatz wird nicht geleistet, da es nach dem „Alles-oder-Nichts-Prinzip" für ihn zumutbar ist, weiterhin in dem Gebäude zu wohnen.

S 8

Es besteht für die fest verlegten Bodenbeläge kein Versicherungsschutz aus der Leitungswasserversicherung, da Schäden durch Öffnen der Sprinkler wegen eines Brandes ausgeschlossen sind. Es besteht jedoch für alle Schäden Versicherungsschutz aus der Feuerversicherung, da es sich um Folgeschäden der versicherten Gefahr Brand handelt.

S 9

Die Gefahr Brand liegt vor. Ersetzt werden der Ölbrenner und Heizkessel, die Fensterscheiben, die Kellertür, die Reparatur der Wasserleitung, die Kosten für das Auspumpen sowie die Renovierung der Kellerräume. Die Kosten für das Löschen des Brandes werden von der Feuerwehr nicht in Rechnung gestellt.

S 10

Die versicherte Gefahr Leitungswasser liegt vor. Ersetzt werden die beiden fest verklebten Bodenbeläge, die Bewegungs- und Schutzkosten für das Abbauen des Einbauschrankes sowie die Trocknungskosten der Wände. Die Kosten für die Beseitigung der Rohrverstopfung sind nicht versichert.

S 11

a) Der Swimmingpool ist nach VGB 2016 nicht versicherbar, ebenso das Ableitungsrohr des Pools. Das Zuleitungsrohr kann nur über eine Klausel eingeschlossen werden.

b) Rohrbruch bzw. die entsprechenden Suchkosten sind grundsätzlich versichert. Da jedoch kein Rohrbruch vorliegt, werden die Suchkosten nicht erstattet.

c) Die Kosten werden ersetzt, da die Rohre von Solaranlagen auf dem Dach als Rohre innerhalb des Gebäudes gelten.

d) Schäden durch Erdsenkung sind nicht versichert, außer wenn Leitungswasser die Erdsenkung verursacht hat.

S 12

Die versicherte Gefahr Sturm liegt vor. Ersetzt werden die Reparatur des Daches, die Fensterscheiben, die Wand- und Deckentapeten und der Parkettboden. Ebenso die Beschädigung am Einbauschrank und die zerstörten Scheinwerfer (Gebäudezubehör). Ersetzt werden auch die Kosten für die Schutzplane. Für den Baum werden lediglich die Bewegungs- und Schutzkosten gezahlt, d.h. die Entfernung des Baumes vom Dach, damit die Reparatur des Daches möglich ist. Die Aufräumungskosten für den Baum werden nicht erstattet.

S 13

Die versicherte Gefahr Sturm liegt vor. Ersetzt werden das Garagendach und der Schornstein. Der Strommast ist keine versicherte Sache, der Kurzschluss keine versicherte Gefahr. Es besteht somit keine Leistungspflicht für die Elektronik der Jalousiensteuerung als auch der Alarmanlage. Ebenso sind die Kosten für den Mietwagen als Vermögensschaden nicht versichert. Die Kosten für das Zersägen und Bewegen des Baumes vom Garagendach sind als Bewegungs- und Schutzkosten versichert, die Aufräumungs- und Entsorgungskosten sind jedoch nicht versichert.

Lösungen zu GFK 3 (1) b) – Wohngebäudeversicherung

S 14
a) Der Mietausfall einschließlich Nebenkosten wird ersetzt, wenn Mieter von Wohnräumen infolge eines Versicherungsfalles die Zahlung der Miete ganz oder teilweise rechtmäßig eingestellt haben. Der Mietausfall wird bis zur Wiederbenutzbarkeit der Räume, längstens für 12 Monate bezahlt.

b) Ersetzt werden Mehrkosten durch behördliche Auflagen nur nach einem Versicherungsfall. Die entstehenden Mehrkosten sind somit nicht versichert.

c) Leistungen der Feuerwehr sind grundsätzlich nur versichert, wenn ein Versicherungsfall vorliegt, d. h. die Kosten in Höhe von 250,00 € werden nicht erstattet.

d) Ist das weitere Wohnen in den Räumen durch den Rauch und Ruß unzumutbar, vergüten wir den ortsüblichen Mietwert bis zur Wiederbenutzbarkeit der Räume. Die Hotelkosten erstattet jedoch die Hausratversicherung.

S 15

Die Terrassentür wird nicht ersetzt, da Einbruch-Diebstahl in der Wohngebäudeversicherung keine versicherte Gefahr ist. Der Schaden ist der Hausratversicherung zu melden. Der PVC-Boden ist als Leitungswasserschaden versichert, die Trocknung der Wände ist über die Aufräumungskosten gedeckt.

S 16

Der Parkettboden ist nicht versichert, da der Schnee durch eine nicht ordnungsgemäß geschlossene Öffnung eingedrungen ist. Der Mietwert wird ebenfalls nicht ersetzt, da es gemäß dem Alles-oder-Nichts-Prinzip zumutbar ist, weiterhin im Gebäude zu wohnen.

S 17

Wir leisten zum vollen Neuwert nur, wenn Herr Heumann sicherstellt, dass er die Entschädigung verwenden wird, um die versicherte Sache innerhalb von drei Jahren in gleicher Art und Zweckbestimmung an der bisherigen Stelle wiederherzustellen. Da Herr Heumann den Anbau nicht wiederaufbauen wird, leisten wir nur zum Zeitwert. Die Aufräumungskosten für das Gartenhaus werden übernommen, die für den Baum nicht, da die Klausel PK 7363 nicht vereinbart wurde.

S 18

Der Unterversicherungsverzicht in der Gleitenden Neuwertversicherung gilt nicht, wenn wegen grob fahrlässig oder vorsätzlich falscher Angaben die Gebäudebeschreibung nicht den tatsächlichen Verhältnissen entspricht. Eine Unterversicherung kann auch die Folge wertsteigernder baulicher Maßnahmen sein, die dem Versicherer nicht rechtzeitig angezeigt werden. Bei den versicherten Kosten und Mehrkosten sowie dem versicherten Mietausfall ist die Entschädigung grundsätzlich in der Höhe bzw. Dauer begrenzt.

GFK 3 (1) b) — Lösungen zu GFK 3 (1) b) – Wohngebäudeversicherung

S 19

Gebäudetyp: zweigeschossig, unterkellert, Flachdach	190,00 M
Zuschläge:	
Fußbodenheizung	+ 6,00 M
sanitäre Einrichtungen	+ 6,00 M
Teppichböden	+ 4,00 M
Edelholztüren	+ 3,00 M
	209,00 M
140 m² · 209,00 M	29.260,00 M
Keller 30 m² · 15,00 M	450,00 M
	29.710,00 M
VS „Wert 1914" (gerundet auf volle 100,00 M)	29.800,00 M

S 20

Ermittlung der Versicherungssumme 1914:

Wert 1914 pro m²	165,00 M
+ Handstrichklinker	5,00 M
+ Stuckarbeiten	6,00 M
+ Natursteinböden	4,00 M
+ Solaranlage	6,00 M
	186,00 M
180 m² · 186,00 M/m² =	33.480,00 M
40 m² · 15,00 M/m² =	600,00 M
	34.080,00 M
aufgerundet	34.100,00 M

Als Nachlässe können gewährt werden: Neubaurabatt: 20 %, Dauernachlass bei 3-jähriger Vertragsdauer: 10 %, Rabatt wegen Selbstbeteiligung (Klausel PK 7761): 20 %, Zahlungsweise-Nachlass bei nicht monatlicher Zahlungsweise.

S 21 a) Im Wert 1914 pro m² Wohnfläche sind die gesamten Baukosten 1914 enthalten, also auch für das (nicht ausgebaute) Dachgeschoss. Wird das Dachgeschoss ausgebaut, dann erhöht sich zwar der Bauwert, gleichzeitig steigt aber auch die Wohnfläche z. B. um 50 m². Würde die neue Wohnfläche mit 165,00 M/m² Wert multipliziert werden, dann würde die Versicherungssumme 1914 viel zu hoch angesetzt. Die Versicherungssummenerhöhung, die sich bei einem Wert 1914 von 150,00 M/m² ergibt, entspricht etwa den Mehrkosten für den Dachausbau.

b) Ist ein Gebäude unterkellert, dann sind die Baukosten nur unwesentlich höher, wenn ein Kellerraum als Garage genutzt wird. Deshalb bleibt eine Garage im Keller bei der Versicherungssumme unberücksichtigt. Dagegen verursacht eine freistehende Garage eigene Baukosten, die im Wert 1914 pro m² Wohnfläche nicht enthalten sind.

Lösungen zu GFK 3 (1) b) – Wohngebäudeversicherung

c) Prämienberechnung:

28.200,00 M zu 0,80 ‰ = 22,56 M · 19,36	436,76 €
– 10 % Dauernachlass	43,68 €
	393,08 €
– 3 % Nachlass für halbjährl. Zahlung	11,79 €
	381,29 €
: 2	190,65 €
+ 16,34 % VersSt	31,15 €
Halbjahresprämie	221,80 €

S 22

Grundprämie: 0,20 ‰ + 0,35 ‰ + 0,25 ‰	0,80 ‰
Zuschläge: 0,05 ‰ + 0,10 ‰ + 0,05 ‰	0,20 ‰
	1,00 ‰
26.400,00 M zu 1,00 ‰ = 26,40 M · 19,36	511,10 €
– 10 % Dauernachlass	51,11 €
	459,99 €
– 2 % Nachlass für vierteljährl. Zahlung	9,20 €
	450,79 €
: 4	112,70 €
+ 16,34 % VersSt	18,42 €
Vierteljahresprämie	131,12 €

S 23

Grundprämie: 0,20 ‰ + 0,40 ‰ + 0,30 ‰ + 0,20 ‰	1,10 ‰
Zuschläge: 1,30 ‰ + 0,05 ‰ + 0,10 ‰ + 0,10 ‰ + 0,10 ‰	1,65 ‰
	2,75 ‰
52.100,00 M zu 2,75 ‰ = 143,28 M · 19,36	2.773,90 €
– 10 % Mehrfamilienhausrabatt	277,39 €
	2.496,51 €
– 10 % Dauernachlass	249,65 €
	2.246,86 €
– 20 % Neubaurabatt	449,37 €
	1.797,49 €
– 3 % Nachlass für halbjährl. Zahlung	53,92 €
	1.743,57 €
: 2 (halbjährl. Zahlungsweise)	871,79 €
+ 16,34 % VersSt	142,45 €
Halbjahresprämie	1.014,24 €

S 24

Neue Jahresprämie ohne Nachlässe und VersSt	
27.300,00 M Jahresprämie zu 1,10 ‰ = 30,03 M · 19,36	581,38 €
Alte Jahresprämie ohne Nachlässe und VersSt	
27.300,00 M zu 0,85 ‰ = 23,21 M · 19,36	449,35 €
Jahresmehrprämie	132,03 €
p.r.t. für 286 Tage	104,89 €
– 5 % Nachlass für jährliche Zahlung	5,24 €
	99,65 €
+ 16,34 % VersSt	16,28 €
Nachprämie	115,93 €

S 25

Keine Auswirkung auf den Vertrag haben der Anbau der Terrasse und der Einbau des offenen Kamins, da diese grundsätzlich nach VGB 2016 eingeschlossen sind.

Der Ausbau des Dachgeschosses, des Kellers und der Anbau der Solaranlage erhöhen die VS „Wert 1914" wie folgt: (190 m² · 156,00 M) = 29.640,00 M + (30 m² · 15,00 M) = 450,00 M; neue VS 30.090,00 M, gerundet 30.100,00 M.

Ein Rieddach (weiche Dachung) stellt für die Gebäudeversicherung eine erhöhte Brandgefahr dar, so dass gemäß VGB 2016 ein Zuschlag von 2,10 ‰ erhoben wird.

Berechnung Nachprämie:

Neuer Prämiensatz: Grundprämie: 0,80 ‰ + Zuschlag weiche Dachung 2,10 ‰ = 2,90 ‰

Neue Jahresprämie ohne Nachlässe und VersSt	
30.100,00 M zu 2,90 ‰ = 87,29 M · 19,36	1.689,93 €
Alte Jahresprämie ohne Nachlässe und VersSt	
23.100,00 M zu 0,80 ‰ = 18,48 M · 19,36	357,77 €
Jahresmehrprämie	1.332,16 €
p.r.t. für 263 Tage	973,22 €
– 5 % Nachlass für jährliche Zahlung	48,66 €
	924,56 €
+ 16,34 % VersSt	151,07 €
Nachprämie	1.075,63 €

S 26

Alte Jahresprämie ohne Nachlässe und VersSt	
24.300,00 M zu 0,80 ‰ = 19,44 M · 19,36	376,36 €
Unverbrauchte Prämie für 157 Tage	164,13 €
Neue Jahresprämie ohne Nachlässe und VersSt	
26.800,00 M zu 1,25 ‰ = 33,50 M · 19,36	648,56 €
– unverbrauchte Prämie	164,13 €
	484,43 €
– 5 % Nachlass für jährliche Zahlung	24,22 €
	460,21 €
+ 16,34 % VersSt	75,20 €
Neuordnungsprämie	535,41 €

Lösungen zu GFK 3 (1) b) – Wohngebäudeversicherung

S 27 a) VS „Wert 1914" laut Summenermittlungsbogen
(auf volle 100 M gerundet): 42.900,00 M

Ermittlung des Prämiensatzes (in ‰):
Grundprämie: F/LW (Zone 3) / St/Hg (Zone 1)
(F: 0,20 ‰ + LW: 0,40 ‰ + St/H: 0,25 ‰) 0,85 ‰

Klausel PK 7167 (Rohrverstopfung)	0,10 ‰
Klausel PK 7362 (Dekontamination Erdreich)	0,15 ‰
Klausel PK 7363 (Aufräumungskosten Bäume)	0,05 ‰
Zuschlag Gefahrerhöhung gew. Nutzung	1,30 ‰
	2,45 ‰

Ermittlung der Halbjahresprämie:
Jahresprämie 1914 (42.900,00 M · 2,45 ‰)	105,11 M
Jahresprämie 2020 (105,11 M · 19,36)	2.034,93 €
– 10 % Dauernachlass	203,49 €
	1.831,44 €
– 20 % Neubaurabatt	366,29 €
	1.465,15 €
– 3 % Nachlass für halbjährl. Zahlung	43,95 €
	1.421,20 €
: 2 (halbjährl. Zahlung)	710,60 €
+ 16,34 % VersSt	116,11 €
Halbjahresprämie	826,71 €

b) Neuordnungsprämie
Neue Versicherungssumme „Wert 1914"
laut Summenermittlungsbogen (auf volle 100 M gerundet): 49.500,00 M

Alte Jahresprämie ab 01.01. d.J. (105,11 M · 19,36)	2.034,93 €
– 3 % Nachlass für halbjährliche Zahlung	61,05 €
Halbjahresprämie	1.973,88 € : 2 = 986,94 €

Neue Jahresprämie 1914 (49.500 M · 2,45 ‰)	121,28 M
Neue Jahresprämie ab 28.02. d.J. (121,28 M · 19,36)	2.347,98 €
– 5 % Nachlass für jährliche Zahlung	117,40 €
Jahresprämie	2.230,58 €
– unverbrauchte Prämie alter Vertrag (986,94 € · 123/180)	674,41 €
	1.556,17 €
–10 % Dauernachlass	155,62 €
	1400,55 €
– 20 % Neubaurabatt	280,11 €
	1.120,44 €
+ 16,34 % VersSt	183,08 €
Neuordnungsprämie	1.303,52 €

S 28

Der bestehende Vertrag ist mit dem Erwerb, nämlich der Eintragung ins Grundbuch, auf den Erwerber übergegangen. Frau Kloss hat daher kein außerordentliches Kündigungsrecht. Die Kündigung ist zurückzuweisen.

Ein außerordentliches Kündigungsrecht hätte der Erwerber. Innerhalb eines Monats nach dem Erwerb bzw. der Kenntnis von dem Bestehen dieses Vertrages, kann er mit sofortiger Wirkung oder mit Wirkung zum Ende der laufenden Versicherungsperiode in Textform kündigen.

Bei einer Kündigung durch den Erwerber erhält Frau Kloss den unverbrauchten Prämienanteil zurück.

S 29

Nicht versichert sind nach Ziffer 2.2.4 AGlB 2016 Schäden durch Sturm, wenn hierfür anderweitig Versicherungsschutz geboten wird. Da keine Sturmversicherung im Rahmen der Wohngebäudeversicherung abgeschlossen wurde, leistet die Glasversicherung.

S 30

Die Kosten für die Scheibe sowie die Kosten für den Hubwagen übernimmt die Gebäudeversicherung (Wiederherstellung einer versicherten Sache), weil Brand in der Glasversicherung ausgeschlossen ist, wenn hierfür anderweitig Versicherungsschutz besteht.

Lösungen zu GFK 3 (2) – Lebensversicherung

Vorübungen (V)

V 1 a) R, b) F, c) F, d) R, e) F, f) R, g) F

V 2 a) R, b) F, c) R, d) R, e) R

V 3 a) F, b) R, c) R, d) F, e) R

V 4 a) F, b) R, c) R, d) F, e) F

V 5 a) 4, b) 1, c) 2

V 6 a) R, b) R, c) R, d) F, e) F

V 7 a) 1, b) 3, c) 5, d) 2

V 8 a) F, b) R, c) R, d) F, e) R

V 9 a) R, b) F, c) R, d) R, e) R

V 10 a) F, b) R, c) F, d) R, e) R

V 11 a) R, b) F, c) R, d) R, e) R

V 12 a) R, b) R, c) R, d) R, e) F

V 13 a) R, b) F, c) F, d) F, e) R

V 14 a) F, b) R, c) F, d) R, e) R

V 15 a) R, b) F, c) F, d) F, e) R

V 16 a) R, b) R, c) R, d) R, e) R

V 17 a) R, b) F, c) F, d) R, e) R

V 18 a) F, b) R, c) R, d) F, e) F

V 19 a) F, b) R, c) R, d) R

V 20 a) R, b) R, c) F, d) F, e) R

V 21 a) F, b) R, c) R, d) R, e) R

V 22 a) R, b) F, c) R, d) R, e) F

V 23 a) R, b) R, c) R, d) F, e) F

V 24 a) F, b) R, c) F, d) R, e) F

V 25 a) F, b) R, c) F, d) R, e) F

V 26 a) R, b) R, c) R, d) R, e) F

V 27 a) R, b) R, c) F, d) R, e) R

V 28 a) F, b) R, c) R, d) R, e) F

V 29 a) R, b) F, c) R, d) F, e) R

V 30 a) F, b) R, c) F, d) R, e) F

V 31 a) R, b) R, c) R, d) R, e) R

Situationsaufgaben (S)

S 1

Grundsätzlich müssen 4 % des sozialversicherungspflichtigen Vorjahresbruttoeinkommens in den Riestervertrag fließen, bis max. 2.100,00 €. 4 % von 82.000,00 € = 3.280,00 €, d. h. 2.100,00 € (§ 10 a (1) i. V. m. § 86 (1) EStG). Von diesem Mindestbeitrag werden die Zulagen abgezogen und so der Mindesteigenbeitrag ermittelt. Bei Zahlung des Mindesteigenbeitrags wird die Zulage vom Staat in voller Höhe gezahlt. Wenn Herr Schmidt also 2.100,00 € – 175,00 € = 1.925,00 € in seinen Vertrag einzahlt, erhält er die volle staatliche Zulage von 175,00 € (§ 84 EStG).
Im Rahmen der Günstigerprüfung beim Finanzamt (§ 10 a (2) EStG) kann Herr Schmidt 42 % von 2.100,00 € = 882,00 € abzüglich der erhaltenen Zulage (175,00 €) geltend machen, sodass er eine Steuerrückerstattung in Höhe von 707,00 € erhalten würde.

S 2 a) 4 % von 32.000,00 €   1.280,00 € (§ 86 (1) EStG)
         – Grundzulage (Alexander)   175,00 € (§ 84 EStG)
         – Grundzulage (Lydia)   175,00 € (§ 84 EStG)
         – 2 x Kinderzulage   600,00 € (§ 85 (1) EStG)
         = Mindesteigenbeitrag   330,00 € (jährlich) (§ 86 (1) EStG)
         + Sockelbeitrag Frau   60,00 € (§ 86 (1) EStG)

     b) **Vertrag Alexander:**
         Mindesteigenbeitrag   330,00 € (§ 86 (1) EStG)
         + Grundzulage   175,00 € (§ 84 EStG)
         =   505,00 €

         Vertrag Lydia:
         Sockelbeitrag   60,00 € (§ 86 (1) EStG)
         + Grundzulage   175,00 € (§ 84 EStG)
         + Kinderzulage   600,00 € (§ 85 (1) EStG)
         =   835,00 €

S 3

Bruttobeitrag p. a. lt. Tarif 20	1.200,00 €
– Stückkosten	24,00 €
= Nettobeitrag	1.176,00 €
bei diesem Beitrag garantierte Rente	187,17 €
4 % von 46.000,00 €	1.840,00 € (§ 86 (1) EStG)
– Grundzulage	175,00 € (§ 84 EStG)
– Kinderzulage	300,00 € (§ 85 (1) EStG)
= jährlicher Mindesteigenbeitrag (brutto)	1.365,00 €
= monatlicher Mindesteigenbeitrag (brutto)	113,75 €
– Stückkosten	2,00 €
= tatsächlicher Nettobeitrag monatlich	111,75 €
Nettobeitrag jährlich 111,75 · 12	1.341,00 € (keine Nachkalkulation siehe TA S. 159)
garantierte Rente = 187,17 · $^{1.341,00}/_{1.176,00}$	213,43 €

S 4

Herr Maurer benötigt eine zertifizierte aufgeschobene Basisrentenversicherung (Rürup) mit Garantieleistung nach Tarif S 10.

Da er mindestens 18 Jahre Pflichtbeiträge in die gesetzliche Rentenversicherung gezahlt hat, ist er nicht mehr versicherungspflichtig und muss keine Beiträge in die gesetzliche Rentenversicherung zahlen (§ 6 (1) Nr. 4 SGB VI).

Wenn er dies tut, erlischt spätestens nach 60 Monaten der Anspruch auf eine Erwerbsminderungsrente, wenn nicht 36 Pflichtbeiträge in dieser Zeit nachgewiesen werden können (§ 43 SGB VI).

Daher sollte er in die Basisrentenversicherung eine Berufsunfähigkeits- bzw. Erwerbsunfähigkeitsversicherung einschließen.

Sofern der Beitragsanteil kleiner als 50 % ist, ist der Anteil zur Berufsunfähigkeits- bzw. Erwerbsunfähigkeitsversicherung ebenfalls steuerlich begünstigt (§ 10 (1) Nr. 2 EStG).

Herr Maurer kann im Jahr 2020 bis zu 24,7 % von 101.400,00 € = 25.046,00 € als sofortigen Sonderausgabenabzug geltend machen, so dass sich seine Steuerlast reduziert (§ 10 (3) Satz 1 EStG).

Er kann einmal pro Jahr Zuzahlungen tätigen, die mindestens 1.000,00 € bis maximal 25.046,00 € betragen dürfen. Damit wird die Altersrente erhöht und die Zahlungen werden als Einmalbeiträge betrachtet (§ 7 (7) Allg. Bed. für die Basisrentenversicherung).

Die Rentenhöhe sollte wie folgt bemessen werden:

aktuelles Netto monatlich:	7.250,00 €
– gesetzliche Rente	585,00 €
– Riester-Rente	200,00 €
– aufgesch. Rente	1.000,00 €
= Versorgungslücke	5.465,00 €

Sollte der Maximalbeitrag für eine derartige Rente nicht ausreichen, sollte man ihm ein Produkt der 2. Schicht (betriebliche Altersvorsorge) oder 3. Schicht empfehlen.

S 5   a)   Höchstbeitrag 24,7 % von 101.400,00 €   25.046,00 €
           – AN + AG Beiträge zur GRV 18,6 % von 82.800,00 € =   15.400,80 €
           = Beitrag zur Basisrentenversicherung   9.645,20 €
           (§ 10 (3) Satz 1 EStG)

      b)   90 % vom Höchstbeitrag (25.046,00 €)   22.541,40 €
           – AG zur GRV 9,3 % von 82.800,00 €   7.700,40 €
           = Sonderausgabenabzug   14.841,00 €
           (§ 10 (3) Satz 4, 5, 6 EStG)

      c)   90 % von AN + AG Beitrag zur GRV (15.400,80 €)   13.860,72 €
           – AG zur GRV 9,3 % von 82.800,00 €   7.700,40 €
           = Sonderausgabenabzug ohne Basisrente   6.160,32 €
           (§ 10 (3) Satz 4, 5, 6 EStG)
           erhöhter Sonderausgabenabzug aufgrund der Basisrente =   14.841,00 €
                                                                              – 6.160,32 €
                                                                              = 8.680,68 €

42 % von 8.680,68 € = 3.645,89 € (zusätzliche Steuerersparnis durch die Basisrente)

S 6

Vertrag Axel Schröder:
Versicherungsnehmer: Axel Schröder
versicherte Person: Claudia Mangold
Bezugsberechtigter: Axel Schröder

Vertrag Claudia Mangold:
Versicherungsnehmer: Claudia Mangold
versicherte Person: Axel Schröder
Bezugsberechtigte: Claudia Mangold

Durch die Konstellation Versicherungsnehmer ≠ versicherte Person, kann der Versicherungsnehmer im Todesfall das Bezugsrecht erhalten, sodass im Leistungsfall keine Erbschaftsteuer anfällt.

S 7

Für Frau Lundin bietet sich eine Termfixversicherung an.
Frau Lundin sollte Versicherungsnehmerin und versicherte Person sein.
Für den Sohn Frode sollte ein widerrufliches Bezugsrecht eingeräumt werden.
Sollte Frau Lundin während der Vertragsdauer versterben, wird der Vertrag beitragsfrei und mit unveränderter Versicherungssumme bis zum Laufzeitende fortgeführt.
Dadurch ist sichergestellt, dass die Auszahlung in der vereinbarten Höhe erst zum Ende der Laufzeit erfolgt.

S 8

Es kann eine private Rentenversicherung bei der Proximus Lebensversicherung AG abgeschlossen werden.

Grundsätzlich sollte der Vertrag mindestens bis zum 62. Lebensjahr laufen und eine Versicherungsdauer von mindestens 12 Jahren haben, da ansonsten die Kapitalerträge mit Abgeltungsteuer belegt werden und nicht nach dem Halbeinkünfteverfahren eine Veranlagung erfolgt, sofern von einem Kapitalwahlrecht Gebrauch gemacht wird (§ 20 EStG).

Herr Blume sollte Versicherungsnehmer und versicherte Person werden. Der Patenonkel wird zum Beitragszahler.

Sollte der Patenonkel die Beiträge nicht mehr zahlen, dann wäre Herr Blume in der Pflicht diese zu übernehmen.

Da der Patenonkel, Herrn Blume innerhalb von 10 Jahren (§ 14 (1) ErbStG) mehr als 20.000,00 € (§ 16 (1) Nr. 7 ErbStG) zukommen lässt, fällt für 30.000,00 € Schenkungsteuer an. Diese sollte Herr Blume berücksichtigen.

S 9

Garantiezins 4 %
Nach § 1 Allgemeine Bedingungen für die kapitalbildende Lebensversicherung zahlt der Versicherer beim Erleben oder Tod die vereinbarte Versicherungssumme.

Da die Versicherungssumme ihrer kapitalbildenden Lebensversicherung mit einer Verzinsung von 4 % ermittelt wurde, ist sie 1998 Vertragsbestandteil geworden und muss somit im Leistungsfall ausgezahlt werden.

Die Vereinbarung der 4 %-igen Verzinsung haben die Versicherer an den Höchstrechnungszins für die maximale Verzinsung der Deckungsrückstellung geknüpft, die rechtlich getrennte Dinge sind.

Vor- bzw. Nachteile der fondsgebundenen Lebensversicherung

Vorteile: z. B.
- höhere Renditechancen
- Wechsel der Anlagestrategie bzw. der Fonds während der Laufzeit
- keine Ausgabeaufschläge und/oder Gebühren beim Kauf/Verkauf der Fondsanteile
- bei regelmäßiger Zahlweise kommt es zum Cost-Average-Effekt

Nachteile: z. B.
- keine Mindestverzinsung wie in der klassischen Lebensversicherung
- Kapitalanlage unterliegt nicht den Vorschriften des VAG, dadurch erhöhtes Risiko
- Fondstief zum Ablauf der Versicherung möglich
- fondsgebundene Lebensversicherungen können nicht als Vorsorgeaufwendungen geltend gemacht werden

S 10

Grundsätzlich liegt eine Verletzung der vorvertraglichen Anzeigepflicht vor.
Die Leistung des Vertrages wird in dem Verhältnis angepasst, wie der dem wirklichen Alter entsprechende Beitrag zu dem vereinbarten Beitrag steht (§ 157 VVG).

Neue Versicherungssumme: 100.000,00 · 15,50 : 20,50 = 75.609,76 €, ger. 75.610,00 €

S 11

Die Versicherungssumme wächst im Vergleich zum Beitrag langsamer, weil bei jeder Erhöhung das gestiegene Eintrittsalter der versicherten Person zugrunde gelegt und die Restlaufzeit bis zum Ablauftermin immer kürzer wird (§ 3 (1) Besondere Bedingungen für die Lebensversicherung mit planmäßiger Erhöhung der Beiträge und Leistungen ohne erneute Gesundheitsprüfung).

Die vereinbarte Dynamik dient zum einen dem Inflationsausgleich und zum anderen der Anpassung an geänderte Lebensverhältnisse. Daher ist die Frage nach einer Überversicherung nur durch eine erneute Ermittlung der aktuellen Versorgungslücke zu beantworten.

Sollte durch die Dynamisierung mittlerweile mehr als die Versorgungslücke gedeckt sein, empfiehlt es sich der Dynamik zu widersprechen.

Wird der Dynamik innerhalb eines Monats nach dem Erhöhungstermin widersprochen, wird die Versicherung wie bisher fortgeführt (§ 5 (1) Besondere Bedingungen für die Lebensversicherung mit planmäßiger Erhöhung der Beiträge und Leistungen ohne erneute Gesundheitsprüfung).

Das gleiche gilt, wenn sie den ersten erhöhten Beitrag nicht innerhalb von 2 Monaten nach dem Erhöhungstermin zahlen (§ 5 (1) Besondere Bedingungen für die Lebensversicherung mit planmäßiger Erhöhung der Beiträge und Leistungen ohne erneute Gesundheitsprüfung).

Sollte dreimal hintereinander die Erhöhung entfallen, erfolgt keine weitere Erhöhung (§ 5 (3) Besondere Bedingungen für die Lebensversicherung mit planmäßiger Erhöhung der Beiträge und Leistungen ohne erneute Gesundheitsprüfung).

S 12 a) Grundsätzlich ist im Rahmen des vorläufigen Versicherungsschutz die beantragte Versicherungssumme gedeckt, aber höchstens 100.000,00 € (§ 1 (2) und (3) Bedingungen für den vorläufigen Versicherungsschutz).

Voraussetzungen für den vorläufigen Versicherungsschutz sind, dass
- der beantragte Versicherungsbeginn nicht später als 2 Monate nach der Unterzeichnung des Antrags liegt (§ 2 (a) Bedingungen für den vorläufigen Versicherungsschutz),

- uns eine Ermächtigung zum Beitragseinzug erteilt worden ist (§ 2 (b) Bedingungen für den vorläufigen Versicherungsschutz),

- das Zustandekommen der beantragten Versicherung nicht von einer besonderen Bedingung abhängig gemacht wird (§ 2 (c) Bedingungen für den vorläufigen Versicherungsschutz),

- der Antrag nicht von den von uns gebotenen Tarifen und Bedingungen abweicht (§ 2 (d) Bedingungen für den vorläufigen Versicherungsschutz),

- die versicherte Person bei der Unterzeichnung des Antrags das 7. Lebensjahr schon und das 65. Lebensjahr noch nicht vollendet hat (§ 2 (e) Bedingungen für den vorläufigen Versicherungsschutz),

- § 2 (f) – (h) der Bedingungen für den vorläufigen Versicherungsschutz nicht relevant ist, da es sich um einen Neukunden handelt.

b) Der vorläufige Versicherungsschutz beginnt mit dem Tag, an dem Ihr Antrag bei uns eingeht. Sofern er den Antrag am 14.10. d. J. beim Kundenservice unterschreibt, beginnt auch der vorläufige Versicherungsschutz an diesem Tag (§ 3 (1) Bedingungen für den vorläufigen Versicherungsschutz).

Der vorläufige Versicherungsschutz endet, wenn

- zwei Monate nach Unterzeichnung des Antrags vergangen sind (§ 3 (2) (a) Bedingungen für den vorläufigen Versicherungsschutz);
- der Versicherungsschutz aus der beantragten Hauptversicherung begonnen hat (§ 3 (2) (b) Bedingungen für den vorläufigen Versicherungsschutz);
- der Antrag angefochten oder zurückgenommen wurde (§ 3 (2) (c) Bedingungen für den vorläufigen Versicherungsschutz);
- vom Widerrufsrecht nach § 8 VVG Gebrauch gemacht wurde (§ 3 (2) (d) Bedingungen für den vorläufigen Versicherungsschutz);
- einer gemäß § 5 Abs. 1 und 2 VVG mitgeteilten Abweichung des Versicherungsscheines vom Antrag widersprochen wurde (§ 3 (2) (e) Bedingungen für den vorläufigen Versicherungsschutz);
- der Einzug des Einlösungsbeitrages aus vom VN zu vertretenden Gründen nicht möglich war oder dem Einzug widersprochen worden ist, sofern durch gesonderte Mitteilung in Textform oder durch einen auffälligen Hinweis im Versicherungsschein auf diese Rechtsfolge aufmerksam gemacht wurde (§ 3 (2) (f) Bedingungen für den vorläufigen Versicherungsschutz);
- der Antrag abgelehnt oder zurückgestellt wurde (§ 3 (2) (g) Bedingungen für den vorläufigen Versicherungsschutz);
- der VN einen Vertrag über die Hauptversicherung oder einen weiteren Vertrag über den vorläufigen Versicherungsschutz mit einem anderen Versicherer schließt. Über den Vertragsschluss mit einem anderen Versicherer hat der VN unverzüglich zu informieren (§ 3 (2) (h) Bedingungen für den vorläufigen Versicherungsschutz).

c) Nach § 5 der Bedingungen für den vorläufigen Versicherungsschutz erhebt die Proximus Lebensversicherung AG keinen gesonderten Beitrag. Erbringt sie aber Leistungen aufgrund des vorläufigen Versicherungsschutzes, behält sie ein Entgelt in Höhe des ersten Jahresbeitrages ein. Bei einem Einmalbeitrag wird dieser einbehalten. Es wird aber nicht mehr als der Tarifbeitrag für die beantragte Versicherungssumme, höchstens aber für 100.00,00 € berechnet.

S 13

Deckungskapital = 476 ‰ von 80.000,00 €	38.080,00 €
− Stornoabzug (1 % von 41.920,00)	419,20 €
= Rückkaufswert	37.660,80 €
− ausstehender Beitrag	360,00 €
− Zinsen 1. Rate 180,00 · 60/360 · 5 %	1,50 €
− Zinsen 2. Rate 180,00 · 30/360 · 5 %	0,75 €
− Mahnkosten	7,50 €
=	37.291,05 €
37.291,05 € · 1.000 / 623,30 =	59.828,00 € (gerundet)

S 14

Umstellung auf monatliche Zahlungsweise

Risikozwischenbeitrag: Er wird zunächst für 12 Monate gewährt. Hier wird nur noch der Risiko- und Kostenanteil gezahlt, dadurch verringert sich der Beitrag erheblich und der Versicherungsschutz bleibt in voller Höhe erhalten. Der nicht entrichtete Sparanteil wird auf die restliche Versicherungsdauer umgelegt, sodass der künftige Beitrag steigt.

Stundung: Bei Zahlungsschwierigkeiten kann die Zahlungsfrist für die Folgebeiträge aufgrund einer schriftlichen Vereinbarung verlängert werden. Der Versicherungsschutz bleibt während dieser Zeit bestehen. Nach Ablauf dieser Frist sind die ausstehenden Beiträge in einer Summe oder als Beitragszuschlag nachzuzahlen.

Entnahme aus Gewinnguthaben: Ist für den Lebensversicherungsvertrag ein Gewinnguthaben vorhanden, wird daraus ein Beitragsrückstand oder der zu zahlende laufende Beitrag zeitlich begrenzt finanziert. Erfolgt die Entnahme aus dem Deckungskapital, muss der Versicherungsnehmer in Zukunft einen höheren Beitrag bei gleicher Versicherungssumme leisten.

Frau Weiß könnte für Ihren Neffen anteilig ein Bezugsrecht auf den Todes- und Erlebensfall erteilen. Das müsste in Textform erfolgen und wäre mit Zugang beim Versicherer wirksam.

Bei einem Bezugsrecht für den Neffen in Höhe von 25.000,00 € würden auf 5.000,00 € Erbschaft- bzw. Schenkungsteuer anfallen, da der Freibetrag nur 20.000,00 € beträgt (§ 16 (1) Nr. 7 ErbStG).

S 15 a) Ein Bezugsrecht im Todesfall ist für den Abschluss des Versicherungsvertrages nicht notwendig. Das Bezugsrecht ist ein Schenkungsvertrag und somit ein eigenständiger Vertrag (§ 516 ff. BGB). Wenn kein Bezugsberechtigter im Todesfall benannt wurde, dann gilt die gesetzliche Erbfolge. Die Versicherungsleistung fällt nicht in den Nachlass des Verstorbenen (§ 160 (2) Satz 2 VVG).

b) Das widerrufliche Bezugsrecht stellt nur eine Anwartschaft dar. Einen Rechtsanspruch auf die Leistung ist erst im Versicherungsfall gegeben.

Beim unwiderruflichen Bezugsrecht besteht ein sofortiger Rechtsanspruch. Eine Verfügung über den Rechtsanspruch ist vor Eintritt des Versicherungsfalls durch den Bezugsberechtigten möglich.

Der Widerruf des widerruflichen Bezugsrechts ist bis zum Eintritt des Versicherungsfalls und der Kenntnis des Bezugsberechtigten über das Bezugsrecht jederzeit möglich.

Der Widerruf des unwiderruflichen Bezugsrechts ist nur mit Zustimmung des Bezugsberechtigten möglich.

S 16

Die Sicherungsabtretung dient nicht der Erfüllung der Kreditverbindlichkeit, sondern nur zu deren Sicherung.

Die Abtretung (§§ 398 ff. BGB) ist abstrakt, d. h. sie ist auch ohne Bestehen einer Darlehensforderung rechtswirksam.

Daher wird bei einer Sicherungsabtretung vereinbart, dass die Bank ihre Rechte nur geltend machen kann, wenn der Versicherungsnehmer seinen Verpflichtungen (Zinsen und Tilgung) nicht nachkommt.

Die Südsternbank muss mit Herrn Baum einen Vertrag über die Sicherungsabtretung für den Todesfall in Höhe der Darlehensforderung schließen.

Dies ist auch möglich, da Versicherungssumme und Restlaufzeit für die Zeit des Kredites ausreichend sind.

Er muss uns eine schriftliche Mitteilung zu kommen lassen über die Sicherungsabtretung seiner Lebensversicherungsansprüche, damit diese wirksam ist (§ 9 (4) ALB RiLV).

Das Bezugsrecht von Luise Schmidt bleibt für 20.000,00 € erhalten und für den anderen Teil ruht es.

Im Falle der Nichterfüllung des Kreditvertrages durch Tod bekommt die Südsternbank die Restschuld des Darlehens ersetzt und Luise Schmidt erhält die Differenz bis zur Versicherungssumme.

Lösungen zu GFK 3 (3) – Unfallversicherung

Vorübungen (V)

V 1 c

V 2 b, d, f

V 3 a, e

V 4 b, e

V 5 b, c, g, h

V 6 b, f

V 7 a, b

V 8 b, c

V 9 a, d

V 10 d, f, g

V 11 f, h

V 12 b, d, g

V 13 c, d

V 14 e

V 15 d, g

V 16 a

V 17 b

V 18 b, d

V 19 c

V 20 b, d, g

V 21 a, d, e

V 22 a, f

V 23 b, d, e

V 24 a, d, e

V 25 a, c

V 26 c, f

V 27 e

V 28 d, e

Situationsaufgaben (S)

S 1

Die private Unfallversicherung bietet auch in der Freizeit Versicherungsschutz.

Mit einer privaten Unfallversicherung genießt Herr Schunk weltweite Deckung 24 Stunden am Tag.

Eine private Unfallversicherung kann mit individuellen Leistungsarten abgeschlossen werden.

Viele Leistungsarten bietet nur die private Unfallversicherung, wie z. B. Soforthilfe.

Leistungen aus der privaten Unfallversicherung können zusätzlich zur Leistung der gesetzlichen Unfallversicherung beansprucht werden und werden mit diesen nicht verrechnet.

Leistungsarten können in beliebiger Höhe gewählt werden (im Rahmen der tariflichen Höchstgrenzen).

Die Höhe der Leistung der gesetzlichen Unfallversicherung ist i. d. R. nicht ausreichend.

In der privaten Unfallversicherung wird als Kernbaustein die Invaliditätsleistung vereinbart, die z. B. für notwendige Umbaumaßnahmen an Haus oder Auto verwendet werden kann.

Auch Familienmitglieder sind in der privaten Unfallversicherung mitversicherbar.

Neugeborene Kinder sind für 6 Monate (bzw. 12 Monate bei Anzeige der Geburt innerhalb der ersten 6 Monate) im Rahmen der Kinder-Vorsorge-Unfallversicherung prämienfrei mitversichert.

Die private Unfallversicherung kann wahlweise mit Zuwachs von Leistung und Prämie (Dynamik) abgeschlossen werden.

S 2

Für neugeborene leibliche Kinder besteht während der Wirksamkeit des Vertrags für 6 Monate nach Vollendung der Geburt prämienfrei Versicherungsschutz im Rahmen der Kinder-Vorsorge-Unfallversicherung. Der prämienfreie Versicherungsschutz verlängert sich um weitere 6 Monate, wenn die Geburt innerhalb der ersten 6 Monate angezeigt wird.

Die Kinderunfallversicherung ist preisgünstiger als ein vergleichbarer Erwachsenentarif.

Sie kann bis zum Ablauf des Versicherungsjahres, das auf die Vollendung des 18. Lebensjahres folgt, fortgeführt werden.

Danach besteht die Wahlmöglichkeit zwischen Fortführung und gleicher Prämie und reduzierten Versicherungssummen oder erhöhter Prämie und gleich bleibenden Versicherungssummen (Ziffer 6.1.1 AUB 2017).

Stirbt die Versicherungsnehmerin während der Vertragslaufzeit, wird die Kinderunfallversicherung prämienfrei mit dem zu diesem Zeitpunkt geltenden Leistungsumfang unter den in Ziffer 11.5 AUB 2017 genannten Voraussetzungen bis zum Ablauf des Versicherungsjahres fortgeführt, in dem das versicherte Kind das 18. Lebensjahr vollendet.

Bei Kindern bis zur Vollendung des 14. Lebensjahres verlängert sich die Frist zur Neubemessung des Invaliditätsgrads auf 5 Jahre (Ziffer 9.4 AUB 2017).

Bei Kindern sind Vergiftungen infolge Einnahme fester oder flüssiger Stoffe (außer Nahrungsmittel) bis zur Vollendung des 10. Lebensjahres mitversichert (Ziffer 5.2.5 AUB 2017).

S 3

	Reinhard M.	Angelika M.	Tizian M.
Tarif	30	30	10
Gefahrengruppe	A	B	–
300.000,00 € Inv.-Leistung, Staffel Modell 500	882,00 €	–	–
200.000,00 € Inv.-Leistung mit Mehrleistung ab 70 % Inv.-Grad	–	546,00 €	218,00 €
50,00 € Krankentagegeld ab 15. Tag der AU	420,00 €	–	–
2.000,00 € monatliche Unfallrente 50/90	400,00 €	–	–
30,00 € Krankenhaus-Tagegeld	–	36,90 €	14,70 €
10.000,00 € Kosten für kosmetische Operationen	8,60 €	12,90 €	5,10 €
Σ	1.710,60 €	595,80 €	237,80 €
Gesamtprämie für die Familie		2.544,20 €	
./. 15 % Personennachlass ab 3 Personen in einem Vertrag		– 381,63 €	
= Nettojahresprämie		2.162,57 €	
./. Zahlungsweise-Nachlass: 2 % bei vierteljährl. Zahlung		– 43,25 €	
= Nettojahresprämie bei vierteljährl. Zahlung		2.119,32 €	
: 4		529,83 €	
+ 19 % Versicherungsteuer		100,67 €	
= zu zahlende Vierteljahresprämie		630,50 €	

Hinweis: Herr Messmer könnte darauf hingewiesen werden, dass er als Notarzt keinen Versicherungsschutz genießt, sofern er seine berufliche Tätigkeit mit Hilfe eines Luftfahrzeugs (Rettungshubschrauber) ausübt.

S 4

Eine Kündigung ist erst zum vereinbarten Ablauf (01.09.2022) möglich.

Es wurden die Besonderen Bedingungen für die Unfallversicherung mit Zuwachs von Leistung und Prämie vereinbart (Dynamik) (vgl. S. 191 rechte Spalte, Proximus 4).

Frau Leutheusser kann der Erhöhung innerhalb von 6 Wochen nach der Mitteilung schriftlich widersprechen.

Sie kann die Zuwachsvereinbarung auch schriftlich bis spätestens 3 Monate vor Ablauf des Versicherungsjahres für die gesamte restliche Versicherungsdauer widerrufen.

Sie verliert im Falle eines Widerrufs das Recht auf planmäßige Anpassung der Versicherungssummen infolge von Preis- und Einkommenssteigerungen.

S 5

Der Vertrag endet bei Kündigung im Leistungsfall durch den Versicherer einen Monat nach Zugang des Kündigungsschreibens beim Versicherungsnehmer (Ziffer 10.3 AUB 2017)

Der Proximus Versicherung AG steht daher die Prämie vom 01.11. d. J. bis 17.03. d. J. zu. Der Kunde erhält die anteilige Halbjahresprämie vom 17.03. d. J. bis 01.05. d. J., also für 44 Tage zurück.

Berechnung der Rückprämie für 44 Tage:
467,67 € · 44 : 180 = 114,32 €

S 6

	Martin Sax
Tarif	30
Gefahrengruppe	B
80.000,00 € Inv.-Leistung, Staffel Modell 500	352,80 €
10.000,00 € Todesfallleistung	24,90 €
5.000,00 € Soforthilfe (Höchstversicherungssumme!)	180,00 €
= Nettojahresprämie	557,70 €
: 12	46,48 €
+ 19 % Versicherungsteuer	8,83 €
= zu zahlender Monatsprämie	55,31 €

S 7

Die Berufsunfähigkeitsversicherung leistet – auch bei nicht unfallbedingter Berufsunfähigkeit – einen Beitrag zum laufenden Lebensunterhalt bis zum Altersrentenbeginn.

Als vergleichbare Leistungsart bietet die private Unfallversicherung die Unfallrente 50/90 an, die nur bei unfallbedingtem Invaliditätsgrad monatliche Leistungen bis zum Tod der versicherten Person erbringt (Ziffer 2.2 AUB 2017).

In der privaten Unfallversicherung sind weitere Leistungsarten vereinbar, z. B. die Invaliditätsleistung als Einmalzahlung für Hausumbau oder Umzug in eine behindertengerechte Wohnung, Pkw-Umrüstung, Hilfsmittel o. ä., außerdem eine Todesfallleistung zur Hinterbliebenabsicherung, eine Soforthilfe als Sofortleistung, Krankentagegeld und Krankenhaustagegeld. Diese Tagegelder können auch über eine private Krankenversicherung abgesichert werden.

Die unfallbedingten Behandlungskosten sind Versicherungsfall in der privaten Krankenversicherung und werden daher von ihrer privaten Krankenversicherung, bei Berufsunfällen ggf. auch von der Berufsgenossenschaft übernommen.

Leistungen der privaten Unfallversicherung können parallel zu den Leistungen aus der privaten Krankenversicherung oder gesetzlichen Unfallversicherung bzw. aus der Berufsunfähigkeitsversicherung beansprucht werden.

S 8

Herr Sieber bleibt in Tarif 30
Aufgrund des Wechsels der Berufstätigkeit ist Herr Sieber statt wie bisher der Gefahrengruppe B (Bäcker) nun der Gefahrengruppe A (Schüler) zuzurechnen (Ziffer 6.2 AUB 2017). Es gelten neue, höhere Versicherungssummen ab 01.10. d. J. (ab Meldung, spätestens jedoch nach Ablauf eines Monats nach Änderung; Ziffer 6.2.2 AUB 2017).
Es ergeben sich ab diesem Zeitpunkt um 50 % höhere Versicherungssummen.
Alternativ kann Herr Sieber auch die bestehenden Versicherungssummen beibehalten; in diesem Fall reduziert sich die Prämie um ⅓.

Ein Tagegeld kann Herr Sieber nicht mehr versichern, da der Abschluss eines Tagegelds für Schüler nicht möglich ist, vgl. Tarifbestimmungen für den Einschluss von Unfall-Tagegeld S. 192.

S 9

Im Tarif 30 sind nur Personen bis zum vollendeten 67. Lebensjahr versicherbar.

Herr Loos muss daher mit Vollendung des 67. Lebensjahres in den Tarif 50 wechseln; die Prämie wird tarifgemäß angepasst (Ziffer 6.3 AUB 2017 ist zu beachten!).

Die Leistungsart Unfall-Tagegeld ist in Tarif 50 nicht versicherbar und wird daher beendet.

In der Leistungsart Invalidität mit Mehrleistung ab 90 % Invaliditätsgrad entfällt die Doppelauszahlung ab 90 % Invaliditätsgrad, wenn Herr Loos zum Unfallzeitpunkt das 67. Lebensjahr vollendet hat (BB für Mehrleistungen bei einem Invaliditätsgrad ab 90 %, S. 187). Es erfolgt ein Wechsel auf die Leistungsart einfache Invaliditätsleistung.

Ggf. sind die Versicherungssummen an die geringeren Höchstversicherungssummen des Tarifs 50 anzupassen. (vgl. Tabelle auf S. 194 oben).

S 10

Bei laufender Versicherung und nicht durch Kriegs- oder Bürgerkriegsereignisse verursachtem Tod des zum Todeszeitpunkt noch nicht 50-jährigen Versicherungsnehmer kann die Versicherung bei gleich bleibenden Versicherungssummen bis zum Ablauf des Versicherungsjahres, in dem das Kind als versicherte Person das 18. Lebensjahr vollendet hat, prämienfrei fortgeführt werden (Ziffer 11.5 AUB 2017).

Die Voraussetzungen sind hier erfüllt. Sohn Tom kann bis zum 01.02.2025 (Ablauf der Versicherungsperiode, in dem er das 18. Lebensjahr vollendet) prämienfrei versichert bleiben.

Frau Beinert wird als gesetzliche Vertreterin neue Versicherungsnehmerin.

Lösungen zu GFK 3 (4) – Krankenversicherung

Vorübungen (V)

V 1 a) 2, b) 1, c) 9, d) 2, e) 2, f) 1, g) 9, h) 1

V 2 a) 1, b) 9, c) 1, d) 9, e) 1, f) 9, g) 1

V 3 a) 6, b) 1, c) 3, d) 4, e) 5, f) 2, g) 7

V 4 a) 5, 1, b) 7, 4, c) 3, 2, d) 3, 6

V 5 a) R, b) R, c) F, d) R, e) F, f) R

V 6 a) R, b) F, c) F, d) R, e) R, f) R

V 7 a) F, b) F, c) R, d) R, e) F, f) R

V 8 a) 9, b) 9, c) 1, d) 9, e) 1, f) 1, g) 1, h) 9, i) 1, j) 9

V 9 e

V 10 a) R, b) R, c) F, d) F, e) R, f) R

V 11 b

V 12 a) R, b) F, c) R, d) R, e) F

V 13 a) 1, b) 1, c) 3, d) 1, e) 3, f) 1, g) 3, h) 2, i) 2, j) 2, k) 1, l) 3, m) 1, n) 2, o) 1, p) 2, q) 1, r) 1, s) 3, t) 1

V 14 a) 1, b) 1, c) 9, d) 1, e) 1, f) 1, g) 9, h) 1, i) 9, j) 9, k) 1, l) 1, m) 1, n) 1, o) 9, p) 1, q) 9, r) 9, s) 1, t) 1, u) 1, v) 9

V 15 a) R, b) R, c) R, d) R, e) F, f) R, g) R, h) F, i) R, j) F, k) F

V 16 a

V 17 b

V 18 a

V 19 a) F, b) F, c) R, d) R, e) R

V 20 c

V 21 a) F, b) R, c) R, d) R, e) F

V 22 a) 1, 5 b) 3, 2 c) 4, 6

V 23 a) 9, b) 1, c) 1, d) 9, e) 9

V 24 b

V 25 b

V 26 a) F, b) R, c) R, d) R, e) F

V 27 b

V 28 a

V 29 a) R, b) R, c) F, d) R, e) R, f) R, g) R, h) F, i) R, j) R

V 30 a) R, b) F, c) R, d) R, e) R, f) F, g) R, h) R, i) F, j) R, k) R, l) F

V 31 a) R, b) R, c) F, d) F, e) R, f) F, g) R, h) R

V 32 a

V 33 a) A0: 374,03 € + S1: 168,32 € = 542,35 €
+ 10 % Vorsorgezuschlag (§ 149 VAG) = 596,59 €, 4

b) 50 € + 145 € = 195 €, 3

c) 50 BA / BZ: 86,60 € + 50 BS: 65,51 € = 152,11 €
+ 10 % Vorsorgezuschlag (§ 149 VAG) = 167,32 €, 2

d) BEV: 44,30 €, 1

V 34 a) 5, b) 2, c) 1, d) 3, e) 4, f) 6

V 35 c, 7,3 % + 0,55 % (Hälfte des durchschnittlichen Zusatzbeitragssatzes in Höhe von 1,1 %)
+ 1,525 % = 9,375 % · 46,875 = 439,45 €

V 36 e

V 37 a) R, b) R, c) F, d) R, e) F, f) R, g) F, h) R

V 38 a) 9, b) 1, c) 1, d) 9, e) 1, f) 9, g) 9, h) 1

V 39 a) 1, b) 1, c) 9, d) 9, e) 1

Situationsaufgaben (S)

S 1

Herrn Schusters Kündigung muss spätestens am 31.03. d.J. bei der Europa Betriebskrankenkasse eintreffen. Die Kündigung wird dann zum Ende des übernächsten Monats wirksam, also am 31.05. d.J. (§ 175 (4) SGB V).

Für das Wirksamwerden der Kündigung muss Herr Schuster zudem innerhalb der Kündigungsfrist das Bestehen des zukünftigen Krankenversicherungsschutzes bei der Proximus Krankenversicherung AG nachweisen (§ 175 (4) SGB V).

Wartezeiten entstehen für Herr Schuster nicht, da bei einem Wechsel von der gesetzlichen zur privaten Krankenversicherung die Vorversicherungszeit voll angerechnet wird. Voraussetzung ist, dass die Versicherung spätestens 2 Monate nach Beendigung der Vorversicherung zum unmittelbaren Anschluss daran beantragt wird (§ 3 (5) MB/KK 2009, § 3 (4) MB/PPV 2017, § 197 (2) VVG).

Gemäß § 193 (3) VVG benötigt Herr Schuster im Zahnbereich keinen Versicherungsschutz. Der absolute oder prozentuale Selbstbehalt darf kalenderjährlich 5.000,00 € pro versicherter Person nicht übersteigen.

Herr Schuster ist gesetzlich nicht verpflichtet eine Krankenhaustagegeldversicherung oder eine Krankentagegeldversicherung abzuschließen.

Der Abschluss einer Krankentagegeldversicherung zur Absicherung des Einkommens ist für Selbstständige dringend zu empfehlen.

Der Abschluss einer privaten Pflegepflichtversicherung ist für Herrn Schuster zwingend (§ 1 (2) SGB XI).

Bei Antragsstellung muss sich Herr Schuster einer Gesundheitsprüfung unterziehen. Der Antrag kann ohne Einschränkungen oder, bei erhöhtem Risiko, mit Risikozuschlägen oder Leistungsausschlüssen angenommen oder ganz abgelehnt werden.

S 2

Monatsbezüge	12 · 3.500,00 € =	42.000,00 €
Weihnachtsgeld		+ 4.200,00 €
Urlaubsgeld		+ 300,00 €
regelmäßige Überstundenvergütung	12 · 400,00 € =	+ 4.800,00 €
vermögenswirksame Leistung	12 · 40,00 € =	+ 480,00 €
regelmäßiges Jahresarbeitsentgelt		51.780,00 €

Das regelmäßige Einkommen von Herrn Kelm übersteigt nicht die Jahresarbeitsentgeltgrenze 2020: 62.550,00 €, daher muss er weiterhin in der gesetzlichen Krankenkasse versichert bleiben. Herr Kelm kann sich erst privat krankenversichern, wenn sein regelmäßiges Einkommen die jeweils gültige Jahresarbeitsentgeltgrenze überschreitet.

> Überstunden werden dann angerechnet, wenn sie regelmäßig anfallen und pauschal vergütet werden. Das Besondere an pauschalen Überstundenvergütungen ist, dass sie auch dann gewährt werden, wenn keine Überstunden anfallen.

Fortsetzung auf der nächsten Seite

> Familienzuschläge, dazu gehören auch Verheiratetenzuschläge, werden bei der Berechnung des Jahresarbeitsentgelts nicht berücksichtigt. Die Jubiläumszulage wird nicht berücksichtigt, da es sich hier um eine nicht regelmäßige Zahlung handelt.

Herrn Kelm können alternativ eine ambulante-, stationäre- bzw. Zahnzusatzversicherung, eine Pflegezusatzversicherung, eine Krankentagegeldversicherung, eine Krankenhaustagegeldversicherung und Auslandsreisekrankenversicherung empfohlen werden.

Siehe: § 6 (1) Nr. 1 SGB V, Empfehlungen und Rundschreiben der GKV-Spitzenverbände.

S 3

Jede Kündigung einer Krankheitskostenversicherung, die eine Pflicht nach § 193 (3) erfüllt, ist durch den Versicherer ausgeschlossen (§ 206 (1) VVG).

Gemäß § 193 (3) VVG ist jede Person mit Wohnsitz in Deutschland verpflichtet eine private Krankheitskostenvollversicherung abzuschließen, wenn diese Person nicht in der gesetzlichen Krankenversicherung versichert ist.

Für die Proximus Krankenversicherung AG besteht daher keine Möglichkeit Frau Drewes zu kündigen. Sie muss über privaten Krankenversicherungsschutz verfügen.

Die Proximus Krankenversicherung AG hat die Möglichkeit den Vertrag in den Notlagentarif umzustellen.

Der Versicherungsschutz beginnt mit dem Ruhen des Vertrages (§ 2 (1) Bedingungsteil AVB/NLT 2013). Ein privater Krankenversicherungsvertrag ruht, unter bestimmten Voraussetzungen, wenn der Versicherungsnehmer mit der Prämie im Rückstand ist (§ 8 (6) MB/KK 2009).

Die Prämie beträgt 95,13 € gemäß Tarif NLTN.

Der Notlagentarif bietet Leistungen für Aufwendungen, die zur Heilbehandlung akuter Erkrankungen und Schmerzzustände sowie bei Schwangerschaft und Mutterschaft erforderlich sind (§ 1 (1) Bedingungsteil AVB/NLT 2013).

Während der Versicherung im Notlagentarif werden keine Alterungsrückstellungen gebildet, bereits vorhandene Alterungsrückstellungen werden abgebaut (§ 8a (1) Bedingungsteil AVB/NLT 2013).

S 4

Die Proximus Krankenversicherung AG muss Herrn Scheuer Versicherungsschutz anbieten, da er als Selbstständiger der privaten Krankenversicherung zuzuordnen ist.

Gemäß § 193 (3) VVG muss Herr Scheuer mindestens einen Tarif für ambulante und stationäre Behandlung abschließen.

Die Proximus Krankenversicherung AG verlangt eine Risikoprüfung. Damit wird eine Gesundheitsprüfung bei Herrn Scheuer erforderlich. Aufgrund seines Krebsleidens wird Herr Scheuer in den normalen Tarifen abgelehnt. Eine Risikoprüfung ist auch im Basistarif notwendig, wegen eines eventuell späteren Wechsels in einen anderen Tarif.

Die Proximus Krankenversicherung AG ist gemäß § 152 VAG, § 193 (5) Satz 1 Nr. 2 VVG dazu verpflichtet, Herrn Scheuer als Selbstständigem Versicherungsschutz im Basistarif zu gewähren. Es besteht Kontrahierungszwang. Der Antrag darf nur abgelehnt werden, wenn sich der Antragsteller früher nicht vertragstreu verhalten hat, z.B. das Versicherungsunternehmen den Vertrag wegen arglistiger Täuschung angefochten hat (§ 152 VAG, § 193 (5) Satz 4 VVG).

Lösungen zu GFK 3 (4) – Krankenversicherung

Andere Tarife können wir Herrn Scheuer aufgrund seines Krebsleidens nicht anbieten.

Im Basistarif besteht für zukünftige Behandlungen des Krebsleidens Versicherungsschutz. Es können im Basistarif weder Risikozuschläge noch Leistungsausschlüsse vereinbart werden (§ 203 (1) Satz 2 VVG). Es bestehen gemäß § 3 AVB/BT 2009 keine Wartezeiten.

Der Basistarif entspricht dem Leistungsumfang der GKV (§ 152 VAG).

Der monatliche Beitrag für den privaten Krankenversicherungsschutz im Basistarif darf den Höchstbeitrag der gesetzlichen Krankenversicherung nicht übersteigen (§ 152 VAG).

> **Merke:** Geringere Versicherungsbeiträge als der Höchstbeitrag sind theoretisch möglich, kommen in der Praxis allerdings kaum vor.

Ein Beginn zum 01.03. d. J. ist möglich.

S 5 1) Nach § 47 SGB V ergibt sich folgende Rechnung:

70 % vom Bruttogehalt	4.900,00 €
70 % von der Beitragsbemessungsgrenze	3.281,25 €
90 % vom Nettogehalt	3.422,70 €
Der niedrigste Betrag gilt als Berechnungsgrundlage	3.281,25 €
minus Sozialversicherungsbeiträge (12,275 %)*	402,77 €
= ausgezahltes Krankengeld	2.878,48 €
monatliches Netto	3.803,00 €
= Verdienstlücke (Krankengeldlücke)	924,52 €
$\frac{1}{30}$ davon = tägliche Krankengeldlücke	30,81 €
zusätzlicher Krankentagegeldbedarf (aufgerundet)	35,00 €

*(Die Versicherte muss vom Krankengeld die Beiträge zur gesetzlichen Rentenversicherung, gesetzlichen Pflegeversicherung und gesetzlichen Arbeitslosenversicherung zu 50 % selber tragen. Die andere Hälfte trägt die gesetzliche Krankenversicherung. Die Versicherte ist während des Bezugs von Krankengeld beitragsfrei krankenversichert.)

2) Die Krankentagegeldversicherung bietet Versicherungsschutz gegen Verdienstausfall als Folge von Krankheiten und Unfällen soweit dadurch Arbeitsunfähigkeit verursacht wird (§ 1 (1) MB/KT 2009, § 192 (5) VVG). Der Versicherer zahlt im Versicherungsfall für die Dauer einer Arbeitsunfähigkeit ein Krankentagegeld im vertraglichen Umfang (§ 1 (1) MB/KT 2009, § 192 (5) VVG). Bei Angestellten wird erst ab dem 43. Tag Krankengeld gezahlt, da Arbeitnehmer nach dem Entgeltfortzahlungsgesetz bei Arbeitsunfähigkeit infolge Krankheit einen Anspruch auf Arbeitsentgelt bis zu 6 Wochen haben (§ 44 (3) SGB V). Daher ist der Arbeitnehmertarif der Krankentagegeldversicherung zur Berechnung zugrunde zu legen.

Berechnung des Krankentagegelds gemäß Tarif KT 43:
35 : 5 = 7 · 6,81 € je 5 € Krankentagegeld = 47,67 €.

Lösungen zu GFK 3 (4) – Krankenversicherung

S 6 1) § 1 (6) MB/KK 2009, § 204 (1) Satz 1 Nr.1 VVG: Die VN kann die Umwandlung der Versicherung in einen gleichartigen Versicherungsschutz verlangen. Die erworbenen Alterungsrückstellungen werden angerechnet. Soweit der neue Versicherungsschutz höher oder umfassender ist, kann ein Risikozuschlag verlangt oder ein Leistungsausschluss vereinbart werden. Für den hinzukommenden Versicherungsschutz sind die Wartezeiten einzuhalten.

Unter diesen Voraussetzungen kann Frau Kutsch problemlos in einfachere Tarife wechseln, z. B. in S2 oder Z2.

2 a) Frau Kutsch kann in den Basistarif wechseln, da sie das 55. Lebensjahr vollendet hat und innerhalb der Proximus Krankenversicherung AG wechselt. Die erworbenen Alterungsrückstellungen werden dann angerechnet (§ 20 MB/KK 2009, § 204 (1) Satz 1 Nr. 1 VVG).

b) Ein Wechsel lohnt sich nicht, weil der monatliche Beitrag im Basistarif im Jahr 2020 maximal den Höchstbeitrag der gesetzlichen Krankenversicherung in Höhe von 735,94 € im Jahr 2020 erreichen kann (§ 8 a (5) AVB/BT 2009, § 152 (3) VAG).

> **Merke:** Geringere Versicherungsbeiträge sind theoretisch möglich, kommen in der Praxis allerdings kaum vor.

Die Leistungen des Basistarifs entsprechen denen der gesetzlichen Krankenversicherung (§ 152 (1) VAG). Weiteres ist in § 4 AVB/BT 2009 geregelt. Frau Kutsch würde also für einen höheren Beitrag schlechtere Leistungen bekommen.

S 7

Wir können die Tarife A1, S2, Z2, PVN, KHT anbieten.

Bei Antragsstellung muss sich Frau Svoboda einer Gesundheitsprüfung unterziehen. Der Antrag kann, bei erhöhtem Risiko, mit Risikozuschlägen oder Leistungsausschlüssen angenommen oder ganz abgelehnt werden.

Aufgrund der Migräne wird ein Risikozuschlag in Höhe von 50 % erhoben.

Für Frau Svoboda entfallen die allgemeinen Wartezeiten, da Herr Richter mehr als 3 Monate bei der Proximus Krankenversicherung AG versichert ist, wenn eine gleichartige Versicherung innerhalb zwei Monate nach der Eheschließung beantragt wird (§ 3 (2) MB/KK 2009).

> **Merke:** „Gleichartig" bedeutet hier, dass für den Ehegatten auch ein ambulanter, stationärer und ein Zahntarif als Vollversicherung beantragt werden muss. Die Höhe der versicherten Leistung beispielsweise im ambulanten Bereich ist ohne Belang.

Frau Svobodas Arztrechnungen wegen Migräne können, unter Beachtung der Selbstbeteiligung, also direkt ab 01.09. d. J. erstattet werden.

Da die besonderen Wartezeiten nicht entfallen, müssen die Kosten für die Entbindung von Herrn Richter übernommen werden.

Eine Krankentagegeldversicherung kann Frau Svoboda nicht abschließen, da sie nicht berufstätig ist.

§ 198 (1) VVG, § 2 (2) MB/KK 2009: Bei Neugeborenen beginnt der Versicherungsschutz ohne Risikozuschläge und ohne Wartezeiten ab Vollendung der Geburt, wenn am Tage der Geburt ein Elternteil mindestens drei Monate beim Versicherer versichert ist und die Anmeldung zur Versicherung spätestens zwei Monate nach dem Tage der Geburt rückwirkend erfolgt. Der Versicherungsschutz darf nicht höher oder umfassender als der eines versicherten Elternteils sein.

Das Kind kann unter diesen Voraussetzungen ohne Einschränkungen versichert werden.

S 8

Annahmeentscheidung für Herrn Stöhr gemäß den Annahmerichtlinien der Proximus Krankenversicherung AG:

Risikoliste: 7805 Kniegelenkentzündung: 4 Jahre Risikozuschlag 90 %.
Entscheidung: kein Risikozuschlag, die Rezidivfrist ist verstrichen
Erläuterung: beschwerdefreie Zeit im Jahr 2016 4 Monate, plus 2017, 2018 und 2019 sind 3 Jahre und 4 Monate, plus 3 Monate im Jahr 2020 sind insgesamt 3 Jahre und 7 Monate, d.h. es wird aufgerundet auf 4 Jahre.

Risikoliste: 3801 erhöhter Blutdruck essenziell oder arteriosklerotisch: 5 Jahre Risikozuschlag 75 % bis Alter 50 Jahre.
Entscheidung: 75 % Risikozuschlag für 3 Jahre.
Erläuterung: beschwerdefreie Zeit in den Jahren 2018 und 2019 plus 3 Monate im Jahr 2020 sind insgesamt 2 Jahre und 3 Monate, d.h. es wird abgerundet auf 2 Jahre. Diese 2 Jahre werden von der höchstmöglichen Zuschlagszeit 5 Jahre abgezogen.

S 9

Herr Schönberg (35 Jahre)		Armin (3 Jahre)		Paul (7 Jahre)	
30 BA/BZ	68,63 €	20 BA/BZ	17,12 €	20 BA/BZ	17,12 €
plus 25 % =	85,79 €				
30 BS	41,37 €	20 BS	7,09 €	20 BS	7,09 €
KHT 20 : 5 = 4 · 2,52 =	10,08 €	KHT 20 : 5 = 4 · 0,59 € =	2,36 €	KHT 20 : 5 = 4 · 0,59 € =	2,36 €
PVB	11,44 €		0 €		0 €
gesamt	148,68 €		26,57 €		26,57 €
monatlicher Tarifbeitrag für alle 3 Personen					201,82 €
plus 10 % gesetzlicher Vorsorgezuschlag nur für Herrn Schönberg in den Tarifen 30 BA/BZ und 30 BS, nicht für den Risikozuschlag (68,63 € + 41,37 € = 110,00 € · 10 % = 11,00 €)					11,00 €
= zu zahlender Beitrag					212,82 €

(Kinder sind in der privaten Pflegepflichtversicherung für die Dauer der Familienversicherung beitragsfrei mitversichert (§ 56 (1) SGB XI).

Wartezeiten entstehen für Herrn Schönberg nicht, da bei einem Wechsel von der gesetzlichen zur privaten Krankenversicherung die Vorversicherungszeit voll angerechnet wird. Voraussetzung ist, dass die Versicherung spätestens 2 Monate nach Beendigung der Vorversicherung zum unmittelbaren Anschluss daran beantragt wird (§ 3 (5) MB/KK 2009, § 3 (4) MB/PPV 2017, § 197 (2) VVG). Die Proximus Krankenversicherung AG leistet folglich ab Vertragsbeginn.

Für die ärztliche Behandlung der Neurodermitis wird ab Vertragsbeginn geleistet, da ein Risikozuschlag und kein Leistungsausschluss vorliegt.

Einen Beihilfeanspruch haben Ehegatten des Beihilfeberechtigen, wenn der Gesamtbetrag ihrer Einkünfte (§ 2 (3) EStG) im vorletzten Kalenderjahr vor der Stellung des Beihilfeantrags 17.000 € nicht übersteigt (§ 4 (1) BbhV). Herr Schönberg müsste seine Partnerin heiraten.

S 10

Markus Becher (33 Jahre)		Joanne Becher (31 Jahre)		Frederic Becher (1 Jahr)	
KPT	175,70 €	KPT	175,70 €	KPT	71,31 €
PVN	20,50 €	PVN	19,27 €	PVN	0 €
KHT 20 : 5 = 4 · 2,35 =	9,40 €	KHT 20	9,40 €		
KT 43 30 : 5 = 6 · 3,00 =	18,00 €				
BEV 100 : 50 = 2 · 14,35 =	28,70 €				
gesamt	252,30 €	gesamt	204,37 €	gesamt	71,31 €
monatlicher Tarifbeitrag für alle 3 Personen					527,98 €
plus 10 % gesetzlicher Vorsorgezuschlag nur bei Herrn und Frau Becher für Tarif KPT (2 · 175,70 € = 351,40 € · 10 % = 35,14 €)					35,14 €
= zu zahlender Beitrag					563,12 €

Der monatliche Beitrag für die gesamte Familie beträgt 563,12 €. Der Arbeitgeberzuschuss beträgt 281,56 €, also die Hälfte des gesamten Monatsbeitrags.

Der Arbeitgeberzuschuss wird auch für die private Pflegepflichtversicherung, die Krankenhaustagegeldversicherung und die Krankentagegeldversicherung gewährt.

Privat versicherte Familienmitglieder erhalten ebenfalls den Arbeitgeberzuschuss soweit sie in der gesetzlichen Krankenversicherung einen Anspruch auf Familienversicherung hätten.

Am Beitragsentlastungstarif beteiligt sich der Arbeitgeber insoweit der maximale Arbeitgeberzuschuss noch nicht ausgeschöpft wurde.

Zusätzlich können der Abschluss einer Pflegezusatzversicherung und einer Auslandsreisekrankenversicherung empfohlen werden.

> **Merke:** Der Arbeitgeber beteiligt sich maximal in Höhe der Hälfte des allgemeinen Beitragssatzes (2020: 14,6 % : 2 = 7,3 %) zuzüglich der Hälfte des durchschnittlichen Zusatzbeitragssatzes (2020: 1,1 : 2 = 0,55 %) bis zur Beitragsbemessungsgrenze (2020: 4.687,50 €) an den Kosten einer privaten Krankenversicherung. Bei der privaten Pflegepflichtversicherung beteiligt sich der Arbeitgeber maximal in Höhe der Hälfte des Beitragssatzes (2020: 3,05 % : 2 = 1,525 %) bis zur Höhe der Beitragsbemessungsgrenze (2020: 4.687,50 €) an den Kosten.

Siehe: § 257 (2) SGB V, § 61 (2) SGB XI

S 11

Frau Kirchhoff wird wieder pflichtversichert in der gesetzlichen Krankenversicherung. Auch Tochter Sarah ist während des FSJ pflichtversichert in der gesetzlichen Krankenversicherung (§ 5 (1) Nr. 1 SGB V).

> **Merke:** Menschen, die ein freiwilliges soziales Jahr machen, werden, wenn sie ein Entgelt bekommen, Angestellten gleichgestellt und unterliegen somit der Versicherungspflicht. Sollte in Ausnahmefällen kein Entgelt gezahlt werden, kann eine Familienversicherung bestehen.

Während des Studiums ist Sarah ebenfalls pflichtversichert in der gesetzlichen Krankenversicherung (§ 5 (1) Nr. 9 SGB V). Sie hat die Möglichkeit sich am Anfang des Studiums innerhalb von 3 Monaten nach der Einschreibung von der Versicherungspflicht befreien zu lassen (§ 8 (1) Nr. 5, (2) SGB V) und sich in einer privaten Krankenversicherung mit eigenem Beitrag zu versichern.

Sohn Andreas hat als Polizeibeamter freie Heilfürsorge.

Für alle drei Familienmitglieder kann eine Anwartschaftsversicherung abgeschlossen werden. Ohne diese können, bei erneutem Abschluss einer privaten Krankenversicherung, eine neue Gesundheitsprüfung anfallen, ein höheres Eintrittsalter zugrundegelegt werden oder eventuell Wartezeiten anfallen.

Für alle drei Familienmitglieder muss der bisherige Versicherungsschutz gekündigt werden. Die Kündigung ist unwirksam, wenn der Versicherungsnehmer dem Versicherer den Eintritt der Versicherungspflicht nicht innerhalb von 2 Monaten nachweist, nachdem der Versicherer ihn dazu in Textform aufgefordert hat. Bis zum Eintritt der Versicherungspflicht kann der Versicherer die Prämie beanspruchen (§ 13 (3) MB/KK 2009, § 205 (2) VVG).

Alle drei Familienmitglieder können sich privat zusatzversichern.

Für Herrn Kirchhoff ändert sich nichts.

S 12

Jan Lingen wird, aufgrund des Jahreseinkommens über der Jahresarbeitsentgeltgrenze, sofort mit Aufnahme der Tätigkeit versicherungsfrei, da er eine erstmalige Beschäftigung im Inland aufnimmt. Er kann eine eigene private Krankenversicherung bei der Proximus Krankenversicherung AG abschließen (§ 9 (1) Nr. 3 SGB V).

Er kann sich auch freiwillig bei einer gesetzlichen Krankenversicherung versichern (§ 9 (1) Nr. 3 SGB V). Dann muss eine Kündigung erfolgen.

Harald Lingens Beihilfeanspruch reduziert sich auf 50 %. Statt einem 30 %igen muss er nun einen 50 %igen Quotentarif abschließen (§ 46 BbhV (2), (3)).

Gemäß § 199 (2) VVG muss die Proximus Krankenversicherung AG Herrn Lingen und Jan Lingen die Anpassung des Versicherungsschutzes ohne Risikoprüfung und Wartezeiten gewähren. Voraussetzung ist, dass der Antrag innerhalb von 6 Monaten nach der Änderung gestellt wird.

> **Merke:** Im Rahmen des Anpassungsanspruchs kann kein Tarif verlangt werden, der außer dem Ausgleich des verminderten bzw. weggefallenen Beihilfeanspruchs generell zu einem höheren oder umfassenderen Versicherungsschutz führen würde. Sollte dennoch ein höherer bzw. umfassender Versicherungsschutz vereinbart werden, können für diesen Teil Erschwerungen in Form von Risikoausschlüssen oder Leistungsausschlüssen erhoben werden (vgl. Jan Boetius, Kommentar zur PKV, München 2010, S. 172 f.).

Bei Niclas Lingen ändert sich während des Studiums nichts.

S 13

Das Versicherungsverhältnis endet mit dem Tod des Versicherungsnehmers (§ 15 (1) MB/KK 2009, § 15 (1) MB/PPV 2017).

Die versicherten Personen haben in der privaten Krankenversicherung jedoch das Recht, und in der privaten Pflegepflichtversicherung, solange eine private Krankenversicherung besteht, die Pflicht, das Versicherungsverhältnis unter Benennung des künftigen Versicherungsnehmers fortzusetzen. Die Erklärung ist innerhalb zweier Monate nach dem Tode des Versicherungsnehmers abzugeben (§ 15 (1) MB/KK 2009, § 15 (1) MB/PPV 2017, § 207 (1) VVG).

Somit wird Herr Werle künftig Versicherungsnehmer. Er hat nun einen Anspruch auf 70 % Beihilfe und kann seinen Vertrag entsprechend durch Abschluss des Quotentarifs 30 BA/BZ bzw. 30 BS anpassen (§ 46 (3) BBhV).

Es muss eine Sterbeurkunde eingereicht werden.

Für die Verstorbene wird der Beitrag anteilig rückerstattet.

Für die Kinder ändert sich nichts.

S 14

Frau Kleemund kann den Vertrag zum Ende des Jahres unter Einhaltung einer Frist von 3 Monaten ordentlich kündigen. Die rechtzeitige Kündigung wird zum 01.01. d. n. J. wirksam (§ 13 (1) MB/KK 2009, § 205 (1) VVG).

Frau Kleemund kann eine Krankenversicherung, mit der die Krankenversicherungspflicht gemäß § 193 (3) Satz 1 VVG erfüllt wird, nur dann kündigen, wenn sie bei einem anderen Versicherer einen neuen Vertrag abschließt, der ebenfalls dieser Pflicht genügt (§ 205 (6) Satz 1 VVG).

Die Kündigung wird nur dann wirksam, wenn Frau Kleemund bis zum 01.01. d. n. J. nachweist, dass sie bei einem neuen Versicherer ohne Unterbrechung versichert ist (§ 13 (7) MB/KK 2009, § 205 (6) Satz 2 VVG).

Mit der Kündigung sind für Frau Kleemund erhebliche Nacheile verbunden. Der neue Versicherer wird eine neue Gesundheitsprüfung durchführen. In Folge dessen sind Leistungsausschlüsse oder Risikozuschläge möglich. Zudem kann der Vertrag bei erhöhtem Risiko abgelehnt werden.

Der neue Versicherer wird ein höheres Eintrittsalter zugrundelegen. Die Alterungsrückstellungen werden nicht zum neuen Versicherer übertragen, da dies bei Verträgen, die vor dem 01.01.2009 abgeschlossen worden sind, nicht vorgesehen ist (§ 146 (1) Nr. 5 VAG).

Wir unterbreiten Frau Kleemund das Angebot in andere, gleichartige Tarife der Proximus Krankenversicherung AG zu wechseln, deren Abschluss mit einer Beitragssenkung verbunden ist. Die Alterungsrückstellungen werden dann vollständig angerechnet (§ 204 (1) Satz 1 Nr. 1 VVG).

Eine neue Gesundheitsprüfung kann bei Tarifen anfallen, deren Leistungen höher oder umfassender sind. Für eine eventuelle Mehrleistung können Risikozuschläge oder Leistungsausschlüsse erhoben werden (§ 204 (1) Satz 1 Nr. 1 VVG).

Lösungen zu GFK 3 (5) – Haftpflichtversicherung

Vorübungen (V)

V 1 c	**V 14** a	**V 27** a	**V 40** c
V 2 c	**V 15** b	**V 28** d	**V 41** d
V 3 b	**V 16** d	**V 29** c	**V 42** a
V 4 a	**V 17** c	**V 30** d	**V 43** b
V 5 c	**V 18** c	**V 31** b	**V 44** b, g, i
V 6 d	**V 19** b	**V 32** c	**V 45** b
V 7 c	**V 20** a	**V 33** a	**V 46** a
V 8 d	**V 21** c	**V 34** d	**V 47** b
V 9 b	**V 22** c	**V 35** b	**V 48** c
V 10 a	**V 23** a	**V 36** c	**V 49** d
V 11 b	**V 24** c	**V 37** c	
V 12 a	**V 25** b	**V 38** a	
V 13 d	**V 26** b	**V 39** d	

Situationsaufgaben (S)

S 1

Student Robert Z. ist mit 21 Jahren voll deliktsfähig.

Eine Rechtsgutverletzung am Eigentum von Herrn Blaicher liegt vor.

Die Handlung ist auch widerrechtlich, da keine Rechtfertigungsgründe (z. B. Notwehr, Notstand, Selbsthilfe, etc.) vorliegen, die einen Ersatzanspruch ins Leere laufen lassen würden.

Adäquate Kausalität liegt ebenso vor. Durch das Feuer und den darauffolgenden Löschversuch wurde das Eigentum des Herrn Blaicher geschädigt.

Bezüglich des Verschuldens kann man hier von grober Fahrlässigkeit ausgehen, da er zwar den Alkohol vorsätzlich angezündet hat, aber keine Schädigung der Nachbarsmarkise vornehmen wollte.

Ein bedingter Vorsatz kann ebenso ausgeschlossen werden, da er sich der Gefahr im Moment des Anzündens nicht bewusst war. Er hätte bemerken müssen, dass der Becher aus Plastik ist. Folglich kann von grober Fahrlässigkeit ausgegangen werden, da er die im Verkehr erforderliche Sorgfalt im groben Maße verletzt hat. Er hätte bemerken müssen, da der Becher aus Plastik und folglich entflammbar ist.

S 2

Haftung der beiden Jungen:

Hannes und Christian sind nach § 828 (3) BGB bedingt deliktsfähig (schuldfähig). Folglich ist zu prüfen, ob die beiden die zur die Erkenntnis ihrer Verantwortlichkeit erforderliche Einsicht besitzen. Aufgrund des Alters der beiden Jungen (12 und 13 Jahre) ist davon auszugehen, dass sie sich der Verantwortung ihres Tuns bewusst sein müssen. Die Gefahr, die von einem offenen Feuer in einer mit Stroh gefüllten Scheune ausgeht, sollte für Jungen aufgrund ihres Alters allgegenwärtig sein.

Schuldhaftes Verhalten?

Die beiden Jungen hätten aufgrund ihres Alters einen potentiellen Brandschaden voraussehen können und haben folglich diesen möglichen Schadenseintritt sorgfaltswidrig verkannt. Die Herbeiführung des Brandschadens war folglich grob fahrlässig.

Adäquate Kausalität? Liegt vor, da das Entzünden der Halme in einem ursächlichen Zusammenhang mit dem Brandschaden steht.

Widerrechtlichkeit? Liegt vor, da keine Anhaltspunkte für eine Rechtfertigung erkennbar sind. (Notwehr, Notstand, Selbsthilfe, etc.)

Rechtsgutverletzung? Liegt vor, da das Eigentum des Landwirts Huber zerstört wurde.

Da sämtliche Voraussetzungen erfüllt sind, haften die beiden Jungen nach §§ 823 (1), 828 (3), 830 (1)S.1 BGB.

§ 830 (1) S.1 BGB findet deswegen Anwendung, weil hier eine gemeinschaftlich begangene unerlaubte Handlung vorliegt, in deren Folge die beiden Jungen nach § 840 (1) gesamtschuldnerisch haften.

Haftung der Eltern:

Die Eltern der beiden Jungen haften nach § 832 (1) S.1 BGB aus vermutetem Verschulden, da ihre minderjährigen und folglich aufsichtsbedürftigen Kinder rechtswidrig einem Dritten einen Schaden zugefügt haben.

Können sich die Eltern aufgrund des § 832 (1) S.2 BGB aus dem vermuteten Verschulden entlasten (exkulpieren)?

Der Umfang der Aufsichtspflicht über Minderjährige bestimmt sich nach deren Alter, Eigenart und Charakter. Aufgrund des Alters der beiden Jungen ist eine ständige Überwachung durch die Eltern nicht erforderlich und schon allein aus pädagogischer Sicht nicht sinnvoll. Es spielt auch keine Rolle, dass das Feuerzeug auf dem elterlichen Hof gefunden wurde, da die Kinder zum Einen noch nie negativ aufgefallen waren und als zuverlässig gelten und zum Anderen mit 12 bzw. 13 Jahren über die Gefahren des Feuers aufgeklärt waren.

Die Eltern können sich folglich entlasten, weil sie ihre Aufsichtspflicht nicht verletzt haben und müssen nicht haften.

S 3

Ein Nutztier ist ein Haustier, das dem Beruf, dem Unterhalt, oder der Erwerbstätigkeit des Halters dient. Wird durch ein Nutztier ein Schaden verursacht, haftet der Halter nach § 833 S.2 aus vermutetem Verschulden. Er kann sich entlasten, wenn er beweisen kann, dass er bei der Beaufsichtigung des Tieres die im Verkehr erforderliche Sorgfalt beachtet hat, bzw. dass der Schaden auch bei Anwendung dieser Sorgfalt entstanden wäre.

Ein Golden Retriever ist seiner Natur nach ein Familienhund und folglich kein Wachhund. Außerdem müsste er zudem eine spezielle Ausbildung als Wachhund aufweisen, die hier laut Situation nicht vorliegt. Zudem dient er nicht nur als „Wachhund" sondern auch familiären Zwecken. Folglich ist Basko nicht als Nutztier einzustufen. Selbst wenn Basko als Nutztier gelten würde, hätte Herr Gerster die im Verkehr erforderliche Sorgfalt verletzt, weil der „bewachte" Bereich nicht ausreichend vor unbefugtem Zutritt gesichert war. Die Kinder konnten problemlos über das niedrige Tor klettern.

Folglich gilt für den Schadensfall die strenge Gefährdungshaftung ohne Entlastungsmöglichkeit nach § 833 S.1 BGB und der Halter (Herr Gerster) muss für den Schaden aufkommen. Die Heilkosten leiten sich aus § 249 BGB und das Schmerzensgeld aus § 253 BGB ab. Basko ist folglich als Luxustier und nicht als Nutztier einzustufen.

Ein Mitverschulden von Heiko nach § 254 BGB scheidet mangels Deliktsfähigkeit aus.

S 4

- Ihre Frau ist bei Ihnen mitversichert (A 1 Ziff. 2.1.1).
- Ihre selbstbewohnte Eigentumswohnung ist mitversichert (A 1 Ziff. 6.3.1).
- Ihre 18-jährige noch unverheiratete Tochter ist während Sie zur Schule geht bei Ihnen mitversichert, dies trifft auch zu während sie Ihr soziales Jahr in Costa Rica ableistet. Der Versicherungsschutz ist auf 2 Jahre begrenzt (A 1 Ziff. 2.1.2 und 6.15.2).
- Ihre Frau und Ihre Tochter sind während des Reitens fremder Pferde gegenüber Schäden, die Sie Dritten zufügen versichert (A 1 Ziff. 6.9).
- Ihr 24-jähriger unverheirateter Sohn ist während des Studium weiter bei Ihnen versichert (A 1 Ziff. 2.1.2).
- Die Mietwohnung ist Mannheim ist mitversichert (A 1 Ziff. 6.5.1).
- Er ist während seiner zwei Auslandssemester in Toronto versichert (A 1 Ziff. 6.15.2).

S 5

- Ihre Lebensgefährtin Frau Gisela Huber ist bei Ihnen mitversichert, sofern Sie bei Ihnen gemeldet ist (A 1 Ziff. 2.1.4).
- Das selbstbewohnte Einfamilienhaus in Germering ist mitversichert (A 1 Ziff. 6.3.1.)
- Der 15-jährige Sohn ist mitversichert, sobald er zu Ihnen zieht, heißt bei Ihnen gemeldet ist (A 1 Ziff. 2.1.2 und 2.1.4).
- Das Waisenkind Liana, welches sie adoptieren wollen und bei Ihnen wohnen wird, ist bei Ihnen mitversichert (A 1 Ziff. 2.1.2).
- Sie sind während ihrer sechswöchigen Reise nach Bangkok versichert (A 1 Ziff. 6.15.2).
- Die Wohnung in Bangkok, die sie zeitlich begrenzt anmieten wollen, ist mitversichert (A 1 Ziff. 6.15.3 und 6.3.1.)
- Ihre Lebensgefährtin ist während Ihres dreiwöchigen Auslandsaufenthalts in Bangkok versichert, jedoch nur in der Freizeit (A 1 Ziff. 6.15.2).
- Sie ist während der Ausübung ihres Berufs, ob in Deutschland oder Thailand nicht versichert (A 1 Ziff. 1).

S 6

- Ihre Frau ist bei Ihnen mitversichert (A 1 Ziff. 2.1.2).
- Das Zweifamilienhaus ist in Ihrer PHV mitversichert (A 1 Ziff. 6.3.1).
- Die Wohnung, die sie in Ihrem selbstbewohnten Zweifamilienhaus vermieten möchten, ist ebenfalls mitversichert(A 1 Ziff. 6.3.2.3).
- Sohn Peter ist mitversichert, solange er unverheiratet ist und sich noch in der Ausbildung bzw. Studium befindet (A 1 Ziff. 2.1.2).
- Wenn er mit der Freundin zusammenzieht ist er weiterhin bei Ihnen mitversichert, gegenüber Schäden, die er einem Dritten zufügt.
- Der Schaden am Waschbecken ist gedeckt (A 1 Ziff. 6.5.1.1).
- Der Betrieb einer privat genutzten Photovoltaikanlage am eigenen Haus ist mitversichert (A 1 Ziff. 6.3.2.7).
- Sie und Ihre Frau sind beim Wandern und Skifahren versichert, wenn Sie Dritte schädigen (A 1 Ziff. 6.7.1).
- Die Ferienwohnung in Berchtesgaden ist mitversichert, wenn sie selbst von Ihnen bewohnt wird (A 1 Ziff. 6.3.1).
- Die gelegentliche Vermietung der Ferienwohnung kann durch Vereinbarung gegen Zuschlag mitversichert werden (A 1 Ziff. 6.4).

S 7

- Ihre Frau ist bei Ihnen mitversichert (A 1 Ziff. 2.1.1), folglich ist sie auch in Ihrer Freizeit während des Golfspielens versichert (A 1 Ziff. 6.7.1).
- Ihre ehrenamtliche Tätigkeit im Golfverein ist mitversichert (A 1 Ziff. 6.2), jedoch nicht Ihre leitenden Ehrenämter, hier: Mitglied im Vorstand (A 1 Ziff. 6.2.)
- Sie ist beim Golfspielen auch während ihrer Reise versichert (A 1 Ziff.6.15.1).
- Der Schaden an der Nachtischlampe wird ersetzt, da Mietsachschäden am Inventar der Reiseunterkunft, wie z. B. Hotels, mitversichert sind (A 1 Ziff. 6.5.2.1).
- Die Verletzungen Ihrer Frau werden nicht übernommen, da es ein Eigenschaden ist (A 1 Ziff. 7.4.1).
- Ihre Tochter ist aktuell noch bei Ihnen mitversichert, jedoch nur solange sie unverheiratet ist und noch studiert (A 1 Ziff. 2.1.2).
- Mit Beginn des Referendariats ist sie nicht mehr bei Ihnen mitversichert (A 1 Ziff. 2.1.2).
- Mietsachschäden sind mitversichert (A 1 Ziff. 6.5.1), jedoch ist der Schaden an der Glastür ausgeschlossen (A 1 Ziff. 6.5.1.2).

S 8

- Ihre Frau ist bei Ihnen mitversichert (A 1 Ziff. 2.1.1).
- Ihr selbstbewohnte Einfamilienhaus ist mitversichert (A 1 Ziff. 6.3.1).
- Der 18-jährige noch unverheiratete Sohn Ihrer Frau ist während er zur Schule geht und während der sich innerhalb von 12 Monaten unmittelbar anschließenden Erstausbildung bei Ihnen mitversichert (A 1 Ziff. 2.1.2).

Dies trifft auch auf die Tochter Ihrer Frau zu, wenn beide unter Ihrer Anschrift gemeldet sind (A 1 Ziff. 2.1.4).

- Das Reitpferd ist aktuell über die Vorsorgeversicherung versichert, Sie müssen aber bis 20.04. d.J. eine Reit- und Zugtierhalter-Haftpflichtversicherung abschließen, sonst entfällt rückwirkend der Versicherungsschutz (A 1 Ziff.9, A 3).

- Der neue Hund, den sie für die Tochter kaufen wollen, wäre in der Erweiterung Ihrer bereits bestehenden Hundehalter-HV mitversichert (A 1 Ziff. 8, A 2).

S 9 a) - Schlüssel Geschäft
Schlüssel zum Geschäft: Fotograf Fabian Krüger ist selbstständig, Haftpflichtansprüche aus dem Abhandenkommen von Schlüsseln, die der VN im Rahmen einer selbstständigen oder freiberuflichen Tätigkeit verwendet sind ausgeschlossen; ebenso die Folgeschäden, die sich aus dem Schlüsselverlust ergeben (A 1 Ziff. 6.6.3).

- Diebstahl der Kameras ist ausgeschlossen.
- Austausch des Schlosses des Geschäfts ist ausgeschlossen.
- Entwendetes Bargeld ist ebenfalls ausgeschlossen.
- Autoschlüssel ist ebenfalls ausgeschlossen (A 1 Ziff.6.6.3).
- Schlüssel Wohnung, MFH
Auswechseln der gesamten Schließanlage: der Zentralschlüssel für die Haustüre und Mietwohnung wird ersetzt (A 1 Ziff. 6.6.1) (89 · 280,00 € = 24.920,00 €).
„Mitversichert ist das Abhandenkommen von fremden Schlüsseln, die im Rahmen einer ehrenamtlichen Tätigkeit, beruflich, dienstlich oder privat überlassen wurden".
Die Höchstersatzleistung beträgt je Versicherungsfall 100.000,00 €
(A 1 Ziff. 6.6.4).
Die Forderung der Nachbarin wird nicht ersetzt, da Folgeschäden, die sich aus dem Schlüsselverlust ergeben, ausgeschlossen sind (A 1 Ziff. 6.6.3).

b) Schlüssel Geschäft und Autoschlüssel identisch!
Wohnungsschlüssel der Eigentumswohnung wird nicht ersetzt, da Eigenschaden (A 1 Ziff. 7.3.1).
Das Auswechseln der gesamten Schließanlage ist mitversichert, jedoch nicht der Eigentümeranteil des VN (A 1 Ziff. 6.6.1).
24 · 280,00 € = 6.720,00 €. Der Schaden wird komplett ersetzt.
Schaden bei der Nachbarin ist ausgeschlossen (siehe oben).

S 10

- In der PHV sind die im Ausland vorkommenden Schäden mitversichert (A 2 Ziff. 2.1).

- Schaden am Inventar der Reiseunterkunft, hier: Teppich im Hotel, wird ersetzt (A 2 Ziff. 3.1, A 1 Ziff. 6.5.2.1).

- Die Katze der Tochter, der Wellensittich, sowie die Piranhas sind in der PHV mitversichert (A 1 Ziff. 6.9).

S 11

- Ihre Ehefrau Frau Sandra Müller ist bei Ihnen mitversichert, sofern Sie bei Ihnen gemeldet ist (A 1 Ziff. 2.1.1).
- Während der Zeit des Ausübens Ihres Berufs sind Sie, wie auch Ihre Frau nicht versichert (A 1 Ziff. 1).
- Die 17-jährige Tochter ist mitversichert, da sie bei Ihnen wohnt und unverheiratet ist (A 1 Ziff. 2.1.2).
- Schäden, die sich im Kroatien-Urlaub ereignen sind mitversichert, da es sich jeweils um einen zeitlich begrenzten Aufenthalt handelt (A 1 Ziff. 2.6.15).
- Das Windsurfen Ihrer Tochter ist mitversichert (A 1 Ziff. 2.6.12).
- Sie sind während ihrer sechswöchigen Reise nach Bangkok versichert (A 1 Ziff. 6.15.2).
- Der regelmäßige Gebrauch von eigenen Kanus ist mitversichert, wie auch der gelegentliche Gebrauch des Motorboots (A 1 Ziff. 6.12).
- Das selbstbewohnte Einfamilienhaus ist mitversichert gem. A 1 Ziff. 6.3.1.
- Umbaumaßnahmen sind nur bis zu einer Bausumme von 200.000,00 € in Ihrer PHV mitversichert (A 1 Ziff. 6.3.2.4). Der Umbau ist über die Vorsorgeversicherung mitversichert. Wir können eine höhere Prämie verlangen und bieten Ihnen deshalb den Abschluss einer Bauherren-HV an. Kommt diese innerhalb eines Monats nicht zu der angebotenen Prämie zustande entfällt der Versicherungsschutz rückwirkend (A 1 Ziff. 9.1).

S 12

- Ihre Mutter ist bei Ihnen mitversichert, wenn sie unverheiratet, pflegebedürftig und bei Ihnen im Haushalt wohnt (A 1 Ziff. 2.1.6).
- Das Zweifamilienhaus ist in Ihrer PHV mitversichert (A 1 Ziff. 2.3.1).
- Sie sind als Radrennfahrer während des Trainings, sowie während der Teilnahme an einem Wettkampf mitversichert, dies gilt auch für den Triathlon (A 1 Ziff. 6.7.3).
- Das in Hamburg geliehene Fahrrad ist mitversichert, wie auch Schäden, die sich daraus ergeben, allerdings mit 100,00 € Selbstbeteiligung je Schadenfall (A 1 Ziff. 6.5.3).
- Den Schaden, den ihre Frau am fremden Pkw auf dem Baumarktparkplatz verursacht hat, werden wir übernehmen, bis zu einer Höhe von 1.500,00 € (A 1 Ziff. 6.10.3).
- Den Schaden am eigenen Pkw werden wir nicht begleichen, da es ein Eigenschaden ist.
- Den Schaden in der Wohnung ihres Nachbarn werden wir ersetzen, da er im Rahmen einer Gefälligkeitshandlung passiert ist (A 1 Ziff. 6.1.7).

S 13

- Frau Weigert haftet für den entstandenen Schaden aus § 823 I BGB.
- Sie sind während des Schwimmens, Tennisspielens, Snowboardfahrens und Nordic Walkens versichert (A 1 Ziff. 6.7.1).
- Der Sachschaden am Fahrrad ist versichert (A 1 Ziff. 3.1).
- Die Heilbehandlung, die Schmerzensgeldforderungen, sowie der Verdienstausfall als Folge des Personen- und Sachschadens wird ebenfalls reguliert (A 1 Ziff. 3.1).
- Der Walkingstock ist als geliehene Sache grundsätzlich nach Ziff. A 1 6.5.3 versichert, es besteht jedoch ein Selbstbehalt von 100,00 €.

S 14

- Das Dreifamilienhaus ist in der Haus- und Grundbesitzerhaftpflichtversicherung (HuG-HV) versichert (A 4).
- Das Einfamilienhaus in Dresden, welches Ihre Frau geerbt hat, stellt eine Erweiterung des versicherten Risikos Ihrer HuG-Vers. dar; Erweiterungen sind mitversichert (A 1 Ziff. 8.1). Wir ersetzen den Schaden durch den Dachziegel. Sie müssen aber Prämie nachzahlen.
- Das Au-Pair Mädchen ist bis zu einer Dauer von einem Jahr bei Ihnen mitversichert (A 1 Ziff. 2.1.6).
- Der Hamster ist mitversichert, da zahmes Haustier (A 1 Ziff. 6.9).
- Die Frau ist mitversichert bei Ihnen, folglich auch Schäden, die sich während der Beaufsichtigung von bis zu 5 zur Betreuung übernommenen minderjährigen Kindern ergeben (A 1 Ziff. 6.1.4).
- Ihre Frau hat beim Sturz von Michael ihre Aufsichtspflicht verletzt, die Schadenersatzansprüche von Michaels Eltern sind berechtigt (A 1 Ziff. 6.1.6.1).
- Kein Versicherungsschutz besteht für den abhanden gekommenen Rucksack von Matthias (A 1 Ziff. 6.1.4).
- Sach- und Personenschäden bei Herrn Schiller sind mitversichert (A 1 Ziff. 6.1.6).
- Sophia ist bei Ihnen mitversichert, der Gebrauch eines Kinderdrachens ebenfalls (A 1 Ziff. 6.11.1).
- Der Hund ist aktuell über die Vorsorgeversicherung mitversichert. Wir können eine höhere Prämie verlangen und bieten Ihnen deshalb den Abschluss einer Hundehalter-HV an. Kommt diese innerhalb eines Monats nicht zu der angebotenen Prämie zustande, entfällt der Versicherungsschutz rückwirkend (A 1 Ziff. 9.1).

S 15

- Als Bauherr vom Umbauten sind Sie bis zu einer Bausumme von 200.000,00 € je Bauvorhaben versichert.
- Der Gebrauch des Baggers ist in der PHV mitversichert, da er eine Höchstgeschwindigkeit von 6 km/h hat (A 1 Ziff. 6.10.1). Folglich zahlen wir den Schaden am Zaun des Nachbarn.
- Den Schaden an Ihrer eigenen Hauswand werden wir leider nicht begleichen, da es ein Eigenschaden ist (A 1 Ziff. 7.3.1)
- Die Schäden am geliehenen Bagger werden wir ersetzen (A 1 Ziff. 6.5.3).

S 16

- Herr Huber und seine Frau sind als Bauherren für den entstandenen Sach- und Personenschaden haftbar (§ 836 BGB).
- Beide sind Ihrer Verkehrssicherungspflicht nicht nachgekommen (§ 823 II BGB).
- Bauvorhaben sind bis zu einer Bausumme bis 200.000,00 € mitversichert (A 1 Ziff. 6.3.2.4), die Mitversicherung entfällt hier.
- Im Rahmen der Vorsorgeversicherung besteht Versicherungsschutz.
- Der Personenschaden, die Schmerzensgeldforderungen der Beifahrerin, sowie der Sachschaden am Pkw werden gedeckt.
- Voraussetzung ist jedoch, dass Herr Huber innerhalb von einem Monat die Bauherren-HV abschließt, die ihm zu einer bestimmten Prämie jetzt angeboten wird. Ansonsten würde er Versicherungsschutz aus der Vorsorgeversicherung entfallen.

S 17

- Frau Winter muss Ihren Singletarif auf das Kompaktmodell umstellen und ist dann mitversichert, wenn beide unter der gleichen Anschrift gemeldet sind (A 1 Ziff. 2.1.2).
- Versicherungsschutz besteht für das selbstbewohnte Einfamilienhaus (A 1 Ziff. 6.3.1).
- Für das Risiko durch Öl muss eine Gewässerschaden-Haftpflichtversicherung abgeschlossen werden (A 6).
- Die beiden Ziegen sind als zahme Haustiere in der PHV mitversichert (A 1 Ziff. 6.9).
- Schäden, die während der Ausübung einer Gefälligkeitshandlung passieren, sind mitversichert (A.1 Ziff. 6.1.7).
- Versicherungsschutz besteht auch während der Tätigkeit des Räum- und Streudienstes (A 1. 6.3.2.1).

S 18

Kündigung ist laut B 2 Ziff. 3.1 möglich, da Schadensfall vorliegt, den der Versicherer reguliert hat und die Kündigung laut B 2 Ziff. 3.1 innerhalb eines Monats ab Schadensregulierung erfolgte. Die Kündigung wird zum Ablauf des 17.11. d. J. wirksam.

Beitragserstattung erfolgt p. r. t vom 17.11. d. J. bis 01.01. d. n. J., 43 Tage (Das Jahr wird mit 360 Tagen gerechnet, der Monat mit 30 Tagen. Für die Berechnung wird die Bruttoprämie herangezogen)

Rückerstattung (113,65 € : 360 Tage) · 43 Tage = 13,57 €

S 19

Der VN hat beim Wegfall des Versicherten Risikos nach B 2 Ziffer 2 ein Kündigungsrecht.

Die Beitragsrückerstattung erfolgt ab dem Zeitpunkt des Eingangs der Kündigung, also beim vorliegenden Fall der 14. September d. J. Die Kündigung wird folglich zum Ablauf des 14.9. d. J. wirksam.

Der VN erhält den unverbrauchten Beitrag für 106 Tage zurück.

(Das Jahr wird mit 360 Tagen gerechnet, der Monat mit 30 Tagen. Für die Berechnung wird die Bruttoprämie herangezogen.)

Rückerstattung (96,80 € : 360 Tage) · 106 Tage = 28,50 €

Lösungen zu GFK 3 (6) – Rechtsschutzversicherung

Vorübungen (V)

V 1 a	**V 9** b	**V 17** b	**V 25** b
V 2 b	**V 10** c	**V 18** b	**V 26** d
V 3 b	**V 11** c, e	**V 19** a	**V 27** c
V 4 c	**V 12** c	**V 20** a	**V 28** d
V 5 a	**V 13** a	**V 21** b	**V 29** a
V 6 c	**V 14** c	**V 22** c, d, e	**V 30** a, b, d, f
V 7 d	**V 15** c	**V 23** b	**V 31** c
V 8 a	**V 16** d	**V 24** d	

Situationsaufgaben (S)

S 1

- Empfehlung des Privat-, Berufs-, Verkehrs- und Wohnungs- und Grundstücks-Rechtsschutz.
- Mitversichert ist Manuel, so lange er noch minderjährig ist, Saskia, so lange sie noch keine auf Dauer ausgelegte berufliche Tätigkeit ausübt und Johannes, so lange er noch studiert. Volljährige Kinder sind mitversichert, so lange sie noch unverheiratet sind.
- Mitversichert ist Ihre Ehefrau
- Ebenfalls mitversichert ist die berufliche Tätigkeit von Ihnen und Ihrer Frau
- Das Einfamilienhaus ist mitversichert
- Ihre Tochter wie auch Ihr Sohn Johannes sind als Fahrer auf die auf Sie zugelassenen Kfz versichert

S 2

- Die Kinder von Frau und Herrn Hellwig sind weiter über den Versicherungsvertrag von Herrn Hellwig versichert, so lange sie unverheiratet sind und noch keiner auf Dauer angelegten beruflichen Tätigkeit nachgehen und noch kein Einkommen erhalten ARB 2012 2.1.2.
- Frau Hellwig ist nach der Scheidung nicht mehr in den Versicherungsverträgen Ihres Ex-Mannes mitversichert.
- Da sie aktuell die Erlaubnis hat, den Golf, der auf Ihren Ex-Mann zugelassen ist, zu fahren, genießt sie als berechtigte Fahrerin des auf ihren Ex-Mann zugelassenen Pkw Versicherungsschutz. Jedoch wäre eine eigene Verkehrs- oder Fahrer-Rechtsschutzversicherung nötig, wenn sie ein eigens Fahrzeug auf sich zulässt oder ein fremdes Fahrzeug fährt.
- Des Weiteren sollte Sie eine eigene Privat-, Berufs- und Wohnungsrechtsschutz-Versicherung ARB 2012 abschließen.

S 3

- Empfehlung des Privat-, Verkehrsrechts-, Wohnungs- und Grundstücks-Rechtsschutz. Im Berufs-Rechtsschutz sind Sie nicht versichert, jedoch Ihre Lebensgefährtin.
- Ihre Lebensgefährtin ist mitversichert, sofern Sie im Versicherungsschein genannt ist.
- Ihr Sohn Peter ist mitversichert, so lange er sich noch im Studium befindet und unverheiratet ist.
- Ihr Einfamilienhaus ist mitversichert.
- Ihr Motorboot ist auch während des Gebrauchs in Italien mitversichert.

S 4

Im Rahmen der Verkehrsrechtsschutzversicherung sowie über die Privatrechtsschutzversicherung ist über die Leistungsart „Vertrags- und Sachenrecht" nach 2.2.4 ARB 2012 auch der Erwerb von Kraftfahrzeugen mitversichert. Die Konsultation eines Anwalts bezüglich des Entwurfes eines Kaufvertrages ist jedoch nicht mitversichert, da nach 2.4.3. ARB 2012 kein Versicherungsfall vorliegt. Ein Versicherungsfall würde erst dann vorliegen, wenn einer der Vertragspartner gegen Rechtspflichten verstoßen hat oder verstoßen haben soll. Der Händler verschweigt beispielsweise einen Mangel am Fahrzeug arglistig. Zudem besteht bei der Leistungsart „Vertrags- und Sachenrecht" eine Wartezeit von drei Monaten.

Rechtsstreitigkeiten wegen Erhöhung der Miete des selbst genutzten Wohnobjekts sind über den Wohnungs- und Grundstücksrechtsschutz versichert. Da nach 2.4.3. ARB 2012 der (angebliche) Rechtspflichtverstoß schon eingetreten ist, bestünde für die Rechtsstreitigkeiten aus der Mieterhöhung kein Versicherungsschutz, wenn Sie eine Rechtsschutzversicherung abschließen würden. Zudem besteht beim Wohnungs- und Grundstücks-Rechtsschutz eine Wartezeit von drei Monaten, d.h. es besteht erst Versicherungsschutz nach Ablauf von drei Monaten nach Vertragsbeginn.

S 5

Geschwindigkeitsüberschreitung
Angesprochen wäre der Ordnungswidrigkeiten-Rechtsschutz ARB 2012 2.2.10, jedoch müsste Ihnen eine Geschwindigkeitsüberschreitung vorgeworfen werden, d.h. es ist erst eine Angelegenheit für die Rechtsschutzversicherung, wenn Ihnen konkret eine Geschwindigkeitsüberschreitung durch die Behörde vorgeworfen wird. Eine rein vorsorgliche Beratung fällt nicht unter den Leistungskatalog.

„Halten im Parkverbot"
Der Verkehrs-Rechtsschutz beinhaltet die Leistungsart Ordnungswidrigkeiten-Rechtsschutz ARB 2012 ARB 2012 2.2.10, die hier angesprochen ist. Jedoch geht es hier beim Halten im Parkverbot um Ordnungswidrigkeiten- bzw. Verwaltungsverfahren, welche nach ARB 2012 3.2.16 ausgeschlossen sind. Hier besteht kein Versicherungsschutz.

S 6

Die Leistungsart Rechtsschutz im Vertrags- und Sachenrecht (2.2.4 ARB 2012) ist im Verkehrs-Rechtsschutz nach ARB 2012 enthalten. Der Kunde genießt Versicherungsschutz für Verträge bei denen er z.B. Kraftfahrzeuge zur Eigennutzung erwerben will. Die Rechtsschutzversicherung trägt die Rechtsanwaltskosten und Gerichtskosten für die Durchsetzung seiner Interessen (2.2.4 ARB 2012). Bei der Leistungsart „Vertrags- und Sachenrecht" besteht eine Wartezeit von drei Monaten.

S 7

- Der Ehemann ist über den Vertrag der Frau mitversichert nach 1.2.1 ARB 2012.
- Versicherungsschutz besteht grundsätzlich ab dem 30.01. d. J.
- Die angesprochene Leistungsart ist der Steuerrechtsschutz vor Gerichten (2.2.5 ARB 2012).
- Der Rechtsschutzfall ist mit dem angeblich falschen Steuerbescheid vom 02.05. d. J. eingetreten. Es besteht zudem bei der Leistungsart „Steuerrechtsschutz vor Gerichten" eine Wartezeit von drei Monaten.
- Die den Versicherungsfall auslösende Willenserklärung (Abgabe der Steuererklärung am 15.02.) war vor Beginn des Versicherungsschutzes. Versicherungsschutz für die Leistungsart „Steuerrechtsschutz vor Gerichten" besteht erst nach Ablauf der dreimonatigen Wartezeit ab 01.05. d. J. Folglich hat Herr Winter keinen Versicherungsschutz.

S 8

Die Wahrung der rechtlichen Interessen aus Arbeitsverhältnissen ist über eine Berufsrechtsschutzversicherung abgedeckt. Für den Arbeitsrechtsschutz besteht jedoch nach 3.1.1 ARB 2012 eine Wartezeit von drei Monaten, d. h. es besteht erst Versicherungsschutz nach Ablauf von drei Monaten nach Versicherungsbeginn. Die Proximus Rechtsschutzversicherung AG übernimmt die Kosten für die Vergütung eines Rechtsanwalts, der die rechtlichen Interessen des Betroffenen vertritt. Weiterhin ist anzumerken, dass bei Prozessen vor dem Arbeitsgericht in der ersten Instanz jede Partei seine Anwaltskosten selber zu tragen hat. Wenn die Kündigung bereits ausgesprochen wurde, ist es nicht möglich, über den Abschluss einer Berufsrechtsschutzversicherung noch Versicherungsschutz zu erlangen, da der Versicherungsfall ja bereits eingetreten ist.

S 9

- Frau Reiter hat eine Rechtsschutzversicherung für das selbstbewohnte Objekt. Nach dieser Vertragsart ist der Wohnungs- und Grundstücks-Rechtsschutz versichert nach 2.2.1 bzw. 2.2.3 ARB 2012.
- Die Proximus Rechtsschutzversicherung AG trägt die Kosten eines am Gerichtsort niedergelassenen Rechtsanwaltes im Rahmen der gesetzlichen Vergütung nach 2.3.1.2 ARB 2012.
- Der Rechtsschutzfall tritt mit dem behaupteten Rechtspflichten- und Rechtsvorschriftenverstoß, hier dem Eigentümerbeschluss ein nach 2.4.3 ARB 2012.
- Der Rechtsschutzvertrag bestand zu diesem Zeitpunkt, jedoch ist die zu berücksichtigende Wartezeit von drei Monaten noch nicht abgelaufen. Es besteht kein Versicherungsschutz nach 3.1.1 ARB 2012.

S 10

Bei der Abwehr von Schadenersatzansprüchen handelt es sich um einen Ausschluss nach 3.2.3 ARB 2012. Der vorliegende Fall wäre über die PHV gedeckt. Im Falle einer Verletzung der Aufsichtspflicht würde die PHV den Schaden am Auto ersetzen, falls nicht, würde die PHV die unberechtigten Ansprüche abwehren.

S 11

- Herr Weßling ist versicherte Person im Rahmen des versicherten Vertrags.
- Die angesprochene Leistungsart Straf-Rechtsschutz ist enthalten 2.2.9 ARB 2012.
- Herrn Weßling wurde eine fahrlässige Tat vorgeworfen. Dafür besteht Versicherungsschutz.
- Die Kosten werden übernommen.

S 12

Im Rahmen der Privatrechtsschutzversicherung ist die Leistungsart Vertrags- und Sachenrecht mitversichert. Beim vorliegenden Fall hat der Bankberater eine Pflicht aus dem Beratervertrag verletzt, nämlich die umfassende und sachgemäße Aufklärung des (beim vorliegenden Fall vor allem unerfahrenen) Kunden über etwaige Risiken, die mit dem Kauf von Aktienfonds verbunden sind. Nach 3.2.8 ARB 2012 sind jedoch Streitigkeiten in ursächlichem Zusammenhang mit dem Erwerb von Fondsanteilen ausgeschlossen.

Lösungen zu GFK 3 (7) – Kraftfahrtversicherung

Vorübungen (V)

V 1 b

V 2 e

V 3 a, e, f

V 4 a) 9, b) 9, c) 1), d) 9, e) 1

V 5 a) 25.04. d. J.,
b) 11.05. d. J.,
c) 04.06. d. J.

V 6 d

V 7 20. 11. d. J.

V 8 a) 1, b) 2, c) 2, d) 3

V 9 c

V 10 c

V 11 c, e, i

V 12 b, e, f

V 13 c, f

V 14 d

V 15 a) 6, b) 3, c) 2

V 16 a) 9, b) 1, c) 1, d) 9, e) 9, f) 1, g) 9

V 17 e

V 18 c, d

V 19 a) 29.04. d. J.
b) 09.07. d. J.
c) 05.09. d. J.

V 20 a) 9, b) 9, c) 1, d1) 9, d2) 9 d3) 9, e) 9

V 21 c

V 22 c

V 23 h

V 24 e

V 25 b

V 26 a) KH 17, VK 21, TK 24
b) KH 11, VK 7, TK 9

V 27 a) 3, b) 2, 5

V 28 a) FZA −5 %, JFL +10 %,
b) FZA keine Auswirkung
JFL +10 %

V 29 c, e (siehe J.3.2 AKB 2015)

V 30 b, c, e, f (siehe J.3.3 AKB 2015)

V 31 SF 5 (Motorrad) = 40 %, SF 5 (Pkw) = 45 %, d. h. um 5 % erhöhter Prämiensatz

V 32 SF 1

V 33 d

V 34 38.000,00 €

V 35

560,23 € · 0,4 = 224,09 €

Mit SF 5 wird gemäß Einstufungstabelle (2.1, Proximus 4 TA S. 361) ein Prämiensatz von 40 % zugrunde gelegt.

V 36

(0,690 % vom Neuwert 38.000,00 €) = 262,20 €

V 37

(3,105 % vom Neuwert 38.0000,00 €) · 0,5 = 1.179,90 € · 0,5 = 589,95 €.

Der Prämiensatz bei SF 5 in der Vollkasko für Campingfahrzeuge beträgt 50 %.

V 38

(3,571% vom Neuwert 38.000,00 €) · 0,5 = 1.356,98 €

V 39 a) SF 10

b) SF 8 da Abzug von 2 SF gem. AKB I.6.3.1 b

c) da AKB I.6.3.1 c erfolgt Einstufung gem. I.2., z. B. in SF 1/2

V 40 c

V 41 e

V 42 Vertrag 1: SF ½, Vertrag 2: SF 1, Vertrag 3: SF 0

V 43 b, c, f, g, d

V 44 e

V 45 a) Guthaben für 45 Tage = 880 · 45/360 = 110,00 €

b) Guthaben für 94 Tage = 880 · 94/360 = 229,78 €

c) Guthaben für 257 Tage = 880 · 257/360 = 628,22 €

V 46 e

V 47 a) 9, b) 1, c) 1, d) 1, e) 1, f) 9, g) 1, h) 9, i) 9, j) 1, k) 9

V 48 a) 1, b) 1, c) 9, d) 9, e) 9, f) 1

V 49 c, f

V 50 a) 1, b) 9, c) 1, d) 1, e) 1, f) 9, g) 9, h) 9, i) 1, j) 9, k) 1

V 51 a) 1, b) 1, c) 9, d) 1, e) 9, f) 1, g) 1, h) 9, i) 1, j) 9, k) 9

V 52 a) 3, b) 2, c) 1, d) 1, e) 3, f) 1, g) 4

V 53 c **V 54** e **V 55** b **V 56** c

Situationsaufgaben (S)

S 1

- Ziel der Versicherungspflicht ist der Schutz des Verkehrsopfers vor den wirtschaftlichen Folgen des Unfalls.

- Versicherungspflicht besteht für alle Kraftfahrzeuge, die auf öffentlichen Wegen und Plätzen genutzt werden.

- Angeboten werden: Tarif mit gesetzlicher Mindestdeckungssumme und 100 Mio. € Deckung mit maximal 8 Mio. € je verletzter Person.

- Herr Köhler sollte unbedingt die 100 Mio. € Deckung wählen, da dieser nur geringfügige Mehrkosten hat und deutlich höheren Versicherungsschutz bietet.

S 2

- Grundsätzlich besteht für die Krafthaftpflicht-Versicherer Kontrahierungszwang für Pkw zu den Mindestdeckungssummen in der Kraftfahrt-Haftpflichtversicherung (§ 5 (2) S. 1 PflVG)).

- Es liegt in diesem Fall auch keine Ausnahme vor, wie sie zum Beispiel bei einem wegen Prämienverzug gekündigten Vorvertrag vorliegen würde (§ 5 (4) PflVG).

- Daher muss diesem Kunden eine Krafthaftpflicht-Versicherung mit gesetzlicher Mindestdeckungssumme angeboten werden (Kontrahierungszwang). Die gewünschte 100-Mio.-€-Deckung und die Fahrzeugvollversicherung können hingegen abgelehnt werden.

- Die Aushändigung der eVB kann zudem von der Zahlung der Erstprämie abhängig gemacht werden, d. h. der Kunde erhält sie erst nach Antragsannahme und Zahlung der Erstprämie. (§ 5 (6) S. 2 PflVG)

- Im ersten Versicherungsjahr besteht insofern kein Risiko des Zahlungsausfalls.

S 3

- Der Antrag von Herrn Karl kann aufgrund der Kündigung nach dem Schadenfall abgelehnt werden (§ 5 (4) Nr. 3 PflVG).

- Allerdings muss dies innerhalb von zwei Wochen ab Antragseingang (15. Juni) geschehen (§ 5 (3) S. 1 PflVG). Folglich ist der Antrag spätestens bis zum 29. Juni abzulehnen, sonst gilt er als angenommen (Annahmefiktion) (§ 5 (3) S. 1 PflVG).

- Zudem muss die vorläufige Deckung gekündigt werden, da dies ein eigenständiger Vertrag ist. Die Kündigung wird 2 Wochen nach Zugang beim Versicherungsnehmer wirksam (ca. 13. Juli bei sofortigem Versand) (§ 52 (4) S. 2 VVG).

- Zudem hat der Versicherer Anspruch auf anteilige Prämie für die vorläufige Deckung für die Zeit vom 3. Mai bis ca. 13. Juli (§ 50 VVG).

S 4

- Frau Maurer benötigt für die Überführung des Autos ein Überführungskennzeichen. Dieses erhält Sie mittels einer von uns ausgestellten eVB bei der Zulassungsstelle.
- Nach der Überführung kann sie das Fahrzeug in ihrem Zulassungsbezirk endgültig zulassen.
- Dazu erhält Sie eine weitere eVB von uns.
- Zur Anmeldung benötigt Sie: eVB, Zulassungsbescheinigung Teil I, Hauptuntersuchung, Ausweis/Vollmacht.
- Zudem muss anschließend ein Antrag aufgenommen werden.
- Die Kosten für die kurzfristige Versicherung werden mit dem Hauptvertrag verrechnet.

S 5

- Grundsätzlich besteht für die Freunde Versicherungsschutz, da sie berechtigte Fahrer sind.
- Sollte Herr Retzmann einen Partnerrabatt eingeräumt bekommen haben, wird dies angepasst und die Prämie neu berechnet. Evtl. können die Freunde für die Dauer der Reise auch aus Kulanz als Fahrer eingetragen werden.
- Versicherungsschutz hat Herr Retzmann innerhalb Europas auch ohne Grüne Karte (Internationale Versicherungskarte).
- Bei Auslandsreisen ist die Mitnahme jedoch empfehlenswert um bei einem Unfall Versicherungsschutz nachweisen zu können. Wir senden Herrn Retzmann daher eine Grüne Karte zu.

S 6

- Das Fahrzeug sollte als Saisonfahrzeug zugelassen und versichert werden (H.2 AKB 2015).
- Dauer der Saison z. B. April bis Oktober. Empfehlenswert sind mind. 6 Monate um eine jährliche Besserstufung der SF-Klasse zu ermöglichen (I.3.3 AKB 2015).
- Außerhalb der Saison darf das Wohnmobil nicht genutzt werden und ist auf einem umfriedeten Stellplatz oder in einer Garage abzustellen. Es gelten dann die Bedingungen der Ruheversicherung (H.2 AKB 2015).
- Empfohlener Versicherungsschutz:
  - KH mit 100 Mio. € Deckung
  - TK als Schutz vor Diebstahl, Brand, Sturm etc. empfehlenswert
  - VK deckt zusätzlich zur TK Unfälle und mut- oder böswillige Handlungen ab

S 7

- Herr Werner hat gegenüber dem Versicherer von Frau Remmen einen Direktanspruch aus § 115 (1) Nr. 1 VVG.
- Frau Remmen kann daher die Inanspruchnahme der Versicherung nicht verhindern.
- Der Schaden wird daher reguliert werden.
- Sollte Frau Remmen die Entschädigung an Herrn Werner dem Versicherer zurückzahlen, kommt es nicht zu einer Rückstufung.
- Der Versicherer hätte zudem die Möglichkeit Frau Remmen innerhalb eines Monats nach Anerkennung der Leistungspflicht zu kündigen. Die Kündigung wird einen Monat nach Zugang bei Frau Remmen wirksam (G.3.3 AKB 2015).

S 8

- Versicherungsschutz hat Frau Hecht innerhalb Europas, so dass die Länder Frankreich und Spanien problemlos bereist werden können (A.1.4.1 AKB 2015).

- Marokko liegt nicht innerhalb Europas, so dass sie dort in der KH nur Versicherungsschutz hat, wenn wir ihr eine Internationale Versicherungskarte (Grüne Karte) ausstellen, bei der Marokko nicht durchgestrichen ist (A.1.4.2 AKB 2015).

- Zum Nachweis des Versicherungsschutzes sollte Frau Hecht die Grüne Karte auch innerhalb Europas mit sich führen.

- In der TK hat Frau Hecht in Marokko nur Versicherungsschutz, wenn dies gesondert vereinbart wird.

S 9

- Der Vertrag von Herrn Look wurde am 04.09. aufgehoben, insofern besteht kein Versicherungsschutz mehr.

- Auch die Nachhaftung ist am 6. Oktober (1 Monat nach Meldung bei der Zulassungsstelle) abgelaufen.

- Wir werden den Schaden daher nicht übernehmen.

- Über den Zentralruf der Autoversicherer können Sie erfahren, ob Herr Look eine neue Kfz-Haftpflichtversicherung hat.

- Sollte Herr Look keine Versicherung haben, muss er den Schaden selbst bezahlen

- Evtl. leistet auch die Verkehrsopferhilfe.

S 10

- Im Fall liegen Obliegenheitsverletzungen beim Gebrauch im Hinblick auf „berechtigter Fahrer" (D.1.2 AKB 2015) und „Fahren mit Fahrerlaubnis" (D.1.3 AKB 2015) vor.

- Gegenüber dem Verkehrsopfer ist der Versicherer voll leistungspflichtig (§ 117 (1) VVG).

- Da es sich hier aber um einen Fahrer handelt, der das Fahrzeug durch eine vorsätzlich begangene Straftat erlangt hat, ist der Versicherer dem Fahrer gegenüber vollständig leistungsfrei und wird zu 100 % regressieren (D.4.4 AKB 2015).

S 11

- Am 16.01. wurde eine qualifizierte Mahnung mit verbundener Kündigungsdrohung an Herrn Schwartz versendet.

- Die Prämie wurde nicht bezahlt, so dass der Vertrag zwei Wochen nach Zugang der Mahnung automatisch gekündigt ist.

- Insofern besteht für Herrn Schwartz kein Versicherungsschutz mehr.

- Allerdings befindet sich der Schaden innerhalb der einmonatigen Nachhaftungsfrist (1 Monat ab dem 04.02.), so dass der geschädigte Nachbar Anspruch auf Entschädigung hat.

- Herr Schwartz wird danach in voller Höhe in Regress genommen.

- Die einmonatige Reaktivierungsfrist nach Kündigung bezieht sich nur auf Schäden, die nach Zahlungseingang entstehen. Dies ist hier nicht der Fall.

S 12

- Am kostengünstigsten ist nur der Abschluss einer Kfz-Haftpflichtversicherung zu den gesetzlichen Mindestdeckungssummen.
- Für einen sehr geringen Mehrbeitrag bekommt sie mit der 100 Mio. € Deckung aber einen wesentlich höheren Deckungsumfang.
- Es empfiehlt sich auch der Abschluss eines Autoschutzbriefes für 12,30 € zuzüglich 19 % VersSt, da dieser wesentlich günstiger ist, als wenn er bei einem Automobilclub separat erworben wird.
- Da Frau Müller einen Neuwagen hat und nach eigenen Angaben kein hohes Gehalt bezieht, wird es für sie schwierig sein, im Falle eines selbstverursachten Schadens oder eines Ereignisses der TK (z. B. Diebstahl) den Schaden selbst zu zahlen. Eine Vollkaskoversicherung ist daher dringend zu empfehlen.
- Sollte Frau Müller ihre Fahrerlaubnis bereits seit 3 Jahren besitzen, könnte sie eine Sondereinstufung in SF ½ erhalten, so dass der Prämiensatz auf 70 % sinkt.

S 13

Typklasse: Audi A4 Avant Allroad 2.0 TDI: KH 16, VK 22

Regionalklasse: Hamburg = HH: KH 12, VK 7

SF-Klasse 13: 36 % KH / VK

Individuelle Tarifmerkmale:	KH	VK
Neuwagen:	− 10 %	—
Fahrleistung: 17.000 km / Jahr	+ 5 %	+ 5 %
Hausbesitzer	− 10 %	− 5 %
Garage	− 10 %	− 5 %
Fahrerkreis: VN + Partner	− 10 %	− 5 %
Jährliche Zahlungsweise	− 5 %	− 5 %

	KH (T16, R12)	VK (T22, R7) VK 1.000 / TK 1.000 SB	Schutzbrief
Tarifprämie	1.001,40 €	1.051,96 €	12,30 €
SF 13 = 36 %	360,50 €	378,71 €	
− Neuwagen	36,05 €	0,00 €	
=	324,45 €	378,71 €	
+ Fahrleistung	16,22 €	18,94 €	
=	340,67 €	397,65 €	
− Hausbesitzer	34,07 €	19,88 €	
=	306,60 €	377,77 €	
− Garage	30,66 €	18,89 €	
=	275,94 €	358,88 €	
− Partner-Nachlass	27,59 €	17,94 €	
=	248,35 €	340,94 €	
− jährliche Zhlg	12,42 €	17,05 €	0,62 €
= Nettoprämie	235,93 €	323,89 €	11,68 €
+ 19 % VersSt	44,83 €	61,54 €	2,22 €
= Bruttoprämie	280,76 €	385,43 €	13,90 €
Gesamtprämie	280,76 € + 385,43 € + 13,90 € = 680,09 €		

S 14

2006: SF = 0 (I.2.1)

2007: SF ½ (I.3.4)

2008: SF 1

2009: SF 2

2010: SF 3

2011: SF 4

2012: SF 5

2013: SF 6

2014: SF 7

Rückstufung wegen Schaden in 2014

2015: KH SF 1, VK 3

2016: KH SF 2, VK 4

Vertragsende 31.08.2016 führt noch zu einer SFR-Stufung, da Versicherungsdauer mindestens 6 Monate. So hat der VN SFR 3 in KH und SFR 5 in VK, die weitergeführt werden können.

Die Unterbrechung ohne laufenden Versicherungsvertrag (hier: 01.09.2016 bis 06.07.2019) hat keinen negativen Einfluss auf den SFR. Die SF-Rabatte bleiben erhalten.

2019: KH: SF 3, VK SF 5
Rückdatierung des Vertrages auf 1.7.2019 veranlassen, damit zum 01.01.2020 eine SFR-Höherstufung erfolgt.

S 15

– Der SF-Rabatt des Vaters kann grundsätzlich übernommen werden, da
  - Herr Rieger das Fahrzeug überwiegend gefahren ist und
  - der Übertragende sein Vater ist.

– Wir benötigen dazu eine schriftliche Erklärung von Ihnen und Ihrem Vater, sowie eine Kopie Ihres Führerscheins.

– Übertragen werden allerdings maximal so viele schadenfreie Jahre, wie Sie selbst hätten erfahren können.

– Ihr Vater gibt damit seinen SFR in voller Höhe auf.

S 16

– Als Kundenkind ist es möglich Ihren Sohn in SF ½ einzustufen, da auch Sie in SF ½ oder höher eingestuft sind (I.2.2.1 c AKB 2015).

– Dies würde Ihr Sohn aber auch bekommen, wenn er seit mind. 3 Jahren den Führerschein besitzt (I.2.2.1 d AKB 2015).

– Es wäre aber auch eine Sondereinstufung in SF 2 möglich, wenn
  - Sie der Versicherungsnehmer für das Auto Ihres Sohnes werden und
  - neben Ihrem Sohn auch die übrigen Fahrer mind 23. Jahre alt sind (I.2.2.2 AKB 2015).

S 17
- Schaden am Surfbrett nicht versichert (Ausschluss für beförderte Sachen, A.1.5.5 AKB 2015).
- Schaden am eigenen Rad wird nicht ersetzt.
- Schaden an der Garage übernimmt KH-Versicherung.
- Schaden am Fahrzeug (Dach, Dachgepäckträger) übernimmt VK.
- Der SB in der VK wird nur einmalig zum Abzug gebracht, da es sich um ein Schadenereignis handelt.

S 18
- Die Abschleppkosten werden gem. A.3.5.3 AKB 2015 bis maximal 150,00 € übernommen – hier: 180,00 €, d. h. der Versicherungsnehmer muss 30,00 € selber tragen.
- Gem. A.3.6.2 AKB 2015 werden Übernachtungskosten für höchstens drei Übernachtungen à 60,00 € pro Person und Übernachtung gezahlt.
  Hier: Die Kosten für die Erwachsenen übersteigen die maximale Leistung, so dass jeweils 5,00 €, demnach insgesamt 20,00 €, selber getragen werden müssen. Die Übernachtungskosten für das Kind werden voll übernommen.
- Die Taxikosten werden komplett übernommen, da es sich hier gem. A.3.6.5 AKB 2015 um eine notwendige Kurzfahrt handelt, die bis maximal 50,00 € übernommen wird.
- Die Versandkosten für das Ersatzteil in Höhe von 124,00 € werden gem. A.3.8.1 AKB 2015 ebenfalls voll erstattet.
- Die Kosten für den Mietwagen werden gem. A.3.8.1 c) AKB 2015 bis maximal 350,00 € übernommen, so dass die Familie hier alle Kosten in Höhe von 110,00 € ausgeglichen bekommt.

S 19
- Da der Antrag noch nicht eingegangen ist und bearbeitet wurde, hat Herr Wolf nur vorläufigen Versicherungsschutz (B.2.1 AKB 2015).
- Dieser bezieht sich jedoch grundsätzlich nur auf die Krafthaftpflicht-Versicherung.
- Der Eigenschaden ist jedoch nur über die Vollkasko versichert.
- Nur wenn der vorläufige Versicherungsschutz auch für die Vollkaskoversicherung ausdrücklich zugesagt wurde, hat Herr Herring auch Versicherungsschutz für die Schäden am seinen Pkw (B.2.2 AKB 2015).
- Sollte dies nicht vereinbart sein, ist der Schaden nicht gedeckt.
- Die Schäden am Baum sind dagegen über die Kraftfahrthaftpflicht-Versicherung versichert.

S 20
- Herr Heinatz hat nur eine Krafthaftpflicht-Versicherung die Drittschäden deckt.
- Der Schaden am Fahrzeug und dem Garagentor sind daher nicht versichert.
- Herr Heinatz kann sich jedoch an die Verkehrsopferhilfe e. V. wenden.
- Für Fälle von Unfallflucht leistet diese mit Einschränkungen:
  Der Schaden am Pkw ist nicht versichert, da kein schwerer Personenschaden entstanden ist. Für den Schaden am Gartenzaun wird jedoch mit einer Selbstbeteiligung von 500,00 € geleistet. Er erhält also 1.300,00 €.

S 21

- Herr Issel hatte aufgrund des Schadens ein außerordentliches Kündigungsrecht (G.2.3 AKB 2015).
- Allerdings muss uns die Kündigung innerhalb eines Monats nach Anerkennung der Leistungspflicht zugehen (G.2.3 AKB 2015).
- Die Abrechnung des Schadens erfolgte hier am 02.08., so dass der Vertrag bis zum 01.09. kündbar war.
- Die Kündigung vom 09.09. ist daher unwirksam.
- Herr Issel kann frühestens zum 01.01. des nächsten Jahres ordentlich kündigen, dazu muss eine Kündigung bis zum 30.11. erfolgen (G.2.1 AKB 2015).

S 22

- Durch den Verkauf des Wagens gehen alle Rechte und Pflichten der Kraftfahrtversicherungen auf den neuen Erwerber über (G.7.1 AKB 2015).
- Den Verkauf müssen Sie uns unmittelbar anzeigen (G.7.4 AKB 2015).
- Der Wagen kann daher angemeldet verkauft werden, so dass Probefahrten etc. möglich sind und der Wagen besser veräußerbar ist.
- Im Falle einer Nichtzahlung der Prämie des Käufers, haften Sie nur in Höhe der laufenden Zahlungsperiode.
- Auch ihr SF-Rabatt wird bei einem Unfall nach Abschluss des Kaufvertrags nicht belastet.
- Aus Beweisgründen empfehlen wir einen schriftlichen Kaufvertrag mit Datum und Uhrzeit der Fahrzeugübergabe zu erstellen.

S 23

- Herr Frings hat ein gesetzliches Widerrufsrecht von 14 Tagen ab Eingang der Police.
- Der Widerruf muss schriftlich erklärt werden.
- Die rechtzeitige Absendung (29. Januar) ist ausreichend.
- Herr Frings sollte aber auch prüfen, ob das neue Angebot über ausreichend Versicherungsschutz verfügt und seinem Bedarf entspricht.

S 24

- Dem Versicherungsnehmer sollte eine qualifizierte Mahnung nach § 38 VVG zugesendet werden.
- Darin wird dem Kunden eine zweiwöchige Frist gesetzt, innerhalb derer der Versicherungsnehmer den angemahnten Betrag zahlen muss.
- Die Einzelbeträge aus Prämie, Zinsen und Gebühren müssen einzeln aufgelistet sein.
- Zudem wird dem Kunden in diesem Schreiben angedroht, dass bei nicht vollständiger Zahlung innerhalb der Frist der Versicherungsschutz verloren geht.
- Nach Ablauf der Frist ist der Versicherer berechtigt den Vertrag fristlos zu kündigen.
- Nach dieser Kündigung hat der Kunde einen Monat Zeit, den Vertrag durch Zahlung der offenen Beträge zu reaktivieren und genießt ab Zahlung wieder Versicherungsschutz.
- Die Mahnung kann auch so formuliert werden, dass nach Fristablauf automatisch die Kündigung eintritt.

S 25

- Anstatt zu kündigen, sollte Frau Gern ihre Versicherung in eine Ruheversicherung umwandeln.
- Sie muss dazu das Fahrzeug abmelden, die Zulassungsstelle teilt der Versicherung dann die Abmeldung mit (H.1.2 AKB 2015).
- Frau Gern muss das Fahrzeug dann in einer Garage oder einem umfriedeten Abstellplatz abstellen und darf es außerhalb dieses Raumes nicht nutzen (H.1.5 AKB 2015).
- Sie genießt dann bis zu 18 Monate prämienfreien Versicherungsschutz in der Kraftfahrthaftpflicht-Versicherung und in der Teilkaskoversicherung, wenn diese vorher bereits vereinbart war (H.1.4, H.1.7 AKB 2015).
- Versichert sind zudem die Zulassungsfahrten nach Abmeldung bzw. bei Wiederanmeldung des Fahrzeugs (H.3 AKB 2015).

S 26

- Aufgrund der Verschrottung und Abmeldung wird die Versicherung zum 15.03.20. d.J. beendet (G.8 AKB 2015).
- Ihnen steht daher die anteilige Prämie vom 16.03. – 01.01. (00:00 Uhr) zu (= 285 Tage).
- Zu erstattende Prämie: 389,51 € : 360 · 285 = 308,36 €
- Wir werden Ihnen diesen Betrag überweisen.

Lösungen zu GFK 3 (8) – Finanzprodukte

Vorübungen (V)

V 1 c

V 2 a

V 3 b

V 4 b, e

V 5 c

V 6 a

V 7 a) 2, b) 1, c) 3, d) 2, e) 1

V 8 d

V 9 e

V 10 a

V 11 a) 4, b) 1, c) 3, d) 2, e) 5

V 12 d

V 13 c

V 14 c

V 15 d

V 16 a

V 17 c

V 18 b, e

V 19 b

V 20 a) 6, b) 2, c) 3, d) 1, e) 4, f) 5

V 21 a) 5 : 1
     b) 5,50 € [(83 − 50) : ((5 : 1) + 1)]
     c) 77,50 € [(5 · 83 + 1 · 50) : (5 + 1)]

V 22 b

V 23 c, f, g

V 24 e

V 25 b, d

V 26 c, e, g

V 27 a

V 28 a) 5, b) 9, c) 2, d) 1, e) 4, f) 3

V 29 a, e

V 30 c, e

V 31 b, d, f

V 32 c

V 33 c

V 34 d, e

V 35 a) 2, b) 2, c) 1, d) 3, e) 2, f) 1

V 36 c, e

V 37 a

V 38 d, f, g, h

V 39 b, c

V 40 c, d

V 41 b, e

Situationsaufgaben (S)

S 1 a) Anhand des Personalausweises wird die Identitätsprüfung vorgenommen. Dadurch werden verschiedene gesetzliche Vorgaben erfüllt.

- Nach § 154 AO ist sicherzustellen, dass Konten nicht auf falsche bzw. erdichtete Namen eröffnet werden können.
- Nach § 11 GWG sind der Vertragspartner sowie der wirtschaftlich Berechtigte bereits vor Abschluss des Kontovertrages zu identifizieren.
- Außerdem fordern das Einkommensteuergesetz (EStG) sowie die Außenwirtschaftsverordnung die Überprüfung der steuerrechtlichen und devisenrechtlichen Stellung des Kontoinhabers.

Neben der Erfüllung der gesetzlichen Vorgaben liegt die Identifizierung auch im Eigeninteresse der Bank, unter anderem zur Überprüfung der Geschäftsfähigkeit des Kontoinhabers.

b) Mit der Unterschrift auf dem Kontoeröffnungsantrag stimmt der Kunde auch der SCHUFA-Klausel zu. Die Bank hat damit das Recht, über den Kunden eine Anfrage bei der SCHUFA zu stellen und selbst auch relevante Daten an die SCHUFA weiterzugeben. Sie ist im Kontovertrag enthalten, weil Banken im Rahmen von Girokonten oft Dispositionskredite vergeben. Aus diesem Grund verschafft sich die Bank im Vorfeld einen Überblick über die Kreditwürdigkeit des Kunden.

c)
- Bargeldauszahlung am Geldautomaten
- Zahlungen mittels Bankkarte bzw. Kreditkarte
- Erteilung von Lastschriften
- Überweisung

d) Für die regelmäßige Zahlung der Miete bietet sich ein Dauerauftrag an. Dieser wird in regelmäßigen Intervallen (hier: monatlich) mit gleich bleibendem Betrag ausgeführt. Sollte die Miete erhöht werden, muss Herr Walter den Dauerauftrag lediglich anpassen.
Die Handyrechnung kann Herr Walter mittels SEPA-Basislastschrift einziehen lassen. Hierbei ermächtigt er das Mobilfunkunternehmen, regelmäßige Rechnungsbeträge einzuziehen. Diese können von Monat zu Monat verschieden hoch sein. Sollte das Mobilfunkunternehmen einen Betrag unberechtigter Weise einziehen, kann Herr Walter der Lastschrift widersprechen.

S 2

Beim Electronic-Cash-Verfahren wird im Rahmen des Zahlungsvorgangs geprüft, ob die Karte gültig und nicht gesperrt ist und das Konto über ausreichend Deckung verfügt. Der Kunde legitimiert die Zahlung mittels Eingabe der PIN. Nach Abschluss des Zahlungsvorgangs erhält Herr Liepold die Gutschrift. Kunde oder Bank können die Zahlung nicht widerrufen. Durch diese hohe Sicherheit und den damit verbundenen höheren Aufwand ist das Electronic-Cash-Verfahren jedoch auch deutlich teurer.
Beim SEPA-ELV-Verfahren wird lediglich geprüft, ob die Karte gültig ist. Der Kunde legitimiert die Zahlung nur mit seiner Unterschrift. Hat das Konto keine ausreichende Deckung, kann die

Bank die Einlösung der Lastschrift verweigern. Der Kunde kann die Lastschrift widerrufen. Die Sicherheit für Herrn Liepold ist deutlich geringer, da es keine Zahlungsgarantie gibt. Dafür ist das SEPA-ELV-Verfahren günstiger.

S 3   a) Bei Verfügungen mittels einer Charge Card wird der Kreditkartensaldo einmal im Monat dem Girokonto von Frau Menke belastet. Zwischen dem Einsatz der Karte und der Kontobelastung erhält Frau Menke somit quasi einen Kredit und damit einen Zinsvorteil, den sie bei einer sofortigen Belastung nicht hätte. Ist das Girokonto in der Zwischenzeit im Soll, so muss Frau Menke erst ab der Belastung des Kreditkartensaldos Überziehungszinsen zahlen. Der Zeitraum zwischen Karteneinsatz und Belastung ist somit zinsfrei. Bei Einsatz der Bankkarte fallen dagegen sofort Überziehungszinsen an.

   b) Ist die Kreditkarte eine Credit Card, so werden die Umsätze eines Monats ebenfalls gesammelt. Entscheidet sich der Karteninhaber für eine Ratenzahlung dieses Saldos, so muss Frau Menke Sollzinsen zahlen.
   Handelt es sich um eine Debit Card, so wird das Kreditkartenkonto wie ein Kontokorrentkonto geführt, d.h. befindet sich das Kreditkartenkonto durch eine Nutzung der Karte im Soll, so fallen Sollzinsen an.

S 4   a) – e-TAN/chipTAN-Verfahren bzw. QR-TAN-Verfahren
   – HBCI-Verfahren

   b) Eine häufige Gefahr ist das sogenannte Phishing. Hierbei verschaffen sich Kriminelle meist über Mails die Zugangsdaten für Online Banking. Solche Mails sollte Frau Lange sofort löschen. Keine Bank fragt Zugangsdaten über Mails oder soziale Netzwerke ab.
   Gefährlich ist auch ein Trojaner. Diese Schadsoftware kann sich auf verschiedene Arten in den Übermittlungsvorgang zwischen Bank und Kunde einschalten und manipuliert auf diesem Wege Daten bzw. erspäht Zugangsdaten zum Online Banking. In jedem Fall sollte Frau Lange stets die Transaktionsdaten überprüfen und erst im Anschluss freigeben. Regelmäßige Sicherheits-Updates auf dem Rechner erschweren die Installation von Schadsoftware. Auch sollte Frau Lange die Darstellung der Banking-Website überprüfen.
   In jedem Fall ist Frau Lange zu raten, dass sie keine fremden Geräte fürs Online Banking nutzt (z.B. in Internet-Cafés) und dass mobile Endgeräte ausreichend vor dem Zugriff durch Außenstehende geschützt sind. Die Daten der Transaktion (z.B. Überweisung) sollten auf einem anderen Gerät eingegeben werden als das Gerät, auf dem die Freigabedaten für die Transaktion erstellt werden.

S 5   a) Sowohl der Anlagezeitraum als auch der Anlagebetrag stehen fest. Aus diesem Grund ist ein Festgeld die richtige Wahl. Auf diese Weise erhält Frau Königs einen festen Zins für die gesamte Anlagedauer. Außerdem muss sie den Betrag nicht vorher kündigen, da das Festgeld automatisch nach zwei Jahren zurückgezahlt wird.

   b) Für Herrn Walzer sind ein Sparkonto oder ein Tagesgeldkonto empfehlenswert. Bei beiden Anlageformen ist er flexibel mit den Einzahlungen, d.h. er kann je nach Situation auch mal mehr oder weniger sparen. Beim Sparkonto kann er monatlich bis zu 2.000,00 € ohne Kündigung verfügen. Möchte er mehr abheben, müsste er den Betrag drei Monate zuvor kündigen. Beim Tagesgeldkonto gibt es keine Kündigungsfrist. Die Verzinsung ist aufgrund der hohen Verfügbarkeit jedoch meist geringer als auf einem Sparkonto (zumindest in „normalen" Zinszeiten).

c) Wenn der monatliche Betrag immer geleistet werden kann, bietet sich für die Eheleute Reiser ein Ratensparvertrag an. Diese Sondersparform ist im Regelfall durch eine attraktive Zinsgestaltung gekennzeichnet. So könnte z. B. der Zinssatz jährlich steigend sein oder am Ende der Laufzeit ein besonderer Bonus gezahlt werden. Die Bedingungen für solche Verträge sind von Bank zu Bank sehr verschieden. Ein Vergleich lohnt sich.

S 6

Beide Konten sind täglich verfügbar. Ein Tagesgeldkonto hat eine Verzinsung, ein Girokonto hat keine Verzinsung oder eine geringere als ein Tagesgeldkonto. Das Girokonto ist vielfältiger nutzbar. Es kann für die Abwicklung des bargeldlosen Zahlungsverkehrs (z. B. Kartenzahlungen, Überweisungen, Lastschriften etc.) und – sofern ein Dispositionskredit eingeräumt wurde – auch für kurzfristige Überziehungen genutzt werden. Mit einem Tagesgeldkonto sind weder die Abwicklung des Zahlungsverkehrs noch Überziehungen möglich. Es ist ein Konto zum „Geld parken". Möchte man über Tagesgeld verfügen, so ist dies nur durch Überweisung des Guthabens auf ein Referenzkonto (meist das Girokonto) möglich.

S 7 a) – Verfügungen sind grundsätzlich nur unter Vorlage der Sparurkunde zulässig.
– Herr Pohland hat den gewünschten Betrag nicht gekündigt. Dieser übersteigt die zulässige Verfügung von 2.000,00 € pro Kalendermonat.
– Das Sparkonto kann nicht für den Zahlungsverkehr genutzt werden. Deshalb ist eine Überweisung vom Sparkonto auf das Girokonto von Herrn Pohland bei der Sparkasse nicht möglich.

b) Da Herr Pohland das Geld dringend benötigt, könnte die Süddeutsche Handelsbank AG die Verfügung über 10.000,00 € gegen Zahlung eines Vorfälligkeitsentgeltes zulassen. Er muss jedoch seine Sparurkunde von zu Hause holen und vorlegen. Die Süddeutsche Handelsbank AG kann ihm dann 10.000,00 € in bar auszahlen. Wenn er das Auto nicht bar bezahlen möchte, kann er das Geld anschließend in einer Filiale der Sparkasse auf sein Girokonto einzahlen. Dort ist es sofort nach Einzahlung verfügbar.

$$\text{Vorschusszinsen} = \frac{8.000{,}00\ € \cdot 0{,}025 \cdot 90}{100 \cdot 360} = 0{,}50\ €$$

Erläuterung: Herr Pohland darf 2.000,00 € pro Kalendermonat abheben, deshalb zahlt er nur für die überschüssigen 8.000,00 € Vorschusszinsen. Die Vorschusszinsen betragen ein Viertel des Habenzinssatzes, d. h. p = 0,10 % wird durch vier geteilt.

S 8 a) – Rentabilität (Ertrag)
– Sicherheit
– Liquidität/Verfügbarkeit

b) Es gibt keine Anlageform, die in allen drei Kriterien eine hohe Ausprägung erzielen kann. Das Festgeld ist wie alle Anlagen auf Konten sehr sicher, da die Einlagen über die Einlagensicherung geschützt sind. Festgeld ist aber während der Laufzeit nicht verfügbar. Die Rentabilität ist auch nicht sehr hoch. Das ist der Preis für die hohe Sicherheit. Bei Festgeldern gibt es meist mehrere Laufzeiten zur Auswahl. Im Regelfall gilt auch hier wieder: der Zinssatz ist umso höher, desto stärker die Verfügbarkeit eingeschränkt ist (also desto länger die Laufzeit des Festgeldes ist).

S 9 a) Der Nennwert ist der Grundwert der Anleihe, der auf der Wertpapierurkunde vermerkt ist. Er entspricht 100 % und stellt im Regelfall den Rückzahlungswert der Anleihe dar.
Die Nominalverzinsung ist der jährliche Zinsertrag des Anlegers, bezogen auf den erworbenen Nennwert der Anleihe.

b) Die Nominalverzinsung einer Anleihe ist abhängig vom Bonitätsrisiko. Dieses kann anhand von Ratings eingeschätzt werden. Die Bundesrepublik Deutschland gilt als nahezu sicher und erhält deshalb exzellente Ratingnoten. Die Thoris AG hat im Gegensatz dazu nur eine befriedigende Bonität, d.h. eine Verschlechterung der wirtschaftlichen Rahmenbedingungen könnte die Zahlungsfähigkeit der Thoris AG beeinträchtigen. Dieses höhere Risiko wird von Anlegern nur getragen, wenn sie als Ausgleich einen höheren Zinssatz erhalten (geringere Sicherheit – höhere Rentabilität → Magisches Dreieck).

c) Sammelurkunden sind Urkunden, die die Ansprüche mehrerer Anleger (hier: Gläubiger der Anleihe) in einer Urkunde zusammenfassen. Die Sammelurkunden werden gesammelt bei einer Wertpapiersammelbank (Clearstream Banking AG) verwahrt. Gleichzeitig fungiert die Wertpapiersammelbank als Clearingstelle für die Depoteinbuchungen und -ausbuchungen bei den depotführenden Banken. Für den Anleger bedeutet das, dass er über den Wertpapierbestand lediglich über sein Depotkonto verfügen kann.
Wertrechte sind in Schuldbüchern (hier: Bundesschuldbuch) eingetragene Rechte. Auf die Ausstellung von Urkunden wird ganz verzichtet. Auch hierbei übernimmt eine Wertpapiersammelbank die Funktion der Clearingstelle (wie bei Sammelurkunden). Für den Anleger ist somit auch hierbei lediglich sein Depotbestand bei der depotführenden Bank relevant.

d) Das Zinsänderungsrisiko ist das Risiko, dass eine fest verzinste Anleihe aufgrund von steigenden Marktzinsen im Vergleich an Attraktivität verliert und dadurch ihr Kurs sinkt.

e) Die Anleihe wird vierteljährlich nachträglich verzinst. Die Verzinsung ist dabei variabel, d.h. sie kann jedes Quartal unterschiedlich hoch sein. Sie setzt sich aus einem festen Zinsbestandteil von 0,15 % und einem variablen Bestandteil zusammen. Der variable Bestandteil ist gekoppelt an einen Referenzzinssatz, hier an den 3-Monats-Euribor.

f) Es handelt sich um einen Pfandbrief. Diese Anleihe darf nur von Pfandbriefbanken und Bausparkassen ausgegeben werden und unterliegt strengen Sicherheitsmerkmalen. Diese sind im Einzelnen:

- Die gesamten von einer Bank ausgegebenen Pfandbriefe sind jederzeit in mindestens gleicher Höhe durch Forderungen unterlegt, die durch Grundschulden bzw. Hypotheken werthaltig gesichert sind (Deckungskongruenz).
- Die Deckungswerte sind in einem Deckungsregister eingetragen und ihre Werthaltigkeit wird von einem Treuhänder der BaFin regelmäßig überprüft.
- Kommt es dennoch zur Insolvenz der ausgebenden Bank, so fallen die Deckungswerte nicht in die Insolvenzmasse, sondern werden vorrangig zur Tilgung der Pfandbriefe genutzt (Insolvenzvorrecht).

g) Variabel verzinste Anleihen haben kein sehr ausgeprägtes Zinsänderungsrisiko, da die Nominalverzinsung alle drei Monate an das aktuelle Marktzinsniveau für 3-Monats-Anlagen angepasst wird und sich somit die Attraktivität der Anleihe im Vergleich zu den marktüblichen Konditionen nicht so stark verändert.

S 10 a) Zu den Rechten eines Stammaktionärs zählen neben dem Stimmrecht:
- das Recht auf Teilnahme an der Hauptversammlung,
- das Auskunftsrecht, d. h. das Recht, auf der Hauptversammlung Auskünfte vom Vorstand über Belange der AG zu erhalten,
- das Bezugsrecht, d. h. das „Vorkaufsrecht" zum Bezug junger Aktien im Rahmen von Kapitalerhöhungen,
- das Recht auf Beteiligung am Bilanzgewinn, sofern eine Ausschüttung (Dividende) beschlossen wird sowie
- das Recht auf einen Anteil am Liquidationserlös bei Auflösung der AG.

b)
- einfache Mehrheit (mind. 50 % + 1 Stimme dafür): Verwendung des Bilanzgewinns, Entlastung des Vorstandes, Entlastung des Aufsichtsrates, Bestellung des Abschlussprüfers, Wahl der Aktionärsvertreter im Aufsichtsrat
- qualifizierte Mehrheit (mind. 75 % des vertretenen Grundkapitals dafür): Kapitalerhöhungen, Auflösung der AG, Satzungsänderungen

c) Namensaktien sind Aktien, bei denen die Aktie auf den Namen des Aktionärs ausgestellt ist. Der Aktionär wird hierbei namentlich in das Aktienregister bei der jeweiligen AG eingetragen. Formell ist eine Übertragung nur durch Einigung und Übergabe der Aktie sowie zusätzlich durch eine schriftliche Abtretungserklärung möglich.
Eine vinkulierte Namensaktie kann zusätzlich zu diesen Anforderungen nur übertragen werden, wenn die AG der Übertragung zustimmt.

d) Aktien unterliegen besonders hohen Kursschwankungen, da Aktienkurse durch viele Faktoren beeinflusst werden. Nicht alle diese Faktoren sind durch das Unternehmen selbst bedingt. Auch gesamtwirtschaftliche, branchenspezifische, politische oder globale Einflüsse prägen die Aktienkursentwicklung. Um diese Schwankungen ausgleichen zu können, ist es ratsam, Aktien als langfristige Anlageform zu betrachten (Kursrisiko).
Aktien unterliegen in höherem Maße als andere Anlageformen dem psychologischen Marktrisiko, d. h. Kauf- und Verkaufsentscheidungen werden nicht immer nur durch rationale Faktoren bestimmt. Somit kann es auch zu unerwarteten Entwicklungen kommen (psychologisches Marktrisiko).
Die ausgezahlten Dividenden können in Verlustjahren ausfallen und somit die Rendite für den Aktionär kleiner ausfallen als erwartet (Dividendenrisiko).

S 11 a) BV = altes GK : neues GK = 30 Mio. € : 10 Mio. € = 3 : 1
(Das alte Grundkapital betrug 30 Mio. €, da es nach der Erhöhung um 10 Mio. € auf 40 Mio. € gestiegen ist.) Das Bezugsverhältnis von 3 : 1 sagt aus, dass man 3 Bezugsrechte benötigt, um 1 junge Aktie erwerben zu können.

b) 600 alte Aktien = 600 Bezugsrechte (BR)
600 BR : 3 = 200 junge Aktien
200 junge Aktien : 19,90 € = 3.980,00 €

c) Wert BR = $\dfrac{(24,50 € - 19,90 €)}{(\frac{3}{1} + 1)}$ = 1,15 €

d) 1. Möglichkeit: BR einsetzen und entsprechende Anzahl junge Aktien kaufen
   → Frau Kessler muss 3.980,00 € für die jungen Aktien zahlen.
   → Frau Kessler behält ihren prozentualen Anteil am Grundkapital bei.
   2. Möglichkeit: BR verkaufen und auf die jungen Aktien verzichten
   → Frau Kessler erhält 600 BR · 1,15 € = 690,00 € als Kontogutschrift.
   → Ihr prozentualer Anteil am Grundkapital der AG sinkt.
   3. Möglichkeit: nicht reagieren
   → Die Süddeutsche Handelsbank AG verkauft ihre Bezugsrechte automatisch am letzten Handelstag des Bezugsrechtshandels zum bestmöglichen Preis.

   Es gibt noch verschiedene Möglichkeiten dazwischen, z. B. einen Teil der BR zu verkaufen, um den Kaufpreis der jungen Aktien damit zu finanzieren.

e) voraussichtlicher Kurs = $\dfrac{(3 \cdot 24,50 € + 1 \cdot 19,90 €)}{(3 + 1)}$ = 23,35 €

S 12 a) Eine Kapitalverwaltungsgesellschaft (KVG) sammelt Geld von vielen Anlegern in einem „Topf" und legt dieses Geld gemäß einer vorab festgelegten Strategie in vielen verschiedenen Anlageinstrumenten an. Dieser „Topf" wird als Investmentfonds bezeichnet. Die Anlageinstrumente werden im Regelfall von einem Fondsmanagement anhand von professionellen Marktanalysen ausgewählt.
Das Geld und die Vermögenswerte werden von der Verwahrstelle in speziellen, gesperrten Konten und Depots treuhänderisch verwahrt.

b) Der „Proximus Immo Pro" investiert in verschiedene Immobilien und erzielt Erträge aus der Vermietung und Verpachtung dieser Immobilien sowie aus dem Verkauf von Immobilien. Außerdem verfügt der Fonds über eine gewisse Quote an liquiden Mitteln, die verzinst angelegt werden, z. B. in Geldmarktinstrumente.
Der „Proximus Bond Invest" investiert in verschiedene Anleihen, hauptsächlich in Unternehmensanleihen mit guter und sehr guter Bonität im Euro-Raum. Daneben investiert er liquide Mittel in verzinste kurzfristige Anlagen, z. B. in Geldmarktinstrumente. Durch diese Anlageinstrumente erzielt dieser Fonds hauptsächlich Zinserträge.

c) – Recht auf Anteil am Fondsvermögen (nach Bruchteilen)
– Recht auf Beteiligung an den Erträgen des Fonds
– Recht auf Informationen der KVG (Wesentliche Anlegerinformationen, Rechenschaftsbericht)
– Recht auf börsentägliche Rückgabe der Fondsanteile an die KVG
– Recht auf anteiligen Liquidationserlös bei Auflösung des Fonds

d) Der Ausgabeaufschlag ist einmalig beim Kauf der Fondsanteile zu zahlen und dient der Deckung der Vertriebskosten (z. B. für die Beratung). Die laufenden Kosten entstehen jährlich durch die Arbeit des Fondsmanagements und die allgemeine Verwaltung des Fonds. Sie decken Ausgaben wie Personal- und Sachkosten und andere Kosten wie z. B. Wirtschaftsprüfung und Rechtsberatung. Auch die Verwahrstelle erhält eine jährliche Vergütung für ihre Arbeit.

e) Rücknahmepreis = $\frac{580.000.000}{13.250.000}$ = 43,77 €

Ausgabepreis = 43,77 · 1,03 = 45,08 €

f) Wenn sich Frau Messer für die Anlage in diesen Fonds entscheidet, so muss sie die Fondsanteile für mindestens 24 Monate halten. Außerdem muss sie die Rückgabe der Fondsanteile 12 Monate zuvor gegenüber der KVG ankündigen.

g) Bei einem ausschüttenden Fonds werden die Erträge einmal jährlich an die Anleger ausgezahlt. Das Fondsvermögen sinkt damit um den ausgeschütteten Betrag.
Bei einem thesaurierenden Fonds verbleiben die Erträge im Fondsvermögen und werden in weitere Anlageinstrumente investiert.

S 13 a) Ein Aktienfonds besteht zu mindestens 51 % aus Aktien. Meist ist der Anteil jedoch wesentlich höher und der Rest des Fondsvermögens ist in kurzfristige Zinsanlagen investiert.
Ein Mischfonds besteht aus Aktien, Anleihen und Geldmarktinstrumenten. Manchmal ist ein kleinerer Teil des Fondsvermögens in offenen Immobilienfondsanteilen investiert. Die Gewichtung der einzelnen Anlageformen hängt von der festgelegten Strategie bzw. von der Zielgruppe der Anleger ab.

b) Ein Aktienfonds legt in viele verschiedene Aktien an, d. h. das Risiko ist breit gestreut, z. B. auf verschiedene Branchen, Länder bzw. Regionen, Unternehmensgrößen usw. Verluste bei einzelnen Aktien können so durch Gewinne bei anderen Aktien aufgefangen werden.

c) Aktienfonds haben höhere Renditechancen als Mischfonds, beinhalten jedoch auch ein größeres Kursrisiko. Wenn der gesamte Aktienmarkt schlecht läuft, dann verhindert auch die Risikostreuung nicht, dass der Aktienfonds Kursverluste erleidet. Ein Mischfonds kann durch die Streuung auf andere Anlageinstrumente diese Kursverluste besser auffangen und ist deshalb weniger volatil. Die Ertragschancen sind jedoch auch kleiner als bei Aktienfonds.

d) Der Cost Average Effekt sagt aus, dass sich bei Anlage eines festen monatlichen Anlagebetrages durch schwankende Preise bei den Fondsanteilen ein geringerer durchschnittlicher Ausgabepreis ergibt als beim monatlichen Kauf einer festen Anzahl von Anteilen. Der Grund ist darin zu sehen, dass man bei einem konstanten Anlagebetrag bei günstigen Ausgabepreisen viele Fondsanteile kauft und bei hohen Ausgabepreisen weniger Fondsanteile.

e) Frau Fleck könnte für das Beteiligungssparen gegebenenfalls Arbeitnehmersparzulage erhalten, sofern sie unter anderem die folgenden Bedingungen erfüllt:
– Ihr zu versteuerndes Einkommen liegt unter 20.000,00 € (jährlich).
– Ihr Arbeitgeber überweist die vermögenswirksamen Leistungen auf den Fondssparvertrag.

- Der ausgewählte Fonds muss einen Aktienanteil von mindestens 60 % aufweisen.
- Die Einzahlungen werden mindestens sechs Jahre (ab der ersten Einzahlung) getätigt und es wird eine Sperrfrist von sieben Jahren (ab 01.01. des Jahres der ersten Einzahlung) eingehalten.

S 14 **a)** Beteiligungssparen → 35,00 € · 12 = 420,00 €
davon werden max. 400,00 € mit 20 % gefördert → 400,00 € · 0,2 = 80,00 €

Bausparen → 40,00 € · 12 = 480,00 €
davon werden max. 470,00 € mit 9 % gefördert → 470,00 € · 0,09 = 42,30 €

Die Arbeitnehmersparzulage wird immer auf volle Euro aufgerundet, d. h. 43,00 €. Insgesamt erhält Herr Laumen jährlich einen Förderungsbetrag in Höhe von 123,00 €.

b) Beginn der Sperrfrist: 01.01.19
Ende der Sperrfrist: 31.12.25

c) – völlige Erwerbsunfähigkeit
– ein Jahr ununterbrochene Arbeitslosigkeit, die zum Zeitpunkt der Verfügung noch besteht

S 15

Sie empfehlen Herrn Lindner einen Ratenkredit mit einer Laufzeit, die zu seinem monatlich verfügbaren Betrag passt. Der Zinssatz ist für die gesamte Laufzeit fest und deutlich niedriger als der variable Zinssatz für den Dispositionskredit. Die Rückzahlung erfolgt in festen Monatsraten, was zu einer guten Planbarkeit führt. Ein flexibler Dispositionskredit ist eher für eine kurzfristige Überziehung geeignet.

S 16 **a)** Durch die Haushaltsrechnung kann die Bank zunächst das frei verfügbare monatliche Einkommen ermitteln. Diese Berechnung ist ein wichtiger Teil der materiellen Kreditwürdigkeitsprüfung. Für die Bank ist erkennbar, welche monatliche Rate Herr Kurz maximal tragen könnte, ohne in finanzielle Schwierigkeiten zu geraten. Auf diese Weise kann das Rückzahlungsrisiko für die Bank und für Herrn Kurz verringert werden.

b) Bei der Sicherungsübereignung überträgt Herr Kurz das Eigentum an dem zu finanzierenden Fahrzeug sicherheitshalber an die Süddeutsche Handelsbank AG. Anders als beim Pfandrecht verzichtet die Bank jedoch auf eine Übergabe des Fahrzeugs. Herr Kurz bleibt somit unmittelbarer Besitzer des Autos und kann dieses voll nutzen.

c) – Abschluss einer Vollkaskoversicherung für das zu finanzierende Fahrzeug
– Aushändigung der Zulassungsbescheinigung Teil II an die Süddeutsche Handelsbank AG

d) Durch die Inzahlungnahme seines alten Pkw benötigt Herr Kurz einen Betrag von 11.499,00 €, aufgerundet sind das 12.000,00 € Nettokreditbetrag. Gemäß der Tabelle zahlt er für 48 Monate eine Rate von 270,38 €.

e) Herr Kurz zahlt zwar eine höhere Rate, hat aber keine Restrate (Ballonrate) nach 48 Monaten wie bei dem Angebot der Orion Auto Deutschland GmbH. Außerdem ist der zu zahlende Zinssatz bei der Süddeutschen Handelsbank AG vermutlich geringer (Orion Auto Deutschland GmbH: 4,90 % p. a. effektiver Jahreszins → Süddeutsche Handelsbank AG: 3,90 % p. a. Sollzinssatz). Der effektive Jahreszins ist hier nicht angegeben, er weicht jedoch im Regelfall nicht so stark vom Sollzinssatz ab.
Insgesamt hat Herr Kurz in jedem Fall eine geringere Gesamtbelastung: bei der Orion Auto Deutschland GmbH zahlt er insgesamt 13.180,69 € (mit Zinsen) zurück, bei der Süddeutschen Handelsbank AG zahlt er hingegen nur 12.978,35 € (mit Zinsen) zurück.

f) Herr Kurz kann den Kreditvertrag ohne Angabe von Gründen innerhalb von 14 Tagen nach der schriftlichen Widerrufsbelehrung und Aushändigung der Vertragsunterlagen widerrufen. Er muss den Widerruf ausdrücklich gegenüber der Süddeutschen Handelsbank AG erklären, am besten in schriftlicher Form.

g) Herr Kurz kann den Ratenkredit jederzeit vollständig oder teilweise an die Süddeutsche Handelsbank AG zurückzahlen. Er muss für die vorzeitige Rückzahlung ein Vorfälligkeitsentgelt in Höhe von maximal 1 % des vorzeitig zurückgezahlten Betrags an die Bank zahlen.

h) Die Süddeutsche Handelsbank AG kann den Kredit wegen Zahlungsverzug kündigen, wenn Herr Kurz mit mindestens zwei Raten rückständig ist und der rückständige Betrag mindestens 5 % des Nettokreditbetrags ausmacht. Vor der Kündigung muss die Bank dem Kunden die Möglichkeit geben, die Raten innerhalb einer mindestens zweiwöchigen Frist auszugleichen. Im Fall einer Kündigung des Kreditvertrages kann die Süddeutsche Handelsbank AG die Herausgabe des sicherungsübereigneten Kfz zum Zweck der Verwertung verlangen.

Lösungen zu FP 1 (1) – Sachversicherung

Situationsaufgaben (S)

S 1

- Da das Haus vorübergehend unbewohnbar ist, übernehmen wir aus der Hausratversicherung die Hotelkosten (Ziffer 13.3 VHB 2016).

- Die Erstattung ist jedoch auf maximal 100 Tage und 1‰ der (VS + Vorsorge) begrenzt, also auf max. 79,20 € / Tag. Frau Brodkorb erhält demnach für 100 Tage je 79,20 €, insgesamt also 7.920,00 €.

- Kosten für Frühstück und Telefon werden nicht übernommen.

- Aus der Wohngebäudeversicherung zahlen wir für den Zeitraum, in dem das Haus vollständig unbewohnbar war, den ortsüblichen Mietwert einschließlich fortlaufender Nebenkosten (Ziffer 13.1.2 i. V. m. 13.2 VGB 2016).

S 2

- Der Wintergarten ist versichert und wird bezahlt.

- Das Gewächshaus wäre nur versichert, wenn es eingeschlossen wäre (Ziffer 7.6.2.2 VGB 2016). Da dies nicht der Fall ist, wird auch nicht geleistet, auch nicht für die Pflanzen (keine versicherte Sache).

- Gleiches gilt für den Gartenzaun zum Nachbarn (Ziffer 7.6.2.3 VGB 2016).

- Ggf. hat der Nachbar den Zaun in seiner Wohngebäudeversicherung eingeschlossen, dann wäre diese leistungspflichtig.

- Für die Schäden am Dach der Doppelgarage wird ebenfalls geleistet.

- Die Elektronik der Klimaanlage (versicherte Sache) wird als Sturmfolgeschaden an versicherten Sachen ersetzt (Ziffer 5.3.4 VGB 2016).

- Einen Mietwert erhält der VN nicht, da es ihm zumutbar ist, im benutzbar gebliebenen Teil seines Hauses zu wohnen (Alles-oder-Nichts-Prinzip gemäß Ziffer 13.1.2 VGB 2016.

- Kosten für den Mietwagen sind keine versicherten Kosten nach VGB 2016 und werden deshalb nicht übernommen.

- Der Abtransport der Buche und das Entsorgen des Baumstumpfes auf dem Versicherungsgrundstück sind aus Klausel PK 7363 bis max. 2.000,00 € versichert.

S 3

- Es liegt bedingungsgemäß die versicherte Gefahr Raub vor, weil gegen den VN bzw. seinen Freund Gewalt angewandt bzw. angedroht wurde, (Ziffern 4.3.1 und 4.3.2 sowie 4.3.4 VHB 2016), so dass wir dem Grunde nach leistungspflichtig sind.

- Der VN hätte die überfällige Prämie spätestens 2 Wochen nach Zugang des verbundenen Mahn- / Kündigungsschreibens, also bis zum 21.07. bezahlen müssen.

- Da Herr Heim dies nicht getan hat, endete der Vertrag mit Ablauf des 21.07.

- Durch die Zahlung innerhalb der Reaktivierungsfrist von einem Monat ab Kündigung am 28.07. wurde der Vertrag wirksam reaktiviert, so dass Leistungspflicht für den Schadenfall vom 29.07. besteht.

- Wir erstatten aus der Hausratversicherung die 335,00 € Bargeld und die geliehenen DVDs und BluRays (Ziffer 8.4 VHB 2016).

- Für das Notebook des Freundes gilt der Grundsatz „Außenversicherung vor Fremdversicherung". Hat der Freund eine eigene Hausratversicherung, zahlt diese im Rahmen der Außenversicherung, ansonsten übernehmen wir die Kosten für das Notebook.

- Das Aquarium geht als Vandalismusschaden zu Bruch und wird daher ebenfalls aus der Hausratversicherung erstattet (Das Aquarium müsste in der Glasversicherung ausdrücklich eingeschlossen sein (Ziffer 4.2.6 AGlB 2016). Selbst dann wäre jedoch die Hausratversicherung anstelle der Glasversicherung leistungspflichtig, da die versicherte Gefahr Vandalismus in der Glasversicherung ausdrücklich vom Versicherungsschutz ausgeschlossen ist, wenn anderweitig Versicherungsschutz (HausratV) besteht (Ziffer 2.2.2 AGlB 2016). Auch die Kosten für die Zierfische und die Wasserpflanzen übernehmen wir (da der Ausschluss nach Ziffer 5.4.8 VHB 2016 bei Vandalismus nicht greift).

- Die Kosten für den Austausch des Teppichbodens zahlt die Wohngebäudeversicherung von Herrn Heim. Die Erstattung aus der Hausratversicherung als versicherte Kosten ist hier ausgeschlossen, da es sich um ein Einfamilienhaus (selbstgenutzter Bungalow) handelt (Ziffer 13.8 VHB 2016).

S 4

- Wir übernehmen die Kosten für den Wiederaufbau des Dachgeschosses.

- Die Solartherme (zur Brauchwassererwärmung) wird voll ersetzt. Die Photovoltaikanlage (zur Stromerzeugung) ist nicht versichert (Ziffer 7.5.1 VGB 2016) und auch nicht versicherbar. Daher bekommt der VN diese nicht ersetzt.

- Die Kosten für die durch das Löschwasser entstandenen Schäden übernehmen wir im gesamten Haus als Folgeschaden des Brands.

- Aufräumungs-, Abbruch-, Bewegungs- und Schutzkosten werden, soweit sie anfallen, nur bis bis max. zu 5 % der VS 1914 · aktuell geltender Anpassungsfaktor (Ziffern 11.1 und 11.2 VGB 2016) übernommen.

- Wir bezahlen den ortsüblichen Mietwert der Wohnung des VN (Ziffer 13.1.2 VGB 2016) sowie den Mietausfall für die Wohnung des Mieters im 1. Stock (Ziffer 13.1.1 VGB 2016) jeweils einschließlich fortlaufender Nebenkosten. Für die Gewerbeeinheit im EG würde ein Mietwert nur gezahlt werden, wenn dieser zusätzlich eingeschlossen wäre. Da dies nicht der Fall ist, erhält der VN hierfür keine Entschädigung (Ziffer 13.3 VGB 2016).

- Vorsorglich sollte der VN darauf hingewiesen werden, dass die Zahlungen für Mietwert und Mietausfall zwar der Höhe nach unbegrenzt sind, aber nur so lange gezahlt werden, bis die Räume wieder benutzbar sind, max. jedoch für 12 Monate (Ziffer 13.2.1 VGB 2016).

- Die Kosten für den Feuerwehreinsatz trägt die Staatskasse, da der Einsatz bei einem Brand im öffentlichen Interesse liegt. Die Proximus Versicherung AG leistet daher nicht, da für den VN auch keine Kosten angefallen sind.

S 5

- Zunächst ist der korrekte Versicherungswert zu ermitteln. Dazu ist die Entschädigungsgrenze (EGR) für die Wertsachen zu berechnen: 20 % der (VS + Vorsorge), also 20 % von 66.000,00 € = 13.200,00 €

- Danach ist der neue Versicherungswert zu ermitteln:
Neuer Versicherungswert ohne Wertsachen (95.000,00 € − 26.000,00 €) = 69.000,00 €
Wertsachen lt. Versicherungsvertrag (siehe oben) + 13.200,00 €
= neuer Versicherungswert = 82.200,00 €

- Berechnung der Unterversicherung für die einzelnen Positionen:
  - Bargeld: 1.800,00 € · 66.000,00 € : 82.200,00 € = 1.445,26 €
  - Wertpapiere: 6.100,00 € · 66.000,00 € : 82.200,00 € = 4.897,81 €
  - Schmuck: 12.500,00 € · 66.000,00 € : 82.200,00 € = 10.036,50 €
  - Hausrat (1.900,00 € + 4.700,00 €) · 66.000,00 € : 82.200,00 € = 5.299,27 €

- Berücksichtigung der besonderen EGR für Wertsachen:
  - Bargeld: 1.445,26 € (< 1.500,00 €)
  - Wertpapiere: 4.897,81 € (> 3.000,00 €) → berücksichtigt werden 3.000,00 €
  - Schmuck: 10.036,50 € (< 20.000,00 €)
  - Summe: 1.445,26 € + 3.000,00 €) + 10.036,50 € = 14.481,76 €

- Berücksichtigung der allgemeinen EGR für Wertsachen:
14.481,76 € (> 20 % der (VS + Vorsorge), also 13.200,00 €)
→ Die VN erhält 13.200,00 € für die Wertsachen und 5.299,27 € für den Hausrat, insgesamt also 18.499,27 € ausbezahlt.

S 6

- Für den Schadenfall in der Tiefgarage liegt die versicherte Gefahr ED vor, da ein Behältnis (Auto) in einem Raum eines Gebäudes (Tiefgarage) aufgebrochen wurde (Ziffer 4.1.2 VHB 2016).

- Versicherungsschutz besteht auch im Ausland (Spanien) im Rahmen der Außenversicherung; dies gilt auch für die mitversicherte Freundin von Herrn Thumann.

- Wir erstatten die Kosten für die CDs, den USB-Stick und den Goldring im Rahmen der Außenversicherung bis max. 10 % der (Versicherungssumme + Vorsorge), also bis 7.480,00 €. Die Entschädigungsgrenzen (EGR) für Wertsachen (Goldring) spielen hier keine Rolle, da sowohl die spezielle EGR für Schmuck mit 20. 000,00 € als auch die allgemeine EGR mit 20 % der (VS + Vorsorge) deutlich über den Außenversicherungsgrenzen liegen.

- Für das fest verbaute Navigationssystem gibt es aus der Hausratversicherung keine Leistung; hier wäre ggf. die Fahrzeug-Teilversicherung zuständig.

- Für den Schadenfall an der Ampel besteht keine Leistungspflicht der Proximus Versicherung AG. Es handelt sich um einfachen Diebstahl. Die versicherte Gefahr Raub liegt nicht vor, weil die Täter das Paar weder bedroht noch Gewalt angewendet haben, um den Widerstand gegen die Wegnahme der versicherten Sachen auszuschalten.

S 7

– Da der vom VN geschilderte Schaden nur durch Sturm entstanden sein kann, kann Sturm als versicherte Gefahr Sturm unterstellt werden (Ziffer 6.1 VHB 2016).

Hausratversicherung

– Der Sonnenschirm ist versicherte Sache in der Hausratversicherung. Er stand jedoch neben der Terrasse im Gras und damit nicht am Versicherungsort. Versicherungsschutz besteht auch nicht über die Außenversicherung, da sich der Sonnenschirm außerhalb des Gebäudes befand (Ziffer 6.5.7 VHB 2016).

– Die Stoffbespannung der ausschließlich von der VN genutzten Markise ist jedoch versichert; wir übernehmen die Reparaturkosten in voller Höhe.

– Die Blumentöpfe sind versicherte Sachen in der Hausratversicherung und werden voll zum Neuwert ersetzt; die Vase (Antiquität) als versicherte Wertsache jedoch nur im Rahmen der Entschädigungsgrenzen für Wertsachen (max. 20 % der VS; Ziffer 18.3.1 VHB 2016).

– Das Entfernen der Bruchstücke von Blumentöpfen und Vase sowie der Reste der Markise und des Sonnenschirms bezahlen wir als Aufräumungskosten (Ziffer 13.1 VHB 2016); das Abdichten des defekten Fensters als Kosten für provisorische Maßnahmen zum Schutz versicherter Sachen (Ziffer 13.9 VHB 2016).

Glasversicherung

– Die zerbrochene Fensterscheibe ist nicht Gegenstand der Glasversicherung. Schäden durch Sturm sind dann nicht versichert, wenn hierfür anderweitig Versicherungsschutz besteht (Ziffer 2.2.4 AGlB 2016). Das ist hier der Fall (siehe nachstehend unter Wohngebäudeversicherung).

Wohngebäudeversicherung

– Wir übernehmen die Kosten für den Austausch der Fensterglasscheibe (da ein Sturmschaden an einem Gebäudeteil vorliegt) und den Austausch des Teppichbodens, der infolge fester Verklebung ebenfalls als Gebäudebestandteil gilt (Folgeschaden nach Sturmschaden).

– Den Abtransport von Teppichboden und Glasscherben ersetzen wir als Aufräumungskosten bis max. zu 5 % der VS 1914 · aktuell geltender Anpassungsfaktor (Ziffern 12.1 und 11.2 VGB 2016).

S 8

a) Der Gesamtschaden beträgt 74.000,00 € + 8.500,00 € = 82.500,00 €.
Die Leistungsberechnung richtet sich hier nach Ziffern 17.2 und 17.4 VHB 2016.

– Die Versicherungssumme einschließlich 10 % Vorsorgebetrag beträgt 71.500,00 €. Da die Entschädigung schon allein für die versicherten Sachen mit 74.000,00 € höher wäre als die Versicherungssumme einschließlich Vorsorgebetrag erhält die VN 71.500,00 € für die versicherten Sachen.

– Für die angefallenen versicherten Kosten erhält die VN nicht 8.500,00 € sondern maximal 10 % der Versicherungssumme einschließlich Vorsorgebetrag, also 10 % von 71.500,00 € = 7.150,00 € (Ziffer 17.4 VHB 2016).

– Die Gesamtleistung beträgt demnach 71.500,00 € + 7.150,00 € = 78.650,00 €.

b) Der Gesamtschaden beträgt 74.000,00 € + 9.000,00 € + 1.250,00 € = 84.250,00 €. Die Leistungsberechnung richtet sich auch hier nach Ziffern 17.2 und 17.4 VHB 2016.

- Die Versicherungssumme einschließlich 10 % Vorsorgebetrag beträgt 81.400,00 €. Da die Entschädigung für die versicherten Sachen mit 74.000,00 € niedriger ist als die Versicherungssumme einschließlich Vorsorgebetrag erhält die VN 74.000,00 € für die versicherten Sachen.

- Für die angefallenen Aufräumungskosten erhält die VN zunächst die Differenz zwischen VS + Vorsorge (81.400,00 €) und bereits berücksichtigter Entschädigung für die versicherten Sachen (74.000 €), also 7.400,00 €. Somit wären noch 1.600,00 € offen, die jedoch aufgrund der Regelung in Ziffer 17.4 VHB 2016 ebenfalls zu ersetzen sind, wonach versicherte Kosten nach Ziffer 13 darüber hinaus bis zu 10 % der VS + Vorsorge versichert sind, wenn die VS + Vorsorge für die Entschädigung versicherter Sachen und versicherter Kosten ausgeschöpft ist. Da hier also max. 8.140,00 € zusätzlich für versicherte Kosten zur Verfügung stehen, erhält die VN auch die noch offenen 1.600,00 €. Damit sind die Aufräumungskosten in Höhe von 9.000,00 € vollständig durch ihre Hausratversicherung gedeckt.

- Die auf Weisung des Versicherers angefallenen Schadenminderungskosten werden unabhängig davon voll mit 1.250,00 € ersetzt.

- Die Gesamtleistung beträgt demnach 74.000,00 € + 9.000,00 € + 1.250,00 €, also 84.250,00 €.

S 9

- Die versicherte Gefahr Einbruchdiebstahl liegt vor.

- Die Massagepraxis ist nicht Versicherungsort, da sie nicht ausschließlich über die Wohnung zu betreten ist (Ziffer 10.1 VHB 2016).

- Der VN erhält daher keine Leistung für den Praxis-PC und das Massageöl.

- Wir bezahlen die Reparatur der Haustür zur Privatwohnung des VN als Reparaturkosten für Gebäudeschäden (Ziffer 13.7 VHB 2016) in voller Höhe, also mit 1.480,00 €.

- Schmuck und Münzen sind versicherte Sachen, unterliegen jedoch als Wertsachen der besonderen Entschädigungsgrenze von 20.000,00 €, da sie außerhalb eines anerkannten und verschlossenen Wertschutzschrankes aufbewahrt wurden (Ziffer 18.3.2.3 VHB 2016). Die allgemeine Entschädigungsgrenze von 20 % der (VS + Vorsorge) spielt hier demnach keine Rolle; der VN erhält dafür insgesamt 20.000,00 € Entschädigung.

- Abzüglich der vereinbarten Selbstbeteiligung von 500,00 € (Klausel PK 7710) erhält der VN 20.980,00 € (1.480,00 € + 20.000,00 € ./. 500,00 €) ausgezahlt.

S 10

- Die versicherte Gefahr Leistungswasser liegt vor (Leitungswasserschaden nach Ziffer 5.2 VHB 2016).

- Die Einbauküche wurde vom VN auf seine Kosten beschafft und er trägt hierfür die Gefahr. Es besteht daher Versicherungsschutz aus der Hausratversicherung (Ziffer 8.3.1 VHB 2016).

- Der VN erhält Ersatz für den geplatzten Wasserschlauch, die Reparatur bzw. den Austausch des Küchensockels sowie den Elektroherd.

- Für die Reparatur bzw. den Austausch des Dielenbodens kommt die Wohngebäudeversicherung des Vermieters auf.

- Es handelt sich jedoch auch um Reparaturkosten für Leitungswasserschäden in Wohnungen in der Hausratversicherung (Ziffer 13.8 VHB 2016). Die Versicherer werden sich die Kosten daher teilen.

- Für die Schäden an der Deckenlampe des Bewohners der Wohnung im 1. Stock kommt dessen Hausratversicherer (zum Neuwert) auf. Dieser kann jedoch bei unserem VN bzw. dessen Haftpflicht-Versicherer Regress (in Höhe des Zeitwerts) nehmen. Hat der Bewohner im 1. Stock keine Hausratversicherung, muss unser VN bzw. dessen Haftpflicht-Versicherer zum Zeitwert für den Schaden an der Deckenlampe aufkommen.

S 11

- Die versicherte Gefahr Explosion liegt vor (Behälterexplosion).

Hausratversicherung

- Wir bezahlen die zu Bruch gegangenen Weinflaschen, die Glasvase, die Glasplatte des Tischs, die antike Obstschale sowie den Perserteppich.

- Für den handgeknüpften Perserteppich und die antike Obstschale, sofern sie älter ist als 100 Jahre, gelten die allgemeine Entschädigungsgrenze für Wertsachen (20 % der (VS + Vorsorge), also 26.400,00 €) (Ziffer 18.3.1 VHB 2016).

- Für die hochwertigen Kugelschreiber besteht kein Versicherungsschutz, da es sich um Handelsware handelt (Ziffer 8.3.7 VHB 2016).

Glasversicherung

- Aus der Glasversicherung erhält der VN keine Leistung (Ziffer 2.2.1 AGlB 2016), da aus der Hausrat- bzw. Wohngebäudeversicherung Versicherungsschutz besteht (vers. Gefahr Explosion).

Wohngebäudeversicherung

- Wir bezahlen die Reparatur bzw. den Austausch des Parkettbodens.

S 12

- Aus der Fahrradklausel (PK 7110) erfolgt keine Leistung. Es liegt kein einfacher Diebstahl, sondern die versicherte Gefahr Einbruchdiebstahl vor (hier Einbruch in die verschlossene Garage).

- HausratV: Versicherte Gefahr ED liegt vor, da die Garage abgeschlossen war und aufgebrochen wurde.

- Für die Schadenregulierung wird vom aktuellen Wiederbeschaffungswert, also 1.870,00 €, ausgegangen und dieser Betrag auch geleistet.

S 13

- Einbruchdiebstahl liegt nicht vor, weil es sich bei einem Wohnmobil weder um ein Gebäude noch um ein Behältnis in einem Raum eines Gebäudes handelt.

- Der Raubbegriff ist aber erfüllt, weil den Eheleuten versicherte Sachen weggenommen wurden, während ihre Widerstandskraft durch eine nicht verschuldete Ursache (Gas) ausgeschaltet wurde.

- Wir leisten im Rahmen der Außenversicherung für das Bargeld (max. 1.500,00 €) und in voller Höhe für die Armbanduhr, insgesamt aber nur für 10 % der VS zuzüglich Vorsorge, also 8.250,00 € (Ziffer 12.4 VHB 2016).

- Der Kostenersatz für den Austausch der Wohnmobiltür ist ausgeschlossen, da es sich nicht um eine versicherte Sache handelt; ggf. erfolgt eine Leistung durch die Fahrzeug-Teilversicherung.

S 14

- Für die Erstattung versicherter Sachen liegt Unterversicherung vor (Ziffer 18.8 VGB 2016): 144.000,00 € · 25.500 M : 34.000 M = 108.000,00 €.

- Ebenso für Aufräumungskosten: 38.000,00 € · 25.500 M : 34.000 M = 28.500,00 € Aber Entschädigungsgrenze: 5 % v. 25.500 M · 19,36 (Anpassungsfaktor 2020) = 24.684,00 € (Ziffern 12.1 und 11.2 VGB 2016).

- Aufwendungsersatz auf Weisung des Versicherers: 6.800,00 € (keine Anrechnung von Untervers. gemäß Ziffer 18.7, S. 2 VGB 2016 (letzter Satz)).

- Gesamtentschädigung: 108.000,00 € + 24.684,00 € + 6.800,00 € = 139.484,00 €.

S 15

- Die versicherte Gefahr Brand liegt vor.

- Die Wohngebäudeversicherung des Nachbarn tritt nur für dessen Schäden ein.

- Wir bezahlen den Balkon, die Balkontür einschließlich Scheibe und die Reparatur des Parkettbodens.

- Die Glasversicherung zahlt die Scheibe nicht (Ziffer 2.2.1 AGlB 2016).

- Herr Mothes soll den Schaden seiner Hausratversicherung melden, diese bezahlt Gartentisch und -stühle, Sonnenschirm und Gardine.

- Ein Mietwert wird nicht bezahlt, da dem VN die Beschränkung auf den verfügbaren Teil der Wohnfläche zugemutet werden kann (Alles-oder-Nichts-Prinzip gemäß Ziffer 13.1.2 VGB 2016).

Lösungen zu FP 1 (2) – Lebensversicherung

Situationsaufgaben (S)

S 1

Vorlage des Versicherungsscheins (§ 7 (1) AVB-KLV)

amtliche Sterbeurkunde (§ 7 (2) AVB-KLV)

ausführliches, ärztliches oder amtliches Zeugnis über die Todesursache sowie über Beginn und Verlauf der Krankheit, die zum Tode der versicherten Person geführt hat (§ 7 (2) AVB-KLV)

Versicherungssumme	80.000,00 €
+ UZV-Versicherungssumme	80.000,00 €
+ Gewinnanteil	6.783,00 €
– Vorauszahlung	8.000,00 €
– Darlehenszinsen	100,22 € (01.09. – 23.11. = 82 Tage, 5,5 %)
– Verzugszinsen	1,37 € (6 % von 100,22 € für 82 Tage)
= Auszahlungsbetrag gesamt	158.681,41 €
= Auszahlungsbetrag je für Elke und Jenny	79.340,71 €

S 2

(nach § 157 VVG)

Grundsätzlich handelt es sich um eine Verletzung der vorvertraglichen Anzeigepflicht.

Ein Rücktrittsrecht würde nur vorliegen, wenn der Versicherer bei richtiger Altersangabe den Vertrag nicht geschlossen hätte.

Die Leistung wird im Verhältnis von vereinbartem Beitrag und der dem wirklichem Alter entsprechenden Beitrag angepasst:

100.000,00 €   zu 22,13 €

X €   zu 15,78 €

X = 71.305,92 € werden an die Bezugsberechtigte ausgezahlt.

S 3

Keine UZV-Leistung wegen der Trunkenheit von 1,46 Promille (§ 3 (2) (a) BB-UZV).
Es liegt eine Verletzung der vorvertraglichen Anzeigepflicht vor.

Im hier vorliegenden Fall kann von Vorsatz bzw. von Arglist ausgegangen werden. In beiden Fällen beträgt die Verjährungsfrist 10 Jahre, die noch nicht abgelaufen ist.

Trotzdem wären wir bei Vorsatz voll leistungspflichtig (außer UZV), weil keine Kausalität zwischen der Todesursache und der Verletzung der vorvertraglichen Anzeigepflicht besteht. Frau Schubert würde dann 154.300,00 € + 5.328,00 € = 159.628,00 € erhalten (§ 21 (2) S. 1 VVG).

Wir sollten den Vertrag bis zum 04.12. d. n. J. anfechten, sofern Vorsatz und Betrugsabsicht bewiesen werden kann. In diesem Fall wäre die Proximus Lebensversicherung AG eigentlich leistungsfrei (§ 21 (2) S. 2 VVG), muss aber nach § 169 (1) VVG den Rückkaufswert in Höhe von 32.328,54 € erstatten.

S 4

Der Unfallbegriff ist durch die Ermordung erfüllt (§ 2 BB-UZV).

Dadurch wird die Versicherungsumme, die UZV-Summe und der Gewinnanteil fällig.
108.200,00 € + 108.200,00 € + 3.328,00 € = 219.728,00 €

Da Klaus Meyer als Bezugsberechtigter die versicherte Person getötet hat, entfällt das Bezugsrecht im Todesfall (§ 162 (2) VVG).

Die Versicherungsleistung wird nach der Erbfolge ausgezahlt.

S 5

Bei der Rentenzahlung wird der Ertragsanteil besteuert. Derzeit werden 17 % der Rente, bei einem Rentenzugang mit 67 zur einkommenssteuerlichen Veranlagung herangezogen (§ 22 Nr. 1 a) bb) EStG).

Die Kapitalauszahlung ist steuerfrei, da der Vertrag vor dem 01.01.2005 geschlossen wurde, die Vertragsdauer mehr als 12 Jahre beträgt und die Beiträge mindestens 5 Jahre gezahlt wurden (§ 20 (1) Nr. 6 EStG).

S 6

Sterbeurkunde und Versicherungsschein sind anzufordern (§ 7 (1) u. (2) AVB-Risiko). Leistungspflicht besteht.

Todesfallleistung	20.000,00 €
20 % Todesfallbonus	4.000,00 €
=	24.000,00 €
: 2	12.000,00 € für jeden Bezugsberechtigten

Da nur Michael Müller die Abtretungserklärung unterzeichnet hat, können wir nur 12.000,00 € an das Bestattungsunternehmen überweisen.

Somit muss sich das Bestattungsunternehmen 750,00 € bei Michael Müller holen und 12.000,00 € werden an Sophie Koch ausgezahlt.

S 7

Frau Schubert kann zukünftig die Rente nicht erhalten.

Während der Aufschubzeit ist in dem Tarif eine Beitragsrückgewähr vorgesehen sowie die Auszahlung des Überschussguthabens (§ 1 (3) u. (5) AVB-aufgesch. RV).

Auszahlung an Christine Schubert:

01.05.1989 – 01.09.2019 = 365 Monate

200,00 € · 365 Monate =	73.000,00 €
+ Überschussguthaben	41.800,00 €
=	114.800,00 €

Empfehlung an Frau Schubert, dass sie das Geld für eine Rentenversicherung mit Einmalzahlung verwenden soll.

S 8

Versicherungsschein und Sterbeurkunde sind anzufordern (§ 7 (1) u. (2) AVB-Risiko).

Die Unfallzusatzversicherung wird nicht fällig, weil Unfälle bei Fahrtveranstaltungen, bei denen es um die Erzielung von Höchstgeschwindigkeiten ankommt, ausgeschlossen sind (§ 3 (2) (e) BB-UZV).

Die Bezugsberechtigte erhält 230.000,00 €.

S 9

Zunächst müssen die Ermittlungen der Staatsanwaltschaft abgewartet werden, damit die Todesursache geklärt ist.

Sollte hier ein Fall von Selbsttötung vorliegen, würden keine Leistungen fällig, da die ersten 3 Versicherungsjahre noch nicht abgelaufen sind (§ 5 AVB Risiko).

Darüber hinaus muss geklärt werden, ob eventuell ein Unfall zum Tode geführt hat.

Herr Meier erhält keine Leistung, da er nicht der Bezugsberechtigte ist.

Sofern keine Selbsttötung vorliegt und Stefan Förster nicht seine Exfrau umgebracht hat, erhält er die Versicherungsleistung.

Wenn eine unfallbedingte Todesursache vorliegt erhält Herr Stefan Förster 300.000,00 €, ansonsten 150.000,00 €.

S 10

Berufsunfähigkeit liegt vor, weil Herr Lehmann seinen Beruf voraussichtlich länger als 6 Monate nicht ausüben kann (§ 2 (1) AVB-BU).

Eine ärztliche Bescheinigung ist anzufordern (§ 7 (1) (c) AVB-BU).

Sofern die ärztliche Bescheinigung den Sachverhalt bestätigt, werden wir die Rente in Höhe von 2.500,00 € ab dem 01.03. d.J. zahlen und Herr Lehmann von der Beitragszahlungspflicht befreien, weil eine Berufsunfähigkeit von mehr als 50 % vorliegt (§ 1 (3) AVB-BU).

Bis zur Entscheidung über die Leistungspflicht muss Herr Lehmann die Beiträge weiter entrichten. Bei Anerkennung der Leistungspflicht werden diese ihm zurückerstattet (§ 1 (5) AVB-BU).

Die Anerkennung der Leistungspflicht sollte vorerst für maximal 1 Jahr erfolgen (§ 8 (2) AVB-BU).

S 11

Es liegt kein Versicherungsfall vor, weil der Verstorbene nicht die versicherte Person ist.

Hier sollte ein Versicherungsnehmerwechsel vorgenommen werden, so dass Frau Sauer Versicherungsnehmerin wird.

Erfolgt der Versicherungsnehmerwechsel nicht, wird der Vertrag beendet.

S 12

Die testamentarische Regelung hat auf die Auszahlung der Lebensversicherung keinen Einfluss, da hier nur das Bezugsrecht relevant ist (§ 9 (4) AVB-KLV).

Die Versicherungsleistung geht zu gleichen Teilen an die unwiderruflichen Bezugsberechtigten. Da die Ehefrau Paula bereits verstorben ist, fällt ihr Anteil in ihre Erbmasse, so dass Toni und Antonia je die Hälfte vom Anteil der Mutter erhalten.

Berechnung der Versicherungsleistung:

Versicherungssumme	302.488,00 €
+ Überschussguthaben	81.623,68 €
= gesamte Leistung	384.111,68 €
: 2 Anteil je Bezugsberechtigten	192.055,84 €

Auszahlung für Toni:
192.055,84 : 2 = 96.027,92 €

Auszahlung für Antonia:
192.055,84 + 192.055,84 : 2 = 288.083,76 €

Bankverbindung von Antonia Polster anfordern

S 13

Es liegt ein Unfalltod vor und es besteht für die UZV Leistungspflicht, weil Herr Kluge nicht Luftfahrzeugführer war, sondern nur Passagier (§ 3 (2) (d) BB-UZV).

Der Tod ist während der Aufschubszeit eingetreten, so dass die Beiträge ohne Beiträge für Zusatzversicherungen zurückgezahlt werden (§ 1 (3) AVB-aufgesch. RV).

Auszahlung an Gabi Kluge:

01.07.1990 – 01.02.2020 =	356 Monate
100,00 € · 356 Monate =	35.600,00 €
+ UZV – Summe	150.000,00 €
=	185.600,00 €

S 14

Es besteht eine Leistungspflicht in Höhe einer beitragsfreien Versicherungssumme (§ 166 (1) VVG).

Die ausstehenden Beiträge wurden nicht innerhalb von 14 Tagen nach der Mahnung entrichtet. Dadurch ist auch die Kündigung wirksam geworden, so dass die Lebensversicherung sich in eine beitragsfreie Lebensversicherung umgewandelt hat (§ 166 (2) VVG).

Auszahlung an Sandra König:

Rückkaufswert	72.516,00 €
– ausstehende Beiträge	200,00 €
– Zinsen 1. Rate (100,00 € · 5 % · 2/12)	0,83 €
– Zinsen 2. Rate (100,00 € · 5 % · 1/12)	0,42 €
– Mahngebühren	7,50 €
= Einmalbeitrag für beitragsfreie Versicherungssumme	72.307,25 €

1000,00 € Versicherungssumme = 702,64 €
X = 72.307,25 €
X = 102.907,96 €

Auf den Auszahlungsbetrag abzüglich eines Freibetrags (derzeit 20.000,00 €) muss Frau König Erbschaftsteuer zahlen.

S 15

Eine Auszahlung des noch nicht verbrauchten Beitrags ist nicht möglich, da sich der Vertrag in der Rentenphase befindet.

Bis zum Ende der Rentengarantiezeit erhält Herr Weber die dynamisierte Rente (§ 1 (1) AVB – sof. beg. RV).

Nach Ablauf der Rentengarantiezeit erhält Herr Weber 60 % der Altersrente, aus der Hinterbliebenen-Zusatzversicherung (§ 1 (2) BB-HRZ).

Bis Ende des Jahres 2020 beträgt die Rente für ihn 558,98 € monatlich.

Ab dem 01.01.2021 beträgt die Rente 558,98 € + 2,25 % = 571,56 €.

Ab dem 01.01.2022 wird die Hinterbliebenen – Zusatzversicherung in Höhe von 60 % von 571,56 € = 342,94 € lebenslang gezahlt.

Lösungen zu FP 1 (3) – Unfallversicherung

Situationsaufgaben (S)

S 1 **a)** Invaliditätsleistung:

Invaliditätsgrad 70 % entspricht 200 % Entschädigung (25 % + 3 · 25 % + 5 · 20 %)
= 300.000,00 €

Krankenhaustagegeld (stationär): 22 Tage · 40,00 € = 880,00 €

Krankenhaustagegeld (ambulante OP): 7 Tage · 40,00 € = 280,00 €

(Ziffern 2.5.1 und 2.5.2 AUB 2017)

b) – ausgefüllte Unfallanzeige einreichen (Ziffer 7.2 AUB 2017)
- Krankenhaustagegeld: Nach Vorlage der Bescheinigung des Krankenhauses (stationär) bzw. Bestätigung des Unfallarztes (ambulante OP)
- sofortige Auszahlung in Höhe der Todesfallsumme von 25.000,00 € als Vorschussleistung (Ziffer 9.3 AUB 2017)
- Restentschädigung in Höhe von 275.000,00 € nach 12 Monaten (Ziffer 2.1.1.4 AUB 2017)

S 2

Die Beinverletzung ist Unfallfolge.

Seit dem Unfall sind noch keine 3 Jahre verstrichen (Ziffer 9.4 AUB 2017).

Der Invaliditätsgrad erhöht sich von 30 % (60 % von 50 %) auf 40 % (80 % von 50 %).

Der neue Leistungsanspruch nach Staffel Modell 500 berechnet sich wie folgt:

1 – 25 %	1 · 25 %	25 %
26 – 40 %	5 · 15 %	75 %
Σ		100 %

100 % v. 80.000,00 € = 80.000,00 €

Der alte Leistungsanspruch beträgt 40.000,00 € (25 % + 5 · 5 % = 50 % von 80.000,00 € = 40.000,00 €)

Herr Leipziger erhält somit 40.000,00 € mehr.

Der Mehrbetrag wird mit 5 % jährlich verzinst (Ziffer 9.4 AUB 2017)

S 3

Zugrunde gelegt werden die Versicherungssummen für die Gefahrengruppe A (kaufmännische Tätigkeit). Die höheren Versicherungssummen werden einen Monat nach Änderung wirksam (Ziffer 6.2.2 AUB 2017), da der Kunde den Berufswechsel nicht rechtzeitig mitgeteilt hat, also zum 01.02. d. J.

Die Versicherungssummen erhöhen sich um 50 % (im Verhältnis der bisher gezahlten Prämien, die aufgrund der Gefahrengruppe B um 50 % höher war, zur nach dem Berufswechsel zu zahlenden Prämie) (vgl. Tabelle „Prämien zur Unfallversicherung p. a. ohne VSt.", S. 194 unten).

Invaliditätsleistung

Invaliditätsgrad lt. Gliedertaxe (Hand im Handgelenk): 55 %

Leistung nach Staffel Modell 350: 125 % (25 % + 3 · 25 % + 5 · 5 %) von 90.000,00 € (neue Versicherungssumme) = 112.500,00 €

Das Heilverfahren ist abgeschlossen und der Eintritt des Todes aufgrund des Unfalls kann ausgeschlossen werden, daher keine Beschränkung auf die Todesfallleistung i. H. v. 10.000,00 €.

Soforthilfe

Herr Springer erhält keine Soforthilfe, da keine der in Ziffer 2.3.1 AUB 2017 aufgeführten Voraussetzungen (Amputation rechte Hand) erfüllt ist.

S 4

Herr Andreas Schinke
70 % (Arm) + 50 % (Auge) = 120 %, jedoch max. 100 % (Ziffer 2.1.2.2.4 AUB 2017) Entschädigung Staffel Modell 225: 180.000,00 € (80.000,00 € · 225 %)

Frau Christine Schinke
55 % (Hand) – 20 % (Daumen) = 35 % Entschädigung Staffel Modell 500: 75.000,00 € (25 % + 5 · 10 % = 75 % von 100.000,00 €)

Sohn Christopher Schinke
40 % (Fuß) + 40 % (Fuß) = 80 %; davon 60 % = 48 % Entschädigung (ohne Staffel): 57.600,00 €

Tochter Vanessa Schinke
Mitwirkungsanteil 30 % von 70 % (Bein) = 21 %, 70 % – 21 % = 49 % Entschädigung (ohne Staffel): 58.800,00 €

S 5 a) Ja, Unfallbegriff erfüllt, Weltdeckung, Ziffern 1.2 und 1.3 AUB 2017

b) Nein, Ausschluss nach Ziffer 5.2.5 AUB (Vergiftung durch den Schlund)

c) Ja, Vergiftung nicht Lebensmittel, Kind unter 10 Jahren, Ziffer 5.2.5 AUB 2017

d) Ja, nicht der ganze Körper betroffen, Ziffer 5.1.1 AUB 2017

e) Ja, ohnmächtig infolge Unfallereignis, Ausschluss nach Ziffer 5.1.1 AUB 2017 greift nicht

f) Nein, Ausschluss nach Ziffer 5.1.1 AUB 2017

S 6 a) Nein, Ausschluss nach Ziffer 5.1.2 AUB 2017 (vorsätzliche Straftat)

b) Nein, Ausschluss nach Ziffer 5.1.4 AUB 2017

c) Nein, Ausschluss nach Ziffer 5.2.2 AUB 2017

d) Ja – wegen Unfall als Ursache der OP

e) Ja, da keine Vergiftung (sondern Verätzung)

f) Ja, da kein fester oder flüssiger (sondern gasförmiger) Stoff

g) Nein, Ziffer 5.1.6 AUB 2017

Lösungen zu FP 1 (3) – Unfallversicherung

S 7

In der Unfallversicherung sind Unfälle, die unmittelbar oder mittelbar durch Krieg oder Bürgerkriegsereignisse verursacht werden, ausgeschlossen.

Versicherungsschutz besteht jedoch, wenn die versicherte Person auf Reisen im Ausland überraschend davon betroffen ist.

Der Versicherungsschutz erlischt jedoch am Ende des 7. Tages nach Beginn des Bürgerkrieges.

Im vorliegenden Fall würde demnach kein Versicherungsschutz mehr bestehen, da bereits 10 Tage seit Kriegsausbruch vergangen sind.

Der Sohn sollte daher unverzüglich die Heimreise antreten.

Versicherungsschutz besteht jedoch für Unfälle, die nicht kausal auf Bürgerkriegsereignisse zurückzuführen sind (Ziffer 5.1.3 AUB 2017).

S 8

Durch den Berufswechsel des Versicherungsnehmers ergibt sich ein Wechsel von Gefahrengruppe A nach Gefahrengruppe B.

Bei gleichbleibender Prämie ergibt sich 1 Monat nach Änderung, also ab dem 01.04. d. J. eine niedrigere Versicherungssumme (Ziffer 6.2.2 AUB 2017).

Die neue Versicherungssumme berechnet sich aus dem Verhältnis der alten zur neuen Prämie: 100.000,00 € · 1 / 1,5 = 66.666,67 €.

Berechnung des Invaliditätsgrads:

Linker Fuß: 40 % + 30 %-ige Gebrauchsunfähigkeit des rechten Beins:

21 % (30 % von 70 %) = 61 %

Leistung bei Progression Staffel Modell 350: 155 % (25 % + 3 · 25 % + 5 · 11 %)

von 66.666,67 € Versicherungssumme = 103.333,34 €

Für die Attestkosten beträgt die Erstattung 100,00 € (max. 100,00 € je Leistungsart; Ziffer 9.1 AUB 2017)

S 9

Der Unfall geschah innerhalb der Zahlungsfrist von 14 Tagen ab Erhalt des kombinierten Mahn-/Kündigungsschreibens. Frau Kölbl erhält daher die vertragliche Leistung.

Invaliditätsleistung
Arm: 70 %
Bein: 45 % von 50 % = 22,5 %
= Invaliditätsgrad: 92,5 %

- Invaliditätsleistung (Staffel Modell 500): 447,5 % (25 % + 5 · 25 % + 7 · 42,5 %) von 120.000,00 € Versicherungssumme = 537.000,00 €
- Krankenhaustagegeld (stationär) für 38 Tage · 25,00 € = 950,00 €
- Kosten für kosmetische Operation in voller Höhe von 4.355,57 €
- Krankenhaustagegeld (ambulante OPs): 2 · 7 T. · 25,00 € = 350,00 €
  (Ziffern 2.5.1 und 2.5.2 AUB 2017)
  Gesamtleistung: 542.655,57 €

Rückständige Prämien sowie die ggf. bereits ausgezahlte Todesfallleistung werden vom Leistungsbetrag einbehalten.

S 10

Der Mitwirkungsanteil von 20 % bleibt unberücksichtigt, da er unter 25 % liegt; der Invaliditätsgrad beträgt demnach 78 % (Ziffer 3.2.2 AUB 2017).

Invaliditätsleistung mit Mehrleistung ab 70 % Invaliditätsgrad gemäß „BB für Mehrleistungen bei einem Invaliditätsgrad ab 70 %", Proximus 4, S. 187.

78 % von 150.000,00 € = 117.000,00 €

117.000,00 € (Grundleistung) + 117.000,00 € · 2 (Mehrleistung) = 351.000,00 €

(Hinweis: Die Begrenzung der Mehrleistung (hier: 117.000,00 € · 2 = 234.000,00 €) auf 300.000,00 € ist hier nicht relevant.)

Frau Himpsl erhält daher die dreifache Invaliditätsleistung, also 351.000,00 €.

Unfallrente 50/90

Bei einem Invaliditätsgrad von mindestens 50 %, aber weniger als 90 % wird die vereinbarte Rente lebenslang (Ziffer 2.2.3.2 AUB 2017) in einfacher Höhe (Ziffer 2.2.1 AUB 2017), monatlich im Voraus rückwirkend ab Beginn des Monats, in dem sich der Unfall ereignet hat (Ziffer 2.2.3.1 AUB 2017), gezahlt. Die monatliche Unfallrente 50/90 beträgt 850,00 €.

Krankenhaustagegeld

27 Tage · 30,00 € = 810,00 €

Krankentagegeld

Frau Himpsl ist während des 27-tägigen Krankenhausaufenthalts und weitere 122 Tage, insgesamt also 149 Tage zu 100 % sowie daran anschließend für weitere 52 Tage zu 50 % arbeitsunfähig geschrieben.

Sie erhält ab 15. Tag der Arbeitsunfähigkeit das volle versicherte Krankentagegeld, für die 52 Tage der 50 %-igen Arbeitsunfähigkeit das halbe Krankentagegeld, also 135 Tage (149 – 14 Karenztage) · 30,00 € + 52 Tage · 15,00 € = 4.050,00 € + 780,00 € = 4.830,00 €

Die Gesamtleistung beträgt demnach 356.640,00 € Kapitalzahlung sowie 850,00 € monatlich als Rentenzahlung.

S 11

Frau Martina Seipel

Infektionen durch Zeckenbisse erfüllen den Unfallbegriff nach AUB 2017 nicht und sind vom Versicherungsschutz ausgeschlossen (Ziffer 5.2.4 AUB 2017). Die darin genannten Ausnahmen sehen jedoch ausdrücklich Leistungen für FSME-Infektionen durch Zeckenbisse vor, sofern die Erkrankung frühestens 15 Tage nach Beginn oder spätestens 15 Tage nach Erlöschen des Versicherungsvertrages ausbricht, was hier der Fall ist.

Frau Seipel erhält daher 210 % (25 % + 2 · 25 % + 3 · 45 %) der vereinbarten Invaliditätsleistung, also 105.000,00 €; außerdem rückwirkend vom Beginn des Monats an, in dem sich der Unfall ereignet hat, eine (doppelte) Unfallrente i. H. v. 1.000,00 € monatlich im Voraus (Ziffern 2.2.1 und 2.2.3.1 AUB 2017).

Tochter Clara Seipel

Der Hornissenstich mit Todesfolge ist ein leistungspflichtiger Unfall nach AUB 2017. Für Tochter Clara wird die vereinbarte Todesfallleistung von 30.000,00 € gezahlt.

S 12

Für Tochter Tamara besteht Versicherungsschutz nach den Besonderen Bedingungen für die prämienfreie Kinder-Vorsorge-Unfallversicherung (S. 191 linke Spalte, Proximus 4).

Frau Grieb erhält für den Unfall ihrer Tochter 220 % (25 % + 5 · 25 % + 7 · 10 %) der Versicherungssumme i. H. v. 25.000,00 € = 55.000,00 €.

Außerdem werden je 17 · 12,50 € = 212,50 € Krankenhaustagegeld sowie 750 € (75 % v. 1.000,00 € wegen Bruch des Schädeldachs) als Sofortleistung fällig (Ziffer 2.3.1 AUB 2017).

Die Gesamtleistung beträgt demnach 55.962,50 €.

S 13

Herr Georg Gruber

Rechtes Bein: 70 %

Linker Fuß: 40 % – 5 % (große Zehe) – 6 % (3 andere Zehen) = 29 %

= Invaliditätsgrad Georg Gruber: 99 %

Der Mitwirkungsanteil beträgt 25 % von 99 % Invaliditätsgrad = 24,75 %. Der Invaliditätsgrad beträgt entsprechend 99 % – 24,75 % = 74,25 %.

Invaliditätsleistung nach Regelung „Mehrleistung ab 70 % Inv.-Grad" beträgt 74,25 % · 3 von 80.000,00 € = 178.200,00 €.

Frau Hannelore Gruber

Gesundheitsschäden durch Heilmaßnahmen oder Eingriffe am Körper der versicherten Person sind ausgeschlossen. Da der Eingriff jedoch durch einen Unfall veranlasst war, besteht trotzdem Versicherungsschutz (Ziffer 5.2.3 AUB 2017).

Linkes Auge (100 % – 15 % = 85 % Beeinträchtigung): 85 % von 50 % = 42,5 %

Geruchssinn: 10 %

Geschmackssinn: 5 %

= Invaliditätsgrad Hannelore Gruber.: 57,5 %

Invaliditätsleistung nach Staffel Modell 500:

202,5 % (25 % + 5 · 25 % + 7 · 7,5 %) von 80.000,00 € = 162.000,00 €

S 14

Herr Hofmann muss ein ärztliches Gutachten über die veränderte Höhe der Funktionsbeeinträchtigung vorlegen (Ziffer 9.4 AUB 2017). Dies ist möglich, weil seit dem Unfall noch keine 3 Jahre vergangen sind.

Der Invaliditätsgrad betrug vor der Änderung 55 % von 70 % (20 % + 50 %) = 38,5 %.

Nach der Änderung beläuft sich der Invaliditätsgrad auf 9 % (45 % von 20 %) + 42,5 % (85 % von 50 %) = 51,5 %.

Die Leistung aus der Invaliditätssumme erhöht sich von 65,5 % (25 % + 3 · 13,5 %) auf 107,5 % (25 % + 3 · 25 % + 5 · 1,5 %) der versicherten Invaliditätssumme von 120.000,00 €, also um 50.400,00 € von 78.600,00 € auf 129.000,00 €.

Es entsteht jetzt ein Anspruch auf Unfallrente in Höhe der einfachen versicherten Leistung von 1.500,00 € monatlich, da der Invaliditätsgrad 50 % überschritten hat (aber unter 90 % bleibt).

S 15

Herr Mitsioulis ist innerhalb eines Jahres unfallbedingt verstorben, daher besteht Anspruch auf die Todesfallleistung i. H. v. 10.000,00 € (Ziffer 2.6.1 AUB 2017).

Es besteht Anspruch auf Krankenhaustagegeld für 133 Tage
(15 + 31 + 28 + 31 + 28 Tage) · 25,00 € = 3.325,00 €

Ein Unfall-Krankengeldanspruch besteht vom Unfall- bis zum Todeszeitpunkt zu 100 %, also für 236 Tage (250 Tage − 14 Karenztage) · 20,00 € = 4.720,00 €.

Die Soforthilfe i. H. v. 2.250,00 € (75 % v. 3.000,00 €) wird ebenfalls fällig.

Anspruch auf Invaliditätsleistung besteht nicht, da Herr Mitsioulis unfallbedingt innerhalb eines Jahres nach dem Unfall verstorben ist (Ziffer 2.1.1.4 AUB 2017).

Die Gesamtleistung i. H. v. 10.295,00 € kann an Herrn Jannis Mitsioulis als Bezugsberechtigtem ausbezahlt werden.

Lösungen zu FP 1 (4) – Krankenversicherung

Situationsaufgaben (S)

S 1

Für Frau Grahn gelten die allgemeinen (3 Monate) und besonderen (8 Monate) Wartezeiten gemäß § 3 (2, 3) MB/KK 2009, § 197 (1) VVG.

Die Wartezeiten rechnen gemäß § 3 (1) MB/KK 2009 vom (technischen) Versicherungsbeginn (01.04. d.J.) an.

Insofern ergibt sich für die Leistungsabrechnung das folgende:

Beleg 1: Leistung, da allgemeine Wartezeit bei Unfällen entfällt

Beleg 2: keine Leistung, da allgemeine Wartezeit nicht abgelaufen

Beleg 3 und 4: keine Leistung, da besondere Wartezeit nicht abgelaufen

Beleg 5 und 6: Leistung, da besondere Wartezeit seit 01.12. d.J. abgelaufen

Beleg 7: Leistung, da allgemeine Wartezeit seit 01.07. d.J. abgelaufen

S 2

Gemäß TB zu § 1 (4.1) MB/KK 2009 (siehe Proximus 4, Seite 248) erstreckt sich der Versicherungsschutz ohne besondere Vereinbarung auch auf Heilbehandlungen bei bis zu 2 Monate dauernden Aufenthalten im außereuropäischen Ausland.

Die Kosten in Zusammenhang mit dem Unfall und dem Krankenhausaufenthalt bis Ende Oktober werden daher erstattet.

Gemäß § 6 (4) MB/KK 2009 werden die in ausländischer Währung entstandenen Krankheitskosten zum Kurs des Tages, an dem die Belege beim Versicherer eingehen, in Euro umgerechnet.

1,0843 $ $\triangleq$ 1,00 €

3.548 $ $\triangleq$ x = 3.272,16 €

§ 1 (7) MB/KT 2009: Bei einem vorübergehenden Aufenthalt im europäischen Ausland wird für im Ausland akut eingetretene Krankheiten oder Unfälle das Krankentagegeld im vertraglichen Umfang für die Dauer einer medizinisch notwendigen stationären Heilbehandlung in einem öffentlichen Krankenhaus gezahlt. Für einen vorübergehenden Aufenthalt im außereuropäischen Ausland können besondere Vereinbarungen getroffen werden.

Frau Schuster erhält kein Krankentagegeld, da keine besonderen Vereinbarungen getroffen wurden.

S 3

Beleg-Nr.	Datum	Bemerkung	Erstattungsbetrag
1	03.01.	volle Erstattung	37,00 €
2	23.02.	200,00 €	200,00 €
3	01.03.	keine Erstattung	0,00 €
4	10.04.	volle Erstattung	80,00 €
5	15.04.	volle Erstattung	472,00 €
6	01.05.	volle Erstattung	230,00 €
7	05.05.	keine Erstattung	0,00 €
gesamt			1.100,13 €
abzügl. SB			1.000,00 €
Gesamterstattung			100,13 €

§ 4 MB/KK 2009 (1): Art und Höhe der Versicherungsleistungen ergeben sich aus dem Tarif mit Tarifbedingungen.

§ 4 (3.3 d) TB zu MB/KK 2009: Sehhilfen werden alle 2 Jahre bis 200,00 €, oder früher bei einer Veränderung der Sehschärfe um mindestens 0,5 Dioptrien auf einem Auge, ersetzt.

§ 4 (3.2 c) TB zu MB/KK 2009: Nicht erstattungsfähig sind Aufwendungen für sonstige Leistungen, wie z. B. Thermalbäder.

§ 4 (3.3 e) TB zu MB/KK 2009: Nicht erstattungsfähig sind Aufwendungen für alle anderen Hilfsmittel, medizinische Apparate und sanitäre Bedarfsartikel, z. B. Heizkissen.

S 4

Herr Lange hat als Bundesbeamter gemäß § 46 BbhV einen Beihilfeanspruch von 70 %, da er zwei berücksichtigungsfähige Kinder hat. Somit sind bei der Proximus Krankenversicherung AG 30 % im Quotentarif abgesichert.

Die Kinder haben gemäß § 46 BbhV jeweils einen Beihilfeanspruch von 80 %. Somit sind bei der Proximus Krankenversicherung AG 20 % im Quotentarif abgesichert.

Es ergibt sich also die folgende Abrechnung:

Abrechnung

Herr Lange Erstattung 30 %		Michael Erstattung 20 %		Felix Erstattung 20 %	
Arztbesuch wegen Neurodermitis:	98,88 €	Zahnarzt Vorsorge:	18,62 €	Zahnarzt Vorsorge:	18,62 €
Apothekenquittung Heilsalbe Neurodermitis	2,52 €	Windpocken Kinderarzt	16,25 €	Untersuchung aufgrund eines Sportunfalls beim Hausarzt	21,07 €
Aufsuchen eines Heilpraktikers wegen Schulterschmerzen:	102,00 €				
Krankengymnastik wegen der Schulterschmerzen	56,10 €				
Zahnarzt Vorsorge und professionelle Zahnreinigung:	46,86 €				
Summe	**306,36 €**		**34,87 €**		**39,69 €**
gesamte Erstattung für alle 3 Personen					380,92 €

Anmerkung: Wir gehen davon aus, dass sich die Inanspruchnahme einer Beitragsrückerstattung für Herrn Lange nicht gelohnt hätte.

S 5

Familie Turm befindet sich im Beitragsverzug.

Es handelt sich um eine Krankheitskostenvollversicherung mit der die Krankenversicherungspflicht gemäß § 193 (3) VVG erfüllt wird. Es gelten daher die Vorschriften gemäß § 193 (6, 7, 8, 9) VVG, 153 VAG, § 8 (6) MB/KK und der Bedingungsteil AVB/NLT 2013 für den Notlagentarif zum Beitragsverzug.

Somit ist in Bezug auf die Leistungspflicht bei den eingereichten Belegen folgendes zu beachten:

Beleg 1: Leistungspflicht des Versicherers, da der Versicherungsfall vor dem Zugang der 2. Mahnung liegt.

Beleg 2: Leistungspflicht des Versicherers, auch ab dem 01.06. d. J., da es sich um eine akute Erkrankung handelt.

Beleg 3: Leistungspflicht des Versicherers, da Versicherungsfall zwar in der Ruhenszeit liegt, für Schwangerschaft aber geleistet werden muss.

Beleg 4: keine Leistungspflicht des Versicherers, da Versicherungsfall in der Ruhenszeit liegt und es sich nicht um eine akute Erkrankung handelt.

Beleg 5: Leistungspflicht des Versicherers, da Versicherungsfall zwar in der Ruhenszeit liegt, für akute Erkrankungen aber geleistet werden muss.

Beleg 6: keine Leistungspflicht des Versicherers, da der Versicherungsfall in der Ruhenszeit liegt. Die Ruhenszeit endet, wenn alle alle rückständigen Beitragsanteile einschließlich der Säumniszuschläge und der Beitreibungs(Mahn)kosten gezahlt sind Dann wird der Vertrag ab dem ersten Tag des übernächsten Monats (01.12. d. J.) in dem Tarif fortgesetzt, in dem der Versicherungsnehmer vor Eintritt des Ruhens versichert war.

S 6

Die Arbeitsunfähigkeitsbescheinigung ist rechtzeitig eingegangen. Arbeitsunfähigkeit ist spätestens 3 Tage nach dem vereinbarten Leistungsbeginn anzuzeigen (§ 9 (1.1) TB zu MB/KT 2009 – siehe Proximus 3, S. 230 f.).

Das Krankentagegeld beträgt monatlich: 30 · 120,00 € = 3.600,00 €.

Das monatliche Krankentagegeld übersteigt somit das monatliche Nettogehalt von 3.000,00 €.

Gemäß § 4 (3) MB/KT 2009 ist Herr Wiesel verpflichtet, der Proximus Krankenversicherung AG unverzüglich eine nicht nur vorübergehende Minderung des aus der Berufstätigkeit herrührenden Nettoeinkommens mitzuteilen.

Die Proximus Krankenversicherung AG hat das Recht, ohne Unterschied, ob der Versicherungsfall bereits eingetreten ist oder nicht, das Krankentagegeld und den Beitrag mit Wirkung vom Beginn des 2. Monats nach Kenntnis entsprechend dem geminderten Nettoeinkommen herabzusetzen, also ab dem 01.04. d. J. (§ 4 (4) MB/KT 2009).

Insofern hat Herr Wiesel ab dem 01.04. d. J. ein Krankentagegeld ab dem 43. Tag in Höhe von 100,00 € zu einem Beitrag von 67,60 € (20 · 3,38 €) versichert.

Bis zum Zeitpunkt der Herabsetzung wird die Leistungspflicht im bisherigen Umfang für eine bereits eingetretene Arbeitsunfähigkeit nicht berührt (§ 4 (4) MB/KT 2009).

Abrechnung

Die Leistung erfolgt ab dem 43. Tag, also ab dem 13.02. d. J.

02.01. – 10.02.: 40 Tage

11.02. – 10.04.: 60 Tage

100 – 42 = 58 Tage · 120,00 € = 6.960,00 €

> **Merke:** Bei der Berechnung des Krankentagegeldes gelten der erste und der letzte Tag jeweils als voller Tag.

S 7

Es liegt eine Verletzung der vorvertraglichen Anzeigepflicht gemäß §§ 19 ff. VVG vor. Sie erfolgte grob fahrlässig.

Bei den Belegen 1 und 2 besteht Kausalität zwischen der Verletzung der vorvertraglichen Anzeigepflicht und dem Eintreten des Versicherungsfalls.

Die Proximus Krankenversicherung AG hätte bei Kenntnis über die Krampfadern den Vertrag ebenfalls abgeschlossen, da gemäß der Risikoliste der Proximus Krankenversicherung AG Krampfadern mit einem Risikozuschlag von 50 % versichert werden. Insofern hat sie kein Rücktrittsrecht und ist leistungspflichtig (§ 19 (4) Satz 1 VVG).

Da sich der Beitrag um mehr als 10 % erhöht, hat Frau Weiß ein Sonderkündigungsrecht (§ 19 (6) VVG). Sollte sie ihr Sonderkündigungsrecht nicht in Anspruch nehmen, muss sie den Risikozuschlag ab Vertragsabschluss, also für 2 Jahre, rückwirkend und in Zukunft bezahlen.

Für die anderen Belege, bis auf den Saunabesuch, besteht ohne Einschränkung Leistungspflicht, da hier keine Kausalität zwischen der Verletzung der vorvertraglichen Anzeigepflicht und dem Eintreten des Versicherungsfalls besteht (§ 21 (2) Satz 1 VVG).

Für den Saunabesuch besteht gemäß § 4 (3.2) TB zu MB/KK 2009 generell keine Leistungspflicht.

S 8

Frau Saure befindet sich im Zahlungsverzug gemäß § 38 VVG, da sie Folgebeiträge nicht überwiesen hat. Eine qualifizierte Mahnung geht ihr am 27.10. d. J. zu.

Für Ihre eingereichten Belege hat dies folgende Konsequenzen:

Beleg 1: Leistung, da vor Zugang der qualifizierten Mahnung.

Beleg 2: Leistung, da vor Ablauf der Mindestzahlungsfrist von 14 Tagen am 10.11. d. J.

Beleg 3: keine Leistung, da Ablauf der Mindestzahlungsfrist.

Somit betragen die Leistungen insgesamt 21,30 € + 42,33 € = 63,63 €.

Die qualifizierte Mahnung ist mit einer Kündigung verbunden, d. h. der Vertrag endet ebenfalls mit Ablauf des 10.11. d. J. § 206 (1) VVG (Ausschluss des Kündigungsrechts des Versicherers) gilt nicht, da hier eine Kranken-Ergänzungsversicherung vorliegt. Bis zum 10.11. d. J. stehen der Proximus Krankenversicherung AG die Beiträge zu (§ 39 (1) VVG).

Fortsetzung auf der nächsten Seite

Lösungen zu FP 1 (4) – Krankenversicherung

Abrechnung bei endgültiger Beendigung des Vertrages:

Beitrag für Oktober		90,34 €
Beitrag für November (10 Tage)	90,34 · 10 : 30 =	30,11 €
gesamt:		120,45 €
abzüglich		63,63 €
Forderung der Proximus Krankenversicherung AG		56,82 €

Mit Beendigung des Versicherungsvertrages am 10.11. d. J. beginnt die Reaktivierungsfrist von einem Monat. Diese endet am 10.12. d. J. Somit kann Frau Saure noch die rückständigen Beiträge (3 · 90,34 € = 271,02 €) überweisen. Dann wäre der Vertrag reaktiviert und es würden ihr keine weiteren Nachteile entstehen.

Die 130,00 € für die Kontaktlinsen (Beleg 3) werden, auch bei einer Reaktivierung des Vertrages, nicht erstattet, da die Mindestzahlungsfrist abgelaufen ist und für neue Versicherungsfälle erst ab Beitragszahlung geleistet wird.

Nachteile einer endgültigen Beendigung des Vertrages:

- Verlust der Alterungsrückstellungen
- Bei Neuabschluss erneute Gesundheitsprüfung mit eventuellen Risikozuschlägen oder Leistungsausschlüssen und Wartezeiten.

S 9 1) Bei **Beleg 1** ist die medizinische Notwendigkeit nicht gegeben. Die Rechnung wird nicht erstattet.

Versicherungsfall ist u. a. die medizinisch notwendige Heilbehandlung wegen Krankheit oder Unfallfolgen (§ 1 (2) MB/KK 2009).

Bei **Beleg 2** fehlen die notwendigen schriftlichen Begründungen, die bei einer Abrechnung über dem Regelhöchstsatz von 2,3 gemacht werden müssen (§ 12 (3) GOÄ). Daher wird jeweils lediglich der 2,3 fache Faktor erstattet.

Rechnung: 32,66 : 3,5 · 2,3 = 21,46 €, 31,84 : 2,8 · 2,3 = 26,15 €

Die Erstattung für Beleg 2 beträgt: 10,72 € + 21,46 € + 26,15 € + 99,07 € = 157,40 €.

Sollte die Ärztin die fehlenden Begründungen nachliefern, wird der Restbetrag erstattet.

Bei **Beleg 3** werden lediglich die Sachkosten in Höhe von 33,60 € erstattet.

Für eine Behandlung durch Eltern besteht keine Leistungspflicht; nachgewiesene Sachkosten werden tarifgemäß erstattet (§ 5 (1 g) MB/KK 2009).

Die gesamte Erstattung an Frau Kustra beträgt 191,00 €.

2) Die formalen Anforderungen gemäß § 6 (1.2) MB/KK 2009 an Rechnungen werden bei Beleg 2 und 3 erfüllt:

- Name des behandelnden Arztes
- Name der behandelten Person
- Behandlungszeit
- Leistungen im einzelnen
- angewendete Gebührenordnung
- Gebühren und Steigerungssätze
- Krankheitsbezeichnungen (Diagnosen)

S 10

Der Versicherungsfall in der Krankheitskostenvollversicherung und in der Krankentagegeldversicherung ist eingetreten (§ 1 (1) MB/KK 2009, § 1 (1) MB/KT 2009).

Herr Gardener muss eine Bescheinigung des Krankenhauses mit Aufenthaltsdauer und Krankheitsbezeichnungen vorlegen (§ 6 (1.3) TB zu MB/KK 2009). Zudem benötigen wir eine Arbeitsunfähigkeitsbescheinigung des behandelnden Arztes (§ 4 (7) MB/KT 2009).

Die Arbeitsunfähigkeit wurde von Herrn Gardener rechtzeitig angezeigt. Die Arbeitsunfähigkeit ist spätestens 3 Tage nach dem vereinbarten Leistungsbeginn anzuzeigen (§ 9 (1.1) TB zu MB/KT 2009). Leistungsbeginn ist hier der 29.10. d. J.

Sollte die Proximus Krankenversicherung AG für die Krankenhauskosten in Vorleistung treten, kann sie den Kfz-Haftpflichtversicherer des Pkw in Regress nehmen. Es findet ein Übergang von Ersatzansprüchen nach § 86 VVG statt.

Dies gilt nicht für die Krankenhaustagegeldversicherung und die Krankentagegeldversicherung, da es sich hier um Summenversicherungen handelt.

Die Proximus Krankenversicherung AG ist leistungspflichtig und kann keinen Regress nehmen.

Abrechnung:
KHT:
5 · 20,00 € = 100,00 €
KT ab 15. Tag:
Leistung ab 29.10. d. J. – 13.11. d. J. = 16 Tage → 16 · 200,00 € = 3.200,00 €

Die gesamte Erstattung an Herr Gardener beträgt 3.300,00 €.

Merke: Bei der Berechnung des Krankentagegeldes und des Krankenhaustagegeldes gelten der erste und der letzte Tag jeweils als voller Tag.

S 11

Grundsätzlich besteht keine Leistungspflicht für Entziehungsmaßnahmen einschließlich Entziehungskuren § 5 (1. b) MB/KK 2009.

Die Proximus Krankenversicherung AG gewährt jedoch für insgesamt 3 ambulante oder stationäre Entziehungsmaßnahmen, für die anderweitig ein Anspruch auf Kostenerstattung oder Sachleistung nicht geltend gemacht werden kann, die tariflichen Leistungen, wenn sie dies vor Beginn der Maßnahme schriftlich zugesagt hat (§ 5 (1ba) TB zu MB/KK 2009).

Die Zusage kann von einer Begutachtung über die Erfolgsaussichten durch einen von der Proximus Krankenversicherung AG beauftragten Arzt abhängig gemacht werden.

S 12

Die erfolgsabhängige Beitragsrückerstattung ist von den Überschüssen des jeweiligen Versicherungsunternehmens abhängig.

Es erfolgt zumeist eine Auszahlung an den Versicherungsnehmer. Die Überschüsse können aber auch zur Beitragssenkung bzw. zur Milderung einer Beitragserhöhung genutzt werden.

Welche Tarife oder Tarifkombinationen in welcher Höhe an der Beitragsrückerstattung teilnehmen wird vom Versicherer jährlich mit Zustimmung des Treuhänders entschieden.

Voraussetzung:
- Für das abgelaufene Geschäftsjahr wurden in dem betreffenden Tarif keine Versicherungsleistungen bezogen.
- Die Versicherung muss während des gesamten Geschäftsjahres bestanden haben, also wurden auch alle Beiträge für das Geschäftsjahr bezahlt.
- Die Versicherung besteht noch bis 30.06. des Folgejahres.

Im Zahnbereich hat Herr Knauf Leistungen bekommen, die eine Beitragsrückerstattung betragsmäßig übersteigen.

Rechnung:
90,84 · 3 = 272,52 € < 354,30 €.

Nur im ambulanten Bereich bekommt Herr Knauf eine Beitragsrückerstattung für das Jahr 2017 in Höhe von 533,79 €, da er dort keine Leistungen in Anspruch genommen hat.

Rechnung:
177,93 · 3 = 533,79 €

Unter den oben genannten Voraussetzungen wird die Beitragsrückerstattung in Höhe von 533,79 € automatisch ab 1. Juli 2018 ausgezahlt.

Von der Beitragsrückerstattung ist der gesetzliche Vorsorgezuschlag gemäß § 149 VAG ausgenommen.

Generell prüft die Proximus Krankenversicherung AG, ob die Erstattung eingereichter Rechnungen oder eine Beitragsrückerstattung für den Versicherungsnehmer günstiger ist.

S 13

Die Proximus Krankenversicherung AG leistet, wenn ein niedergelassener approbierter Arzt mit einer Facharzt oder Zusatzbezeichnung (z. B. Psychiater oder Psychotherapeut in Anspruch genommen wird. Nicht erstattungsfähig sind Aufwendungen für Psychotherapie durch andere Behandler (§ 4 (2.1) TB zu MB/KK 2009). Diese Bedingung ist erfüllt.

Bei medizinisch notwendiger stationärer Heilbehandlung hat die versicherte Person freie Wahl unter den öffentlichen und privaten Krankenhäusern, die unter ständiger ärztlicher Leitung stehen, über ausreichend diagnostische und therapeutische Möglichkeiten verfügen und Krankengeschichten führen (§ 4 (4) MB/KK 2009). Die Proximus Krankenversicherung AG muss eine entsprechende Bescheinigung vom Krankenhaus anfordern.

Für medizinisch notwendige stationäre Heilbehandlungen in Krankenanstalten, die auch Kuren durchführen, aber die Anforderungen an ein Krankenhaus gemäß § 4 (4) MB/KK 2009 erfüllen, werden die tariflichen Leistungen nur dann gewährt, wenn der Versicherer dies vor der Behandlung schriftlich zugesagt hat (§ 4 (5) MB/KK 2009).

Bei ambulanter und bei stationärer Psychotherapie wird nur geleistet, wenn und soweit der Versicherer vor der Behandlung eine schriftliche Zusage gegeben hat, abhängig vom Tarif, bis zu 50 Sitzungen im Kalenderjahr (§ 4 (2.1) TB zu MB/KK 2009).

Die Proximus Krankenversicherung AG erteilt jeweils die schriftliche Zusage.

Herr Pohl kann seine Rechnungen zur Erstattung einreichen. Diese werden gemäß dem abgeschlossenen Quotentarif zu 50 % erstattet.

Gemäß § 1 (1 b) MB/KK 2009 zahlen wir das vereinbarte Krankenhaustagegeld in Höhe von 10,00 € bei stationärer Heilbehandlung.

S 14 1) Die Arztrechnungen müssen gemäß § 6 (1.2) TB zu MB/KK 2009 folgende Bestandteile enthalten:
- Name des behandelnden Arztes
- Name der behandelten Person
- Behandlungszeit
- Leistungen im einzelnen
- angewendete Gebührenordnung
- Gebühren und Steigerungssätze
- Krankheitsbezeichnungen (Diagnosen)

Die eingereichte Rechnung entspricht den Vorschriften.

2) Herr Kohler hat den ambulanten Tarif A 1 versichert. Dieser enthält eine jährliche Selbstbeteiligung in Höhe von 500,00 €.

In diesem Jahr hat Herr Kohler bereits eine Rechnung für ambulante Leistungen in Höhe von 120,40 € eingereicht. Diese Rechnung wurde nicht erstattet, sondern auf den Selbstbehalt angerechnet.

Von dem neuen Rechnungsbetrag in Höhe von 537,44 € ist also eine Selbstbeteiligung von 379,60 € (500,00 € − 120,40 €) abzuziehen. Daher erhält Herr Kohler für die eingereichte Rechnung vom 28.04. d. J. eine Erstattung in Höhe von 157,84 €.

Herr Kohler war vom 10.03. d. J. bis 01.04. d. J. krankgeschrieben, das sind 23 Tage. Er hat ein Krankentagegeld von 150,00 € pro Tag abgeschlossen. Davon erhält er Leistungen ab dem 8. Tag der Arbeitsunfähigkeit. Ihm stehen somit für insgesamt 16 Tage Krankentagegeld zu, das sind 2.400,00 € (16 · 150,00 €)

Merke: Bei der Berechnung des Krankentagegeldes und des Krankenhaustagegeldes gelten der erste und der letzte Tag jeweils als voller Tag.

Der gesamte Erstattungsbetrag an Herrn Kohler beträgt: 2.557,84 €.

Lösungen zu FP 1 (4) – Krankenversicherung

S 15

Für den Pflegedienst werden je Kalendermonat Aufwendungen bis maximal 1.612,00 € als Pflegesachleistungen in Pflegegrad 4 erstattet (Tarif PV 2017 Nr. 1). Herr Elgard erhält Pflegesachleistungen in Höhe von 1.323,00 €.

Da der maximale Aufwendungsersatz von 1.612,00 € nicht ausgeschöpft ist, erhält Frau Elgard für die von ihr erbrachten Pflegeleistungen ein anteiliges Pflegegeld. Es wird um den Prozentsatz vermindert, der bereits durch den Aufwendungsersatz ausgeschöpft wird (§ 4 (5) MB/PPV 2017). Rechnung: 1.323,00 : 1.612,00 · 100 = 82,07 %. Somit verbleiben 17,93 %, die bisher nicht durch den Aufwendungsersatz ausgeschöpft wurden, für das Pflegegeld.

Das Pflegegeld beträgt in Pflegegrad 4 maximal 728,00 € (Tarif PV 2017 Nr. 2). Rechnung: 17,93 % von 728,00 € = 130,53 €. Frau Elgard erhält 130,53 € Pflegegeld je Monat für die von ihr erbrachten Pflegeleistungen.

Die Proximus Krankenversicherung AG erstattet die im Pflegehilfsmittelverzeichnis der privaten Pflegepflichtversicherung aufgeführten Pflegehilfsmittel (Tarif PV 2017 Nr. 4).

Technische Pflegehilfsmittel werden vorrangig leihweise überlassen. Lehnen Versicherte die leihweise Überlassung ohne zwingenden Grund ab, haben sie die Aufwendungen in vollem Umfang selbst zu tragen.

Nicht erstattungsfähig sind Pflegehilfsmittel, die vorwiegend dem Behindertenausgleich dienen. Daher wird Augensteuerung für den PC nicht erstattet.

Zuschüsse für Maßnahmen zur Verbesserung des individuellen Wohnumfelds sind auf 4.000,00 € je Maßnahme begrenzt.

S 16

Ist eine Pflegeperson wegen Erholungsurlaubs an der Pflege gehindert, werden Aufwendungen einer notwendigen Ersatzpflege für längstens 6 Wochen je Kalenderjahr gemäß Nr. 3 des Tarifs PV 2017 erstattet.

Voraussetzung ist, dass Frau Doberstein ihren Mann vor der erstmaligen Verhinderung, mindestens 6 Monate in der häuslichen Umgebung gepflegt hat und mindestens Pflegegrad 2 vorliegt (§ 4 (6) MB/PPV 2017).

Die Aufwendungen für den professionellen Pflegedienst werden Frau Doberstein je Kalenderjahr mit bis zu 1.612,00 € erstattet. Da Herr Doberstein in diesem Kalenderjahr keine Leistungen der Kurzzeitpflege erhalten hat, erhöht sich dieser Betrag auf bis zu 2.418,00 €. (Tarif PV 2017 Nr. 3).

Die Proximus Krankenversicherung AG erstattet die im Pflegehilfsmittelverzeichnis der privaten Pflegepflichtversicherung aufgeführten Pflegehilfsmittel (Tarif PV 2017 Nr. 4).

Technische Pflegehilfsmittel werden vorrangig leihweise überlassen. Lehnen Versicherte die leihweise Überlassung ohne zwingenden Grund ab, haben sie die Aufwendungen in vollem Umfang selbst zu tragen.

Unter dieser Voraussetzung wird das Hausnotrufsystem von der Proximus Krankenversicherung AG leihweise überlassen.

S 17 a) Versicherungsfall ist die Pflegebedürftigkeit einer versicherten Person. Pflegebedürftig sind Personen, die gesundheitlich bedingte Beeinträchtigungen der Selbstständigkeit aufweisen und deshalb der Hilfe durch andere bedürfen (§ 1 (2) MB/PPV 2017). Mit 17,25 gewichteten Gesamtpunkten wird Frau Scherer in den Pflegegrad 1 gemäß § 1 (5), (6) MB/PPV 2017 eingestuft: Geringe Beeinträchtigung der Selbstständigkeit.

b)
- Pflegeberatung, Beratung in der eigenen Häuslichkeit
- Versorgung mit Pflegehilfsmitteln bis zu 40,00 € im Kalendermonat
- Maßnahmen zur Verbesserung des individuellen oder gemeinsamen Wohnumfeldes bis zu 4 000,00 €
- Pflegekurse für Angehörige und ehrenamtliche Pflegepersonen
- Entlastungsbetrag von monatlich bis zu 125 Euro für die Kosten des Pflegedienstes
- SGB XI § 28a, § 43 (3)

Lösungen zu FP 1 (5) – Haftpflichtversicherung

Situationsaufgaben (S)

S 1

- Ihre selbstbewohnte Eigentumswohnung ist mitversichert (A 1 Ziff. 6.3.1).

- Bei Sondereigentümern sind Haftpflichtansprüche der Gemeinschaft der Eigentümer wegen Beschädigung des Gemeinschaftseigentums versichert, nicht jedoch der Miteigentumsanteil des Versicherungsnehmers an dem gemeinschaftlichen Eigentum (A 1 Ziff. 6.3.1).

- Den Schaden i. H. v. 2.400,00 € werden wir bezahlen, nicht jedoch Ihren Anteil i. H. v. 600,00 €.

S 2

- Schäden infolge von Schimmelbildung sind ausgeschlossen (A 1 Ziff. 6.5.1.2).

- Schäden am Parkettboden durch den Hund sind ausgeschlossen, da keine Hundehalter-HV abgeschlossen wurde. Wurde der Hund allerdings erst im laufenden Versicherungsjahr angeschafft, besteht Versicherungsschutz über die Vorsorgeversicherung im Rahmen der Privat-HV.

- Die Haftpflichtansprüche von Frau Wenger (Schmerzensgeld und Schadenersatz für die zerbrochene Vase) werden durch Ihre Privat-HV gedeckt, da Sie als Mieter für die vertraglich übernommenen Pflichten, wie z. B. Streuen und Schneeräumen, versichert sind (A 1 Ziff. 6.3.2.1).

- Der Schaden am Schneeräumgerät wird ersetzt (A 1 Ziff. 6.5.3). Selbstbehalt 100,00 €, Höchstentschädigung 15.000,00 €.

S 3

- Ihr Gärtner ist mitversicherte Person in Ihrer Privat-HV gegenüber Schäden an Dritten, die er in Ausführung seiner Tätigkeit erledigt (A 1 Ziff. 2.1.5).

- Haftpflichtansprüche durch den Gebrauch eines Aufsitzrasenmähers sind mitversichert. Der Schaden am Zaun des Nachbarn ist gedeckt (A 1 Ziff. 6.10.1).

- Der Schaden am Rasenmäher des Nachbarn wird gedeckt, da er geliehen ist, Selbstbeteiligung 100,00 €, höchstens 15.000,00 € je Versicherungsfall gem. A 1 Ziff. 6.5.3.

- Der Gärtner haftet für den entstandenen Schaden gem. § 823 I BGB.

- Haftung des VN als Dienstherr für die in seinem Haushalt tätigen Personen (A 1 Ziff. 6.1.2).

- Verletzungen des Gärtners (Schmerzensgeld) werden wir nicht zahlen, da es ein Eigenschaden ist (Ausschluss A 1 Ziff. 7.3.3).

- Wir erstatten den Gewässerschaden durch das ausgetretene Benzin (A 1 Ziff. 7.21.1).

S 4

- Herr Schnitzer hat den Unfall mit seinem Motorboot fahrlässig verschuldet und haftet gem. § 823 I BGB

- Herr Schnitzer hat nur eine Privathaftpflichtversicherung, jedoch keine für sein motorisiertes Boot. Eigene Motorboote sind in der Privat-HV ausgeschlossen (A 1 Ziff. 6.12.1).

- Die Vorsorgeversicherung greift hier nicht (A 1 Ziff. 9.3.1).

- Der Sachschaden am Steg, sowie der Personenschaden am Fußgänger werden nicht übernommen. Sie müssen diese selbst tragen.

- Die Kosten für das Ersatzmotorboot in Kroatien werden wir auch nicht übernehmen, da Sie Ihr eigens Boot beschädigt haben, Eigenschaden (A 1 Ziff. 7.3.1).

- Den Schaden, den Sie mit dem Ruderboot verursacht haben, werden wir übernehmen (A 1 Ziff. 6.12.1).

- Es ist nicht hinderlich, dass sich diese Begebenheiten in Ihrem Kroatienurlaub ereignet haben (A 1 Ziff. 6.15.1).

- Ihre Freundin Susanne zählt nicht zu den mitversicherten Personen in Ihrer Privat-HV. Sie könnten dies gesondert vereinbaren, wenn Ihre Freundin unter Ihrer Anschrift amtlich gemeldet ist (Ziff. 2.1.4). Der Personenschaden, den Ihre Freundin während des Wasserskifahrens verursacht hat, ist deshalb nicht über Ihre Privat-HV versichert.

- Den von Ihnen am geliehenen Jet-Ski verursachten Schaden übernehmen wir (A 1 Ziff. 6.5.3). Selbstbehalt 100,00 €, Höchstentschädigung 15.000,00 €.

- Ebenso übernehmen wir die Schmerzensgeldforderungen des anderen Jet-Skifahrers, wie auch die Schäden an seinem Jet-Ski (A 1 Ziff. 6.12.1).

S 5

Es besteht Versicherungsschutz für den Schaden, den Sie an der Türe bei Ihrer Tante verursacht haben (es spielt keine Rolle, ob die Tante in einer Mietwohnung oder in einer Eigentumswohnung wohnt), weil der Schaden von Ihnen schuldhaft verursacht wurde (A 1 Ziff. 1, A 1 Ziff. 3.1).

Den Schaden an Ihrer Mietwohnung werden wir nicht ersetzen. Mietsachschäden sind zwar im Versicherungsschutz der Privat-HV eingeschlossen (A 1 Ziff. 6.5.1), jedoch sind Glasschäden ausgeschlossen (A 1 Ziff. 6.5.1.2).

S 6

- Schäden im Ausland in Südtirol sind bei einem Aufenthalt in EU-Staaten unbegrenzt versichert (A 1 Ziff. 6.15.1).

- Mietsachschäden am Inventar der Reiseunterkunft sind versichert (A 1 Ziff. 6.5.2.1), folglich wird der Teppich ersetzt.

- Die Hose des Feriengastes und ggf. Schmerzensgeldforderungen werden ebenfalls bezahlt, da ein Dritter (hier: der Feriengast) geschädigt wurde (A 1 Ziff. 1, A 1 Ziff. 3.1).

- Den Schaden, der sich bei der Präsentation der neuen Kaffeesorte ereignete, wird nicht ersetzt, da er sich während der Ausübung des Berufes ereignet hat (TA 1 Ziff. 1).

- Schaden des Dritten bei der Grillparty auf Teneriffa wird ersetzt (A 1 Ziff. 1, A 1 Ziff. 3.1), da Teneriffa zu den außereuropäischen EU-Gebieten zählt (A 1 Ziff. 6.15.1).

Lösungen zu FP 1 (6) – Rechtsschutzversicherung

Situationsaufgaben (S)

S 1 a) Im Rahmen der bestehenden Verkehrs-Rechtsschutzversicherung gem. ARB 2012 hat Herr Lechner Versicherungsschutz, wenn er sich gegen den Vorwurf einer verkehrsrechtlichen Straftat verteidigen muss. Versicherungsschutz besteht unabhängig davon, ob er mit dem eigenen oder einem fremden Kfz unterwegs war. Die Leistungsart „Strafrechtsschutz" ist hier einschlägig.

b) Wenn Herrn Lechner ein „Rotlichtverstoß" vorgeworfen wird, fällt es unter die Leistungsart „Ordnungswidrigkeiten-Rechtsschutz". Diese ist im Verkehrs-Rechtsschutz gem. ARB 2012 enthalten. Die Rechtsschutzversicherung übernimmt die Kosten der Rechtsverteidigung, unabhängig von der Tatsache, ob Herr Lechner vorsätzlich oder fahrlässig gehandelt hat. Hierbei ist es auch nicht relevant, ob Herr Lechner mit dem eigenen oder einem fremden Pkw unterwegs war. In beiden Fällen hat er Versicherungsschutz.

S 2 a)
- Angesprochen ist hier die Leistungsart „Vertrags- und Sachenrechtsschutz", die in der versicherten Vertragsart enthalten ist. Der Rechtsschutzfall ist mit der Übergabe der nicht vertragsgerechten Leistung, also Sommer 2014 eingetreten nach 2.2.4 ARB 2012.
- Zu diesem Zeitpunkt bestand Versicherungsschutz nach 2.4.3 ARB 2012.
- Der Versicherungsschutz könnte aber daran scheitern, dass ein Risikoausschluss greift (Baurisikoausschluss) nach 3.2.2 ARB 2012. Dazu müsste die bauliche Maßnahme genehmigungspflichtig sein.

b) In einem versicherten Fall trägt Proximus Rechtsschutzversicherung AG nur die Kosten von Sachverständigen, die vom Gericht herangezogen wurden. Die Sachverständigenkosten werden nicht übernommen nach 2.3.3.1 ARB 2012.

S 3 a)
- Frau Schwarz ist als Fahrer eigener und fremder Fahrzeuge rechtsschutzversichert nach 2.1.1 ARB 2012.
- Die Leistungsart Strafrechtsschutz ist Inhalt der Verkehrsrechtsschutzversicherung nach 2.2.9 ARB 2012.
- Die Rechtsschutzversicherung schützt Frau Schwarz auch im europäischen Ausland im gleichen Umfang, als wäre der Rechtsschutzfall in Deutschland eingetreten nach 5.1 ARB 2012.
- Im Rahmen des versicherten Strafrechtsschutzes trägt die Versicherung auch Kautionskosten und die Kosten der notwendigen Übersetzung nach 2.3.2.4 ARB 2012.
- Die Erstattung erfolgt in Euro zum Wechselkurs des Tages, an dem diese Kosten vom VN bezahlt werden.
- Die Kosten für den Anwalt im Ausland übernehmen wir nach 2.3.2.1 ARB 2012.
- Es gibt keine Wartezeit nach 3.1.1 ARB 2012.

b) – Am Versicherungsschutz ändert sich nichts, Höchstbetrag ist jedoch 100.000,00 € nach 5.2 ARB 2012.

– Zu beachten ist, dass die Kundin sich nicht länger im Ausland als 12 Wochen aufhalten darf, der Aufenthalt nicht beruflich bedingt ist nach 5.2.1 ARB 2012.

S 4

– Herr Mantel ist als Eigentümer und Fahrer des auf einen auf ihn zugelassenen Fahrzeugs versichert nach 2.1.1 ARB 2012.

– Die in der Verkehrs-Rechtsschutzversicherung enthaltene Leistungsart Schadenersatz-Rechtsschutz versichert die Kosten zur Durchsetzung der eigenen Schadenersatzansprüche an dem Kotflügel des Autos von Herrn Mantel nach 2.2.1 ARB 2012.

– Die in der Verkehrs-Rechtsschutzversicherung enthaltene Leistungsart Schadenersatz-Rechtsschutz versichert nicht die Abwehr von Schadenersatzansprüchen, die gegen Herrn Mantel geltend gemacht werden nach 3.2.3 ARB 2012.

– Die in der Verkehrs-Rechtsschutzversicherung enthaltene Leistungsart Schadenersatz-Rechtsschutz gewährt Herrn Mantel Versicherungsschutz zur Verteidigung gegen den Vorwurf, ein verkehrsrechtliches Vergehen (Unfallflucht und fahrlässige Körperverletzung) begangen zu haben nach 2.2.9 ARB 2012.

– Der Versicherungsschutz im Rahmen der strafrechtlichen Verteidigung würde nur dann (rückwirkend) entfallen, wenn Herr Mantel wegen vorsätzlicher Begehung verurteilt werden würde.

– Keine Wartezeiten nach 3.1.1 ARB 2012.

Lösungen zu FP 1 (7) – Kraftfahrtversicherung

Situationsaufgaben (S)

S 1

- Ein Brandanschlag ist in der TK ein versichertes Ereignis, insofern besteht Versicherungsschutz (A.2.2.1 AKB 2015).

- Das ausgebrannte Fahrzeug wird zum Wiederbeschaffungswert (WBW) ersetzt (A.2.6.1 AKB 2015).

- Allerdings nur bis zum WBW netto (also ohne MwSt), da Herr Schwartz keine Ersatzbeschaffung plant (A.2.9 AKB 2015).

- Bitte reichen Sie uns die polizeiliche Meldung ein (E.3.3 AKB 2015).

- Die Entsorgungskosten in Höhe von 819,00 € werden auch übernommen.

- Die Kosten für den Wintermantel und den Garagentoröffner werden nicht ersetzt, da es sich hierbei um nicht versicherte Gegenstände handelt.

S 2

- Das tiefe Gespräch und das daraus resultierende Überfahren der roten Ampel waren grob fahrlässig.

- Die Proximus Versicherung AG verzichtet jedoch auf eine Leistungskürzung (A.2.16.1 AKB 2015).

- Da ein Totalschaden vorliegt (Rep > WBW, 19.200 > 16.000), leisten wir maximal bis zum WBW abzüglich des Restwerts (A.2.6.1 AKB 2015).

- Auf Basis des Gutachtens werden daher 13.445,38 € – 4.150,00 € = 9.295,38 € erstattet.

- Weist Herr Krinke die Mehrwertsteuer durch eine Rechnung nach, erstatten wir auch diese in Höhe von 2.554,62 € (A.2.9 AKB 2015).

S 3

- Die Tochter von Frau Keffenheim verstößt in der KH-Versicherung und in der Kaskoversicherung gegen die Alkoholklausel und begeht eine Obliegenheitsverletzung (A.2.16.1 und D.2.1 AKB 2015).

- Der Mutter ist keine Obliegenheitsverletzung vorzuwerfen, da sie die Alkoholfahrt nicht wissentlich ermöglichte.

- Der geschädigte Nachbar hat aus den §§ 115, 117 VVG einen Direktanspruch, so dass wir diesen Schaden in voller Höhe (6.200,00 €) regulieren.

- Der beschädigte Gartenzaun ist unabhängig von der Alkoholfahrt nicht versichert (Eigenschaden).

- Wir erstatten Ihnen die Reparaturkosten an Ihrem Auto abzüglich SB = 3.500,00 € (A.2.7.1 a AKB 2015).

- Sollte Ihre Tochter mit Ihnen in einem Haushalt leben, so verzichten wir darauf, Ihre Tochter für den Kaskoschaden in Regress zu nehmen. Andernfalls ist aufgrund der vollen Fahrunfähigkeit (≥1,1 Promille) ein Regress in voller Höhe (= 3.500,00 €) möglich (A.2.15 AKB 2015).

- In der KH-Versicherung nehmen wir Ihre Tochter aufgrund der vollen Fahrunfähigkeit mit 5.000,00 € in Regress (D.4.1 i.V.m. D.4.3 AKB 2015).

S 4

- Der neunjährige Sven Krämer ist im Straßenverkehr noch nicht deliktsfähig, so dass er nicht für die Schäden aufkommen muss (§ 828 (2) BGB).

- Eine Verletzung der Aufsichtspflicht der Eltern ist nicht erkennbar, da Neunjährige mit entsprechender Übung durchaus alleine mit dem Fahrrad zur Schule fahren können (§ 832 BGB).

- Nach § 7 StVG haftet der Halter eines Kfz auch ohne Verschulden für Schäden während des Betriebs des Kfz.

- In diesem Fall haftet daher Frau Sonneborn.

- Der entstandene Schaden am Fahrrad und der Personenschaden werden daher von uns reguliert.

- Die Schäden am eigenen Fahrzeug können wir auch über die VK regulieren abzgl. 500,00 € SB.

- Die Tochter Judith ist jedoch keine eingetragene Fahrerin, so dass unzutreffende Angaben bezüglich des Fahrerkreises gemacht wurden.

- Die Proximus Versicherung AG ist daher berechtigt, die Prämie auf Basis der tatsächlichen Merkmale für das laufende Versicherungsjahr neu zu berechnen und, sofern ein Vorsatz nachweisbar ist, zusätzlich eine Vertragsstrafe in Höhe einer Jahresprämie zu berechnen (L.4.3 und L.4.4 AKB 2015).

Lösungen zu FP 2 – Anlage in Finanzprodukte

Situationsaufgaben (S)

S 1 **a)** Phasen eines Beratungs- und Verkaufsgesprächs (nach Vorbereitung):
1. Gesprächseröffnung (Begrüßung, Small Talk, statusbezogene Information)
2. Analysephase (Kundensituation, Kenntnisse/Erfahrungen, Anlageziele, Risikoprofil)
3. Angebotsphase (Produktauswahl und -information, Dokumentation der Empfehlung)
4. Prüfungsphase (Einwände, Kundennutzen)
5. Abschlussphase (Vertragsunterzeichnung, Verstärker)

b) – Erfahrungen und Kenntnisse in Bezug auf Finanzprodukte
– finanzielle Verhältnisse (Einkommen, Verbindlichkeiten, Vermögen)
– Anlageziele/Bedürfnisse
– Risikobereitschaft

c) Mögliche Anlageziele sind:
1. konkrete Ziele (z. B. Hauskauf, neues Auto, Weltreise, Ausbildung der Kinder)
2. allgemeine Ziele (z. B. Vermögensbildung, Altersvorsorge, Nutzung staatlicher Förderungsmöglichkeiten)
3. Liquiditätsreserve/„Notgroschen"

Die Ziele Rentabilität, Sicherheit und Liquidität werden auch als Anlagemotive bezeichnet. Dabei gibt es einen Zielkonflikt zwischen der Sicherheit und der Rentabilität einer Geldanlage. Höhere Renditechancen sind grundsätzlich mit einem höheren Risiko verbunden.

Um den Anlegertyp möglichst genau zu bestimmen, muss die Risikobereitschaft des Anlegers sorgfältig analysiert werden. Hierbei sind alle in b) aufgeführten Aspekte mit einzubeziehen. Diese Informationen ermöglichen es, den Anleger einem „Anlegertyp" zuzuordnen: risikoscheu, konservativ, wachstumsorientiert, risikobereit oder spekulativ.

d) Beratungsprotokoll:
Anlass und Dauer des Gesprächs, alle in b) erfragten Kundenangaben, die Empfehlungen des Beraters mit Begründung, Unterschrift des Beraters und des Kunden

Geeignetheitserklärung (nach FinVermV-E):
Datum und Uhrzeit der Beratung (nicht Anlass und Dauer), sonst sind die Inhalte wie oben, der Schwerpunkt liegt jedoch in der abgegebenen Empfehlung und in der individuellen Begründung (basierend auf den Kundenangaben) der Geeignetheit, keine zwingende Unterschrift des Beraters

e1) In der aktuellen Niedrigzinsphase ist kein sicheres Produkt mit hoher Rendite ausgestattet. In einer „normalen" Zinsphase wären fest verzinsliche Wertpapiere wie Bundeswertpapiere und Festgeldkonten geeignete Anlageformen.

e2) Aktienfonds

e3) Gold, Immobilien, offene Immobilienfonds, Aktien (bedingter Inflationsschutz)

e4) Aktien mit hoher Volatilität

S 2

Der Kundin ist eine Anlage in Aktien (z. B. deutsche Standardaktien aus dem DAX) zu empfehlen.

Chancen:
- Kursgewinne sowie Dividendenerträge bei positiver Entwicklung des Unternehmens
- historisch gesehen erwirtschaften Aktien höhere Erträge als andere, konservativere Anlageformen
- bedingter Inflationsschutz durch Sachwertcharakter (langfristig wertbeständiger)

Risiken:
- Kursrisiko: Kursverluste durch negative Entwicklung des Unternehmens, durch negative Nachrichten, durch politische Veränderungen)
- unternehmerisches Risiko: Insolvenz, Fehlplanung (bis Totalverlust)
- Währungsrisiko/Länderrisiko bei Anlage in Fremdwährung bzw. andere Länder

S 3

a) Kunden, die in Wertpapiere investieren möchten, benötigen ein Wertpapierdepot. Das Depot ist zwingend erforderlich, weil es als Verwahrort für Aktien, Anleihen, Investmentfonds und andere Wertpapiere dient. Dabei gilt allerdings, dass das Depot heute nur noch einen buchhalterischen Charakter besitzt, da effektive Stücke (Einzelurkunden) nur noch selten existieren. Vielmehr werden die Urkunden als Sammelbestände durch die Clearstream Banking AG verwahrt. Gleichzeitig koordiniert diese die Depotbuchungen der beteiligten Banken. Der Kunde erhält von der Bank in der Regel einen Depotauszug bzw. kann diesen online einsehen.

b) Stückzinsvaluta = Di., 26.11.2019
Stückzinstage vom 28.09.2019 bis 26.11.2019 = 3 + 31 + 26 = 60 Tage

c) Stückzinsen = 25.000,00 · 4 · 60 : 100 · 366 = 163,93 €

Achtung!
Zinsperiode vom 28.09.2019 bis 27.09.2020 = 366 Tage, da 2020 ein Schaltjahr ist und hier der 29.02.2020 in der Zinsperiode liegt (dadurch ist diese einen Tag länger)

d) ausmachender Betrag = Kurswert + Stückzinsen
(Kurswert = 25.000,00 · 100,75 : 100 = 25.187,50 €)
ausmachender Betrag = 25.187,50 € + 163,93 € = 25.351,43 €

e) zum ausmachenden Betrag kommen noch dazu:
0,5 % Provision (hier vom Kurswert) = 125,94 €
0,04 % Courtage (vom Nennwert) = 10,00 €
Belastungsbetrag = 25.351,43 € + 125,94 € + 10,00 € = 25.487,37 €

f) Laufzeit = 27.11.19 – 27.09.25 = 5 Jahre + 10 Monate = 5,8333 Jahre

$$Rendite = \frac{\left[4 + \frac{(100 - 100,75)}{5,8333}\right]}{100,75} \cdot 100 = 3,84\,\%\ p.a.$$

g) Laufzeit = 2 Jahre + 5 Monate = 2,4167 Jahre

$$Rendite = \frac{\left[4 + \frac{(102,85 - 100,75)}{2,4176}\right]}{100,75} \cdot 100 = 4,83\,\%\ p.a.$$

Lösungen zu FP 2 – Anlage in Finanzprodukte

S 4 a)

Kurswert	26.732,90
+ Stückzinsen	269,72
= ausmachender Betrag	27.002,62
– Provision	133,66
– Courtage	17,25
= Gutschrift	26.851,71

b)
$$Rendite = \frac{\left[1,85 + \frac{(116,23 - 99,85)}{6}\right]}{99,85} \cdot 100 = 4,59\,\% \; p.\,a.$$

S 5 a)

Kurswert (500 · 12,18 €)	6.090,00
– Provision	30,45
– Börsenentgelt	3,65
= Gutschrift	6.055,90

b) Anlagedauer = 1 Jahr und 9 Monate = 1,75 Jahre
Kapitaleinsatz = 500 · 7,80 € = 3.900,00 €
Verkaufserlös = 6.090,00 €
Kursgewinn = 6.090,00 € – 3.900,00 € = 2.190,00 €
Dividendenertrag = 500 · 0,36 € = 180,00 €
durchschnittlicher Jahresertrag = (2.190,00 € + 180,00 €) : 1,75 = 1.354,29 €

$$Rendite = \frac{1.354,29\,€}{3.900,00} \cdot 100 = 34,73\,\% \; p.\,a.$$

c) Die Fundamentalanalyse ist eine Methode zur Bewertung von Unternehmen anhand unternehmensspezifischer Daten und des ökonomischen Umfelds. Ziel ist die Ermittlung des „fairen" bzw. „angemessenen" Preises einer Aktie dieses Unternehmens. Das Verfahren basiert auf den klassischen Methoden der Analyse von Bilanz und Gewinn- und Verlustrechnung und auf einer Reihe von aktienbezogenen Verhältniszahlen, z. B. Dividendenrendite, Kurs-Gewinn-Verhältnis (KGV). Diese Verhältniszahlen werden im Zeitablauf und im Vergleich zu anderen Unternehmen der Branche bewertet. Als Ergebnis erhält man Hinweise auf unter- bzw. überbewertete Aktien und somit Hinweise auf die Auswahl der „richtigen" Aktie.

Die Chartanalyse (auch: technische Analyse) basiert auf der Interpretation von Charts (= Kursbilder der Vergangenheit). Chartanalysten gehen von der Hypothese aus, dass der Kursverlauf von Aktien bestimmte Muster bildet, die sich über die Zeit in ähnlicher Weise wiederholen und sich daher – sofern man diese Muster erkennt – zur Prognose der weiteren Kursentwicklung eignen. Auf diese Weise soll der „richtige" Zeitpunkt für einen Kauf bzw. Verkauf identifiziert werden.

d) $KGV = \dfrac{24,75\,€}{1,95\,€} = 12,69$

$Dividendenrendite = \dfrac{1,05\,€ \cdot 100}{24,75\,€} = 4,24\,\%$

e) Das KGV der Pharma AG-Aktie liegt unter dem Branchendurchschnitt. Somit ist die Aktie im Vergleich zur Branche günstig bewertet. Bei der Pharma AG dauert es weniger lang, bis das eingesetzte Kapital durch Gewinne wieder erwirtschaftet wird. Auch die Dividendenrendite spricht für die Pharma AG-Aktie. Die Verzinsung des Kapitaleinsatzes durch ausgeschüttete Gewinne (Dividenden) liegt über dem Branchendurchschnitt. Insgesamt ist der Kauf der Pharma AG-Aktien zu empfehlen.

f) Er erhält aus dem Verkauf eine Gutschrift in Höhe von 6.055,90 €. Wenn wir davon ausgehen, dass die Kosten beim Kauf in etwa gleich hoch sein werden wie beim Verkauf, dann stehen für die Aktien (ohne Kosten) ca. 6.055,90 € – 3,65 € – 30,45 € = 6.021,80 € zur Verfügung.

6.021,80 € : 24,75 € = 243,3051

Herr Trommler kann also 243 Aktien kaufen.
Seine Kaufabrechnung sieht wie folgt aus:

Kurswert (243 · 24,75 €)	6.014,25
+ Provision	30,07
+ Börsenentgelt	3,61
= Belastung	6.047,93

g) Das angegebene Kauflimit begrenzt den Kaufpreis der Aktien nach oben. Ohne Angabe eines Limits würde Herr Trommler möglicherweise bei einem steigenden Aktienkurs doch mehr ausgeben als in f) berechnet.

h) Am letzten Börsentag eines Monats erteilte, limitierte Aufträge gelten bis zum Ende des folgenden Monats. In diesem Fall gilt die Order somit bis inklusive zum letzten Handelstag im Dezember (30.12.2019).

S 6 a) Ausgabepreis = 34,85 € = 104,25 % (Ausgabeaufschlag = 4,25 %, siehe Proximus 4)
Rücknahmepreis bei Ausgabe = 33,43 € (= 100 %)

Kursgewinn (inkl. thesaurierte Gewinne) = 46,41 € – 33,43 € = 12,98 € (je Anteil)

Rendite (gesamt) $= \frac{12{,}98 \text{ €}}{33{,}43 \text{ €}} \cdot 100 = 38{,}83 \%$

Rendite (pro Jahr) $= \frac{38{,}83 \%}{6} = 6{,}47 \% \text{ p.a.}$

b) Bei einem ausschüttenden Fonds müsste man zusätzlich zum Kursgewinn (Unterschied zwischen Rücknahmepreis bei Verkauf und bei Kauf) auch die jährlichen Ertragsausschüttungen berücksichtigen und zum Kursgewinn hinzuaddieren. Die Gesamtsumme aus Kursgewinn und Ausschüttungen wird dann wie in a) zum eingesetzten Kapital ins Verhältnis gesetzt, um die gesamte Rendite zu erhalten.

c) Zunächst könnte er die Rendite seines Fonds mit einer geeigneten Benchmark, also im Fall des Proximus Global Invest, mit einem internationalen Aktienindex vergleichen. Auf diese Weise kann man erkennen, wie gut der Fondsmanager mit der Auswahl der Aktien im Vergleich zum Gesamtmarkt abgeschnitten hat.

Als zweite Möglichkeit könnte er sich aktuelle Rang-Listen (Rankings) von globalen Aktienfonds im Internet ansehen, um zu sehen, wie der Proximus Global Invest im Vergleich zu Fonds mit ähnlicher Anlagestrategie abgeschnitten hat.

Die dritte Möglichkeit sind Fondsratings. Diese werden von unabhängigen Ratingagenturen für Fonds erstellt und bewerten neben der Performance der Fonds auch qualitative Faktoren wie das Fondsmanagement.

d)

	Anleihe	Investmentfondsanteile
Ertragschancen	fester, jährlicher Zinsertrag (4 %), leichte Kursgewinne bei vorzeitigem Verkauf möglich	Ertrag ist abhängig von der Entwicklung der im Fonds enthaltenen Aktien, höhere Kursgewinne sind möglich
Risiko	Kursrisiko ist eher gering (nur bei vorzeitigem Verkauf könnten Verluste entstehen); Bonitätsrisiko, da Rückzahlung vom Emittenten garantiert wird	hohes Kursrisiko, da Aktien stark schwanken können; kein Bonitätsrisiko (Fonds ist ein Sondervermögen → Schutz bei Insolvenz der KVG)

e) – regelmäßige Rechenschaftslegung der KVG/Information des Anlegers (z. B. Jahresberichte, Wesentliche Anlegerinformationen)
– Mindestvorgaben zur Risikostreuung des Fondsvermögens (§ 206)
– Sondervermögen haftet nicht für Verbindlichkeiten der KVG (Insolvenzschutz)
– Verwahrstelle agiert als unabhängiges Kontrollorgan

f) Beide Wertpapiere von Herrn Kaufmann unterliegen dem Inflationsrisiko, da das angelegte Geld und die erzielten Erträge während der Laufzeit einer Entwertung unterliegen, d. h. die Kaufkraft ist bei Fälligkeit geringer als zum Zeitpunkt der Geldanlage. Die Anleihe unterliegt der Inflation in vollem Maße. Aktien sind hingegen Sachwerte und bieten somit zumindest teilweise einen Schutz vor Inflation. So wirkt sich ein steigendes Preisniveau grundsätzlich positiv für die Unternehmen aus, da auf diese Weise die Unternehmensgewinne steigen können. Außerdem bieten Aktien und somit auch Aktienfonds höhere Renditechancen als Anleihen. Die Realverzinsung ist deshalb oft höher, vor allem in Niedrigzinsphasen wie aktuell.

S 7

Beispielhaft können für die unterschiedlichen Anlegertypen folgende PROXIMUS Invest Fonds angeboten werden:

Anlegertyp	empfohlener Fonds	Begründung
a) sicherheitsorientiert/ konservativ	PROXIMUS Bond Invest	Die Anlagestrategie des Fonds zielt auf einen mittel- bis langfristigen Vermögenszuwachs durch Zinserträge ab. Der Fonds investiert zu 90 % in Unternehmensanleihen in Euro. Die Unternehmen haben überwiegend eine gute und sehr gute Bonität. Ausfall- und Währungsrisiken sind entsprechend gering. Der Risiko- und Ertragsindikator liegt bei 3 von 7 (Verlustrisiken und Gewinnchancen relativ gering).

Anlegertyp	empfohlener Fonds	Begründung
b) wachstumsorientiert/	PROXIMUS Strategic Invest	Die Anlagestrategie des Fonds zielt auf einen mittel- bis langfristigen Vermögenszuwachs durch Zinserträge und Dividendenerträge sowie Kursgewinne aus Aktien ab. Der Fonds nimmt als Dachfonds eine weitgehende Risikostreuung vor: derzeit ca. 45 % internationale Rentenfonds, ca. 55 % internationale Aktienfonds. Die Zusammensetzung der Fonds wird dabei je nach Marktlage angepasst. Der Risiko- und Ertragsindikator liegt bei 4 von 7 (moderate Schwankungen, d. h. Verlustrisiken und Gewinnchancen sind mittelmäßig).
a) risikobereit/ chancenorientiert	PROXIMUS Global Invest	Die Anlagestrategie des Fonds zielt auf einen mittel- bis langfristigen Vermögenszuwachs durch Dividendenerträge und Kursgewinne aus Aktien ab. Der Fonds investiert ausschließlich in Aktien und liquide Geldanlagen: derzeit ca. 20 % deutsche Aktien, ca. 40 % internationale Aktien in Euro, ca. 40 % Aktien in Fremdwährung. Der Risiko- und Ertragsindikator liegt bei 6 von 7 (starke Schwankungen, d. h. Verlustrisiken und Gewinnchancen sind hoch).

S 8 a)

Nr.	Aktien-VVD in €		AVVD in €		Sparerpauschbetrag		Steuern		Gutschrift
	Veränderung	Bestand	Veränderung	Bestand	Veränderung	Bestand	Bemessungsgrundlage	Steuern in €	in €
AB		450,00		200,00		500,00			
1	–	450,00	+300,00	500,00	–	500,00	–	–	–
2	–450,00	0,00	–500,00	0,00	–400,00	100,00	–	–	1.350,00
3	–	0,00	–	0,00	–100,00	0,00	725,00	191,21	633,79

b) Es handelt sich bei diesem Fonds um einen thesaurierenden Fonds. Einige der Fondserträge werden bereits auf Fondsebene mit 15 % Körperschaftsteuer versteuert, hier z. B. Dividendenerträge der enthaltenen Aktien.

Da es bei diesem Fonds keine Ausschüttungen gibt, wird jährlich eine Vorabpauschale berechnet, die der Besteuerung unterliegt. Dabei wird eine fiktive Wertentwicklung unterstellt. Liegt die tatsächliche Wertentwicklung unter der Vorabpauschale, so wird diese für die Besteuerung zugrunde gelegt. Bei Verkauf der Fondsanteile wird außerdem der Veräußerungsgewinn besteuert, dabei werden jedoch die bis dahin angefallenen Vorabpauschalen im Vorfeld abgezogen.

Für Aktienfonds wie den PROXIMUS Global Invest gilt auf Anlegerebene zudem eine Teilfreistellung von 30 % der zu versteuernden Erträge.

S 9

Durch die beim Kauf gezahlten Stückzinsen (zu Beginn des Jahres) steigt die Allgemeine Verlustverrechnungsdatei (AVVD) auf 598,00 €.

Durch den Verkauf der Anleihe entstehen zwei steuerpflichtige Erträge:

1. Stückzinsen
   ausmachender Betrag = Kurswert + Stückzinsen
   130.083,00 € = 128.125,00 € + Stückzinsen
   → Stückzinsen = 1.958,00 €

2. Veräußerungsgewinn (Kursgewinn)
   Kurswert bei Verkauf: 128.125,00 €
   – Kurswert bei Kauf: 124.687,50 €
   = Kursgewinn   3.437,50 €

   1.958,00 € + 3.437,50 € = 5.395,50 € (steuerpflichtige Erträge)
   5.395,50 € – 598,00 € (AVVD) – 801,00 € (Freistellungsauftrag)
   = 3.996,50 € (Bemessungsgrundlage)
   Steuern = 999,13 € KESt + 54,95 € Soli = 1.054,08 €
   Gutschrift = 130.083,00 € – 1.054,08 € = 129.028,92 €

S 10

a) Es werden zusätzlich zu dem geerbten Betrag alle geschenkten Beträge des Großvaters der letzten 10 Jahre steuerrechtlich berücksichtigt. Insgesamt hat Frau Spitzer als Enkeltochter einen Freibetrag von 200.000,00 €, da ihr Vater noch lebt. Eventuelle andere Abzüge sind durch einen Steuerberater zu prüfen. Wenn wir in ihrem Fall von einem zu versteuernden Betrag von 253.000,00 € ausgehen (keine weiteren Abzüge), müsste Frau Spitzer darauf 11 % Erbschaftsteuer zahlen (Steuerklasse I). Das wären ca. 27.830,00 €.

b) Das Standesamt, das zuständig ist für die Ausstellung der Sterbeurkunde, meldet den Todesfall unverzüglich dem Finanzamt.

Auch Notare, Gerichte oder andere Behörden sind gegenüber dem Finanzamt meldepflichtig in Bezug auf alle erbschaftrelevanten Tatsachen (z. B. Eröffnung hinterlegter Testamente).

Desweiteren meldet die Bank bzw. melden die Banken, bei der bzw. bei denen der Großvater von Frau Spitzer seine Konten und Depots hatte, alle Vermögenswerte mit einem Gesamtwert von über 5.000,00 € an das Finanzamt.

Und nicht zuletzt muss Frau Spitzer als Erbin selbst eine schriftliche Anzeige tätigen. Die Frist beträgt drei Monate nach Kenntnis des Erbfalls.